KB173164

중국중세철학사

이 책은 Alfred Forke의 *Geschichte der Mittelalterischen Chinesischen Philosophie*(1934)를 번역한 것입니다.

연구총서 38
중국중세철학사

지은이   Alfred Forke
옮긴이   최해숙
펴낸이   오정혜
펴낸곳   예문서원

편 집   김병훈
인 쇄   ㈜ 상지사 P&B
제 책   ㈜ 상지사 P&B

초판 1쇄   2012년 11월 12일

주   소   서울시 성북구 안암동 4가 41-10 건양빌딩 4층
출판등록   1993. 1. 7 제6-0130호
전화번호   925-5913~4 / 팩시밀리 929-2285
Homepage   http://www.yemoon.com
E-mail   yemoonsw@empas.com

ISBN 978-89-7646-286-2 93150

YEMOONSEOWON #4 Gun-yang B.D. 41-10 Anamdong 4-Ga, Seongbuk-Gu Seoul KOREA 136-074
Tel) 02-925-5913~4, Fax) 02-929-2285

값 40,000원

연구총서 38

중국중세철학사

알프레드 포르케 지음 · 최해숙 옮김

예문서원

지은이의 말

일반적으로 중국철학은 세 시대로 구분된다. 철학적인 사유가 처음 시작된 시기로부터 주왕조의 말기와 진왕조로의 과도기를 포함하는 고대, 한왕조 초기에서 송왕조에 이르기까지의 중세, 송왕조에서부터 현재까지의 근대가 그것이다. 1927년에 『중국고대철학사』[1]를 완성하였을 때 나는 중세와 근대를 포괄하는 '근대철학사'를 한 권으로 낼 계획을 하고 있었다. 그러나 주어진 자료가 너무 방대하여 중세철학을 먼저 다루고 나중에 근대철학을 따로 다루게 되었다.

고대철학과 중세철학 사이에는 커다란 차이가 존재한다. 주周나라 시기는 중국철학의 전형이 이루어지는 시대인 동시에 첫 번째 전성기이며, 그 이후는 계승의 시대이다. 그러나 이것은 중세가 어떤 원천성이 결여된 붕괴기였다는 것을 말하는 것이 아니라, 단지 그 성과가 고대와 같지 않았다는 것을 말한다. 중세에서 가장 중요한 것은 한대의 철학자들이며, 가장 의미가 약한 것은 당대의 철학자들이다. 그 후 송대에 들어 철학의 두 번째 전성기가 시작되지만, 이때에도 주대는 위대한 철학의 개화기로서 그 전통과 권위가 여전히 살아 있었다.

주대에는 서로 다른 학설을 갖춘 여러 다양한 철학사조들이 생겨났는데, 이때는 그 중의 어느 학파도 우세를 점하지는 못한 상태였다. 그러다가 한대가

---

1) Alfred Forke, *Geschichte der Alten Chinesischen Philosophie* (Abhandlungen aus dem Gebiet der Auslandkunde Bd.25), Hamburg, 1927. 이 책은 양재혁·최해숙에 의해 2004년 『중국고대철학사』(소명출판사)로 번역 출판되었다.

되면 철학의 생산성이 점차 멈추고, 그 자리를 수용성이 차지하게 된다. 사람들은 성인 또는 현인으로 여겨진 고대인들의 학설을 수용하여 발전시켜 나가기만 할 뿐, 더 이상 새롭고 고유한 생각을 표현하고자 시도하지 않았다. 한대에는 대부분의 고대 학파가 사라지고 사실상 유가와 도가의 둘만이 남게 되었다. 거기에다 인도로부터 유입된 불교가 어느 정도 제한된 범위 안에서 등장한다. 불교는 종교로서 민중들 사이에 확고한 자리를 얻었지만 대부분의 학자들은 부정적인 반응을 보였다. 한편, 극소수의 순수유학자 또는 순수도가학자들은 유가나 도가 중의 한 사상에 몰입하다가 곧 상대방의 사상으로 눈길을 돌려 양가의 생각들을 혼합하였다. 또한 묵가와 명가, 법가의 학자들은 더 이상 나타나지 않았지만 우리는 그들의 사상을 유가와 도가의 체계 안에서 찾아볼 수 있다. 여기에는 매우 관대한 화합주의가 존재한다. 이 밖에, 새로운 사조를 건설하는 것이 아니라 비판을 통해 존속을 저지하는 것만을 위주로 하는 회의론자들도 등장하였다. 다수의 사상가들이 아무런 의심 없이 고대를 절대적인 진리로 신봉하고 보존하기를 추구한 반면에 회의론자들은 고대 현인들의 오류와 허구성을 밝히는 것을 그만두지 않았지만, 그들은 큰 성공을 거두지는 못하였다. 학자들의 보수정신이 이것을 막았던 것이다. 학자들은 자신들에게 친숙한 관점을 고집하면서 회의론에 주의를 기울이지 않았기 때문에 회의론자들은 금방 잊혀졌다.

중국의 중세철학은 유럽의 중세철학과 어느 정도 유사해 보인다. 둘은 모두 객관적 진리를 가지고 있다고 믿었다. 한쪽에는 기독교와 그리스철학의 도움으로 설명된 진리가 있었고, 다른 한쪽에는 고대 현인들의 말과 천명에서 유래한 진리가 있었다. 스콜라학자들에게 플라톤과 아리스토텔레스가 있었던 것처럼 중국의 사상가들에게는 공자, 맹자와 노자가 있었다. 중국인들은 이들을 성인으로 간주하였으며, 이들의 견해에 대한 그 어떤 반론도 허용하지 않았다. 이들의 말에 대립하는 것은 설혹 그것이 논리적으로 확실하다고 증명된다 하더라도 잘못된 것이었다. 권위가 고유한 생각보다 높이 간주된 것이다. 이 때문에 철학적인 생산력은 저해되고 수용성이 생산성의 자리를 차지하게 되었다. 그리고 바로 이러한 점으로 인해 회의론자들은 우리의 특별한 주목을 받게 된다. 이들은 권위를 의심하고 맹목적인 신앙의 자리에 이성을 설정하고자 하였기 때문이다.

물론 당연하게도 동양과 서양의 중세철학자들 사이의 일치는 완전한 것이 아니다. 이들은 다시 여러 가지 면에서 구분된다. 유럽에서는 두 문화권, 즉 기독교・유대교와 그리스의 사유를 융합하고자 한 반면에 중국의 철학자들은 오직 그들 자신의 고대철학을 이어나갔다. 스콜라철학에서 종교가 중대사이고 철학이 단지 부수적인 것에 불과하였다면, 중국에서는 종교가 전혀 역할을 하지 못하였으며 철학자들은 오직 순수한 윤리와 형이상학에만 몰두하였다. 도그마들은 거의 없었으며, 의례는 거의 정체되어 있었다. 중국의 중세철학자들 대부분은 성직자가 아니라 문인 또는 관리였다.

중국의 학자들은 인생의 과제로 철학을 선택하였다. 따라서 우리는 그들의 저서를 순수철학적 내용으로만 이루어진 서양의 전문 철학자들의 그것처럼 생각해서는 안 된다. 중국의 학자들은 다양한 학문을 익히며 철학도 함께 공부하였지만, 서양의 철학자들에게서 나타나는 전문성과 폐쇄성을 조금도 갖추고 있지 않다. 그들의 전서는 아주 일부만이 철학적인 내용으로 채워져 있거나, 철학적인 주제가 다른 많은 주제들과 함께 다루어지고 있다. 그들은 철학적인 견해를 체계적으로 기술하기보다는 오히려 대부분 함축적이고 간결하게 기술하기를 선호하였기 때문에 그들의 철학적 견해에 대한 완성된 그림을 그리기가 매우 어렵다.

그것은 아마도 중국인들에게는 '철학자'라는 것이 이전에는 알려져 있지 않았으며 중국어에는 이에 관한 어떤 단어도 존재하지 않았다는 것과 연관이 있을 것이다. 그들은 단지 학자, 스승, 현인과 성인에 대해서만 말할 뿐이어서, 철학자의 전기 또는 생에 대한 다른 기록에서 그들의 철학자적인 면모는 거의 간과되었다. 나는 특정 철학자의 인물과 특성에 관한 것을 더욱 상세히 기록하고자 하였지만 중국의 원전은 나를 곤궁에 빠뜨렸다. 중국인들은 해당 인물들을 단지 관리 또는 학자로만 간주해서, 그가 어떤 시험에 합격하고 어떤 관복을 입었으며 관리로서 무엇을 이루었는지에 대해서만 상세하게 기술하고 있기 때문이다. 황제에게 보낸 보고서나 장편의 시들은 발췌문이라도 발견되지만, 철학적 업적에 관한 내용은 매우 드물다. 서양의 시각으로 볼 때 이러한 전기는 무척 결함이 많다. 일반적인 것들만을 기술하고 있어서 특징적인 것들을 찾아보기 어렵기 때문이다.

개별적인 체계를 설명하면서 나는 『중국고대철학사』에서처럼 대부분 철학자들 자신이 스스로 말하도록 하였다. 나는 어떤 철학자에 관해 단순히 기술하는 것보다 그가 자신의 주요 생각을 어떻게 전개하였는지를 보여 주는 것이 독자들로 하여금 훨씬 더 나은 그림을 그려볼 수 있게 해 줄 것이라고 여긴다. 중국 철학자들의 표현은 매우 특별하다. 평행주의, 반대명제, 형상, 비교, 은유가 거기에서 큰 역할을 한다. 그들의 표현에서 치장을 벗기고 나면 사상마저 사라지곤 한다. 말하는 사람은 이해시키는 것으로 만족하지 않고 자신의 사상을 아름다운 형식으로 표현하고자 한다. 이제 유럽 세계에 처음으로 모습을 드러내거나 이미 잘 알려져 있는 많은 중국의 사상가들을 소개하는 이 중국 중세철학에 대한 기술이 일종의 철학 독해용으로 보일 수도 있겠지만 그것을 나쁘다고만은 할 수 없을 것이다.

　　나는 우선적으로는 철학자들의 저서를 원전으로 직접 인용하였으며,[2] 그 다음에 전기와 역사서 및 백과사전의 문헌기록들을 사용하였다. 그리고 근대의 중국, 일본과 독일의 중국철학사 또한 활용하였다.[3] 중국과 일본의 것이 최상이

---

[2] 『十子全書』 또는 『子書百家』에서 찾을 수 없는 경우에는 이들을 담고 있는 전서를 특별히 제시하였다.

[3] 주목할 만한 책들은 다음과 같다.
　◇ 謝无量(Hsieh Wu-liang), 『中國哲學史』(*Geschichte der chinesischen Philosophie*), 1917.
　◇ 鍾泰(Tschung T'ai), 『中國哲學史』(*Geschichte der chinesischen Philosophie*), 1929.
　◇ 高瀬武次郎(Takase Takejiro), 趙蘭坪 中譯, 『中國哲學史』(*Geschichte der chinesischen Philosophie*), 1925.
　◇ 渡邊秀方(Watanabe Hidekata), 劉侃元 中譯, 『中國哲學史槪論』(*Abriß der Geschichte der chinesischen Philosophie*), 1926.
　◇ Hackmann, *Chinesische Philosophie*, 1927.

며, 독일의 것은 중국의 원전을 추적할 수 없기 때문에 중세철학의 내용을 정확하게 전달하기가 매우 어렵다. 중국과 일본의 저서들을 통해 중국의 어떤 사상가가 철학자로 간주되는지를 알 수 있는데, 일반적인 경우에 나는 그러한 판단을 따랐다. 다만 나와 견해가 다른 몇몇 경우에는 철학자의 범주에서 제외시키기도 했다. 내가 볼 때, 아무리 유명했었다고 할지라도 그 주인공이 남긴 업적이 다른 영역에서 위대한 것이라면 마땅히 그 분야에서 인정받아야만 한다고 생각하기 때문이다.[4] 철학적인 생각을 몇 가지 표현했다는 것만으로 '철학자'라고 부를 수는 없다.

◇ Zenker, *Geschichte der chinesischen Philosophie II*, 1926~27.

◇ Wilhelm, *Chinesische Philosophie*, 1929.

4) 내가 볼 때 사마천은 단지 역사가일 뿐이고 소금과 철에 대한 桓寬의 저서 『鹽鐵論』은 순수하게 경제적이며 『孔叢子』는 그저 공자의 말에 대한 충실한 전달자에 불과하다. 또한 魏伯陽은 연금술사이고 韓嬰과 鄭玄은 주석가들이며 도연명은 위대한 시인일 뿐 모두 철학자라고는 할 수 없다. 그래서 나는 이들을 철학자의 목록에서 제외시키는 대신 오히려 중국과 일본의 저서들에서 발견되지 않는 철학자들을 몇 명 추가하였다. 역사가 반고, 양나라의 황제 元帝(금루자), 도교나 불교에 관련된 책을 남긴 당나라의 몇몇 저술가 등이 바로 그들이다.

옮긴이의 말

포르케의 중국철학사 3권을 독일 프라이부르크 대학교의 동양학부 도서관에서 발견하고서는 한편으로는 반갑고 또 다른 한편으로는 놀랐던 기억이 지금도 생생하다. 독일어로 된 '중국철학사'라는 제목의 책이 있다는 것이 반가웠고, 그 책이 내가 그때까지 보았던 어떤 중국철학사보다도 방대하고 내용 또한 치밀하다는 것에 놀랐다.

포르케의 중국철학사는 총 3권으로 구성되어 있는데 양적으로 방대할 뿐만 아니라 내용적으로도 풍요롭다. 그 중 제1권 『중국고대철학사』는 2004년에 국역되어 출판되었다. 『중국중세철학사』는 제2권에 해당된다. 그가 중국의 전통에 속하지 않았다는 것이 오히려 그가 객관적으로 자료를 탐색하고 선택할 수 있게 했다고 본다. 그는 자신이 속한 시대적 조류에서 읽혀지는 저술 배경에도 불구하고 처음부터 끝까지 의도적인 개입보다는 자료 자체를 통해 각자가 자기 철학을 말하게 하는 방식을 고수했다.[1] 물론 내용에 대한 철학적 비판이나 서양철학과 연계한 비교가 있긴 하지만 매우 적다.

근대 이후에 저술된 서양철학사를 읽게 되면 우리는 철학이 어떤 방향으로든 발전하고 있다는 인상을 받게 된다. 이전 시대의 철학으로부터 나아가 어느 방향으론가 발전해 가거나 어떤 방식으로든 극복되었다는 것을 보여 주기 때문이다. 헤겔이 역사변증법이 철학사의 서술에도 그대로 적용되어 역사의 흐름 속에 어느 방향으로든 진일보하고 있다는 것을 보여 주는 것이다. 그러나

---

1) 포르케가 제1권과 제2권의 서문에서 직접 밝히고 있는 저술방식이다.

포르케의 중국철학사는 이러한 철학사의 저술방식을 택하지 않고 있다. 이것은 그의 저서가 우선적으로 개론서의 역할에 충실한 데서 유래하는 듯하다. 그는 중국철학이 전혀 알려져 있지 않은 상태에서 중국의 역사상 철학자라고 할 수 있는 모든 사람과 그들의 철학을 소개하는 역할에 충실했다. 그에게 문제가 되는 것은 우선적으로 철학의 범주에 속하는 내용의 선별이었다. 그는 그것에 해당한다고 여기는 것은 모두 소개하는 방식을 택하고 있는 것이다.

중국철학사 제2권 『중국중세철학사』의 번역작업은 내게 어느 시대의 철학도 쉽게 평가하고 간과해서는 안 된다는 것을 깨닫게 해 주는 작업이었다. 고대 및 고대와 연계한 근대의 철학과는 달리 중세의 철학 및 종교는 상대적으로 접할 수 있는 계기가 없었다. 번역작업을 하면서 나는 많은 철학자들을 만나 그들의 철학을 듣게 되었다. 새로운 철학자를 만날 때마다 늘 새롭게 설렌다. 처음엔 단지 중국철학을 사상사적으로 이해하고 옮기는 작업이었다면, 한 사람 한 사람의 철학자를 만나면서 점차 그들과 소통하는 즐거움을 깨닫게 되었다. 이 작업을 시작하지 않았으면 만날 수 없었던 큰 사람들을 만나는 즐거움에 나와 동시대를 살고 있는 지인들을 잊을 정도였다. 그것은 포르케가 말한 것처럼 중국철학은 늘 삶과 함께 하기 때문일 것이다. 독자 또한 철학과 사람을 만날 수 있는 계기가 될 수 있길 바란다.

특별히 전문적인 비교탐구를 원하는 경우에는 원서를 찾아볼 것을 권한다.

번역의 과정에서 간과한 점과 그로 인해 발생하게 된 원문과의 거리가 없지 않을 것이기 때문이다. 나는 이 책을 대략 다음과 같은 방식으로 번역했다.

◇저자가 인용한 문헌을 찾아 확인하는 작업까지는 하지 않는다.

◇저자가 인용한 원문과 다른 곳에서 찾아본 원문이 다른 경우에는 문맥상 타당하게 보이는 쪽을 선택한다.

◇일반적으로 원전의 인용문에 대한 저자의 해석을 그대로 옮기는 것을 원칙으로 한다. 단지 문맥의 흐름이 매우 원활하지 못하거나 한문의 번역이 잘못된 경우는 제외한다.

제1부 한대
(기원전 206~기원후 220)

한나라 시기는 중국 역사에서 매우 중요한 시대로, 주나라 후기와 비교되는 정치의 전성기이다. 춘추시대와 전국시대를 통틀어, 즉 대략 기원전 475년부터 진왕조의 등장까지 중국은 봉건국가들 사이에 일어난 내란을 통해 분열되었으며, 이를 정비하기에는 왕가의 세력이 너무 약했다. 그러다가 진나라 시황제가 제국을 건립함으로써 비로소 열국이 정비되었고, 그의 업적은 전한시대까지 이어졌다. 이로써 내적으로는 평화를 찾게 되었고, 외적으로는 중앙아시아와 남아시아로 전진해 권력을 확장할 수 있었다. 중국이 동아시아에서 가장 강력해 진 것이다.

정치적인 힘은 문화의 번영으로 이어졌다. 문자의 단순화와 목판·대나무·비단을 대신하게 된 종이의 발명은 관리와 고급귀족의 특권이었던 교육을 널리 보급하는 데 기여하였다. 학문 중에서는 특히 역사서의 기술이 발전하였다. 사마천과 반고는 각각 국가연대기를 펴냈는데, 그들의 연대기는 후대의 모든 공식 역사서의 본보기가 되었다. 이와 더불어 예술 또한 발전하였다. 진나라시대와 마찬가지로 호화로운 궁전과 사원이 건축되었고 돌이나 금속으로 된 거대한 조각품이 만들어졌다. 한대 말기에는 단양丹陽에 거대한 불상이 건립된 것으로 보아[1] 불교예술의 영향도 이미 현저했던 것 같다. 또 무덤에서 출토된 유물을 통해 한대의 도자기에 대해서도 잘 알 수 있다. 시에 있어서는 굴원의 비가悲歌와 교육적인 장시長詩가 계승되었으며, 진정한 낭만적 서정시抒情詩 또한 시작되었다. 이 시기의 한무제漢武帝, 사마상여司馬相如, 매승枚乘, 조식曹植 등은 중국을 대표하는 시인들로 간주된다.

진나라 때는 정치적인 이유로 경전과 철학서를 무조건 불태우게 하고 그

---

1) 鍾泰, 『中國哲學史』 2, 191쪽.

소유를 법으로 금하였기 때문에 위대한 황제들의 업적에 관해 다루고 있는 고대 문헌은 한왕조에 전래될 수 없었다. 이러한 금지령은 기원전 191년 효헌제孝獻帝에 의해 해제되었으며, 이때부터 비로소 남아 있는 고대 서적을 열심히 수집하기 시작했다. 수집가로서는 특히 하간헌왕河間獻王이 기여한 바 크다. 그는 『주례』·『서경』·『예기』 및 맹자와 노자 같은 철학자들의 저서들을 편찬하게 하였다. 이렇게 발견된 원고들은 다시 소실되지 않도록 문헌보관소와 황제의 도서관에 보관되었다. 성제成帝는 기원전 7년에 유향劉向과 그 아들 유흠劉歆에게 남아 있는 문헌을 정리하고 목록을 작성하게 하였는데, 그 목록은 일곱 부분으로 이루어져 있어 『칠략별록七略別錄』이라는 명칭으로 불렸다. 이 목록은 현재 남아 있지 않지만 최초의 문헌목록인 『한서』 「예문지」가 바로 여기에서 기인한다. 유향과 유흠, 그리고 후일의 반고班固와 부의傅毅는 가장 중요한 고대 문헌의 편찬자들로 인정받고 있다.

전한시대에는 경전이 모두 금문今文(그당시의일반적인문자)으로 쓰였는데, 이것은 고문古文(고대의문자)에서 발전된 것이었다. 그러나 전한시대 말기가 되면, 비록 사람들이 제대로 이해하기도 힘든 고대 문자를 매우 불신하였음에도 불구하고 고학古學(고대의학문)이 점차 금학今學(새로운학문)을 대체하게 되었다. 원래 진대와 전한대의 경전 교수들은 오직 금문으로 된 경전만을 사용하였다. 이러한 교수들이 14명이었다고 한다. 처음에는 고대 원전을 가르칠 수 있는 사람조차 없어서 독학으로 공부해야만 했는데, 이들에 의해 금문으로 된 『곡량전穀梁傳』과 『공양전公羊傳』이 쓰였다. 그러다가 고문으로 된 『좌전』, 『예기禮記』와 『주례周禮』, 공부孔鮒의 『상서尚書』와 모장毛萇의 『모시毛詩』가 발견되었다. 유흠은 『좌전』을 매우 좋아하여 최초로 고문의 편을 들었고 환담桓譚이 그를 뒤따랐다.

이들은 모든 학교에 고문을 도입하자고 제안하였다. 이 제안은 처음에는 관철되지 못하다가 왕망王莽에 의해 규정화되었지만, 후에 광무제光武帝에 의해 다시 중단되었다.

유흠은 단순히 문자뿐만 아니라 구두로 전래되고 있는 것들 또한 활용함으로써 고대 원전을 매우 폭넓게 다루었다. 그는 많은 것을 첨가하고 삭제하였는데, 이 때문에 원전이 많이 훼손되었다고도 한다. 이러한 원전의 독단적인 첨삭 때문에 그는 학문의 새로운 주자들로부터 고대 문헌을 위조하였다는 의심을 받았다. 오늘날에도 많은 중국의 학자들은 여전히 그를 위작의 대가로 간주하고 있으며, 몇몇 유럽의 중국학자들도 이러한 견해로 기울어져 갔다.[2] 그러나 이들이 제시한 근거는 그와 같은 무거운 비난을 뒷받침하기에 충분치 못하다.[3] 칼그렌은 유흠을 향한 비난이 근거 없는 것임을 예리한 어원학적 방법으로 증명하면서 그의 명예회복을 주장하고 있다.[4]

고학자들과 금학자들의 주장을 평정하기 위해 장제章帝(76~89)는 백호관白虎觀에서 학술회의를 열었고, 거기에서 오경五經이 확정되었다. 후한의 위대한 주석가 마융馬融과 정현鄭玄은 고문을 근간으로 주석서를 저술하였다.

한나라 때에는 춘추전국시대의 철학학파들 중에서 묵가, 양주학파, 명가 등은 사라지고 유가와 도가만이 주요 학파로 남아 있었다. 거기에 후한의 명제明帝(58~76) 때에 불교가 더해졌다. 한왕조의 건립에 앞선 여러 혈전들은 많은 것을 도가의 품에 안겨 주었다. 도가는 사람들로 하여금 고요와 평화를 추구하도

---

2) Franke와 Wilhelm 등이 그러하다.
3) 渡邊秀方, 『中國哲學史槪論』 2, 6쪽.
4) B. Karlgren, *The early history of the Chou Li and the Tso Chuan texts*(Stockholm, 1931).

록 가르쳤고 부드러움과 관대함으로 이끌었다. 나라 전체가 도교를 지향하였던 실제적 사례를 보면, 기원전 190년에 제나라의 재상 조참曹參이 죽고 개공蓋公이 임용되었는데 그가 황로黃老의 도에 따라 9년 동안 국가를 통치하자 도처에 평화가 이르렀다고 한다.5)

한나라 초기의 황제들은 유가를 좋아하지 않았다. 혜제惠帝(BC 194~187)와 문제文帝(BC 179~156)는 도가의 수호자를 자처하면서 법가의 학설에도 관심이 있었고, 경제景帝(BC 156~140)는 유학자를 싫어해서 관리로 임용하지 않았다. 그러나 기원전 140년 무제의 통치시기에 이르러 상황은 달라졌다. 위관衛綰의 제안에 의해 법가 기반의 국가 관리들이 모두 해고됨으로써 법가의 영향이 중단되고, 대신 동중서董仲舒와 공손홍公孫弘의 제안에 따라 유학이 지배체계로 채택되었다. 그리하여 유학만이 학교교육으로 허용되고 다른 모든 사상들은 억압되었다.6) 무제는 대학을 설립하고 오경을 해석하는 박사(五經博士)를 임용하였다. 각 교수는 전문 분야의 한 권의 경전만을 해석하였는데, 경전의 해석을 둘러싸고 유학 내에서 다시 여러 갈래의 학파들이 생겨났다.

철학적인 체계와 연관하여 한대에는 미신과 신비주의가 무성하게 자라나 음양론, 미술, 점술에 대한 사람들의 관심이 활기찼다. 노나라·제나라·연나라에서 온 도사와 술사들이 황제의 궁정에도 큰 영향을 미쳤고, 무제·왕망·광무제와 같은 많은 황제들이 그들의 기예를 확신하였다. 또 점서로도 활용된 각종의 위서緯書들이 나와 공자의 저술을 가탁하면서 경전의 해석에 활용되기도 하였다. 동중서의 『춘추번로春秋繁露』, 양웅揚雄의 『태현경太玄經』, 하휴何休의 『춘추공양

---

5) O. Franke, *Geschichte des Chinesischen Reichs I*, 289쪽.
6) Franke, *Geschichte des Chinesischen Reichs I*, 300쪽.

해고春秋公羊解詁』 등이 그 영향을 받았다.[7]

한대에는 철학이 시인들에게도 영향을 미치기 시작하였다. 건안칠자建安七者[8]와 죽림칠현竹林七賢[9]은 도가에 매우 근접한 이들로, 이들의 성향은 '청담淸談'으로 표현된다. 세속적 욕망에 대한 경멸과 깊은 염세주의는 이들의 기본적인 정서였다. 이들은 생의 고통과 무상함을 인정하면서, 그저 간간히 만취함으로써 짧은 시간이나마 그것을 잊고자 했다. 이러한 세계관은 또한 한대인들로 하여금 불교를 쉽게 수용할 수 있게 해 주었다.[10]

주왕조의 마지막 400년을 중국철학의 원천이자 첫 번째 번영기로 본다면 한대의 400년은 그 원천과 같지 않다. 또한 이러한 '같지 않음' 때문에 이 시대는 계승과 붕괴의 시기로 표현된다. 전한시대의 위대한 철학자로는 유안, 동중서, 양웅의 3인이 있으며, 후한시대에는 왕충 1인이 있다.

전한왕조가 낳은 세 명의 위대한 철학자들은 선구자들에게 의존하고 있었음에도 불구하고 동시에 각기 자신의 고유한 관점 또한 보여 주었다. 이들은 각자의 고유함으로 인해 다른 중국철학자들과 구분된다. 전한시대라고 해서 창조력이 완전히 결여된 것은 아니었지만 일반적으로 이 시기에는 유가와 도가의 학설만이 완전한 진리로 받아들여졌다. 이러한 상황은 새로운 것의 필요성을 잠재웠고, 사람들은 경전과 철학적 저술의 해석에만 만족할 뿐이었다.

---

7) 渡邊秀方, 『中國哲學史槪論』 2, 11쪽.
8) 후한 말 건안시대(196~220)의 유명한 7명의 시인들. 徐幹・孔融・陳琳・王粲・阮瑀・劉楨・應瑒.(Mayers, *Reader's Manual* [Pt. 2], Nr. 233 참조)
9) 위진시대(220~420)의 7명의 현인. 阮籍・山濤・向秀・阮咸・惠岡・劉伶・王戎.(Mayers, *Reader's Manual*, Nr. 85 참조)
10) Wilhelm, *Chinesische Philosophie*, 86쪽.

그 결과 유가와 도가의 학설은 다양한 방식으로 융합되었다. 중국인들은 타고난 정통론자인 동시에 타고난 융합주의자였다.

중국철학은 후한시대에 들어 회의적 합리주의자라 할 수 있는 환담, 왕충, 순열에 의해 정통론의 곤한 잠에서 깨어났다. 당시까지 그 누구도 의심하지 않고 있던 진리를 비판의 시험대 위에 올려놓은 이들은, 예전의 진리라 할지라도 시험을 통과하지 못하면 버려 버리고 대신에 세상을 경험적으로 설명하고자 하였다. 불교가 들어오고 그와 연관된 인도의 문화들이 함께 수입됨으로써 중국인들의 시야는 현저하게 넓어졌다.

전한편

(기원전 206~기원후 25)

제1장 육가

1. 생애와 저술

육가陸賈는 전국시대에 전국을 돌아다니면서 각국 제후의 정치고문 역할로 훌륭한 성과를 거두었던 정치인 또는 외교가들 중의 한 사람으로, 빼어난 언변으로 널리 인정을 받았다. 한고조 유방劉邦이 한왕조를 세울 당시의 공신이기도 하다. 원래는 초楚나라 출신이었는데, 기원전 207년에 이미 한고조의 명을 받고 진나라 장군들과의 거래에서 활동하고 있었다.[1] 생존 시기는 불명확한데, 대략 기원전 250~175년 정도로 추정된다.

육가는 특히 조타趙佗에게 사신으로 파견됨으로써 유명해졌다. 조타는 중국 동남부(浙江·福建·江西·廣東省)에서 월越나라를 건립하고 통치자가 된 사람이다. 육가는 기원전 196년 조타에게 파견되었는데, 그의 탁월함에 감복한 조타는 한왕조의 가신을 자처하면서 여러 달 동안 육가를 위해 주연을 베풀어 주었다. 이후 조타는 육가에게 재교육 받은 사람을 흔쾌히 자기 곁에 두었으며, 봉토를 수여한다는 내용을 담은 황제의 직인을 받고는 육가에게 값진 선물을 내렸다. 황제는 육가가 돌아오자 노고에 대한 감사의 표시로 궁중관직의 하나인 태중대부太中大夫의 직책을 내리고 그 공적을 기념하여 광동廣東에 사당을 지었다. 육대부사陸大夫祠라고 불리는 이 사당은 오늘날까지도 남아 전한다.[2] 육가는

---

1) Édouard Chavannes, *Les Mémoires historiques de Se-ma Ts'ien* II, 351쪽.

자신이 비난한 바 있는 여후呂后(BC 187~179)의 치하가 되자 병을 핑계로 궁정에서 물러났다가, 179년 문제가 등극한 직후 다시 한 번 월나라로 가서 조타로 하여금 이 새로운 통치자를 인정하게 만들었다. 기록에는 이로부터 얼마 후 육가가 고령으로 죽었다고 되어 있으니, 그의 생존 시기는 대략 기원전 250~175년 사이로 추정된다.

한왕조의 첫 번째 황제 유방은 전쟁을 통해 최고의 지위에 오른 평민 출신의 모험가였다. 그는 애초에 학문이나 성인 또는 유학에는 관심이 없었다. 그러나 육가는 유학의 가르침을 황제에게 전하고자 자주 황제가 있는 자리에서 『시경』 과 『서경』 등을 들려주었다. 이에 고조가 "내가 말 위에서 천하를 정복하였는데 『시경』과 『서경』을 무엇에 쓰겠는가?"라고 꾸짖었는데, 육가는 "말 위에서 천하를 정복했다고 해서 통치 또한 말 위에서 하시겠습니까?"라고 대답하였다.[3] 육가가 천하를 정복하는 것은 힘만으로도 가능하지만 그것을 통치하는 것은 오직 평화적인 방식으로만 가능하다고 설득하자 황제는 그에게 통치의 도를 기술하게 하였고, 그는 12편의 책을 저술하여[4] 나라를 보존하는 방법에 대해 말하였다. 황제는 이 책에 크게 만족하였고 신하들은 만세를 불렀다. 육가의 저서는 '새로운 말'이라는 의미에서 『신어新語』라고 불렸다. 이것을 통해 육가는 유학자들이 권력에 이르는 길을 닦아 놓았다. 법가는 고조가 죽을 때까지는 여전히 힘을 유지한 채 유학자들과 주도권을 다투고 있었으나, 무제는 유학자들의 편을 들어 주었다.

현전하는 『신어』 12편이 진본인지에 대해서는 여러 면에서 의문이 제기되어 왔다. 이미 『사고전서총목제요四庫全書總目提要』 권91에서 지적한 바 있고, 펠리오 또한 이것의 진위 여부를 의심하고 있다.[5] 그러나 제시된 근거들이 위작이라는

---

2) Mayers, *Reader's Manual*, Nr. 437.

3) 『史記』, 권97, 「陸賈傳」, 7a, "陸生時時前說稱詩書, 高帝罵之曰, 廼公居馬上而得之, 安事詩書. 陸生曰, 居馬上得之, 寧可以馬上治之乎."

4) 『史記』, 권97, 「陸賈傳」, 7b.

의구심을 보장하기에는 충분하지 못하기 때문에[6] 나는 호적 등과 마찬가지로 전해진 텍스트를 진본으로 믿을 만하다고 본다. 왕응린王應麟(1223~1296)은 그 중에서 7편만을 알고 있었고, 거기에 빠진 5편은 명왕조 때에 훼손된 여러 고대 텍스트들로부터 재구성되었다. 사라진 부분들이 많기 때문에 의도적으로 만들어진 위작이라고 하기에는 지나치게 불완전해 보인다.

『신어』 외에도 육가는 또한 『초한춘추楚漢春秋』 9편과 세 권의 시를 저술하였다. 『초한춘추』는 기원전 206~202년 무렵의 저술로서 한왕조의 설립을 지켜본 증인이 그 과정을 설명하는 방식으로 기술되어 있다. 소실되어 현전하지는 않지만, 역사가 반표班彪에 따르면 사마천도 이 책을 『사기』 저술에 활용하였다고 한다.[7] 한편 왕충은 육가가 한대 문학의 천재에 속하며[8] 동중서가 『신어』를 매우 높이 평가하였다는 사실을 우리에게 전해 준다.[9]

2. 『신어』

이 책의 내용은 우주론으로 시작되는데, 거기에는 태고의 문명이 연계되어 있다. 그 처음은 이러하다.

---

5) Pelliot, *T'oung Pao* Vol.27 (1930), "Bibliographie", 429~434.

6) 사마천이 『신어』를 『사기』에 활용했다고는 하지만 『사기』에서는 그 흔적을 발견할 수 없는데, 단순한 활용의 경우 인용한 곳에 대하여 아무런 언급이 없을 수도 있다. 왕충은 『논형』(*Lun Hêng, Part I : Philosophical Essays of Wang Ch'ung*, 388쪽 및 *Part II: Miscellaneous Essays of Wang Ch'ung*, 243쪽)에서 육가의 말을 인용하였으나 『신어』에는 그 말이 발견되지 않는다. 현전하는 『신어』가 완전한 판본이 아니어서 우리가 그 내용을 확인하지 못한 것이거나 육가의 다른 저서에서 인용한 것일 수도 있다. 육가는 생의 후반기에 비로소 무제의 치하에서 발견된 「곡량전」을 인용하였지만, 그 것이 발견되기 이전에는 그가 「곡량전」을 알지 못했다고 할 수 있겠는가?

7) Chavannes, *Les Mémoires historiques de Se-ma Ts'ien*, "Einleitung", 157・239쪽.

8) *Lun Hêng, Part II: Miscellaneous Essays of Wang Ch'ung* (1911), 232쪽.

9) *Lun Hêng, Part I : Philosophical Essays of Wang Ch'ung* (1907), 465쪽.

전해지기를, "하늘이 만물을 낳고 땅이 그들을 기르며 성인이 그들을 완성하였다. 그 공과 덕이 합치하여 도와 술이 생겨났다"라고 한다.[10]

가장 오랜 성인인 복희伏羲는 하늘과 땅을 보고 그것에 따라 괘를 그렸다. 이를 통해 인간의 행동방식이 정해졌는데, 여기에 첫 번째 가르침이 포함되어 있었다. 그것은 곧 부자, 군신, 부부, 장유 사이의 도리에 대한 가르침으로, 이 가르침에 따라 부모와 자식, 왕과 신하 등의 관계가 정해졌다. 그러나 사람들은 아직 짐승의 고기를 먹고 피를 마시며 털가죽을 걸쳤다. 이후 산농神農은 짐승이 양식으로 적당치 않다고 여겨서, 식물의 열매를 맛봄으로써 다른 식량을 구하였으며 백성들에게 오곡을 먹도록 가르쳤다. 그러나 사람들은 아직 집이 없어서 들판의 동굴에서 살았다. 이 점에서 이들은 아직 짐승과 다르지 않았다. 이에 황제黃帝는 나무를 베고 울타리를 엮어서 집을 지었다. 비로소 사람들은 비바람으로부터 안전해졌다. 그러나 토지를 경작하는 것은 아직 알지 못했다. 그러자 후직后稷[11]이 나타나 땅을 일구어 곡식을 얻고 뽕나무와 삼을 심어 비단과 삼베를 얻는 방법을 가르쳤다. 하지만 관개는 여전히 정비되지 않았다. 그래서 요堯는 양자와 황하를 정비하였으며 강들을 연결시켜 바다에 이르게 하였다. 그러나 여전히 각 지방은 멀리 떨어져 있어 서로 교류하기 어려웠으며 사람들에게는 아직 마차와 배가 없었다. 이에 해중奚仲[12]이 굽은 나무로 바퀴를 만들고 곧은 나무로 도끼를 만들어 마차를 제작한 후 말과 황소로 하여금 그것을 끌게 하였으며, 배를 만들어 물 위에 띄운 뒤 노를 저어 움직이게 하였다. 또한 그는 쇠를 녹이고 나무를 깎아서 도구를 만들었다. 그러나 인간은 모든 수고로움을 싫어하고 쉬운 것만 좋아하였으며 단지 이익만을 좇았다. 그러자 고요皐陶[13]는 감옥을 만들고 형벌을 정하며

---

10) 『新語』, 「道基」, "傳曰, 天生萬物, 以地養之, 聖人成之, 功德參合, 而道術生焉."
11) 요와 순 치하의 농경재상, 후에 곡식의 신으로 지양되었다.
12) 우임금의 관리, 마차와 배의 발명가.

정의와 불의를 규정함으로써 폭동과 혼란을 제거하였다.[14]

중국의 중세 및 그 후대의 현인들은 예禮와 지知를 본보기로 삼음으로써 사람들로부터 존경을 받았지만 결코 고대의 성인들을 능가하지 못했다. 고대 성인들의 공적은 시대를 초월하여 유효하기 때문이다. 육가는 말한다.

중니仲尼(공자)의 문하에서는 책이 생겨날 필요가 없었고, 편작扁鵲[15]의 처방에 따르면 약이 필요하지 않았다. 그것에 부합하기만 하면 선하게 되어 적당한 수단이 될 수 있었다.[16]

성인들이 모두 그 도가 같을 필요는 없으며…… 좋아하는 것이 항상 같은 색일 필요는 없다.[17]

빼어난 유학자였던 육가는 당연히 인仁과 의義를 주요 덕목으로 보았으며, 그의 가르침은 주왕조 말기와 진왕조 시대에 실제로 시행되었던 법가의 법치이론과 대립하였다. 그는 상상력이 풍부한 말로 다음과 같이 말한다.

성인이 높은 자리에 있으면 인과 의로써 둥지를 만들고 위태로운 낭떠러지에 서게 되면 성현을 지팡이로 삼는다. 그렇기 때문에 높은 곳에 있어도 떨어지지 않고 위태로운 곳에 있어도 넘어지지 않는다. 요임금은 인과 의로써 둥지를 만들었고, 순임금은 후직과 설契[18]을 지팡이로 삼았다.…… 진나라는 형벌로써 둥지를 만들었기 때문에 둥지가 엎어지고 알이 깨지는[19] 걱정이 생겨났고, 조고趙高[20]와 이사

---

13) 순임금의 재상.

14) Annemarie von Gabain은 "Ein Fürstenspiegel : Das Sin-yü des Lu Kia"(Berlin, 1930, 박사학위논문)에서 첫 번째 편 「道基」(도의 기반) 전체를 개찬한 것으로 간주하지만, 내게는 우주론의 부록이 합당한 제자리에 있는 것으로 보이며 태고에 대한 언급 또한 다른 편들의 언어 스타일에 상응하는 것으로 보인다.

15) 고대의 유명한 의사. Mayers, *Reader's Manual*, Nr. 553 참조.

16) 『新語』, 「術事」, "書不必起仲尼之門, 藥不必出扁鵲之方, 合之者善, 可以爲法因."

17) 『新語』, 「思務」, "聖人不必同道……好者不必同色."

18) 순의 교육재상.

李斯[21]를 지팡이로 삼았기 때문에 넘어지고 다치는 재앙이 있게 되었다. 그 까닭은 일을 맡긴 바가 잘못되었기 때문이다. 따라서 성인聖人을 지팡이로 삼으면 황제가 될 수 있고, 현인賢人을 지팡이로 삼으면 왕자王者가 될 수 있으며, 어진 이를 지팡이로 삼으면 패자覇者가 될 수 있고, 의로운 이를 지팡이로 삼으면 강자强者가 될 수 있다. 아첨하는 이나 도적질하는 이를 지팡이로 삼으면 멸망하게 된다.[22]

군주는 신뢰할 수 있는 훌륭한 관리를 찾아 일을 맡길 뿐 그 자신이 직접 행동하지는 않는다는 뜻이다. 육가는 또 다음과 같이 말한다.

도道는 무위無爲보다 더 중요한 것이 없으며, 행위에 있어서는 신중함과 공경보다 중요한 것이 없다. 왜 이렇게 말하는가? 옛날에 순임금이 천하를 다스릴 때는 그저 오현五絃의 거문고를 타면서 「주남周南」과 「소남召南」의 노래[23]를 부를 뿐이었다. 그는 전혀 통치하고자 하지 않는 것처럼 조용하게 처신하였고 백성을 전혀 돌보지 않는 것처럼 상관하지 않았지만 나라는 잘 다스려졌다. 주공周公은 예와 악을 정비하고 천지와 산천에 제사를 지낼 뿐이었다. 군대를 세우지 않았고 형벌과 법을 제한하여 지양하였지만, 사해의 사람들이 스스로 이르러 조공을 바쳤으며 월상越裳의 군주가 중역重譯을 거쳐[24] 내조하였다. 이것이 무위이다.[25]

---

19) 이 표현은 일을 완전히 망치게 되었음을 의미하는 관용어가 되었다.

20) 진나라 二世황제를 살해한 간신.

21) 진나라의 재상. 법치를 주장하였다.

22) 『新語』, 「輔政」, "聖人居高處上, 則以仁義爲巢, 乘危履傾, 則以聖賢爲杖. 故高而不墜, 危而不仆者. 堯以仁義爲巢, 舜以禹稷契爲杖……秦以刑罰爲巢, 故有覆巢破卵之患. 以趙高李斯爲杖, 故有傾仆跌傷之禍. 何哉. 所任非也. 故杖聖者帝, 杖賢者王, 杖仁者覇, 杖義者强. 杖讒者滅, 杖賊者亡."

23) 「周南」과 「召南」은 『書經』, 「國風」의 앞머리에 나오는 편명이다.

24) '越裳'은 남만의 나라 이름이다. 한 번의 통역으로는 말이 통하지 않을 정도로 멀리 떨어져 있다고 해서 '거듭 통역을 거친다'(重譯)고 했다. 보통 重譯, 三譯, 九譯 등으로 표현된다.

25) 『新語』, 「無爲」, "夫道莫大於無爲, 行莫大於謹敬. 何以言之. 昔虞舜治天下, 彈五絃之琴, 歌南風之詩. 寂若無治國之意. 漠若無憂民之心, 然天下治. 周公制作禮樂, 郊天地, 望山川, 師旅不設, 刑格法懸. 而四海之內奉供來臻, 越裳之君重譯來朝, 故無爲也."

군자의 다스림은 아무 할 일이 없는 듯이 나무토막처럼 앉아서 아무 말도 못하는 것처럼 고요하다. (그럼에도 나라가 잘 다스려져서) 관청에는 관리가 없고 마을에는 백성이 없는 듯이 조용하다. 길거리에서는 사람들이 싸우지 않고 어른과 아이가 법정에 호소하지 않는다. 가까이는 논쟁이 없고 멀리서는 아무 소리도 들려오지 않는다. 봉화소에는 밤중에도 관리가 지나가지 않으며, 마을에는 밤중에도 방범이 필요하지 않다. 개가 밤에 짖지 않고, 까마귀가 밤에 울지 않는다. 노인은 방에서 쉬고 젊은이와 힘센 장정들은 들판을 경작한다. 조정에서는 관리들이 임금에게 충성하고, 가정에서는 자식들이 부모에게 효도를 다한다.[26]

백성들을 행복하게 해 주기 위해서는 무기와 병사가 필요치 않으며, 백성들을 하루 종일 무거운 형벌로 묶어 둘 필요도 없다. 진晉나라의 여공厲公(BC 580~573), 제齊나라의 장공莊公(?~BC 548), 초楚나라의 영왕靈王(BC 540~529), 송宋나라의 양공襄公(BC 650~637)은 군사를 동원하여 경쟁자들을 제거한 뒤 이로써 영원한 명성을 얻었다고 믿었다. 그러나 이것은 단지 이웃나라들의 적대감을 유발하고 내적인 불만을 야기한 것에 불과했다. 결국 양공은 전장에서 강물에 익사했고, 나머지 세 군주들은 살해되었다.[27] 진秦나라의 통치자들 역시 대개 비슷한 종말을 맞았다. 연이은 출전, 거대한 성의 건축, 무거운 형벌은 늘 더 큰 혼란으로 인도할 뿐이다. 군주는 일이 저절로 이루어지도록 함으로써 자신을 보호하고, 이로부터 나아가 화합을 도모해야 한다. 그러면 백성들이 멀리서부터 그에게로 몰려온다. 법을 통해서는 그저 악한 자를 처벌할 수 있을 뿐, 선행을 유도하지는 못한다.[28] 처벌이 가볍고 상이 커야만 멀리서와 마찬가지로 가까이에서도 또한 백성들을 얻을 수 있는 것이다.

---

26) 『新語』, 「至德」, "君子之爲治也, 塊然若無事, 寂然若無聲. 官府若無吏, 亭落若無民. 閭里不訟 於巷, 老幼不愁於庭. 近者無所議, 遠者無所聽. 郵譯無夜行之吏, 鄕閭無夜名之征, 犬不夜吠, 烏不夜鳴. 老者息於堂, 丁壯者耕耘於田. 在朝者忠於君, 在家者孝於親"

27) 여공은 권신들의 세력다툼에 휘말려 독살되었고, 장공은 신하의 아내와 사통하다 살해되었으며, 영왕은 전장에서 패해 단기로 도망치다 결국 자결하고 말았다.

28) 『新語』, 「無爲」 및 「至德」편 참조.

유감스럽게도 군주들에게 항상 올바른 관리들이 등용된 것은 아니었고, 요와 순 같은 탁월한 능력의 성인과 전 세계를 바꿀 수 있는 사상은 나오지 못했다. 오히려 재상의 아들이나 군주의 친구 등과 같이, 적합한 능력이 아니라 단지 친분관계에 의해 관직이 주어졌다. 유명한 의사 편작은 죽을병에 걸린 위魏나라 사람을 고쳐 주려 했으나 그 사람의 아버지는 무당을 불러 굿을 하였고, 오히려 병이 더욱 무거워져서 그는 죽고 말았다.

그리하여 육가는 군주의 정치에 국가의 안녕이 달려 있음을 강조한다.

한 시대가 멸망하고 도가 사라지는 것은, 하늘이 그렇게 하는 것이 아니라 나라의 군주가 그렇게 하는 것이다.[29]

또한 그는 정치와 특별한 자연현상 사이의 상호작용에 주목한다.

악한 정치는 악한 기에서 생겨나고, 악한 기는 자연재해에서 생겨난다.[30] 악한 기를 따라서 살무사의 무리가 나타나고 악한 정치에 상응하여 무지개[31]가 나타난다. 아래에서 정치의 도가 사라지면 위로 하늘에서 별들이 밀려나고, 악한 통치가 백성을 덮치면 땅에서는 곤충으로 인한 재앙이 생겨난다.[32]

육가는 보편적으로 유학자로 간주된다. 특히 인과 의의 강조, 국가정치에 대한 견해, 전쟁의 반대 등의 면에서 맹자에 근사한[33] 그는 인성론에서도

---

29) 『新語』, 「明誡」, "衰道亡, 非天之所爲也, 乃國君者有所取之也."

30) A. von Gabain은 "Ein Fürstenspiegel : Das Sin-yü des Lu Kia"에서 이 구절에 있는 두 번의 '於'는 의미에 맞지 않는다고 하여 삭제하고 "악한 정치가 악한 기를 낳고, 악한 기가 자연재해를 낳는다"로 보고자 하였다. 그러나 고대의 자연적인 상징에 따르면 정치만 자연에 영향을 미치는 것이 아니라 자연 또한 정치에 영향을 미치기 때문에 원문을 훼손해 가면서까지 그렇게 해석할 필요는 없을 것이다.

31) 고대 중국인들은 무지개가 곤충으로 이루어져 있다고 믿었다.

32) 『新語』, 「明誡」, "惡政生於惡氣, 惡氣生於災異. 蝮蟲之類隨氣而生, 虹蜺之屬因政而見. 治道失於下, 則天文度於上, 惡政流於民, 則蟲災生於地."

역시 인간의 본성이 선천적으로 선하다는 맹자의 성선설을 공유한다.[34] 그런가 하면 명命에 대한 학설에서는 반대로 순자에 가깝다. 이러한 육가였지만, 군주에 게만 한정된 무위설에 있어서는 도가의 편에 선 듯도 하다. 그러나 육가의 도는 도가의 초월적인 도가 아니라 유가의 도덕적인 것이었다. 그는 『도덕경』은 단 한 차례 인용한 반면에 『논어』와 『춘추』는 매우 빈번하게 인용하였다.

---

33) 高瀨武次郎, 『中國哲學史』 2, 14쪽. 반면 Hackmann은 육가가 맹자보다 순자 쪽으로 더 기울어진다고 여긴다(*Chinesiche Philosophie*, 209쪽).

34) *Lun Hêng, Part I*, 388쪽 및 Hackmann, *Chinesiche Philosophie*, 209쪽 그리고 v. Gabain, 'Ein Fürstenspiegel : Das Sin-yü des Lu Kia', 5쪽에서는 육가는 인간의 본성 속에는 선과 악이 섞여 있다고 보았다고 한다.

제2장 가의

가의賈誼[1](BC 198~166)는 낙양洛陽 출신으로, 30대 초반의 젊은 나이에 요절하였다.[2] 매우 조숙하였던 그는 18세 무렵에 수재로 널리 이름을 떨쳤다. 수오공吳公이 그를 매우 높이 평가하여 자기 집에 머물게 했다가, 문제文帝가 즉위한 해인 기원전 179년에 그가 철학적으로 매우 해박하다는 것으로써 천거하였다. 그는 23세에 경전학술원의 박사로 임용되었는데, 황제가 조언을 구할 때마다 다른 연로한 관리들이 아무 말도 못하는 가운데 오직 그만이 항상 답할 수 있었다. 황제는 그를 매우 총애하여 1년 후 태중대부太中大夫로 임명하였다. 왕조가 20년 이상 존속되며 화평한 나날이 계속되고 있었으므로 가의는 나라의 제도가 새롭게 정비되어야 한다고 생각하였다. 그의 많은 개혁안들이 조정에 수용되었으며, 그의 제안에 따라 땅(地)이 왕조를 수호하는 요소로 간주되었다.[3] 나아가 그는 달력과 의복의 색을 바꾸고 예와 악을 새롭게 정비하며 관리의 명칭을 정할 것을 제안하였다.

하지만 가의는 높은 직위와 탁월한 성공으로 인해 많은 고관들과 부딪치면서 그들을 적으로 만들었다. 황제가 이 젊은 개혁가를 재상으로 삼으려 하자,

---

1) Faber, *Doctrines of Confucius*, 10쪽에서는 가의가 金門子로 일컬어졌다고도 하는데 어떤 원전에 근거한 것인지 모르겠다.
2) Édouard Chavannes, *Les Mémoires historiques de Se-ma Ts'ien*, "Einleitung", 158쪽. Wilhelm은 *Chinesische Philosophie*에서 중국문헌에 따르면 가의는 기원전 204년에서 168년까지 살았다고 하는데, 이것은 그의 전기(『史記』, 권84)와 일치하지 않는다.
3) *Lun Hêng, Part II*, 218쪽.

관리들은 음모를 꾸며서 가의의 권력을 막고 황제가 그를 더 이상 총애하지 못하게 하는 데 성공하였다. 황제는 가의가 젊은 나이에 너무나 큰 권력을 지니고서 모든 일을 멋대로 하려고 한다는 그들의 모함을 믿고 더 이상 가의의 제안을 따르지 않았다.

가의는 궁정에서 멀어졌고, 경제景帝(BC 156~140)의 아들 중의 하나인 장사왕長沙王의 태부太傅로 임용되었다. 왕자의 태부로 임명되었을 때 그는 이 좌천을 매우 불쾌하게 받아들였다. 장사지방의 습하고 무더운 기후와 낮은 지대에서 죽을병을 얻게 되지나 않을까 두려웠기 때문이다. 상수湘水를 건너면서 그는 그곳에서 물에 빠져 자살한 시인 굴원을 생각하며 「조굴원부弔屈原賦」를 썼다. 장사에서 가의는 집안에 돌우물을 파고 자주 그 곁에 앉았다고 한다. 그곳에 거주한 지 삼 년이 지난 어느 날 저녁에 올빼미가 그의 방으로 날아들었는데, 당시 올빼미는 흉조로 여겨졌으므로 그는 자신의 죽음이 멀지 않다고 여기고 유명한 「복조부鵩鳥賦」를 지었다.[4]

가의는 열악한 기후를 극복하였으며 후에 양梁나라 회왕懷王의 태부로 임용되었다. 회왕은 그를 매우 좋아하였고 그의 학문에 지대한 관심을 보였지만, 몇 년 뒤 말에서 떨어져 죽고 말았다. 가의는 자신이 그 일에 책임이 있다고 믿었으며, 크게 상심하여 1년이 넘도록 울면서 왕을 애도하다가 물에 빠져 자살하였다고 한다.[5]

가의는 주희朱熹와 소식蘇軾이 말하듯 탁월하고 비범한 재능을 지니고 있었지만 너무 거칠고 투박했으며 사교적인 능력이 부족해서 반대파들을 극복하지 못하였다. 그는 자신의 성공에 도취되어 옛것을 전부 버리고 한꺼번에 모든 것을 개선하고자 했다. 이 때문에 주희는 그가 매우 길들여지지 않았다고

---

4) 「弔屈原賦」와 「鵩鳥賦」는 「惜誓」와 함께 『楚辭』에 수록되어 있으며, 앞의 둘은 또한 『사기』 권84와 『전한서』 권48에 있는 가의의 전기에도 수록되어 있다.

5) 『史記』, 권84, 「賈誼傳」.

평가하였다.6) 또한 그는 심한 우울증이 있었다. 젊은 나이에 이미 그는 죽음을 늘 목전에 두고 살았다. 지방으로 추방되었을 때, 올빼미가 자기 방에 들어왔을 때, 자신의 왕이 죽었을 때, 그는 매번 마음의 평정을 잃고 말았다. 이런 까닭에 그의 시 역시 깊은 우울함을 담고 있다.

가의는 10권으로 이루어진 저서 『신서新書』를 남겼다. 『한서』에 따르면 그것은 58편이었다고 하고, 『숭문총목崇文總目』에 따르면 본래 72편이었으나 유향에 의해 58편으로 축소되었다고 한다. 지금은 그 중 55편까지가 남아 있으며 56번째 편은 제목만 남아 있다.7) 처음 두 편8)에서는 진나라의 허물에 대해 이야기하고 있는데, 이것은 사마천의 『사기』에도 들어 있으나 그 순서가 다르다.9) 몇몇 편은 정치제도의 정립을 위해 황제에게 제안한 특별한 보고서들이다. 또 내용이 반복되는 편들도 있고, 그 분량이 다른 편에 비해 배 이상 길거나 절반밖에 안 되는 편들도 있다. 따라서 이 저서들이 어느 정도 뒤섞여 편집되었으며 가의의 말들이 올바로 정리되지 않은 것 같은 인상을 준다고 한 주희의 말은 부당하지 않다. 『사고전서총목제요』 또한 『신서』의 원전이 다양하게 변경된 채 정리되지 않았다는 하였으며, 와일리는 원전의 여러 부분이 소실되어 다른 사람에 의해 보충되었다고 보았다.10)

소식은 『신서』가 고대(三代) 성현들의 경전에 비추어 보더라도 뒤질 것이 없다고 극찬하였고, 샤반은 저자의 열정과 스타일, 정치적인 통찰력을 높이 평가하였다. 물론 진진손陳振孫 같은 이는 『한서』에 실리지 않은 부분은 천박하고 읽을 만한 가치가 없으며 원본이 아니라고 주장하기도 했지만, 이러한 판단은

---

6) 『古今圖書集成』, 「經籍典」, 470部.
7) 『四庫全書總目提要』, 권91.
8) 「過秦」 上・下.
9) Chavannes, *Les Mémoires historiques de Se-ma Ts'ien*, 158쪽 주1에서는 처음의 세 편이 「過秦論」이라고 말하고 있지만 이것은 실제로 두 편일 뿐이다. 그 제목은 『子書百家』와 『漢魏叢書』 모두 「過秦論」이라 적고 있다.
10) Alexander Wylie, *Notes on Chinese Literature*, 67쪽.

근거가 없다. 따라서 『사고전서총목제요』에서 그러한 주장에 대해 논박하는 것은 당연하다. 그런데 『신서』가 지어진 176년[11]에 가의는 겨우 22살이었다. 때문에 청대 고증학자 노문초盧文弨는 『신서』는 가의의 추종자들이 그의 말을 모아서 편집한 것이라고 보았으며, 같은 청대의 요수원姚首源 또한 이 책은 위작으로서 조악한 문체로 되어 있다고 여겼다.[12] 충분히 가능한 판단이기는 하지만, 우리는 이것이 합당하다고 인정할 수 없다.

가의는 흔히 유학자로 인정되지만 한대에 보통 그랬던 것처럼 그 또한 도가사상과 유가사상의 화합을 추구하였다. 도를 그는 다음과 같이 정의한다.

도는 형체가 없으니, 평평하고 조화로우며 신묘하다.[13]

즉 도는 단순한 규정이나 규칙 또는 방법이 아니라, 하나의 실체이며 정신적인 존재이다. 그러나 이 두 정의는 뚜렷하게 분리되는 것이 아니라 다음의 말에서 보여 주는 것처럼 서로 통한다.

어떤 사람이 물었다. "나는 도라는 말을 자주 들었지만 그것이 도대체 무엇을 뜻하는지 모르겠다. 도가 어떤 것인지 물어도 되겠는가?" 이에 내가 답하였다. "도는 사물이 작용하게 하는 것이다. 그 근본은 허虛라고 하며 그 전개는 술術이라고 한다. 허는 도의 가장 순수한 본질이다.[14] 이것은 자연스런 상태에 머물러 사용되지 않고 있는 것으로 온통 고요하다. 술은 이로부터 사물이 형태를 가지게 되는 것으로 동정動靜의 작용이다.[15] 이 모든 것이 도이다."

"그렇다면 허는 어떤 방식으로 사물에 작용하는가?" "거울은 아무 모양도 갖추지 않았지만 아무런 숨김이 없어서, 아름답고 추한 것이 가까이 오면 다가오는 것에

---

11) 『新書』 권3 8a에는 한의 왕조가 10년 동안 번영하고 있다는 기록이 있다.
12) 黃雲眉, 『古今僞書考補證』(1931) 참조.
13) 『新書』, 권8, 6b, "道者無形平和而神."
14) '허'는 비물질성, 정신성이다.
15) '도'는 動靜을 통해 사물에 작용하는데, 이 작용을 術이라고 한다.

이른다. 저울은 텅 빈 채 있으면서 사욕이 없이 고요하게 자리하고 있다가, 가볍고 무거운 것이 위에 놓이면 그 무게를 단다. 현명한 군주는 남쪽을 향한 채 순수하고 사욕이 없이 고요하게 자리하니, 그 명령이 저절로 나오고 사물의 이름이 저절로 정해진다.16) 이것은 마치 거울이 사물의 모습을 그대로 반영하고 저울이 사물의 무게를 정확하게 재는 것과 같다.17) 모든 것은 도와 일치하려고 하며 정확하게 도를 따른다. 사물은 자신의 최대한을 이루고, 도는 사물에게 사물 자신의 것을 보장한다. 이것이 사물에 대한 허의 작용이다."

"그렇다면 술은 어떤 방식으로 사물에 작용하는가?" "통치자가 어질면(仁) 그의 지역이 평화롭기 때문에 모든 관리와 백성들이 그를 친애(親)한다. 통치자가 의로우면(義) 그의 지역이 잘 정비되기 때문에 모든 관리와 백성들이 그를 따른다(順). 통치자가 예의로우면(禮) 그의 지역이 숙연하기 때문에 모든 관리와 백성들이 그를 공경(敬)한다. 통치자가 믿음직스러우면(信) 나라 안이 정연하기 때문에 모든 관리와 백성들이 그를 신뢰(信)한다."18)

처음에 도 자신이 사물의 생성과 변화에 영향을 미치고 있는 동안에, 군주는 올바른 방법에 따라 특히 인간에게 작용하는 도를 사물의 도리로 놓아둔다. 여기에 나온 술術 즉 덕德들은 모두 고대 도가에 의해 폄하된 유교적인 것들이다. 『신서』의 본문에서는 생각으로만 가능한 덕과 그에 상응하는 결과에 대한

---

16) 『중국고대철학사』(소명, 2004) 669쪽 주1817(473쪽 주1)에 나오는 다음 구절(『韓非子』, 권1, 11) 참조. "故虛靜, 以待令, 令名自命也, 令事自定也, 虛則知實之情, 靜則知動者正, 有言者自爲名, 有事者自爲形, 形名參同, 君乃無事焉." 괄호 안의 쪽수는 『중국고대철학사』의 원본 쪽수를 가리킨다.

17) 도의 본질인 '虛'를 거울의 無執과 不藏, 저울의 虛·無私 및 平靜, 군주의 淸虛와 靜에 비교함으로써 도가 자기 자신의 관심이 아니라 사물의 상황에 따라 적당하고 정확하게 작용함을 설명하고 있다.

18) 『新書』, 권8, 2b, "曰, 數聞道之名矣, 而未知其實也. 請問道者何謂也. 對曰, 道者所從接物也, 其本者謂之虛, 其末者謂之術. 虛者言其精微也, 平素而無設, 儲也, 術也者所從制物也, 動靜之數也, 凡此皆道也. 曰請問虛之接物何如. 對曰, 鏡儀而居, 無執不藏, 美惡畢至, 各得其當. 衡虛無私, 平靜而處, 輕重畢懸, 各得其所. 明主者南面而正, 淸虛而靜, 令名自宣, 命物自定, 如鑑之應, 如衡之稱. 有醜和之, 有端隨之, 物鞠其極而以當施之, 此虛之接物也. 曰, 請問術之接物何如. 對曰, 人主仁, 而境內和矣, 故其士民莫弗親也. 人主義, 而境內理矣, 故其士民莫弗順也. 人主有禮, 而境內肅矣, 故其士民莫弗敬也. 人主有信, 而境內貞矣, 故其士民莫弗信也."

긴 설명도 이어진다.

그런데 사람들의 도와의 관계는 매우 상이할 수 있다.

도를 지키기만 하는 사람을 선비(士)라고 하며, 도를 즐기는 사람을 군자君子라고 하며, 도를 아는 사람을 명자明者(밝은 이)라고 하며, 도를 행하는 사람을 현자賢者라고 하며, 도를 아는(明) 동시에 도를 행하는(賢) 사람을 성인聖人이라고 한다.19)

가의는 「복조부鵬鳥賦」에서 현명한 이와 어리석은 이의 차이를 다음과 같이 도식화해서 나타내고 있다.

어리석은 사람(愚士)은 일상에 얽매여 있어 마치 사슬에 묶인 죄수와 같지만, 지극한 사람(至人)은 사물을 버리고 도에 머문다. 보통사람(衆人)은 의심으로 채워져 사랑과 증오의 감정이 마음속에 쌓이지만, 참된 사람(眞人)은 고요와 평화를 사랑하며 홀로 도에 머문다. 그는 지智를 버리고 자신의 신체에서 해방됨으로써 상승하여 자기 자신조차 잊는다. 텅 비고 형체가 없이 그는 도와 함께 흐른다.20)…… 그의 태어남은 흡사 떠오르는 것과 같고 그의 죽음은 흡사 멈추는 것과 같다. 그는 마치 깊은 못의 고요함과 같이 담박하고 매이지 않은 배처럼 자유롭다.21) 그는 매우 값진 것을 간직하지 않는데, 그것은 그가 사는 것이 아니라 허를 수양하며 떠돌고 있기 때문이다. 덕이 있는 사람은 구속을 모르고 명을 이해하며 걱정이 없다. 어떻게 작은 티끌 같은 의심이 그 안에 일 수 있겠는가?22)

---

19) 『新書』, 권8, 4b, "故守道者謂之士, 樂道者謂之君子, 知道者謂之明, 行道者謂之賢, 且明且賢此謂聖人."
20) 이것은 도가의 신비주의이다. 至人은 순수한 신으로서 하늘로 상승하여 도와 하나가 된다. Wilhelm, *Chinesische Literatur*, 111쪽에서는 "寥廓忽荒, 與道翱翔'을 이렇게 번역하고 있다. "매우 깊고 비어서 항상 자유롭고 밝다. 그러므로 그는 세계의 날갯짓을 호흡한다." 원전에는 이 내용이 없다.
21) 도가는 자기 자신의 의지를 버린 채 일이 저절로 흘러가게 한다.
22) 『新書』, 권8, 9b, "愚士繫俗, 僔若囚拘, 至人遺物, 獨與道俱. 衆人惑惑, 好惡積意, 眞人恬漠, 獨與道息, 釋智遺形, 超然自喪, 寥廓忽荒, 與道翱翔……其生兮若浮, 其死兮若休, 澹乎若深淵之靚, 汎乎若不繫之舟, 不以生故自保, 養空而浮, 德人無累, 知命不憂, 細故蒂芥何足以疑."

한편 가의는 장자莊子나 열자列子에게서도 많은 영향을 받았다. 그는 자연의 끊임없는 변형을 주물을 통해 모습을 빚어내는 용광로에 비교한다.[23]

천지는 용광로와 같고 조물주는 장인과 같으며 음양은 석탄과 같고 만물은 구리(銅)와 같다. 함께 흐르다가 다시 분리되고 금방 움직이다가 금방 멈추는 그 사이에 정해진 법칙이 어디 있으며, 천 가지 만 가지로 변화하는 그 사이에 시작과 끝이 어디 있겠는가?[24] 홀연 사람이 된다고 해서 자랑할 것이 무엇이며, 변화하여 다른 사물이 된다고 해서 근심할 것이 무엇인가? 작은 지혜를 지닌 사람은 사욕을 가지고서 다른 사물을 무시한 채 자신만을 귀히 여기지만, 달인達人은 전체를 보므로 그에게 의미 없는 것은 아무것도 없다.[25]

가의는 도의 생성력, 세상의 에너지와 작용을 노자와 마찬가지로 덕이라고 부른다. 도는 덕을 통해 양과 음, 하늘과 땅, 인간과 사물을 생성한다.[26] 덕은 인간과 다른 사물들을 생성하며 성장시킨다. 덕은 고요함(靜)에서 발전해 나와서 도의 기氣에서 흘러나오는 인仁과 다른 덕들을 실행시킨다.[27] 이러한 기는 신神이다.

도와 덕의 신이 펼쳐져서 하나의 기가 된다.[28]

그리고 이 기는 모든 사물을 채운다.

---

23) 『중국고대철학사』, 464쪽 주1095(318쪽 주2) 참조.
24) 한대에는 아직 자연법칙이 알려져 있지 않았다.
25) 『新書』, 권8, 9a, "且夫天地爲鑪, 造化爲工, 陰陽爲炭, 萬物爲銅, 合散消息, 安有常則, 千變萬化未始有極, 忽然爲人, 何足控摶, 化爲異物, 又何足患, 小智自私, 賤彼貴我, 達人大觀, 物亡不可."
26) 『新書』, 권8, 6b.
27) 『新書』, 권8, 7b.
28) 『新書』, 권8, 7a, "道德之神專而爲一氣."

성性은 신과 기가 함께 만나는 곳이다. 성이 이루어지면 곧 신과 기가 밝아지니, 이를 통해 외부세계와 통하고 이로써 외부의 사물과 서로 감응한다.[29]

신과 기가 신체에 있으면, 처음에는 어둡지만 이들로 인해 밝아진다. 그리하여 밝은 빛이 밖으로 나아감으로써[30] 외부세계가 내부세계와 연결되니, 사람은 의와 불의를 인식하게 된다.

그러므로 빛을 밝음(明)이라고 하니, 밝음에서 인식(識)이 생겨나고[31] 앎(知)으로써 널리 통한다.[32]

덕의 본질과 특성은 은밀하기 때문에, 그 작용이 도와 마찬가지로 사물을 꿰뚫지만 인간이 그것을 지각한다고 하더라도 이해하기가 어렵다.[33] 그럼에도 불구하고 가의는 그 특성에 대한 묘사를 시도하여 여섯 가지 이치(六理)에 대한 이론을 새롭게 만들고, 이를 도가의 관점들과 연결시켰다. 도의 변용인 덕은 여섯 가지 이치 또는 특성을 지니고 있는데, 바로 도道·덕德·성性·신神·명明·명命이다.[34] 이것들은 음과 양, 하늘과 땅, 인간과 사물 등의 내적인 면을 조절하는 여섯 가지 법칙이 된다고 하여 육법六法이라고도 불린다. 이와 밖으로 상응하는 것으로는 여섯 가지 방법으로서의 육술六術과 여섯 가지 행동양식으로서의 육행六行이 있다.[35]

인간은 도움 없이 혼자서는 육리에 대한 인식에 이를 수 없다. 따라서 그러한 인식을 위해서는 고대 성인의 교육이 필요하다.

---

29) 『新書』, 권8, 7a, "性神氣之所會也, 性立則神氣曉, 曉然發而通行於外矣, 與外物之感相應."
30) 세상의 빛은 자체적으로 있는 것이 아니라 우리의 신으로부터 나오는 것이다.
31) 빛을 통해 사물을 봄으로써 사물을 인식하게 된다.
32) 『新書』, 권8, 7b, "故曰, 光輝謂之明, 明生識, 通之以知."
33) 『新書』, 권8, 8b.
34) 『新書』, 권8, 6a.
35) 『新書』, 권8, 4b.

선왕들은 천하를 위하여 교육을 실시하였다. 사람들 사이의 관계를 '가르쳐야 할 도리'로 여겼으며, 인간의 감정을 '진실해야 하는 것'으로 여겼다.[36)

여섯 가지 방법은 육예六藝라고도 하는데, 이로 인하여 다시 『서경』·『시경』·『역경』·『춘추』·『예기』·『악기』가 육경으로서 부각된다. 그리고 이를 통해서 인격이 형성되면 여섯 가지 올바른 행동양식인 인·의·예·지·조화·음악에 이르게 되며, 이것은 또 다시 자기 자신을 단속하는 내면의 여섯 가지 규정으로 거슬러 올라간다. 여기서 여섯 가지 행동방식은 유가의 네 가지 덕에 조화와 음악이 추가된 것이다.[37)

『신서』의 제2책은 특별히 예에 대한 말로 시작하고 있다. 여기서는 역사와 경전에서 여러 가지 사례들을 드는데, 대부분의 일상생활은 예의 주도 하에 표출된다. 도덕·인의, 교육, 조정·궁정 및 군사 업무, 재판, 예절, 제사, 포괄적인 예법규정 등의 모든 것이 예가 없이는 불가능하다.

예는 국가를 굳건하게 하고 토지의 신들을 편안하게 하며 군주로 하여금 백성을 잃음이 없도록 하는 것이다.[38)

예로써 천자는 나라를 사랑하고 제후는 영토를 사랑하며 대부는 부하를 사랑하고 백성은 가족을 사랑한다. 개인의 지위와 권력은 예를 통해 정해진다.

---

36) 『新書』, 권8, 4b, "是以先王爲天下設敎, 因人所有以之爲訓道, 人之情以之爲眞."

37) 『주례』에서는 六行의 내용으로 孝, 友, 睦, 姻, 任, 恤을 들고 있는데, 6행은 또한 세계를 구성하는 6부분 즉 음, 양, 하늘, 땅, 인간, 사물을 지칭하기도 한다. 중국철학에서 숫자 6은 중대한 의미를 지닌다. 음과 양의 기는 각기 한 해의 6달씩을 주재하고, 또 6가지 위의 음률(六律 : 陽)과 6가지 아래의 음률(六呂 : 陰)을 주재한다. 한편, 6가지 친족의 등급으로서 고조부에서 손자에 이르는 六親이 있다. 이러한 친족의 등급에 따라 죽은 이를 애도하는 각기 다른 방식의 상례 의절과 복장이 정해진다. 길이를 나타내는 6가지 단위로는 毫, 髮, 釐, 分, 寸, 尺이 있는데, 각각의 단위는 뒤에 오는 것의 10분의 1에 해당한다.

38) 『新書』, 권6, 1a, "禮者所以固國家定社稷使君無失其民者也."

예에 상응하여 제후는 어질고 신하는 충실하며, 아버지는 인자하고 아들은 효성스러우며, 형은 자애롭고 동생은 존경하며, 남편은 화합하고 부인은 부드러우며, 시어머니는 관대하고 며느리는 순종한다.[39] 예는 또한 연회와 일상에 있어서도 중요하다. 이러한 견해에 따르면 예는 모든 덕을 규정하는 것으로 보아야 하고, 이미 고대에 생겨난 것으로 보아야 한다.[40]

제후는 짐승 또한 예에 따라서 대한다. 그는 차마 짐승의 죽음을 보거나 죽는 소리를 들을 수가 없기 때문에 부엌과 도살장에서 떨어져 멀리 거처한다.[41] 심지어 그는 사냥을 할 때에도 관대하여 짐승에게 달아날 수 있는 기회를 주며, 낚시를 할 때 역시 연못을 마르게 하지 않고 물고기를 전멸시키지는 않으며 아주 어린 물고기는 살려 준다.[42]

널리 보급된 견해에 따르면 인간의 행동은 명命과 연관되어 있다. 가의 역시 이러한 생각을 지니고 있었지만, 그의 입장은 도가의 운명주의에 더 가깝다. 완전히 도가적인 「복조부」에서 그는 다음과 같이 말한다.

우리는 하늘과 더불어 생각하거나 도와 더불어 도모할 수 없다. 빠르거나 느리게 명이 결정되지만 아무도 그 때를 알지 못한다.[43]

걱정과 기쁨은 같은 것에서 나오고, 길함과 흉함은 서로 가까이 있다.[44]

행과 불행은 서로 꼬인 실과 다르지 않다. 명이 헤아려지지 않는데 누가 그 마지막을 알 수 있겠는가?[45]

---

39) 중국의 도덕론자들은 일반적으로 좋지 않은 시어머니와 며느리의 관계에 대해서는 대부분 침묵으로 일관한다.
40) 예를 순자와 같은 의미로 이해하고 있다. 『중국고대철학사』, 350~351쪽(235쪽) 참조.
41) 『孟子』, 「梁惠王上」, '不忍人之心' 구절 참조.
42) 『新書』, 권6, 2b.
43) 『新書』, 권8, 9a, "天不可與慮, 道不可與謀. 遲速有命, 烏識其時."
44) 『新書』, 권8, 8b, "憂喜聚門, 吉凶同域."

불행은 행이 의지하는 곳이며, 행은 불행이 숨어 있는 곳이다.[46]

걱정과 기쁨, 길함과 흉함, 행과 불행 등은 서로 밀접하게 연계되어 있다. 서로 생성하는 대대의 원칙에 따르면[47] 행복이나 길함은 흔히 불행이나 흉함으로 바뀌고 불행과 흉함에서 행복과 길함이 생겨난다. 그런데 다음 말은 위와는 달리 완전히 순자를 따르는 것으로 들린다.

재앙이나 축복은 하늘이 내려주는 것이 아니라 관리와 백성에게 달려 있는 것이다. 아, 주의하라, 주의하라! 관리와 백성의 의지를 중요하게 여기지 않을 수 없다. 아 주의하라, 주의하라! 대중의 선행은 이미 복에서 나온 것이고 악행은 이미 불행에서 나온 것이다. 그러므로 하늘의 복을 받아도 이는 하늘이 한 것이 아니며, 하늘의 재앙을 입게 되어도 또한 하늘을 원망할 수 없다. 모든 것은 자신의 행위를 통해 받기 때문이다.[48]

나아가 가의는 도가 행복의 근원이라고 말하는데, 이는 예법을 확실하게 지키고 예에 맞게 생활함으로써 행복을 얻을 수 있다는 의미이다.[49] 다만, 그렇더라도 항상 행복에 이를 수 있는 것은 아니기 때문에 인간은 귀신에게 제사를 지내고, 그러면 귀신이 인간을 도와 행복을 지켜 주는 것이다.[50] 결국 명은 최종적으로 볼 때는 일정 부분 한층 높은 힘에 의해 작용하는 것도 사실이지만, 대부분은 인간에게 의존하는 것이라고 보아야 한다.[51]

---

45) 『新書』, 권8, 8b, "夫禍之與福何異糾纏, 命不可說, 孰知其極."
46) 『新書』, 권8, 8b, "禍兮福所倚, 福兮禍所伏."
47) 『중국고대철학사』, 404쪽(274쪽) 참조.
48) 『新書』, 권9, 1b, "故夫蓄與福也, 非降在天也, 必在士民也. 嗚呼, 戒之戒之. 夫士民之志不可不要也. 嗚呼, 戒之戒之. 行之善也, 莘以爲福已矣, 行之惡也, 莘以爲蓄已矣. 故受天之福者, 天不功焉, 被天之蓄, 則亦無怨天矣, 行自爲取之也."
49) 『新書』, 권9, 2b.
50) 『新書』, 권8, 8a.
51) 이것은 또한 공자의 견해이기도 하다. 『중국고대철학사』, 202쪽(123쪽) 참조.

백성의 행복은 백성들이 모방하는 군주의 훌륭한 본보기와 백성의 교육에 기인한다. 군주가 예에 밝으면 관리들은 덕이 있고 백성들은 잘 통치된다.[52]

백성은 제후의 근본이고, 교육은 정치의 근본이며, 도는 교육의 근본이다.[53]

그러므로 우선적으로 도가 있어야 한다. 그 뒤를 교육이 따르고, 교육은 성공적인 정치를 이끌어 내며, 이로부터 행복이 생겨나고 백성이 많아지게 된다. 정치는 가족생활과 같은 방식으로 이루어진다. 군주를 섬기는 것과 아버지를 섬기는 것, 고관을 받드는 것과 형을 받드는 것, 백성을 사랑하는 것과 자식을 사랑하는 것은 각기 상응한다.[54]

한편 가의는 상고시대의 전설적인 왕들이 남긴 정치에 대한 말들을 수집하였는데,[55] 여기에서 우리는 형이상학적인 것과 윤리적인 문제에 대한 논의를 확인할 수 있다.

① 도는 계곡의 물과 같아서 끊임없이 나와 그치지 않고 흐른다.…… 도는 하늘보다 높고 해보다 밝으며 산보다 안정되어 있다.[56]

② 악을 제거하고 선을 행하는 것보다 더 큰 공이 없으며, 선을 제거하고 악을 행하는 것보다 더 큰 죄가 없다. 내가 선을 좋아하지 않더라도 그것은 이미 선하니, 그것이 선하기 때문에 선하다. 내가 악을 싫어하지 않더라도 그것은 이미 악하니, 그것이 악하기 때문에 악하다. 나는 매일 삼갈 뿐이며, 이로써 이미 충분하다.[57]

---

52) 『新書』, 권9, 4a.
53) 『新書』, 권9, 5b, "夫民者諸侯之本也, 敎者政之本也, 道者敎之本也."
54) 『新書』, 권9, 5b.
55) 「修政語」 上·下.
56) 『新書』, 권9, 6b, "黃帝曰, 道若川谷之水, 其出無已, 其行無止……道高比於天, 道明比於日, 道安比於山."
57) 『新書』, 권9, 7a, "顓頊曰, 功莫美於去惡而爲善, 罪莫大於去善而爲惡, 故吾非善善而已也. 善緣善也, 非惡惡而已也, 惡緣惡也, 吾日愼一日, 其此已也."

③ 사람을 널리 사랑하는 것보다 더 큰 덕이 없으며, 인류에 널리 이익을 주는 것보다 더 나은 정치가 없다. 정치에서는 믿음보다 중요한 것이 없고, 다스림에는 인仁보다 중요한 것이 없다. 나는 오직 이를 삼갈 뿐이다.[58]

④ 단 한 사람의 백성이 굶는 것도 내가 그를 굶게 한 것이고, 단 한 사람의 백성이 추위에 떠는 것도 내가 그를 춥게 만든 것이며, 단 한 사람의 백성이 죄를 짓는 것도 내가 그를 그러한 처지에 빠뜨린 것이다.[59]

위의 말들은 중국의 전설상의 성왕인 오제五帝 가운데 순임금을 제외한 황제黃帝(①), 전욱顓頊(②), 제곡帝嚳(③), 요임금(④)의 말이다. 가의는 정말로 이 말들이 실제로는 존재조차 하지 않았을 수도 있는 고대 영웅들이 남긴 말이라고는 생각하지 않았을 것이다. 이것은 그들의 입을 빌린 가의 자신의 말이며, 그들이 했던 것으로 만들어낸 가의의 생각이다. 공자와 그 제자들의 입을 빌려서 자신들의 학설을 알리고자 했던 도가학자들의 경우 또한 바로 이와 같은 예였다.

그러나 문제가 즉위했을 때 올린 가의의 개혁안이 들어 있는 저서의 첫 번째 내용은 이와 다르다. 그는 도에 기초한 자유방임주의 정책이 아니라 열정적이고 단호한 제재를 황제에게 요청하고 있다.[60] 제후 권력의 약화를 위한 각종 규제, 화폐제도의 개선[61], 흉년을 대비한 양식의 저장[62], 외적(흉노)에

---

58) 『新書』, 권9, 7b, "帝嚳曰, 德莫高於博愛人, 而政莫高於博利人. 故政莫大於信, 治莫大於仁, 吾慎此而已也."
59) 『新書』, 권9, 7b, "帝堯曰……故一民或饑, 曰此我饑之也, 一民或寒, 曰此我寒之也, 一民有罪, 曰此我陷之也."
60) 앞의 주18(『新書』, 권8, 2b) 참조.
61) 문제는 백성들에게 동전의 주조를 허용하였는데, 가의는 이러한 특혜가 결국은 통화 제도에 대한 침해를 불러오게 된다고 보고 화폐생산의 국유화를 주장하였다. 그에 따르면, 백성들이 임의로 헐값의 돈을 생산하게 되면서 돌, 아연, 철이 섞여 들게 되었으며, 또 지방 사람들이 농사를 소홀히 한 채 구리의 수집에만 몰두함으로써 생필품의 결여가 생겨났다는 것이다. 만일 화폐의 생산을 국가가 독점한다면 정치

대한 대책 등이 그가 제안한 내용들인데, 여기서의 제후는 고대 봉건군주에 예속된 제후를 말하는 것이 아니다. 봉건제 하의 제후들은 제국의 설립 이후에 사라졌기 때문이다. 가의가 말하는 제후는 황가의 친척을 가리키는 것이었다. 그들이 제후의 지위에 있으면서 자주 음모와 폭동을 획책하였기에 그 힘을 약화시키고자 했던 것이다.

흉노에 대적하는 제3권 마지막 편의 제목은 '권위가 신뢰받지 못함(威不信)'이다. 이것은 흥미로운 문화적 내용이라 그 내용을 소개한다.

고대에는 의를 바로 세웠기 때문에 동서남북 어디로든 배와 수레가 이르는 곳, 사람의 흔적이 이르는 곳이라면 모두 복종하였으니, 이후에 그 통치자를 천자라고 불렀습니다. 그 덕이 두텁고 은택이 넘치게 되자 통치자를 제(帝)라고 불렀고, 다시 아름다움을 더한 후에는 황(皇)이라고 불렀습니다. 지금은 비록 그 호칭(皇帝)이 매우 아름답지만 실제로는 위엄이 장성(만리장성)을 넘지 못하여, 저들(흉노)은 복종하지 않을 뿐만 아니라 크게 불경스럽기까지 합니다. 변방은 결코 편안하지 않고 긴 성벽도 고요하지 못한 것이 마치 호랑이를 보면 반드시 움직일 수밖에 없는 것과 같으니, 어느 때에야 과연 그칠 수 있겠습니까?

옛날에 고조황제는 서민으로서 보위에 올라 구주를 복종시켰는데, 지금 폐하께서는 구주를 지배하지만 흉노에게는 그 힘이 미치지 못합니다. 가만히 생각건대 폐하께서 발이 될 수 없음에도 또한 형세가 유독 거꾸로 된 바가 있으니, 그 의(義)가 매우 중요합니다. 천자는 천하의 머리라는 말은 무슨 뜻입니까? 이는 위에 있음을 말합니다. 오랑캐가 천하의 발이라는 말은 무슨 뜻입니까? 이는 아래에 있음을

가 환율을 조절할 수 있게 될 것이라고 가의는 생각하였다. 또한 구리는 무기의 생산에도 활용되어 흉노와 대적할 수도 있었다. 『新書』, 권3, 5쪽 참조

62) 성왕들의 방법에 따르면 백성들은 최대 3년에서 최소 1년의 먹을 양식을 남겨두어야 한다. 우임금 치하의 8년 가뭄이나 탕임금 치하의 7년 가뭄 같은 것은 예외의 경우이다. 잘 통치되는 국가에서는 9년 동안의 생필품을 저장하고 있지 않으면 충분하지 못하며, 6년 동안의 것을 저장하고 있지 않다면 곤궁하며, 3년 동안의 것조차 저장되어 있지 않다면 국가가 더 이상 존속할 수 없다. 대체로 5년에 1번 풍년이 있었고, 10년에 1번 흉년이 있었으며, 30년에 1번 대풍이 있었다. 『新書』, 권3, 8쪽 참조

말합니다. 지금 오랑캐가 사람을 불러 명령을 내리는 것은 주상의 권능이요, 천자가 조공을 바치는 것은 신하의 예입니다. 발이 거꾸로 위에 있고 머리가 도리어 아래에 있으니, 이는 형세가 전도된 것입니다. 천자의 세력이 전도되었으니 다스림이 행해질 리 없는데, 어찌 나라 안에 사람이 남아나겠습니까? 덕이 더욱 멀리 베풀어지고 위세가 더욱 멀리 더해지면 배와 수레가 이르는 곳에서마다 사람들을 뜻대로 부릴 수 있지만, 은택이 단지 수백 리에 그쳐서 위엄과 명령을 신뢰받을 수 없는 까닭에 그냥 쓴 눈물만 흘린다는 것이 바로 이것입니다.[63]

가의는 이어서, 흉노에게는 6만 가량의 기병騎兵들이 무장하고 있는데 대략 다섯 사람 중에서 한 명의 기병이 나오기 때문에 호구의 수가 대략 30만에 이른다고 하였다. 그는 섬서성에서 요동까지의 요충지를 국경보호지역으로 설정한 뒤 흉노를 통치하기 위한 특별한 관리를 총독으로 임용할 것을 제안하였으며, 동시에 흉노를 얻기 위한 평화로운 방법으로서 연회 등을 통한 접대와 선물 및 관직의 부여를 추천하였다.[64]

---

63) 『新書』, 권3, 9b, "古之正義, 東西南北, 苟舟車之所達, 人迹之所至, 莫不率服, 而後云天子, 德厚焉, 澤湛焉, 而後稱帝, 又加美焉, 而後稱皇, 今稱號甚美, 而實不出長城, 彼非特不服也, 又大不敬, 邊長不寧, 中長不靜, 譬如伏虎見便必動, 將何時已. 昔高帝起布衣, 而服九州, 今陛下杖九州, 而不行於匈奴. 竊爲陛下不足, 且事勢有甚逆者焉, 其義尤要, 天子者天下之首也, 何也. 上也, 蠻夷者天下之足何也, 下也. 蠻夷徵令是主上操也, 天子共貢是臣下之禮也, 足反居上, 首顧居下, 是倒植之勢也, 天子之勢倒植矣, 莫之能理, 猶爲國有人乎. 德可遠施, 威可遠加, 舟車所至, 可使如志, 而特捫然數百里, 而威令不信, 可爲流涕者此也."

64) 당시에 북중국지역의 대부분을 점령하고 있던 흉노와의 투쟁은 후한 말기에 이르기까지 400년이 넘게 지속되었다.

제3장 『회남자』

1. 회남왕 유안

『회남자淮南子』는 한나라 고조의 손자인 회남왕淮南王 유안劉安이 자신의 빈객으로 머물던 학자들과 함께 펴낸 잡가雜家적 성향의 저서이다. 유안은 회남왕이었던 그의 아버지 유장劉長의 뒤를 이어 안휘성安徽省의 회남淮南 지역을 봉토로 받고 자신의 영지에 학자들을 불러들여 다양한 종류의 학문을 깊이 연구하였다.

유안의 아버지 유장은 회남왕이 되기 이전에 이미 여왕廬王에 봉해진 바 있었다. 그의 어머니는 매우 아름다운 여인으로 조趙나라 왕 장오張敖에 의해 고조에게 바쳐졌는데, 일설에는 왕의 딸이었다고도 한다.[1] 왕자 장을 낳은 후 그녀는 자신에 대한 부당한 대우를 원망하며 스스로 목숨을 끊었고, 황제는 황후가 어머니 역할을 대신하기를 원했다. 매우 거만했던 유장은 장성한 후 마치 자신이 황제인 것처럼 행동했는데, 그를 형제로 여겼던 황제 문제文帝는 그것을 방치하였다. 회남왕으로 봉해진 유장은 봉기를 계획하였고, 중국에 대적하도록 흉노를 선동했다. 그러나 사전에 기밀이 누설되어 사천으로 유배되었는데, 식음을 전폐하여 귀양길에 굶어 죽었다.

유장에게는 아들 넷이 있었다. 유안이 큰아들이었는데, 이들 형제는 6~7세

---

1) 『史記』 권118의 전기와 『前漢書』 권44의 전기에는 이 내용이 나오지 않는다.

무렵에 작위를 받고 몇 년 후 왕이나 제후로 승격되었다. 유안은 기원전 164년에 회남왕이 되었으므로,2) 대략 기원전 175년에 태어났을 것이다.3)

유안은 강한 문학적 성향을 가지고 있었다. 그는 독서를 즐기고 거문고를 즐겨 연주하였으며 사냥과 마차 타는 것을 좋아하지 않았다고 한다. 그러나 그는 비록 전투적이지 않았다고는 하나 한편으로는 자기 아버지로부터 음모를 좋아하는 기질을 물려받기도 했다. 그는 백성들의 사랑을 받으려고 애썼으며 아버지의 죽음에 복수하고 스스로 황제가 되고자 하였다. 실제로 기원전 154년 오초칠국의 난이 일어났을 때 그는 오나라 등과 함께할 각오가 이미 되어 있었다. 다만 그의 재상이 말렸을 뿐이다.

기원전 141년에 즉위한 무제와 유안과의 관계는 더 이상 이를 곳이 없는 최상의 것이었다.

무제는 예술과 학문을 좋아했고 유안을 친숙부와 같이 대하였다.4) 유안이 아주 유능한 연설가였고 탁월한 저술가였기 때문에 황제는 그를 매우 존경하였다. 황제는 매번 유안에게 새로운 책을 선물로 보내곤 했는데, 책을 보내기 전에 늘 사마상여司馬相如5)와 다른 사람들에게 그 초안을 보게 하였다.

유안이 처음 궁정에 나타날 때6) 내편7)을 새로 지어 바치니, 황제는 이를 매우 아껴서 깊이 간직하였다. 황제가 그에게 『이소離騷』의 전傳을 짓게 하였는데, 아침에 명을 받고는 점심 무렵에 이미 전을 완성해서 올렸다. 황제는 또 그에게 송덕가와 수도 장안을 기리는 시를 바치도록 했다. 매번 유안을 위해 연회를 열었는데,

---

2) 『史記』, 권118, 6a. 文帝는 유장이 나라를 잃고 요절한 것을 불쌍히 여겨서 회남 땅을 삼분하여 유장의 세 아들(한 명은 이미 요절함)에게 봉토로 주고, 특히 장자인 유안으로 하여금 유장의 회남왕 작위를 그대로 잇게 하였다.

3) 유안이 대략 162년에 태어났다고 하는 *Geschichte der chinesischen Philosophie II*, 173쪽에 있는 Zenker의 생각은 맞지 않다.

4) 무제는 기원전 157년에 태어났으며 高祖의 증손자였다.

5) 유명한 문인이자 시인.

6) 무제의 즉위 뒤인 기원전 140년일 것이다.

7) 『회남자』의 남아 있는 주요 편목들.

유안은 황제를 알현할 때면 늘 정치의 득실과 방술, 시에 대해 이야기하다가 어두워진 후에야 헤어지곤 했다.[8]

유안은 사교에 능하여 항상 큰 무리를 자신의 편으로 확보하고 있었는데, 그 숫자가 무려 수천에 달했다고 한다. 그들은 대부분 학자와 세객으로, 이미 그 자신이 대학자였던 유안은 그들과 함께 철학을 하며 도교의 이론에 빠져들었다. 그 중에서 특히 팔공八公으로 알려진 8명의 방술사와 유학자 2명이 주목되는데,[9] 유안은 이들과의 특별한 신뢰를 바탕으로 도교를 중심으로 하는 잡가적 성향의 저서를 펴내었다. 사교성과 학술적 명성을 통해 유안은 사람들을 자기편으로 끌어들일 수 있었다. 황제는 그에게 궁정에 출석해야 할 의무를 면제해 줌으로써 자신의 특별한 총애를 거듭 증명하였지만, 이것은 유안에게 아무런 감명도 주지 못했다. 이미 그는 스스로 황제가 되고자 하는 생각을 가지고 있었기 때문이다. 상대가 한왕조의 가장 탁월한 통치자 무제만 아니었더라면 그의 시도는 성공할 수도 있었을 것이다.

기원전 126년에 유안은 때가 왔다고 믿었다. 주제넘게 통치권을 장악한 그는 사람들을 함부로 처형하였으며 온갖 불법행위들을 자행하였다. 그는 고소되어 관직을 박탈당할 위기에 처해졌으나, 의로운 황제는 그를 사면하고 단지 두 현의 통치권만을 거두어 갔다. 그러나 기원전 122년, 그는 공개적으로 폭동을 일으켰다. 이미 무기와 돈을 충분히 확보해 놓은 상태였던 그는 불만이 있는 다른 제후들과 연계하여 군대를 얻었다. 그리고 황제의 직인을 깨뜨리고 자신의 것을 새로 만들었다. 그러나 그는 결단력이 부록하여 전투를 시작할

---

8) 『前漢書』, 권44, 8b, "武帝方好藝文, 以安屬爲諸父, 辯博善爲文辭, 甚尊重之, 每爲報書及賜, 常召司馬相如等視草廼遣, 初安入朝, 獻所作內篇新出, 上愛秘之, 使爲離騷傳, 旦受詔日食時. 上又獻頌德及長安都國頌. 每宴見談說得失及方術賦頌, 昏暮然後罷."

9) 蘇非, 李尙, 左吳, 田由, 雷被, 伍被, 毛被, 晉昌의 8인을 가리켜 八公이라 하였는데, 모피는 유안의 봉기를 자극한 매우 신임하였던 사람이다. 두 명의 유학자는 大山과 小山이라고 한다.

적절한 순간을 놓쳐 버렸다. 이로써 그의 운명은 확정되었고, 그를 체포하라는 명령이 떨어졌다. 유안은 체포되기 직전 목을 찔러 자살하였고 그의 왕후와 태자는 반역에 참가한 죄로 처형되었다.

유안에 대한 전설은 한대에 이미 크게 성행하였다. 여기에서 그는 단약을 끓여 마시고는 집과 함께 통째로 하늘로 올라가 도가의 신선이 되었다. 심지어 유안의 집에서 기르던 개와 닭도 솥에 남은 단약 찌꺼기를 마시고는 함께 승천하였는데, 사람들은 구름 속에서 개가 짖고 닭이 우는 소리를 들을 수 있었다고 한다.[10]

『한서』「예문지」에서는 『회남자』를 절충학파 즉 잡가로 분류하고 있는데, 책을 구성하는 편목들은 다음과 같다. 내편 21편, 외편 30편, 천문학 19권[11], 부賦 29편, 시와 가요 4편[12], 회남왕부의 관직을 서술한 시 44편[13]이 그것이다. 또 『한서』「회남왕전」에서는 내편과 외편 외에 따로 신선과 연금술에 대하여 다루고 있다고 하는 중편 8권을 언급하고 있다.[14] 그리고 이들 편목 가운데 내편 21편만을 가리켜서 「홍렬鴻烈」이라고 한다. 강렬한 빛에 대한 이야기라는 뜻인데, 그 빛은 물론 도를 가리킨다.

여불위처럼 유안 또한 그의 저서를 직접 저술하지 않고 궁정의 학자들에게 저술하게 하였다는 추측이 한대에 이미 나왔다.[15] 가능할 수는 있지만, 정말로

---

10) *Lun Hêng, Part I*, 335쪽.

11) 『漢書』, 「藝文志」, '術數略·天文', "淮南雜子星十九卷."

12) 『漢書』, 「藝文志」, "淮南歌詩四篇."

13) 『漢書』, 「藝文志」, "淮南王羣臣賦四十四篇."

14) 『前漢書』, 권44, "中篇八卷."

15) *Lun Hêng, Part II*, 236쪽. E. H. Parker, *Hwai-Nan Tsz, Philosopher and Prince*(*New China Review* Vol.1, 1919), 517쪽에서는 유안이 그의 학자들로 하여금 많은 내용들을 재발견 또는 개편하거나 발췌하게 하였다고 주장한다. 그 자신은 이 모든 것을 검열·수정하고 다듬었으며 무제에게 유리한 모든 것을 삭제하게 했다는 것이다. Wilhelm, *Chinesische Philosophie*, 81쪽에서는 『회남자』 21편이 궁정학자들과 여덟 명의 가장 중요한 학자들에 의해 저술된 것이라고 말하고 있다. 그러나 우리는 이러한 견해에 대립되는 많은 중국인 학자들의 말을 발견할 수 있다.

그랬던 것으로는 보이지 않는다. 유안의 생애에 관한 우리의 최고 원천인 두 역사서, 즉 『사기』와 『한서』에 실려 있는 그의 전기에는 그러한 혐의가 나타나지 않는다. 사마천은 대개 반역자로 죽은 황제가문의 구성원을 엄격하게 비판하였으며, 특별히 유안을 보호할 만한 이유가 없었다. 또한 「홍렬」의 저자는 이 책이 '유씨의 책'으로서 저자 자신이 개인적으로 황제에게 올린 것이라고 밝히고 있는데,[16] 유안은 자신이 이미 위대한 학자이자 문호였기 때문에 낯선 이의 붓으로 자신을 수식하게 할 필요가 없었다. 물론 그 자료들은 궁정의 학자와 철학자들의 말이었겠지만, 저자는 그것을 기본 자료로 삼아 자신의 철학서를 완성했을 것이다.

아래에서는 『회남자』 속에 담긴 학설에 대해 살펴보도록 하겠다.

2. 도

『회남자』에서는 세계의 원칙인 '도'를 다음과 같이 정의하고 있는데, 이 정의는 마치 고대의 도가 즉 노자나 문자의 말처럼 들린다.

> 파악되거나 인식될 수 없어서 어떠한 형태도 갖출 수 없으며, 인식되거나 파악될 수 없으니 그 작용은 그칠 수 없다. 그윽하고 아득하여 형체 없는 것에 응하며, 관통하고 꿰뚫어 있어 헛되이 움직이지 않는다. 강함과 부드러움에 따라 움츠렸다 펼쳐지고 음과 양에 따라 우러렀다 굽어본다.[17]

> 도는 들어도 들을 수 없으니, 들린다면 그것은 참된 도가 아니다. 도는 보아도 볼 수 없으니, 보인다면 그것은 참된 도가 아니다. 도에 대해서는 말할 수 없으니,

---

16) 『淮南子』, 권21, 「要略」, 8b.
17) 『淮南子』, 권1, 3a, "忽兮怳兮, 不可爲象兮, 怳兮忽兮, 用不屈兮, 幽兮冥兮, 應無形兮, 遂兮洞兮, 不虛動兮, 與剛柔卷舒兮, 與陰陽俛仰兮." 『道德經』 21장 참조.

말한다면 그것은 참된 도가 아니다. 누가 형태의 무형을 알겠는가?[18]

도는 형체가 없으며 어둡고 흐릿하다. 그러므로 어떤 하나의 사물처럼 인식될 수 있는 것이 아니다. 이것은 초감각적이지만 움직임이 있다. 그리고 강함과 부드러움, 음과 양 등 그 특유의 움직임에서 모임과 흩어짐, 굽힘과 펼침 등이 생겨나며, 이에 따라 모든 사물이 생성되게 한다.

이처럼 도는 비물질적이지만, 이로써 또한 모든 물질적인 것의 근원이 된다.

형체가 없는 것은 사물의 위대한 조상이며, 소리가 없는 것은 소리의 위대한 조상 이다. 그의 자식은 빛이고 손자는 물이다. 둘은 무형에서 생겨난다.[19]

빛 또한 도에서 생겨나기 때문에 도의 자식으로 표현되고, 물은 빛에서 생겨나기 때문에 그의 손자가 된다. 일반적으로 양은 불과 빛, 음은 물로 간주되며, 이 둘은 똑같이 도에서부터 생겨난다. 또한 양은 음을, 음은 양을 서로 생성한다.[20]

도는 글로 써서 묘사할 수 있는 것이 아니므로 다른 사람에게 전달할 수 없다. 왜냐하면 그것은 형체가 없어서 다른 것과 연관 지을 수 있는 특성을 찾을 수 없기 때문이다.

문자에 얽매여 형체에 구속된 도는 지극한 도가 아니다. 도는 맛을 보아도 그 맛을 알 수 없고 바라보아도 그 형체를 찾을 수 없기에 다른 사람에게 전달할 수가 없다.[21]

---

18) 『淮南子』, 권12, 1b, "道不可聞, 聞而非也. 道不可見, 見而非也. 道不可言, 言而非也. 孰知形之 不形者乎."
19) 『淮南子』, 권1, 11b, "夫無形者, 物之大祖也, 無音者, 聲之大宗也. 其子爲光, 其孫爲水. 皆生於 無形乎."
20) 『淮南子』, 권3, 18a 참조.
21) 『淮南子』, 권10, 15a, "道之有篇章形埒者, 非至者也. 嘗之而無味, 視之而無形, 不可傳於人."

따라서 우리가 도의 어떤 면을 지각해 낸다 하더라도 그것은 도의 현상에 불과할 뿐 도 자체는 아니다. 우리는 도의 내적인 본질에 대하여 알 수 없으며, 단지 그 작용을 볼 뿐이다.

도는 사실 고유의 특징을 지니지 않지만, 그럼에도 불구하고 거기에는 몇 가지 성질이 부가된다. 바로 고요함, 순수함, 부드러움, 약함 등이다.[22] 이것은 세상에 나타나는 도의 형체가 갖고 있는 특성으로 간주된다.

또한 도는 유일하기 때문에 하나라고 하는데, 이것은 자신과 같은 것을 더 이상 가지고 있지 않으면서도 그 자체로 세계 전체를 포괄한다. 이러한 도는 하늘을 덮고 땅을 지고 있다. 도의 작용은 끊임없고 그 연장은 무한하지만, 도는 또한 손바닥 안으로 한정되기도 한다.

> 도는 무한하게 높아서 그 위에 아무것도 없고, 무한하게 깊어서 그 아래로 아무것도 없다. 도는 저울보다 평평하고 수직선보다 곧으며, 원보다 둥글고 각보다도 각지다. 우주 전체에 펼쳐져 있으며 안과 밖이 없다. 도는 모든 것을 덮고 지며 어떤 막힘도 없다.[23]

> 도는 추호[24]의 한 끝에도 자리할 만큼 신묘하고 우주 전체와 함께할 만큼 크다.[25] 도의 덕은 하늘과 땅을 넉넉하게 하고 음과 양을 조화시키며 사계절을 조절하고 오행을 정돈하며 모든 사물을 양육한다. 풀과 나무를 윤택하게 하고 쇠와 돌을 적신다. 짐승과 새들이 성장하고 강해지도록 만드니, 털이 윤택해지고 깃털은 강해지며 뿔이 생겨난다.[26]

---

22) 『淮南子』, 권1, 12a. 이것은 『文子』 권1 6a의 구절을 재인용한 것이다.
23) 『淮南子』, 권10, 1a. "道至高無上, 至深無下, 平乎準, 直乎繩, 員乎規, 方乎矩, 包裹宇宙, 而無表裏, 洞同覆載, 而無所礙."
24) 도가 여기에서 神으로 표현되는 것은 주목할 만하다. 秋毫는 가을에 난 짐승의 가는 털이다.
25) 도가 무한하게 큰 동시에 무한하게 작다고 한다면 공간의 범주가 적용될 수 없다.
26) 『淮南子』, 권1, 2a. "神託于秋毫之末, 而大與宇宙之總, 其德優天地, 而和陰陽, 節四時, 而調五行, 呴嫗覆育, 萬物羣生, 潤于草木, 浸于金石, 禽獸碩大, 毫毛潤澤, 羽翼奮也, 角觡生也."

도는 하늘과 땅을 포괄하며 사람이 보지 못하는 형체를 부여한다.…… 오므리면
한 손바닥을 채우지도 못한다.[27)]

장자는 난해하고 추상적인 형이상학적 개념들을 우화의 형식으로 등장시켜
서 이야기하곤 했는데, 유안은 그러한 장자의 예를 따랐다.『회남자』권12에서는
'큰 순수'가 '무한'에게, '광채'가 '무'에게 질문을 던지고 있고,[28)] 또 권16에서는
혼魂과 백魄[29)]이 도의 본질에 대해 이야기를 나누고 있다.

백이 혼에게 물었다. "도의 본체는 무엇인가?" 혼이 답하였다. "그 본체는 무無와
유有이다." 백이 말하였다. "무와 유는 형체가 있는가?"[30)] 혼이 답하였다. "어찌
무와 유에 대해 들어 보았겠는가?" 혼이 계속해서 말했다. "나는 다만 우연히 본
바가 있을 따름이다. 그것은 보아도 형체가 없고 들어도 소리가 없다. 그러므로
아득하고 그윽하다고 말한다. 아득하고 그윽하다는 것은 도를 비유한 것이지, 도
그 자체는 아니다."[31)]
백이 말하였다. "나는 그것을 터득하였다. 내 안을 보고 나 자신으로 돌아가야만
한다." 혼이 답하였다. "도를 터득하였다는 것은 그 형체를 볼 수 없고 그 이름을
부를 수 없는 상태인데, 지금 네가 말하는 것은 그 형체와 이름이 있다. 어떻게
그것을 도라고 할 수 있겠는가?" 백이 말하였다. "어떻게 단지 말이라는 것이 홀로
한 것이겠는가? 나는 장차 나의 근원으로 돌아갈 것이다."[32)]

---

27) 『淮南子』, 권1, 1a, "包裹天地, 稟授無形……卷之不盈於一握."
28) 권12 「道應」편은 Evan Morgan, "The Operations and Manifestations of Tao exemplified in
  History", *Journ. Ch. Br. R. Asiat. Soc.* 52 (Shanghai, 1921), 1-39쪽에 번역되어 있다. 여기
  에서 50개의『노자』인용이 설명되었다
29) 魂(die Seele)은 상대적으로 정신적인 능력이 큰 반면에, 魄(Geist)은 낮은 정신적인 능
  력을 갖추고 있다.
30) 비존재(das Nichtsein)는 무(das Nichts)가 아니지만 현상적인 유(das phänomenale Sein)
  또한 아니다.
31) 도는 본질적으로 인식될 수 없기 때문에 현묘하고 숨어 있다고 말한다. 도는 알려지
  지 않은 것이다.
32) 도는 단지 말이 아니라 어떤 실재 즉 인간의 신과 같은 신이지만, 우리는 물질의
  본질을 알지 못하듯이 우리 신의 본질에 대해서도 알지 못한다.

백이 혼을 돌아보니 혼은 갑자기 보이지 않았다. 백은 그 자신으로 돌이켜 지켜서 그 또한 무형으로 빠져들었다.[33]

3. 생성론

장자莊子의 탐구는 단지 생성론에 그친 것이 아니라 생성 이전의 시간으로까지 나아갔으며, 존재뿐만 아니라 무에까지 확장되었다. 여기서 그는 세계의 생성이 시작되는 때, 생성이 아직 시작되지 않은 때, 그리고 생성이 아직 시작되지 않은 때보다 더욱 앞서는 때를 구분하였다. 마찬가지로 그는 무 이전의 때와 그 시간보다 더욱 앞서는 때를 알고 있었다.[34] 유안은 다른 곳에서 스스로 무에 대해서는 아무것도 말할 수 없다고 말하고 있음에도 불구하고, 위와 같은 장자의 구분을 이어받아 시작의 때뿐만 아니라 그보다 앞서는 두 가지 무의 시간까지도 묘사하고자 하였다.

『회남자』에서는 우선 우리 세계가 생성되기 이전, 즉 존재의 시작 단계까지만 묘사하고 있다. 장자의 어려운 용어들 대신에 여기서는 그것을 '시작 이전의 때보다 앞서는 때', '시작 이전의 때', '시작의 때'로 각각 구분하고자 하며, 무의 시대에 대해서도 같은 방식으로 다루고자 한다.

『회남자』에 그려진 다양한 때의 특징은 다음과 같다.

---

33) 『淮南子』, 권16, 1a, "魄問於魂曰, 道何以爲體. 曰以無有爲體. 魄曰, 無有有形乎. 魂曰, 無有何得而聞也. 魂曰, 吾直有所遇之耳. 視之無形, 聽之無聲, 謂之幽冥幽冥者, 所以喩道而非道也. 魄曰, 吾聞得之矣, 乃内視而自反也. 魂曰, 凡得道者形不可得而見, 名不可得而揚, 今汝已有形名矣, 何道之所能乎. 魄曰, 言者獨何爲者, 吾將反吾宗矣. 魄反顧, 魂忽然不見, 反而自存, 亦以淪於無形矣."

34) 『莊子』, 「齊物論」, "有始也者, 有未始有始也者, 有未始有夫未始有始也者. 有有也者, 有無也者, 有未始有無也者" 구절 참조.

① 시작 이전의 때보다 앞서는 때: "하늘은 조화를 포함하고 있지만 아직 내려가지 않았으며 땅은 기를 품고 있지만 아직 올라가지 않았으니,[35] 허무하고 적막하며 괴괴하고 희미하다. 무와 유는 분간할 수 없고, 기는 그것을 따라 크게 통하니 매우 아득하다."[36]

이 단계에 대해 우리는, 이때에는 아직 기가 없으며 생성의 결과인 하늘과 땅 또한 있을 수 없다고 이의를 제기하게 될 것이다.

② 시작 이전의 때: "하늘의 기가 내려오기 시작하고 땅의 기가 상승하기 시작한다. 음과 양이 섞여서 화합하며 함께 떠돌다가 우주 간에 다투어 펼쳐지니, 덕을 쌓고 조화를 머금어 어지러이 뒤섞여 있다. 그러나 사물과 접하려 하지만 여전히 조짐이 이루어지지 않은 상태이다."[37]

③ 시작의 때: "뒤섞인 덩어리의 에너지가 아직 전개되지 않은 상태로, 씨와 싹은 껍데기로 머물러 있을 뿐 아직 형체를 갖추지 못하였다. 무의 모든 곳이 꿈틀대고 있어 장차 일어나려고 하지만, 아직 사물의 종류가 완성되지 않았다."[38]

무의 때와 그보다 앞서는 때에 대해서도 매우 유사한 방식으로 설명되는데, 이들 때가 세 단계의 시작의 때보다도 우선한다는 것을 알 수 있을 것이다. 다만 무와 그 이전의 단계를 설명하고자 했던 유안의 노력은 그다지 성공적이지는 못했다.

① 무의 시작 이전의 때보다 앞선 때: "하늘과 땅이 아직 분리되지 않았고 음과 양이

---

35) 하늘의 조화와 땅의 기는 근원적인 실체들이다.
36) 『淮南子』, 권2, 1b, "天含和而未降, 地懷氣而未揚, 虛無寂寞蕭條霄霓, 無有仿佛, 氣遂而大通冥冥者也."
37) 『淮南子』, 권2, 1a, "天氣始下, 地氣始上, 陰陽錯合, 相與優游, 競暢于宇宙之間, 被德含和, 繽紛蘢蓯, 欲與物接, 而未成兆朕."
38) 『淮南子』, 권2, 1a, "繁憤未發, 萌兆牙蘖, 未有形埓垠壗, 無無蠉蠉, 將欲生輿, 而未成物類."

아직 나뉘지 않았으며 사계절은 아직 경계가 없고 사물은 아직 생성되지 않았다. 넓고도 잔잔하며 고요하고 맑아서 그 형체를 볼 수 없으니, 마치 밝은 광채가 아무것도 없는 사이로 물러나서 스스로 사라진 것과 같다."[39]

② 무의 시작 이전의 때: "천지를 포괄하고 만물을 도야하니 어둠 속을 크게 통하였다. 가장 멀고 가장 큰 것이라 하더라도 그 바깥이 될 수 없고, 갈라진 털이나 흩어진 까끄라기라 하더라도 또한 그 안이 될 수 없다. 어떤 벽으로 둘러싸인 공간이 없지만 유와 무의 근원이 여기에서 생겨난다."[40]

③ 무의 때: "보아도 그 형체를 보지 못하고, 들어도 그 소리를 듣지 못하며, 잡아도 그것을 잡지 못하고,[41] 바라보아도 끝에 이를 수 없다. 너무나도 넓고 커서 측량할 수 없으나 빛과 더불어 서로 통한다."[42]

우주의 생성을 유안은 다음과 같은 방식으로 생각한다.

하늘과 땅이 형성되기 전에는 크게 충만하고 무한히 깊었기 때문에 커다란 밝음(大昭)이라고 한다.[43] 도는 무한한 허에서 시작되는데, 무한한 허는 우주(공간과 시간)를 생성한다. 우주는 기를 생성하는데,[44] 기는 확실한 경계를 가지고 있다. 순수함과 밝음은 높이 올라가 하늘이 되고, 무거움과 흐림은 응결하여 땅이 된다. 순수한 것과 맑은 것을 합한 것은 무거운 것과 흐린 것이 모인 것보다 가볍기 때문에, 하늘이 먼저 생성되고 그 다음에 비로소 땅이 견고하게 된다. 서로 화합한 하늘과 땅의 정수는 음과 양을 이룬다. 음과 양의 특별한 본성은 사계절을 생성하고, 사계

---

39) 『淮南子』, 권2, 2a, "天地未剖, 陰陽未判, 四時未分, 萬物未生, 汪然平靜, 寂然淸澄, 莫見其形, 若光燿之間, 於無有退, 而自失也."
40) 『淮南子』, 권2, 1b, "包裹天地, 陶冶萬物, 大通混冥, 深閎廣大, 不可爲外, 析毫剖芒, 不可爲內, 無環堵之宇, 而生有無之根."
41) 『도덕경』 14장 참조.
42) 『淮南子』, 권2, 1b, "視之不見其形, 聽之不聞其聲, 捫之不可得也. 望之不可極也, 儲與扈冶, 浩浩瀚瀚, 不可隱儀揆度, 而通光燿者."
43) 크게 밝은 것은 그 안에 아무것도 없기 때문에 허이다.
44) 기체와 같이 흐르는 것으로 파악되는 우주의 실체.

절의 본성은 흩어져 만물이 된다. 양의 뜨거움은 모여서 불이 되고, 불의 순수한 부분은 해가 된다. 음의 찬 것은 모여서 물이 되고, 물의 순수한 부분은 달이 된다. 해와 달의 성적인 결합에 의해 그들의 본성에서 별들이 생겨난다. 하늘은 해·달·별을 받고, 땅은 물·강·흙을 받는다.[45]

기는 처음에 하나의 큰 기로 홀로 있었다. 그러다가 음과 양의 신들이 생겨나서 하늘과 땅이 나뉘고, 다시 음과 양의 기가 만물을 생성한다.

하늘과 땅이 아직 나뉘지 않고 뒤섞여 하나의 거친 덩어리를 이루고 있었을 때, 생성이 아직 시작되지 않고 아직 어떤 사물도 생성되지 않았을 때의 일반적인 동일성을 큰 하나(太一)라고 한다.[46] 모든 사물은 하나에서 생겨나서 각기 다르게 되어 새가 되고 물고기가 되고 짐승이 되니, 이를 가리켜 나뉘어 사물이 된 것(分物)이라고 한다.[47]

두 신이 동시에 생겨나서 하늘을 경영하고 땅을 운영한다.[48]

혼탁한 기는 동물이 되고, 가장 순수한 기가 인간이 된다. 그러므로 정신은 하늘에 속하고 뼈와 해골은 땅에 속한다.[49]

---

45) 『淮南子』, 권3, 1a, "天地未形, 馮馮翼翼, 洞洞灟灟, 故曰大昭. 道始于虛霩, 虛霩生宇宙, 宇宙生氣, 氣有漢垠, 淸陽者薄靡而爲天, 重濁者凝滯而爲地. 淸妙之合專易, 重濁之凝竭難, 故天先成而地後定, 天地之襲精爲陰陽, 陰陽之專精爲四時, 四時之散精爲萬物, 積陽之熱氣生火, 火氣之精者爲日, 積陰之寒氣爲水, 水氣之精者爲月, 日月之淫爲精者爲星辰, 天受日月星辰, 地受水潦塵埃."

46) 이 개념은 『예기』와 『여씨춘추』에서도 발견된다. 『중국고대철학사』, 265쪽(170쪽) 및 754쪽(541쪽) 참조.

47) 『淮南子』, 권14, 1a, "洞同天地渾沌爲樸, 未造而成物, 謂之太一. 同出於一, 所爲各異, 有鳥有魚有獸, 謂之分物."

48) 『淮南子』, 권7, 1a, "有二神混生, 經天營地."

49) 『淮南子』, 권7, 1a, "煩氣爲蟲, 精氣爲人, 是故精神天之有也, 而骨骸者地之有也."

4. 우주와 자연

유안에게 하늘은 둥글고 빛나는 것으로, 땅은 모나고 어두운 것으로 간주된다. 이것은 고대의 보편적인 이해방식이다. 밝음은 기가 밖으로 드러난 것으로, 기의 이러한 외적 현상은 불(火)로 대표된다. 어둠은 기가 안으로 간직된 것으로, 기의 이러한 내적 현상은 물(水)로 대표된다.[50] 밝음과 불은 양이고, 어둠과 물은 음이다. 그런데 두 기는 순수한 것이 아니라 오히려 대립되는 것을 약간씩 가지고 있다. 물에는 불의 성질이 있고, 불에도 물의 성질이 있다. 그러므로 이들은 서로 생성할 수 있다.[51] 하늘의 양은 음의 성질 또한 내포하고 있기 때문에 사물을 낳을 수 있고, 땅의 음은 양의 성질 또한 내포하고 있기 때문에 사물을 이루어 줄 수 있다. 만일 하늘의 양이 극성하여 음과 함께하지 못한다면 더 이상 사물을 생겨나게 할 수 없고, 땅의 음이 극성하여 양과 함께하지 못한다면 더 이상 사물을 완성시킬 수 없다.[52]

분노한 양의 기는 바람이 되고, 조화로운 땅의 기는 비가 된다. 음과 양이 서로 부대끼니, 나아가는 것은 천둥과 번개가 되고 혼란스런 것은 어둠과 안개가 된다. 두 기가 싸워서 양이 이기면 비와 이슬로 흩어지고, 음이 이기면 서리와 눈으로 얼어붙는다.[53]

낮은 양에 속하는데 별과 해가 양의 기원이기 때문이다. 밤은 음에 속하는데 달이 음기가 자리하는 곳이기 때문이다. 양기가 주도하면 낮이 길고 밤이 짧으며, 음기가 넘치면 반대로 된다.[54]

털이 나고 깃털이 있는 생물은 걷거나 날아가는데 이들은 양에 속하고,

---

50) 이들은 곧 內景과 外景이다.『淮南子』, 권3, 1b 참조.
51) 『淮南子』, 권3, 6b·18a; 권17, 12b 참조.
52) 『淮南子』, 권3, 10b.
53) 『淮南子』, 권3, 1b.
54) 『淮南子』, 권3, 12a.

뛰거나 겨울잠을 자며 숨는 동물은 음에 속한다.[55]

하늘은 땅에서 5,000리 떨어져 있으며 당연히 덩어리진 공간이라고 생각되었다. 유안은 그것을 중앙과 8방의 아홉 구역(九野)으로 나누었으며,[56] 별들의 운행을 천문학적으로 이해하였다. 하늘에 대한 『회남자』의 설명은 완전한 상상이었는데, 땅에 대한 기술 또한 그에 못지않았다.[57]

유안은 오행이 서로 생성하는 한편으로 투쟁하고 극복하기도 한다고 보았다. 물(水)은 나무(木)를 생성하고 나무는 불(火)을 생성하며, 불은 흙(土)을, 흙은 쇠(金)를, 쇠는 물을 생성한다.[58] 이와 반대로, 불은 뜨겁지만 물이 그것을 끄고, 쇠는 강하지만 불이 그것을 녹이며, 나무는 단단하지만 쇠가 그것을 쓰러뜨리고, 흙으로 이루어진 땅은 평탄하지만 나무가 그것을 뚫고 오르며, 물은 흐르지만 흙이 그것을 막는다.[59] 다만 이러한 극복에서는 승리하는 쪽이 극복되는 쪽과 어느 정도 양적으로 같아야만 하며, 그렇지 않으면 극복이 불가능하다. 쇠가 나무를 이기지만 한 자루 톱으로 숲 전체를 없앨 수는 없으며, 땅이 물을 이기지만 한 무더기의 흙으로 강을 막을 수는 없다.[60]

그렇다면 자연 안에서 인간은 어떤 위치에 있는가?

상고시대를 살펴보면, 태초에 인간은 무에서 생겨났고 그 몸을 유에서 받았다. 형체를 가짐으로써 인간은 사물에 의존하게 되었다. 능히 그 생겨날 때의 근본으로 돌이켜 형체가 있지 않던 때와 같이 될 수 있다면, 그런 사람을 가리켜 진인眞人(참된 사람)이라고 부른다. 이러한 진인은 커다란 하나(太一)의 상태에서 아직 분리되지 않은 존재이다.[61]

---

55) 『淮南子』, 권3, 1b.

56) 『淮南子』, 권3, 2b~3a. A. Forke, *World Conception of the Chinese* (London, 1925), 134쪽.

57) 권4 「地形」은 Erkes, "Das Weltbild des Huai-nan tse"(*Ostasiatische Zeitschrift*, 1916~1917, 27~80)에 번역되어 있다.

58) 『淮南子』, 권3, 17b.

59) 『淮南子』, 권9, 18a.

60) 『淮南子』, 권17, 4a. Forke, *World Conception of the Chinese*, 285쪽 이하 참조.

인간은 다른 모든 사물들과 마찬가지로 '도'에 말미암아서 하늘을 아버지로 삼고 땅을 어머니로 삼아[62] 태어난 우주의 일부지만, 인격체로서의 그는 자기 자신뿐만 아니라 우주의 일에도 참여한다. 자신의 인격을 수양함으로써 인간은 도에서 멀어지지 않고 도와 일치하고 있다.

모든 사물은 원래 동일하여 그른 것도 없고 옳은 것도 없다. 변화와 생성은 원래 광채[63]에서 자라나며 태어남은 죽음과 같다.[64] 천하가 나의 것이며, 나 또한 천하의 것이다. 천하와 내가 무슨 차이가 있겠는가?[65]

내가 나 스스로를 얻으면 천하 또한 나를 얻는 것이다. 나와 천하가 서로 얻는다면 늘 존재하게 될 것이니, 도대체 무엇 때문에 서로간의 차이를 수용해야 하겠는가? 내가 나를 얻었다고 하는 것은 내 몸을 완전히 보존하는 것이다. 그 몸을 보존하면 도와 더불어 하나가 된다.[66]

형체는 태어남이 거주하게 될 집이요, 기는 태어남을 채우는 것이며, 신은 태어남을 제재하는 것이다.[67]

태어남은 하늘의 운행이며, 죽음은 사물의 변화이다.[68]

---

61) 『淮南子』, 권14, 1a, "稽古太初, 人生於無, 形於有, 有形而制於物. 能反其所生, 若未有形, 謂之眞人, 眞人者未始分於太一者也."

62) 『淮南子』, 권7, 1b.

63) 근원적인 광채는 도이다. 만물은 모두 도로부터 생겨난 것이기 때문에 동등한 가치를 지니고 있다.

64) 생과 사는 세계운행의 다른 단계들일 뿐이다.

65) 『淮南子』, 권1, 16b, "萬物元同也, 無非無是, 化育元燿, 生而如死. 夫天下者亦吾有也, 吾亦天下之有也. 天下之與我豈有間哉."

66) 『淮南子』, 권1, 16b, "自得, 則天下亦得我矣. 吾與天下相得, 則常相有已. 又焉有不得容其間者乎, 所謂自得者, 全其身者也, 全其身則與道爲一矣."

67) 『淮南子』, 권1, 18a, "夫形者生之舍也, 氣者生之充也, 神者生之制也."

68) 『淮南子』, 권7, 5a, "其生也天行, 其死也物化."

대립하는 것에 의한 생성의 법칙에 따르면69) 형체는 형체에 의해 생겨날 수 없고 오직 신적인 것에 의해서만 생성될 수 있다. 마찬가지로 추위에서 추위가 생겨날 수 없고 더위로부터 더위가 생겨날 수 없다. 오히려 춥지 않는 것에서 추위가 생겨나고, 덥지 않는 것으로부터 더위가 생겨난다. 그러므로 형체가 있는 것은 형체가 없는 것에서 생겨나고, 세계는 세계 이전의 상태로부터 생겨나는 것이다. 형체가 없는 것, 세계 이전의 상태, 거기에는 아직 하늘과 땅이 있지 않았다.70)

한편, 음과 양, 비와 햇볕만으로는 생명체를 생성하거나 죽게 하기에 충분하지 않다. 그러므로 신이 부가되어 음과 양 안에 살아 있어야만 한다.71)

사물을 낳는 것과 관련해서는, 사물을 기르는 것을 보지는 못하지만 사물은 자라난다. 사물을 죽이는 것과 관련해서는, 사물을 죽이는 것을 보지는 못하지만 사물은 사라진다. 이러한 것을 일러 신명이라고 하니, 성인은 이를 본떴다.72)

그리고 사람에게서는 적어도 두 가지의 신적인 힘, 즉 혼과 백이 구분된다.

하늘의 기는 혼이 되고, 땅의 기는 백이 된다.73)

하늘의 기는 양이고, 땅의 기는 음이다. 감각은 백이 눈·귀·입·마음 안에 흐를 때에 생겨난다.74)

---

69) 이것은 사물이 같은 종류의 것에 의해서만 생겨날 수 있다는 명제와 마찬가지로 잘못된 것이다.
70) 『淮南子』, 권16, 11a.
71) 『淮南子』, 권20, 2b.
72) 『淮南子』, 권20, 1a, "其生物也, 莫見其所養, 而物長, 其殺物也, 莫見其所喪, 而物亡. 此之謂神明, 聖人象之."
73) 『淮南子』, 권9, 1b, "天氣爲魂, 地氣爲魄."
74) 『淮南子』, 권8, 9b. 이러한 이해방식은 『文子』(권9, 24b)에 이미 그 선례가 있다.

인간 외의 세계에는 또한 형체 없는 귀신들도 살고 있다. 인간은 귀신들을 볼 수 없고 들을 수 없지만 이들에게 기도한다. 귀신이 인간에게 복을 주고 불행을 막을 수 있기 때문이다.[75]

5. 명

『회남자』에 따르면 인간의 운명(命)은 자기 자신의 행위에 의해 결정되어 외적인 상황을 통해 나타난다. 복과 마찬가지로 재앙도 자기 자신으로부터 나오는 것이다. 그러므로 사람은 다른 사람을 화나게 해서도 안 되고 하늘을 분노하게 해서도 안 된다.[76] 흔히 운명이란 사람의 행동에 대한 하늘의 상벌에 해당되는 것이므로, 숨으려고 해도 숨을 곳이 없고 달아나려 해도 달아날 길이 없다.[77]

사람이 자기 행동에 따라 운명을 받게 된다고 하더라도 운명은 또한 시간적 상황의 결과이다. 인과 의를 행하고 유가나 묵가의 가르침을 따랐던 군주들 또한 멸망하는 일이 있기 때문이다. 하지만 그 멸망의 원인은 책임과 의무에 있는 것이 아니라 불행한 시대적 상황, 정치적인 폭동, 동요 등과 같은 것에 있다. 많은 사람이 큰 재능을 가지고 있어도 사용하지 못하는데, 이것은 그 때가 그에게 적당하지 않았기 때문이다. 자신의 사상을 구현하고 큰 것을 달성하는 성인조차도 적당하지 않은 시대에 산다면 인정을 받지 못한 채 고작해야 생명을 보존하는 데 그치고 만다.[78]

『회남자』에서는 삶에서 매우 작은 행복만을 구할 것을 말한다.

---

75) 『淮南子』, 권20, 2b.
76) 『淮南子』, 권10, 14b.
77) 『淮南子』, 권6, 1b. 이러한 방식의 시대파악은 묵적을 연상시킨다.
78) 『淮南子』, 권10, 11b 및 권18, 20b.

불행에서 자유로운 것보다 큰 행복은 없으며, 아무도 잃지 않는 것보다 더 좋은 일은 없다.[79)]

그러므로 사람이 항상 불행으로부터 벗어나는 것은 가능하지만 항상 복을 누리는 것은 불가능하며, 항상 처벌을 피할 수는 있지만 항상 공적을 이룰 수 있는 것은 아니다.[80)] 『회남자』에서는 행과 불행에 대해 어떻게 처신해야 하는지를 성인의 모범을 통해 우리에게 보여 준다.

성인은 불행이 자신에게 이르지 못하게 할 수는 없지만 그 자신이 그것을 불러들이지는 않을 것임을 믿는다. 또한 그는 행복이 자신에게 오도록 할 수는 없지만 그것이 오면 사양하지는 않을 것임을 믿는다. 불행이 이르러 옴을 스스로 원한 것이 아니었기에 곤궁함에 처해도 근심하지 않으며, 행복이 이르러 옴을 스스로 원한 것이 아니었기에 형통함이 있어도 자랑하지 않는다. 자신이 행과 불행을 제재할 수 없다는 것을 알기 때문에 한가로이 거처하면서 즐거워하고 행하지 않으면서 작용한다. 성인은 가지고 있는 것을 지키기만 할 뿐 가지지 못한 것을 추구하지 않는다. 자기에게 없는 것을 구하면 자기에게 있는 것조차 잃게 되지만, 자기에게 있는 것을 수양한다면 원하는 것이 또한 이르러 오기 때문이다.[81)]

이것은 언뜻 도가의 체념적 인생관을 연상시킨다. 그러나 성인은 운명으로 주어진 길과 전혀 다른 방향으로 나아갈 가능성도 갖고 있다. 이제 우리는 성인이 실제로 어떠한 길을 통해 다른 일반적인 사람과 다른 길을 갈 수 있게 되는지를 살펴보고자 한다.

---

79) 『淮南子』, 권14, 4b, "福莫大無禍, 利莫美不喪."
80) 『淮南子』, 권14, 5a, "故常無禍, 不常有福, 常無罪, 不常有功."
81) 『淮南子』, 권14, 4a, "聖人……不能使禍不至, 信己之不迎也, 不能使福必來, 信己之不攘也. 禍之至也, 非其求所至, 故窮而不憂. 福之至也, 非其求所成, 故通而弗矜, 知禍福之制不在於己也. 故開居而樂, 無爲而治, 聖人守其所以有, 不求其所未得, 求其所無, 則所有者亡矣, 修其所有, 則所欲者至."

6. 성인

성인聖人은 도와 밀접하게 연관되어 있다. 그는 도에 따라 자연적인 감정과 의지 및 사유를 자제하고 모든 외적인 사물에 동요하지 않음으로써 고차원의 삶을 지향한다.

도를 체득한 사람은 슬퍼하지도 않고 즐거워하지도 않으며 기뻐하지도 않고 노여워하지도 않는다. 앉아 있어도 생각하지 않고 잠자리에 누워서도 꿈꾸지 않는다. 그저 사물이 다가오면 이름 지을 뿐이며, 일이 다가오면 응대할 뿐이다.[82]

이것은 그대로 도가의 수동성이며 무위이다. 또한 『회남자』는 성인에 대하여 다음과 같이 말하고 있다.

그러므로 성인은 자기 내적으로 근본이 되는 것을 수양할 뿐 외적으로 부수적인 것을 치장하지 않으며, 정신을 보존할 뿐 지식에 의미를 부여하지 않는다. 그러므로 그는 평온하여 무위하지만 하지 않는 것이 없으며, 고요하여 통치하지 않지만 통치하지 않는 것이 없다.
무위라는 것은 사물의 활동에 먼저 하지 않음을 의미하고, 하지 않음이 없다는 것은 사물이 하는 바를 따른다는 것을 의미한다. 통치하지 않는다는 것은 자연의 운행을 바꾸지 않음을 의미하며, 통치하지 않음이 없다는 것은 사물들의 자연스런 상관관계를 따른다는 것을 의미한다.[83]

성인은 완전히 수동적이지는 않지만 사물의 자연스런 전개에 충동적으로 방향을 결정하려고 하지 않는다. 그는 사물을 뒤따르기만 할 뿐, 결코 밀어붙이거

---

82) 『淮南子』, 권10, 1a, "故體道者, 不哀不樂, 不喜不怒, 其坐無慮, 其寢無瘳, 物來而名, 事來而應."
83) 『淮南子』, 권1, 8b, "是故聖人內修其本, 而不外飾其末, 保其精神, 偃其才智, 故漠然無爲, 而無不爲也. 澹然無治, 而無不治也, 所謂無爲者, 不先物爲也, 所謂無不爲者, 因物之所爲, 所謂無治者, 不易自然也, 所謂無不治者, 因物之相然也."

나 해서 의도적으로 자기의 뜻을 관철시키려 하지 않는다.[84)]

도를 터득한 사람은 의지는 약하지만 일에는 강하고[85)] 마음은 비어 있어서 합당하게 대응한다.[86)]

그러므로 약함과 부드러움은 생의 근간이며, 견고함과 강함은 죽음의 무리이다.[87)]

도와 연결됨으로써 성인은 일반 사람들로서는 알지 못하는 사물을 직관적으로 지각할 수 있는 능력을 지닌다.

성인은 그의 신을 영에 의탁하여 사물의 시작(道)으로 돌아가서 볼 수 없는 것을 보고 소리 없는 것을 듣는다. 볼 수 없는 것에서 홀로 밝게 드러나며 고요한 가운데에 홀로 비춤이 있다. 그것을 사용함은 사용하지 않음으로써 하며, 사용하지 않음은 이후에 그것을 사용할 수 있음이다. 그 앎은 곧 알지 못함이며 알지 못함은 이후에 그것을 알 수 있음이다.[88)]

형체가 없는 것을 보는 사람이야말로 참으로 보는 사람이고, 소리 없는 것을 듣는 사람이야말로 참으로 듣는 사람이다. 가장 완전한 말은 말이 없고, 최고의 재미는 웃음이 없으며, 가장 완벽한 소리는 소리가 없다.

소리 있는 소리를 듣는 것은 귀가 먹은 것이고, 소리 없는 소리를 듣는 것은 귀가 밝은 것이다. 귀먹지도 귀 밝지도 않은 것은 신명과 통한다.[89)]

---

84) 『淮南子』, 권14, 14a.
85) 성인은 무위를 통해서 오히려 작위함보다 더 많은 것을 이룬다.
86) 『淮南子』, 권1, 9a, "故得道者, 志弱而事强, 心虛而應當."
87) 『淮南子』, 권1, 9b, "是故柔弱者生之榦也, 而强者死之徒也."
88) 『淮南子』, 권2, 8a, "故聖人託其神於靈府, 而歸於萬物之初, 視於冥冥, 聽於無聲, 冥冥之中, 獨見曉焉, 寂漠之中, 獨有照焉, 其用之也, 以不用, 其不用也, 而後能用之, 其知也, 乃不知, 其不知也, 而後能知之也."

성인은 세계정신 즉 '도'와 하나이다. 그 자신은 순수정신이기 때문에 지각을 위한 어떠한 조직도 필요하지 않고 색깔이나 소리 또한 필요하지 않으며, 단지 모든 것을 신을 통해 즉각적으로 파악한다. 움직임에 몸을 사용하지 않고 주거함에 공간을 사용하지 않는다. 사물을 열어 보지 않고 꿰뚫으며 그윽한 가운데에 자기 자신을 잊으니, 귀신이 그의 일에 함께한다.[90]

이러한 성인의 경지에 이르기 위해서는 생기를 수양하고 신을 주재해야만 하며, 또한 왕교王喬[91]와 적송자赤松子[92]가 했던 것과 같은 특별한 호흡법도 사용할 수 있다. 이들은 신체와 지식을 포기하고 참된 자연으로 되돌아갔으니, 그 결과 순수존재(元眇)에 노닐 수 있었고 구름을 타고 하늘을 날 수 있었다. 고대의 현왕들도 이와 같은 것을 하였다.

오제와 삼왕[93]이 천하를 경영할 때는, 만물을 잘게 나누고 생과 사를 동등하게 여기며 모든 변화를 포괄적으로 보아서 위대한 성인의 정신으로 모든 사물의 정상을 인식하였다. 이로써 위로는 신명과 함께하며 그 벗이 되었고, 아래로는 조화와 함께하며 사람이 되었다.[94]

성인은 도를 터득함으로써 신체 또한 외적인 상해로부터 자유롭게 된다.

---

89) 『淮南子』, 권17, 2b, "聽有音之音者聾, 聽無音之音者聰, 不聾不聰與神明通."

90) 『淮南子』, 권7, 7a.

91) 도가의 신선으로, 王子喬로도 불린다. 주나라 영왕의 아들 太子 晉이라고 한다. 30년 동안 嵩高山에 살다가 친구들에게 손을 흔들어 인사한 뒤 흰 토끼를 타고 하늘로 올라갔다고 한다.(Mayers, *Reader's Manual*, Nr. 801) 들오리를 타고 허공을 날아다녔다고 하는 기원후 1세기의 왕교는 왕자교의 환생으로 일컬어진다.

92) 신농씨 때의 신선으로서 비를 다스렸으며, 뜨거운 불 속을 마음대로 드나들 수 있었다고 한다. 간혹 '松'자 대신에 '誦'자를 쓰는 경우도 있다.(Mayers, *Reader's Manual*, Nr. 113; Giles, *Chinese Biographical Dictionary*, Nr. 377)

93) 전설적인 5명의 황제, 태호, 염제, 황제, 소호, 전욱과 세 왕조의 기초자인 우임금, 탕임금, 문왕을 가리킨다.

94) 『淮南子』, 권11, 10b, "五帝三王經天下, 細萬物, 齊死生, 同變化, 抱大聖之心, 以鏡萬物之情, 上與神明爲友, 下與造化爲人."

그러므로 득도한 사람은 불에 타지 않고 물에 젖지 않는다.95) 때문에 성인은 궁지에 빠져도 밝음을 잃지 않는다.

성인은 그 마음이 하늘의 기틀과 상통하기 때문에 귀함과 천함, 부유함과 가난함, 피곤함과 편안함 등에 마음을 두어서 그 의지의 덕을 잃어버리는 일이 없다.96)

참된 성인은 자연법칙에 더 이상 상관하지 않는다. 이미 자기 자신이 곧 도로서, 자신이 좋아하는 것을 할 수 있기 때문이다. 성인의 공적에 대한 유안의 말들은 단순한 철학적 시나 상징이 아니라 참으로 그래야 하는 것들이다. 만약 성인이 도를 지향함으로써 세계정신과 함께 참으로 신적인 힘을 갖게 된다 하더라도 우리는 더 이상 놀랄 필요가 없다.

참된 사람(眞人)은 완전한 허에 목욕하고 아무것도 없는 들판에서 노닌다.97) 비렴蜚廉98)을 타고 돈어敦圉99)를 쫓는데, 우주의 밖을 달리다 우주의 안에서 쉰다. 10개의 해를 등불로 삼아서100) 바람과 비를 사자使者로 삼고 우레(雷公)를 신하로 삼는다. 과보夸父101)를 부리며 복비宓妃102)를 첩으로 삼고 직녀織女를 처로 삼는다. 세상에 무엇이 그의 의지를 제한할 수 있겠는가?
허와 무는 도의 집이며 평정함과 간소함은 도의 바탕이다. 인간이 그 정신(神)을 일하게 하고 정기를 번거롭게 하며 지혜를 부려서 외부로부터 구하는 것이 있다면, 이것은 모두 신의 밝음을 잃게 만들어 집에서 멀어지게 하는 것이다.103)

---

95) 열자와 장자 또한 이렇게 주장하였다.
96) 『淮南子』, 권1, 17b, "則內有以通于天機, 而不以貴賤貧富勞逸失其志德者也."
97) 진인이 비존재 즉 초월적인 존재임을 말하고 있다.
98) 영적인 새로서 일반적으로 '飛廉'이라고 쓰였다. 혹 바람신으로 간주되기도 한다.
99) 호랑이와 비슷한 모습의 상상 속의 동물.
100) 『서경』과 『산해경』에 따르면 요임금의 시대에 열 개의 해가 나타났다고 한다.(*Lun Hêng, Part I*, 271쪽)
101) 해의 그림자를 보고자 하여 해를 쫓아가서 해에 이르렀다가 '햇빛 계곡(暘谷)'에서 목말라 죽었다는 신선.
102) 복희의 딸, 洛水의 신.

옛날에 풍이馮夷와 대병大丙은 구름마차를 타고 무지개 속으로 들어가 희미한 안개 속을 노닐며 황홀한 속을 달렸는데, 점점 더 멀리, 점점 더 높이 내달아 그 끝을 지났다. 이들은 서리와 눈을 밟아도 흔적을 남기지 않았고, 해가 비추어도 그림자가 없었다. 용수철을 탄 듯 회오리바람을 타고 날아올라서 산을 넘고 강을 건너 곤륜에 이르러서는 하늘의 문을 열고 그 안으로 들어갔다.104)

완전한 도인에게 이러한 종류의 일은 어렵지 않다. 우리는 이것을 다음의 말에서 확인할 수 있다.

대장부는 조용하여 아무 생각도 하지 않고, 고요하여 걱정이 없다. 그는 하늘을 덮개로 삼고 땅을 마차로 삼으며 사계절을 말로 삼고 음양을 마부로 삼아서 구름 위를 달리니, 조화와 더불어 그 마음이 일치한다. 우주 안에서 치달을 때에는, 천천히 걸을 만한 곳에서는 천천히 걷고 빨리 내달릴 만한 곳에서는 빨리 내달린다. 비의 신을 부려 길에 물을 뿌리고 바람의 신을 부려 먼지를 쓸게 하며 번개를 채찍으로 삼고 우레를 수레바퀴로 삼아서, 위로 기의 하늘공간을 노닐고 아래로 무한의 문을 드나든다.……
그러므로 그는 아무리 빨리 가도 흔들리지 않으며 아무리 멀리 가도 피곤하지 않다. 사지가 움직이지 않고 총명함이 줄어들지 않았는데도105) 온 세상(八紘九野)의 형세를 알 수 있는 것은 어째서인가? 도의 본질을 확실하게 파악하고 무한의 경지에서 노닐고 있기 때문이다. 그러므로 세상의 일은 인위로 해서 되는 것이 아니라 그 자연에 따라 미루어 가야만 하며, 만물의 변화는 억지로 탐구해서 되는 것이 아니라 그 본질을 파악하여 근본의 지취로 돌아가야만 한다.106)

---

103) 『淮南子』, 권2, 9b, "若夫眞人, 則動溶于至虛, 而游于滅亡之野, 騎蜚廉, 而從敦圄, 馳於方外, 休乎宇內, 燭十日, 而使風雨, 臣雷公, 役夸父, 妾宓妃, 妻織女, 天地之間, 何足以留其志, 是故 虛無者道之舍, 平易者道之素, 夫人之事其神, 而嬈其精, 營慧然而有求於外, 此皆失其神明, 而 離其宅也."

104) 『淮南子』, 권1, 3a, "昔者馮夷大丙之御也, 乘雲車, 入雲蜺, 游微霧, 鶩怳忽, 歷遠彌高以極往, 經霜雪而無迹, 照日光而無景, 扶搖抮抱羊角而上, 經紀山川, 蹈騰崑崙, 排閶闔鑰天門."

105) 도인은 신체와 함께하는 것이 아니라 신 안에서 무위를 통해 다닌다.

106) 『淮南子』, 권1, 3b~4a, "是故大丈夫恬然無思, 澹然無慮, 以天爲蓋, 以地爲輿, 四時爲馬, 陰陽

그런데 학습 혹은 공부에 관해 다루고 있는 권19 「수무修務」의 내용은 이러한 진술들과 매우 어긋나 보인다. 『회남자』의 내용이 완전히 도가적인 데 비해 「수무」는 다분히 유가적이다. 아마도 유학자에 의해 저술되었을 것이다. 아니면 혹 유학하는 친구로부터 이 자료를 전해 받은 것일까? 어쨌든 여기에는 다음과 같은 말이 있다.

성인의 마음은 밤낮으로 사람들에게 이롭게 하고자 함을 잊지 않는다.[107]

도가의 성인은 그의 마음을 수고롭게 하지 않는다. 그는 인류를 돕고자 하지 않고 오직 자기 자신만을 생각한다. 하지만 「수무」의 성인은 항상 다른 사람을 위해 노력해야 하며, 신체를 가볍게 여기고 위험을 감수하며 죽음조차 두려워하지 않음으로써 영원한 명성을 얻게 된다.[108] 이러한 성인상은 도가적인 성인의 무위와 수동성에 위배된다. 그런데 유안은 신농, 복희, 요, 순, 우 등 다섯 명의 현왕들이 절대로 무위하지만은 않았으며, 오히려 백성을 위하여 크게 활동하였다는 점에 동조한다.[109] 따라서 우리는 유안이 유가와 묵가의 인간적인 이상 역시 인정하였으며 유가의 성인 또한 성인으로 간주하였다는 것을 인정해야 할 것이다. 비록 아무리 칭송해도 지나치지 않을 도가의 성인과 똑같은 비중을 두지는 않았다고 하더라도 말이다.

爲御, 乘雲陵霄, 與造化者俱, 縱志舒節, 以馳大區, 可以步而步, 可以驟而驟, 令雨師灑道, 使風伯掃塵, 電以爲鞭策, 雷以爲車輪, 上游于霄霓之野, 下出于無垠之門.……是故疾而不搖, 遠而不勞, 四支不動, 聰明不損, 而知八紘九野之形埒者何也, 執道要之柄, 而游於無窮之地, 是故天下之事不可爲也, 因其自然而推之, 萬物之變不可究也, 秉其要歸之趣."

107) 『淮南子』, 권19, 5, "夫聖人之心, 日夜不忘於欲利人."
108) 『淮南子』, 권19, 12b.
109) 『淮南子』, 권19, 1a.

7. 삶의 지혜

유안의 견해에 따르면, 자연 안의 사물들은 어떤 것은 선하고 다른 어떤 것은 악한 것이 아니라 모두 동등한 가치를 지니고 있다.[110] 선악의 가치는 인간에 의해 비로소 설정되는 것이다. 사물이 자체적으로 어떤 가치를 지니는 것이 아니라, 우리가 특별히 어떤 특성들을 평가하여 '가치 있다'고 보는 것에 불과하다. 우리는 한 사물에서 어쩌면 특정한 한 성질을 평가하고, 다른 사물에서는 정반대의 평가를 내린다. 예를 들어 우리는 진주에 대해서는 크고 흰 것을 높이 평가하는 반면에 옻칠은 검을수록 높이 평가한다.[111] 따라서 이러한 가치평가는 완전히 상대적이다. 어떤 것의 옳고 그름을 평가하는 것도 아주 유사하다. 사람은 어떤 확고한 규칙을 유지하지 않은 채 일반적으로 자신이 옳다고 여기는 것을 옳다고 하고 틀렸다고 여기는 것을 틀렸다고 한다. 이 경우 자신의 견해는 항상 옳게 보이고, 그것과 일치하지 않는 다른 사람의 견해는 항상 틀린 것으로 보인다.[112] 그렇다면 진리는 매우 주관적인 것이라고 할 수 있다. 이것은 또한 백성들의 예와 습관 및 철학자들의 시스템에 있어서도 그러하다. 공자는 음악, 예와 의식, 조상들에 대한 오랜 애도를 주장하였고, 묵적은 공자의 주장을 비판하면서 일반적인 인간애(兼愛), 현인과 신에 대한 존중을 가르치고 명(命)을 부정하였으며, 양주 또한 공자에 반대하면서 근원적인 본성을 보존하고 해가 되는 작용에서 신체를 해방할 것을 주장하였다. 그리고 맹자는 묵적과 양주를 잘못된 선생으로 간주하였다. 이처럼 다양한 종족들의 예와 관습은 서로 어긋나서, 어떤 종족이 선으로 여기는 것을 다른 종족은 악으로 여긴다.[113]

---

110) 이 장의 '4. 우주와 자연' 주63 및 주65 참조.
111) 『淮南子』, 권11, 3a.
112) 『淮南子』, 권11, 12b.
113) 『淮南子』, 권13, 8b.

시비에 관한 위와 같은 유안의 관점은 무척 도가적이다. 그에 따르면 군자는 올바른 신으로 작용하고 일반적인 사람들은 잘못된 신으로 작용한다고 한다. 올바른 신은 자연에 상응하여 옳은 것과 조화를 이루고 이치를 따르며 사물에 집착하지 않지만, 잘못된 신은 입맛에 의해 주도되고 색깔과 소리에 현혹되며 기쁨과 노함에 폭발하여 이후의 나쁜 결과를 염려하지 않는다.[114] 따라서 사람은 선으로 이끌어 주는 타고난 성을 따라야 하며, 파멸로 인도하는 경향과 감정에 유혹되지 않아야 한다.

유안은 무위를 성인의 일로부터 더 나아가 완전히 일반적인 사람들의 의무로까지 만든다. 그러나 이 개념은 유가의 영향을 받아 변형된 것으로, 일이나 사물을 올바르게 다룬다는 뜻을 지니고 있다. 그는 이렇게 말한다.

> 내가 무위라고 하는 것은, 개인적인 의지가 공적인 일에 개입하지 않도록 하고 기호와 욕구가 올바른 방식을 휘게 하지 않도록 한다는 뜻이다.[115]

그는 사물의 자연스런 과정에 대립하는 모든 것을 위爲(有爲)라고 부른다. 반대로 마치 물위에 배를 띄우거나 진흙 위를 미끄러지는 것과 같이 자연스럽게 상황에 따르는 것은 무위이다.[116] 그러므로 사람이 어떠한 목적을 위해 행동하는 것은 무방하다. 다만 이기적으로 행동할 것이 아니라, 가능하면 자기의 행동을 상황에 맞추어야 하는 것이다. 이러한 까닭에 농사는 매우 기릴 만한 것으로 여겨졌다. 씨앗이 봄에 성장하면 사람은 그것이 결실을 맺도록 일해야만 한다. 만약에 사람이 그것을 완전하게만 할 수 있었다면 홍수를 조절한 곤과 우의 활동이나 농사를 짓게 한 후직의 활동이 아무것도 아니었을 것이다.[117] 제후로부

---

114) 『淮南子』, 권14, 8a.
115) 『淮南子』, 권19, 4a, "若吾所謂無爲者, 私志不得入公道, 嗜欲不得枉正術."
116) 『淮南子』, 권19, 4a.
117) 『淮南子』, 권19, 4a.

터 일반 사람에 이르기까지 모두 각자가 노력해야만 한다.118) 이러한 관점에서 유안은 또 학업을 장려하였는데, 이는 학업 대신에 도에의 몰입을 설정하였던 노자와 장자의 관점과는 다르다.

학업은 인간의 숫돌이다. 학업이 아무 도움이 안 된다는 것은 그릇된 말이다.119)

한편, 유안은 기쁨과 즐거움 혹은 사랑하고 좋아하는 것과 같은 자연적인 감정이나 고통 등을 억누르고 통제하는 것을 큰 지혜로 여기면서, 정적인 마음의 상태를 최고의 행복으로 간주한다. 흔들리지 않는 철학적 평정은 그의 머리에 이상으로 떠오른다. 기쁨과 분노, 즐거움과 근심, 좋아하고 싫어함 따위는 모두 도를 혼란시키는 것이다. 이것들은 사람을 병들게 하기 때문에 그것으로부터 거리를 유지하도록 해야만 한다. 그리하면 사람은 신의 명백함, 마음의 평정, 강한 신체와 예리한 판단에 이르게 된다.120)

기쁨이 없는 경지에 이르면 곧 기쁘지 않음도 없으니, 기쁘지 않음이 없는 경지는 지극한 기쁨의 경지와 함께한다.121)

이것은 평정이다. 위로 하늘에 환호하거나 죽음에 의해 흐려지지 않고 오직 완전히 성숙하고 조화로운 성품 속에 고유한, 항상 고요한 밝음이다. 고요와 평정으로써 사람은 자기의 본성을 수양하며 조화와 비움, 무를 통해 덕을 연마한다. 그러면 그 사람의 삶은 선에 이르러 모든 외적인 작용에 맞서게 된다. 도를 얻었기 때문이다.122)

---

118) 『淮南子』, 권19, 11a.
119) 『淮南子』, 권19, 8b, "夫學亦人之砥錫也, 而謂學無益者, 所以論之過."
120) 『淮南子』, 권1, 13b.
121) 『淮南子』, 권1, 15a, "能至于無樂者則無不樂, 無不樂具至極樂矣."
122) 『淮南子』, 권2, 14a.

마음을 근거로 삼아 자기 본성으로 되돌아간 사람은 고귀하고, 감정을 따라 만족할 수 있는 사람은 부유하며, 생과 사의 구분을 아는 사람은 장수한다.[123)

유안은 인간의 성을 부정할 수 없는 확고한 규정으로 간주한다. 이것은 도와 다른 것이 아니기 때문이다.

배를 타고 떠나서 길을 잃으면 어디가 동이고 서인지 알지 못하지만, 북극성을 보면 방향을 깨닫게 된다. 본성은 인간의 북극성이다.[124)

인간의 성은 본래 악한 것이 아니지만 오랜 습관을 통해 악해지면 그 근원을 잊게 된다. 그러므로 사람은 본래의 성으로 되돌아가야 하는데, 도에 대하여 듣는 것이 없다면 그럴 수가 없다. 예와 관습은 인간의 성에 기초한 것이 아니라 외적인 것에 의해 차용된 것에 불과하다.

예는 진실을 치장하는 것이며, 인은 은혜로움이 드러난 것이다.[125)

의는 순리를 따라서 합당함을 행하는 것이요, 예는 감정에 연계되어 형식을 규정하는 것이다.[126)

이로 볼 때 예는 감정을 드러내는 것이며 인간관계의 외적인 형태를 규정하는 것이다.

태곳적 황금시대에는 '예'와 같은 인위적인 덕들은 외적인 것으로서 아직 존재하지 않았다. 고대는 인간이 도와 완전한 조화를 이룬 행복한 시대였다.

---

123) 『淮南子』, 권10, 15a, "原心反性則貴矣, 適情知足則富矣, 明死生之分則壽矣." 자기의 성으로 돌아간 사람은 그 자신이 도라는 것, 즉 영원하다는 것을 안다.
124) 『淮南子』, 권11, 5a, "夫乘舟而惑者, 不知東西, 見斗極則寤矣, 夫性亦人之斗極也."
125) 『淮南子』, 권11, 7a, "禮者實之文也, 仁者恩之效也."
126) 『淮南子』, 권11, 8a, "義者循理而行宜也, 禮者體情制文者也."

이처럼 도와 덕이 있는 시절에는 인과 의, 예와 악이 필요하지 않았으니, 이것들은 재앙에 맞서 도를 도와주는 인위적인 덕에 불과하였기 때문이다. 하지만 보물을 찾고 낚시와 사냥을 시작하게 되면서부터 인간은 불행하게 되었고 기후는 나빠졌으며 많은 재앙들이 일어났다. 그리고 진정한 덕은 인위적인 덕들을 통해 날조되었다. 인간이 문화를 통해 기예를 갖추면 갖출수록 진정한 덕은 더욱 작아져만 갔다.[127]

> 하룻밤이 한 해만큼 길 수는 없으니, 하룻밤은 한 해 가운데 있기 때문이다. 인과 의가 도와 덕보다 클 수는 없으니, 인과 의는 도와 덕 안에 포괄되기 때문이다.[128]

> 사람의 본성을 덕이라 하는데 그 덕을 잃은 뒤에 인을 귀하게 여기고 도를 상실한 뒤에 의를 귀하게 여긴다. 그러므로 인과 의가 서게 되면 도와 덕은 사라진다. 예와 의가 치장되면 소박함과 자연스러움은 흩어지고, 옳고 그름이 형태를 갖추면 백성들은 눈멀게 된다.[129]

이 모든 것은 퇴폐의 징조이다. 예는 계급과 인간의 등급을 확정하고 의는 그들 사이의 대립을 정당화시킨다. 그러다가 점차 악습이 드러나면서 인과 의마저 지상에서 사라진다. 유학자들과 묵가학자들은 이러한 덕을 구현하고자 하였지만, 이는 인간의 본성으로 되돌아가는 것이 아니었기에 이루어질 수 없었다. 본성으로 돌아가기만 했다면 인과 의가 저절로 설 수 있었을 것이다.[130] 유안은 그 때문에 공자와 묵적의 추종자들이 많지 않다고 했는데,[131] 그의 시대에는 도가학자들이 더 많았기 때문에 이 말이 옳았을 것이다.

---

127) 『淮南子』, 권8, 1쪽 및 4~5쪽.
128) 『淮南子』, 권16, 8a, "夜之不能修其歲也, 夜在歲之中, 仁義之不能大於道德也, 仁義在道德之包."
129) 『淮南子』, 권11, 1a, "其天性謂之德, 性失, 然後貴仁, 道失, 然後貴義. 是故仁義立, 而道德遷矣, 禮義飾, 則純樸散矣, 是非形, 則百性眩矣."
130) 『淮南子』, 권2, 13a.
131) 『淮南子』, 권9, 19a.

그러나 덕에 대한 이러한 도가적 이해는 다른 말들과 모순된다. 다른 자리에서 유안은 본성이 선한 인간은 인과 의를 지니고 있기는 하지만 동시에 성인의 가르침을 통해 배워야만 한다고 강조한다.[132] 실제로는 이러한 덕에 이르는 사람이 매우 적은데, 그렇다면 대체 무엇 때문에 그렇게 해야 하는가? 군자는 의를 생각할 뿐 자신의 이익을 꾀하지 않기 때문이라는 것이다.[133]

세상이 잘 통치되면 의로써 자기 몸을 보호하고, 세상이 혼란스러우면 자기 몸으로써 의를 지킨다.[134]

우리는 이 말을 유가적 관점에 대한 용인으로 간주해야 할 것이다.

그러나 유안이 결국은 유학자들에게서 벗어나 있다는 것을 우리는 선과 악에 대한 그의 정의에서 알 수 있다. 그는 이웃을 돕고 가르치는 것을 선이라고 하지 않고 고요와 무위를 선이라고 한다.

세상에 선을 행하는 것보다 쉬운 것이 없고 악을 저지르는 것보다 어려운 것이 없다. 선을 행한다는 것은 고요하여 무위하는 것이며, 악을 행한다는 것은 서둘러 많은 것을 하고자 하는 것이다.[135]

보편적인 인생론과 생사관에 있어서 유안은 장자의 뒤를 따른다. 그러나 그는 장자와 달리 삶과 죽음의 현상을 철학적인 평정으로 대할 뿐, 죽음이 삶에 우선해야 하는지 아닌지에 대해서는 알 수 없다고 여긴다.[136]

---

132) 『淮南子』, 권19, 6a 및 권20, 5a.
133) 『淮南子』, 권10, 9a.
134) 『淮南子』, 권10, 6b, "故世治, 則以義衛身, 世亂則, 以身衛義."
135) 『淮南子』, 권13, 22a, "天下莫易於爲善, 而莫難於爲不善也, 所謂爲善者, 靜而無爲也, 所謂爲不善者, 躁而多欲也."
136) 『중국고대철학사』, 464쪽(319쪽) 참조

어떤 이(莊子)는 삶이란 단지 요역에 불과하고 죽음이 휴식이라고 했지만, 천하는 아득한데 누가 그가 하는 일을 알 수 있겠는가? 하늘이 나를 낳음에 내가 억지로 그만두게 할 수 없으며, 하늘이 나를 죽임에 내가 억지로 그치게 할 수 없다. 삶을 좋아하지만 그것을 위해 내가 노력할 수 없으며 죽음을 미워하지만 그것이 오게 되면 내가 사양할 수 없다. 천하게 되어도 미워하지 않고 귀하게 되어도 기뻐하지 않으며, 다만 하늘에서 받은 자질을 따르면서 거기에 만족할 뿐이다.

나는 살아 있을 때는 7척의 몸을 지니고 죽고 나면 한 줌의 흙이 되니, 살아서는 형체 있는 무리와 견주어지고 죽어서는 형체 없는 무리 속에 뒤섞인다. 그러나 내가 사물의 일종으로 살아 있다 하더라도 생명체의 수가 더 증가하는 것은 아니고, 내가 죽어서 흙이 된다 하더라도 땅이 더 두터워지는 것도 아니다. 그러니 그 사이에서 내가 좋아할 것이 무엇이고 미워할 것이 무엇인지, 이로운 것이 무엇이고 해로운 것이 무엇인지를 어찌 알겠는가?

하늘의 조화가 사물을 이루는 것은 비유하자면 마치 흙에서 가져온 진흙으로 그릇을 빚는 것과 같다. 흙에서 재료를 취해 그릇을 빚었다 하더라도 그것은 결코 흙의 성질을 떠난 적이 없으니, 이미 그릇으로 완성되었다 하더라도 깨져 어지러이 흩어지게 되면 다시 그 근원으로 되돌아간다.[137]

유안은 최고의 도덕적 경지에 이른 사람들을 성인과 군자로 보았는데, 지혜에 있어서는 그 경지를 양적으로 측정해서 매우 중국적인 방식으로 영英·준俊·호豪·걸傑의 네 등급으로 구분하였다.[138] 첫 번째 등급의 현인(英)은 만 명의 사람보다 많이 알고, 두 번째 등급의 현인(俊)은 천 명의 사람보다 많이 알며, 세 번째 등급의 현인(豪)은 백 명의 사람보다 많이 알고, 네 번째 등급의 현인(傑)은

---

137) 『淮南子』, 권7, 4a, "或者生乃徭役也, 而死乃休息也, 天下茫茫, 孰知之哉, 其生我也, 不彊求已, 其殺我也, 不彊求止, 欲生而不事, 憎死而不辭, 賤之而弗尊, 貴之而弗喜, 隨其天資, 而安之不極, 吾生也, 有七尺之形, 吾死也, 有一棺之土, 吾生之比於有形之類, 猶吾死之淪於無形之中也, 然則吾生也, 物不以益衆, 吾死也, 土不以加厚, 吾又安知所喜憎利害其間者乎. 夫造化者之攇掜物也, 譬猶陶人之埏埴也. 其取之地而已爲盆盎也, 與其未離於地也無以異, 其已成器而破碎漫瀾而復歸其故也."

138) 『淮南子』, 권20, 12a.

열 명의 사람보다 많이 안다. 그리고 이들 개별적 등급들은 각각의 지와 덕의 종류에 따라 더욱 세밀하게 설명되었다. 물론 이와 같이 기준이 모호한 구분은 특별한 의미가 없다.

8. 통치자

국가의 성장과 멸망은 국가의 크기에 달려 있는 것이 아니라, 국가에 도가 있는지의 여부에 달려 있다. 단지 영토의 확장만 생각하고 인과 의를 실행하지 않는 군주들은 자신의 지위만 높이려 하고 도와 덕을 생각하지 않기 때문에 멸망을 자초한다.[139]

> 통치자는 국가의 심장이다. 심장이 올바르게 다스리면 신체의 모든 조직이 평온하지만, 심장이 어지러우면 신체의 모든 조직이 혼란에 빠진다.[140]

문자와 마찬가지로 유안은 역사상의 통치자들 가운데 고대의 황제는 도(太一)를, 왕자王者는 음양을, 패자覇者는 사시四時를, 군주君主는 육률六律을 통치의 원칙으로 삼았다고 주장한다.[141] 그리고 주나라의 통치는 매우 탁월하였고 은나라의 통치는 훌륭하였으며 하나라의 통치는 단지 존재하기만 했을 뿐이라고 한다.[142] 이러한 관점에서 주목할 만한 것은, 후대가 전대보다 더 좋게 평가된 하·은·주 삼대를 제외하고는 늘 잘 알려지지 않은 고대가 더 나았다고 평가되었다는 점이다. 그래서 유안은 자기 시대 사람들의 일반적인 인식을 지적하여 다음과 같이 말하였다.

---

139) 『淮南子』, 권13, 12a.
140) 『淮南子』, 권10, 1a, "主者國之心, 心治, 則百節皆安, 心擾, 則百節皆亂."
141) 『淮南子』, 권8, 8쪽. 『문자』 권9, 28쪽 참조.
142) 『淮南子』, 권10, 11b.

세상 사람들은 고대를 높이 평가하고 현재를 경시하기 때문에, 도를 행한다는 자들은 반드시 신농과 황제에 의지한 후에야 말을 시작할 수 있다.[143]

그런데 유안이 볼 때 고대의 군주는 아무것도 하지 않은 채 무언으로 가르칠 뿐이었다. 그들은 눈과 귀를 부려 일부러 보고 듣는 일이 없었다.

밝은 군주는 눈과 귀를 수고롭게 하지 않으며 정신을 피곤하게 하지 않는다. 사물이 가까이 이르면 그 형체를 인식하고 일이 생기면 그 변화에 상응할 따름이다. 이에 가까이 있는 것은 혼란에 빠지지 않고 멀리 있는 것은 다스려진다.[144]

무위는 막힘이나 부동을 의미하는 것이 아니다. 다만 그 행위가 자기로부터 나오는 것이 없음을 말한다.[145]

이것은 군주 자신이 주도권을 쥐지 않음을 뜻한다. 이렇게 되면 백성은 군주의 말을 두려워하지 않고 그의 행동을 따른다. 통치자를 통해 빛나는 신묘한 작용은 성장을 야기하는 봄의 힘과 같고 작물을 익게 만드는 가을의 힘과 같다. 고대에는 이러한 놀라운 작용으로 백성을 개선시켰으나, 시간이 흐르면서 점차 악이 생겨나게 되자 이를 저지하다가 마침내 상과 벌을 적용하게 되었다.[146] 이것은 한왕조의 체제이기도 했다.

군주는 행위를 사양해야만 한다. 그러면 관리들이 활동하게 되고 하늘과 땅이 그를 돕는다. 군주가 광채 나며 마음을 비우고 의지를 약하게 하면 관리들은 업무에 최선을 다한다. 그리하여 군주가 그들의 힘을 마차로 삼고 그들의 지혜를 말로 삼음으로써 백성의 총체적인 지혜와 공적을 통해 국가를 정비할

---

143) 『淮南子』, 권19, 13a, "世俗之人多尊古而賤今, 故爲道者必託之於神農黃帝, 而後能入說."
144) 『淮南子』, 권9, 16b, "是故明主而耳目不勞, 精神不竭, 物至, 而觀其象, 事來, 而應其化, 近者不亂, 遠者治也."
145) 『淮南子』, 권9, 15b, "無爲者, 非謂其凝滯而不動也, 以其言莫從己出也."
146) 『淮南子』, 권9, 4~5쪽.

수 있게 된다.[147] 결국 활동이란 본래 관리와 백성에게 적용되는 것이며, 군주의 무위는 오히려 강한 제약을 의미한다.

유안은 또 도가보다는 법가나 유가에 더 가까운 주장을 펴기도 했다. 그는 통치자는 법과 규정으로써 백성을 통치해야 한다고 하면서, 그렇게 하지 못하는 것은 마치 말을 안장과 고삐 없이 끌려고 하는 것과 같다고 말한다.[148]

> 통치의 방법이 있으면 사람들을 부리고, 통치의 방법이 없으면 사람들로부터 부림을 당한다.[149]

이것은 무위를 추구하는 도가의 말이 아니라 적극적인 활동을 추구하는 유가나 법가의 말이다. 법에 대해서도 역시 유안은 도가처럼 말하지 않고 법가처럼 말한다.

> 법은 의로움에서 생겨나고, 의로움은 모든 사람이 따르는 것에서 생겨나며, 모든 사람이 따르는 것은 인심에 부합한다. 이것은 정치에서 가장 중요한 요소이다.……법은 하늘에서 떨어지거나 땅에서 솟아나는 것이 아니라, 사람에게서 나와서 스스로를 바르게 만드는 것이다. 그러므로 자기에게 있는 허물로 인해 남을 비판하지 말아야 하며, 자기에게 재화가 없다 하여 남에게서 구해서는 안 된다. 아랫사람에게 정해진 것을 윗사람에게만 폐해서는 안 되고, 백성에게 금지한 것을 자신도 해서는 안 된다. 나라가 망하는 것은 군주가 없어서가 아니라 법이 없기 때문이며, 법이 변하는 것은 마땅한 법이 없어서가 아니라 법이 있는데도 적용되지 못해서 법이 없는 것과 같은 상태가 되었기 때문이다.[150]

---

147) 『淮南子』, 권9, 8b.
148) 『淮南子』, 권9, 17a.
149) 『淮南子』, 권9, 17a, "故有術, 則制人, 無術, 則制於人."
150) 『淮南子』, 권9, 15b~16a, "法生於義, 義生於衆適, 衆適合於人心, 此治之要也.……法者非天墮, 非地生, 發於人間, 而反以自正. 是故有諸己, 不非諸人, 無諸己, 不求諸人. 所立於下者, 不廢於上, 所禁於民者, 不行於身. 所謂亡國 非無君也. 無法也. 變法者, 非無法也, 有法者而不用, 與無法等." 『중국고대철학사』, 633쪽(445쪽) 주1681(『신자』 11v) 참조

예 및 관습과 마찬가지로 법도 항상 같은 것으로 머무는 것이 아니라 시대와 상황에 따라 바뀌게 된다. 성인의 법이라 해도 시대에 따라 바뀔 수밖에 없고, 세월이 흐르면 예와 관습도 변화하게 마련이다. 의복과 도구가 목적에 합당해야만 하듯이 법과 규정은 상황에 맞아야만 한다.

그러므로 옛것을 고치는 것이 비난받을 것이 아니며, 세속의 관습을 따르는 것은 오히려 충분치 못하다.[151]

고대에 합당하게 여겨졌던 많은 것이 훗날에는 우습게 보이고, 고대에 칭송되었던 것들이 훗날에는 비난받으며, 고대에는 잘 다스려졌던 것들이 훗날에는 혼란을 야기하기도 한다. 유안은 고대의 속박에 사로잡혀 있지 않았다. 자신의 도가적인 방향에도 불구하고 그는 철저하게 진보적이었다.

유안은 『회남자』의 한 편[152] 전체를 전쟁에 대한 내용으로 채우고 그 안에서 여불위와 유사한 견해를 말하고 있다. 또한 그는 고대의 병서들을 전투하는 기술을 표현하기 위해 저술되었던 것으로 여겼다. 그에 따르면, 자연의 동물은 이빨, 뿔, 다리, 독 등을 지니고서 즐거우면 서로 뛰어놀고 노여우면 서로 싸우는데, 이것은 타고난 본성에 따른 것이다. 이에 비해 인간들은 의복과 양식에 대한 욕구가 있는데, 함께 모여 사는 가운데 의복과 식량의 분배가 부당하게 이뤄짐으로써 싸움이 일어나게 된다. 이때 인간은 타고난 무기를 지니고 있지 않기 때문에 쇠와 가죽으로 가공한 무기를 만들어 공격과 방어에 사용하는 것이다. 그리고 군대는 강력한 갑옷, 날카로운 무기, 견고한 전차, 좋은 말, 충분한 군량, 잘 훈련된 병사 등을 필요로 한다.[153]

고대에는 전쟁이 단지 동요를 억압하거나 백성을 폭군으로부터 해방시키기

---

151) 『淮南子』, 권13, 3b, "故變古未可非, 而循俗未足多也."
152) 권15 「兵略」.
153) 『淮南子』, 권15, 1a 및 5a.

위해 수행되었지, 남의 나라를 정복하거나 부를 착취하기 위해 일어나지 않았다. 오직 의로운 전쟁만 허용되었던 것이다. 그리고 의로운 전쟁에는 치열한 격투가 필요하지 않았다. 해방자의 군대가 이르면 백성들이 스스로 투항하였기 때문이다. 정복을 목적으로 하는 전쟁은 성공을 거둘 수 없다.[154]

작은 국가가 덕을 실행한다면 큰 국가를 이길 수 있다. 만일 두 편의 덕이 동등하다면 군사의 수가 많은 쪽이 이기고, 군사의 수마저도 같다면 영리한 쪽이 이기며, 영리함이 서로 같다면 전술이 강한 쪽이 이긴다.[155] 탁월한 장수는 하늘의 도와 땅의 이로움을 얻고 사람의 마음까지 얻어서 기세를 타고 병사를 부리니, 그의 군사는 패하는 일이 없다. 중간 정도의 장수는 하늘의 도와 땅의 이로움을 알지 못한 채 오로지 사람과 기세에만 의지하기 때문에 승리할 때도 있고 패배할 때도 있다. 부족한 장수는 정보를 들어도 오히려 혼란스럽고 아는 것이 있어도 스스로 의심하여 항상 두려워하고 머뭇대기 때문에 매번 실패를 거듭한다.[156] 또한 장수는 참된 전략을 드러내지 않고 깊이 감추어 적을 속인 연후에 갑자기 번개처럼 몰아쳐야 한다. 아울러 자기 병사를 친동생이나 자식처럼 친하게 대해야 한다. 그렇게 하면 병사 또한 장수를 형이나 아버지처럼 여겨서 죽음까지도 감수한 채로 그를 위해 모든 것을 행할 준비가 된다.[157]

중국에서는 일반적으로 유안을 잡가(절충학파)로 분류하면서 그의 철학적인 입장에 대해 그다지 많이 말하지 않는다. 중국인들은 잡가에 종합주의자들뿐만 아니라 묵적과 같이 완전히 독립적인 사상가들이나 도가 혹은 유가로 분류될

---

154) 『淮南子』, 권15, 1~2쪽.
155) 『淮南子』, 권15, 7b~8a.
156) 『淮南子』, 권15, 12b 이하. 회남자 자신은 그러나 武의 황제로는 결코 성장하지 못할 부족한 장수였던 것으로 보인다.
157) 『淮南子』, 권15, 14b~15a.

수 있는 사상가들을 다수 포함시키고 있기 때문이다. 실제로 『회남자』는 도가적 내용, 유가적 내용과 더불어 천문학, 법, 전술 등 많은 분야의 내용들을 담고 있다. 이 책은 통합주의의 전형으로 제시되는 여불위의 저서와 비교되곤 하는데, 후자가 단순하고 이해하기 쉬운 반면에 『회남자』는 탁월하고 어려운 문체로 기술되어 있다. 또 여불위가 유학과 묵가에 대해 우호적이었다면 유안은 도가와 초자연적인 것을 선호하였다. 따라서 전자가 명확하고 이성적이라면 후자는 은밀하고 현묘하다고 할 것이다.[158] 한편 와타나베는, 유안의 저서는 일종의 백과사전으로서 여러 사상이 뒤섞여 있으며 모순점도 다수 발견되는데, 그 까닭은 많은 사람들이 함께 작업했기 때문이라고 한다. 아울러 그는 『회남자』에는 근본적인 사상이 결여되어 있어 노자와 장자로부터 한 발자국도 더 나아가지 못했다고 지적하고 있다.[159]

이에 비해 파커는 유안이 후세에 보편적으로 도가로 여겨졌다는 점을 지적한다.[160] 빌헬름 또한 「홍렬」에서는 고대 도가가 요약되고 있는 것을 마지막으로 볼 수 있다고 하면서, 그 안에는 도가적인 환상이 장자의 비유법 대신에 나타난다고 말한다.[161] 나 역시도 유안을 잡가에 속하게 한다면 그에 대한 잘못된 상을 가지게 될 것이라고 생각한다. 그의 교수체계는 이질적인 것들에서 요약된 것이 아니라 기본 경향에서 도가적이다. 그는 세계를 도가의 관점에서 바라본다. 다만 그것이 유가와 법가의 관점을 통해 어느 정도 변형되었을 뿐이다. 그의 도가는 완전히 순수한 것만은 아니었는데, 이것은 그의 시대에 나타난 보편적인 현상이었다. 따라서 그를 불완전한 도가학자라고 할 수도 있을 것이다. 여하튼 그는 한대 철학자들 중 도가학설의 가장 중요한 대표자이다.

유안은 새로운 생각들을 많이 하지 않았으며, 도가의 이론은 그의 시대에

---

158) 高瀬武次郎, 『中國哲學史』 2, 53쪽.
159) 渡邊秀方, 『中國哲學史槪論』 2, 16쪽.
160) E. H. Parker, "Hwai Nan Tsz", New China Review I(1919), 514쪽.
161) R. Wilhelm, Chinesische Philosophie, 81쪽.

유학처럼 이미 완결된 것이나 마찬가지였다. 그렇지만 그는 시적인 감흥과 뛰어난 언변과 날카로운 논리로 모든 문제를 매우 통찰력 있게 다루었다. 고대 도가로부터의 어긋남을 이유로 그의 절충주의를 비난해서는 안 된다. 애초에 세계를 등진 금욕의 사상으로 규정되어 있던 도가를 국가생활에서도 활용할 수 있도록 하기 위해서는 어쩔 수 없이 이성적이고 필연적인 태도를 취할 필요가 있었기 때문이다. 물론 이로 인해 때때로 기존 학설과의 사이에 극복하기 어려운 모순이 생겨나는 것도 사실이지만, 그렇더라도 유안은 도가의 발전사에서 중요한 자리를 차지하며 한대의 손꼽히는 철학자의 중의 한 사람으로 간주되어야만 한다. 그의 백과사전적인 지식은 매우 탁월하기 때문에 상고시대의 역사, 고대의 신화와 전설, 중국 학문의 기원 등을 공부하려는 사람이라면 아무도 그의 저서를 간과할 수 없다.[162]

---

162) 앞서 언급된 저술들 외에 『회남자』와 관련된 연구로는 다음과 같은 것들이 있다.
L. Laloysms, "Huai-anan tse dt la musique", *T'oung-pao* (1914), 501~530쪽.
E. H. Parker, "Some more of Huai-nan tse's ideas", *New China Review II* (1920). 551~562쪽.
Evan Morgan, "An ancient philosopher's view of the perfect life"(1924).
이상은 철학자로서의 회남자에 대한 강연과 저술이며, H. Balfour는 *Taoist Texts*에서 『회남홍렬』 제1책을 번역하였다.

제4장 동중서

1. 동중서의 생애와 『춘추번로』

왕충은 역사가 사마천과 철학자 양웅, 그리고 동중서董仲舒(BC 179~104)를 북쪽의 가장 유명한 세 사람으로 꼽았다.[1] 동중서의 고향은 하북성 남부의 광천廣川으로 산동山東과의 경계에 있다.[2] 그의 호는 계암자桂巖子[3]로, 한동안 계암산桂巖山에 살았던 인연으로 붙여졌다고 한다. 처음에 그는 자연 속으로 물러나 오직 자신의 학업에 몰두하였는데, 주로 『춘추』에 깊이 파고들었다. 『춘추』를 연구하는 3년 동안 그는 한 번도 정원에 눈길을 주지 않았고 자신의 제자들에게조차 관심을 보이지 않았다고 한다.[4] 『춘추』는 그의 세계관이며 학설의 중심이다. 이것은 그에게 하늘의 계시로 간주되었다. 그는 말한다.

『춘추』의 가르침은 하늘을 받들며 고대를 본보기로 삼고 있다.[5]

---

1) *Lun Hêng, Part I*, 466쪽.

2) O. Franke, *Studien zur Geschichte des konfuziansischen Dogmas und der chinesischen Staatsreligion Das Problem : des Tsch'un-t'siu and Tung Tschung-schu's Tsch'un-ts'iu fan-lu*(1920), 91쪽.

3) Faber, *Doctrines of confucius* 10쪽과 高瀨武次郞, 『中國哲學史』 2, 16쪽. Franke의 *Studien zur Geschichte des konfuziansischen Dogmas und der chinesischen Staatsreligion Das Problem* 93쪽에 따르면 문헌에서는 이 호가 발견되지 않는다.

4) Franke, *Studien zur Geschichte des konfuziansischen Dogmas und der chinesischen Staatsreligion Das Problem*, 91쪽.

5) 『春秋繁露』, 권1, 4b, "春秋之道, 奉天而法古."

『춘추』는 세상의 일에 관계한다. 고대로 돌아가는 것에 찬성하며, 일상적인 것의 변화를 나무라며, 고대의 통치자를 본보기로 삼고자 노력한다.[6]

공자가 당시의 제후와 대부에게 대놓고 『춘추』를 거울로 삼아야 한다고 할 수는 없었기 때문에 자신의 의도를 감출 수밖에 없었겠지만, 구두로 전해진 그의 설명들을 기초로 하면 『춘추』의 표현방식에서 공자의 의견을 이해하는 것이 가능하다고 동중서는 생각한다.[7] 그는 저술된 후 단지 구두로만 전해지다가 기원전 2세기 중반 경에 비로소 문자로 정착된 『공양전』이 그에 대한 열쇠를 제공한다고 본다. 대부분의 유학자들은 공자 학설의 근원으로 『논어』에 있는 공자의 말을 인용하지만, 동중서는 공자가 죽은 지 300여 년이 지나서야 기록된 주석에 의지하고 있다. 그런데 우리는 그것이 참으로 주석가들(공양씨 일족)의 견해를 충실하게 반영한 것인지, 아니면 구두로 전해지는 과정에서 어느 정도 변형된 것인지를 확실하게 알 수는 없다.

경제景帝(BC 156~140)의 치하에서 『춘추』의 교사로 임용됨으로써 동중서는 관계로 진출하였다. 경제의 뒤를 이은 무제武帝(BC 140~86)는 즉위 직후 명망 높은 100여 명의 학자들에게 통치를 위한 제안을 할 것을 명하였는데, 동중서가 올린 세 편의 「대책對策」이 채택되었다. 오늘날에도 전하고 있는 「대책」의 내용을 보면, 교육시설을 설립할 것, 대부의 아들 대신에 유능한 관리들을 등용할 것, 유학의 유일한 규범으로서 『춘추』를 수용할 것 등을 추천하고 있다.[8] 이러한 「대책」은 유학이 국가철학으로 인정되는 데에 고도로 기여하였다. 황제는 법가, 명가, 도가 등의 철학을 억누르고 유학만을 인정하였으며

---

6) 『春秋繁露』, 권1, 5a, "春秋之於世事也, 善復古, 譏易常, 欲其法先王也."

7) Franke, *Studien zur Geschichte des konfuziansischen Dogmas und der chinesischen Staatsreligion Das Problem*, 171쪽.

8) Franke, *Studien zur Geschichte des konfuziansischen Dogmas und der chinesischen Staatsreligion Das Problem*, 93쪽.

수백 명의 유학자들을 등용하였다. 동중서로 인해 하늘에 대한 예는 황제를 통해 새롭게 규정되었고, 이로부터 황제의 권위 또한 강화되었다. 국가의 교육체계도 동중서의 제안에 의해 정비되었다.

기원전 140~135년 무렵에 동중서는 황제의 형인 강도역왕江都易王의 재상이었다. 이 기간에 그는 점술에 대한 글을 지어, 요동에 있는 고조의 사당을 불태웠던 화재를 나쁜 징조이자 왕조에 대한 하늘의 경고라고 설명하였다. 이 글은 그의 적에 의해 황제에게 제출되었는데, 비록 정통유가의 관점에서는 논란의 여지가 없는 학설이었지만 황제는 이로부터 모욕을 느꼈다. 그 결과 그는 관직을 박탈당하고 투옥되어 죽음을 선고받았다. 그러나 얼마 뒤에 사면이 있었다. 동중서는 황제의 다른 형제인 산동의 교서왕膠西王의 재상으로 임명되었다. 그것은 큰 영예를 증명하는 것이었지만, 동중서는 교서왕이 이미 여러 번 고관들을 파탄으로 몰고 갔다는 것을 알고 있었기 때문에 아프다는 핑계로 사직하고 고향으로 돌아갔다. 이후 그는 죽을 때까지 단지 학업과 교수로 살았으며 저술활동만을 하였다.[9)]

외적인 면에서 동중서의 생애는 어느 정도 가의와 대조된다. 그는 청렴하고 곧은 성품이었으며 진지하고 냉철한 학자였다.

왕충이 기술한 것처럼 동중서는 100편이 넘는 저술을 하였고,[10)] 『한서』에서는 123편이라고 한다.[11)] 그 중 82편이 『춘추번로春秋繁露』에 수록되어 있다. 『고금위서고보중古今僞書考補證』에서는 어떤 한 사람이 『춘추번로』의 많은 내용들을 모두 다 말했다고 보기는 힘들며 또 불필요한 내용들이 여럿 포함되어 있다는 것을 이유로 들어 이 저서가 진서가 아니라고 말하지만, 그 근거로 제시된

---

9) 동중서의 생애에 대한 기술은 『史記』 권121과 『前漢書』 권56에 들어 있으며, 그 내용들은 거의 일치한다.

10) *Lun Hêng, Part I*, 78쪽.

11) 『前漢書』, 권30. 渡邊秀方, 『中國哲學史槪論』 2, 21쪽에서 123이라는 숫자를 저술과 관련된 연대로 파악한 것은 오류이다.

내용들은 그러한 주장을 뒷받침하기에 충분하지 못하다. 『춘추번로』 외에 동중서는 『공양전』에 관한 글 16편과 『춘추』에 관한 글 10편을 저술하였다고 하는데, 이것은 모두 소실되었다.[12] 기원후 6세기 경에 처음으로 그의 논고와 시, 점술 등 간략한 문학적 내용 위주의 저술들이 1~2편으로 모아져 『동중서집董仲舒集』이라는 제목으로 출간된 바 있는데, 이 저술들 중의 몇몇은 당대의 『고문원古文苑』[13]에도 수록되어 있다.[14]

한왕조 말기의 혼란과 그에 이어진 전쟁의 폐해로 중국 서적의 보물들은 많이 소멸되었다. 『춘추번로』도 이때 사라졌다가 수나라(589~618) 때에 들어 17책으로 다시 나타났다. 이것은 후에 82편으로 개편되었는데, 부분적으로 훼손된 상태여서 연관성이 없는 부분이 많았다. 정대창程大昌(1122~1195)은 이 재발견된 『춘추번로』를 위작으로 보았다. 사상이 천박하고 허황되며 그 속에 있는 인용문들은 동중서의 저서에 있는 글들과 내용이 일치하지 않을 뿐만 아니라 이리저리 뒤섞여 있다는 것이다. 그리고 진본은 대략 10세기 후반 경에 소실되었을 것이라고 하였다. 1211년, 누륜樓鑰은 『춘추번로』의 텍스트를 연관성 있고 이해할 수 있는 형태로 새롭게 편찬하였다. 그는 6종류의 필사본을 참조하여 잘못되거나 빠진 부분을 고치고 추가시킨 후 그것이 진본임을 증명하였다. 그것을 설명하는 그의 표현방식은 매우 탁월하여 타의 추종을 불허하며, 그의 견해는 『사고전서총목제요』의 기록에 연계된다. 만약에 오늘날 우리의 텍스트가 세밀한 부분에서 원본과 일치하지는 않는다 하더라도 그것을 위작이라고는 할 수 없을 것이다. 프랑케도 지지하는 현재의 일반적인 견해에 따르면, 이 텍스트는 송나라 때에 심하게 훼손되기는 하였지만 진본이다.

---

12) Franke, *Studien zur Geschichte des konfuzianischen Dogmas und der chinesischen Staatsreligion Das Problem*, 108쪽.

13) Alexander Wylie, *Notes on Chinese Literature*, 193쪽 참조.

14) Franke, *Studien zur Geschichte des konfuzianischen Dogmas und der chinesischen Staatsreligion Das Problem*, 109~110쪽.

프랑케는 그것을 고대 건물의 잔재가 여전히 남아 있고 많은 것이 뒤섞여 있는 황무지에 비교한다. 그에 따르면 우리는 거기에 빠진 것을 보충하고 흩어진 부분을 채워 넣었다는 것을 알 수 있는데, 다만 한 부분이 다른 부분으로 채워지는 일이 자주 일어났다고 한다.[15]

『춘추번로』라는 제목은 수나라 때에 처음 붙여진 것으로, 『춘추』의 진주 끈이라는 뜻이다.[16] 글자대로 해석하면 매달린 이슬방울처럼 진주로 치장된, 보석으로 장식된 금속 띠의 끈을 의미한다.[17]

이제 동중서 학설의 대략적인 내용과 그의 학설 및 위상에 대한 후대의 평가를 살펴보도록 하자.

2. 형이상학

동중서의 세계관은 유가 이전의 시대로 거슬러 올라간다. 그에게 최고의 존재는 하늘이다. 그는 하늘을 거의 인간과 같이 파악하는데, 이것은 공자가 의식적으로 경외하고 묵적이 고집하던 관점이다. 이러한 관점은 『시경』과 『서경』에서 발견할 수 있다.

고대 주나라의 관점에서는 하늘과 땅이 빈번히 연결되어 나타나고 본래 하나를 이룬다.

천지는 만물의 근본이니 우리의 선조들이 그로부터 생겨났다. 그것은 크고 무한하

---

15) Franke, *Studien zur Geschichte des konfuziansischen Dogmas und der chinesischen Staatsreligion Das Problem*, 148~149쪽 및 155~156쪽.
16) Franke, *Studien zur Geschichte des konfuziansischen Dogmas und der chinesischen Staatsreligion Das Problem*, 167쪽.
17) Faber는 '춘추번로'를 '봄가을에 나타나는 아름다운 이슬'이라고 번역하였다.(*Doctrines of Confucius*, 9쪽)

며 그 덕이 밝게 빛난다. 해를 거듭하면서 수많은 존재가 생성되었고, 이것은 이렇게 끝없이 간다. 하늘이 지극히 밝은 빛을 비추니 온갖 무리들이 비록 숨어 있어도 밝게 비추지 않는 곳이 없고, 땅이 지극한 어둠을 내지만 해와 별이 밝아서 군주와 신하, 아버지와 아들, 부부 사이의 도리를 감히 어둡게 하지 못한다.[18]

하늘과 땅은 여기에서 순수하게 물질적인 동시에 예의 특성을 갖춘 존재로 설정되었으며 해와 별의 광채는 천지가 지닌 덕의 광채로 파악되었다.

하늘은 인간의 증조부이다. 때문에 인간은 저 위의 하늘과 유사하다.[19]

하늘이 단지 물질적인 것이라면 이러한 말은 가능하지 않을 것이다. 이 말은 나아가 인간이 하늘로부터 그 정신적인 특성을 어떻게 받았는지를 설명하고 있다. 인간의 생명력은 하늘의 의지를 통해 인간성이 되고, 인간의 덕은 하늘의 이성을 통해 정의로 발전한다.

그러나 인간은 하늘과 땅의 생성물로서 하늘과 땅의 아래에 있는 것이 아니라 하늘 및 땅과 더불어 동등하게 설정되어 있다.

하늘·땅·인간은 만물의 근본이다. 하늘은 만물을 생성하고 땅은 만물을 성장시키며 사람은 만물을 완성한다. 하늘은 이들을 자식과 형제의 사랑으로 생성하며, 땅은 이들을 옷과 양식으로 성장시키고, 인간은 이들을 예와 악으로 완성한다.[20] 이 셋은 손과 발처럼 함께 작용하여 합해져서 형체를 이루니, 그 가운데 하나라도 빠져서는 안 된다.[21]

---

18) 『春秋繁露』, 권9, 3b, "天地者萬物之本, 先祖之所出也, 廣大無極, 其德炤明, 歷年衆多, 永永無疆, 天出至明, 衆之類也, 其伏無不炤也, 地出至晦, 星日爲明, 不敢闇君臣·父子·夫婦之道."
19) 『春秋繁露』, 권11, 1a, "天亦人之曾祖父也, 此人之所以乃上類天也."
20) 모든 존재 및 인간은 처음에 인간을 통해 완성되는데, 보다 높은 문화를 이룩하기 위해 예와 악이 존재한다.
21) 『春秋繁露』, 권6, 7a, "天地人萬物之本也, 天生之, 地養之, 人成之, 天生之以孝悌, 地養之以衣食, 人成之以禮樂, 三者相爲手足, 合以成體, 不可一無也."

이에 따르면 하늘은 인과 의뿐만 아니라 자식과 형제의 사랑 즉 효와 제와 같은 인간의 덕도 가지고 있다. 이로써 하늘은 인간을 생성하기 위해서는 어떠한 것들이 필요한지, 따라서 아버지이거나 아들인 사람은 어디에 먼저 힘을 기울여야만 하는지를 알려준다.

하늘은 또한 인격을 가지고 있다. 그는 최고의 신으로 간주되기 때문이다.

하늘은 온갖 신들의 임금이다. 임금은 가장 존귀한 자이며, 이것이 바로 하늘이 가장 존귀한 까닭이다. 이 때문에 해가 바뀌거나 새로운 시기가 시작될 때면 근교에서 하늘에 제사를 지낸다.[22]

새해 첫날에 천자는 성대한 천제를 올리고, 또 매 계절이 시작할 때마다 조상의 사당에서 하늘에 제사를 지낸다. 천자가 하늘과 그 자식(만물)을 공경하지 않으면 하늘 또한 그를 돕지 않는다. 이때에는 다른 신들을 공경한다 하더라도 아무 소용이 없다고 공자는 말한다.

하늘에 죄지은 사람은 더 이상 기도할 곳이 없다.[23]

그러나 우리는 하늘을 단지 외적인 현상으로 보아 푸른 천체로만 인식할 뿐 그것을 신과 신성으로는 이해하지 못한다.

하늘은 그 형체를 감추기 때문에 신묘하고, 그 광채를 드러내기 때문에 밝다.[24]

---

22) 『春秋繁露』, 권15, 1a, "天者百神之君也, 王者之所最尊也, 以最尊天之故, 故易始歲更紀, 即以其初郊."
23) 『論語』, 「八佾」, "獲在於天, 無所禱也."
24) 『春秋繁露』, 권6, 5b, "藏其形, 所以爲神, 見其光, 所以爲明." 여기서 하늘이 형체를 감추어 볼 수 없다는 것은 신의 속성이고, 광채와 빛은 지혜의 상징으로 이해된다.

하늘은 황제의 주변에서 지혜로운 충고자로 있는 성인과 매우 흡사하다. 왜냐하면 이론적으로 항상 하늘의 아들은 성인이기 때문이다.

하늘은 모든 정기를 모음으로써 스스로 견고해지며, 성인은 많은 현인들을 모음으로써 스스로 강해진다.[25] 하늘은 해·달·별을 정비함으로써 스스로 광채가 나고, 성인은 계급과 녹봉을 정렬함으로써 스스로 밝아진다.[26] 하늘이 강한 까닭이 오직 하나의 정기의 힘에만 있는 것은 아니며, 성인이 강한 까닭이 오직 한 명의 현인의 덕에만 있는 것도 아니다. 그러므로 하늘은 정기의 가장 큰 채움에 이르고자 하고, 성인은 모든 현인과 화합하고자 한다. 하늘은 정기로 가득 채워짐으로써 그 양과 일치하며, 성인은 모든 현인과 화합함으로써 같은 마음을 가진다.[27] 양과의 일치를 이룬 후에야 하늘은 신묘한 작용을 행할 수 있고,[28] 마음이 같아진 후에야 성인은 공적을 이룰 수 있다. 그러므로 훌륭한 통치의 방법은 현인을 모아서 하나의 마음을 이루는 데에 있다. 군주는 특별히 신묘함을 중요하게 여겨야만 한다. 신묘함이라는 것은 보이지도 않고 들리지도 않는 것이어서, 보아도 그 형체를 보지 못하고 들어도 그 소리를 알아듣지 못한다. 그 소리를 듣지 못하기 때문에 울림이 없으며, 그 형체를 보지 못하기 때문에 그림자 또한 알아볼 수 없다.[29]

이러한 하늘의 가장 우선적인 특징은 선과 인이다.

인은 하늘의 마음이다.[30]

---

25) 천체는 덩어리로 간주되며 공간 또한 견고한 물체로 간주된다.
26) 관리들의 계급과 등급을 말한다.
27) 이러한 생각은 묵가적이다.
28) 신은 양에서 생겨나는 것이기 때문이다.
29) 『春秋繁露』, 권6, 8b, "天積衆精, 以自剛, 聖人積衆賢, 以自彊, 天序日月星辰, 以自光, 聖人序爵祿, 以自明, 天所以剛者, 非一精之力, 聖人所以彊者, 非一賢之德也, 故天道務盛其精, 聖人務衆其賢, 盛其精而壹其陽, 衆其賢而同其心, 壹其陽, 然後可以致其神, 同其心, 然後可以致其功, 是以建治之術, 貴得賢而同心, 爲人君者, 其要貴神, 神者不可得而視也, 不可得而聽也, 是故視而不見其形, 聽而不聞其聲, 聲之不聞, 故莫得其響, 不見其形, 故莫得其影."
30) 『春秋繁露』, 권6, 4a, "仁天心."

하늘은 특히 한 해가 시작되어 끝이 날 때까지 생물을 생성하고 양육하고 보존함으로써 그 선을 베푼다.[31] (정확하게 말하면 양육과 보존은 땅이 하는 일이고 하늘은 단지 생성자에 그치지만, 일반적으로 중국에서 하늘에 대해 말할 때에는 앞에서 본 바와 마찬가지로 땅과 함께 하나로서 다루어진다.) 그리고 사람은 하늘로부터 이러한 인의 자질을 받았다. 인도인들은 삶을 부정하고 내세에 희망을 건 반면, 현존을 기뻐하는 중국인들은 당연히 삶을 값진 것으로 여겼다.

오곡은 천성적으로 생물의 양식으로 정해졌으니, 이 때문에 하늘은 이것을 사람에게 선물하였다.[32]

하늘의 사랑은 심지어 새·짐승·곤충에까지 미친다. 어떻게 이들이 하늘의 사랑 없이 존재할 수 있겠는가?[33] 하늘은 동물이 양식과 둥지를 발견하게 함으로써 인간처럼 이들 또한 돌본다. 물론 하늘은 지상의 대변자인 군주에게 아주 다른 방식으로 자신의 관심을 보낸다.

이로부터 사람은 얼마나 하늘의 마음이 어진지를 알 수 있다. 하늘은 군주를 사랑하여 그의 혼란을 그치게 하고자 한다. 아직 모든 도를 상실하지는 않은 시대에는 그 도를 유지할 수 있도록 도와서 온전하게 안정시키고자 한다.[34]

하늘은 인간에게 직접 말하는 것이 아니라 하늘의 영감을 받은 성인을 통해 자신의 뜻을 알린다.[35] 상황에 따라서는 특별한 사건을 통해 불만을

---

31) 『春秋繁露』, 권11, 6b.
32) 『春秋繁露』, 권16, 8a, "五穀食物之性也, 天之所以爲人賜也."
33) 『春秋繁露』, 권8, 9b.
34) 『春秋繁露』, 권1, 3a, "以此見天心之仁, 愛人君而欲止其亂也, 自非大亡道之世者, 天欲扶持而全安之."
35) 『春秋繁露』, 권10, 1b.

표현하기도 하는데,[36] 그러면 거기에서 작은 재앙이나 기이한 일들 혹은 특별한 현상을 볼 수 있다. 하늘은 재앙으로써 나무람의 뜻을 나타내며, 놀라움을 전하기 위해 기이함으로써 자신의 힘을 드러낸다. 처음에는 종묘의 화재와 같은 재앙과 불행을 보내고, 그래도 개선되지 않으면 경악을 야기할 만큼 기이하고 놀라운 현상을 보여 준다. 그럼에도 끝내 두려워하지 않는 인간들은 멸망에 이르게 된다.

이로써 인간을 쓰러지지 않게 하려는 하늘의 어진 뜻을 볼 수 있다. 삼가 재앙과 기이함을 잘 살핌으로써 하늘의 뜻을 보도록 하라. 하늘의 뜻은 하고자 하는 바도 있고 하지 않고자 하는 바도 있다. 하늘이 원하는 것과 원하지 않는 것을 알기 위해서는 내적으로 자기를 반성하여 마음 바깥에 나타나는 현상들이 합당한지를, 외부의 일들을 살펴서 나라 안에 드러나는 징후들이 합당한지를 살펴야 한다. 그러므로 하늘의 뜻이 재앙에 있는 것을 보더라도 그것을 두려워할 뿐이지 미워해서는 안 된다. 왜냐하면 하늘이 원하는 것은 나의 잘못을 바로잡아서 나를 구원하려는 것이기 때문이다.[37]

동중서에게 도는 하늘의 곁에서 작은 의미를 가질 뿐이다. 도가에서는 도가 우선적이고 하늘은 도에 의해 생성된 부수적인 것이지만, 동중서에게는 이것이 거꾸로 되어 있다. 도가 하늘에 의존하고 있는 것이다.

도의 큰 원천은 하늘에서 나온다. 하늘이 변하지 않으면 도 또한 변하지 않는다.[38]

도는 유가적인 의미에서는 행위의 원리 등으로 이해되어, 하늘과 인간에게

---

36) 『春秋繁露』, 권17, 1b.
37) 『春秋繁露』, 권8, 13b, "以此見天意之仁而不欲陷人也. 謹按災異. 以見天意. 天意有欲也, 有不欲也. 所欲所不欲者, 人內以自省, 宜有懲於心外, 以觀其事, 宜有驗於國. 故見天意者之於災異也, 畏之而不惡也, 以爲天欲振吾過, 救吾失, 故以此救我也."
38) 『春秋繁露』, 권3, 7b, "道之大原出於天, 天不變道亦不變."

합당한 내용이 곧 도로 간주되었다. 그러므로 이제 도는 더 이상 모든 존재의 근원이 되는 도가의 초월적 원리가 아니게 되었다.

3. 자연철학

동중서의 자연철학적인 사변에 대한 관심은 그의 범신론적 유신론을 통해 파악될 수 있다. 그는 유신론을 통해 세상의 정신적인 것과 물질적인 것의 공동작용이 설명된다고 한다. 그의 설명에서는 자연의 힘에 대한 이론은 중요하지 않다. 이것들은 음양과 오행이라는 기본개념으로 다루어졌다.

동중서는 습기 찬 기와 수증기[39]의 예를 들어 음과 양에 대해 설명하였는데, 비록 음양의 근원적인 의미에 이르지는 못했지만 그의 설명에서 우리는 그가 음양을 우주의 힘과 근원적 실체로 간주하고 있음을 알 수 있다. 이들은 사물의 생성에 함께 작용하는데, 개별적으로가 아니라 하늘과 땅과 화합할 때에만 그러하다.[40] 한 해의 운행에서 음과 양은 각기 증가하거나 감소하며, 그에 따라 강하거나 약한 음과 강하거나 약한 양이 서로 구분된다. 봄은 약한 양의 시기이고 여름은 강한 양의 시기이며 가을은 약한 음의 시기이고 겨울은 강한 음의 시기이다. 봄에는 약한 양이 오행의 목木과 화합하여 만물의 생육을 돕고, 여름에는 강한 양이 오행의 화火와 화합하여 만물을 양육하고 성장시킨다. 가을에는 약한 음이 오행의 금金과 화합하여 만물을 완성시키고, 겨울에는 강한 음이 오행의 수水와 화합하여 만물을 덮고 간직한다.[41]

한 해의 운행에서 음과 양은 지평선 주변을 움직이는데, 양이 오른쪽으로

---

39) Forke, *World Conception of the Chinese*, 172쪽 참조.
40) 『春秋繁露』, 권15, 6a.
41) 『春秋繁露』, 권7, 13b 및 권11, 10a.

가고 음이 왼쪽으로 가서 이들은 서로를 향해 움직이며 두 번 부딪친다. 양기는 주로 남쪽에 거처하는데, 이것은 봄이 시작할 때 북동쪽에서 생겨나 동쪽으로 가서 여름에 남쪽에 자리하고, 다시 서쪽으로 갔다가 겨울에 북쪽에서 사라진다. 음기는 주로 북쪽에 거처하는데, 가을이 시작할 때 남동쪽에서 생겨나 동쪽으로 가서 겨울에 북쪽에 자리하고, 다시 서쪽으로 갔다가 여름에 남쪽에서 사라진다.42) 봄여름에는 양기가 더 많고 가을겨울에는 음기가 더 많다.43) 겨울의 한가운데에서는 음과 양이 북쪽에서 만난다. 봄의 한가운데에서는 정확하게 양이 동쪽에, 음이 서쪽에 위치하여 평형을 이루니, 낮과 밤의 길이가 똑같고 중간의 기온이 된다. 여름의 한가운데에서는 음과 양이 다시 남쪽에서 만난다. 가을의 한가운데에서는 양이 서쪽에, 음이 동쪽에 위치하여 다시 평형을 이루니, 낮과 밤의 길이가 같고 중간의 기온이 된다.44)

음양의 활동은 또한 인간에게도 적용된다. 그래서 동중서는 하늘의 음양과 인간의 음양에 대해 말한다. 둘은 서로 작용하고 상관하기 때문에 사람은 상징적인 행위를 통해 하늘의 음양에 영향을 미칠 수 있다. 예를 들면 음기에 속하는 비를 요청하기 위해서는 수룡水龍을 숭배하거나 수룡의 그림을 걸어서 음기를 움직이게 해야 하고, 반대로 비를 그치게 하고자 한다면 양기를 감응시켜야만 한다. 이것은 마치 궁宮음이 크게 울리면 다른 모든 음이 궁음의 소리를 내는 것과도 같다.45)

이러한 해석을 거치면서 본래는 우주의 기에 불과하던 음과 양의 개념에 모든 것을 생성하는 두 근원적 요소로서의 성격이 더해졌는데, 여기에서 더 나아가 도덕적 특성까지 부가됨으로써 음양 개념은 마침내 극단적으로 대립하는 순수한 관계개념으로까지 발전해 간다. 이와 같이 현저하게 확장된 음양

---

42) 『春秋繁露』, 권11, 12a.
43) 『春秋繁露』, 권12, 1a.
44) 『春秋繁露』, 권12, 3b.
45) 『春秋繁露』, 권13, 4b.

개념의 다양한 의미들이 동중서의 이론들에서 모두 확인된다. 그는 양은 귀하고 음은 천하다고 말한다.

높이 있는 모든 것들은 낮게 있는 모든 것들에 대하여 각기 양이며, 낮게 있는 모든 것들은 높이 있는 모든 것들에 대하여 각기 음이다.[46]

악에 속하는 모든 것은 음이고, 선에 속하는 모든 것은 양이다.[47]

양은 따뜻하고 내어 주며 어질고 관대하며 사랑하고 생성하는[48] 데 비해 음은 차고 앗아 가며 악하고 흉하며 미워하고 제거한다. 선함과 악함으로 대표되는 양과 음의 기가 지닌 다양한 특성들은 온기와 한기라는 두 기를 떠올려 보면 아주 쉽게 유도된다. 그에 따라 음은 처벌의 기로 간주되고,[49] 양은 상과 칭찬의 기로 간주된다.[50]

음과 양 사이의 극적인 대립은 다음의 글이 잘 설명해 준다.

모든 사물은 반드시 다른 사물과 합하여 짝이 된다. 위는 아래와 합하고 오른쪽은 왼쪽과 합하고 앞은 뒤와 합한다.…… 음은 양과 합하고 부인은 남편과 합한다. 아들은 아버지와 합하고 신하는 군주와 합한다. 짝이 없는 사물은 없으며, 이 모든 화합에는 하나의 음과 하나의 양이 있다. 양은 음과 화합하고 음은 양과 화합하며, 남편은 부인과 연결되고 부인은 남편과 연결되며, 아버지는 아들과 연결되고 아들은 아버지와 연결되며, 군주는 신하와 연결되고 신하는 군주와 연결된다. 군주와 신하, 아버지와 아들, 남편과 아내는 그들 각각의 관계에서 서로 음과 양의 법칙을 통해 결정된다. 군주는 양이고 신하는 음이며, 아버지는 양이고 아들은 음이며,

---

46) 『春秋繁露』, 권11, 4b, "諸在上者, 皆爲其下陽, 諸在下者, 各爲其上陰."
47) 『春秋繁露』, 권11, 8a, "惡之屬盡爲陰, 善之屬盡爲陽."
48) 『春秋繁露』, 권11, 8a.
49) 당시 중벌은 음기가 주도하는 가을에만 시행되었다.
50) 『春秋繁露』, 권11, 6a.

남편은 양이고 부인은 음이다. 음의 도가 홀로 행해지는 법은 있을 수 없다. 그것이 시작될 때는 오로지 혼자서만 일어날 수는 없고 그것이 끝마칠 때는 그 공을 각기 나누어 가질 수가 없으니, 함께함의 뜻이 있다. 그러므로 신하는 그 공을 군주와 함께하고 아들은 아버지와, 부인은 남편과, 음은 양과, 땅은 하늘과 각기 그 공을 함께하는 것이다.[51]

물질적인 것을 예로 들어 정신적인 과정을 설명하는 동중서의 노력은 특히 사계절에 대한 가르침에서 잘 드러난다. 그는 희노애락의 네 가지 감정을 사계절에 상응시켜서 다양한 기온으로 설명한다.[52]

기쁨의 기는 따뜻하니 봄에 해당하고, 분노의 기는 맑으니 가을에 해당하며, 즐거움의 기는 강한 양으로 여름에 해당하고, 슬픔의 기는 강한 음으로 겨울에 해당한다. 하늘과 인간은 이러한 네 기를 공통으로 가지고 있는데, 인간들 스스로가 이것들을 길러 낼 수는 없다. 그러므로 그것을 아껴 써야지, 다 써서 (생성이) 멈추게 해서는 안 된다. 아껴 쓰면 순조롭지만 멈추면 어지러워진다. 인간은 하늘에 의해 생성되어 하늘의 변화에 의지하니, 기쁨의 기는 봄으로부터, 즐거움의 기는 여름으로부터, 분노의 기는 가을로부터, 슬픔의 기는 겨울로부터 얻게 된다.[53]

봄의 따뜻한 기로써 하늘은 만물을 사랑하여 생성시키며, 가을의 맑은 기로써 하늘은 엄격하게 만물을 완성시킨다. 여름의 뜨거운 기로써 하늘은 즐거이 만물을

---

51) 『春秋繁露』, 권12, 7a, "凡物必有合, 合必有上必有下, 必有左必有右, 必有前必有後……陰者陽之合, 夫者妻之合, 子者父之合, 臣者君之合, 物莫無合, 而合各有陰陽, 陽兼於陰, 陰兼於陽, 夫兼於妻, 妻兼於夫, 父兼於子, 子兼於父, 君兼於臣, 臣兼於君, 君臣父子, 夫婦之義, 皆取諸陰陽之道, 君爲陽, 臣爲陰, 父爲陽, 子爲陰, 夫爲陽, 妻爲陰. 陰道無所獨行, 其始也不得專起, 其終也不得分功, 有所兼之義. 是故臣兼功於君, 子兼功於父, 妻兼功於夫, 陰兼功於陽, 地兼功於天."
52) 이는 덕을 천하의 공간에 배치하고 있는 『예기』의 생각과 유사하다. 『중국고대철학사』, 272~273쪽(176~177쪽) 참조.
53) 『春秋繁露』, 권11, 5a, "喜氣爲煖而當春, 怒氣爲清而當秋, 樂氣爲太陽而當夏, 哀氣爲太陰而當冬, 四氣者, 天與人所同有也, 非人所能畜也, 故可節而不可止也, 節之而順, 止之而亂, 人生於天, 而取化於天, 喜氣取諸春, 樂氣取諸夏, 怒氣取諸秋, 哀氣取諸冬."

기르며, 겨울의 차가운 기로써 하늘은 슬퍼하며 만물을 감춘다.[54]

감정은 완전하게 결정된 사계절의 순환주기에 상응하여, 하늘은 봄에는 기쁘고 여름에는 선하며 가을에는 의롭고 겨울에는 엄격하다.[55] 이에 맞추어 통치자들 또한 봄과 여름에는 신하들을 칭찬하고 상을 내리며, 가을과 겨울에는 가볍거나 무거운 형벌을 내린다. 특별한 재앙이 나타나지 않는다면 이러한 계절의 흐름과 순서를 벗어나지 않아야 한다.[56]

동중서의 견해에 따르면 순수화학적 요소가 아닌 형이상의 실체로서 이해되는 오행은 서로를 생성한다. 나무는 불을, 불은 흙을, 흙은 쇠를, 쇠는 물을, 물은 나무를 생성한다. 나무, 불, 흙, 쇠, 물의 순으로 된 오행의 생성은 하늘에 의해 주어진 자연스러운 것으로서 여기에 다섯 계절이 서로 연계되는데,[57] 서로를 생성하기 때문에 오행은 서로 아버지와 아들의 관계에 있다. 또한 나무는 봄을 작용하게 하고 불은 여름을 작용하게 하며 흙은 늦여름을, 쇠는 가을을, 물은 겨울을 작용하게 한다.[58] 한 해의 운행은 음기와 양기가 지평선 주변을 움직이는 가운데 변화가 여름에 동쪽에서 시작하여 겨울에 북쪽에서 끝나는데, 그에 상응하여 계절과 거기에 속한 오행에도 또한 특정한 방향과 위치가 있다. 동쪽의 나무는 봄의 기를 주재하고 남쪽의 불은 여름의 기를 주재하며 서쪽의 쇠는 가을의 기를, 북쪽의 물은 겨울의 기를 주재한다. 그리고 흙은 중앙에 위치하는데, 다른 넷은 이것 없이는 생겨날 수 없으므로 가장 탁월한 요소가 된다.[59]

---

54) 『春秋繁露』, 권11, 5b, "春氣暖者, 天之所以愛而生之, 秋氣清者, 天之所以嚴而成之, 夏氣温者, 天之所以樂而養之, 冬氣寒者, 天之所以哀而藏之."
55) 『春秋繁露』, 권17, 5a.
56) 『春秋繁露』, 권13, 1a.
57) 원래는 단지 사계절이 있을 뿐이지만 여기에서는 오행이 한 계절을 더 필요로 하기 때문에 다섯 번째 계절로서 늦여름을 발명해 내었다.
58) 『春秋繁露』, 권10, 9b 및 권11, 2a.

오행은 각기 한 해의 72일을 주도하며, 동지冬至에서 시작한다. 이들에게는 각기 다섯 가지 기본 색이 상응한다고 한다. 나무에 해당하는 녹색, 불에 해당하는 빨강, 흙에 해당하는 노랑, 쇠에 해당하는 흰색, 물에 해당하는 검은색이 그것이다.[60] 동중서는 또한 오행의 특성과 국가 관직의 기능 사이의 유사성을 발견하여 나무는 농경의 재상에 해당하고 불은 군사, 흙은 건설, 쇠는 교육, 물은 법의 재상에 해당한다고 보았다.[61]

오행은 서로 생성할 뿐만 아니라 반대로 서로 극복하기도 한다. 나무가 흙을 이기고, 흙이 물을 이기며, 물이 불을 이기고, 불이 쇠를 이기며, 쇠가 나무를 이기는 것이 그것이다. 오행의 두 요소가 부딪치면 기이한 자연현상이 결과로 나타난다고 하는데, 어떻게 그것이 가능한지 우리가 체험할 수는 없다. 금속과 나무의 충돌에서 전쟁이 생겨나고, 땅이 불과 부딪치면 많은 소나기가 오며, 물이 불과 만나면 여름에 우박이 내리고, 나무와 불이 부딪치면 지진이 일어나며, 불이 물에 부딪치면 하늘에서 유성이 떨어진다고 한다. 또 어떤 한 요소가 불규칙적으로 변화하여 자연의 운행이 저해되기도 한다. 예를 들어 불이 불규칙적으로 변화하게 되면 겨울에 따뜻하고 여름에 춥게 된다. 그런데 이에 대한 최종적인 이유는 통치자의 통찰력 부족에 있다. 통치자가 선한 사람에게 상을 주지 않고 악한 사람을 물리치지 않음으로써 부적격자가 최고의 자리를 차지하고 현인들이 숨어버리는 것이다. 그러면 그 결과는 시기에 적절하지 않는 따뜻함과 추위가 닥치고 전염병이 돌게 된다. 이때 통치자는 현인과 선인을 높이고 공이 많고 덕이 높은 사람을 관리로 임용함으로써 재해를 구제할 수 있다.[62]

---

59) 『春秋繁露』, 권11, 3a.
60) 『春秋繁露』, 권13, 11b.
61) 『春秋繁露』, 권13, 5b.
62) 『春秋繁露』, 권14, 1a~1b.

4. 성과 명

동중서의 견해에 따르면 인간은 태어날 때 하늘로부터 신체를 부여받듯이 성 또한 부여받는다.

인간은 하늘의 명을 받아서 선을 좋아하고 악을 싫어하는 성을 가지고 있다. 따라서 인간은 성을 수양할 수는 있지만 고칠 수 없으며 예상할 수는 있지만 제거할 수는 없다. 이것은 마치 자신의 신체를 뚱뚱하거나 날씬하게 할 수는 있지만 없앨 수 없는 것과 같다. 그러므로 지극히 현명한 사람이라 하더라도 자신의 군주와 부모에 대해서는 악을 받아들일 수는 있어도 악을 없앨 수는 없다.[63]

모든 인간의 명은 하늘에 의해, 특히 하늘로부터 부여된 성 또는 성품에 의해 결정된다. 이 성품은 수양할 수 있지만 근본적으로 변경되는 것이 아니다. 성은 자연적으로 선으로 기울어지는 성향을 가지고 있지만 그 때문에 항상 선하다고 말할 수는 없다. 왜냐하면 다른 힘들은 대립되는 방향으로 작용하기 때문이다. 인간은 선과 악 사이를 구분할 수 있는데, 이 능력 역시 하늘로부터 받은 것이다.

선을 좋아하고 악을 싫어하며 영예를 좋아하고 치욕을 싫어하는 것, 이것은 사람이 스스로 생겨나게 할 수 있는 것이 아니라 하늘이 인간에게 심어 주는 것이다.[64]

하늘은 인간에게 성과 명을 주어서 인과 의를 행하게 하고 부끄러워할 만한 것을 부끄러워하게 한다. 이것은 새와 짐승이 오직 자기 자신만을 위해 살면서 자기의 이익만을 좇는 것과는 다르다.[65]

---

63) 『春秋繁露』, 권1, 9a, "人受命於天, 有善善惡惡之性, 可養而不可改, 可豫而不可去, 若形體之可肥臞, 而不可得革也, 是故雖有至賢, 能爲君親含容其惡, 不能爲君親令無惡."
64) 『春秋繁露』, 권2, 7b, "今善善惡惡, 好榮憎辱, 非人能自生, 此天施之在人者也."
65) 『春秋繁露』, 권2, 6b, "天之爲人性命, 使行仁義, 而羞可恥, 非若鳥獸然苟爲生, 苟爲利而已."

하늘이 명령한 것을 명이라고 하니, 명은 성인이 아니면 시행할 수 없다. 자연스런 자질을 성이라고 하니, 성은 교화가 없이는 완성될 수 없다. 인간의 욕구를 정이라고 하니, 정은 특정한 규정과 법이 없으면 절제되지 않는다.[66]

인간은 선을 인식하고 그에 대한 특정한 기호를 느낄 수 있음에도 불구하고 보편적으로 하늘의 명과 덕을 수행하고 따를 수 있는 상태가 아니다. 오로지 성인만이 이를 실천할 수 있다. 보통사람의 경우에는 좋은 자질이 일단 계발되고 교육을 통해 학습되어야만 하며, 여기에 덧붙여 선한 자질과 나란히 있으면서 선과 반대로 작용하는 욕구 즉 악한 성향을 억제해야만 한다.

인간의 성에 대하여 동중서는 매우 통찰력 있게 말하는데, 중국철학의 핵심 문제에 대한 그의 견해는 대단히 주목할 만하다.

성은 벼와 비교되고 선은 쌀과 비교된다. 쌀이 벼에서 성장하지만 모든 벼가 쌀이 되는 것은 아니듯이, 선이 성에서 성장하지만 모든 성이 완전하게 선할 수 있는 것은 아니다. 선과 쌀은 인간이 하늘로부터 이어받은 것을 외적으로 완성하는 것이지, 하늘로부터 내적으로 주어진 것이 아니다. 하늘의 작용은 특정한 한계에 이르면 멈춘다. 이러한 경계의 안에 있는 것은 천성이며, 그 밖에 있는 것은 인간의 일이다. 비록 일은 성 밖에 있지만, 성은 덕을 완성시키지 않을 수 없다.[67]

이것은 인간이 하늘로부터 받은 성은 완전하게 전개된 것이 아니어서 아직 선하지 않다는 것을 보여 준다. 단지 그에 대한 가능성과 자질만이 주어져 있을 뿐이다. 인간은 하늘의 명을 받아 완성해야 하는데, 선한 자질을 완전하게 전개함으로써 비로소 선하게 될 수 있다. 그런데 이것은 밖으로 나오는 활동을

---

66) 『春秋繁露』, 권3, 6a, "天令之謂命, 命非聖人不行, 質樸之謂性, 性非教化不成, 人欲之謂情, 情非度制不節."
67) 『春秋繁露』, 권10, 4b, "故性比於禾, 善比於米, 米出禾中, 而禾未可全爲米也, 善出性中, 而性未可全爲善也, 善與米人之所繼天而成於外, 非在天所爲之內也, 天之所爲有所至而止, 止之內謂之天性, 止之外謂之人事, 事在性外, 而性不得不成德."

통해 일어난다. 성은 내적인 것에 불과하기 때문이다. 그래서 인간의 성은 눈을 감고 있어 깨어나지 않은 상태와 비교된다.

> 지금 모든 백성의 성은 비록 그 자질을 갖추고는 있지만 마치 눈을 감고 있는 것과 같아서 아직 지각할 수는 없다. 이것은 일깨워지고 가르쳐진 다음에야 비로소 선하다. 이것이 깨우쳐지기 전에 선할 수 있는 자질에 대해서는 말할 수 있겠지만 이것을 바로 선하다고 할 수는 없다.[68]

나아가 동중서는 아직 정해진 모양을 갖고 있지 않은 천성을 계란이나 고치에 비교한다. 이로부터 깨어나서 병아리나 비단이 될 수 있는 것처럼 인간의 성은 교육을 통해 비로소 선하게 될 수 있다. 그리고 왕은 교육을 통해 백성들이 타고난 성을 더욱 발전시켜서 선하게 될 수 있도록 이끌어 주는 임무를 하늘로부터 부여받은 사람이다.

> 하늘이 백성을 낳을 때 성은 다만 선할 수 있는 자질일 뿐 아직 선이라 할 수 없었다. 이에 왕을 세워서 백성을 선하게 하고자 했으니, 이것이 바로 하늘의 뜻이다. 백성은 아직 선이라 할 수 없는 성을 하늘로부터 부여받아 태어나고, 이후 그 성을 완성시키는 왕의 교육을 받는다. 왕은 하늘의 뜻을 이어서 백성의 성을 완성하는 임무를 받은 자이다. 그러므로 지금 참된 자질을 들어 말하면서 백성의 성이 이미 선하다고 한다면, 이는 하늘의 뜻을 놓치고 왕의 임무를 버리는 것이다. 모든 사람의 성이 진실로 이미 선하다고 말한다면 왕이 하늘로부터 받은 명은 과연 무엇이 있겠는가?[69]

---

68) 『春秋繁露』, 권10, 5a, "今萬民之性有其質, 而未能覺, 譬如瞑者, 待覺教之, 然後善, 當其未覺, 可謂有質, 而不可謂善."

69) 『春秋繁露』, 권10, 5b, "天生民, 性有善質而未能善, 於是爲之立王, 以善之, 此天意也, 民受未能善之性於天, 而退受成性之教於王, 王承天意, 以成民之性爲任者也, 今案其眞質而謂民性己善者, 是失天意而去王任也, 萬民之性苟性己善, 則王者受命尙何任他." 마지막 문장은 인간이 천성적으로 선하다면 이미 성인도 필요치 않을 것이라고 하는 순자의 사상과 그대로 일치한다. 『중국고대철학사』, 338쪽 주695(226쪽 주3) 참조.

동중서의 견해에 따르면 인간의 성은 단순한 물질적 형상이 아니다. 그것은 본래 성과 정으로 이루어져 있다.

하늘과 땅이 생성한 것을 성정이라고 한다. 이때는 성과 정이 서로 아울려 하나의 컴컴한 덩어리로 있으므로 정 또한 성이니, 성이 이미 선하다고 말한다면 그 정은 또한 어떻겠는가? 이 때문에 성인은 성이 선하다는 말을 하지 않고 늘 두 개의 이름(성과 정)을 따로 말하였다.[70]

여기서 말하는 성인은 공자이다. 그는 아직 인간의 성이 본래 선하다고는 주장하지 않았다. 두 이름은 성과 정이다. 음과 양이 하늘에 속하듯이 성과 정은 인간에게 속하는 개념으로, 동중서에 따르면 인간에게서 정을 없애고 성만 말하고자 하는 것은 마치 하늘의 운행을 말하면서 음기를 없애고 양기만 말하고자 하는 것과 같다.[71] 왕충의 전달이 믿을 만하다면, 동중서가 어떤 논문에서 성과 정에 대해 더 자세하게 말했다는 것을 알 수 있다. 거기에서 동중서는 성은 양에서 나오고 정은 음에서 나오는데, 두 기의 특성에 따라 성은 선하게 되고 정은 악하게 된다고 하였다. 그리고 인간의 성에 대해 논하면서 맹자는 양만을 주장하였고 순자는 음만을 강조하였다고 본다.[72] 이것은 뒤에서 살펴보게 될 양웅의 사상과 매우 유사하다. 그런데 이와 더불어 『춘추번로』에서는 또한 인간의 성에는 본래 선과 악의 구분이 없다가 외적인 영향을 통해 비로소 선과 악의 어느 한쪽으로 나아가게 된다고 말하기도 하는데, 이러한 주장은 고자의 이론과 일치한다.[73]

---

70) 『春秋繁露』, 권10, 5a, "天地之所生, 謂之性情, 性情相與爲一瞑, 情亦性也, 謂性已善, 奈其情何, 故聖人莫謂性善, 累其名也."
71) 『春秋繁露』, 권10, 5b.
72) Lun Hêng, Part I, 388쪽.
73) 『중국고대철학사』, 773쪽(556쪽) 참조.

5. 윤리

동중서는 인문적 덕성이 군대나 무기의 위력보다 더 우위에 있다고 보았다.

문덕文德이 귀하고, 무위武威는 그 아래이다.[74]

그리고 그 덕의 결과로서 사람들은 복을 누리게 된다.

정직한 사람은 복을 받고, 정직하지 못한 사람은 복을 받지 못한다.[75]

하늘은 인간에게 의를 실행하게 하고 이익을 얻게 한다. 그런데 이익은 신체를 양육하지만 의는 마음을 양육한다. 마음은 신체의 가장 고귀한 부분이다. 그러므로 의는 이익보다 가치가 높다.

의를 지닌 사람은 비록 빈곤하더라도 스스로 즐거울 수 있지만, 의롭지 못함이 지나친 사람은 비록 부유하더라도 스스로 존립할 수 없다.[76]

그러나 대부분의 사람들은 의를 생각하지 않고 오직 이익만을 추구한다. 부유한 사람들은 자주 거만하고 폭력적으로 되며, 가난한 사람들은 종종 빈궁함으로 인해 도둑이 된다. 이에 현인이 나와서 부의 분배를 조절하는 것이다. 그는 부자로 하여금 거만함 없이 권위에 만족하게 하며 가난한 사람으로 하여금 곤궁에 빠지지 않고 사는 데 충분한 만큼 얻도록 한다. 그럼으로써 질서가 선다.[77] 이러한 사회적 균등은 국가 우두머리의 의무이다.

---

74) 『春秋繁露』, 권6, 1b, "故文德爲貴, 而威武爲下."
75) 『春秋繁露』, 권16, 9b, "正直者得福也, 不正者不得福."
76) 『春秋繁露』, 권9, 1b, "夫人有義者, 雖貧能自樂也, 而大無義者, 雖富莫能自存."
77) 『春秋繁露』, 권8, 1a.

6. 국가론

국가의 우두머리는 군주이다. 한대에는 당연히 황제였다.

임금된 자는 국가의 우두머리이니, 그의 말과 행동은 만물의 중심이 된다.[78]

그런데 동중서는 군주가 백성 때문에 존재하는 것이지 백성이 군주를 위하여 존재하는 것이 아니라는 잘 알려진 근본원칙을 반복한다.

하늘은 왕을 위해 백성을 생겨나게 한 것이 아니라 백성을 위해 왕을 세운 것이다. 그러므로 그 덕이 족히 백성들을 편안하고 즐겁게 해 줄 만하면 천명을 주지만, 그 악이 족히 백성들을 해치게 될 만하면 천명을 앗아간다.[79]

군주의 정치는 하늘을 본보기로 삼는데, 하늘이 무위하듯이 지상에 있는 하늘의 대변자 또한 무위해야만 한다. 이것 외에는 도가와 공통점이 거의 없는 동중서는 이러한 도가적 원칙을 자기 것으로 만들었다. 그에 따르면, 진정한 군주는 궁전 속 깊이 숨어 있기 때문에 마음(心)으로 간주되고, 완전한 광채를 밖으로 훤히 드러내기 때문에 밝다고 말해진다. 그는 현인의 말을 시행하되 억지로 하는 바가 없기 때문에 공경 받으며 모든 존재를 사랑함에 있어 자신의 기분에 따라 상벌을 내리지 않기 때문에 선하다. 그는 무위를 원칙으로 지향하며, 자기 자신을 사용하지 않는다. 그의 관리들이 그를 대신하여 행하고 말하고 생각하니, 사람들은 그의 행위에 대해 아무것도 알지 못하지만 성공은 그의 것이다.[80]

---

78) 『春秋繁露』, 권6, 6b, "君人者國之元, 發言動作萬物之樞機."
79) 『春秋繁露』, 권7, 14b, "天之生民非爲王也, 而天立王, 以爲民也, 故其德足以安樂民者, 天予之, 其惡足以賊害民者, 天奪之."
80) 『春秋繁露』, 권6, 5b.

군주의 뜻은 죽은 재와 같으며[81] 그의 형체는 버려진 옷과 같다. 정신을 안정시키고 양육하니 조용히 무위하다. 형체를 쉬게 하니 드러난 그림자가 없으며, 소리를 가리니 들려오는 울림이 없다. 그는 빈 마음으로 아래의 관리를 대한다.[82]

군주는 무위의 지위에 머물며 말없는 가르침을 행하니, 적연하여 소리가 없고 고요하여 형체도 드러나지 않는다. 끝이 없는 하나[83]를 잡아서 나라의 원천으로 삼는다. 나라를 자신의 몸으로 삼고 신하를 자신의 마음으로 삼으며 신하의 말을 자신의 소리로 삼고 신하들의 행동을 자신의 모습으로 삼는다.[84]

이것은 도가의 신비주의이다. 군주는 신체를 가진 인간이 아니라 이미 도에 이른, 순수한 신처럼 거하고 있다.

동중서의 국가에서는 무엇보다 도에 합당하게 하는 것이 중요하다.

국가의 도를 구현하는 것은 존중함과 신묘함에 있다. 존중함이라는 것은 그 정치를 받드는 것이고[85], 신묘함이라는 것은 변화가 나오는 근원이다. 그러므로 존중함이 없으면 두려워하지 않게 되고, 신묘함이 없으면 변화하지 않게 된다. 존중함이 있게 하려면 현인들을 임명해야 하고 신묘함이 있게 하려면 마음을 (하늘의 마음과) 같게 해야 한다. 현인들이 협조하면 군주가 존엄해지고 국가가 안정되며, 하늘과 마음을 같이하여 서로 이어가면 변화가 신묘하게 되어 그 행함이 드러나지 않아도 공덕이 완성된다. 이를 가리켜 존중함과 신묘함이라고 한다.[86]

---

81) 이것은 장자의 말이다. 『중국고대철학사』, 474쪽 주1130(325쪽 주5) 참조
82) 『春秋繁露』, 권6, 6b, "志如死灰, 形如委衣, 安精養神, 寂寞無爲, 休形無見影, 揜聲無出響, 虛心下士."
83) 이것은 분명 도를 가리키는 것으로 보인다.
84) 『春秋繁露』, 권6, 11a, "爲人君者居無爲之位, 行不言之教, 寂而無聲, 靜而無形, 執一無端爲國源泉, 因國以爲身, 因臣以爲心, 以臣言爲聲, 以臣事爲形."
85) 무위를 말한다. 이것은 전체 자연을 주재하는 것으로서, 동중서의 이해에 따르면 神 특히 하늘의 무위를 일컫는다.
86) 『春秋繁露』, 권6, 8a, "體國之道, 在於尊神, 尊者所以奉其政也, 神者所以就其化也, 故不尊不畏, 不神不化, 夫欲爲尊者在於任賢, 欲爲神者在於同心, 賢者備股肱, 則君尊嚴, 而國安, 同心相承, 則變化若神, 莫見其所爲, 而功德成, 是謂尊神也."

군주는 모든 행위에서 하늘의 본보기를 따른다. 어진 하늘이 만물을 사랑하여 사계절을 통해 생장하고 성숙하게 해 주듯이, 군주 또한 이와 같은 뜻을 지니고서 나라와 백성이 고요하고 행복하도록 해야 한다.[87] 그러나 그것을 위해 군주 자신이 스스로 활동해야 하는 것은 아니다.

공은 신하에게서 나오지만, 그 명성은 군주에게로 돌아간다.[88]

재상과 관리들은 땅을 본보기로 따른다. 이들은 땅이 하늘을 대신하여 만물을 돌보듯이 백성의 안녕을 위해 군주의 업무를 충실히 이행하고 그 성공의 영예를 군주에게로 넘긴다.[89] 땅이 하늘의 정기를 받아 완전하게 발전시키는 것처럼, 신하는 군주에게서 활동에 대한 자극을 받는다.

동중서는 정치적 수단으로서의 전쟁을 부인한다. 그에 따르면 『춘추』는 한 번도 정당한 전쟁을 인정한 적이 없다. 왜냐하면 군주는 백성을 사랑해야지 전쟁을 일으켜 죽여서는 안 되기 때문이다.[90] 그럼에도 불구하고 그는 합당한 명분을 지닌 전쟁과 혈육의 복수를 위한 전쟁에 대해서는 어느 정도 정당성을 인정하였다.[91]

끝으로 동중서는 국가가 붕괴되면 군주는 죽는 것이 마땅하다고 보았다. 국가를 잃은 군주는 더 이상 군주일 수 없기 때문이다. 사로잡히는 것은 그에게 치욕이 된다.[92]

---

87) 『春秋繁露』, 권11, 6b.
88) 『春秋繁露』, 권6, 11b, "功出於臣, 名歸於君也."
89) 『春秋繁露』, 권6, 5b.
90) 『春秋繁露』, 권2, 2b.
91) Franke, *Studien zur Geschichte des konfuziansischen Dogmas und der chinesischen Staatsreligion Das Problem*, 202쪽.
92) 『春秋繁露』, 권2, 6b~7a.

7. 동중서에 대한 평가

흔히 동중서는 유학자로 간주되지만 유흠과 반고는 그의 사상이 『논어』가 아닌 『공양전』에 의거하고 있다고 하여 유학자로 분류하지 않았다. 반면 사마천은 그를 매우 높이 평가하였다. 왕충은 그를 사마천이나 양웅과 같은 반열에 놓았으며[93] 그와 양웅을 문헌의 대가로 보았다.[94] 물론 왕충은 인성에 대한 견해 등 많은 부분에서 동중서와 생각을 달리하였지만, 그러면서도 도덕과 국가에 대한 그의 말들이 매우 탁월하다고 평하였다.[95]

당대의 한유韓愈는 동중서를 양웅의 위치에 놓지 않았고 그를 참된 유학자로 인정하지 않았으며, 『춘추』를 유학 경전에서 빼게 하였던 송대의 왕안석王安石은 동중서에 대해 언급조차 하지 않았다.[96] 주희는 그와 반대로 동중서를 훌륭한 유학자로 간주하기는 했지만, 그의 철학에 대한 언급이 매우 적었고 『공양전』에 대한 견해도 함께하지 않았으며 그의 유신론에 대해서도 우호적이지 않았다. 송대 말기에 주희의 추종자 황진黃震은 동중서가 유학에서 어긋난 점과 그가 전한 『춘추』 구두의 불완전함을 비판했으며, 특히 도교적으로 기울어진 경향과 음양론에 대한 과장을 특별한 결함으로 지적하였다.[97]

청대의 유봉록劉逢祿(1775~1829)은 결정적으로 동중서의 편을 들면서 최고의 유학자로 추켜세웠지만 자신의 관점을 관철시키지는 못하였다. 근세에는 강유위康有爲가 유봉록의 견해에 연계하여, 참된 유학에 대한 자신의 이론을 위해 동중서를 가장 강력한 기초로 삼은 바 있다.[98]

---

93) *Lun Hêng, Part I*, 466쪽.
94) *Lun Hêng, Part II*, 89쪽.
95) *Lun Hêng, Part I*, 467쪽.
96) Franke, *Studien zur Geschichte des konfuziansischen Dogmas und der chinesischen Staatsreligion Das Problem*, 123쪽
97) Franke, *Studien zur Geschichte des konfuziansischen Dogmas und der chinesischen Staatsreligion Das Problem*, 127쪽.

프랑케는 동중서가 제기한 상호대대의 개념을 특히 칭송하였다. 그는 이것이 정통유가적인 사유방식으로 확정될 수 있다고 믿으면서, 동중서는 우리에게 가장 신뢰할 만하고 전래될 수 있는 본래유학의 전형을 주었다고 보았다.[98] 또 하크만은 동중서가 철저하게 유학자이기는 하지만 도가와 묵가의 사상을 유학 속으로 융합시켰다고 하였다.

동중서의 사유방식이 유학적이라는 것은 의심의 여지가 없지만, 『논어』와 『맹자』에 대한 그의 이해는 정통적인 것이 아니었다. 그의 세계관은 유학을 기초한 공자 및 맹자와 결정적으로 어긋난다. 동중서는 명백한 유신론자로서 최고의 원칙인 하늘이 인격적 존재인 반면에, 공맹의 하늘은 비인격적인 존재였던 것이다. 이 점에서 그는 묵적과 매우 근접해 있으며, 하늘에 대한 이해 또한 묵적과 마찬가지로 공자 이전 시대의 해석으로 거슬러 올라간다. 거기에서 상제는 마치 인격신처럼 등장하여 자신의 인격성을 나타낸다. 동중서는 아마도 유학과 묵가의 융합을 완성해 낸 가장 탁월한 유학자일 것이다. 그는 도가로부터는 군주의 무위만을 받아들였던 것 같다. 왜냐하면 형이상학과 밀접한 관계가 있는 그의 자연철학은 도가적이라기보다는 매우 유가적이기 때문이다. 이것은 이미 팔괘의 이론과 『서경』, 『좌전』, 『예기』, 『역전』 등에 들어 있는 사상이다. 철학자로서의 동중서는 매우 날카로운 감각을 지녔고 정신적 스승인 공자보다 훨씬 더 큰 사변의 능력을 갖추고 있었다. 비록 자연에 대한 그의 설명이 자주 환상적인 면모를 보인다 하더라도 결코 다른 자연철학자들보다 더한 것은 아니었다. 완전히 상징적인 중국인들의 사상은 서양의 자연과학의 학파를 통해 떠올리는 사고로부터 매우 멀리 있다.

---

98) Franke, *Studien zur Geschichte des konfuziansischen Dogmas und der chinesischen Staatsreligion Das Problem*, 131~135쪽.

99) Franke, *Studien zur Geschichte des konfuziansischen Dogmas und der chinesischen Staatsreligion Das Problem*, 112쪽.

제5장 유향

유향劉向(BC77~BC6)은 본래 이름이 '갱생更生'이었다가 후에 '향'으로 바꾸었으며, 자는 '자정子政'이다. 그는 어렸을 때 궁정에 들어 약 30년 동안을 관리로 지냈다. 원제 치하에서 대부에 올랐다가 기원전 40년에 음모에 의해 해고되었고, 성제 즉위년인 기원전 32년에 다시 지위를 회복하였다. 그는 외척의 발호에 대항하였으며, 특히 뒷날 전한을 멸망시키고 스스로 황제의 위에 오르게 되는 왕망을 견제하고자 하였다. 성제는 그를 매우 신임하여 재상으로 삼고자 하였지만 왕망의 반대로 관철시킬 수 없었다.[1]

유향은 충직하고 성실한 신하였고 탁월한 학자였으며 진실한 군자였다.[2] 천성적으로 매우 소박하고 조용하며 명석하였고 꾸밈이 없었다. 그는 사람들과의 교류를 끊은 채 열심히 경전과 학문을 공부하였다. 낮에는 역사서와 연대기를 읽고 밤에는 별을 관찰하느라 자주 잠들지 못했다. 그의 견해에 따르면 별들과 기이한 조짐들에는 천명이 연관되어 있었다.[3] 유학자임에도 불구하고 그에게는 도가의 신비적 경향을 강하게 드러나는 일화들이 전한다. 한 예로, 밤에 한 신선이 '태을정太乙精'이라 적힌 노란 옷을 입고 나타나 그에게 생명의 비밀을 알려주었다고 한다.[4] 유향은 어렸을 때 연금술에 매우 몰두하였다. 유향의

---

1) Hackmann, *Chinesiche Philosophie*, 207쪽.
2) 高瀨武次郞, 『中國哲學史』 2, 32쪽.
3) 『中國人名大辭典』, 31a.
4) Mayers, *Reader's Manual*, Nr. 404.

아버지는 회남왕 유안이 체포될 때 그의 도서관에서 연금술에 관한 도서한 권을 취하였는데, 거기에는 기이한 물질로 금을 만들고 추연鄒衍[5]처럼생을 연장할 수 있는 방법이 제시되어 있었다. 유향은 그 책에 깊이 빠졌으며,후에 황제에게 이것을 바치고 자신이 금을 만들 수 있다고 주장하였다. 황제는그에게 금을 만들게 하였으나 그는 모든 노력에도 불구하고 금을 생산하지못하였다. 결국 그는 판관에게 처벌을 받게 되었고, 동전을 위조한 죄로 사형을선고받았다. 그러나 형이 그의 석방을 위해 돈을 지불함으로써 죽음을 면할수 있었는데[6] 감형의 또 다른 원인은 선제宣帝(BC 73~48)가 그에게 『곡량전穀梁傳』의 편찬을 명하였기 때문이다.[7]

유향은 71세에 죽었고, 13년 후에 왕망은 한왕조를 차지했다. 이 일이 기원후9년에 일어났으므로[8] 유향은 기원전 77년에 태어나 기원전 6년에 죽었을것이다.[9] 그의 존재는 철학적 영역보다 어원학적 영역에서 더욱 중요한 의미를지닌다. 공자를 제외하고 나면 그는 우리에게 알려진 가장 오래된 고서 편찬자이다. 기이하게도 고서의 역사는 유향을 넘어서까지 추적되는 것이 드물다.성제의 명을 받고 유향은 그의 아들 유흠劉歆의 도움 아래 석거각石渠閣 내황제의 도서관에 비치된 오경을 편찬하고 수많은 역사적·철학적·문학적서적들을 출간하는 사업을 주도하였다.[10] 『전한서』에 따르면 유향은 노자와

---

5) 『중국고대철학사』, 708쪽(503쪽) 참조.
6) 『古今圖書集成』, 「經籍典」, 329部.
7) 유향은 금문으로 쓰인 『곡량전』을 좋아하였으며, 아들 유흠은 그 저자가 시간적으로공자에 더 가깝다는 이유로 『좌전』을 좋아하였다. 유흠은 고문경전을 정식으로 인정받게 하고자 노력하였으나 학자들의 반대 때문에 실패하였다.
8) 『中國人名大辭典』, 33b, "王氏代漢."
9) 渡邊秀方, 『中國哲學史槪論』 2, 30쪽. 여러 학자들이 유향의 생애를 기원전 80년~기원후 9년으로 보고 있다. Mayers, Giles, Takejiro 등이 그러하다. 이들은 아마도 왕망이기원후 6년부터 13년까지 황제를 대신하여 통치한 것으로 여긴 듯하다. 그러나 왕망은 이미 어린 황제 平帝(BC 1~6)를 대신해서 제국을 통치하고 있었다. 그러므로 다케지로가 유향이 기원전 80년부터 기원후 9년까지 90세에 이르도록 살았다고 한 것은 불가하다.

문자에 대한 해설 또한 저술하였다고 한다.

유향 자신의 저술로는 우선 『홍범오행전론洪範五行傳論』 11편이 있는데, 이 책은 길흉의 조짐에 대한 고대에서 한대까지의 각종 사례들을 수록하고 있다. 유덕한 부인들의 일화를 모은 『열녀전列女傳』은 이러한 유형의 저서들 중 가장 앞선 사례이다. 또 신선들의 이야기를 모든 『열선전列仙傳』이 있는데, 이에 대해서는 후대인의 위작이라는 설도 유력하다. 최초의 문헌목록인 『칠략별록七略別錄』11)은 현재 소실되고 그 목록이 『한서』 「예문지」에 남아 있다. 무엇보다도 철학적 저술로 간주되는 도서로 『신서新序』와 『설원說苑』이 있다. 이 두 저서는 주로 유학의 가르침을 정립하기 위해 그 사례 역할을 하는 고대 원전의 내용을 발췌하여 편집한 것이다. 『신서』에 인용된 저술들은 춘추시대의 고대서적으로 거슬러 올라가는데, 이것들은 대부분 현존하지 않는다. 인용문들이 항상 정확한 것은 아니고 연대착오도 나타나지만 잘 알려진 저서의 몇몇 인용문들은 확실하다.12) 증공曾鞏13)이 그 서문에서 말한 것처럼 유향은 도덕이 내재되어 있는 고대의 매우 빼어난 말과 아름다운 행동에 대하여 기술하고 있다. 그 내용은 주로 봉건군주의 생활사 및 왕과 신하의 대화 등으로 이루어져 있다. 『설원』은 철학자들의 저서들 속에서 경계와 경고의 역할을 하는 발췌된 것이다. 몇 가지 간과한 것과 빠진 것이 있지만 내용의 흐름에 큰 단절을 가져오지는 않는다.14) 이 가운데 권16 「설총說叢」편에는 특별한 의미가 있다. 여기에서 유향은 종종 완결되지 않은 형태로 자신의 견해를 다른 사상가의 말이나 역사와 관계없이 기술하고 있다.

---

10) 유향은 경전 외에 『주례』, 『전국책』, 『효경』 및 연금술과 관련된 추연의 책, 그리고 철학자 관자, 안자, 순자, 열자, 묵자, 신도, 신불해 등의 책도 펴내었다.
11) '제1부 한대'의 시대개괄 부분 참조.
12) 자주 인용된 것은 공자, 맹자, 노자, 순자, 열자, 양주, 관자, 안자, 상앙이다.
13) 송나라 사람으로, 구양수와 동시대인이다.
14) 『四庫全書總目提要』, 권91.

왕충은 유향을 자주 언급하였다. 그는 유향을 양웅·육가·사마천과 함께 한대의 문학적인 천재[15]로 들면서 특히 양웅과 같은 단계에 설정하였다.[16] 하지만 사마천과 마찬가지로 유향은 우선적으로 역사가이다. 그는 역사를 수집하고 사실을 기록하는 데 치중했을 뿐 육가와 동중서처럼 철학자로서 자유롭게 창조적인 정신활동을 하지는 않았다.[17] 비록 사마천처럼 거대한 스타일의 역사가는 아니었지만 유향은 도덕적 가르침을 증명하기 위하여 고대의 일화들을 수집하였다. 따라서 우리는 그를 문헌역사가라고 할 수 있을 것이다. 특히 그는 중국 문헌의 수많은 주요 도서들을 첫 번째로 편찬한 사람으로, 이 점에서 가장 큰 업적을 인정받게 되었다.

유향은 신을 최고의 세계원리로 간주한 것으로 보인다. 그는 다음과 같이 말하였다.

신은 하늘과 땅의 근본이며 모든 사물의 시작이다.[18]

신은 매우 명확하고 단순한 개념으로, 유학자의 '하늘'이나 도가의 '도'보다 훨씬 명료하다. 그러나 다른 곳에서 유향은 하늘을 세계의 주재자로 여기기도 한다. 그렇다면 그는 하늘로부터 세계정신의 객체화를 보았을 것이다. 하늘의 작용은 무엇보다도 명命에서 나타나지만, 유향에게서는 이것이 절대로 예정豫定의 성격을 띠고 있는 것이 아니었다. 따라서 인간은 행불행의 책임을 하늘이나 다른 사람에게 미루지 말아야 한다.

---

15) *Lun Hêng, Part II*, 232쪽.
16) *Lun Hêng, Part I*, 469쪽.
17) *Lun Hêng, Part II*, 297쪽. 여가석은 『설원』과 『신서』가 유향이 편찬한 책이 아니라 고대 도서를 편집한 것에 불과하다고 한다. 余嘉錫, 『劉向新序提要辯證』, 459쪽 이하 참조. 그러나 내게는 그가 제시한 증거가 합당하지 않은 것으로 보인다.
18) 『說苑』, 권19, 1a, "神靈者天地之本, 而爲萬物之始也."

행복과 재화는 땅에서 나오는 것이지 하늘에서 내려오는 것이 아니다. 자기 자신에게서 생겨난다.[19]

재앙은 욕망으로부터 생겨나며, 복을 얻는 것은 스스로 금지하는 데 있다.[20]

명을 아는 사람은 하늘을 원망하지 않으며, 자기를 아는 사람은 다른 사람을 원망하지 않는다.[21]

유향은 어떤 현상이나 사태가 미래의 행불행에 대한 조짐이 됨을 인정하면서 인간의 활동은 그러한 조짐을 없애 버릴 수 있을 정도로 결정적이라고 보았다. 좋은 조짐이 나타나도 악을 행하면 복은 오지 않고, 나쁜 조짐이 나타나도 선을 행하면 재앙은 오지 않는다.[22] 따라서 인간은 통찰력과 영리함으로 명을 극복할 수 있다. 명을 아는 사람은 화를 예견하여 불행이 이르기 전에 그것을 막는 방법을 찾아서 자신을 구원할 수 있기 때문이다. 이로써 그는 혼란한 시대에는 해를 입지 않도록 몸을 움츠렸다가 평화로운 시대가 되면 몸을 일으켜 나라를 통치한다.[23] 사람은 명에 따라 복이 다가오면 그것을 받아들여서 적당한 기회를 잡아야 하지, 그대로 지나가도록 해서는 안 된다.

하늘이 주는데도 받아들이지 않으면 도리어 근심을 얻고, 때가 되었는데도 대응하지 않으면 도리어 재앙을 받는다. 하늘과 땅은 따로 편애하는 대상이 없으니, 늘 선한 사람과 함께한다. 하늘의 길은 항상 똑같아서, 요를 위해 나타나는 것도 아니요 걸 때문에 사라지는 것도 아니다. 선한 행위가 쌓이는 집안은 반드시 풍요로운 경사에 이르게 되고, 악행이 쌓이는 집안은 반드시 큰 재앙을 맞이하게 된다.[24]

---

19) 『說苑』, 권16, 5a, "禍福非從地中出, 非從天上來, 已自生之."
20) 『說苑』, 권16, 5b, "禍生於欲, 得福生於自禁."
21) 『說苑』, 권16, 6a, "知命者不怨天, 知己者不怨人."
22) 『說苑』, 권1, 8a.
23) 『說苑』, 권13, 1a.

마지막 문장을 볼 때 우리는 유향이 명의 비합리적인 면에 대해서는 별로 생각하지 않았다는 것을 짐작할 수 있다.

유향의 견해에 따르면 귀신을 예견하고 제물을 바쳐 기도하는 것은 그 자체가 목적이 될 수 없다. 명은 자기 행위의 결과일 뿐이기 때문이다. 귀신이 비도덕적인 인간에게 복을 내릴 수는 없는 것이다.

귀신을 믿는 사람은 자기의 계획을 잃고, 길일을 믿는 사람은 올바른 때를 놓친다. 어떻게 그것을 아는가? 성인과 현인은 두루 알기 때문에 특정한 날과 때를 정하지 않을 수 있었으며 그들의 일은 성공적이었다. 법령을 공경하고 공로와 업적을 귀하게 여기니 거북과 시초로 점치지 않아도 그 몸이 건재하였다. 인의를 열심히 행하고 도리를 따르니 귀신에게 빌지 않아도 복이 이르렀다. 그러므로 점치고 길일을 택하여 몸을 닦고 경계하며 살찐 제물을 준비하고 값진 치장을 해서 정성스 레 제사지낸다 해도 결국 패역의 재앙을 없앨 수는 없다. 신명을 알아서 그것을 섬기면서도 도리에 어긋나는 행동을 하고자 한다면 제사를 지내어 복을 빈다 하더 라도 신명이 반드시 그것을 어긋나게 할 것이다.[25]

제사를 지냄으로써 신에게서 이익을 얻고자 하는 행동을 부정한다는 점에서 유향은 고대의 정치철학자 관자나 안자, 자산과 견해를 같이하였다.[26]

또한 그는 훌륭한 스승의 좋은 본보기는 덕에 이르는 길을 보여 준다고 말한다.

---

24) 『說苑』, 권16, 3a, "天與不取, 反受其咎, 時至不迎, 反受其殃, 天地無親, 常與善人, 天道有常, 不爲堯存, 不爲桀亡, 積善之家必有餘慶, 積惡之家必有餘殃."

25) 『說苑』, 권20, 1a, "信鬼神者失謀, 信日者失時, 何以知其然, 夫賢聖周知, 能不時日, 而事利, 敬法令, 貴功勞, 不卜筮, 而身吉, 謹仁義, 順道理, 不禱祠, 而福, 故卜數擇日, 潔齋戒, 肥犧牲, 飾珪璧, 精祠祀, 而終不能除悖逆之禍, 以神明有知而事之, 乃欲背道妄行, 而以祠祀求福, 神明 必違之矣."

26) 유향이 신을 믿지 않았다고 했던 나의 견해(Gedankenwelt d. chin. Kulturkreises 76쪽)는 올바르지 못하다. 유향은 신들의 실재에 대해서는 의심하지 않았고, 단지 그들에게 기원함으로써 복을 얻을 수 있다고는 믿지 않았을 뿐이다.

현명한 스승과 좋은 친구가 옆에 있고 『시경』·『서경』·『예경』·『악경』이 앞에 놓여 있는데도 그 가르침을 버리고 불선을 행하는 사람은 드물다.[27]

군자는 배우고 묻는 것을 부끄러워하지 않는다. 묻고 궁구하는 것은 앎의 근본이고 깊이 생각하는 것은 앎의 방도이기 때문이다. 이 말은, 자신의 앎을 이용해서 그 앎을 점차로 넓혀 가는 것도 중요하지만 그보다는 남이 아는 것을 근본으로 삼아 자신의 앎을 넓혀 가는 것이 더욱 중요하다는 뜻이다.[28]

유향은 또한 정신적인 수양의 필연성을 강조하기 위하여 맹자의 말을 인용하기도 한다.

맹자가 말하였다. 인간은 밭을 기름지게 할 줄만 알지 마음을 기름지게 할 줄을 모른다. 밭을 기름지게 하면 좋은 씨앗을 얻고 곡식을 수확할 수 있을 뿐이지만, 마음을 기름지게 하면 행동을 바꾸어 원하는 것에 이를 수 있다. 마음을 기름지게 한다는 것은 무엇인가? 널리 공부하고 많이 경험하는 것이다. 행동을 바꾼다는 것은 무엇인가? 그 성을 한결같게 하고 악을 멈추는 것이다.[29]

다음 말은 군자의 허물이란 단지 순간적인 어둠에 불과한 것으로서 결코 그들의 지혜에 해가 되지 않는다는 의미이다.

군자의 허물은 일식이나 월식과 같아서 그 밝음을 훼손시키지 못한다.[30]

그리고 참된 선비는 올바로 인식된 의의 기본원칙을 확고하게 고수한다.

---

27) 『說苑』, 권16, 2a, "賢師良友在其側, 詩書禮樂陳於前, 棄而爲不善者鮮矣."

28) 『說苑』, 권16, 10a, "君子不羞學不羞問問訊者知之本念慮者知之道也此言貴因人知而加知之不貴獨自用其知而知之."

29) 『說苑』, 권3, 5a, "孟子曰, 人知糞其田, 莫知糞其心, 糞田莫過利苗得粟, 糞心易行, 而得其所欲, 何謂糞心, 博學多聞, 何謂易行, 一性止濫也."

30) 『說苑』, 권16, 8b, "君子之過猶日月之蝕也何害於明."

설사 의를 추구하다 목숨을 잃게 된다 하더라도 결코 선비는 자기 자신의 이익을 그보다 높이 설정하지 않는다.

선비는 자신의 이익 때문에 변하지 않으며 걱정 때문에 처신을 바꾸지 않는다. 효와 경, 충과 신의 일이 확립되면 비록 죽는다고 하더라도 후회하지 않는다. 지식을 자기의 이익을 위해 쓰는 사람은 어리석어도 공익을 추구하는 사람만 못하기 때문에, 기교 있고 가식적인 것은 서투른 것만 못하다고 한다.[31]

유향은 세 종류의 정치를 구분한다. 황제의 정치는 귀하게 여김을 쓰고, 패군의 정치는 위협을 쓰며, 폭군의 정치는 폭력을 쓴다. 현명한 왕은 먼저 상을 내리고 도덕을 가르쳐서 통치하며, 꼭 필요한 경우에만 형벌을 사용한다.[32]

밝은 군주는 상을 크게 주고 벌을 가볍게 함으로써 다스린다.[33] 백성을 먹임에 있어서는 힘센 장정을 기준으로 양식을 헤아리고, 부역을 시키는 데 있어서는 힘없는 노인을 기준으로 일을 정한다.[34]

한편, 유향 또한 공자처럼 일상생활의 다양한 문제에 대하여 언급하였는데, 특히 말을 할 때 주의할 것을 강조하였다.

입은 관문이고, 혀는 기기이다. 입 밖에 나온 말은 감당할 수 없으니 네 마리의 말이 이끄는 수레로도 따라잡을 수 없다. 입은 관문이고, 혀는 무기이다. 입 밖에 나온 말이 적절하지 않으면 도리어 자신을 해치게 된다. 말이 자기에게서 나오고 나면 다른 사람에게서 멈추게 할 수 없고, 행동이 가까이서 나오고 나면 멀리서

---

31) 『說苑』, 권16, 2b, "士不以利移, 不爲患改. 孝敬忠信之事立, 雖死而不悔. 智而用私, 不如愚而用公, 故曰巧僞不如拙."
32) 『說苑』, 권7, 1a.
33) 법가철학자들은 이와 정반대로 가르친다.
34) 『說苑』, 권16, 8a, "明君之制賞從重罰從輕食人以壯爲量事人以老爲程."

이것을 멈추게 할 수 없다. 말과 행위는 군자의 중요한 도구이니, 이것이 움직여서 영예와 치욕의 근거가 된다. 신중하지 않을 수 있겠는가? 그러므로 괴자우는 말하기를, "말은 날아간 화살과 같아서 이미 시위를 떠나면 비록 후회하는 것이 있더라도 따라가 거둘 수 없다"라고 하였다.[35]

좋은 말은 자기 자신에게 미치지 말아야 하고, 나쁜 말은 다른 사람에게 미치지 말아야 한다.[36]

유향은 목적이 수단을 성스럽게 한다는 말을 인정하지 않는다. 그 이유는 다음과 같다.

선은 거짓을 통해 오게 할 수 없으며, 악은 말을 통해 제거할 수 없다.[37]

유학자임에도 불구하고 유향은 맹자의 태평론을 찬양하지 않고 다음과 같이 말한다.

인의와 강한 군대 없이는 천하를 안정시킬 수 없다.[38]

서로 생성하는 도가의 대대의 원칙을 그는 다음과 같이 표현한다.

귀함은 반드시 천함을 근본으로 하며, 높은 것은 반드시 낮은 것을 근본으로 한다. 하늘은 주고자 하면 먼저 고통을 보내고 허물고자 하면 먼저 늘려 준다.[39]

---

35) 『說苑』, 권16, 7a, "口者關也, 舌者機也, 出言不當, 四馬不能追也, 口者關也, 舌者兵也, 出言不當, 反自傷也, 言出於己, 不可止於人, 行發於邇, 不可止於遠, 夫言行者君子之樞機, 樞機之發榮辱之本也, 可不慎乎, 故蒯子羽曰, 言猶射也, 括既離弦, 雖有所悔焉, 不可從而追己."
36) 『說苑』, 권16, 6a, "言善毋及身, 言惡毋及人."
37) 『說苑』, 권16, 6a, "善不可以僞來, 惡不可以辭去."
38) 『說苑』, 권16, 6a, "旅非仁義剛武, 無以定天下."
39) 『說苑』, 권16, 2b, "必貴以賤爲本, 必高以下爲基, 天將與之, 必先苦之, 天將毀之, 必先累之."

다음의 말 또한 도가적으로 들린다.

한 아름의 나무가 천 균의 집을 지지할 수 있고, 5촌의 비녀장이 문 하나를 열고 잠글 수 있다. 어찌 재목이 그 소임에 족해서이겠는가? 중요한 것은 그들이 놓인 위치이다.[40]

유향은 음과 양을 가치와 본성에 따라 설명한다. 그에게 양은 항상 음보다 가치가 높다. 닭은 수탉이 암탉보다 귀하고, 짐승은 암컷보다 수컷이, 부부 사이에서는 부인보다 남편이 귀하다. 가정에서는 아버지가 양이고 아들이 음이며, 국가에서는 군주가 양이고 신하가 음이다.

양은 높고 음은 낮으며, 양은 귀하고 음은 천하다. 이것은 하늘의 도이다.[41]

가뭄은 양기가 과해서 생기는데 이는 양이 불이요 밝음이기 때문이며, 홍수와 일식은 음기가 강하여 생기는데 이는 음이 물이요 어둠이기 때문이다.[42]

이제 마지막으로 완벽한 것은 불가능하다는 것에 대해 말하고 싶다. 삶에 있어서 어느 한편의 여유는 흔히 다른 한편의 부족으로 인해 생겨난다는 사실이 여기에서 드러나고 있다.

뜻이 모두에게 똑같이 첨예할 수 없고 일이 양쪽으로 똑같이 완전할 수 없다. 저쪽이 융성하면 반드시 이쪽이 쇠퇴하고, 왼쪽이 길면 반드시 오른쪽이 짧다. 즐기다 밤늦게 자리에 들면 아침에 일찍 일어날 수 없다.[43]

---

40) 『說苑』, 권16, 1b, "一圍之木持千鈞之屋, 五寸之鍵而制開闔, 豈材足任哉, 蓋所居要也."
41) 『說苑』, 권18, 4a, "故陽貴而陰賤, 陽尊而陰卑, 天之道也."
42) 『說苑』, 권18, 4a.
43) 『說苑』, 권16, 1a, "意不並銳, 事不兩隆, 盛於彼者, 必衰於此, 長於左者, 必短於右, 喜夜卧者, 不能蚤起也."

우리는 지금까지『설원』만을 살펴보았는데, 이 책에서는 단편적으로나마 철학적인 생각들이 변증법적으로 전개되고 있다. 그런데『신서』에는 그런 경우가 없다. 여기서는 고대의 역사적 사례를 통해 독자들 스스로가 그 의미를 찾아야만 한다. 그 예로서 낚시 및 사냥에 관한 두 가지 설화가 있다.

초나라 사람이 왕에게 물고기를 바치면서 말하였다. "저는 오늘 잡은 물고기를 모두 다 먹을 수 없었습니다. 남은 것을 팔려고 하였으나 사려는 사람을 찾지 못하였고, 버리고자 해도 아까워서 버릴 수 없었습니다. 그래서 이렇게 바치려고 가져왔습니다." 이에 좌우에서 그 말이 매우 불경하다고 꾸짖자 초나라 왕이 말하였다. "그대들은 이 어부가 어진 사람이라는 것을 알지 못한다. 대개 곳간에 쌀이 가득해도 나라에는 굶어 죽는 사람들이 있고, 후궁에 여인들이 넘쳐나도 백성 중에는 많은 사내들이 부인 없이 살며, 창고에 물건이 가득 쌓여 있어도 국경 안에는 가난하고 불쌍한 자들이 많다. 이 모든 것은 군주의 도를 잃은 것으로, 이 때문에 부엌에는 기름진 고기가 있고 마구간에는 살찐 말이 있어도 백성들은 굶주린 기색이 있다. 그러므로 망하는 나라의 군주는 창고 안에 저장을 한다. 내가 이것을 안 지 오래되었지만 아직 행동할 수 없었는데, 어부가 그것을 알고 이로써 나를 깨우치고자 한 것이다. 이제 나는 그것을 실행할 것이다." 이에 왕은 관리를 보내어 홀아비와 과부와 고아와 홀로 된 이들을 보살피고 창고의 쌀과 비단을 풀어 부족한 자들을 돌보게 하였으며, 후궁을 깨뜨려 여인들로 하여금 홀아비와 결혼하게 하였다. 그러자 초나라 백성들은 크게 기뻐하였고, 이웃나라의 백성들은 초나라에 귀속되기를 원하였다. 어부가 가져온 것은 남은 물고기 몇 마리였지만 초나라가 이에 힘입어 번성하였으니, 왕을 가리켜 가히 어질고 지혜롭다 할 수 있을 것이다.[44]

---

44) 『新序』, 권2, 3a, "楚人有獻魚楚王者曰, 今日漁獲, 食之不盡, 賣之不售, 棄之又惜, 故來獻也, 左右曰, 鄙哉辭也, 楚王曰, 子不知漁者仁人也, 蓋聞困倉粟有餘者, 國有餓焉, 後宮多幽女者, 下民多曠夫, 餘衍之蓄聚於府庫者, 境內多貧困之民, 皆失君人之道, 故庖有肥肉, 廐有肥馬, 民有餓色, 是以亡國之君藏於府庫, 寡人聞之久矣, 未能行也, 漁者知之, 其以此諭寡人也, 且今行之, 於是乃遣使恤鰥寡而存孤獨, 出倉粟, 發幣帛而振不足, 罷去後宮不御者, 出以妻鰥夫, 楚民欣欣大悅, 鄰國歸之, 故漁者壹獻餘魚, 而楚國賴之, 可謂仁智矣."

양나라 왕이 사냥을 가서 흰기러기 떼를 보았다. 왕이 마차에서 내려 활을 쏘려고 했는데 마침 길을 가는 사람이 있었다. 왕이 멈추라고 했지만 그냥 지나가는 바람에 흰기러기 떼가 흩어지고 말았다. 왕이 화가 나서 행인을 쏘려고 했는데, 왕의 마부 공손습이 마차에서 내려 활을 잡고 왕을 말렸다. 화가 난 왕이 얼굴색을 달리하며 물었다. "네가 어찌 네 군주를 편들지 않고 다른 사람을 편드는 것인가?" 공손습이 답하였다. "옛날에 제나라 경공 때에 3년 동안 큰 가뭄이 들어 점을 치니, 점괘는 반드시 사람을 제물로 바쳐야만 비가 온다고 했습니다. 경공이 당 아래로 내려가 머리를 조아리고 말하였습니다. '내가 비를 청하는 원인은 나의 백성을 위해서이다. 그런데 지금 내가 반드시 사람을 바쳐야만 비가 내린다면 나를 제물로 바치겠다.' 그가 이 말을 다하기도 전에 하늘은 천 리의 땅에 큰비를 내렸는데, 그것은 무엇 때문입니까? 경공이 하늘에는 자신의 덕을, 그리고 백성들에게는 은혜를 보였기 때문입니다. 그런데 지금 주군께서는 흰기러기 때문에 사람을 쏘고자 하니, 나는 주군이 호랑이나 늑대와 다르지 않다고 하겠습니다." 왕은 그의 손을 잡고 함께 마차에 타고 돌아왔다. 그는 사당의 문을 들어서며 소리쳤다. "오, 만세! 오늘은 행운의 날이다. 다른 사람들은 사냥에서 모두 짐승과 새를 얻어서 돌아오지만, 나는 오늘 좋은 말을 얻어서 돌아왔다."[45]

가끔씩 유향은 우화의 형식을 빌려 자신의 학설을 펴는데, 이는 중국문학에서 상당히 드문 경우이다. 그는 한 번은 올빼미와 비둘기를 빌려 말하였고, 다른 한 번은 호랑이와 여우를 등장시켰다.

올빼미가 비둘기를 만났다. 비둘기가 물었다. "어디로 가는 길인가?" 올빼미가 말하였다. "동쪽으로 가는 중이다." 비둘기가 그 이유를 물으니 올빼미가 답하였다.

<hr/>

45) 『新序』, 권2, 5a, "梁君出獵, 見白鴈群, 梁君下車, 彀弓欲射之, 道有行者, 梁君謂行者止, 行者不止, 白鴈群駭, 梁君怒, 欲射行者, 其御公孫襲下車撫矢, 曰君止, 梁君忿然作色而怒曰, 襲不與其君, 而顧與他人何也, 公孫襲對曰, 昔齊景公之時, 天大旱三年, 卜之曰, 必以人祠乃雨, 景公下堂, 頓首曰, 凡吾所以求雨者, 爲吾民也, 今必使吾以人祠, 乃且雨, 寡人將自當之, 言未卒, 而天大雨方千里者何也, 爲有德於天, 而惠於民也, 今主君, 以白鴈之故而欲射人, 襲謂主君言, 無異於虎狼, 梁君援其手, 與上車歸, 入廟門, 呼萬歲, 曰幸哉今日也, 他人獵皆得禽獸, 吾獵得善言而歸."

"마을 사람들이 모두 내 울음소리를 싫어해서 동쪽으로 간다." 이에 비둘기가 말하였다. "네가 우는소리를 바꾸면 된다. 네가 우는소리를 바꾸지 않는다면 동쪽으로 간다 해도 네 소리를 좋아하지 않을 것이다."[46)]

초나라 왕이 신하들에게 물었다. "나는 북방의 사람들이 소해휼昭奚恤을 두려워한다고 들었다. 도대체 왜 그런가?" 강을江乙이 답하였다. "호랑이가 다른 짐승들을 잡아먹으려고 쫓아다니다가 여우 한 마리를 잡았습니다. 여우가 말하였습니다. '네가 감히 나를 먹어서는 안 된다. 천제가 나를 모든 동물의 우두머리로 정하였으니, 네가 지금 나를 먹는다면 이것은 상제의 명을 거역하는 것이다. 믿지 못하겠다면 내가 앞서 갈 테니 너는 내 뒤를 따르면서 지켜보아라. 틀림없이 모든 짐승들이 나를 보고 도망치는 것을 보게 될 것이다.' 호랑이가 동의하고 그 뒤를 따라가니, 이것을 보고 짐승들이 모두 도망쳤습니다. 호랑이는 짐승들이 자기를 두려워해서 도망치는 것을 알지 못하고 여우를 두려워하는 것이라고 생각하였습니다. 지금 왕의 영토는 사방 오천 리에 이르며, 소해휼에게는 오직 무장한 군사 백만을 맡겨 두었습니다. 북방 사람들은 소해휼을 두려워하는 것이 아니라 실제로는 왕의 병사들을 두려워하는 것으로, 마치 모든 짐승이 여우가 아니라 호랑이를 두려워하는 것과 같습니다. 그러므로 사람들이 신하를 두려워한다면 이는 그에게서 군주의 위엄을 본 것이니, 군주가 그를 쓰지 않으면 그 위엄은 사라집니다."[47)]

---

46) 『說苑』, 권16, 6b, "梟逢鳩, 鳩曰, 子將安之, 梟曰, 我將東徙, 鳩曰, 何故, 梟曰, 鄕人皆惡我鳴, 以故東徙, 鳩曰, 子能更鳴, 可矣, 不能更鳴, 東徙, 猶惡子之聲."
47) 『新序』, 권2, 2b, "楚王問羣臣曰, 吾聞北方畏昭奚恤, 亦誠何如, 江乙答曰, 虎求百獸食之, 得一狐, 狐曰, 子毋敢食我也, 天帝令我長百獸, 今子食我, 是逆帝命也, 以我爲不信, 吾爲子先行, 子隨我後, 觀百獸見我, 無不走, 虎以爲然, 後而行, 獸見之, 皆走, 虎不知獸畏己而走也, 以爲畏狐也, 今王地方五千里, 帶甲百萬, 而專任之於昭奚恤也, 北方非畏昭奚恤也, 其實畏王之甲兵也, 猶百獸之畏虎, 故人臣而見畏者, 是見君之威也, 君不用, 則威亡矣."

제6장 양웅

1. 생애

양웅揚雄은 촉군성도蜀郡成都(四川成都) 비현郫縣 출생으로 자는 자운子雲이다. 기원전 52년에 태어났고, 기원후 18년 70세를 일기로 세상을 떠났다.[1] 그의 성인 양揚은 선조 중의 한 사람이 주왕조로부터 산서성 하동지방의 양揚지역을 봉토로 받은 데서 유래한다. 그러나 그의 가문은 작위를 잃고 점차 궁핍해져서, 양웅의 바로 윗대 선조들은 그저 가난한 농부에 불과하였다. 그렇지만 가난도 절대로 그를 억압하지 못했다. 그는 부귀를 추구하지 않았고 학업에 매우 열중하였다. 어린 시절 그는 손에 들어오는 대로 모든 책을 읽었으며, 난해한 부분의 해석에 그다지 오래 매달리지 않았다. 다소 말을 더듬는 경향이 있었기 때문에 그는 말하기를 즐기지 않았는데, 이 때문에 오히려 항상 더 골똘히 생각하는 경향을 지닌 사상가로 발전할 수 있었다.

그의 첫 번째 문학적인 시도는 한나라의 위대한 시인 사마상여를 본뜬 시였지만, 후에 그는 눈물 없이는 결코 읽을 수 없었던 굴원의 『이소離騷』를 본보기로 삼아 비가로 전향하였다. 다만 그는 군자라면 자신의 도를 시행할 수 없어 세상에서 물러난다 하더라도 굴원처럼 자살할 필요까지는 없다고 생각하였다. 그는 이러한 생각을 담아 『반이소反離騷』를 지었다가, 굴원을 기리면

---

1) 『前漢書』, 권87, 21a, 「揚雄傳」.

서 이 글을 민강岷江으로 던져 버렸다.

39세(BC 13)에 양웅은 자신의 능력을 더 잘 평가받을 수 있으리라는 기대를 품고 수도 장안으로 갔다. 대사마 왕음王音은 양웅의 뛰어난 재능을 인정하여 당시의 황제인 성제에게 추천하였고, 성제는 그를 궁중의 관리로 임용하였다.[2] 그는 이 자격으로 성제와 감천궁에 동행했을 것이다. 거기에서 그는 황제에게 이 궁정에 대한 노래를 바쳤다.[3] 뒤이어 그가 황제에게 바친 다른 노래[4]는 그를 급사황문랑給事黃門郞으로 임용되게 만들었으니, 이로써 그는 왕망 및 유흠劉歆과 동렬에 놓이게 되었다.

고대 경전들 중에서 양웅은 특히『역경』을 높이 평가하였으며, 그것을 본보기로 삼아『태현경太玄經』을 저술하였다.[5] 또 그 이후의 경전들 중에서는『논어』로부터 가장 큰 감명을 받고 그와 유사한『법언法言』을 지었다.[6]『법언』을 짓게 된 외적인 동기는 공자의 제자들이 종종 공자에게 공자와 사마천의 말과 일치하지 않은 것을 질문하였기 때문이다. 따라서 그러한 질문들에 대한 양웅의 답변들이『법언』의 기반이 된다.『태현경』은 기원전 6~1년 경에 생겨났고 『법언』은 기원후 4년에 완성되었다. 이 저서의 마지막 즈음에는 기원전 210년 무렵이 한나라의 전성기였다고 쓰여 있다.[7]

양웅은 천문학을 매우 좋아하였다. 그와 동시대인인 천문학자 환담桓譚은

---

2) *Lun Hêng, Part II*, 233쪽.

3)「甘泉賦」. 이 부는 Erwin Ritter von Zach에 의해 *Chinese Review*(Batavia, Oct. 1927)에 번역되었다.

4) 사냥에 반대하는「校獵賦」. 양웅은 또「河東賦」나「長揚賦」같은 다른 부에서도 황제를 깨우치고자 했다. 지금은 이들 부 가운데「하동부」(Erwin Ritter von Zach에 의해 *Deutsche Wacht*, Batavia, Dec. 1928에 번역됨)만 전하고 나머지는 모두 소실되었다.

5) Hackmann은 *Chinesiche Philosophie*, 210쪽에서『태현경』이『역경』의 해설서라고 하였지만, 이것은 맞지 않다. 마찬가지로 Zenker, *Geschichte der chinesischen Philosophie II*, 106쪽에서 주장하는 것처럼『역경』에 연계한 시적인 저서도 아니다.

6) Hackmann은『法言』이『논어』에 대한 논문이라고 했지만(*Chinesiche Philosophie*, 210쪽), 이 또한 맞지 않다.

7)『法言』, 권10,「孝至」, 9쪽.

양웅에게 궁정에서 천체를 탐구하는지 물었다. 양웅은 그것을 긍정하였지만, 자신은 황도와 적도가 교차하여 생기는 구면을 정확하게 이해하지 못하고 있음을 토로하였다. 둘은 춘분과 추분에 해가 뜨고 지는 것에 대해 논하였다. 양웅은 천축의 위치에 대한 충분한 답변을 할 수 없었던 것으로 보인다.[8] 그는 처음에는 개천설을 따르다가 환담의 영향으로 혼천설을 신뢰하였는데, 이 설에 따르면 하늘은 완전한 공간이다. 양웅은 8가지 근거를 들어 삿갓처럼 생긴 하늘이 땅을 덮고 있다고 주장하는 개천설을 논박하였다.[9] 또 양웅은 음악에도 관심이 있었던 것으로 보인다. 하지만 그는 환담과는 다른 감각을 지니고 있었다. 둘은 서로 지식이 부족하다고 비판하였다.[10]

왕망이 기원후 9년에 한왕조를 붕괴시키고 스스로 즉위하였을 때, 그에게 아첨한 많은 관리들은 고위관직을 상으로 받으나 그렇게 하지 않았던 양웅은 관직을 받지 못했다. 그는 『한서』가 전하는 것처럼 저술을 통해 학자로서 유명해지는 것을 더 중요하게 여겼기 때문이다. 그는 고대와 덕을 사랑하였으며 외적인 광채를 좋아하지 않았다. 몇 년 후 고령의 나이로 임종할 즈음에야 비로소 그는 검열관의 우두머리로 추천되었다.

왕망이 즉위한 후에 유흠의 아들이며 양웅의 제자인 유분이 친구 견심의 사건 때문에 체포되고 그와 연루된 자들 또한 모두 심문을 받아야 했다. 그 연루자들 가운데에는 양웅도 있었다. 이때 양웅은 천록각天祿閣의 교서校書로 있으면서 문헌을 대조하며 시간을 보내고 있었는데, 체포당하게 되자 그는 죄가 없음에도 불구하고 처벌받을 것을 두려워하여 건물에서 뛰어내렸다. 그러나 그는 기적처럼 생명을 건졌다. 이 상황이 왕망에게 보고되었지만, 양웅은 제자의 잘못에 대해 아는 것이 없었기 때문에 처형되지 않고 국경지방으

---

8) 『全後漢文』(嚴可均 집록), 권15, 2.

9) Forke, *World Conception of the Chinese*, 15쪽.

10) 『全後漢文』, 권15, 3a.

로 추방되는 데 그쳤다.

양웅이 재산을 얻고자 했다면 아마도 얻을 수 있었을 것이다. 그러나 그는 기회가 있었음에도 스스로 그 기회를 버렸다고 한다. 어떤 부자가 자기 이름을 『법언』에서 언급해 주면 큰 보수를 주겠다고 하였지만, 양웅은 인과 의가 없는 부자는 우리 안의 사슴 또는 외양간의 황소와 같아서 언급할 가치가 없다며 이를 거절하였다.[11]

양웅은 생의 마지막까지 매우 제한된 인간관계를 유지하며 살았다. 그는 술을 좋아하였지만 자주 마시지는 못했다. 그래서 친구와 제자들은 그를 방문할 때마다 매번 술과 음식을 챙겨 왔다. 그의 적은 방문객들 중에는 위대한 문호이자 고대 원전의 편집자인 유흠도 있었다. 유흠은 양웅이 무고한 고통을 받는다고 안타까워하였지만, 양웅의 저작인 『태현경』에 대해서는 인색한 평가를 내렸다. 어느 날 유흠은 양웅에게 『역경』조차 사람들로부터 한 번도 제대로 밝혀진 적이 없는데 『태현경』이야 오죽하겠는가 하면서, 후에 그것으로 된장항아리를 받치는 지경이나 면할 수 있을지 모르겠다고 하였다. 그러나 양웅은 웃기만 할 뿐 아무 말도 하지 않았다.[12] 양웅이 죽자 그와 함께 기거하며 『태현경』과 『법언』을 전수받았던 제자 후파侯芭는 묘막을 짓고 3년 동안 애도하였다. 이를 통해 볼 때 양웅에게 아들이 없었다고 추정할 수 있는데, 그의 가족에 대해서는 아무런 기록도 남아 있지 않다.

2. 학문과 저술

『한서』「예문지」에서는 양웅을 유학자로 분류하면서 38권의 저서가 있다고

---

11) *Lun Hêng, Part II*, 279쪽.
12) 『前漢書』, 권87, 21a, 「揚雄傳」.

적고 있다. 『태현경』 19권, 『법언』 13권, 『악樂』 4권, 『잠箴』 2권이 그것이다.[13] 그리고 여기에 덧붙여 '소학小學'이라는 표제 아래 『훈찬訓纂』 1편(「揚雄蒼頡訓纂」), '시詩'라는 표제 아래 『부賦』 12편이 있다고 되어 있다.

후대 왕조들에서는 양웅의 주요 저서들의 숫자가 매우 다르게 나타난다. 『법언』의 경우 이미 당대에 3권, 6권, 10권의 판본들이 있었다. 『태현경』의 경우 당대에는 6권, 10권, 12권의 판본들이 있었고, 송대에는 6권, 9권, 10권, 12권, 14권의 판본들이 있었다. 각 판본의 권수에 왜 이렇게 큰 차이가 있는 것일까? 우리는 여러 판본들이 각기 다르게 정돈된 것인지, 아니면 생략되거나 추가됨으로써 줄거나 늘어난 것인지 확정할 수가 없다. 아마도 하나의 근본적인 서지학적인 연구가 있어야만 빛을 줄 수 있을 것이다. 두 저서의 현대 판본은 각각 10권으로 되어 있다.

양웅의 두 책은 자주 주석되었다. 먼저 양웅의 제자 후파侯芭의 『법언』 주석이 있었다고 하는데 소실되었고, 후에 다른 사람들과 유종원柳宗元(773~819) 에 의해서도 『법언』이 주석되었다. 또 왕숙王肅(464~501)의 『태현경』 주석이 있었다고 하는데 역시 전하지 않는다. 후대에 사마광司馬光(1019~1086)은 후파가 남긴 주석을 이용하여 두 책의 주석서를 출간하였다고 한다.

양웅은 관리들에게 충성과 의무를 자각시키고자 『잠箴』을 저술하였다. 그의 직위는 그것을 지어 알릴 수 있는 자리였다. 한왕조가 붕괴할 무렵 많은 관리들이 권력에 복종하고 아부함으로써 왕위찬탈자에게서 개인적인 이익을 보고자 하였다. 『잠』은 그에 대한 양웅의 경고로서, 12지방 25등급의 관리들을 겨냥한 것이었으므로 '주잠州箴'이라고 불렀다.[14]

『훈찬訓纂』 1편은 어원학적 저서이다. 『설문해자說文解子』의 서문에서는 양웅

---

13) 『前漢書』, 권30, 19b.
14) Giles는 『箴』을 '지압에 관한 글'이라고 번역하였지만(*Chinese Biographical Dictionary*) 이는 맞지 않다.

이 5,340 문자를 수집하여 그 성격에 따라 14종류로 분류·설명하였는데 이것은 문자를 발명한 창힐蒼頡로부터 생겨난 것이라고 하였다.[15] 현재 양웅의 이 저서는 실전되었지만, 만주시대의 문법학자 마국한馬國翰은 그 단절된 부분들을 다른 책들에서 찾아내어 『옥함산방총서玉函山房叢書』로 출간하였다.

이러한 저서들 외에, 많은 사람들은 『방언方言』 또한 양웅의 저서라고 한다. 이것은 봉건시대의 언어를 연구한 동의어사전이다. 홍매洪邁(1124~1203)와 다른 일부 사람들은 양웅을 잘 알고 있었던 유흠이 쓴 양웅의 전기에 그러한 언급이 없다는 이유로 양웅저작설을 부정하지만, 『방언』에는 양웅의 이름이 저자로 기입되어 있고[16] 곽박郭璞(276~324)의 주석에서도 양웅을 저자로 밝히고 있다. 『풍속통의風俗通義』를 저술한 응소應劭(?~195)는 이 책의 서문에서, 주나라와 진나라 때에는 매년 8번째 달에 관리를 지방에 파견하여 방언을 수집하게 한 후 그 수집된 내용들을 황실의 도서관에 보관해 왔으나 진왕조의 붕괴 후에 문서들이 전부 소실되고 말았다고 한다. 그 와중에 엄준嚴峻이 1,000여 자를 보존하였고 양웅이 여기에 스스로 수집한 9,000여 자를 더하여 27년 동안 그것을 연구했는데, 양웅이 유흠에게 쓴 편지에서도 『방언』이 언급된 바 있다는 것이다. 이러한 응소의 기록은 658년에 『문선주文選註』에 옮겨졌다. 『사고전서총목제요』의 편찬자는 양웅이 『방언』을 완성하지 못한 상태였기 때문에 유흠이 전기에서 그에 대해 언급하지 않았다는 설이 매우 설득력 있다고 보고 있다. 이것은 아마도 뒤에 후파와 다른 사람들에 의해 보충되고 확정되었을 것이다. 현전하는 『방언』의 판본에는 대략 12,000자가 수록되어 있다. 양웅이 어원학적인 관심이 있었기 때문에 선구적인 『방언』의 저자일 수도 있다는 점은 『훈찬』이 증명한다.

양웅의 연구 영역은 상당히 넓었다. 그는 신과 관련된 것은 저술하지 않은

---

15) "揚雄蒼頡訓纂一篇."
16) "漢成都揚雄."

것으로 보이는데, 그렇더라도 그의 연구 영역은 철학, 어원학, 음악, 천문학에까지 미쳤다. 또한 그는 시인으로서 애상조의 시구 및 한대 당시에 일상적이었던 서사시의 저자로도 널리 이름을 날렸다. 하지만 그는 무엇보다도 특히 앞서 살펴본 두 권의 저서, 즉 『태현경』과 『법언』 속에 자신의 철학을 깊이 담아내고 있다. 대체로 앞의 책은 형이상학, 뒤의 책은 윤리에 대해 논한다.

1) 『태현경』

『태현경』은 『역경』의 예를 따라 저술된 점서이지만 『역경』을 해석하거나 계승한 것이 아니라 오히려 전혀 새로운 독립적인 창작물이다. 양웅은 많은 부분에서 『역경』을 재해석하였는데, 이는 고대 현인들의 생각을 다만 전달하는 데 그치고자 했던 공자와 확연한 차이를 보이는 면모이다. 공자는 고대 현인들의 생각을 전달하고 해석할 뿐 자기 자신의 것으로 대체하지는 않았다. 진리는 하늘이 밝혀 준 성인들을 통해 계시되었으며, 그들의 도에 어떤 것을 부가하거나 자신을 그들과 같은 단계에 설정하고자 하는 것은 잘못된 것이라고 보았기 때문이다. 어쨌든, 그다지 엄격하게 구분하지 않았던 사람들은 『태현경』에서 『역경』과 마찬가지로 미래와 운명을 예견하는 심오한 진리를 보았다. 하지만 점술을 사이비학문으로 본다면 『역경』과 『태현경』은 그저 인류의 정신을 혼란시키는 것으로 간주될 수 있다.

양웅의 명성은 대부분 『태현경』에서 유래한다. '커다란 비밀'이라고 칭해지는 도에 대하여 쓰고 있는 『태현경』은 기술적이고 개별적인 부분에서 『역경』과는 사뭇 다르다. 『역경』의 '괘卦'는 『태현경』에서는 '수首'라고 불리며, 6획이 아니라 4획 즉 네 줄로 이루어져 있다. 『역경』에서는 이어진 선(—)과 끊어진 선(--)만이 사용되었지만, 양웅은 그 밖에 두 번 끊어진 선(---)도 사용한다. 양웅이 그린 4획수의 예로서 교炎수(☰)를 살펴보자. 가장 위의 선(—)은 방方(지방)이라

하고, 두 번째 선(--)은 주州(권역)라 하며, 세 번째 선(---)은 부部(구역)라 하고, 네 번째 선은 가家(집안)라 한다. 이러한 수는 모두 81개에 이른다. 1년을 81로 나누면 4½이니, 4½일은 하나의 수에 해당한다. 역의 괘에 6개의 효爻가 있듯이 각 수에는 9개씩의 찬贊이 있어 총 729개의 찬이 된다. 이것을 다시 365일로 나누면 각 날짜에 두 개의 찬이 배당된다.

양웅에게 있어 숫자 '3'과 그 배수들은 가장 우선적인 위치를 차지한다. 점을 칠 때 『역』에서는 4로써 시초를 세는 데 비해 『태현경』에서는 3으로써 시초를 센다.[17] '수'의 한 줄, 즉 『역』의 효에 해당하는 '찬'을 그을 때 사용될 수 있는 선분 또한 셋이다.

『태현경』 81수首 중의 첫 번째 수는 '중中'인데, 이 중수에 대한 해설만으로도 『태현경』 전체의 맥락을 상상하기에 충분할 것이다. 다만 이것은 매우 신비적이어서 해석의 도움만으로 그 의미를 올바로 파악했다고 믿을 수가 없기 때문에, 여기서는 그저 이것을 제시하기만 할 뿐이다. 또한 이것은 명확하지 않기도 하다. 이 책을 주석한 학자들 대부분이 불명확한 언어로써 자신들이 계시하는 것에 비밀스런 가면을 씌우고 있기 때문이다. 주석가들은 이러한 종류의 텍스트를 거의 이해하지도 못하면서 상상과 주석을 거듭할 따름이다. 다음은 첫 번째 수인 중中수와 그에 딸린 아홉 개 찬贊의 내용이다. 각 찬에 있는 해설(測)은 『역』의 소상小象과 같다.

'중中'(☰)이란 양기가 황궁黃宮에서 몰래 싹트는 것이니, 믿음이 중에 있지 않음이 없다.
제1찬: 혼륜하여 뒤섞여 있다. 해설: 혼륜하여 뒤섞여 있다는 것은 생각이 올바른 것을 말한다.
제2찬: 신이 어둠에서 싸워 음과 양을 펼친다. 해설: 신이 어둠에서 싸운다는 것은 선과 악이 함께함을 말한다.

---

17) 謝无量, 『中國哲學史』 3, 27쪽.

제3찬: 용이 중에서 나온다. 머리와 꼬리를 믿으니, 본보기로 삼을 수 있다. 해설:
용이 중에서 나왔다는 것은 그 조화를 볼 수 있다는 뜻이다.

제4찬: 낮고 비어서 성명을 크게 받을 수 없으니 막혀서 통하지 않는다. 해설: 낮고
비어서 통하지 않는다는 것은 크게 받을 수가 없다는 뜻이다.

제5찬: 해가 하늘에 올바로 떠 있으니 그 때에 맞게 주인이 됨이 이롭다. 해설:
해가 하늘에 올바로 떠 있다는 것은 귀한 것이 마땅한 자리를 차지한다는 뜻이다.

제6찬: 달이 이지러지니, 서쪽이 밝아지는 것만 못하다. 해설: 달이 이지러진다는
것은 천한 것이 물러나기 시작한다는 뜻이다.

제7찬: 나아가고 나아가니, 불은 최고점에 이르고 물은 곧음을 포괄한다. 해설:
나아가고 나아가 포괄한다는 것은 신하에게 법을 적용하게 한다는 뜻이다.

제8찬: 노랑이 노랗지 않으니, 가을의 규칙이 뒤집어진다. 해설: 노랑이 노랗지
않다는 것은 중이 덕을 잃음을 말한다.

제9찬: 신이 붕괴되니, 기와 형체가 되돌아간다. 해설: 신이 붕괴되어 되돌아간다는
것은 그 때가 적당하지 못함을 말한다.[18]

노자는 도를 현묘한 것 중에서도 가장 현묘한 것, 모든 놀라운 것의 문이라고
하였는데,[19] 이에 따라 양웅은 존재론적인 원리를 '크게 현묘한 것(太玄)'이라고
표현하였다. 따라서 이것은 본래 도 이외의 다른 어떤 것도 아니다. 단지
도의 다른 이름일 뿐이다.

그 이름이 이미 말하는 것처럼, 현묘한 것은 보이지 않는다. 인간은 '도'라는
참된 존재를 어떠한 방식으로도 지각할 수 없다. 도의 영역은 인간의 영역에서
완전히 분리된다.

---

18) 『太玄經』, 권1, 2~4, "☰中, 陽氣, 潛萌於黃宮, 信無不在乎中, 初一, 昆侖旁薄幽, 測曰, 昆侖
旁薄思諸貞也, 次二, 神戰于玄, 其陳陰陽, 測曰, 神戰于玄, 善惡幷也, 次三, 龍出于中, 首尾信,
可以爲庸, 測曰, 龍出于中, 見其造也, 次四, 庳虛無因, 大受性命, 否, 測曰, 庳虛無否, 不能大受
也, 次五, 日正于天, 利以其辰, 作主, 測曰, 日正于天, 貴當位也, 次六, 月闕其博, 不如開明于
西, 測曰, 月闕其博, 賤始退也, 次七, 酋酋大魁, 頤水包貞, 測曰, 酋酋之包, 任臣則也, 次八,
黃不黃, 覆秋常, 測曰, 黃不黃, 失中德也, 上九, 巓靈, 氣形反, 測曰, 巓靈之反, 時不克也."
19) 『道德經』, 1장, "玄之又玄, 衆妙之門."

'현玄'이라는 것은 그 위치는 어둡고 그 경계는 아득하며 그 언덕은 깊고 그 뿌리는 희미하며 그 공은 물러나고 그 근원은 검다. 그러므로 현은 우뚝하여 사람에게 보여 주는 것이 멀고, 확 트여서 사람에게 넓혀 주는 것이 크며, 묘연하여 사람을 당기는 것이 깊고, 끝이 없어서 사람을 끊는 것이 멀다. 침묵하여 모든 것을 갖추고 있는 것은 현이며, 그것을 움직이게 하고 펼쳐지게 하는 것은 사람이다. 다만 사람은 빗장을 풀어 그 문을 열어젖힌 뒤에야 비로소 그것에 응할 수 있다. 하물며 막혀서 통하지 않는다면야![20]

인간은 도와는 전혀 다른 영역에 속함에도 불구하고 자기 행위를 통해 도에 영향을 미칠 수가 있다는 뜻이다. 다만 그 영역은 도 자체가 아니라 도의 외적인 현상 즉 세상을 가리킨다.

설명에서 드러나듯이 도와 인간은 그 본질상 절대적인 차이가 있다. 하지만 그럼에도 도는 절대로 인간을 싫어하거나 멀리하려 하지 않는다. 오히려 그와는 반대로 인간이 찾으면 인간에게로 가까이 온다.

현에 다가가는 사람에게는 현도 가까이 가고, 현에서 멀어지는 사람에게는 현 또한 멀어진다. 예를 들어 하늘은 동서남북 모든 면에서 푸르다. 사람이 위를 보면 하늘이 보이지 않는 곳이 없지만 아래를 보면 그것을 보지 못한다. 하늘이 인간에 게서 멀어졌겠는가? 인간이 스스로 멀어진 것이다.[21]

사람은 도를 자기가 향하는 모든 곳에서 발견한다. 그것이 우주 전체를 채우고 있기 때문이다. 그리고 인간은 그것으로부터 벗어날 수 없다.

---

20) 『太玄經』, 권7, 6b, "夫玄晦其位, 而冥其畛, 深其卓, 而眇其根, 攘其功, 而幽其所以然者也, 故 玄卓然, 示人遠矣, 曠然, 廓人大矣, 淵然, 引人深矣, 渺然, 絶人眇矣, 黙而該之者玄也, 攉而散 之者人也, 稽其門, 闢其戶, 叩其鍵, 然後乃應, 況其否者乎."
21) 『太玄經』, 권7, 8a, "近玄者, 玄亦近之, 遠玄者, 玄亦遠之, 譬若天蒼蒼然, 在於東面南面西面北 面, 仰而無不在焉, 及其俛, 則不見也, 天豈去人哉, 人自去也."

위를 보면 문득 위에 있고, 아래를 보면 문득 아래에 있다. 그것을 보고자 해서 바라보면 홀연히 앞에 있고, 내버려 두고서 잊고 있으면 저만치 뒤에 있다. 벗어나고자 해도 벗어날 수 없다. 가만히 있으면서도 어디로든 갈 수 있는 것, 그것은 바로 현玄(도)이다.[22]

이것이 물론 인간이 도를 순수하게 도 자체로서 볼 수 있음을 의미하는 것은 아니다. 그것은 불가능하기 때문이다. 도는 세계를 모든 면에서 포괄하며, 인간은 세계 안에 있다. 그리고 인간은 세상을 보며, 도는 세계 안에 객체화되어 있다. 인간은 그러므로 조용한 사유를 통해 도가 있음을 발견할 수 있다. 그리고 적어도 인간은 도를 상상할 수 있다.

이러한 도의 생성작용은 다음과 같이 언급된다.

현은 고요하게 모든 사물을 퍼뜨리지만 그 형체를 드러내지 않는다. 허와 무를 도와 법칙을 생성하며 신명과 연관하여 모든 본보기를 정한다. 옛날과 오늘날을 하나로 꿰뚫어 만물을 생성하였다. 음과 양을 베풀어 기가 발하게 하고, 한 번 나뉘고 한 번 합하게 하여 하늘과 땅을 갖추었다. 하늘의 해가 운행하니 강한 것과 부드러운 것이 서로 따르며, 해의 운행이 처음으로 되돌아가니 시작과 끝이 정해졌다. 한 번 살고 한 번 죽음에 성과 명이 분명해졌다.[23]

그리고 도의 작용인 음과 양은 밝음과 어둠, 움직임과 고요함으로 정의되고 있다.

하늘의 공을 빛내고 만물을 밝히는 것을 양이라고 하고, 어두워서 형체가 없고

---

22) 『太玄經』, 권7, 7a, "仰而視之, 在乎上, 俯而窺之, 在乎下, 企而望之, 在乎前, 棄而忘之, 在乎後, 欲違, 則不能, 黙而得其所者玄也."
23) 『太玄經』, 권7, 6a, "玄者幽攤萬類, 而不見形者也, 資陶虛無, 而生乎規, 關神明, 而定摹, 通同古今以開類, 攤措陰陽而發氣, 一判一合, 天地備矣, 天日迴行, 剛柔接矣, 還復其所, 終始定矣, 一生一死, 性命瑩矣."

깊어서 헤아릴 수 없는 것을 음이라고 한다. 양은 양을 알지만 음을 알지 못하며, 음은 음을 알지만 양을 알지 못한다. 음과 양을 알고 멈추고 가는 것을 알며 어두운 것과 밝은 것을 아는 것은 오직 현뿐이다.[24]

음과 양이 서로 알지 못한다는 말은 아마도 이들이 각기 다른 기능을 가지고서 한쪽은 움직임과 밝음을, 다른 한쪽은 고요함과 어둠을 생성하면서 서로를 생각하지 않음을 의미할 것이다. 따라서 '안다'는 것의 글자 그대로의 의미는 음양의 상호대립이 아닐까 파악된다. 많은 사람들이 음과 양을 다르게는 땅의 신과 하늘의 신으로 간주하기도 한다는 점을 떠올린다면 이러한 해석은 충분히 가능하다. 그러나 무엇 때문에 음과 양은 항상 서로 함께 작용하면서도 서로 알지 못해야 하는 것인가?

한 해의 운행에서 도(玄)의 작용은 완전하고 확고한 규칙을 따른다.

동지 이후와 자정 이후의 때는 현에 가까워지는 형상이다. 나아가되 아직 지극함에는 이르지 못했고 비어 있어 아직 가득 채워지지 못했기 때문에 현에 가까워진다고 말한다. 하지 이후와 정오 이후의 시간은 현으로부터 멀어지는 형상이다. 궁극에 이르러서 물러나 되돌아오고 이미 가득하여 덜어내는 형상이기 때문에 현으로부터 멀어진다고 말한다. 해가 한 번 남쪽에 이르니 만물의 죽음이 시작되고, 해가 한 번 북쪽에 이르니 만물의 생성이 시작된다. 두성斗星이 한 번 북쪽에 서니 만물의 비움이 시작되고, 두성이 한 번 남쪽에 서니 만물의 채움이 시작된다. 해는 남쪽으로 돌되 오른쪽으로 가서 왼쪽으로 돌아오고, 두성은 남쪽에서 돌되 왼쪽으로 가서 오른쪽으로 돌아온다.[25] 어떤 것은 왼쪽으로 돌고 어떤 것은 오른쪽으로 돌며 어떤 것은 살고 어떤 것은 죽으니, 신과 영이 함께 도모하고 하늘과 땅이 나란히 작용한 것이다. 하늘은 신이요 땅은 영이다.[26]

---

24) 『太玄經』, 권7, 7a, "瑩天功明萬物之謂陽也, 幽無形深不測之謂陰也, 陽知陽而不知陰, 陰知陰而不知陽, 知晦知明, 知止知行, 知晦知明者, 其唯玄乎."
25) 斗星(북두칠성)은 해와 반대되는 방향으로 일 년 동안 운행하면서 그 자리를 통해 계절을 보여 주기 때문에, 하늘의 시계로 간주된다.

이에 대한 주석의 풀이는 다음과 같다. 해는 하지에 동정東井(井宿)의 남쪽에 있고 겨울에는 북쪽 견우성牽牛星의 자리에 있으며, 두성斗星은 한 해의 구간을 결정한다. 해는 서쪽에서 동쪽으로 움직이고, 땅의 구역은 동쪽에서 서쪽으로 움직인다.27) 그리고 모든 변화의 으뜸이 되는 것은 현玄28)이다. 현은 음과 양으로 나뉘어 모든 움직임을 생성하고, 신과 영으로 조화롭게 작용하다 현 안에서 다시 하나가 된다.29)

일반적인 설명에 따르면 양기는 동지와 한밤에 최소한으로 응축되었다가 이 시점을 기준으로 다시 성장하기 시작한다. 그리하여 하지와 한낮에 최대한으로 연장되고, 동시에 이때를 기점으로 다시 감소하기 시작한다. 그와 반대로 음기는 동지와 한밤에 최고조에 달했다가 감소하며, 하지와 한낮에 최소한으로 응축되었다가 성장하기 시작한다. 여기서 양웅은 기의 증가와 감소라는 가시적인 현상을 빌려 도를 형상하고 있다. 그에 따르면 양기가 성장하는 것은 도에 다가가는 것이고 양기가 감소하는 것은 도로부터 물러나는 것이다.

'태현은 세계를 생성하고 변화시키며 다스린다. 태현의 통치는 먼저 인간에게 이르며, 인간에게 합당한 의무를 규정한다. 태현은 사람들의 공적을 헤아려서 그에 따라 명을 결정한다.

현이라는 것은 저울로써 헤아리는 것과 같다. 그리하여 높은 것은 내려 누르고 낮은 것은 들어 올리며 부유한 곳에서는 가져가고 없는 곳에는 보태어 주며 밝은 것은 정해 주고 의심스런 것은 이끌어 준다. 사유는 정해진 규칙을 갖게 되며

---

26) 『太玄經』, 권7, 8b, "冬至及夜半以後者, 近玄之象也, 進而未極, 往而未至, 虛而未滿, 故謂之近玄, 夏至及日中以後者, 遠玄之象也, 進極而退, 往窮而還, 已滿而損, 故謂之遠玄, 日一南而萬物死, 日一北而萬物生, 斗一北而萬物虛, 斗一南而萬物盈, 日之南也, 右行而左還, 斗之南也, 左行而右還, 或左或右, 或死或生, 神靈合謀, 天地乃幷, 天神而地靈."

27) 해와 달은 서쪽에서 동쪽으로 자기운행을 하는데, 하늘을 기준으로 할 때에는 동쪽에서 서쪽으로 돌아가는 것이 된다. *Lun Hêng, Part I*, 266쪽.

28) 현묘하고 비밀스러운 것.

29) "神靈合幷而反渾乎玄."

일은 서게 되며 의심스런 것은 설명되고 믿음은 이루어진다.[30]

우리는 도 즉 현이라는 것이 단지 민주적인 평등의 원칙을 적용하여 무조건 부자들의 부를 가져가서 가난한 사람들에게 나누어 준다고 생각해서는 안 된다. 이런 것을 위해 저울이 필요한 것이 아니다. 현은 높은 사람들의 공적이 그들의 위치에 상응하지 않을 때에는 그들을 내리누르고, 낮은 사람들이 덕으로 써 그에 대한 권리를 가질 만하게 되면 그들을 높여 준다. 또한 현은 도덕과 마찬가지로 인간의 지식과 인식에 대해서도 역시 염려한다. 양웅 역시도 유학자로서 지식을 중요하게 여겼는데, 그는 지를 단순한 신비적 지가 아니라 직관적 지로 대체하였다.

인간은 선을 좋아하고 악을 미워해야 한다. 그러할 때에야 그는 현과 더불어 하나가 될 수 있다.

인간이 좋아하지만 충분하게 가질 수 없는 것은 선이다. 인간이 싫어하지만 항상 넘치게 가지고 있는 것은 악이다. 군자가 매일 부족한 것을 강하게 하고 여유 있는 것을 물리친다면 현의 도에 거의 이른 것이다.[31]

사무량은 태현의 존재를 다음의 간략한 여덟 문장으로 규정하고자 했다.

1. 현은 시작과 끝이 없으니 자기원인(causa sui)이다.
2. 현은 세계의 근원이다. 그러므로 이로부터 모든 사물이 생성된다.
3. 현은 세상 어디에나 퍼져 있다. 그러므로 어떤 사물도 그로부터 자유롭지 못하다.
4. 현은 모든 사물을 생성할 뿐만 아니라 또한 통치한다.

---

30) 『太玄經』, 권7, 7b, "玄者以衡量者也, 高者下之, 卑者舉之, 饒者取之, 罄者與之, 明者定之, 疑者提之, 規之者思也, 立之者事也, 說之者辯也, 成之者信也."
31) 『太玄經』, 권7, 6b, "人之所好而不足者善也, 人之所醜而有餘者惡也, 君子日彊其所不足, 而拂其所有餘, 則玄道之幾矣."

5. 해, 달, 별, 낮과 밤, 음과 양, 더위와 추위, 생과 사, 사계절 내의 성장과 소멸, 모든 변형과 변화는 모두 현에 의존한다.
6. 이것은 최고의 원리로서 자연뿐만 아니라 인간의 삶과 예의 영역까지도 주재한다.
7. 현의 안에서 은밀한 것과 조화를 이루는 사람은 군자이며, 그것을 하지 못하는 사람은 소인이다. 행과 불행은 이것과 연관된다.
8. '현'에 대한 설명은 『역』의 '태극'에 대한 설명보다 분명하고, 노자의 '도'에 대한 설명과 견주어 본다면 보다 섬세하다.[32)]

2) 『법언』

(1) 인간의 성과 인품

양웅의 가장 잘 알려진 말은 인간의 성에 대한 것이다.

인간의 성에는 선과 악이 혼합되어 있다. 선을 수양하면 선한 사람이 되고, 악을 수양하면 악한 사람이 된다.[33)]

이 관점은 이해가 매우 용이하며 맹자와 순자의 과장된 관점과는 거리가 멀다. 양웅은 이어서 예를 행하는 것은 성에서만 기인하는 것이 아니라 기 또한 그것에 작용한다고 말한다.

기는 사람을 선과 악으로 실어 나르는 말이다.[34)]

선을 합당하게 행한다는 것은 선한 성을 가지고 있는 것만으로는 충분하지 않고, 스스로의 수양이 뒤따라야 한다. 따라서 인품의 수양은 중요한 의무이다.

---

32) 謝无量, 『中國哲學史』3, 27쪽. 高瀨武次郎, 『中國哲學史』2, 35쪽에서도 이와 거의 같은 말을 하고 있다.
33) 『法言』, 권2, 7b, "人之性也, 善惡混, 修其善, 則爲善人, 修其惡, 則爲惡人."
34) 『法言』, 권2, 9a, "氣也者, 所適善惡之馬也."

자신을 수양하는 것은 마치 활과 같고 생각을 바로잡는 것은 화살과 같으며 뜻을 세우는 것은 과녁과 같다. 바르게 한 후에 쏘면 반드시 적중한다.[35]

덕 또한 마찬가지이다. 덕을 좋아하는 것만으로는 덕이 이루어질 수 없다. 덕은 실천함으로써 이루어진다.

큰 것을 좋아한다 하더라도 크게 되고자 노력하지 않으면 클 수가 없고, 높은 것을 좋아한다 하더라도 높게 되고자 노력하지 않으면 높아질 수 없다.[36]

양웅은 행위에 따라 인간을 범인, 현인, 성인의 세 등급으로 구분한다. 그리고 각 등급의 인간은 그보다 높은 등급이 되려고 노력한다.

현인을 보면 범인을 알 수 있고, 성인을 보면 현인을 알 수 있으며, 하늘과 땅을 보면 성인을 알 수 있다.[37]

또한 각 등급의 인간은 그 덕에 따라서 작용영역이 각기 다르게 나타난다.

천하에는 세 가지 범위가 있다. 일반적인 사람은 가족의 범위 안에서 쓰이고, 현인은 국가의 범위 안에서 쓰이며, 성인은 천지의 범위 안에서 쓰인다.[38]

마찬가지로 천하에는 인간이 통과하여 다양한 목적지로 나아가게 하는 세 종류의 문이 있다.

천하에는 세 가지 문이 있다. 정욕으로부터 들어오는 것은 동물의 문이고, 예의로

---

35) 『法言』, 권2, 7b, "修身以爲弓, 矯思以爲矢, 立義以爲的, 奠而後發, 發必中矣."
36) 『法言』, 권2, 9b, "好大而不爲大, 不大矣, 好高而不爲高, 不高矣."
37) 『法言』, 권2, 13b, "觀乎賢人, 則見衆人, 觀乎聖人, 則見賢人, 觀乎天地, 則見聖人."
38) 『法言』, 권2, 14a, "天下有三檢, 衆人用家檢, 賢人用國檢, 聖人用天下檢."

부터 들어오는 것은 인간의 문이며, 오직 타고난 지혜로부터 들어오는 것은 성인의 문이다.[39]

여기에 이어서 양웅은 인간의 세 등급을 다음과 같이 설명하였다.

어떤 사람이 범인에 대하여 묻자 이렇게 답하였다. "범인은 단지 부귀를 위하여 살고, 현인은 의義를 위하여 살며, 성인은 신神을 위하여 산다."[40]

양웅이 좋아했던 숫자 3은 다시 이러한 구분들에서도 합당하게 적용된다.

(2) 덕과 도

노자에 대해 양웅은 자신의 관점을 매우 날카롭게 설명한다. 양웅은 노자의 문체가 불명확하다는 지적이 부당하지 않으며, 자신은 노자보다 자기 견해를 최대한 날카롭고 명백하게 표현할 수 있다고 말한다.

노자가 도와 덕에 대하여 말한 것을 나는 취할 뿐이다. 그러나 그가 인과 의를 파괴하고 예와 학문을 단절시켜 버린 것을 나는 취하지 않을 뿐이다.[41]

이것은 양웅이 노자의 형이상학만을 인정하고 그의 윤리는 거부하면서 대신 유가의 윤리를 선택하였음을 의미한다. 양웅은 도를 현묘한 것이라는 존재론적 개념으로 이해한 노자와는 달리 거의 확연하게 최고의 도리 혹은 원칙으로 이해하였다. 도에 대한 질문에 그는 다음과 같이 답하였다.

도는 수많은 마차와 배를 싣고 밤낮으로 쉬지 않고 가는 길이나 강과 같다.[42]

---

39) 『法言』, 권2, 14a, "天下有三門, 由於情欲入自禽門, 由於禮義入自人門, 由於獨智入自聖門."
40) 『法言』, 권2, 13b, "或問衆人, 曰富貴生, 賢者曰義, 聖人曰神."
41) 『法言』, 권3, 3a, "老子之言道德, 吾有取焉耳, 及搥提仁義, 絶滅禮學, 吾無取焉耳."

이 참된 도는 요·순·문왕으로 이어졌으니, 군자는 잘못된 도가 아니라 참된 도를 가지고 있다.[43] 어떤 사람이 도·덕·인·의·예가 마치 신체와 같은 것인지를 물어 왔을 때 양웅은 인간이 사지를 갖추고 있는 것을 예로 들면서 그 말을 긍정하였다.[44]

양웅은 또 유가의 오덕에 대하여 다음과 같이 말하였다.

어떤 사람이 인·의·예·지·신의 작용에 대해 묻자 이렇게 답하였다. "인은 집과 같고, 의는 길과 같으며, 예는 옷과 같고, 지는 촛불과 같으며, 신은 부절과 같다."[45]

덕은 예 없이는 있을 수 없다. 예는 여러 조직으로 이루어져 있으면서 어떤 덕을 실천해야 하는지를 결정한다.[46] 양웅은 말한다.

나는 여러 학파의 학자들이 예와 악을 경시하는 것을 보았지만 현자가 예와 악을 경시하는 것은 보지 못하였다. 누가 붓을 사용하지 않고 글을 쓰며, 누가 혀 없이 말하겠는가? 나는 하늘이 항상 황제와 왕의 붓과 혀가 된다는 것을 안다.[47]

여기에서 말한 여러 학파의 학자들이란 묵가, 도가, 법가의 학자들을 가리킨다. 예는 하늘에서 유래해서 현명한 제왕들을 통해 백성들에게 선포된 것이다. 양웅은 특히 형벌만을 통해 통치하는 법가를 겨냥하여 다음과 같이 말하였다.

백성으로 하여금 덕을 보게 해야지 벌을 보게 해서는 안 된다. 덕을 보면 백성들이

---

42) 『法言』, 권3, 1b, "道若塗若川, 車航混混, 不捨晝夜."
43) 『法言』, 권3, 1b.
44) 『法言』, 권3, 2a~b. 네 조직은 머리, 몸통, 팔, 다리이다.
45) 『法言』, 권2, 10a, "或曰仁義禮智信之用, 曰仁宅也, 義路也, 禮服也, 智燭也, 信符也."
46) 『法言』, 권3, 3a.
47) 『法言』, 권3, 5a, "吾見諸子之小禮樂也, 不見聖人之小禮樂也, 孰有書不由筆, 言不由舌, 吾見天常爲帝王之筆舌也."

착해지지만 벌을 보면 혼란스럽게 된다.[48)

또 개별적인 덕 가운데 신뢰에 대해서는 다음과 같이 말하였다.

어떤 사람이 신뢰에 대하여 묻자 이렇게 답하였다. "말을 어기지 않아야 한다."[49)

양웅은 모든 유학자들이 그러하듯이 최상의 덕으로 효를 꼽았다.

효는 지극한 것이다. 이 한 마디가 모든 것을 담고 있어서 성인 또한 더 이상 추가할 것이 없다. 부모는 자식에게 하늘과 땅이다. 하늘 없이 아무것도 생겨날 수 없고 땅 없이 어떤 형체도 생성될 수 없다. 하늘과 땅은 만물에 관대하고 만물은 하늘과 땅에 관대하지만, 자식(만물)이 부모(천지)의 관대함에 보답하고자 해도 그것과 같을 수는 없다.[50)

효는 부모를 편안하게 하는 것이 제일이고, 부모를 편안하게 하는 것은 신을 편안하게 하는 것이 제일이며, 신을 편안하게 하는 것은 온 천하의 마음을 기쁘게 하는 것이 제일이다.[51)

범인·현인·성인의 셋의 구분에서 양웅은 군자를 함께 언급하지 않았지만, 군자에 대해 따로 한 편(권9 「군자」)을 기술하고 있다. 「군자」편의 글을 통해 우리는 군자가 어떻게 덕을 수행하는지를 알게 된다. 다음 구절들은 「군자」편에 수록된 일부이다.

---

48) 『法言』, 권4, 14a, "民可使觀德, 不可使觀刑, 觀德則純, 觀刑則亂."
49) 『法言』, 권7, 11a, "或問信, 曰不食其言." '食言' 즉 '말을 먹는다'는 말이 약속을 어긴다는 뜻으로 사용된 예는 이미 『서경』, 『좌전』, 『이아』 등에서 먼저 나타난다.
50) 『法言』, 권10, 1a, "孝至矣, 一言而該, 聖人不加焉, 父母子之天地歟, 無天何生, 無地何形, 天地裕於萬物, 萬物裕於天地, 裕父母之裕不裕矣."
51) 『法言』, 권10, 1a, "孝莫大於寧親, 寧親莫大於寧神, 寧神莫大於四表之歡心."

어떤 사람이 군자의 부드러움과 강함에 대하여 묻자 이렇게 답하였다. "군자는
인에서 부드럽고 의에서 강하다."[52]

군자는 다른 사람이 좋아하는 것을 좋아하고 자기가 좋아하는 것을 잊어버리지만,
소인은 자기가 좋아하는 것을 좋아하고 다른 사람이 좋아하는 것을 잊어버린다.[53]

양웅은 이와 같은 종류의 예리한 대구를 특히 즐겨 사용하였다.

(3) 학문과 정통성

인간은 도덕적인 면에서의 인격수양로만으로는 여전히 충분하지 않다. 배워
서 지식을 획득하는 일 또한 필요하다. 지知는 유학자들에게 있어 오덕 중의
하나로 간주된다.

인간이 배우지 않으면 비록 근심이 없더라도 동물과 크게 다르지 않다.[54]

배우는 사람은 군자가 되고자 한다. 되고자 했으나 되지 못하는 일은 있지만, 되고
자 하지 않았는데도 된 적은 없었다.[55]

그러므로 학문의 목적은 타고난 기질을 개선하는 것이다.[56] 양웅은 또 스승의
중요성을 강조하면서 "학문에 힘쓰는 것은 스승을 구하는 데 힘쓰는 것만
못하다"[57]라고 말한다. 이 말은 완전히 순자처럼 들린다. 양웅이 말하는 스승으
로 삼을 수 있는 사람은 유가의 경전에 들어 있는 공자를 비롯한 고대의

---

52) 『法言』, 권9, 1b, "或問君子之柔剛, 曰君子於仁也柔, 於義也剛."
53) 『法言』, 권9, 4b, "君子好人之好, 而忘己之好, 小人好己之好, 而忘人之好."
54) 『法言』, 권1, 6a, "人而不學, 雖無憂, 如禽何."
55) 『法言』, 권1, 6a, "學者所以求爲君子也, 求而不得者有矣, 夫未有不求而得之者也."
56) 『法言』, 권1, 4a.
57) 『法言』, 권1, 4b, "務學不如務求師."

현인들이다. 그에 따르면 오직 유학만이 참된 도를 배우는 학문이며, 다른 모든 학파의 도는 혼란스럽고 악하다.

배우는 사람은 옳은 것을 탐구할 뿐이다. 어떤 사람이 물었다. "어떻게 옳은 것을 알고 그것을 익힐 수 있는가?" 나는 답하였다. "해와 달을 보면 뭇별들이 얼마나 작은지를 알게 된다. 이와 마찬가지로 성인을 우러러 보게 되면 보통사람들의 말이 얼마나 하찮은 것인지를 알게 된다."[58]

배를 버리고서 강을 건너려는 것은 말단이다. 마찬가지로 오경을 버리고서 도를 구하고자 하는 것 또한 말단이다. 모두가 맛있다고 하는 음식을 버리고 기이하고 맛없는 음식을 좋아하는 사람을 어찌 맛을 아는 사람이라고 하겠는가? 위대한 현인을 내버려 두고 다른 학파의 학자를 좋아하는 사람을 어찌 도를 아는 사람이라고 하겠는가?[59]

독서를 좋아하면서 공자를 중요하게 여기지 않는다면 그의 독서는 단지 방자함으로 흐를 뿐이다. 말하기를 좋아하면서 공자를 알지 못한다면 그의 말은 단지 방울 소리에 불과하다.[60]

양웅은 엄격한 의미에서 정통적인 유학자이다. 비록 그가 노자를 비롯하여 다양한 이들을 공부하였고 그들로부터 크게 영향을 받았겠지만, 그의 형이상학은 유학의 체계와 모순되는 것이 아니라 오히려 그 체계를 보충해 주고 있다. 이것은 그의 도가적 성향에도 불구하고 도를 현으로 대체함으로써 정통 도가를 강하게 벗어났던 것과는 다른 면모를 보여 준다.

---

58) 『法言』, 권1, 5a, "學者審其是而已矣, 或曰, 焉知是而習之, 曰, 視日月, 而知衆星之蔑也, 仰聖人, 而知衆說之小也."
59) 『法言』, 권2, 4b, "捨舟航而濟乎瀆者末矣, 捨五經而濟乎道者末矣, 棄常珍而嗜乎異饌者, 惡覩其識味也, 委大聖而好乎諸子, 者惡覩其識道也."
60) 『法言』, 권2, 5b, "好書而不要諸仲尼, 書肆也, 好說而不見諸仲尼, 說鈴也."

"누가 인간을 인도할 수 있는가?" "공자다. 공자가 그 문이다." "자네에게도 그가 문인가?" "문이지. 그래, 문이고말고! 나 혼자만 문이 없을 수 있겠는가?"[61]

양웅에게 있어 공자는 확실하게 인정된 유일한 스승이다. 어떤 사람도 그 자리를 대신할 수 없다. 다음의 특이한 대화가 의미하는 바도 바로 이것이다.

어떤 사람이 말했다. "여기 스스로 성이 공이고 자가 중니라고 하는 사람이 있는데, 그가 집에 들어가 사당에 올라서 탁자 앞에 엎드려 의상을 입는다면 중니라고 할 수 있겠는가?" 이에 답했다. "그 외양은 같지만 본질은 아니다." "본질이란 무엇인가?" "여기 양이 본질이고 호랑이가 껍데기인 것이 있다. 그가 풀을 보고 좋아하며 승냥이를 보고 두려워한다면 자기 껍데기가 호랑이임을 잊어버린 것이다."[62]

양웅에 따르면 성인은 문명을 거부하는 노자와 그의 제자들에 대해 찬동하지 않았다. 그는 문명이 고대의 전설적인 성왕들에 의해 완성되었다고 본다. 그러한 문명세계는 물론 유토피아라고 보아야 할 것이다.이러한 이유로 양웅은 성인의 지혜를 크게 존경한다.

성인은 거친 비문명의 시대를 좋아하지 않았다. 그러므로 도(자연)를 본받는 것이 복희에게서 시작되어 요임금에게서 완성되었다.[63]

성인의 말은 물과 불과 같다. 어떤 이가 물과 불에 대하여 묻자 답하였다. "물은 측량하면 할수록 더욱 깊어지며, 다하고자 하면 할수록 더욱 멀어진다. 불은 이용하면 할수록 더욱 밝아지고 묵으면 묵을수록 더욱 장렬해진다."[64]

---

61) 『法言』, 권2, 4b, "曰, 惡由人, 曰, 孔氏, 孔氏者戶也, 曰, 子戶乎, 曰, 戶哉戶哉, 吾獨有不戶者矣."
62) 『法言』, 권2, 5a, "或曰, 有人焉, 自姓孔而字仲尼, 入其門, 升其堂, 伏其几, 襲其裳, 則可謂仲尼乎, 曰, 其文是也, 其質非也, 敢問質, 曰, 羊質而虎皮, 見草而說, 見豺而戰, 忘其皮之虎也."
63) 『法言』, 권3, 4b, "曰, 鴻荒之世, 聖人惡之, 是以法始乎伏羲, 而成乎堯."
64) 『法言』, 권3, 4a, "聖人之言似於水火, 或問水火, 曰, 水測之而益深, 窮之而益遠, 火用之而彌明, 宿之而彌壯."

현인의 지혜도 성인의 지혜와 마찬가지이다. 양웅은 위대한 현인들이 알고 있었던 것이 실제로 얼마나 되는지는 알지 못한다고 말한다.

그 밖에도 양웅은 지혜에 대하여 정의하고 있는데, 비교적 적절하다.

어떤 사람이 지혜에 대하여 묻자 답하였다. "모든 방면으로 생각을 밝히는 것이다." 다시 행위에 대하여 묻자 답하였다. "모든 방면으로 덕을 행하는 것이다."[65]

그런데 하늘은 성인이나 현인보다 더 큰 지혜를 가지고 있다. 따라서 하늘은 형체나 소리가 없는, 즉 초감각적인 것까지도 보고 들을 수 있다.

어떤 사람이 크게 총명한 것에 대하여 묻자 답하였다. "어둡고 눈부신 것은 오직 하늘만 들을 수 있고 볼 수 있다. 오직 하늘만이 눈을 높이 뜨고 귀를 아래로 향할 수 있다."[66]

하늘은 이로써 모든 것을 보고 듣는다. 양웅의 이해에 따르면 하늘은 신을 가지고 있는데, 신은 지각하는 것이다. 하늘에 눈과 귀가 있다는 말에서는 하늘이 거의 인격화되어 있지만, 우리는 이것을 글자 그대로만 이해할 필요가 없다. 이것은 단지 하늘이 인간에게는 파악되지 않는 것들까지도 모두 파악할 수 있는 조직 또는 그 외의 수단이나 방법을 가지고 있다는 것을 의미할 뿐이다. 하늘은 태현과 같은 순수존재가 아니지만 인간의 마음보다 높은 신으로서 물질적인 하늘을 형체로 삼는다.

지에는 두 가지 종류, 즉 참된 지와 그릇된 지가 있다. 양웅의 견해에 따르면 참된 것은 유학적인 것뿐이다.

---

65) 『法言』, 권5, 8a, "或問哲, 曰, 旁明厥思, 問行, 曰, 旁通厥德."
66) 『法言』, 권5, 1b, "敢問大聰明, 曰, 眩眩乎, 惟天爲聰, 惟天爲明, 夫能高其目而下其耳者, 匪天也夫."

많이 듣고 보아서 바른 도를 인식하는 것은 지극한 지식이다. 많이 듣고 보았지만 그릇된 도를 인식하는 것은 그릇된 지식이다.[67]

성인은 미래를 예견할 수 있으며 다른 사람의 명을 알려줄 수도 있다.

어떤 사람이 묻기를 "성인은 하늘을 점칠 수 있는가?" 하니, 이렇게 답하였다. "성인은 하늘과 땅을 점칠 수 있다." 이에 다시 묻기를 "그렇다면 성인은 역사가와 어떻게 구분되는가?" 하니, 또 이렇게 답하였다. "역사가는 하늘을 통해 인간을 점치고, 성인은 인간을 통해 하늘을 점친다."[68]

성인은 인간의 행위를 출발점으로 삼아 점을 쳐서 하늘이 그것에 어떻게 반응을 하고 또 그로부터 어떤 명을 내리게 될지 알 수 있다.

(4) 신과 마음

양웅의 형이상학은 근본적으로 『태현경』에 들어 있지만, 그는 『법언』에서도 신과 보다 높은 존재에 대한 자신의 견해들을 펼쳐 보이고 있다.

신(Geist)의 마음(Seele)은 황홀한 것으로서 날실과 씨실로써 만방으로 연결되고, 일은 모두 도·덕·인·의·예와 연결된다.[69]

신은 비물질적인 것이기 때문에 인간에게 지각되지 않는다. 그리고 인간에게 있어서 이러한 신에 해당하는 것은 곧 마음이다.

신은 숨어 있을 뿐이다.[70]

---

67) 『法言』, 권5, 9a, "多聞見而識乎正道者至識也, 多聞見而識乎邪道者迷識也."
68) 『法言』, 권6, 6a, "或問, 聖人占天乎, 曰, 占天地, 若此則史也何異, 曰, 史以天占人, 聖人以人占天."
69) 『法言』, 권4, 1a, "神心惚悦, 經緯萬方, 事繫諸道德仁義禮."
70) 『法言』, 권4, 1b, "神在所潛而已矣."

인간의 마음은 신(Geist)이다. 이것은 잡으면 보존되고 놓으면 없어진다. 이것을 항상 잡고서 보존할 수 있는 사람은 오직 성인뿐이다. 성인은 자기의 신을 보존하여 인식의 끝까지 꿰뚫는다.[71]

마음이 없는 인간은 있을 수 없고, 또한 마음 없이 정상적으로 살아 있을 수 있는 사람은 결코 존재하지 않는다. 따라서 마음을 잡지 않으면 없어진다는 생각은 매우 독특하다.

인간의 마음과 함께 하늘과 땅의 마음 또한 중요하다. 그것을 우리는 양웅의 다음 설명에서 듣게 된다.

어떤 사람이 신에 대하여 묻자 "그것은 마음이다"라고 답하였다. 다시 그에 대해 듣기를 청하자 이렇게 말하였다. "마음이 하늘에 숨어 있으면 그것이 곧 하늘이요, 마음이 땅에 숨어 있으면 그것은 곧 땅이다. 하늘과 땅이 신명하여 헤아릴 수 없는 것은 마음이 숨어 있기 때문이다. 장차 그것을 헤아리려 한다면 어찌 인간이나 일어난 일들에서 구하겠는가?[72]

우리는 막연히 하늘과 땅의 마음이 보편적일 것이라고 생각해 볼 수도 있을 것이다. 그러나 그 내적인 본질은 인간 자신의 마음의 본질과 마찬가지로 알려지지 않았다. 중국인들은 신이란 보편적으로 헤아릴 수 없는 것이라고 보았다. 하늘의 신 또한 이 점은 마찬가지였다.

하늘의 신은 하늘의 밝음이니 사방을 밝게 안다.[73]

어떤 사람이 물었다. "모든 형태를 깎고 다듬는 것은 하늘이 아닌가?" 이에 답하였

---

71) 『法言』, 권4, 2a, "人心其神矣乎, 操則存, 捨則亡, 能常操而存者其惟聖人乎, 聖人存神索至."
72) 『法言』, 권4, 1a, "或問神, 曰心, 請聞之, 曰, 潛天而天, 潛地而地, 天地神明而不測也, 心之潛也, 猶將測之, 況於人乎, 況於事倫乎."
73) 『法言』, 권4, 1b, "天神天明, 照知四方."

다. "그것은 깎거나 다듬어서 된 것이 아니다. 만약 사물이 깎거나 다듬어서 이루어진 것이라면 그 깎거나 다듬는 힘은 또 어디에서 얻을 것인가?"[74]

만약 하늘이 작용을 일으켜 세상의 사물을 생성하였다면 이는 목수와 비슷한 방식으로 사물을 완성하였다는 것인가? 양웅은 그러한 관점을 부정한다. 그는 도가적인 관점에 따라 하늘은 사물의 자연스런 운행에 따라 아무런 의지나 의도 없이 즉각적이고 무의식적으로 작용한다고 본다.[75]

한대에는 특별한 방식으로 마음을 수련함으로써 죽지 않고 영원히 생을 보존할 수 있다고 보는 학파가 나와 그 학설을 추구하는 경향이 크게 유행하였다. 그러나 양웅은 죽지 않는 신선이 있다는 것을 부정한다. 인간은 결코 죽지 않을 수 없으니, 복희나 신농, 요, 순, 공자라 하더라도 모두 죽음을 피할 수 없었다는 것이다.[76]

태어난 것은 반드시 죽게 마련이고, 시작이 있으면 반드시 그 끝이 있다. 이것은 자연의 법칙이다.[77]

(5) 다른 학자들에 대한 비판

양웅은 확연한 유학자였다. 그는 도가의 형이상학만을 어느 정도 인정하였을 뿐, 그 외의 견해들에 대해서는 모두 합당하지 않은 것으로 여겼다. 그는 자기 스스로 가장 가깝다고 생각했던 순자와 마찬가지로 다른 철학자들에 대한 판단이 매우 날카로웠다.

양웅은 공자 이후의 학자들 중 특히 맹자를 높이 평가하였다. 그는 맹자가

---

74) 『法言』, 권3, 3a, "或問, 彫刻衆形者匪天歟, 曰, 以其不彫刻也, 如物刻而彫之, 焉得力而給諸."
75) 열자가 이미 이러한 의미로 말하였다. 『중국고대철학사』, 428쪽(292쪽) 참조.
76) 『法言』, 권9, 6쪽.
77) 『法言』, 권9, 7a, "有生者必有死, 有始者必有終, 自然之道也."

의를 구현함에 매우 용감하였으며 그 덕이 올바르고 외적인 상황에 의해 자기의 확신이 흔들리는 일이 전혀 없었다고 말한다.[78]

어떤 사람이 말하였다. "그대는 여러 학파의 학자들을 작게 본다. 맹자는 그런 류의 학자가 아닌가?" 답했다. "그런 학자들은 그 지가 공자의 지와 어긋나는 사람들이다. 맹자가 그런 류인가? 결코 아니다."[79]

이 정의에 따르면 유학자들은 이미 여러 다른 학파의 바깥에 있을 뿐만 아니라 그 위에 서 있는 존재들이다.

양웅과 순자의 관계는 다음의 말을 통해 알 수 있다.

어떤 사람이 말하였다. "순경은 여러 학파의 글을 비판하였는데, 그가 자사와 맹가를 헐뜯은 것이 옳은가?" 이에 답하였다. "나와 순경은 같은 학파에 속해 있기는 하지만 그 분야가 다르다."[80]

양웅은 노자에게는 큰 존경을 나타내는 반면에 장자에게는 매우 날카로운 대립의 뜻을 표현한다. 어떤 사람이 삶과 죽음, 가난과 부귀, 명예와 욕됨을 서로 똑같은 것으로 여기는 견해가 어떠한지를 묻자 양웅은, 그렇게 여기는 사람은 단지 성인의 말을 단순한 말장난으로 여기는 것이 틀림없다고 대답한다. 이것은 장자를 겨냥한 지적이다.[81] 양웅은 또 다음과 같이 말함으로써 장자와 더불어 자연철학자 추연鄒衍도 함께 비난하였다.

---

78) 『法言』, 권8, 2a.
79) 『法言』, 권9, 1b, "或曰, 子小諸子, 孟子非諸子乎, 曰, 諸子者以其知, 異於孔子者也, 孟子異乎, 不異."
80) 『法言』, 권9, 2a, "或曰, 荀卿非數家之書俔也, 至于子思孟軻詭哉, 曰吾於荀卿歟, 見同門而異戶也."
81) 『法言』, 권9, 5a.

장자는 군주와 신하 사이의 의리를 인정하지 않았으며, 추연은 하늘과 땅 사이를 알지 못하였다. 곁에 있음에도 보지 못한 것이다.[82]

양웅은 장자와 양주, 묵자와 안영, 신불해와 한비자, 추연 등의 주장을 전혀 인정하지 않았다. 그들의 단점에 대해 양웅은 다음과 같이 냉혹한 판단을 내린다.

장자와 양주는 너무 방탕하여 본받을 바가 없고, 묵자와 안자는 검약이 지나쳐서 예를 폐하고 말았으며, 신불해와 한비자는 위협만 할 뿐 교화가 없고, 추연은 너무 요원하여 믿음을 주지 못하였다.[83]

이로부터 더 나아가 종횡가에 속하는 소진과 장의는 양웅으로부터 성인이 증오하는 사기꾼이라는 직접적인 비난까지 받았고, 그 때문에 다음과 같은 문답이 이루어졌다.

"지금 사람들은 공자의 글을 읽으면서도 소진과 장의의 행동을 뒤따른다. 이것을 어떻게 생각하는가?"라고 물으니 답하였다. "큰일이다. 이는 마치 봉황처럼 울면서 맹금처럼 퍼덕거리는 꼴이다."[84]

봉황은 당연히 공자이고, 소진과 장의는 맹금의 무리이다. 양웅은 또 여불위도 매우 경시하였다. 그는 여불위가 많은 것을 훔치고서도 오히려 낙양을 봉토로 받기까지 하였다고 지적하면서, 여불위는 현자가 아니라 강도이자 침략자였다고 말한다.[85]

---

82) 『法言』, 권3, 9b, "至周罔君臣之義, 衍無知於天地之間, 雖隣不覩也."
83) 『法言』, 권6, 9a, "莊揚蕩而不法, 墨晏儉而廢禮, 申韓險而無化, 鄒衍迂而不信."
84) 『法言』, 권8, 5b, "曰孔子讀而儀秦行, 何如也, 曰, 甚矣, 鳳鳴而鷙翰也."
85) 『法言』, 권8, 4쪽.

양웅은 한대의 문호 중에서 특히 회남왕 유안과 사마천에 몰두하였지만, 두 사람 모두 정통으로는 충분하지 못하다고 보았다. 특히 유안에 대해서는 경전을 지나치게 고집하였으며, 자주 너무 멀리 나아갔다고 지적한다.[86) 양웅은 두 사람이 모두 큰 지혜를 소유하고 있었지만 영민함이 지나쳐서 성인의 정연한 도가 결여되어 있었다고 말한다.[87)

너무 사랑하여 저술하지 않을 수 없었던 이는 사마천이다. 공자가 너무 사랑한 것은 의로움이었기에 괜찮지만, 사마천이 너무 사랑한 것은 기이함이었다. 어떤 사람이 "심하구나. 그렇다면 그가 전한 책은 믿을 수 없다는 것인가?"라고 하자 이렇게 말하였다. "믿을 수 없는 곳뿐 아니라 날조된 곳도 있다."[88)

그러나 양웅은 보편적으로는 사마천의 저술들이 믿을 수 있다고 여겼다. 그래서 다른 곳에서는 분명하게 '참된 기록'(實錄)[89)이라고 적고 있다.

3. 양웅에 대한 평가

양웅은 천록각天祿閣에서 뛰어내린 것으로 인해서 후에 정이程頤 같은 송대 유학자들에 의해 이단으로 간주되어 정통유학의 흐름에서 제외되었다. 문제의 누각은 20미터 이상의 높이였다고 한다. 사람들은 양웅이 실제로 그 위에서 아래로 뛰어내렸다면 죽을 수밖에 없었을 것이라고 여겨서, 양웅이 뛰어내린 곳은 가장 꼭대기의 전망대가 아니라 2층 내지 3층 정도에 불과했을 것이라고

---

86) 『法言』, 권9, 3a.
87) 『法言』, 권4, 6a.
88) 『法言』, 권9, 3a, "多愛不忍子長也, 仲尼多愛, 愛義也, 子長多愛, 愛奇也, 或曰, 甚矣, 傳書之不果也, 曰, 不果則不果矣, 又以巫鼓."
89) 『法言』, 권7, 14b.

추측하기도 한다. 자일스는 양웅이 낮은 창문에서 뛰어내렸다는 것이 전기의 원문에 어긋나지 않을 거라고 여긴다. 여하튼 양웅의 추락에 관한 반고의 기술은 허구라고 하기에는 너무나 상세하다.

죽음 후에 양웅은 큰 권위를 누렸다. 송대 이전까지 그는 맹자와 순자와 거의 동등하게 인정되었다. 그러다가 송대에 들어 성리학자들이 등장하면서 양웅의 도덕적인 성품이 의심받기 시작하였다. 그들은 양웅이 한왕조가 붕괴할 때 목숨을 끊지 않고 왕망의 치하에서 종사하였으며, 심지어 왕망을 칭송하기까지 하였다고 비난하였다. 다만 정이의 경우는 양웅이 유분의 재판에 죽음의 공포를 느껴서 달아났다는 이유로 군자가 아니라고 하였다. 정이에 따르면 양웅이 고관이 된 것은 이후의 일이고 당시에는 그럴 만한 벼슬에도 있지 않은 상태였으므로, 설령 죽음을 택한다고 해도 왕망의 즉위에 대한 저항의 표시가 되지 못했을 것이라고 한다.

반면 송나라 증공曾鞏은 왕망을 섬겼다는 비난으로부터 양웅을 변호한다. 그는 양웅이 그렇게 행동할 수밖에 없었던 것은 마치 공자가 남자와 양호를 천시하면서도 그들을 방문하여 예를 갖출 수밖에 없었던 것과 같은 상황이었다고 본다. 실제로 양웅은 『법언』에서 이렇게 말한 바 있다.

> 내가 몸을 굽히는 것은 도를 신뢰하게 하기 위해서이다. 나를 신뢰하게 하기 위해서 도를 굽히는 것과 같은 일은, 비록 그렇게 해서 천하를 얻게 된다 하더라도 결코 하지 않을 것이다.[90]

필자 또한 양웅이 신하로서 공자와 다르지 않게 처신했다고 설명하는 증공의 견해에 찬성한다.[91]

주희는 양웅이 진나라를 비난하고 왕망을 찬양하는 저술을 했다 하여 격렬하

---

90) 『法言』, 권6, 2a, "詘身將以信道也, 如詘道而信身, 雖天下不可爲也."
91) 『古今圖書集成』, 「經籍典」, 445部, '揚子部藝文'(1), 2~5.

게 비난하였지만, 『전한서』에는 왕망에 대한 양웅의 찬사가 없다. 또 주희는 당시 사람들이 양웅이 누각에서 떨어질 때의 상황을 조롱하여 '맑음과 고요함을 따라서 부명을 지었다. 오직 적막하게 스스로 누각에서 떨어졌다'[92]라는 노래를 지어 널리 퍼뜨렸으며, 이를 해명하고자 양웅은 그 글을 차용해서 다음과 같은 글을 지었다고 말한다.

> 맑고 고요하게 신의 정원에서 노닌다. 오직 적막하게 덕의 집을 지킨다.[93]

다만 『법언』 마지막 권의 한 문장만큼은 왕망을 칭송하는 말이라고 생각할 수도 있다. 거기에서는 이렇게 말한다.

> 주공 이후로 누구도 한공漢公(왕망)처럼 탁월하지는 못하였다. 열심히 노력함에 있어서는 아형阿衡(伊尹)을 뛰어넘었다.[94]

그러나 이 표현은 매우 다양하게 해석되었다. 한편에서는 그 안에서 찬탈자에 대한 아부를 보았지만, 다른 한편에서는 왕망의 정치를 칭찬하면서도 그 섭정은 나무란 것으로서 그 속에는 군주에게 충성스런 재상이었던 주공과 이윤의 본보기를 따르라는 경고가 들어 있다고 하였다. 기원후 4년에는 양웅이 아직 왕위찬탈자의 계획에 대해서는 아무것도 알 수 없었으며, 왕망이 어린 한나라 황제를 대신하여 모범이라고 할 수 있을 정도로 정치를 잘하고 있었다. 그러므로 왕망에게 한 칭찬은 나름대로 합당하다고도 할 수 있을 것이다. 또 반고가 쓴 전기에서는 다른 관리들이 왕망에게 아부함으로써 높은 관직을 받았지만 양웅은 그렇게 하지 않았고 상도 받지 않았다고 적고 있다. 그가 사사로운 이익을 추구하였다면 쉽게 얻을 수 있었겠지만, 그는 죽음을 눈앞에 둔 고령의

---

92) 『楚辭後』, 권2, 12b, 「反離騷序」(朱熹), "爱清静, 作符命, 唯寂寞, 自投閣."
93) 『揚子雲集』, 권4, 「解嘲」, "爱清爱静, 游神之庭, 惟寂惟寞, 守德之宅."
94) 『法言』, 권10, 8a, "周公以來未有漢公之懿也, 勤勞則過於阿衡."

나이에 비로소 대부로 추천되었을 뿐이다.[95]

　증공과 마찬가지로 명대의 초횡焦竑(1541~1620)도 양웅의 명예회복을 위해 글을 지었는데, 거기에서 그는 『전한서』의 연대가 잘못되었으며 양웅은 이미 기원후 6년에 죽었어야 한다는 것을 증명하고자 하였다. 그렇게 되면 양웅은 왕위찬탈자의 즉위를 겪지도 않았을 것이며, 왕망의 치하에 있으면서 그를 찬양하거나 누각에서 떨어지는 일도 없었을 것이라고 한다. 그러나 초횡은 이러한 주장에 대해 어떤 근거도 대고 있지 않다.

　앞에서 보았듯이 양웅의 지우였던 유흠조차도 『태현경』에 대해서는 매우 낮은 평가를 내린 바 있다. 그러나 회의론자인 환담은 그것의 학술적인 의미를 전혀 다르게 평가한다. 다음 글에서 이를 확인할 수 있다.

　왕공자가 양자운이 어떤 사람인지 묻자 환담이 답하였다. "양자운은 재지가 빼어나고 견문이 넓어 일찍이 성인의 길에 들어서 뭇 사람들 중에서 유독 뛰어났습니다. 한왕조가 일어난 이래로 이만한 사람이 아직 없습니다." 국사國師 자준子駿(유흠)이 어떤 이유로 그리 말하는지 묻자 이렇게 답하였다. "책을 저술할 수 있는 사람은 백 명이 넘지만 오직 태사공(사마천)만이 위대한 저술가라 할 수 있습니다. 나머지 사람들은 단지 천박하고 사소한 것을 저술하였으니, 『법언』과 『태현경』을 저술한 양자운과는 비교될 수 없습니다. 수백 년 후에도 『태현경』은 반드시 전해질 것입니다. 세상 사람들은 모두 고대를 높이고 오늘날을 낮추며 들은 것을 귀하게 여기고 본 것을 천하게 여기므로, 그들에게는 『노자』가 쉽습니다.…… (『태현경』은) 그 마음이 현묘하고 아득하여 도와 일치합니다. 만일 이러한 것을 좋아하는 군주를 만난다면 『태현경』은 반드시 오경의 다음에 서게 될 것입니다."[96]

---

95) 『前漢書』, 권87, 21a, 「揚雄傳」.

96) 嚴可均, 『全上古三代秦漢三國六朝文』, 권15, 8b, "王公子問, 楊子雲何人也, 答曰, 楊子雲才智聞通, 早能入聖道, 卓絶于衆, 漢興以來, 未有此人也, 國師子駿曰, 何以言之, 答曰, 通才著書以百數, 惟太史公爲廣大, 其餘皆黦殘小論, 不能比之子雲所造法言太玄經也, 玄經數百年其書秘傳, 世咸尊古卑今, 貴所聞, 賤所見也, 故輕易之老子……其心玄遠, 而與合道, 若遇上好事, 必以太玄次五經也."

양웅의 전기 마지막에 있는 반고의 말 또한 이와 매우 흡사하다.

대사공 왕읍과 납언 엄우가 양웅의 죽음과 관련한 말을 듣고 환담에게 말하였다. "그대는 늘 양웅을 칭찬하였지만, 그의 저서들이 어찌 후세에 전해질 수 있겠는가?" 환담이 답하였다. "그의 저서가 후세에 전해질 것은 확실합니다. 다만 우리가 그것을 눈으로 확인할 수 없을 뿐입니다. 보통사람들은 가까운 것을 경시하고 먼 것을 귀하게 여기는데, 실제로 양웅의 작위와 용모를 보면 사람들을 움직일 만한 힘이 없어 사람들은 그의 글을 경시하게 될 것입니다. 옛날에 노자가 허와 무에 대한 책 두 편을 저술하여 인과 의를 가볍게 여기고 예와 학업을 비난하니, 후세에 그것을 좋아하는 사람들은 오경보다 그것이 낫다고 여겼습니다. 한나라 문제와 경제로부터 사마천에 이르기까지 모두 이와 같이 말하였습니다. 그런데 지금 양웅의 글을 보면 문장의 의미가 매우 심오하고 그 논의는 성인을 기만하지 않습니다. 만일 그가 자신과 합하는 군주를 만나 그의 현명함과 지혜를 보여 줄 수 있었다면 그에 대한 칭송이 반드시 다른 철학자들을 훨씬 능가하였을 것입니다. 유학자들은 간혹 양웅이 성인이 아님에도 불구하고 『춘추』의 예를 좇아 경전을 저술하였다고 비난하면서, 그것은 마치 오나라와 초나라의 군주들이 멋대로 왕을 칭한 것과 같은 사형에 처할 만한 범죄행위라고 말합니다. 그러나 양웅이 죽은 지 이제 40여 년이 되었는데, 그의 『법언』은 크게 유행하고 있고 『태현경』도 모두 드러나지는 않은 상태이긴 하지만 온전하게 존재하고 있습니다."[97]

왕충 또한 양웅을 매우 높이 평가하였다. 그는 양웅의 글을 읽는 것은 녹봉 수천 냥을 받는 것보다 더 만족할 만한 것이라고 하면서,[98] 동중서와 양웅을 한대의 양대 저술가로 거론하였다.[99] 이어서 양웅은 아성亞聖의 자질을

---

97) 『前漢書』, 권87, 21a, "大司空王邑納言嚴尤, 聞雄死, 謂桓譚曰, 子常稱揚雄, 書豈能傳於後世乎, 譚曰, 必傳, 顧君與譚不及見也, 凡人賤近而貴遠, 親見揚子雲禄位容貌, 不能動人, 故輕其書, 昔老聃著虛無之言兩篇, 薄仁義, 非禮學, 後世好之者, 尚以爲過於五經, 自漢文景之君及司馬遷, 皆有是言, 今揚子之書, 文義至深, 而論不詭於聖人, 若使遭遇時君, 更閱賢知, 爲所稱善, 則必度越諸子矣, 諸儒或譏, 以爲雄非聖人, 而作經猶春秋, 吳楚之君僭號稱王, 蓋誅絶之罪也, 自雄之沒至今四十餘年, 其法言大行, 而玄終不顯, 然篇籍其存."
98) *Lun Hêng, Part II*, 274쪽.

타고났으며 『태현경』은 고전으로 칭할 만하다고 한다.[100]

당대의 한유가 양웅을 평가한 말 중에 "맹자는 완전하게 순일하였고, 순자와 양자는 크게 순일하되 약간의 허물이 있었다"[101]라는 표현이 있다. 이에 대하여 사마광은 다음과 같이 설명하였다.

세 사람은 모두 위대한 현인이다. 이들은 모두 육예를 배웠으며 공자를 스승으로 삼았다. 맹자는 『시경』과 『서경』을 좋아하였고, 순자는 『예기』를 좋아하였으며, 양자는 『역경』을 좋아하였다. 옛날과 오늘날의 사람들이 모두 그들을 존경하여 우러러 본다.[102]

송나라 철학자들은 양웅에게서 여러 가지를 꼬집었는데, 특히 그의 문체를 매우 거슬려하였다. 정이程頤(1033~1107)는 양웅이 독립성을 결여하였으며 표현이 모호하고 예리함이 부족한데다 너무 유하고 비결정적인 것을 선호하였다고 하면서 몇 군데 글에 이의를 제기한다. 소식蘇軾(1036~1101)은 양웅의 문체에 대해서는 그 숙련됨을 높이 평가하지만 동시에 그 표현방식이 지나치게 난해하다고 비판하고 있다. 그리고 조공무晁公武(1105~1180)는 양웅이 독립적이지 못하고 공자에게 너무 연계되어 있었기 때문에 모든 것을 세밀하게 따라 그리기만 하다 보니 전체적인 윤곽이 사라져 버렸다고 한다. 남송의 주희는 양웅의 큰 깊이를 인정하기는 하지만 그의 『태현경』에는 여러 가지 결함과 불분명한 것들이 있다고 지적하였다.

그러나 송대에도 양웅의 추종자들이 있었다. 양웅을 변호하기 위하여 다음과 같은 시를 지었던 왕안석이 거기에 속한다.

---

99) *Lun Hêng, Part II*, 89쪽.
100) *Lun Hêng, Part II*, 297쪽.
101) 『昌黎先生集』, 권11, 15a, 「讀荀」, "孟子醇乎醇者也, 荀與揚大醇而小疵."
102) 『古今圖書集成』, 「經籍典」, 445部, '彙考'(3), 5a, "三子皆大賢, 祖六藝, 而師孔子, 孟子好詩書, 荀子好禮, 揚子好易, 古今之人共所宗仰."

유학자들 가운데 떳떳하게 이 도의 끝까지 오른 이, 천 년 동안 오직 양웅이 있어 여기에 머물렀네.[103)

송대에 양웅에게 가장 크게 경탄하였던 사람은 역사가 사마광이다. 그는 양웅의 두 저서에 대한 상세한 주석서를 지어 출간하였으며, 양웅의 달변을 매우 칭찬하였다.

아! 양자운은 진실로 위대한 유학자이다. 양웅 외에 누가 공자의 죽음 후에 성인의 도를 이해하였는가? 맹자와 순자도 그와 비교하기에 부족한 듯한데 나머지야 말해 무엇하랴! 『태현경』을 한 번 살펴보니, 이것은 인간의 도를 다하도록 밝고 신의 도를 다하도록 그윽하며 우주 전체를 포괄할 수 있도록 크고 터럭 끝에라도 스며들 수 있도록 미세하다. 천지인의 도를 합쳐서 하나가 되게 하니, 그 근본을 궁구하면 인간과 만물의 어머니가 되어 인간을 배태시키고 만물을 길러 주는 도가 나타난다. 그 도는 영원하여, 마치 아무리 땅을 밟고 가더라도 끝에 이를 수 없고 아무리 바닷물을 퍼내더라도 마르게 할 수 없는 것과 같다. 대개 천하의 도는 비록 좋아하는 바가 있더라도 때가 되면 깎아내어 이것을 바꾸지만, 혼돈의 처음에도 현玄(元)은 이미 있었고 지금 시대에도 현은 유행하지 않음이 없으며 천지가 끝나는 때가 이르더라도 현은 끝내 사라지지 않을 것이다. 만물의 정상에다 물어 보아도 빠뜨림이 없고 귀신의 정상에다 헤아려 보아도 어긋남이 없으며 육경의 말씀에 견주어 보아도 어그러짐이 없다. 가령 성인(공자)으로 하여금 다시 살아나 이 책을 보게 한다면 반드시 기뻐하여 웃으며 자기의 마음을 얻었다고 여길 것이다. 그러므로 『태현경』을 아는 사람이라면 이것이 단지 『역』을 찬술한 것이지 별도의 책을 만들어 『역』과 겨루려 한 것이 아님을 알 것이다. 유흠과 반고가 이 책에 대해 아는 것이 얼마나 얕았으며 이 책에 대해 놓친 것이 얼마나 많은지!104)

---

103) 『古今圖書集成』, 「經籍典」, 445部, '藝文'(2), 1a, "儒者陵夷此道窮, 千秋止有一揚雄."
104) 司馬光, 『太玄集注』, 「自序」, "嗚呼, 揚子雲眞大儒者邪, 孔子旣沒, 知聖人之道者, 非子雲而誰, 孟與荀殆不足擬, 況其餘乎, 觀元之書, 明則極於人, 幽則盡於神, 大則包宇宙, 細則入毛髮, 合天地人之道以爲一, 究其根本, 示人所出胎, 育萬物, 而兼爲之母, 若地履之, 而不可窮也, 若海挹之, 而不可竭也, 蓋天下之道, 雖有善者, 蔑以易此矣, 考之於運元之初, 而元已生, 察之於當

소식은 간략하게 양웅의 문체 및 그와 연관된 심오함에 대하여 지적한 바 있는데, 사마광은 양웅의 문체에 대하여 다음과 같이 말한다.

맹자의 글은 곧고 명확하며 순자의 글은 풍요롭고 수려하며 양자의 글은 간략하고 심오한데, 오직 양자만이 간략함과 심오함 때문에 이해하기 어려웠다. 그래서 학자들은 대부분 그를 잡가로 간주하여 홀대하였다.[105]

앞에서 잠깐 언급했듯이 오늘날 우리는 과거 중국인들의 시각과는 전혀 다른 시각으로 『태현경』을 보고 있다. 따라서 우리는 양웅을 찬양하는 사람들의 찬가에 동조할 수 없을 수도 있을 것이고, 또 양웅을 반대하는 사람들의 비판들을 그다지 중요하게 여기지 않을 수도 있을 것이다. 그렇지만 『법언』만큼은 그의 대표저서로 거론되기에 조금도 부족함이 없다. 물론 이 책이 그 본보기가 되는 공자의 『논어』와 동등한 가치를 지니지는 못한다고 할 수도 있지만, 그렇더라도 좋은 생각을 담고 있고 부분적으로는 새로운 생각들까지도 원천적인 형태로 담고 있다. 따라서 유학사에 있어 양웅의 자리는 맹자나 순자와 나란히 놓일 수 있을 것이다. 이를 통해 우리는 양웅이 한대의 유학자들 중에서 탁월한 위치를 차지하며, 오직 동중서만이 의미상 그와 동등한 위치에 설 수 있음을 인정할 수 있게 된다.

今, 而元非不行, 窮之於天地之季, 而元不可亡, 叩之以萬物之情, 而不漏, 測之以鬼神之状, 而不違, 槃以六經之言, 而不悖. 籍使聖人復生, 視元必釋然而笑, 以爲得已之心矣, 乃知元者以贊易也, 非別爲書, 以與易角逐也, 何歆固知之之淺, 而過之之深也."

105) 司馬光, 『法言集注』, 「自序」, "孟子之文直而顯, 荀子之文富而麗, 揚子之文簡而奧, 唯其簡而奧也, 故難知, 學者多以爲諸子而忽之."

후한편

(25~220)

제1장 합리적 회의론자들

　대부분의 중국 사상가들은 정통론자로서 고대 전통의 맥락을 벗어나지 않으려 한다. 그들에게 고대 이전의 아득한 것은 신성하다. 고대의 성인들에게서 유래한 것으로 받아들여지는 특정한 문장들은 그들에게 어떤 경우에도 저촉할 수 없는 진리로 간주된다. 그들은 어떤 검토도 없이 성인들이 남긴 문장들을 받아들이고 거기에 대해 감히 의심하지 않는다. 하지만 고대에도 이미 기도나 희생, 예언과 같은 일체의 종교적 행위를 거부하는 일군의 철학자들이 있었다. 양주와 같은 회의론자는 세상이 선하게 정리되어 있는 것은 아니며 삶이 큰 선이라고 할 수 없다고 여기면서 다른 사람을 위한 희생을 단호히 거부하였다. 심지어 상앙처럼 불가침으로 여겨졌던 고대 경전의 도덕론을 비난하는 이들까지도 나타났다. 그러나 중국사상사에서 진정한 의미의 회의론자가 등장한 것은 후한시대 초기에 이르러서였다.

　후한 초에 등장한 회의론자들은 확고하게 고정된 허구들과 미신적인 생각에 맞서 투쟁하였으며, 이성을 근거로 그러한 경향을 극복하고자 했다. 이들은 고대의 감성적 지혜를 더 이상 신뢰하지 않았고 다른 사람들의 말을 더 이상 근거로 삼지 않았다. 이들의 증명방식은 스스로의 경험에서 우러나온 것이었다. 이들은 경험론자였으며, 환담·왕충·순열 등은 그러한 새로운 사조를 대표하는 학자들이다. 다만 순열에게서는 회의라는 특성이 잘 나타나지 않는데, 이는 중국의 사유에서는 회의가 명확하게 표출되지 않았다는 점과 관련이 있다. 여하튼, 동시대 및 후대에 대한 회의적인 합리주의자들의 영향은 미미하였으며 매우 빨리 잊혀졌다. 한대 철학의 특성을 정의한다면 전한시대는 고대철학의 종언으로, 후한시대는 회의론의 전개로 요약할 수 있을 것이다.

1. 환담

환담桓譚은 패국沛國(지금의 安徽省) 상현相縣 출신으로, 자는 군산君山이다. 전한시대 말기에 태어나 왕망의 신新을 거쳐 후한시대의 초기를 살았으므로, 대략 기원전 40년에서 기원후 30년까지 살았을 것으로 추정된다.[1]

환담의 아버지는 성제(BC 32~BC 6) 치하에서 악장의 직책을 맡았다. 그 때문에 환담은 일찍부터 음악을 사랑하였고, 악기를 다루는 법과 악에 관한 폭넓은 지식을 얻을 수 있었다. 그는 전문적이고 개별적인 것들을 잃지 않은 채로 경전을 매우 철저하게 공부하여 위대한 학자가 될 수 있었다. 당시 그에게는 매우 큰 도서관이 있었는데, 당시 개인도서관은 무척 희귀한 것이었기 때문에 그는 경탄의 대상이 되었다. 그는 논변에 대단히 능숙하였고 의심스런 문제들을 잘 해결할 수 있었으며 노래와 음악을 아주 좋아하였다. 그는 『역경』을 중요하게 평가하지 않았고, 외적인 치장에도 신경 쓰지 않았다. 그리고 형식을 무엇보다도 중시하던 당시 유학자들의 문제점을 지적함으로써 그들로부터 많은 미움을 받았는데, 이것은 후에 그의 승진을 크게 방해하였다. 환담은 특히 유흠 및 양웅과 자주 부딪쳤다.

왕망이 황제를 자칭하면서 대부분의 학자들이 앞을 다투어 그에게 아부할 때 환담은 친구인 양웅과 마찬가지로 관직에서 물러났다. 하지만 후에 그는

---

1) Pelliot, "Notes sur quelques artistes des six dynasties", *T'oung Pao*(1923), 126쪽 주2. 정확한 기록은 누락되어 있다.

왕망에 의해 간대부諫大夫로, 다시 장악대부掌樂大夫로 임용되었다. 그리고 기원후 25년에 즉위한 후한의 첫 번째 황제 광무제는 그에게 의랑급사중議郞給事中의 직책을 내렸다.

전한시대 성제 치하에서 환담은 궁정관리로서 천문학적이고 측량학적인 측정을 관리하였다. 그는 물시계, 해시계 등과 같은 특별한 도구들을 사용하여 별을 관찰하고 온도와 습도도 측정하였다.[2] 환담은 개천설을 주장하는 양웅과의 논쟁을 통해 그를 혼천설로 전향시켰으며,[3] 그 외에도 각종의 천문학적인 문제에 대하여 양웅과 자주 논의하였다. 이러한 자연과학의 탐구가 그의 정신적인 영역에도 영향을 미쳤을 것이다.

환담은 장악대부직을 맡고 있던 때에 이미 대략 천여 명의 가수, 배우 등 악인들을 수하에 두고 있었다.[4] 음악 역시도 매우 좋아하였던 친구 양웅에 대하여 그는 말한다.

양자운은 큰 재주를 지니고 있지만 음악을 잘 알지 못하였다. 내가 아악雅樂을 좋아하지 않아서 그것을 새로운 방식으로 바꾸었더니, 양자운이 이렇게 말하였다. "얕은 것은 쉽게 이해할 수 있지만, 깊은 것은 인식하기 어렵습니다. 경은 아악을 좋아하지 않고 정나라의 가요를 즐기는 것이 확실합니다."[5]

즉 양웅은 환담이 궁중음악과 같은 진지한 음악은 이해하지 못한 채 정나라의 가요 같은 경박한 음악만을 좋아한다고 보았고, 환담은 이를 비난했던 것이다.

관리로서의 환담은 황제에게 청원하고 가르치는 권리를 가지고 있었기에 황제가 좋아하는 도참을 버릴 것을 간언하였다. 하지만 그는 이로 인해 황제의

---

2) 『全後漢文』, 권14, 2a.
3) Forke, *World Conception of the Chinese*, 16쪽.
4) 『全後漢文』, 권14, 3a, "倡優伎樂."
5) 『全後漢文』, 권14, 3a, "揚子雲大才而不曉音, 余頗離雅樂, 而更爲新弄, 子雲曰, 事淺易善, 深者難識, 卿不好雅頌, 而悅鄭聲, 宜也."

노여움을 샀고, 결국 지방의 한직으로 좌천되고 말았다. 환담은 그곳으로 가던 중에 그만 병들었으며, 69세의 나이에 자기 신념의 제물이 되고 말았다.[6] 미신에 대한 투쟁이 간접적으로 그를 죽음으로 내몰았던 것이다. 후한의 3대 황제 장제章帝(76~89)는 지방을 순시하는 도중에 환담의 고향을 방문하여 그의 무덤에 제사를 지내게 했다.

환담의 저술로는 『신론新論』 29편이 유명하다. 그는 『신론』을 광무제에게 바쳤고 황제는 그것을 매우 높이 평가하였다. 수나라와 당나라 때에는 이것이 17권으로 되어 있었는데, 주석가 장회章懷는 이 책이 각 2편씩의 13권과 각 1편의 3권으로 이루어져 전체가 29편이 된다고 설명하였다. 장회의 판본처럼 이 책이 16권으로 되어 있었다면 17권 중의 남은 한 권은 아마도 서문, 목차 등을 담고 있었을 것이다. 마지막 권 「금도琴道」는 환담에 의해 완전히 종결되지 못했다가 황제의 명에 따라 반고가 종결을 지었다. 훗날 이 책은 소실되고 다만 여러 저술들 속에 인용문의 형태로 전해져 올 뿐이었는데, 청대의 엄가균嚴可均 이 그 인용문들의 출처를 밝히고 각 편의 제목을 단 다음 이를 세 권으로 편집하여 『전상고삼대진한삼국육조문全上古三代秦漢三國六朝文』 중 『전후한문全 後漢文』의 12~15권으로 수록하였다.

현재 남아 있는 조각들을 통해 대략 그 윤곽을 유추해 보면, 환담의 『신론』은 윤리나 국가도덕에 관한 내용도 담고 있지만 무엇보다도 미신과 참위讖緯에 대한 투쟁이 주종을 이루고 있다. 이것을 암시하는 것이 「변혹辨惑」 및 「거폐袪蔽」 와 같은 편명이다. 다른 고대철학자들처럼 환담도 모든 미신적인 것에 대해 매우 비판적이고 회의적이었으며, 이로써 영원한 진리는 없다고 말하는 왕충의 선행자가 되었다.

환담은 학문에 관해서 순자와 양웅과 같은 견해를 가지고 있었던 것으로

---

6) 『後漢書』, 권28, 5b, 「桓譚傳」.

보인다. 그의 말은 다음과 같다.

> 3년 동안 혼자 공부하는 것이 1년 동안 스승의 가르침을 받는 것만 못하다는 말이
> 있다.[7]

또한 국가통치에 있어서도 환담은 오직 도덕적 원칙만을 합당하게 여겼기 때문에, 고대 성왕의 방법을 쓸 수 없는 상황에서는 패왕의 방법을 사용해도 된다고 하는 유학자들의 견해를 비난하였다. 이에 대한 근거로서 그는 공자의 제자들은 결코 도덕을 버리고 권력과 술수에만 의지한 패왕에 대해서는 언급하지 않았다고 주장한다.[8] 그에게 있어 도덕적 원칙을 떠난 종교적·의례적 행위, 신에 의지하는 행위는 절대로 용인될 수 없었다.

> 성왕들은 예와 사양을 숭상하고 인과 의를 실천하며 현인을 존중하고 백성을 사랑
> 하는 것에 힘씀으로써 나라를 통치하였다. 그러므로 이들은 거북과 시초를 수단으
> 로 한 점술을 아주 적게 이용하였으며 제사를 지내는 일이 드물었다.[9]

그는 신의 도움에만 의지하면서 자기의 이익만을 추구하는 사람은 멸망으로 치닫게 된다고 확신하면서, 그것과 관련된 역사적 예를 든다. 초나라 영왕(BC 540~528)은 매우 거만하여 현인들을 경시하면서 오직 귀신을 섬기고 도사와 무당을 믿으며 상제에게 제사지내기 위해 금식하고 목욕하였다. 왕의 신하들은 깃털과 띠로 장식하고 제단 앞에서 춤추어야 했다. 어느 날 오나라 군대가 그의 나라를 공격해 오자 놀란 사람들이 알리러 왔지만, 왕은 막 치르고 있던 종교행위를 중단하지 않은 채 자신이 귀신에게 제사지내고 있으며 귀신들은

---

7) 『全後漢文』, 권14, 5b, "諺曰, 三歲學不如一歲擇師."
8) 『全後漢文』, 권13, 2b.
9) 『全後漢文』, 권13, 8a, "聖王治國, 崇禮讓, 顯仁義, 以尊賢愛民爲務, 是爲卜筮維寡, 祭祀用稀."

그것을 즐기고 있다고 답했다. 왕이 볼 때 자신의 행복과 안전은 귀신에 의해 보장되는 것으로서 자신은 아무것도 할 필요가 없었다. 하지만 이내 적군이 들어와 세자와 왕비를 사로잡았으며, 왕은 왕위를 잃고 말았다.[10]

왕망 또한 유사한 방식으로 미신에 도취되어 있었던 것으로 보인다. 그의 몰락을 목도한 환담은 그 몰락과 관련된 흥미로운 이야기를 들려준다.

왕망은 점서를 좋아하였고, 점을 쳐서 얻어진 시간과 날을 확실하게 믿었다. 그는 귀신을 섬기는 일에 많은 비중을 두어 사당에서 점을 치게 하였는데, 씻고 금식한 후에 제물을 바치게만 했을 뿐 희생된 짐승과 음식의 비용 및 거기에 함께한 관리와 신하들의 노력은 말하지 못하게 하였다. 결국 정치가 잘 이루어지지 않았고, 천하에 동요가 일어났다. 폭동자의 병사가 다가왔을 때 그는 자신을 어떻게 구해야 할지 몰랐다. 마침내 그는 기도하면서 남쪽의 교외로 서둘러 갔다. 자기 가슴을 때리고 한탄하다가 저주하며 울고, 고두叩頭를 하며 하늘에 명을 빌고 도움을 청하였다. 낮에 병사들이 그의 궁전으로 들어왔는데, 화살들이 끊임없이 날고 큰불이 일어났다. 왕망은 창문으로 뛰어내려 도주하였지만, 기원하고 점치는 책과 그가 만든 두성 형태의 부적을 계속 팔에 끼고 있었다. 이것을 일러 폐단이 지극히 심한 것이라고 할 것이다.[11]

결국 왕망은 병사들에게 죽임을 당했다.

환담은 기의 조짐을 신뢰하였다. 기는 정치가 악하면 특별한 재난들을 나타나게 하지만, 사람은 그것을 알아서 작용하지 않게 하거나 해롭지 않게 할 수 있다. 현명한 통치자는 이러한 경우에 정치를 개선하며 자신의 도를 밝히고 덕을 실행한다. 그러면 재앙이 사라지고 복으로 바뀌게 되는 것이다.

---

10) 『全後漢文』, 권13, 8a.
11) 『全後漢文』, 권13, 8b, "王翁好卜筮, 信時日, 而篤于事鬼神, 多作廟兆, 潔齋祭祀, 犧牲殽膳之費, 吏卒辨治之苦, 不可稱道, 爲政不善, 見叛天下, 及難作兵起, 無權策以自救根, 及馳之南郊告禱, 搏心言冤, 號與流涕, 叩頭請命, 幸天哀助之也, 當兵入宮日, 矢射交集, 燔火大起, 逃漸臺下, 尙抱其符命書及所作威斗, 可謂蔽惑至甚矣."

신은 도를 상하게 수 없으며, 재앙은 덕을 해칠 수 없다.[12]

환담은 점을 미신으로 간주하며 완강하게 부정하였다. 그 당시에는 거의 모두가 미신을 믿고 있었으며, 무제는 환담의 자의적인 표현들을 인격적인 모욕으로 여겼다. 생각해 볼 만한 이야기가 우리에게 전해지고 있다.

(환담이 황제에게 말하였다.) 사람들은 흔히 자신이 직접 본 사물에 대해서는 소홀하게 여기고, 그와는 반대로 남으로부터 들은 기이한 것들은 귀하게 여깁니다. 이전의 왕들이 기술한 것을 보면 모두 인과 의 및 바른 도리를 근본으로 삼았는데, 그것은 절대로 기이하고 환상적인 일이 아니었습니다. 대개 성인은 하늘의 도, 인간의 성과 명에 대하여 어렵게 말하였기 때문에 자공 이하 그 누구도 그에 대한 말을 들을 수 없었습니다.[13] 하물며 후세의 천박한 유학자들이 어찌 능통할 수 있었겠습니까! 그런데 지금 재능이 적고 영악하지만 온갖 종류의 기교와 작은 재주를 가지고 있는 사람들이 책과 그림들을 더 많이 만들어 내면서 그것을 예언이라고 말합니다. 이로써 이들은 그와 같은 도참설에 관심 있는 사람들을 속이고 통치자를 잘못 인도합니다. 그들을 힘써 밀어내야 하지 않겠습니까? 나는 폐하께서 개인적으로 방사가 하는 연금술을 폐기하셨다는 소식을 엎드려 들었습니다. 이것은 매우 현명하신 처신입니다. 그러나 폐하께서는 점서를 듣고 받아들이고자 하신다고 합니다. 이 무슨 오류입니까! 설령 일이 때에 맞는 것이 있다 하더라도 그것은 마치 홀수나 짝수를 물어서 맞추는 것과 다르지 않습니다. 폐하께서는 오직 이해할 수 있는 것에 귀를 기울이시고 성인의 의사를 나타내어 모든 사소한 견해들을 물리치며 오경의 정의를 기술하여 범인들의 수다 떠는 소리를 줄이고 많은 사람들의 아름다운 의도를 상세하게 알리셔야 합니다.[14]

---

12) 『全後漢文』, 권14, 3a, "神不能傷道, 妖亦不能害德."
13) 『論語』「公冶長」편에서 자공은 공자가 인간의 성과 하늘의 도에 대하여 말하고자 하지 않았다고 말한다.("夫子之言性與天道, 不可得而聞也.")
14) 『後漢書』, 권28, 4b, "也凡人情忽於見事, 而貴於異聞, 觀先王之所記述, 咸以仁義正道爲本, 非有奇怪虛誕之事, 蓋天道性命聖人所難言也, 自子貢以下不得而聞, 況後世淺儒能通之乎, 今諸巧慧小才伎數之人, 增益圖書, 矯稱讖記, 以欺惑貪邪, 詿誤人主, 焉可不抑遠之哉, 臣譚伏聞, 陛下窮折方士黃白之術, 甚爲明矣, 而乃欲聽納讖記, 又何誤也, 其事雖有時合, 譬猶卜數隻偶之

황제가 환담에게 말하였다. "점을 쳐서 결정하는 것이 어떻겠는가?" 환담은 오랫동안 말없이 있다가 "신은 점을 믿지 않습니다"라고 하였다. 황제는 그 이유를 물었고, 환담은 점이 경전과 모순되기 때문이라고 또렷하게 말하였다. 황제가 크게 노하여 "환담은 성인을 비난하며 올바른 법도가 없다"라고 하면서 그를 처형하고자 하니, 환담은 피가 흐를 때까지 고두叩頭하며 빌었다. 오랜 시간 후에 황제는 비로소 그를 풀어 주고 안휘성 육안군의 승丞으로 좌천하였다.[15)

환담은 점술을 잘못된 것으로 간주하였기 때문에 『역경』도 높이 평가하지 않았다. 이러한 그가 일종의 점서인 『태현경』을 극찬한 까닭이 무엇이었는지는 정확히 알 수 없다.[16)

환담은 생명을 연장하여 불사에 이르는 일이 가능한지에 대해 매우 진지하게 탐구하였던 것으로 보인다. 그는 초와 불의 예로써 불사의 불가능함을 증명하고자 하였다. 환담은 노자의 『도덕경』을 읽은 사람을 만났다. 그 사람은 노자가 인간의 생명을 수백 년까지 연장하였다고 하면서, 사람이 도를 닦아서 생명을 연장하고 영원히 살 수 있다는 것에 대한 환담의 견해를 물었다. 환담은 생명이 좀더 길어지거나 짧아질 수는 있는데, 그것은 신체의 상태에 달려 있다고 하였다. 그는 마침 타버린 촛불을 보고 그것을 예로 들어 설명하였다.

정신이 형체에 거주하는 것은, 마치 불이 초에서 타고 있는 것과 같다. 적당하고 올바른 자리를 유지하면 초가 다할 때까지 계속 탈 수 있지만, 초가 없으면 불도 역시 허공에서 홀로 타오를 수 없다. 또한 그 타고 남은 재는 다시 불붙일 수 없다. 이 재는 사람에게 있어서 노인과 같다. 이가 빠지고 머리카락이 희어지고 피부가 마르고 나면 정신은 두 번 다시 형체의 안과 밖을 두루 윤택하게 할 수가

類, 陛下宜垂明聽, 發聖意, 屛羣小之曲, 說述五經之正義, 略靁同之俗語, 詳通人之雅謀."
15) 『後漢書』, 권28, 5b, "帝謂譚曰, 吾欲讖決之, 何如, 譚黙然良久曰, 臣不讀讖, 帝問其故, 譚復極言, 讖之非經, 帝大怒曰, 桓譚非聖無法, 將下斬之, 譚叩頭流血, 良久乃得解出, 爲六安郡丞."
16) 왕공자 및 유흠의 물음에 대한 답변(전한편 '제6장 양웅'의 '3. 양웅에 대한 평가' 부분) 참조

없다. 기가 소멸되어 죽게 되는 것은 마치 불과 초가 함께 없어지는 것과 같다. 사람이 불행을 당해 병이 들었을 때 훌륭한 의사를 만나 간병을 받지 못한다면 죽을 수도 있다. 죽으면 그의 살, 근육, 뼈는 늘 바람 앞의 불과 같다. 구원받지 못하면 도는 소멸된다.[17]

환담에 의하면 죽는 것은 익은 열매가 떨어지는 것처럼 갑자기 일어나는데, 고대에는 보편적으로 평화로웠고 사람들은 신체적으로 더 강성하여 백세까지 살았다고 한다. 시대가 나빠져서 사람들이 더 이상 올바른 때에 결혼하지 못하고 자주 과로하게 되어 약한 아이들을 생산하게 되었는데, 그래서 이 아이들은 쉽게 병들고 일찍 죽었다는 것이다.[18]

환담은 후에 생을 등불에 견주어 다시 연구하였으며, 그것을 다음과 같이 설명하였다.

나는 그 뒤에 유백사와 함께 밤에 기름등불 아래서 대화를 나누고 있었다. 등잔의 기름이 없어지고 심지가 다 타들어 가서 거의 꺼지게 되었다. 그래서 나는 유백사에게 내 생각을 설명하기 위하여 그것을 보여 주며 "인간이 늙어서 약해지는 것이 마치 저 꺼져 가는 등불과 같다"라고 말하고, 이어서 예전에 말한 촛불의 일화에 대해 들려주었다. 그러자 유백사는 "등불과 촛불이 다 타면 마땅히 기름을 넣거나 초를 바꾸게 된다. 인간이 늙어서 약해지면 또한 저들과 같이 스스로 계속 이어지도록 하면 된다"라고 말하였다. 이에 나는 이렇게 응답하였다. "사람이 이미 형체를 받아서 서 있는 것이 올바로 세운 등불과 한 자루 초와 같은데 완전하게 다하고 나면 어떻게 그것을 스스로 바꿀 수 있겠는가? (등불과 초가) 다 탄 것을 바꾸는 것은 인간이지만, 인간을 계속 이어지게 하는 것은 하늘이다. 하늘은 혹 그의 살과

---

17) 『弘明集』, 권5; 『全後漢文』, 권14, 6b, "精神居形體, 猶火之然燭矣. 如善扶持, 隨火而側之, 可毋滅而竟燭, 燭無, 火亦不能獨行於虛空, 又不能後然其炷. 炟猶人之耆老, 齒墮髮白肌肉枯腊, 而精神弗爲之能潤澤內外周遍, 則氣索而死如火燭之俱盡矣. 人之遭邪傷病, 而不遇供養良醫者, 或强死, 死則肌肉筋骨, 常若火之傾刺風, 而不獲救護, 亦道滅."

18) 『全後漢文』, 권14, 7a.

뼈 및 혈기를 채우고 강하게 해서 형체와 정신을 유지하며 오래 살게 해 주기도 하지만, 혹은 미워하여 죽고 상하게 만들기도 한다. 이것은 마치 불이 기름과 초를 따르는 것과 같다. 기름의 많고 적음과 초의 길고 짧음이 그 느리고 빠름을 결정하지만, 등과 초가 타고 난 후에 스스로 바꿀 수는 없고, 다만 곁에서 사람이 기름을 보충하여 심지를 적셔 주거나 옆의 초로 바꾸어 불이 다시 자리를 잡게 해 줌으로써 다시 밝아지는 것이다. 그러나 본래의 기름과 초가 이미 없어졌다는 사실은 변함이 없다. 그런데 지금 사람이 그 본성을 수양하여 혹 빠진 이가 다시 생겨나고 흰머리가 다시 검어지며 피부와 안색이 다시 윤택하게 될 수도 있다고 주장하는데, 그것은 저 기름을 채우고 초를 바꾸는 일과 같아서 수명이 다하게 되면 또한 단지 죽을 뿐이다."[19]

이어서 환담은 다음과 같은 결과에 이르게 된다. 현인들은 영원히 살 수 없다는 것을 알았지만 어리석은 사람들은 그와는 달리 불사를 위해 헛되이 노력하였다. 나무와 식물들은 흙에서 음기와 양기로 생성되어 높이 성장해서 열매를 맺고 다시 흙으로 돌아가서 새로운 생명을 생성하며, 인간과 동물은 남녀의 결합으로 태어나서 성장하고 늙어서 죽게 된다. 이처럼 만물은 사계절과 같은 규칙적인 순환주기를 갖는다. 따라서 사람이 자기의 성을 변화시켜서 다른 사물의 운행에 이르고자 하는 것은 잘못된 것일 수밖에 없다. 그것은 자연의 진리를 제대로 이해하지 못한 것이다.

도교의 방사들은 기를 기르고 모든 고통을 억압함으로써 인간이 죽지 않고 영원히 살 수 있다고 주장하였는데, 환담은 이러한 불로장생의 설을 단호하게

---

19) 『弘明集』, 권5; 『全後漢文』, 권14, 7b, "余後與劉伯師夜研脂火坐語, 燈中脂索, 而炷燋禿将滅息, 則以示曉伯師, 言, 人衰老, 亦如彼禿燈矣, 又爲言前然疏燭事, 伯師曰, 燈燭盡, 當益其脂, 易其燭, 人老衰, 亦如彼自矍鑠, 余應曰, 人旣稟形體而立, 猶彼持燈一燭, 及其盡極, 安能自盡易, 盡易之, 乃在人, 人之矍黨亦在天, 天或能爲他, 其肌骨血氣充强, 則形神枝而火生, 惡則絶傷, 猶火之隨脂燭, 多少長短爲遲速矣, 欲燈燭自盡易以不能, 但促斂旁脂, 以染漬其頭, 轉側蒸幹, 使火得安居, 則皆復明焉, 及本盡者, 亦無以然, 今人之養性或能使墮齒復生, 白髮更黑, 肌顔光澤, 如彼促脂轉燭者, 至壽極, 亦獨死耳."

거부하면서 다음과 같이 말하였다.

유자준(유흠)은 사람이 신선이 되는 것을 배울 수 있다고 주장하는 방사의 헛된 말을 믿었다. 그래서 일찍이 내가 그에게 물었다. "만약에 사람이 참으로 자신의 기호와 욕구를 억누르고 눈과 귀를 막을 수 있다면 과연 쇠약해서 죽게 되지 않을 수 있겠는가?" 마침 그의 정원에 이미 오래 전에 껍질이 벗겨지고 구멍이 뚫린 큰 느릅나무가 서 있는 것을 보고 나는 그것을 가리키며 말했다. "이 나무는 억누를 수 있는 감정과 욕구도 없고 막을 수 있는 눈과 귀가 없지만 이미 말라서 벌레들의 먹이가 되고 말았는데, 마찬가지로 사람이 비록 아끼고 수양한다 하더라도 어찌 쇠약해지지 않을 수 있겠는가?"[20]

환담은 당시의 일반적인 학문방법과는 달리 촛불, 등불, 느릅나무 등 주변상황에 대한 자신의 경험과 관찰을 열쇠로 삼아 이론을 전개하고 있다. 그는 자신의 동시대인과 선행자들이 대부분 스스로의 지각을 경시한 채 전통의 권위만을 확신하는 풍조를 매우 안타깝게 여겼으며, 이러한 생각은 그에게 고대 중국철학의 기초를 회의하게 만들었다. 그러나 이런 비판적인 감각에도 불구하고 그는 많은 과장과 오류를 담고 있는 이전의 저서들을 전적으로 비난하는 쪽으로는 나아가지 않았다. 오히려 그는 특히 장자와 회남자를 유명하게 만들었다. 그들의 저서는 환상으로 가득하였지만 환담은 그것들이 커다란 가치를 지니고 있다고 여겼다. 그 이유는, 그 책들이 많은 오류를 담고 있는 것도 사실이지만 동시에 사람들이 탐구해야만 하는 내용들을 포함하고 있는 것도 역시 사실이기 때문이라는 것이다.[21]

환담은 회의적이고 비판적인 설정을 통해 고대 자연철학의 허실을 통찰하였

---

20) 『全後漢文』, 권15, 7a, "劉子駿信方士虛言, 爲神仙可學, 甞問言, 人誠能抑嗜欲, 閉耳目, 可不衰竭乎, 余見其庭下有大楡樹, 久老剝折, 指謂曰, 彼樹無情欲可忍, 無耳目可閉, 然猶枯槁朽蠹, 人雖欲愛養, 何能使不衰."

21) 『全後漢文』, 권13, 2a.

지만 고대의 구속으로부터 완전하게 해방될 수는 없었다. 특히 오행에 대한 설명은 그가 오행을 미신으로 생각하지 않고 오히려 다른 동시대인들과 마찬가지로 진정한 학문의 대상으로 여겼다는 것을 보여 준다.

인간은 하늘과 땅의 몸을 안고 순수한 정수를 품어서 모든 살아 있는 존재들 중 가장 영명하다. 그러므로 행동거지는 목에서 움직이고, 말하는 것은 금에서 미덥고, 보는 것은 화에서 밝고, 듣는 것은 수에서 분명하고, 생각하는 것은 토에서 밝다. 이렇게 오행의 작용은 그 동정이 다시 신령과 통한다.
그 행동거지가 공손하면 진지하여, 비가 내리는 것과 같다. 말하는 것이 적절하면 정리되어, 햇빛이 나는 날씨와 같다. 보는 것이 밝으면 지혜로워서, 더운 날씨와 같다. 듣는 것이 분명하면 잘 도모하여, 추운 날씨와 같다. 마음이 엄숙하면 성스러워서, 바람이 부는 날씨와 같다. 목·금·수·화는 모두 토에 실려 있고, 비·햇빛·더위·추위는 바람에서 생겨나며, 행동거지·말하는 것·보는 것·듣는 것은 마음으로부터 시작된다.[22]

중국학자들 사이에게서 격렬하게 논의되는 『춘추』의 주석(傳)들에 대한 가치판단과 관련하여 환담은 매우 흥미로운 말을 남겼다.

좌씨左氏의 전이 전국시대에 쇠퇴하게 되자, 백여 년 후에 노나라의 곡량적穀梁赤이 『춘추』의 전을 지었다. 그러나 이것은 매우 불완전하였으며 많은 것이 빠져 있었다. 그 후에 또한 제나라 사람 공양고公羊高가 경전의 텍스트에 연계하여 전을 지었는데, 이것은 본래의 사건에서 더욱더 멀어진 것이었다. 『춘추』의 경문과 좌씨의 전과의 관계는 마치 옷이 안팎으로 서로 맞대어져 있는 것과 같다. 만일 경문만

---

22) 『全後漢文』, 권14, 9a, "人抱天地之體, 懷純粹之精, 有生者最靈者也, 是以貌動于木, 言信于金, 視明于火, 聽聰于水, 思睿于土, 五行之用, 動靜還與神通, 貌恭則肅肅, 時雨若, 言從則乂乂, 時暘若, 視明則哲哲, 時燠若, 聽聰則謀謀, 時寒若, 心嚴則聖聖, 時風若, 金木水火皆載于土, 雨暘燠寒皆發于風, 貌言視聽皆生于心." 오행, 다섯 가지 작용, 다섯 가지 기상상태는 이미 『서경』의 「홍범」에도 나타나지만 거기서는 작용 및 기상상태가 여기에서와 같이 오행과 연결되어 있는 것은 아니다.

있고 이 전이 없어서 성인이 그 문을 닫아 두었더라면 10년을 생각해도 알아낼 수 없었을 것이다.[23]

왕충은 환담을 크게 존중하였다. 그는 같은 시대의 유향·유흠·양웅·환담은 이전 시대의 문왕·무왕·주공과 유사한 광채를 발하였다고 말한다.[24] 그는 자신이 환담과 정신적으로 유사하다고 느꼈으며, 『신론』과 자신의 『논형』을 비교하였다.[25] 또 일상적인 생활과 습관적인 오류에 대한 비판에서는 그를 능가할 사람이 없다고 하면서,[26] 동중서와 견줄 만한 사람은 있지만 환담과 견줄 만한 사람은 없다고 말한다. 그리고 그가 『신론』을 통해 세상의 사물에 대하여 다루고 참과 거짓 사이를 날카롭게 구분함으로써 증명되지 않은 주장이나 거짓과 허구들이 참된 내용으로 환원되었다고 극찬한다. 또한 비판가로서는 환담이 양웅을 능가하였다고 평하고 있다.[27]

---

23) 『全後漢文』, 권14, 9b, "左氏傳遭戰國寢廢, 後百餘年, 魯穀梁赤爲春秋, 殘略, 多所遺失, 又齊人公羊高緣經文作傳, 彌離其本事矣, 左氏經之與傳猶衣之表裏相待而成, 經而無傳, 使聖人閉門, 思之十年, 不能知也."
『좌전』을 기리는 이 기록의 뒤에는 『東觀漢記』를 인용하여 환담이 실제로는 『좌전』에 대하여 거칠게 반대하고 있다는 주석이 있다. 이에 따르면 환담은 진원이 광무제에게 『좌전』을 추천하였을 때 그것을 심하게 반대하였으며, 사람들은 환담의 말이 매우 믿을 만하다고 여겼다고 한다. 뒤에 환담은 『좌전』에 대한 유학자들의 입장을 다음과 같이 밝힌 바 있다. "유자정(유향), 유자준(유흠), 유백옥의 삼인은 매우 통달한 사람들이었다. 셋은 모두 『좌전』을 매우 값진 것으로 여겨서 아들과 손자에게 그것을 교육하였는데, 심지어 부인과 딸들도 모두 이것을 읽고 외어야만 했다. 이것은 잘못된 것이다."(『全後漢文』, 권14, 10a, "劉子政子駿伯玉三人俱是通人, 尤珍重左氏, 敎授子孫下至婦女, 無不讀誦者, 亦蔽也.") 그러나 이 말은 아마도 사람들이 『좌전』을 찬양하는 것이 너무 과도함을 지적하기 위한 발언이었을 것이다. 왕충 또한 이와 비슷한 기록을 남기고 있는데(Lun Hêng, Part I, 462쪽 주6 참조), 그는 환담과는 달리 유향이 『공양』의 편에 서서 『좌전』에 반대하였다고 말한다. 『前漢書』 권36 34b의 기록도 마찬가지이다. 하지만 유흠과 긴밀하게 교류하였던 환담의 증언이 보다 오래되고 사실에 가까운 것일 터인 만큼 더 믿을 만한 기록이지 않겠는가?

24) Lun Hêng, Part II, 296쪽.

25) Lun Hêng, Part I, 87쪽.

26) Lun Hêng, Part I, 467쪽.

27) Lun Hêng, Part II, 298.

현재 우리에게 『신론』이 남아 있지 않은 것은 매우 애석한 일이다. 환담은 전통과 정통의 나라인 중국이 낳은 매우 드문 회의론자들 중의 한 사람이었기 때문이다.

2. 왕충

1) 생애와 인품

왕충王充은 기원후 27년에 왕송王誦의 아들로 절강성 회계군會稽郡 상우上虞에서 태어났다. 자는 중임仲任으로, 어려서 아버지를 잃었고 8살에 공립학교에 가서 『논어』와 『서경』을 읽었다. 그는 너무 가난해서 책을 살 수 없었기 때문에 낙양의 시장에 있는 책방에서 책을 읽었는데, 기억력이 좋아서 한 번 읽었던 내용의 대부분을 간직할 수 있었다. 후에 그는 수도에서 학교를 다녔다. 그의 스승은 역사가 반고의 아버지 반표班彪였다. 왕충은 스스로의 재능과 스승의 가르침에 힘입어 자기 견해에 항상 훌륭한 근거를 제시할 수 있는 매우 탁월한 연설가가 되었다.

왕충의 삶에서 가난이라는 것은 별다른 부담이 되지 않았다. 그의 전기에는 다음과 같은 글이 기록되어 있다.

> 그는 몸을 의탁할 한 이랑(畝)의 땅조차 없을 정도로 가난하였지만 그의 뜻은 왕공보다도 편안하였으며, 한 되나 한 말의 식량조차 없을 정도로 궁핍하였지만 그의 뜻은 마치 만 되의 양식을 지닌 듯하였다.[28]

왕충은 자신의 고향에서 학생들을 가르치다가 후에 공조功曹가 되었으나

---

28) 『論衡』, 권30, 1b, "貧無一畝庇身, 志伏於王公, 賤無斗石之秩, 意若食萬鍾."

상사 및 동료들과의 잦은 다툼 때문에 관직을 그만두고 말았다. 노년에 그는
안휘성 주종사州從事가 되었고, 이어 치중治中으로 임용(86년)되었다. 이 직위는
그가 이른 최고의 관직으로, 88년 병으로 그만둘 때까지 그는 이 자리를 지켰다.
아마도 그는 관리에 무척 적합하지 않았던 듯하며, 다른 관리들의 잘못된
행동을 그냥 지켜보지 못했다고 한다.

왕충의 고향사람 사이오謝夷吾는 그를 황제 장제에게 추천하였다. 이때 그는
왕충이 학업으로 지혜를 얻은 사람이 아니라 맹자나 순자, 양웅, 유향, 사마천
등에 뒤지지 않는 천재라고 극찬하였다. 이에 황제가 그를 불러오게 하였으나,
왕충은 병 때문에 이 명령을 따를 수가 없었다. 89년에 그는 마지막이 가까이
왔다고 느껴질 정도로 약해졌으나, 간병을 잘 받고 또 약과 술을 복용하여
다시 기력을 회복하였다. 그렇게 그는 몇 년을 더 살았으며, 그동안에 『양성서養性
書』를 저술하였다. 그는 기원후 100년을 전후하여 약 70세를 일기로 세상을
떠났다. 그가 죽은 정확한 연도는 알려져 있지 않다.[29]

2) 『논형』[30]

왕충은 그의 주요 저서 『논형論衡』 외에도 예를 비판하는 『기속절의譏俗節義』
12편과 규모가 잘 알려지지 않은 정치에 대한 저서 『정무政務』 한 권을 저술하였으
며, 죽기 전에 『양성서養性書』 16편을 저술하였다고 한다. 그러나 세 권은 모두
소실되었다. 그 중 『기속절의』는 백성들에게 직접 영향을 미치도록 하고자
매우 가벼운 문체로 기술하였다고 하는데, 당시에는 학자들이 엄격한 저술언어
에서 벗어나는 일이 거의 없었기 때문에 이것은 매우 특별한 사례였을 것이다.

---

29) 吳溥는 왕충이 죽은 해를 98 또는 99년으로 추정하고 있다. 그는 <時事新報>(1927년
   11월)에 왕충에 대한 전기인 「王充評傳」 8기사를 시리즈로 실었다.
30) 나는 『논형』을 *Lun Hêng, Part I: Philosophical Essays of Wang Ch'ung*(1907) 및 *Part II:*
   Miscellaneous Essays of Wang Ch'ung (1911)을 참조하여 번역하였다. 중국 문헌을 인용
   할 경우에는 한자로 표기하고 권수를 명시하였다.

일반인들이 문화유산을 쉽게 접할 수 있도록 문어文語의 사용을 피하게 된 것은 우리시대에 들어와서의 일이다.

지금 남아 있는 왕충의 저술은 주저인 『논형』뿐이다. 그의 목적은 본래 철학적인 것이 아니라 순수비판적인 것으로, 오류와 허구에 대한 비판과 반박이었다. 이 책은 문학에 근원을 가지고 중국 민중의 삶을 주도하고자 한 것인데, 왕충은 여기에다 또한 자신의 철학적인 이념들까지 펼쳐 나갔다. 『논형』이 저술된 시기는 대략 76년에서 84년 사이로 보인다.[31] 현재 이 책은 30책 85편으로 이루어져 있지만 왕충은 100편 이상을 저술하였다고 밝힌 바 있다. 따라서 매우 이른 시기에 몇 편이 소실되었거나 여러 편을 한 편으로 모았음에 틀림없다. 왜냐하면 『후한서』에서 이미 85편이라고 설명하고 있기 때문이다. 그리고 그의 탁월한 능력에 힘입어서인지 원문이 매우 잘 보존되어 있다. 『태평어람』의 인용문 또한 어긋나는 것이 거의 없다.[32]

이 저서는 고대로부터의 전통에 집착하던 당시 학자들에게 커다란 충격을 주었을 것이다. 그러나 이것은 다른 모든 것들과 너무나 상이하였기 때문에 거의 알려지지 않은 채로 남아 있었다. 때문에 문호이자 정치인이었던 후한시대의 채옹蔡邕(133~192)이 이것을 은밀하게 대화를 위한 일종의 어휘 목록으로 사용하는 것이 가능하였다. 채옹의 이해능력이 갑자기 매우 증대하여 사람들은 그가 어떤 특별한 사람을 알게 되거나 특별한 책을 발견한 것이 틀림없다고 생각했을 정도였다. 후에 다른 학자 왕랑王郞(?~228)의 경우도 그와 유사하였다. 이를 통해 『논형』은 어느 정도 유명하게 되었다.

---

31) 나는 이 책이 이미 58년에 저술되기 시작되었으며 여러 번 변형되었다고 하는 오부의 견해가 유지되기 힘들다고 여긴다.

32) 다만 劉盼遂 같은 이는 『論衡注要刪』에서 『논형』의 원전 가운데 몇몇 부분들을 개선해야 한다고 주장하면서 그 방안을 제시하기도 한다. *Bulletin of the National Library of Peping* Vol.3 (1929), Nr. 4, 475~478쪽 참조.

(1) 형이상학 1 ─ 하늘과 땅

왕충은 자신의 철학이 도가에 기초한 것이라고 말하면서 황제와 노자에게
특별한 존경을 표한다. 그러나 그는 모든 과도한 것, 초월적이고 신비적인
것에 대한 그들의 학설로부터 멀어졌으며, 그들의 중대사인 도를 사라지게
만들었다. 그러므로 그의 철학은 초월적인 노자의 철학에서 나온 순수자연주의
의 철학이라 할 수 있다. 그의 문제는 단지 이승에만 국한될 뿐이고, 저승에
대해서는 아무것도 알려 하지 않는다. 왕충에게 있어 최고의 세계원칙은 도가
아니라 하늘과 땅이다. 하늘과 땅은 오직 자연적으로 행위하는 것으로, 인간과도
같지 않고 신성으로 파악되는 것도 아니다. 이로써 그는 다시 공자에게로
가까워졌다가, 하늘의 인간화에 대한 부정에 있어서는 그보다 더 멀리 나아갔다.
왕충의 자연론은 도가에서 유래하였지만, 그는 도가의 자연론으로는 충분하지
못하다고 여겨서 진지하게 앞으로 나아갔다.[33]

하늘과 땅은 인간과 유사한 존재가 아니며 인간과 유사한 신체도 정신도
가지고 있지 않다.

> 하늘은 머리가 없고 얼굴이 없으니 어떻게 내려다볼 수 있는가? 사람은 둘러보고
> 살펴볼 수 있으니, 사람으로써 하늘을 본받게 하여 일이 쉽게 드러나게 한다.[34]

우리는 여기서 하늘이 인간을 자신의 형상에 따라 만들었다고 하는 익숙한
문장을 보게 된다. 왕충은 하늘이 직접 보고 듣는다고 하는 『서경』과 『시경』의
말들을 상징적 표현으로 받아들여야 한다고 생각하였다.[35] 하지만 이것은
맞지 않을 것이다. 왜냐하면 고대 중국인들은 하늘을 실제로 인간의 형상으로

---

33) *Lun Hêng, Part I*, 97쪽.
34) 『論衡』, 권3, 9b, “天無頭面, 眷顧如何, 人有顧眄, 以人傚天, 事易見.”
35) *Lun Hêng, Part I*, 97쪽.

파악하였기 때문이다. 어쨌든 왕충의 견해에 따르면, 하늘은 어떠한 조직이나 기관도 가지고 있지 않다. 따라서 신체조직을 매개로 하여 외부에 감응하고자 하는 욕구 또는 활동의 동기 역시도 없다.[36]

하늘과 땅은 물질적인 형체를 가지고 움직일 수 있으며, 이러한 한도 내에서라면 존재하는 사물과 서로 비교될 수 있다.[37] 그러나 하늘 그 자체는 우리에게서 높고 멀리 떨어져 있으며, 그 기는 푸르디푸르고 무한하다.[38] 도대체 하늘의 기가 어떠하냐는 질문에 대해 왕충은, 그것은 자발적이며 무위해야 한다고 대답한다.

> "하늘이 스스로 그러하여 무위한다는 것은 어떠한 기를 말하는 것인가?" "이 기가 고요하고 담박하여, 하고자 하는 바가 없고(無欲) 하는 바가 없으며(無爲) 일삼는 바가 없음(無事)을 말한다."[39]

이것은 도가에서 말하는 도의 특성들이다. 이러한 특성들을 통해 도가에서는 도가 인간의 마음과 같은 마음을 소유하고 있지 않으며, 인간과 유사한 동기에서 유사한 목적을 가지고 유사한 방식으로 행동하지 않는다는 것을 보여 주고자 하였다. 그럼에도 불구하고 굳이 행위에 대하여 말하고자 한다면, 도는 자연적으로 운행한다고 말할 수 있다. 즉 사물의 자연스런 운행에 함께하는 것과 같은 방식으로 작용하는 것이다.

경전에서 성현들은 하늘이 인간처럼 마음을 가지고 있는 인격체인 양 말한다. 그런데 왕충은 그들이 스스로의 말에 무게를 부여하기 위해 '하늘'로써 말을 시작한 것이라고 여긴다. 인류의 선을 위하여 선의의 거짓말을 한 것이다.

---

36) *Lun Hêng, Part I*, 92쪽.
37) *Lun Hêng, Part I*, 184쪽.
38) 『論衡』, 권15, 2b, "天去人高遠, 其氣蒼蒼, 無端末乎."
39) 『論衡』, 권18, 1b, "天自然無爲者何氣也, 恬澹無欲無爲無事者也."

하늘은 말하지 않지만 그 도는 이미 성인의 마음 속에 있다. 따라서 성인의 덕이 곧 하늘의 덕이 되고, 성인의 말이 곧 하늘의 말이 된다.[40]

하늘의 마음은 성인의 가슴에 있다.[41]

모든 경우에 인간의 마음으로써 하늘의 뜻을 밝힌다.[42]

요임금의 마음에서 하늘의 뜻을 안다.[43]

이것은 모든 것의 근원인 도가 신과 유사하고 인간의 마음에 거주할 수 있다고 보는 도가학자에게서는 있을 수 있는 말이지만, 왕충에게는 본래 아무런 의미가 없다. 왜냐하면 하늘이 어떠한 감각도 감정도 의지도 가지고 있지 않다면 사람이 하늘의 감정에 대해 잘 말할 수는 없을 것이기 때문이다. 하지만 왕충은 그러한 회의에도 불구하고 전통적인 세계관에서 완전하게 자유로울 수는 없었으며, 더 이상 고대의 형식에 의미를 부여하지 않았다고 하더라도 여전히 거기에 얽매여 있을 수밖에 없었다.

식물과 동물은 저절로 생겨나는 것이지, 하늘이 의도하거나 의식함으로써 생성되는 것이 아니다. 만약에 하늘이 홀로 모든 것을 생성하는 것이라면 할 일이 너무 많아 수천의 손들을 가지고 있어야만 할 것이다.[44]

유학자들은 하늘과 땅이 인간을 의도적으로 생성하였다고 하는데, 이것은 잘못된 주장이다. 하늘과 땅의 기가 합해지면 인간이 우연히 생겨나는데, 이것은 마치

---

40) *Lun Hêng, Part I*, 128쪽.
41) 『論衡』, 권14, 11a, "上天之心, 在聖人之胸." 이미 文子가 이와 비슷한 말을 남긴 바 있다. 『중국고대철학사』, 497쪽 주1217(343쪽 주6) 참조.
42) 『論衡』, 권14, 11a, "皆以人心效天意."
43) 『論衡』, 권14, 10b, "堯之心知天之意."
44) *Lun Hêng, Part I*, 96쪽.

부부의 기가 합해져서 자식이 저절로 생겨나는 것과 같다. 부부가 기를 합할 그 당시에는 자식을 낳으려 한 것이 아니지만, 그들의 정욕이 움직여서 합해지면 그로부터 자식이 생겨난다. 이처럼 부부가 의도적으로 자식을 생성하지 않는다는 것에서 하늘과 땅이 또한 인간을 의도적으로 생성하지 않는다는 것을 알 수 있다. 그렇다면 인간이 하늘과 땅으로부터 생겨나는 것은 마치 연못의 물고기나 사람에게 붙어 있는 서캐 혹은 이와 같아서, 기로 인하여 생겨나서 종과 류가 서로 생산하는 것이다. 하늘과 땅 사이에서 생겨나는 모든 사물은 이와 같다.[45]

왕충은 하늘과 땅이 사물을 생성하는 것을 '화분에 물을 주는' 행위나 '주물로써 사물을 생성하는' 것에다 비교하는 것을 부정한다. 이러한 비교는 천지가 생성에 대해 이미 알고 있음을 전제함으로써 생성이라는 행위가 의도적으로 이루어진다는 의미를 담게 되기 때문이다. 그러한 비교는 장자에게서 유래하고 가의에 의해 부연 설명된 것이었다.[46]

하늘은 인간을 의도적으로 생성하지 않은 것처럼 또한 인간을 위해 인간의 생존에 필요한 사물을 따로 생성하지도 않는다.

하늘이 인간을 먹이기 위해 오곡을 생성하고 인간을 입히기 위하여 비단과 대마를 생겨나게 했다는 말이 있다. 이는 하늘이 인간을 위하여 농부나 양잠하는 부인의 무리를 만들었다는 것이니, 이것을 가리켜 자연이라고 할 수는 없다. 이것은 그 뜻이 매우 의심스러워서 받아들일 수 없다.[47]

하늘의 기가 유출되어 사물이 생성되지만 하늘이 의도적으로 하는 것은

---

45) 『論衡』, 권3, 13a, "儒者論曰, 天地故生人, 此言妄也, 夫天地合氣, 人偶自生也, 猶夫婦合氣, 子則自生也, 夫婦合氣, 非當時欲得生子, 情欲動而合, 合而子生矣, 且夫婦不故生子, 以知天地不故生人也, 然則人生於天地, 猶魚之於淵, 蟣虱之於人也, 因氣而生, 種類相産, 萬物生天地之間皆一實也."

46) 앞의 '전한편 제2장 가의'의 주25(『新書』, 권8, 9a) 참조.

47) 『論衡』, 권18, 1a, "或說, 以爲天生五穀以食人, 生絲麻以衣人, 此謂, 天爲人作農夫桑女之徒也, 不合自然, 故其義疑, 未可從也."

아니다.[48] 이것은 사물의 자연스런 운행으로, 우리는 이를 자연법칙이라고 부른다. 그러나 한대의 중국인들에게는 아직 이 개념이 친숙하지 않았다. 왕충은 다음의 관찰을 통하여 하늘이 계획적으로 사물을 생성하였다는 생각에서 발생하는 큰 어려움들을 우리에게 보여 준다.

하늘이 모든 사물을 의도적으로 생성하였다면 마땅히 그들이 서로 사랑하도록 명령할 뿐이지, 결코 그들끼리 서로 해치고 제거하라고 명령하지는 않았을 것이다. 어떤 사람이 "하늘이 오행의 기로써 만물을 생성한다. 만물은 오행의 기를 자기 안에 가지고 있는데, 서로 투쟁하고 제거하는 것 또한 오행의 본질이다"라고 하였는데, 나는 이렇게 답하였다. "그렇다면 하늘은 당연히 모든 사물을 일행—行의 기로써 생성하여 서로 사랑하도록 명령했어야지, 오행의 기로써 서로 상반되게 하여 그들끼리 서로 싸우고 파괴하도록 명령하지 않았어야 한다." 그러자 어떤 사람이 말하였다. "그것을 이용하고자 했기 때문에 그것들이 서로 공격하고 파괴하도록 한 것이다. 서로 해치고 또 서로 생성하기 때문에 하늘은 오행의 기를 사용하여 만물을 생성하였고, 인간은 만물을 사용하여 만사를 이룬다. 사물이 서로 제재하지 않으면 이룰 수 없다. 금속이 나무를 해치지 않으면 나무는 형태를 이루지 못하고, 불이 금속을 녹이지 않으면 그릇이 만들어지지 않는다. 그러므로 사물을 해치는 것은 결국 서로의 이익을 증명한다. 피가 있는 벌레들이 서로 죽도록 싸워서 물어뜯고 삼키는 것은 모두 오행의 기가 시켜서 그런 것이다."…… 내가 말하였다. "하늘이 만물을 생성한 것이 서로에게 쓰임이 되도록 하기 위함이며 그러다 보니 어쩔 수 없이 서로 해침이 있게 되었다고 하는데, 그렇다면 호랑이, 늑대, 독사, 뱀, 벌, 전갈 등을 낳아 사람을 해치도록 한 것도 또한 하늘이 인간으로 하여금 그들을 위해 쓰이도록 하려는 의도였는가?"[49]

---

48) *Lun Hêng, Part I*, 93쪽.
49) 『論衡』, 권3, 14a~b, "如天故生萬物, 當令其相親愛, 不當令之相賊害也, 或曰, 五行之氣天生萬物, 以萬物含五行之氣, 五行之氣更相賊害, 曰, 天自當以一行之氣生萬物, 令之相親愛, 不當使五行之氣反使相賊害也, 或曰, 欲爲之用, 故令相賊害, 賊害相成也, 故天用五行之氣, 生萬物, 人用萬物, 作萬事, 不能相制, 不能相使, 不相賊害, 不成爲, 用金不賊木, 木不成, 用火不爍金, 金不成器, 故諸物相賊利相, 含血之蟲相勝服, 相齧噬, 相啖食者皆五行氣使之然也.……曰, 天生萬物, 欲令相爲用, 不得不相賊害也, 則生虎狼蝮蚖及蜂蠆之蟲皆賊害人, 天又欲使人爲之用耶."

그런데 천하를 훌륭하고 현명하게 통치하려고 하는 사람 또한 이와 같은 모순에 빠지게 된다.

천하에는 선한 사람이 적고 악한 사람은 매우 많은데, 선한 사람들은 도리에 따라 행동하고 악한 사람들은 하늘의 명을 거스른다. 그러나 악한 사람이라고 해서 그 명이 줄어들지 않고 선한 사람이라고 해서 그 생이 연장되지 않는다. 하늘은 선한 사람으로 하여금 항상 백 년을 살고 악한 사람으로 하여금 그 악 때문에 요절하도록 명령하지는 않았다. 어째서인가?[50]

당시의 보편적인 견해에 따르면 하늘은 기이한 자연현상과 재해로써 통치자를 꾸짖는다.

하늘의 신이 임금을 꾸짖어 훈계하는 것은 마치 임금이 신하를 질책하며 분노하는 것과 같다.[51]

그러나 왕충은 하늘과 땅이 매우 탁월하여 인간을 염려하고 꾸짖는다는 이론에도 반대하고 투쟁하였다. 그는 이렇게 말한다.

하늘은 아무것도 하지 않으며, 그러므로 말하지도 않는다. 재앙과 이변은 때가 되면 기에 의해 저절로 생겨나는 것이다. 하늘과 땅은 아무것도 할 수가 없으며 또한 알지도 못한다.[52]

한편 하늘이 자연의 사건들을 통해 자신의 불만을 알려준다는 일반적인 견해에 따르면, 천둥은 하늘이 자신의 분노를 표현하는 소리라고 한다.

---

50) 『論衡』, 권6, 4쪽, "天下善人寡, 惡人衆, 善人順道, 惡人違天, 然夫惡人之命不短, 善人之年不長, 天不命善人常享一百載之壽, 惡人爲殤子惡死, 何哉."
51) 『論衡』, 권14, 6b, "天神譴告人君, 猶人君責怒臣下."
52) 『論衡』, 권18, 5b, "夫天無爲, 故不言, 災變時至, 氣自爲之, 夫天地不能爲, 亦不能知也."

높고 성대한 소리는 하늘이 분노한 소리이다. 마치 인간이 탄식하여 울부짖는 것과 같다.…… 사람의 도로써 미루어 논하는 것은 허황된 말에 불과하다.[53]

하지만 이에 대해서도 왕충은 그 모순을 증명하기 위해 다양한 이유들을 열거하고, 이어서 다음과 같이 말한다.

이른바 화를 내는 것은 누구인가? 하늘의 신인가, 푸르고 푸른 하늘인가? 하늘의 신이라고 한다면 신의 분노는 소리가 없을 것이며,[54] 푸르고 푸른 하늘이라고 한다면 하늘은 전체로 분노하는 것이 아니라 입을 사용하여 분노할 것이다.[55]

또한 어떻게 우리는 항상 신이 분노한 소리만 듣고 결코 큰 웃음소리는 들을 수 없는 것인가? 왕충은 묻는다. 하늘은 왜 늘 불만족하고 벌을 주고자 하는가? 하늘은 결코 기뻐하지도 않고 상을 주지도 않는 것인가? 왜 하늘은 상벌에서 정당하지 않은가? 추악한 여후呂后의 잘못은 왜 벌하여 천둥번개로 때려 부수지 않으면서, 단지 작은 잘못을 저지른 사람을 벌하거나 아예 아무런 잘못도 저지르지 않은 사람을 맞추는가?[56]

고대 중국의 자연론에서는 인간의 생존과 자연현상 사이의 상호작용을 인정하였다. 그 이론에 따르면 국가의 통치자와 통치방식은 그 작용을 통해 하늘에 영향을 미칠 수 있으며, 나아가 기의 흐름에 영향을 미치고 기후의 변화를 야기할 수도 있다고 한다. 그러나 왕충은 이러한 주장에도 반대하여, 사람처럼 하찮은 존재가 영향을 미치기에는 하늘이 너무 높이 있다고 말한다.

---

53) 『論衡』, 권6, 11b, "隆隆之聲天怒之音, 若人之呴吁矣……推人道以論之虛妄之言也."
54) 소리는 단지 물질적인 것을 통해서만 생성될 수 있을 뿐, 무형의 신에 의해서는 생성될 수 없다.
55) 『論衡』, 권6, 12b, "且所謂怒者誰也, 天神邪, 蒼蒼之天也, 如謂天神, 神怒無聲, 如謂蒼蒼之天, 天者體不怒, 怒用口."
56) Lun Hêng, Part I, 290쪽.

하늘이 세상에 영향을 미칠 수는 있겠지만 그와 반대로 세상이 하늘에 영향을 미칠 수는 없다는 것이다.

사람이 하늘과 땅 사이에 존재하는 것은 마치 의복 내에 벼룩과 이가 존재하고 벌어진 구멍 가운데에 메뚜기와 개미가 있는 것과 같다. 벼룩과 이 그리고 메뚜기와 개미가 서로 따르거나 싸우고 반항하거나 순종하는 것을 통해서 옷이나 구멍 사이의 기가 변동하게 할 수 있겠는가?[57]

7척 크기의 아주 작은 형체로 된 사물이 탁월한 하늘의 큰 기를 감동시키고 어떤 영향을 미치고자 한다면 아주 적은 성공도 이루지 못할 것이 뻔하다.[58]

하늘은 들을 수 없으므로 인간의 소리는 아무런 영향도 미치지 못한다.

만 명의 사람이 탄식해도 하늘을 움직일 수 없다.[59]

하늘은 감각 없는 자연 이외의 다른 것이 아니다. 사랑이나 증오, 분노, 동정과 같은 감정을 하늘은 가질 수가 없으며, 따라서 인간의 명과는 완전히 무관하다.

(2) 형이상학 2 — 명

왕충은 인간의 활동이 명命에 영향을 미칠 수 있다고 여기지 않는다. 명은 인간이 영향을 미칠 수 없는 힘들에 의존한다. 그러므로 왕충은 결정적인 숙명론자이다. 그의 견해에 따르면 명은 셋으로 나뉜다. 하늘의 명, 별의 명,

---

57) 『論衡』, 권15, 1a, "人在天地之間, 猶蚤虱之在衣裳之內, 螻蟻之在穴隙之中, 蚤虱螻蟻爲逆順橫從, 能令衣裳穴隙之間氣變動乎."
58) 『論衡』, 권15, 2b, "以七尺之細形感皇天之大氣, 其無分銖之驗必也."
59) 『論衡』, 권15, 3a, "萬人俱歎, 未能動天."

시간과 상황의 우연, 이 세 가지가 바로 그것이다.

유학자들은 명을 하늘의 의지 또는 사건으로 이해한다. 하지만 왕충이 볼 때 하늘은 신성이 결여되어 있기 때문에 의지를 가질 수가 없으며, 따라서 명은 자연적으로 흘러나오는 하늘의 기가 된다. 이것은 인간이 태어나면 생명을 부여하여 그를 채워 준다.

보통사람은 부모를 통해 기가 나뉘는 때에 이미 자기의 명을 받아서 길흉이 정해진다. 대개 성과 명은 다른 것이다. 어떤 사람은 성은 선하지만 명은 흉하고, 어떤 사람은 성은 악하지만 명은 길하다. 성은 행동의 선과 악을 조절하며, 명은 길흉화복을 결정한다. 어떤 사람은 행위는 선하지만 화를 얻으니 이것은 성은 선하지만 명이 흉한 것이고, 어떤 사람은 행위가 악한데도 복을 얻으니 이것은 성은 악하지만 명이 길한 것이다.[60]

명이라는 것은 하늘의 기로서 밖으로는 인간의 신체가 되고 안으로는 자연스런 본성 즉 마음이 된다.[61] 인간의 신체와 마음을 구성하는 것은 하늘이 부여한 선물로, 바로 이것이 신체와 마음을 작용하게 하는 조건이 되는 것이다. 무엇보다 먼저 삶, 건강, 질병과 죽음이 여기에 달려 있다.[62] 이와는 반대로 하는 일의 성공과 실패, 부와 빈곤, 명예와 치욕 같은 생의 외적인 여건들은 별의 기운에 따라 돌아간다. 이것은 하늘의 기 한가운데에 있는 것이다. 왕충은 여기에 고대의 천문학적인 생각을 연결한다. 그것에 따르면 사람이 타고나는 별 또한 명을 좌우한다.

그러나 명은 처음부터 변화할 수 없는 것으로 고정되어 있는 것이 아니다.

---

60) 『論衡』, 권2, 4b, "凡人受命在父母施氣之時, 已得吉凶矣, 夫性與命異, 或性善而命凶, 或性惡而命吉, 操行善惡者性也, 禍福吉凶者命也, 或行善而得禍, 是性善而命凶, 或行惡而得福, 是性惡而命吉也."

61) *Lun Hêng, Part I*, 131쪽.

62) *Lun Hêng, Part I*, 138쪽.

이것은 특수한 시간관계로 이해될 수 있는 우연적인 상황(遭遇)에 따라 변화될 수 있다. 예를 들어 어떤 사람이 건강한 신체에도 불구하고 어떤 재앙으로 죽게 되었다면, 이것은 그의 신체에 하늘의 명이 작용할 수 없게 되었기 때문이다. 정상적인 상황이라면 고령에 이를 수 있었겠지만, 그의 명이 갑자기 우연적으로 끊어지게 되어 버린 것이다.[63)]

다양한 종류의 명은 서로 충돌하기도 하는데, 이때는 하나가 다른 하나보다 강한 것으로 나타난다. 예를 들어 국가의 명은 개인의 명보다 강하다.[64)] 개인이 행복한 생을 살 수 있는 모든 조건이 주어져 있다 하더라도 그의 나라가 적군의 침략으로 멸망하면 그 또한 망하게 된다. 다른 한편으로, 삶의 기간을 결정하는 명은 길흉을 결정하는 별의 기운보다 강하다.

복과 화는 다음과 같이 정의된다.

그러므로 말하기를, 자기의 힘으로 얻은 것이 아니기 때문에 복이라고 하고, 나로부터 말미암아 나온 것이 아니기 때문에 화라고 한다.[65)]

왕충은 복이 덕에 대한 상이며 화가 죄에 대한 벌이라고 하는 선입견에 반대하며, 고귀하고 덕 있는 사람들이 전 생애 동안 화를 입은 반면에 그렇지 못한 사람들이 기뻐하고 행복하게 살다간 예들을 많이 든다. 한 걸음 더 나아가 그는 모든 발전과 붕괴가 단지 명의 유출일 뿐이라고 설명한다.

발전과 성장이 덕 때문에 이루어지는 것은 아니며 퇴보와 붕괴가 덕 때문에 이루어지는 것도 아니다. 발전과 퇴보, 성장과 붕괴는 단지 하늘의 때에 달려 있다.…… 그러므로 세상이 다스려지는 것도 현인과 성인의 공적이 아니고 쇠퇴하고 혼란스

---

63) *Lun Hêng, Part I*, 137쪽.
64) *Lun Hêng, Part I*, 137쪽.
65) 『論衡』, 권1, 4b, "故曰, 得非己力, 故謂之福, 來不由我, 故謂之禍."

러워지는 것도 무도함 때문이 아니다. 국가가 망하게 되면 현인과 성인이라 해도 융성하게 할 수 없으며, 한 시대가 다스려질 때는 악한 사람이라 해도 혼란스럽게 할 수 없다. 한 시대가 다스려지고 혼란스러운 것은 때에 달려 있는 것이지 통치에 달려 있는 것이 아니며, 한 나라의 안정과 동요는 수에 의해 결정되는 것이지 교육에 의해 결정되는 것이 아니다. 군주가 현명하거나 현명하지 않은 것, 정치가 밝거나 밝지 않은 것이 이것을 돕거나 해칠 수는 없다.[66]

도둑의 힘이 강해져서 폭동과 살육에까지 이르면 동요가 생겨난다. 이것은 흉작으로 인한 불행과 양식의 결핍으로부터 발생하는데, 이 모든 것은 시時와 수數에 의해 결정된다.

사양은 넉넉함에서 생겨나며, 다툼은 부족함에서 일어난다.…… 이러한 관점에서 말한다면, 예의가 행해지는 것은 양식의 풍족함에 달려 있고, 양식이 풍족하거나 그렇지 않은 것은 그 해에 결정된다. 그 해에 물이 모자라 가뭄이 들면 오곡이 잘 자라지 못하는데, 그것은 정치의 결과가 아니라 때와 수가 그렇게 한 것이다.[67]

사회적·경제적 관계들이 개인과 정치의 도덕 형태에 큰 영향을 미친다는 것은 물론 옳다. 하지만 왕충은 인간 활동의 의미를 잘못 알고 있다. 유능한 정부가 없고 백성을 움직이는 윤리적 힘이 없다면 국가가 꽃필 수 없고, 적당한 시간관계를 이용하는 사람이 없다면 아무것도 이루어지지 않는다. 명과 인간의 활동은 함께 작용해야만 한다. 그러므로 왕충이 충고하는 체념은 아무 근거가 없는 것이다. 인간이 전적으로 명과 시간을 결정할 수 있는 것은 아니지만, 특정한 한도 내에서는 자기의 명을 만들 수도 있기 때문이다.

---

66) 『論衡』, 권17, 10a~10b, "興昌非德所能成, 然則衰廢非德所能敗也, 昌衰興廢皆天時也……故 世治非賢聖之功, 衰亂非無道之致, 國當衰亂, 賢聖不能盛, 時當治, 惡人不能亂, 世之治亂在時 不在政, 國之安危在數不在敎, 賢不賢之君, 明不明之政, 無能損益."
67) 『論衡』, 권17, 10b~11a, "讓生於有餘, 爭起於不足……由此言之, 禮義之行在穀足也, 案穀成 敗, 自有年歲, 年歲水旱, 五穀不成, 非政所致, 時數然也."

(3) 우주론

왕충은 초월적 하늘을 부정하고 오직 물질적 하늘만을 인정한다. 그에 따르면, 땅에서 60,000리 떨어진 하늘은 땅과 마찬가지로 고정된 형체를 가지고 있으며[68] 하늘과 땅 사이의 공간은 주로 양기로 채워져 있다. 창공은 혼천설에서 주장하는 구의 형태가 아니라 납작한 원반 형태로 되어 있는데,[69] 이것은 하늘의 기가 흘러나와 동쪽에서 서쪽으로 극성 주위를 회전하며[70] 해·달·별을 동반한다. 하루에 한 차례 이루어지는 하늘의 회전주기는 365도로 나뉘고, 각각의 도는 2,000리에 해당한다. 따라서 하늘의 둘레는 730,000리에 이른다.[71]

하늘은 끊임없이 회전하는 반면에 땅은 그대로 놓여 있다. 땅은 하늘처럼 평평한 원반이 아니라 사각의 형태를 가지고 있으며, 그 평면의 넓이는 100억 평방리이다.[72] 이 숫자는 세계의 중심인 낙양에서 모든 사방으로 나아감으로써 계산된다.

해는 불(火)로 이루어지고 지름이 1,000리가 되지만 둥글지는 않다.[73] 달은 물(水)로 이루어지며 마찬가지로 둥글지 않다. 별들은 하늘의 원반에 고정되어 있고 지름이 평균적으로 100리에 이르는데,[74] 멀리 떨어져 있기 때문에 작게 보인다. 오성은 금성金星, 목성木星, 수성水星, 화성火星, 토성土星의 5개의 별을 의미하며 오행으로 이루어지고, 그 외의 다른 별들은 해와 달과 같은 물질로 이루어진다.[75] 하늘은 회전할 때 해·달·별과 함께 움직인다. 그런데 해와 달은 원래 하늘이 회전하는 방향의 반대방향으로 스스로 운동하고 있다. 다만

---

68) *Lun Hêng, Part I*, 257쪽.
69) *Lun Hêng, Part I*, 262쪽.
70) *Lun Hêng, Part I*, 268쪽.
71) *Lun Hêng, Part I*, 262쪽.
72) *Lun Hêng, Part I*, 256쪽.
73) *Lun Hêng, Part I*, 267·271쪽.
74) *Lun Hêng, Part I*, 275쪽.
75) *Lun Hêng, Part I*, 276쪽.

이들의 운동은 하늘의 운동보다 느릴 뿐이니, 비유하자면 움직이는 방아의 반대방향으로 기어가는 개미와 같다고 할 수 있다.[76] 따라서 해와 달은 스스로 움직이지 않고 하늘의 움직임에 따라서만 움직이는 고정된 별들의 운동보다 뒤쪽에 남게 되는 것이다.

한편, 기와 오행의 이론에서는 왕충은 보편적인 견해를 따른다. 양과 음은 각각 하늘과 땅의 기이다. 또한 양은 불과 해의 기이며 음은 물과 달의 기로 파악되는데[77] 이것은 특히 구름과 비에서 모습을 나타낸다. 양은 뜨겁고 밝고 따뜻하고 생성하며 음은 축축하고 어둡고 차갑고 파괴한다. 다만 왕충은 오행을 순환적 표현 및 특정한 동물과 연결시킴에 있어 너무 멀리 나아가는 것을 경고한다. 자주 잘못된 곳에까지 나아가게 되기 때문이다.[78]

(4) 자연 안의 인간

벼룩과 이라는 매우 부정적인 비교에도 불구하고 왕충은 인간이 가장 고귀하고 뛰어난 사물이라는 생각을 가지고 있었다. 하지만 결국은 그에게 있어서 인간은 동물과 근본적으로 다르지 않은 존재였다.[79] 그가 볼 때 인간은 사물 중에서 어떤 예외적인 위치도 차지하지 않으며, 특별한 의도에 따라 생성된 것이 아니라 다른 모든 생물들처럼 저절로 생겨난 것이었다. 천하는 인간을 위해 존재하는 것이 결코 아니다.

음기과 양기는 사람이 태어나게 한다. 음기는 뼈와 살이 되고 양기는 정신이 된다. 사람이 태어나면 음기와 양기가 모두 갖춰졌기 때문에 뼈와 살은 강하고 정신은 왕성하다. 정신은 지식을 부여하고, 뼈와 살은 강함을 준다. 그러므로 정신은 이야

---

76) *Lun Hêng, Part I*, 266쪽.

77) *Lun Hêng, Part I*, 294쪽.

78) *Lun Hêng, Part I*, 106쪽.

79) *Lun Hêng, Part I*, 289 · 335쪽.

기하고 형체는 굳게 지킨다. 골육과 정신이 합하여 얽혀서 서로 의지하기 때문에 항상 볼 수 있고 소멸되지 않는다.[80]

정신은 마음(心)이나 영靈과 같다고 볼 수 있다. 즉 마음은 자기 의도나 목적 등을 인식하여 인간을 존재하게 하며, 정신의 기능들을 수행한다.[81] 착각은 정신의 오류로 파악된다.[82]

(5) 사후세계의 부정

삶의 기간은 기 또는 정기에 달려 있으며, 인간은 이것을 태어날 때에 받는다. 기가 풍부하면 신체는 강하고 오래 산다. 다만 삶은 전쟁이나 화재, 홍수 등과 같은 특별한 재앙이 닥치는 경우에는 단축될 수도 있다.[83] 결과적으로 모든 인간은 죽는다. 신체의 불사에는 이를 수가 없기 때문이다. 그러므로 이러한 방향으로 나아간 도가의 모든 노력은 소용이 없다.[84] 신체의 죽음 후에는 정신 역시도 혼자서 계속해서 살 수가 없다. 왜냐하면 죽은 사람이 귀신이 된다는 생각은 근거가 박약하기 때문이다.

혈맥을 가지고 있는 모든 부류 중에 태어나지 않는 것이 없으며, 태어났다면 또 죽지 않는 것이 없다. 태어났기 때문에 죽어야만 한다는 것을 아니, 하늘과 땅은 태어남이 없기 때문에 죽음이 없으며 음과 양도 마찬가지로 태어남이 없기 때문에 죽음이 없다.[85] 죽음은 삶의 효과이며, 삶은 죽음의 경험이다. 그러므로 시작이

---

80) 『論衡』, 권22, 13b, "夫人所以生者陰陽氣也, 陰氣主爲骨肉, 陽氣主爲精神, 人之生也, 陰陽氣 具, 故骨肉堅, 精氣盛, 精氣爲知, 骨肉爲强, 故精神言談, 形體固守, 骨肉精神合錯相持, 故能常 見而不滅亡也."

81) Lun Hêng, Part I, 198쪽.

82) Lun Hêng, Part I, 240쪽.

83) Lun Hêng, Part I, 313쪽.

84) Lun Hêng, Part I, 346쪽.

85) 물론 하늘과 땅이 사람과는 달리 그 명이 장구한 것은 사실이다. 그러나 왕충도 인정

있는 것은 반드시 끝이 있고, 끝이 있는 것은 반드시 시작이 있었던 것이다. 오직 시작과 끝이 없는 것만이 오래 살아서 죽지 않는다.[86]

사후에도 삶이 지속될 수 있다는 주장에 대해 왕충은 다음과 같은 아홉 가지 근거를 제시하며 반대한다.

① 사람은 물物이요 사물 또한 물이다. 사물은 모두 죽어서 귀신이 되지 않는데, 인간만이 어찌 홀로 죽어서 귀신이 되겠는가?[87]

② 인간이 살게 되는 것은 정기를 통해서이니, 죽으면 정기가 사라진다. 정기를 생성할 수 있는 것은 혈맥이니, 죽으면 혈맥이 다한다. 혈맥이 다하면 정기도 사라지고, 정기가 사라지면 형체도 스러지며. 형체가 스러지면 재와 흙이 된다. 어디에서 귀신이 생겨나겠는가? 사람이 눈과 귀가 없으면 지각할 수 없으므로, 귀머거리와 장님은 식물과 나무에 비교되곤 한다. 그런데 저 정기가 없는 사람을 어찌 한갓 눈과 귀가 없는 것에다 비유하겠는가? 형체가 스러진다는 것은 완전히 없어지는 것이다······ 인간의 정신은 마치 기장이나 쌀이 봉지나 자루에 있는 것처럼 신체에 담겨 있다. 죽으면 형체가 스러지고 정기가 흩어지는 것이 마치 봉지나 자루가 헐어서 기장이나 쌀이 쏟아져 버리는 것과 같다. 기장과 쌀이 쏟아져 버리면 봉지나 자루는 다시 형체를 가질 수가 없다. 그러니 정기가 흩어져서 사라져 버리고 나면 어떻게 다시 형체를 회복하여 사람들이 그것을 볼 수 있겠는가?[88]

하고 있는 중국의 생성이론에 따르면, 천지 역시도 특정한 시간에 생성되었으며 또한 다시 소멸되어야만 한다. 생성되지 않고 영원한 것은 오직 우주뿐이다.

86) 『論衡』, 권7, 9b, "有血脈之類無有不生, 生無不死, 以其生故知其死也, 天地不生, 故不死, 陰陽不生, 故不死, 死者生之效, 生者死之驗也, 夫有始者必有終, 有終者必有始, 唯無終始者, 乃長生不死."

87) 『論衡』, 권20, 8a, "人物也, 物亦物也. 物死不爲鬼, 人死何故獨能爲鬼?"

88) 『論衡』, 권20, 8a~8b, "人之所以生者精氣也, 死而精氣滅, 能爲精氣者血脉也, 人死, 血脉竭, 竭而精氣滅, 滅而形體朽, 朽而成灰土, 何用爲鬼. 人無耳目, 則無所知, 故聾盲之人比於草木, 夫精氣去人, 豈徒與無耳目同哉, 朽則消亡······人之精神藏於形體之內, 猶粟米在囊橐之中也, 死而形體朽, 精氣散, 猶囊橐穿敗, 粟米棄出也, 粟米棄出, 囊橐無復有形, 精氣散亡, 何能復有體, 而人得見之乎."

③ 만약 사람이 죽을 때마다 모두 귀신이 된다면 세상의 모든 길거리가 귀신으로 가득할 것이다.[89]

④ 천지의 성은 새로운 불이 생겨나게 할 수는 있지만 이미 꺼진 불이 다시 타오르게 할 수는 없고,[90] 다시 새로운 인간이 태어나게 할 수는 있지만 죽은 사람이 다시 나타나게 할 수는 없다. 타 버린 재를 다시 타게 할 수 있다면 나는 또한 죽은 사람이 다시 형체를 갖게 되는 것을 의심하지 않을 수 있을 것이다. 그러나 한번 꺼져 버린 불은 다시 탈 수 없다는 것으로 본다면 죽은 사람이 귀신으로 다시 살아날 수 없다는 것이 분명하다.[91]

⑤ 죽은 사람이 귀신이 될 수 없다면 지각할 수도 없다. 어떻게 그것을 증명하는가? 사람은 태어나기 전에는 지각이 없었다는 것으로써 알 수 있다. 사람이 태어나기 전에는 원기에 있었으며 죽으면 원기로 돌아간다. 원기는 황홀하며, 사람의 기는 그 가운데 있다. 사람은 아직 나지 않았을 때에는 지각이 없었고 죽은 후에는 무지의 본원으로 돌아간다. 어찌 지각이 있을 수 있겠는가?[92]

⑥ 인간이 죽으면 오장은 썩어 없어지며, 오장이 썩어 없어지고 나면 오상이 의탁할 곳도 사라진다.[93] 지식을 담고 있던 것이 사라지면 지식이라고 하는 것도 사라진다. 형체는 오직 기로 이루어지고, 기는 오직 형체로 지각된다. 천하에 홀로 타는 불은 없다. 세상에 어찌 형체가 없이 단지 지각하는 정신만 있을 수 있겠는가?[94]

---

89) 『論衡』, 권20, 9a, "如人死輒爲鬼, 則道路之上, 一步一鬼也."
90) 환담이 이미 꺼진 등불의 비교를 통해 죽음을 설명한 적이 있다. 앞의 '후한편 제1장 회의적 합리론자들'의 주20 참조.
91) 『論衡』, 권20, 9b, "天地之性能更生火, 不能使滅火復燃, 能更生人, 不能令死人復見, 能使滅灰更爲燃火, 吾乃頗疑, 死人能復爲形, 案火滅不能復燃, 以況之, 死人不能復爲鬼, 明矣."
92) 『論衡』, 권20, 10a, "夫死人不能爲鬼, 則亦無所知矣, 何以驗之, 以未生之時, 無所知也, 人未生, 在元氣之中, 既死, 復歸元氣, 元氣荒忽, 人氣在其中, 人未生, 無所知, 其死, 歸無知之本, 何能有知乎."
93) 심장·간·위·허파·신장은 오상이 있는 곳이다.
94) 『論衡』, 권20, 10a, "人死, 五藏腐朽, 腐朽, 則五常無所託矣, 所用藏智者已敗矣, 所用爲智者已去矣, 形須氣而成, 氣須形而知, 天下無獨燃之火, 世間安得有無體獨知之精."

⑦ 죽음은 꿈과 비교된다. 꿈에서는 깨어 있을 때의 일을 알지 못하는데, 이것은 마치 죽어서는 살아 있을 때의 일을 알지 못하는 것과 같다.…… 잠잘 때에는 정신이 살아 있고 형체가 온전함에도 불구하고 지각을 할 수 없다. 하물며 죽어서 정신이 소멸되고 형체가 사라진 다음에 어찌 지각할 수가 있겠는가?[95]

⑧ 사람이 살아 있을 때에는 지혜와 정신이 안정되어 있지만, 병들면 흐리고 어지럽게 되어 정신이 탁해진다. 죽음은 병이 아주 심한 것이다. 병은 죽음의 기미로서 이미 흐리고 어지러운데, 하물며 그것이 심해졌다면 어떻게 되겠는가? 정신이 탁해지면 이미 지각이 없어지는데, 하물며 그것이 흩어져 버렸다면 어떻게 되겠는가?[96]

⑨ 인간이 하늘과 땅 사이에 태어남은 비유하자면 얼음과 같다. 음기와 양기가 응축하여 인간이 되고, 수명이 다하여 죽으면 다시 기로 돌아간다. 봄에 물은 다시 얼어서 얼음이 될 수 없으니, 죽은 혼이 어찌 다시 형체가 될 수 있겠는가?[97]

왕충에 따르면 혼이나 정신은 신체적이고 정신적인 활동들을 수행한다. 왕충은 문자와 마찬가지로 이 기가 해당되는 기관으로 흘러가 그곳에서 지각하게 함으로써 지각이 가능하게 된다고 생각한다.[98]

무릇 정념이나 생각은 눈이나 입 또는 귀로 흘러간다. 눈으로 흘러가면 눈이 그 형체를 보고, 귀로 흘러가면 귀가 그 소리를 들으며, 입으로 흘러가면 입이 그 일을 말한다.[99]

---

95) 『論衡』, 권20, 10a, "人之死也, 其猶夢也……人夢不能知覺時所作, 猶死不能識生時所爲矣……夫臥, 精氣尚在, 形體尚全, 猶無所知, 況死人精神消亡, 形體朽敗乎?"

96) 『論衡』, 권20, 10b, "人之未死也, 智慧精神定矣, 病則惛亂, 精神擾也, 夫死病之甚者也, 病死之微, 猶惛亂, 況其甚乎, 精神擾, 自無所知, 況其散也."

97) 『論衡』, 권20, 11a, "人生於天地之間, 其猶冰也, 陰陽之氣凝而爲人, 年終壽盡死還爲氣, 夫春水不能復爲冰, 死魂安能復爲形."

98) 『중국고대철학사』, 497쪽(343쪽) 참조.

99) 『論衡』, 권22, 9a, "夫精念存想, 或泄於目, 或泄於口, 或泄於耳, 泄於目, 目見其形, 泄於耳, 耳聞其聲, 泄於口, 口言其事."

왕충은 꿈 또한 정신의 일이라고 여긴다.[100] 꿈은 특히 아플 때 강하게 나타나는 증상이다.[101] 그것은 병자들이 잠자는 동안 보는 환영으로, 두려움에 따른 집중적인 생각에서 생겨난다.[102] 왕충은 꿈에서는 혼이 신체를 떠난다고 주장하는 해몽가들의 견해에 반대한다.

왕충은 비록 죽은 후에 신체에서 분리된 혼이 지속적으로 살 수 있다는 것을 부정한다 하더라도 귀신과 혼의 실재는 믿는다. 이들은 해의 기로써 이루어지며, 음 없는 양이다. 따라서 형체가 없는 순수정신적인 형상이다.[103] 조짐 또한 이와 같은 근원인데, 이것은 이따금 행 또는 불행의 조짐으로 빛의 형태로 자연 안에 나타난다. 이것들은 모두 원기의 변용이다.[104] 그러나 왕충은 어떻게 원기가 지각이 없는데도 인간의 명에 관심을 가질 수 있는지는 설명하지 않았다.

(6) 성론

인성에 대한 논의는 왕충의 시대에 이미 매우 다양하였다. 왕충은 당시의 다양한 인성론들을 논하면서 다음과 같이 비판하였다.[105] 성이 본래 선하다고 여긴 맹자는 인간을 평균 이상에 두었고, 성이 악하다고 설명한 순자는 인간을 평균 이하에 두었으며, 인간의 성에 선과 악이 섞여 있다고 본 양웅은 평균적인 인간을 목전에 두고 있었다는 것이다. 그러면서 왕충은 사람들 중에는 본래 선한 사람도 있고 본래 악한 사람도 있으며 또 선하지도 악하지도 않은 사람도 있는데, 교육을 받은 후에야 비로소 특정한 전형을 받아들이게 된다고 생각하였

---

100) *Lun Hêng, Part I*, 200쪽.
101) *Lun Hêng, Part I*, 215쪽.
102) *Lun Hêng, Part I*, 239쪽.
103) *Lun Hêng, Part I*, 249쪽.
104) *Lun Hêng, Part I*, 173쪽.
105) 『論衡』, 권3, 「本性」 참조.

다. 그리고 교육을 통해서 선이 증가되거나 악이 개선될 수 있다고 보았다. 그는 여러 가지 운명과 마찬가지로 자연적인 기질의 다양함 또한 하늘의 기로부터 그 원인을 찾고자 했다. 그에 따르면 항상 같은 기이지만 그 양은 매우 다른데, 풍요로울 수도 있고 부족할 수도 있다. 기가 너무 적으면 선에 이르지 못하고, 너무 많아도 악에 머문다.[106]

오덕은 이미 하늘의 기에 들어 있으므로, 그것은 하늘로부터 유래한다. 그런데 하늘은 인간의 방식을 택하지 않고 자연스런 방식으로 덕을 실행한다.[107] 그리하여 오행으로부터 오덕이 생성된다.[108] 그러나 왕충은 도가의 윤리를 유가의 윤리보다 선호하기 때문에 근본적으로 개별적인 덕들을 그다지 중요하게 여기지 않는다. 오히려 덕이란 일종의 붕괴를 의미한다. 의식은 이미 신뢰가 결여된 결과로서, 이것은 혼란의 시작으로 나타난다. 그에 따르면 도가는 고요하고 관상적인 삶을 살았고, 의도적으로 하지 않고 서로를 잊지 않아서 참된 덕을 소유하고 있었다고 한다.[109] 황제와 노자 및 고대의 성왕들 또한 하늘처럼 무위를 실천하였다고 한다.[110] 사람은 하늘처럼 자연스럽게 행동하는 것이 바람직함에도 대부분의 사람들이 그렇게 하지 못하는 것은, 그들이 받은 하늘의 기가 거기에 이르지 못하기 때문이다.[111]

(7) 인식론

지각과 학문의 문제에서 왕충은 유학적인 관점에 서 있다. 그는 도가 및 한대 후기 유학자들에게서 중요한 역할을 하였던 초자연적인 지각을 인정하지

---

106) *Lun Hêng, Part I*, 376 · 381 · 386 · 390쪽.
107) *Lun Hêng, Part I*, 474쪽.
108) *Lun Hêng, Part I*, 105쪽.
109) *Lun Hêng, Part I*, 100쪽.
110) *Lun Hêng, Part I*, 98쪽.
111) *Lun Hêng, Part I*, 97쪽.

않는다. 그에 따르면 지각될 수 있는 모든 사물들은 깊은 생각을 통해 이해될 수 있다. 사람은 학문적인 탐구가 없으면 아무것도 저절로 인식할 수 없다. 위대한 학자에게도 그것은 불가능하다. 경험 없는 사유는 인식에 충분하지 않다. 성인이라 할지라도 인식할 수 없는 사물을 인식할 수는 없다. 공자와 같은 성인과 현인은 초자연적인 힘을 가지고 있지 않고 어떤 예견의 능력도 가지고 있지 않다. 이들은 다른 모든 사람들과 마찬가지로 궁리하기 위하여 노력해야만 하며, 어떤 것을 예견하는 일은 단지 계산을 통해서만 가능하다. 이들은 신이 아니기 때문에 자연적인 지각 또는 직관적인 지각을 가지고 있지 않다.[112]

사무량은 왕충의 학설을 정리하면서 다섯 가지 요점을 지적하는데[113] 이는 지금까지 살펴본 설명들을 어느 정도 보충하는 것이라 할 수 있다.

첫째, 하늘은 인간을 의도적으로 생성하지 않았으며, 복이나 재앙으로 상벌하지도 않는다. 인간은 저절로 태어나며, 복과 재앙은 우연이다.

둘째, 사람이 죽으면 어떤 의식도 가질 수 없으며, 따라서 귀신이 되어 선행이나 악행을 할 수도 없다. 왕충은 이처럼 불사에 대한 신앙이나 길하고 흉함에 대한 미신적인 생각, 혼란한 풍수설 등에 대해서도 투쟁하였다.

셋째, 고대가 현재보다 더 나은 것은 결코 아니다. 다만 진보가 있을 뿐이며, 현재는 과거를 능가한다.

넷째, 음양이나 오행은 서로 싸우지 않지만 강한 것이 약한 것을 억압한다.

다섯째, 말은 생각을 분명하게 표현해야 한다. 말을 잘못 사용하거나 지나치게 치장하여 생각을 어둡게 해서는 안 되니, 한대의 과장되고 틀에 박힌 글들(賦・詞)은 가치가 없다.

---

112) *Lun Hêng, Part II*, 120・121・128・289・291쪽.
113) 謝无量, 『中國哲學史』 4, 31쪽.

철학적인 가치와 무관하게, 『논형』은 한대의 문화를 알려주는 기록의 하나로서도 매우 중요하다. 그 당시의 문화계를 움직였던 역사·문학·자연과학·종교·철학적인 문제들을 두루 다루고 있기 때문에 우리는 거기에서 당시의 상호관계를 판단하기 위한 중요한 내용을 찾아볼 수 있다. 대부분의 경우 왕충은 꾸준한 관찰의 결과로서 매우 분별력 있는 평가를 내놓았다. 그런데 매우 곡해된 국가적 성인인 공자와 맹자에 대해서는 그 또한 그다지 큰 비판을 하지 않았다. 이것은 그가 그들의 외적인 것만을 다루었을 뿐 그들 학설의 핵심을 전혀 통찰하지 못했기 때문이다. 왕충은 오히려 그들과 투쟁하려는 생각이 전혀 없었다. 그는 공자와 맹자를 자신이 배척하고자 하는 시대 이전의 위대한 성인으로 보고 있었다. 철학자로서의 왕충은 충분히 두 철학자와 나란히 설 수 있다. 그 또한 중국이 낳은 위대한 사상가의 일인이었다. 다른 어떤 사상가도 그와 같은 날카로운 비판정신을 소유하지는 못하였다. 그는 아무도 의심하지 않던 보편적으로 인정된 진리를 비판적인 시험대에 올려놓았으며, 그것이 잘못된 것으로 인식되면 그 결과를 염려하지 않고 비난하였다. 거기에는 커다란 용기와 믿음이 있어야 했다. 예로부터 진리의 사도들은 부정되었기 때문에 그는 자기 이론의 성공을 예측할 수 없었을 것이다. 그는 죽은 지 1,800년이 지난 다음에야 비로소 인정받을 수 있었다.

3) 왕충에 대한 평가

후한시대에 왕충은 왕부王符, 중장통仲長統과 함께 후한의 삼현으로 간주되었다. 그들의 주요 저서 『논형』, 『잠부론潛夫論』, 『창언昌言』은 함께 출간되었다. 그러다가 시간이 흐르면서 후자들은 거의 망각되었으며, 사람들은 단지 『논형』만을 읽었다. 하지만 큰 호응은 있지 않았다. 오직 한대에서 송대에 이르는 기간 중의 중요한 사상가로서 다른 모든 철학자들을 날카롭게 비판했던 갈홍만

이 왕충에 대해 위대한 철학자로 칭하면서 크게 존경을 표하였다.

송나라 사람들은 그를 거의 평가하지 않았다. 비평가 조공무晁公武는 『논형』이 전한시대의 전아한 다른 저서들에 뒤진다고 보았다. 그럴 수도 있을 것이다. 왜냐하면 왕충은 스타일보다 진리에 더욱 무게를 두었기 때문이다. 이 책은 그의 명백하고 활기찬 사고력에서 유래한 것으로, 화려한 스타일을 빼고 나면 별다른 것이 남지 않는 대부분 문학가들의 인위적인 저술방식보다 훨씬 나았다. 고사손高似孫은 더욱 부정적으로 말하는데, 그는 『논형』에서는 도덕이 너무 경시되고 있다고 하면서 그것은 내적인 가치 없는 외적 스타일의 혼합물에 불과한 것으로서 기껏해야 대화의 보조물로나 쓰일 수 있을 뿐이라고 폄하한다. 그 밖의 다른 사람들은 공자와 조상에 대한 왕충의 불손하고 무신적인 표현 때문에 그를 비판하였다. 다만 18세기 건륭시대에 간행된 『사고전서총목제요』에서는 최소한 부분적으로나마 왕충의 의미를 인정하고 있다. 『총목제요』의 편찬자는 공자와 맹자에 대한 왕충의 표현들이 혐오스럽기는 하지만 그가 오류와 거짓의 발견을 통해 문화의 장려에 기여하였으며 그의 판단들이 대부분 바르게 적중하였다는 사실을 인정할 수밖에 없다고 하였다.

이처럼 대부분의 중국인들은 왕충에 대한 평가에 인색하였고 왕충을 잡가로 분류하였지만, 왕충은 스스로를 유학자로 보았다. 그에게는 공자가 가장 위대한 성인이었기 때문이다. 그를 유학자로 간주하는 장지동張之洞(1837~1909)과 파버는 이 점에서 그의 견해를 수용하고 있다.

우리는 왕충에게 중국의 가장 위대한 회의론자라는 특별한 자리를 할당해야 만 한다. 그러나 그를 두고 곧장 인식의 가능성 자체를 의심하였던 그리스의 회의론자를 떠올려서는 안 된다. 중국의 어떤 철학자도 그러한 인식비판적인 관점에까지는 이르지 못하였다. 왕충은 단지 우리가 일반적인 생활에서 회의론 자라고 일컫는 사람일 뿐이다. 그는 중국적 지식의 기반에 대한 많은 부분을 의심하였으며, 거기에 근거가 없다는 것을 증명하고자 하였다.

유학의 구속에서 벗어난 근대에 와서는 왕충에 대한 평가에 근본적인 변화가 생겼다. 오랫동안 외면당해 왔던 이 철학자가 이제는 중국의 위대한 사상가군에 속하게 되고 이전에 유명했던 많은 사람들이 퇴색되었다는 것이 근대의 중국인들에게 뚜렷해졌다. 그리하여 왕충에게는 철학의 새 역사에서 보다 넓은 공간이 주어졌다. 일본의 중국학자들 역시 그의 중요성을 인식하였다. 와타나베는 그에 대한 평가를 다음과 같은 문장으로 요약하고 있다.

왕충은 그 당시의 다른 사람들처럼 전래되는 고대 원문에 파묻히는 일이 없었다. 오히려 그의 지는 생동적이어서, 그는 모든 철학자들을 알았으며 탁월한 재능을 가지고 있었다. 그의 증명방식은 매우 현대적이다. 그는 한대에 종교이념의 역사를 제공하였다. 또한 그의 『논형』은 우리 시대의 잘못된 학설에 맞서 투쟁하기에도 매우 적당하다.[114]

오부吳溥는 1927년 11월 11일자 기사에서 다음과 같이 쓰고 있다. 왕충은 중국철학자 중의 가장 명석한 사상가이다. 그는 한대 이전에 보편적으로 인정된 진리에 구속되지 않았을 뿐만 아니라 후대의 것에서도 벗어났다. 그의 불멸의 명성은 거기에 있지만, 또한 그 때문에 그는 비방되고 묵살되었다. 동중서는 전한시대의 가장 위대한 철학자로 간주되는데, 그의 이론은 허공을 떠돌지만 전통에 연계되어 있어서 권위에 있어서는 왕충이 그보다 훨씬 아래에 있다. 왕충은 보편적인 세계관과 고대로부터 전래되는 사상에 대한 반동자로 간주되었기 때문에 경시되었고 그의 저서들은 보급되지 못하였다. 오늘날 많은 중국인들은 그의 이름조자 알지 못한다. 왕충은 자신의 견해를 경험적 사실에 기초하였던 최초의 철학자이다. 그에 비해 한대 및 송대 학자들의 철학은 은밀하고 공허하며 어떠한 방식으로도 증명할 수 없는 순수한 상상이다.[115] 동중서와

---

114) 渡邊秀方, 『中國哲學史槪論』 2, 35쪽 및 40쪽.
115) <時事新報>, 「王充評傳」 7.

양웅은 왕충과 동등할 수 없다. 왕충은 오늘날의 우리에게도 본보기가 될 수 있다. 따라서 우리는 정신적으로 경직된 우리 시대에 그의 가르침을 받아들여야 한다.[116] 이러한 입장에서 오부는 왕충에게서 네 가지 특별한 점을 지적한다. 첫째, 왕충은 오직 진리만을 탐구하였으며, 투쟁욕 때문이 아니라 진리를 밝히려는 일념으로 모든 오류들을 공격하였다. 둘째, 그는 경험적 사실에 기반을 둔 경험론자이다. 셋째, 그는 고대의 모든 권위를 회의할 수 있는 용기를 가지고 있었다. 넷째, 그는 모든 주장에 대하여 엄격하고 논리적인 증명을 하고자 하였다.[117]

왕충을 연구하는 유럽 중국학자들의 견해는 매우 상반되는데, 이것은 그들 각자의 철학적 관점에 많은 영향을 받은 것으로 보인다. 왕충에 주목한 유럽의 첫 번째 중국학자는 마이어스일 것이다. 1874년에 출간된 그의 『독자편람』에서는 다음과 같이 적고 있다.

왕충은 어쩌면 중국이 낳은 모든 형이상학자들 중에서 가장 독창적이고 분별력 있는 철학자라 할 수 있을 것이다.…… 그는 '논형'이라는 제목의 주요 저술에서 심신의 문제를 하나의 양식으로, 그리고 중국 문헌 중에서는 유례없이 대담한 방식으로 다루고 있다. 그는 유가와 도가의 '과장과 발명'을 똑같이 자유분방하게 서술하면서 자연철학의 영역에서 중국인의 환상적인 신념이 매우 탁월하다는 것을 보여 준다.[118]

젠커는 왕충을 유학에서 멀어져 간 선구자, 한대의 위대한 철학자 3인 중의 세 번째 사람, 가장 독특한 부류의 사람으로 일컫는다.[119] 또한 저술의 형태로 보더라도 왕충은 수필가이며 항상 유행에 맞서는 언론인이었다고 한다. 그의

---

116) <時事新報>, 「王充評傳」 8.
117) <時事新報>, 「王充評傳」 5.
118) Mayers, *Reader's Manual*, Nr. 795.
119) Zenker, *Geschichte der chinesischen Philosophie II*, 111쪽.

수필은 비판적이고 논쟁적이면서 과거와 현재의 선입견들을 신랄하게 풍자하고 있다는 것이다. 다만 이것이 반드시 창조적이지는 않을 수도 있음을 젠커는 인정한다. 또한 젠커에 따르면, 왕충의 동시대인들은 비학문적이고 격식을 차리지 않는 그의 자유분방한 스타일에 반대하였다.[120] 하지만 왕충은 대중적인 구두어를 활용함으로써 모두에게서 이해되고자 하였다. 그는 독립적으로 자신의 정당성을 확보하는 가운데 전래된 것에 의존하지 않는 의견을 납득할 수 있게 설명하였다.[121]

이렇게 왕충은 많은 장점들도 가지고 있었지만, 또한 철학자로서 약점도 많이 가지고 있었다. 그는 송나라 철학자들과 같은 체계론자도 아니고 한나라 철학가들처럼 조용하고 철저한 사색가도 아니었기에, 원기왕성한 가운데 모순되는 말을 자주 하였다. 그의 논고들 역시 우리의 입맛에 따라서는 재기발랄하고 우아하며 현대의 신문 문예란에서 읽을 수 있는 훌륭한 읽을거리가 될 수도 있겠지만, 단지 그것에 불과하다. 그래서 젠커는 이렇게 말한다.

서력기원의 첫 번째 세기에 위치해 있는 이 중국의 몽테뉴는 우리에게 가장 심하게 구속된 모습으로 나타난다. 그것은 우리 서양인들이 습관적으로 중국인들에게서 건조하고 꼬이고 현학적인 스콜라철학자들을 보고자 하기 때문이다.[122]

그리고 왕충의 자연관찰들은 그 당시에는 종종 놀라울 정도로 훌륭하고 올바른 것이었지만, 그와는 반대로 그의 경험적인 주장들은 대부분 납득되기에 너무 불충분했다.

---

120) 왕충의 스타일이 비학문적인 자유분방하였다는 것은 전혀 말이 되지 않는다. 왕충은 매우 명백하고 간단한 스타일로, 나아가 마치 양계초가 능숙하게 구사하였던 청대의 근대적인 저술양식처럼 광채가 나면서도 철저하게 학문적인 스타일로 자신의 글을 기술하였기 때문이다.

121) Zenker, *Geschichte der chinesischen Philosophie II*, 113쪽.

122) Zenker, *Geschichte der chinesischen Philosophie II*, 125~127쪽.

그는 모든 것에 있는 모든 것을 자신의 현란하고 직접적인 광채로 놀라게 하지만 어떤 지속적인 인상도 줄 수 없었던 그 시대의 유성流星이다.[123]

분명한 안목을 가진 사람으로서, 그리고 탁월한 언론가로서의 젠커는 왕충의 견해에 경탄할 수밖에 없었다. 그러나 한편으로 관념론자로서의 그는 왕충의 견해들을 결코 시인할 수 없었다. 그래서 그는 잘못이 아닌 곳에서 잘못을 찾았으며, 왕충의 증명방식이 옳다는 것을 인식할 수 없었다.

빌헬름은 왕충을 더욱더 낮게 평가하였다. 그는 왕충을 정도에서 벗어난 기이한 철학자로 보았다. 빌헬름은 왕충이 당시의 선입견, 신앙의 원칙과 철학적인 이론에 비판적으로 대립한 것은 타고난 투쟁욕 때문이며, 그의 사유는 깊은 신중함에서 나온 것이 아니라 단지 변덕스런 기분에서 나온 것이라고 하였다. 또한 왕충의 합리주의적인 근거들은 거의 납득될 수 없으며, 다른 한편으로는 그 자신이 이미 미신에 깊이 빠져 있었다고 지적한다. 그리고 그 당시의 세계관을 깊이 혐오하는 왕충의 기본정서 및 불쾌함은 더욱 주목할 만하다고 말한다. 그는 왕충에게는 수준 높은 방식의 인식이 부재한다고 힐책하는데, 이는 왕충이 건강한 인간이성의 합리적 사유를 넘어서는 모든 것을 부정하기 때문이라는 것이다.[124]

신비주의자인 빌헬름은 직관적 인식의 가능성과 모든 존재의 근원에 대한 내적인 관조를 믿는다. 그러므로 그의 입장에서는 회의론자와 경험론자에 대한 태도가 우호적이지 않을 수밖에 없었다. 빌헬름은 유학자들의 지를 무지로 간주하면서 오직 자신들의 고유한 환상만을 참된 지로 간주하였던 도가와 똑같은 방법으로 사유하였던 것이다.

---

123) Zenker, *Geschichte der chinesischen Philosophie II*, 125~127쪽.
124) Wilhelm, *Chinesische Philosophie*, 78~79쪽.

왕충은 그의 회의적인 성향과 명확한 이성에도 불구하고 모든 선입견들을 남김없이 내던질 수 있을 정도로 자신을 둘러싼 환경으로부터 완전하게 자유로울 수는 없었다. 그는 뚜렷하게 따르는 어떤 학문도 가지고 있지 않았지만, 그 때문인지 여전히 역술, 관상학 및 귀신의 출현을 신뢰하였다. 그러나 우리 시대에도 많은 지식인들과 학자들이 그것을 믿고 있다. 한편, 그는 중국의 자연철학 자체가 근거가 없다는 것은 미처 의식하지 못하고 있었다. 이것은 이는 마땅하게 제시할 만한 근거가 그에게도 없었기 때문이다. 하지만 이런 점들에도 불구하고 왕충에게는 그 당시의 기이한 선입견들이 없었으니, 그는 우리가 중국철학사에서 다시 발견할 수 없는 자유로운 사상가였다.[125]

3. 순열

순열荀悅(148~209)은 안휘성 영천潁川 출생이며 명가의 후예로서 순숙荀淑의 손자이다. 순숙은 8형제를 두었는데, 그들은 하나같이 재질이 빼어나서 팔룡八龍이라는 별칭으로 불렀다. 순열은 자가 중예仲豫인데, 훗날 사람들이 그의 조상인 순자와 구분하여 작은 순자(小荀子)라고 불렀다.

순열은 아버지가 일찍 죽고 집이 가난하여 책을 살 수 있는 돈이 없었다. 그래서 늘 다른 사람의 책을 빌려서 읽어야 했는데, 기억력이 비상하여 한 번 읽은 것은 모두 기억하였다고 한다. 12살 때 이미 『춘추』에 대하여 이야기할

---

125) Zenker, *Geschichte der chinesischen Philosophie II*, 125쪽에서는 왕충에 대해 기술하면서, 그는 에피쿠로스(Epikur, BC 341~270)와는 공통적인 것이 없지만 스토아학자들과는 많은 것을 공유하고 있으며 물질주의자가 아니라 물활론자(Hylozoiker)라고 적고 있다. 물론 왕충의 음양론을 생각하면 그를 물활론자로 볼 수도 있겠지만 그의 철학은 철저하게 물질적이다. 도가에 풍부한 모든 심령적 요소들을 제외시킨 데에서 나는 그가 에피쿠로스 및 루크레츠(Lukrez)와 일치하는 것이 많음을 확인할 수 있었다. 대신 나는 그의 철학과 생활방식에서 스토아적인 요소를 발견할 수가 없었다.

수 있었다. 후에 그는 헌제獻帝(190~220)의 궁정에서 관리가 되었다. 황제는 그의 박학다식을 매우 높이 평가하여 자주 그와 이야기를 나누곤 했다. 당시 황제는 반고가 기술한 전한시대의 역사가 너무 장황하다고 여겨, 순열을 도서관의 관장으로 임용한 뒤 간략하게『좌전』의 형식으로 역사를 기술하게 하였다. 그렇게 해서『전한기前漢紀』126) 30권이 생겨났다. 순열의 전기를 담고 있는 『후한서』권92에서는『전한기』에 대해, 매우 훌륭한 역사서로서 그 스타일이 간략하고 내용이 명확하며 증명방식이 훌륭하다고 평하고 있다. 저자가 엄격하게 유가적인 기반 위에 서서 어떤 믿을 수 없는 기적적인 이야기도 싣지 않았다는 것이다.

『전한기』외에 순열은 도덕철학에 대한 저서『숭덕정론崇德正論』을 짓고 또 10여 편에 이르는 다른 여러 가지 논고들을 남겼다고 하는데, 모두 소실되었다. 현재 남아 있는 것은 철학적인 저서『신감申鑒』5편으로, 그 중 일부가 그의 전기에 수록되어 있다. 이 책이 황제에게 바쳐졌을 때 황제가 매우 흡족해하였다고 전한다.

『신감』에서 우리는 순열이 초자연적인 것에 대해 몹시도 회의적이었던 매우 사려 깊고 합리적인 사상가였다는 것을 알 수 있다. 그는 자기의 철학적인 관점을 다음과 같은 말로 설명한다.

하늘의 도를 세우는 것을 음과 양이라 하고, 땅의 도를 세우는 것을 부드러움과 굳셈이라 하며, 사람의 도를 세우는 것을 인과 의라고 한다. 음과 양은 정기를 다스리고, 부드러움과 굳셈은 다양한 형체를 구분하며, 인과 의는 사업을 경영하니, 이것이 바로 도이다.127) 마찬가지로 정치의 가장 중요한 두 가지 방법은 법法과 교敎(교육)일 따름이다. 교육은 양의 변화이고, 법은 음의 표현이다.128) 인이란 이것

---

126) 이것은 양적으로『전한서』의 4분의 1에도 못 미친다.
127) 순열에게 있어 도는 초월적인 것이 아니라 단지 세계법칙에 불과하다.
128) 지와 인은 당연히 양이고, 법과 엄격함은 음이다.

을 사랑하는 것이고, 의는 이것에 합당한 것이며, 예는 이것을 따르는 것이고, 신은
이것을 지키는 것이며, 지는 이것을 아는 것이다.[129)]

순열에 따르면 인간의 명은 성과 밀접하게 연관되어 있다.

어떤 사람이 성과 명에 대하여 묻자 이렇게 답하였다. "타고난 것을 일러 성이라
하니, 형체와 정신이 이것이다. 태어나게 하고 죽게 하는 것을 일러 명이라고 하니,
길과 흉이 이것이다. 삶이 나를 제재할 때에는 성과 명이 있을 따름이다. 군자는
자신의 성을 따르면서, 그로써 명을 보완한다. 그는 항상 이것을 따르지만 또한
고수하지 않으며, 힘쓰지 않고 원망하지 않는다."[130)]

그는 명을 이해하기 때문에 원망하지 않으며 또한 이로 인해 어두워지는
것이 아니라 고요하게 받아들인다.[131)]

순열은 당시 유행하던 인성론의 문제에도 매우 몰두했던 것으로 보인다.

어떤 사람이 하늘의 명과 인간의 일에 대해 묻자 이렇게 답하였다. "(공자에 따르면)
그것에는 세 단계가 있다. 위와 아래는 변할 수 없는데 그 중간에 인간의 일이
있다. 명은 서로 가깝지만 일은 서로 멀어서 길흉이 다르다. 그러므로 리를 궁구하
고 성을 다함으로써 명에 이르게 된다고 하였다. 맹자는 성이 선하다고 하였고,
순경은 성이 악하다고 하였으며, 공손자(公孫尼子)는 성이 선하지도 악하지도 않다
고 하였고,[132)] 양웅은 인간의 성에는 선악이 섞여 있다고 하였으며, 유향은 성과

---

129) 『申鑒』, 권1, 1a, "立天之道曰陰與陽, 立地之道曰柔與剛, 立人之道曰仁與義, 陰陽以統其精
氣, 剛柔以品其羣形, 仁義以經其事業, 是爲道也, 故凡政之大經, 法教而已矣, 教者陽之化也,
法者陰之符也, 仁也者慈此者也, 義也者宜此者也, 禮也者履此者也, 信也者守此者也, 智也者
知此者也."

130) 『申鑒』, 권5, 2b, "或問性命, 曰, 生之謂性也, 形神是也, 所以立生終生者之謂命也, 吉凶是也,
夫生我之制, 性命存焉爾, 君子循其性, 以輔其命, 休斯承, 否斯守, 無務焉, 無怨焉."

131) 『申鑒』, 권5, 2a.

132) 그런데 *Lun Hêng, Part I*, 384쪽에 따르면 공손자는 인성이 부분적으로는 선하고 부분
적으로는 악함을 가르쳤다고 한다.

정이 서로 감응하므로 성이 홀로 선하거나 정이 홀로 악할 수 없다고 하였다." 그 이유가 무엇인지를 묻자 이렇게 답하였다. "성이 선하다면 네 명의 흉적(共工·驩兜·三苗·鯀)이 없었을 것이고, 성이 악하다면 세 명의 어진 사람(比干·微子·箕子)이 없었을 것이며, 성이 선하지도 악하지도 않다면 문왕의 가르침이 하나이므로 주공周公과 관管·채蔡의 구분도 없었을 것이고, 성이 선하고 정이 악하다면 걸과 주는 성이 없는 사람이 될 것이고 요와 순은 정이 없는 사람이 될 것이며, 성에 선과 악이 모두 섞여 있다면 위대한 성현도 악[133]을 품고 있고 매우 어리석은 악인도 선을 지니고 있을 것이다. 이러한 방식으로는 진리를 궁구하지 못한다. 유향이 말한 것만이 옳다."[134]

순열은 꾸준하게 인간을 선한 사람과 선악이 정해지지 않은 사람 및 악한 사람의 3등급으로 나누었는데, 이것은 공자나 한유의 견해와 상당히 일치한다. 여기에 그는 다음과 같은 설명을 부가한다.

어떤 사람이 물었다. "선과 악이 모두 성이라면 법과 교육은 어떻게 시행되는가?" 답하였다. "성의 선함은 교육에 의해 완성되고 성의 악함은 법을 통해 제거된다. 가장 위와 가장 아래 등급의 사람은 변하지 않는다. 중간 등급의 사람에게서는 선과 악이 서로 투쟁하는데, 교육은 선을 북돋우고 법은 악을 억누른다. 전체 9등급에 시행한다면, 그 중에서 반은 교육을 따르며 4분의 3은 형벌을 두려워한다. 불변하는 등급은 많아야 9분의 1인데, 그 중에도 또 작은 변화가 가능한 사람이 있다. 그렇다면 교육과 법은 거의 모든 백성을 변화시킬 수 있는 것이다."[135]

---

133) 원전에는 惠로 되어 있는데, 나는 의미상 이것을 惡으로 읽었다.
134) 『申鑒』, 권5, 2b, "或問天命人事, 曰有三品焉, 上下不移, 其中則人事存焉爾, 命相近也, 事相遠也, 則吉凶殊矣, 故曰窮理盡性, 以至於命, 孟子稱性善, 荀卿稱性惡, 公孫子曰, 性無善惡, 揚雄曰, 人之性善惡渾, 劉向曰性情相應, 性不獨善, 情不獨惡, 曰問其理, 曰性善則無四凶, 性惡則無三仁, 人無善惡, 文王之敎一也, 則無周公管蔡, 性善情惡, 是桀紂無性, 而堯舜無情也, 性善惡皆渾, 是上智懷惡, 而下愚挾善也, 理也未究矣, 惟向言爲然."
135) 『申鑒』, 권5, 4a, "或曰善惡皆性也, 則法敎何施, 曰, 性雖善, 待敎而成, 性雖惡, 待法而消, 唯上智下愚不移, 其次善惡交爭, 於是敎扶其善, 法抑其惡, 得施之九品, 從敎者半, 畏刑者四分之三, 其不移大數九分之一也, 一分之中又有微移者矣, 然則法敎之於化民也, 幾盡之矣."

순열은 성은 선하고 정은 악하다고 보는 성과 정의 일반적인 구분을 인정하지 않는다. 그는 오히려 정이란 성을 보충하는 필수불가결한 요소라고 파악하는데, 이것은 아주 합당한 해석이다. 이러한 문제는 후대의 철학자들에 의해 자주 설명되었다. 이로써 그는 악의 존재를 설명해야만 했던 성선론자들을 압박할 수 있었다.

어떤 사람이 말하기를 "인과 의는 성이고, 좋아하고 싫어하는 것은 정이다. 인과 의는 항상 선하지만 좋아하고 싫어함에는 악이 있을 수 있기 때문에 정이 악하다고 하는 것이다"라고 하였다. 이에 답하였다. "그렇지 않다. 좋아하고 싫어하는 것은 성이 취하고 버리는 것이다. 실제로 밖으로 드러나기 때문에 정이라고 하지만, 이것은 반드시 성에 근본을 두고 있다. 인과 의는 진실로 선하니, 어찌 항상된 선을 싫어하겠는가? 좋아하고 싫어하는 것은 선과 악이 아직 나뉘지 않은 상태이니, 어찌 악이 있다는 것이 기이하겠는가? 대개 말하기를 신은 기에 가장 가깝다고 하였다. 기가 있으면 여기에 형체가 있고, 신이 있으면 여기에 좋아하고 싫어하며 기뻐하고 분노하는 정이 있다. 그러므로 신[136]이 정을 지니는 것은 기가 형체를 가지고 있는 것에서 유래한다. 기에 희고 검음이 있고 신에 선하고 악함이 있기 때문에, 형체는 희고 검음과 함께하고 정은 선하고 악함과 함께한다. 결국 기가 검은 것은 형체의 결함이 아니고 신이 악한 것은 정의 죄가 아니다."[137]

순열의 견해에 따르면 신과 형체는 서로 포괄하여 함께 성장하고 함께 소멸된다.[138]

신선술神僊術에 대한 질문에 순열은 그것을 어리석은 말이라고 하면서, 성인은

---

136) 원문에는 人으로 되어 있으나 주석에 따라 수정하였다.
137) 『申鑒』, 권5, 3a, "或曰, 仁義性也, 好惡情也, 仁義常善而好惡或有惡, 故有情惡也, 曰, 不然, 好惡者性之取舍也, 實見於外, 故謂之情爾, 必本乎性矣, 仁義者善之誠者也, 何嫌其常善, 好惡者善惡未有所分也, 何恠其有惡. 凡言神者莫近於氣, 有氣斯有形, 有神斯有好惡喜怒之情矣, 故神有情由氣之有形也, 氣有白黑, 神有善惡, 形與白黑偕, 情與善惡偕, 故氣黑, 非形之咎, 情惡, 非情之罪也."
138) 『申鑒』, 권3, 2a.

그런 것에 헌신하지 않는다고 답한다. 그는 신선(僊人)의 존재 또한 부정한다. 성으로서 부여되지 않은 것이라면 도를 통해서도 구할 수 없다고 하여, 단지 장수의 성을 가진 것만이 장수를 누릴 수 있다고 단언한다.

어떤 사람이 "사람이 스스로 변화하여 신선이 된다는 것을 믿을 수 있겠는가?"라고 묻자 이렇게 답하였다. "그것은 들은 적이 없다. 그런 일이 있다면 기이하다고는 하겠지만 신선이라 할 수는 없다. 남자가 여자로 변하는 일이 있을 수 있고 죽은 사람이 다시 살아나는 일도 있을 수 있다.[139] 그러나 이것이 어찌 인간의 성이겠는가? 기와 수를 보존하지 못한 것이다."[140]

이처럼 순열은 성별의 변화와 죽은 사람의 재생이 가능할 수도 있지만 그것은 특별한 일로서 인간 본래의 성에 대립하는 것이라고 보았다.

불사에 이르는 것은 불가능하지만, 인간은 성을 수양함으로써 자신의 수명을 연장할 수 있다. 그러려면 태어나면서부터 받은 조화로운 기를 잡고 있어야만 한다. 군자는 자신의 정기를 특정한 한도 내에서만 흘러나가게 한다. 이 기를 과도하게 사용하면 쉽게 병에 걸리게 되기 때문이다. 그래서 사람은 감정을 절제함으로써 정신을 수양한다. 한편, 더위와 추위, 차고 빔, 증가와 감소에서 중용을 지키는 것이 가장 중요하다. 의약을 너무 많이 복용하는 것은 해로우며, 약은 아플 때에만 추천할 만한 가치가 있다. 그리하여 순열은 건강의 보존을 위한 중요한 수단으로서 올바른 호흡법 즉 복식호흡을 거론한다.[141] 이것은

---

139) 이 문장의 주석에서는 두 가지 사례를 들고 있다. 199년에 越巂지역에서 남자아이가 여자아이로 변하였다는 것이 그 하나이고, 197년에 한 소녀가 죽었다가 14일 후에 다시 살아났다는 것이 다른 하나이다.

140) 『申鑒』, 권3, 2b, "或曰, 人有自變化而僊者信乎, 曰, 未之前聞也, 然則異也, 非僊也, 男化爲女者有矣, 死人復生者有矣, 夫豈人之性哉, 氣數不存焉."

141) 『申鑒』, 권3, 2a, "夫善養性者無常術, 得其和而已矣, 隣臍二寸謂之關, 關者所以關藏呼吸之氣, 以稟授四氣也, 故氣長者以關息, 氣短者, 其息稍升, 其脉稍促, 其神稍越, 至於以肩息, 而氣舒, 其神稍專, 至於以關息, 而氣衍矣, 故道者常致氣於關, 是謂要術."

원래 도가에 의해 수행된 것으로, 근대의 위생학에서 다시 특별한 역할을 담당하게 된다.

어떤 사람이 물었다. "어진 사람의 수명은 어떠한가?"[142] 답하였다. "어진 사람은 안으로는 자기의 성을 해치지 않고 밖으로는 어떤 사물도 해치지 않는다. 위로는 하늘을 거슬리지 않으며 아래로는 인간과 어긋나지 않는다. 그는 항상 중(中)에 올바르게 거하고 화(和)로써 형체와 신을 이루니, 허물의 징조가 그에게 이르지 않고 기쁜 일들이 그에게 모인다. 이것이 장수에 이르는 올바른 방법이다." 이에 물었다. "그렇다면 안자와 염백우처럼 어진 이가 요절할 것은 왜인가?" 답하였다. "명이 그렇기 때문이다. 보리는 여름을 넘기지 못하고 꽃은 봄을 넘기지 못한다. 조화로운 기라 한들 거기에 무엇을 할 수 있겠는가? 비록 길고 짧음이 있기는 하지만 또한 그 속(명)에 있을 뿐이다."[143]

순열은 불사에 이르는 법을 인정하지 않은 것과 마찬가지로 한대에 많은 추종자들이 거느렸던 연금술(黃白)을 믿지 않았다. 그는 금속을 내적으로 변화시킬 수는 없다고 말한다. 본래 진흙인 것으로 기왓장을 만들 수는 있겠지만, 본래 기왓장인 것으로 구리를 만들 수는 없다는 것이다.[144]

또한 『신감』에서는 국가의 통치와 관련된 내용들이 많은 부분을 차지하고 있다.

어떤 사람이 묻기를 "정치에 있어서 군주에게 가장 중요한 것이 있는가?"라고 하였다. 이에 답하였다. "두 가지가 함께 성립되어야만 한다. 하늘과 땅이 없이는

---

142) 일반적인 견해에 따르면 덕이 있는 사람들은 장수한다고 하는데, 순열은 이것을 합리적이고 자연적인 생활방식으로 설명하고자 한다.
143) 『申鑒』, 권3, 3a, "或問仁者壽何謂也, 曰, 仁者內不傷性, 外不傷物, 上不違天, 下不違人, 處正居中, 形神以和, 故咎徵不至, 而休嘉集之, 壽之術也, 曰, 顔冉何, 曰, 命也, 麥不終夏, 花不濟春, 如和氣何雖云, 其短長, 亦在其中矣."
144) 『申鑒』, 권3, 3b.

사물이 생성되지 않으며, 군주와 신하가 없이는 정치가 이루어질 수 없다. 그러므로 하늘과 땅이 근본이 되고, 군주와 신하가 줄기가 되어야 한다."145)

임금은 하늘의 명을 이어받아 백성을 양육하는 사람이다. 백성이 있으면 사직이 있고, 백성이 없으면 사직 또한 멸망한다. 그러므로 백성을 소중하게 여기는 것은 곧 사직을 귀중하게 여겨서 하늘의 명을 받드는 것이다.146)

순열의 논의는 치밀하고 많은 세부 문제를 다루고 있다. 그는 하늘의 숭배, 자기수양, 현인의 관리임용, 백성의 신뢰 획득, 훌륭한 법령의 반포, 공업의 억압 등 여섯 가지 통치방법을 제시한 다음, 다시 다섯 가지의 제안을 부가한다. 농사와 양잠의 장려, 예의 개선, 기술과 학문의 장려, 전쟁에의 대비와 무장, 상과 형벌이 바로 그것이다.147) 특히 형벌에 있어서 순열은 신체의 주요 부분을 절단하는 것에 반대하며,148) 친족의 원수에 대한 복수에도 반대한다. 관습적인 법에 따라 처벌되지 않았다고 하더라도 살인은 법을 위반하기 때문이다. 옛 관습법에 따르면, 아버지의 원수가 1,000리가 넘는 다른 주州로, 형제의 원수가 500리가 넘는 다른 군郡으로, 삼촌이나 사촌의 원수가 100리가 넘는 다른 현縣으로 몸을 피했을 경우에는 복수할 수 없고, 피하지 않고 남아 있다면 복수를 하더라도 무죄로 인정받았다. 순열은 이러한 사사로운 복수를 그치고 공도가 행해져야 한다고 주장한다.149)

순열의 역사적인 관심은 공공의 역사가에 대한 의견으로 표현되었고,150)

---

145) 『申鑒』, 권4, 1a, "或問, 致治之要君乎, 曰, 兩立哉, 非天地, 不生物, 非君臣, 不成治, 首之者天地也, 統之者君臣也."
146) 『申鑒』, 권4, 2a, "人主承天命, 以養民者也, 民存, 則社稷存, 民亡, 則社稷亡, 故重民者, 所以重社稷而承天命也."
147) 『申鑒』, 권1, 1b.
148) 『申鑒』, 권2, 2b.
149) 『申鑒』, 권2, 3a.
150) 『申鑒』, 권2, 6a. 왕과 제후들의 궁정에는 연대기를 기술하는 사가들이 좌우로 각각

또 그의 문학적인 관심은 위서緯書(후대에 첨가되어 경전으로 공인받지 못한 저서)에 대한 기록으로 남아 있다.[151]

위치하고 있었다. 왼쪽의 사가는 모든 중요한 말들을, 오른쪽의 사가는 모든 중요한 일들을 기술하였다. 왼쪽 사가의 기술에서 『서경』이 생겨나고, 오른쪽 사가의 기술에서 『춘추』가 생겨났다. 군주가 한 모든 것, 선한 것과 악한 것, 성공과 실패가 기록되었으며, 또 신하와 백성들에 대해서도 기록되었다. 선한 사람들은 이를 통해 고취되었고 악한 사람들은 경고되었다. 기이한 일들은 기록되지 않았으며, 단지 본보기로 삼을 수 있는 선하고 악한 말과 행위만이 기록되었다. 공로와 전쟁의 성과들이 기록되었으며, 오랑캐들의 조공, 황후, 제후비와 세자의 책봉과 왕자비와 고관의 간택과 면직, 행과 불행, 평화로운 성장과 동요, 재앙과 이전 황제들의 경험 및 궁정에서의 생활이 기록되었다. 마지막에 적힌 史評은 내부 사가들의 몫이었다. 그런데 왼쪽과 오른쪽 역사가들의 기능이 『예기』 및 정현의 주석에서는 정반대로 제시되어 있다. 여기에서는 전자가 행위를, 후자가 말을 기술하고 있다고 적고 있다. 하지만 순열의 기술은 『전한서』의 내용과 서로 일치한다. Rosthorn, *Anfänge der chinesischen Geschichtsschreibung*(Berlin, 1925), 284쪽 참조.

151) 『申鑒』, 권3, 「俗嫌」 참조. 緯書에 대하여 순열은, 그것이 무려 81종에 달하고 서력기원 직전에 생겨났는데 자신의 숙부 筍爽에 의해 공자의 이름에 가탁한 위작이라는 사실이 밝혀졌다고 한다.

제2장 그 밖의 철학자들

1. 반고

철학적인 영역에서의 반고班固(32~92)는 역사서 저술에서만큼의 의미를 가지지 못하지만, 그렇더라도 『백호통白虎通』이라는 저술을 남겨 자연철학의 전개에 중대한 기여를 하였다.

반고는 자가 맹견孟堅으로, 섬서성 부풍扶風 안릉安陵 출신인 반표班彪의 아들이다. 반표는 방대한 분량의 역사서를 저술하다 아들에게 맡기고 세상을 떠났는데, 그 일을 반고가 이어받았다. 그런데 반고는 저술 도중 역사를 날조했다는 혐의로 한때 감옥에 갇혔다가, 혐의를 벗고 풀려나면서 명제明帝로부터 전한시대의 역사를 편찬하라는 명을 받았다. 그러나 반고는 그것을 완성시키지 못한 채 죽었으며, 그의 여동생 반소班昭가 화제和帝의 명을 받아 그것을 완성하였다.[1) 반고는 두헌竇憲이 흉노와의 전쟁에서 승리한 때 그를 따라 종군한 바 있는데, 화제가 92년에 두헌을 반란죄로 처형할 때 그의 동료로서 함께 체포되어 감옥에서 죽었다.[2)

건초建初시대(76~84)의 중간쯤인 80년 경, 당시 여러 학파의 많은 학자들이 고대 경전에 대해 각기 나름의 다양한 견해들을 가지고 있었기 때문에 장제章帝는

---

1) 『前漢書』, 권70, 21a, 「班固傳」. N. L. Swann, *Pan Chao, the foremost wonam scholar of China* (London, 1932) 참조.
2) 『前漢書』, 권53, 19b, 「竇憲傳」.

공개적인 학술회의를 열어서 올바른 견해를 확정하고자 이름 있는 모든 유학자들을 백호관으로 불러들였다. 거듭된 난상토의 끝에 몇 달 후 황제에게 자료가 제출되었으며, 황제는 반고에게 자료의 편찬을 명하였다. 이를 토대로 반고는 44편의 『백호통덕론白虎通德論』을 완성하였다. 이것은 후에 『백호통의白虎通義』라는 이름으로 불렸다가 다시 『백호통』이 되었다. 이 저술은 일반적인 통론으로 제출된 것이지만 그 안에는 당연히 반고의 색채가 남아 있다. 『백호통』은 매우 높게 평가되었으나 참위설의 성향이 들어 있어 정통으로 받아들여지지 못했다.[3] 참위설은 그 당시에 매우 성행하였지만 엄격한 유학자들에 의해 부정당하였기 때문이다.

『백호통』은 완전히 도가적으로 시작하는데, 이 저술은 원천적이고 새로운 몇 가지 세계생성의 이론을 포함하고 있다.

처음은 하늘에서 시작한다. 처음의 시작에는 먼저 큰 처음이 있고, 그 후에 큰 시작이 있다. 형태의 조짐이 완성되면 큰 소박함이라고 말한다. 혼돈하여 서로 연관되어 있어서 보아도 보이지 않으며 들어도 들리지 않는다. 그 뒤에 나뉘어 맑음과 흐림이 이미 분리되면[4] 정기가 생겨나와 광채가 퍼진다. 모든 사물이 삶을 부여받는다. 정기는 세 가지 빛(해·달·별)이 되고, 번갈아 들어 오행이 된다.[5] 오행은 정을 생성하고, 정은 화합의 중을 생성하며[6] 화합의 중은 신명을 생성하고, 신명은 도덕을 생성하고, 도덕은 문화와 교육을 생성한다.[7]

---

3) Alexander Wylie, *Notes on Chinese Literature*, 127쪽.
4) 여기까지는 모두 열자와 같다. 『중국고대철학사』, 429~430쪽(293쪽) 참조.
5) 해는 양이고, 달은 음이며, 별들은 오행으로 이루어진다.
6) '汁中'의 汁은 協자 대신에 쓰인 글자이다. 이 표현은 *Schuking I* (Legge), 59쪽에 따르면 '民協于中'을 번역한 것인데, 中자 때문에 사람들이 『中庸』과 비교한다고 한다. 『중국고대철학사』, 257쪽(164쪽) 참조.
7) 『白虎通』, 권4, 1a, "始起之天, 始起先有太初, 後有太始, 形兆既成, 名曰太素, 混沌相連, 視之不見, 聽之不聞, 然後剖判, 清濁既分, 精出曜布, 度物施生, 精者爲三光, 號者爲五行, 行生情, 情生汁中, 汁中生神明, 神明生道德, 道德生文章."

반고는 『역건착도易乾鑿圖』를 인용하여 혼돈의 상태를 다음의 세 단계로 나누어 정의한다.

큰 처음은 기의 시작이고, 큰 시작은 형태의 조짐의 시작이며, 큰 소박함은 바탕의 시작이다.[8]

이러한 설명에 따르면 정기 즉 정신 또는 정수는 물질의 다양한 형태가 이미 생성된 뒤, 즉 혼돈의 마지막에 생겨나는 것으로 보인다. 동시에 빛이 나타난다. 그러므로 혼돈은 여전히 어둠에 싸여 있었을 것이다. 매우 특이한 것은 오행이 정을 생성한다는 것이다. 그에 따르면 감정은 어떤 존재에도 속하지 않고 대기에 자유로이 떠돌아야만 한다.

이들은 서로 연결되며, 이로부터 다시 형체 없는 신이 생겨난다. 신은 정과는 다른 것이므로 아마도 이성 또는 오성일 것이다. 여기에서 도덕은 여하튼 유학적인 의미의 도리로서 이해되었다.

하늘과 땅은 반고에게 처음에는 순수물질적인 것으로 이해되었다. 그는 남자와 여자가 인간이라는 총칭으로 실재하는 것을 지적하면서, 그와는 달리 하늘과 땅을 총칭하는 말이 없다고 한다. 즉 중국어에는 세계나 우주에 대한 단순개념이 결여되어 있어서 천지를 그 대신에 사용해야 한다는 것이다. 반고는 그러한 총칭이 없는 까닭은 하늘과 땅이 서로 매우 다르기 때문이라고 여겼다. 하늘은 둥글고 땅은 사각이라는 것이 고대 중국의 관점이기 때문이다.[9] 그 외의 다른 점은 운동이다.

하늘의 도는 왼편으로 돌아가고, 땅의 도는 오른편으로 돌아간다.[10]

---

8) 『白虎通』, 권4, 1a, "故乾鑿度曰, 太初者氣之始也, 太始者形兆之始也, 太素者質之始也."
9) 『白虎通』, 권4, 1a
10) 『白虎通』, 권4, 1a, "天道所以左旋, 地道右周."

이것은 하늘이 동쪽에서 서쪽으로 움직이는 반면에, 땅은 서쪽에서 동쪽으로 돈다는 것을 의미한다.[11] 우연히도 반고는 최소한 땅에 있어서만큼은 정확하게 맞췄다. 그러나 그는 정확한 경험이나 연구에 의거한 것이 아니라, 그저 땅이 하늘의 상대되는 것으로서 항상 그와 반대여야 한다고 믿었던 것일 뿐이다. 하늘이 오른쪽으로 돌기 때문에 땅은 왼쪽으로 돈다고 한 것이다. 이에 비해 중국의 보편적인 견해에서는 오직 하늘만 움직이고 땅은 고정되어 있다. 송대 철학자 장재와 같이 땅 또한 움직인다고 한 경우도 있기는 한데, 그는 땅이 하늘과 같은 방향으로 움직인다고 보았다.[12]

그러나 위의 말만으로는 하늘과 땅의 개념이 아직 충분하게 설명된 것은 아니다. 반고에 따르면 하늘은 주재자를 의미한다. 하늘은 위에 있으면서 아래를 다스리며 인간을 지켜준다. 땅은 변화하는 것이다. 땅은 모든 존재를 양육한다. 땅은 만물을 품고 바꾸며[13] 변화시킨다.[14] 이 설명에 의하면 하늘과 땅은 인간적인 존재이다. 하늘은 세계의 주재자이며, 땅은 모든 것을 생성하고 양육하는 관대한 어머니다.

하늘의 의지를 명이라 하는데, 명은 세 종류로 구분된다.

첫째는 수명壽命으로, 이것은 생의 기간을 결정한다.

둘째는 수명隨命으로, 인간의 행위에 상응하여 명이 결정되는 것이다. 하늘은 악행을 하는 자에게는 단명을, 선행을 하는 자에게는 장수를 명한다.

셋째는 조명遭命으로, 명이 공적에 상응하지 않는 것이다. 예를 들어 군자가 혼란한 시대를 살아서 망하거나 재앙에 구속되는 경우이다.

하늘은 인간에게 경고하기 위해 재난을 보낸다. 인간이 그것을 보고 행위를

---

11) 사람은 남쪽을 향하게 된다.
12) Forke, *World Conception of the Chinese*, 123쪽 참조.
13) 땅은 생성된 사물에 조직을 부여했다가 뒤에 다른 형태로 되돌려 받는다.
14) 『白虎通』, 권4, 1a, "天者何也, 天之爲言鎭也, 居高理下, 爲人鎭也, 地者易也, 言養萬物, 懷任交易變化也."

조심하고 잘못을 뉘우치며 개선하도록 하기 위해서이다.

> 그들의 행위가 잘못되면 그 기가 하늘을 거스르고, 하늘의 정이 감응하여 재변을
> 냄으로써 인간에게 경고한다.[15]

그런데 악한 행위로 인해 나쁜 징조가 생겨나고 재난이 일어나는 경우만
있는 것이 아니라, 선한 행위 또한 복과 행을 내리는 전조를 동반한다.

> 천하가 태평하면 복되고 길한 조짐이 나타나는데, 이것은 왕이 천명을 이어 이치에
> 따라 다스려서 음과 양이 조화를 이루었기 때문이다. 음과 양이 조화로우면 만물이
> 잘 정돈되며 아름다운 기가 모든 것을 채우므로 복된 조짐이 많이 나타나니, 모두
> 덕에 응하여 이른 것이다. 덕이 하늘에 이르면 북극성이 빛나고 해와 달이 광채를
> 내며 감로甘露[16]가 내린다. 덕이 땅에 이르면 가화嘉禾가 싹트고 명협莫莢[17]이 생겨
> 나며 거창이 자라나니, 태평함이 감응해 온다. 덕이 천문에 이르면 상서로운 별이
> 나타나고 오성이 규칙적으로 운행한다. 덕이 나무와 풀에 이르면 朱草가 자라나고
> 연리목連理木이 나타난다. 덕이 짐승과 새에 이르면 봉황이 날아오르고 난새가
> 춤을 추며 기린이 나타나고 백호가 나오며 구미호가 나오고 흰 꿩이 내려앉고
> 하얀 사슴이 나타나며 하얀 까마귀가 내려온다. 덕이 산과 계곡에 이르면 상서로운
> 구름이 생겨나고 지실芝實이 무성하며 구릉에서 흑단黑丹이 생겨나고 언덕에서
> 삽보萐莆[18]가 나오며 산에서 수레가 나오고 연못에서 신령스런 세발솥이 나온다.
> 덕이 연못과 샘에 미치면 황룡이 나타나고 단물이 솟는 샘이 흐르며 황하에서
> 용의 그림(河圖)이 나오고 낙수에서 거북의 글(洛書)이 나오며 양자강에서 큰 보석이
> 나오고 바다가 빛나는 진주를 만든다. 덕이 팔방에 이르면 상서로운 바람이 불고
> 유쾌한 공기에 기뻐하며 종과 피리가 조화로운 음을 낸다.[19]

---

15) 『白虎通』, 권2, 16b, "行有點缺, 氣逆于天, 情感變出, 以戒人也."
16) 평화로운 시대에 내린다고 하는 달콤한 이슬.
17) 한 달의 날짜를 알 수 있게 해 준다는 전설상의 식물. 15번째 날까지는 매일 새로운
    잎이 하나씩 나오고, 16번째 날부터는 매일 한 잎씩 떨어진다.
18) 요가 통치하던 시대에 나타났다는 큰 잎을 가진 기이한 식물.

여기에서 덕은 일종의 힘이나 기로 실체화되었다. 덕은 하늘·땅 또는 개별적인 사물에 이르러 그로부터 기가 나오도록 영향을 미친다.

반고는 오행설을 철저하게 궁구하였다. 그는 상징들을 설명하고자 하였으나 별로 성공하지 못하였는데, 그의 단어어원학 및 어형론적인 근거가 박약하여 유사한 언어들이 일치하지 않았기 때문이다. 그에 따르면 오행은 음과 양에서 나오는, 음과 양의 양태에 불과하다. 화는 태양太陽이고 수는 태음太陰이며[20] 목은 소양少陽이고 금은 소음少陰이다. 토는 가장 고귀한 것으로서 모든 것을 자기 안에 포괄하며 음양과는 관계하지 않는다.[21]

또한 오행은 순서에 따라 계절을 생성하니, 이것은 사계절에 상응한다. 목은 봄이고 화는 여름이며 금은 가을이고 수는 겨울이며, 토는 어떠한 계절에도 해당하지 않는다.[22]

오행은 목이 화를, 화가 토를, 토가 금을, 금이 수를, 수가 목을 생성하는 등 유사한 성질끼리 서로를 낳아 주지만(五行相成),[23] 다른 한편으로는 상반된 성질끼리 충돌하여 서로를 제거하기도 한다(五行相克).[24]

하늘과 땅의 성에 따르면, 많은 것이 적은 것을 이기므로 수가 화를 이기고, 순수한 것이 단단한 것을 이기므로 화가 금을 이기고, 굳센 것이 부드러운 것을 이기므로

---

19) 『白虎通』, 권3, 1b, "天下太平, 符瑞所以來至者, 以爲王者承統理, 調和陰陽. 陰陽和, 萬物序, 休氣充塞, 故符瑞並臻, 皆應德而至. 德至天, 則斗極明, 日月光, 甘露降. 德至地, 則嘉禾生, 蓂莢起, 秬鬯出, 平路感. 德至文表, 則景星見, 五緯順軌. 德至草木, 朱草生, 木連理. 德至鳥獸, 則鳳凰翔, 鸞鳥舞, 騶驥臻, 白虎到, 狐九尾, 白雉降, 白鹿見, 白烏下. 德至山降, 則景雲出, 芝實茂, 陵出異丹, 阜出萐莆, 山出器車, 澤出神鼎. 德至淵泉, 則黃龍見, 醴泉通, 河出龍圖, 洛出龜書, 江出大貝, 海出明珠. 德至八方, 則祥風至, 佳氣時喜, 鍾律調音."

20) 『白虎通』, 권2, 4b.

21) 『白虎通』, 권2, 1b.

22) 『白虎通』, 권2, 1a. 후에는 늦여름이 토에 소속되었다.

23) 『白虎通』, 권2, 3b.

24) 물은 불을 끄고(水克火), 불은 쇠를 녹이고(火克金), 쇠는 나무를 자르고(金克木), 나무는 흙을 꿰뚫으며(木克土), 흙은 물을 막는다(土克水).

금이 목을 이기고, 전일한 것이 흩어진 것을 이기므로 목이 토를 이기고, 가득한 것이 빈 것을 이기므로 토가 수를 이긴다.[25]

나아가 오행은 하늘의 특정한 방향과 연계되어 그로부터 사계절에 영향을 미친다. 수는 북쪽에 자리하는데, 겨울에는 음기가 가장 왕성하므로 만물을 간직하고 있다. 목은 동쪽에 자리하는데, 봄에는 양기가 차츰 왕성해지면서 모든 사물이 생겨난다. 화는 남쪽에 자리하는데, 여름에는 양기가 가장 왕성하므로 만물의 성장이 최고조에 이른다. 금은 서쪽에 자리하는데, 가을에는 음기가 차츰 왕성해지면서 만물을 거두어들인다. 토는 중앙에 자리하여 만물의 생장과 소멸을 관섭한다.[26]

반고에 따르면 음양과 오행은 인간에게서도 작용한다. 인간의 성은 양기의 작용이며 정은 음기의 작용인데, 양기는 어질고 음은 가지고자 한다. 그래서 인간은 비록 그 성이 어질지만 자기 욕구를 추구한다.[27]

---

25) 『白虎通』, 권2, 3b, "天地之性衆勝寡, 故水勝火也, 精勝堅, 故火勝金, 剛勝柔, 故金勝木, 專勝散, 故木勝土, 實勝虛, 故土勝水也."

26) 『白虎通』, 권2, a. 황제는 이미 고대시대에 자연의 힘과 연결하기 위한 특별한 두 개의 건물을 가지고 있었다. 일종의 별의 관측하고 기상을 관측하는 靈臺와 일종의 사당인 明堂이다. 반고는 그것에 대하여 다음과 같이 말한다.(『白虎通』, 권2, 16a) "천자가 영대를 가지고 있는 이유는 하늘과 인간의 마음을 고찰하고 음과 양의 일치를 관찰하며 별과 동물의 징조를 궁구하고 어떤 장소에도 구애됨이 없이 존재에 행복을 부여하는 근원적인 힘을 체험하기 위해서이다"("天子所以有靈臺者何, 所以考天人之心, 察陰陽之會, 揆星辰之證, 驗爲萬物獲福無方之元"); "천자는 신령과 통하고 천지에 감응하며 사계절을 바르게 조절하고 교육과 변화를 시행하기 위하여 명당을 설립한다"("天子立明堂者所以通神靈感天地正四時出敎化").
반고는 명당의 건축양식에 대하여 다음과 같이 기록하고 있다. 명당은 하늘과 땅을 모방하여 아래로는 사각이고 위로는 둥글며, 8개의 창문(8방)과 4개의 안쪽 문(4계절), 9개의 방(9지역), 12권좌(12달), 36개의 대문(36가지 비), 72개의 고정된 창(72가지 바람)을 갖추고 있다. 『字源』에 따르면 명당에서는 본래 상제가 숭상되었는데, 반고는 상제 대신 신을 언급한다. 이것은 세계정신으로 이해될 수 있다.

27) 『白虎通』, 권3, 18b~19a.

인간은 음기와 양기를 받아서 태어난다. 그러므로 안으로 다섯 가지 성과 여섯 가지 정이 있다.[28]

인간은 태어날 때 오행과 육률六律의 기를 받는다. 그리하여 신체 안에 오장과 육부가 생겨나고, 이로부터 오성(五德)과 육정이 나온다. 내장은 각기 특별한 덕을 가지고 있다. 간은 어질고, 허파는 의로우며, 심장은 예의바르고, 신장은 지혜로우며, 취장은 믿을 만하다. 그런데 이에 대한 반고의 설명은 매우 기이한 느낌을 준다. 그에 따르면, 간은 목의 정수이기 때문에 인하다. 인의 본질은 생명을 보내는 것으로, 목은 봄에 생명이 나오도록 사랑하기 때문에 어질다. 또 허파는 금의 정수로서 의로우니, 그 상징은 금이 주도하는 가을에 사용하게 되는 참수용 칼이다. 이러한 반고의 사유는 순수하게 형식적이고 도식적이다.[29] 그는 완전히 자유분방한 생각들의 느슨한 연결을 통해 자신의 이론이 증명된다고 여겼다.

오행과 마찬가지로 육정도 특정한 하늘의 방향에 속한다. 이들은 속한 위치는 다음과 같다. 희喜는 서쪽에 있으니 만물이 그곳에서 완성되고, 노怒는 동쪽에 있으니 만물이 그곳에서 생성된다.[30] 애愛는 북쪽에 있으니 양기가 그곳에서 시작하고, 오惡는 남쪽에 있으니 음기가 그곳에서 시작한다. 락樂은 위에 있으니 상승을 나타내고, 애哀는 아래에 있으니 하강을 나타낸다.

반고는 인간의 마음을 혼魂·백魄·정精·신神의 네 부분으로 구분한다. 혼은 감정을 주재하고, 백은 자연의 자질을 주재한다. 정은 불과 유사한 것으로, 생명을 부여하면서 태음을 생성하는 기이다. 신은 신체변형의 근거가 되는

---

28) 『白虎通』, 권3, 18b, "人稟陰陽氣而生, 故內懷五性六情."
29) 『白虎通』, 권3, 19a~19b.
30) 왜 사물의 생성이 분노가 되고 사물의 완성이 그와는 반대로 기쁨이 되는지 제대로 이해할 수가 없다. 전체적으로 상징은 인위적이다. 상승과 하강 또한 상징적이어서 말 그대로 이해해서는 안 된다.

것으로서 직접적으로 지각되지 않는데, 나가고 들어옴에 어떤 구멍도 필요로 하지 않는다.[31]

『백호통』에서는 유학의 덕 중에서 예와 악을 특히 중요하게 다루고 있다. 반고에 따르면 둘 사이에는 밀접한 관계가 있다.

악은 양을 본뜨고, 예는 음을 본받는다.[32]

예라는 것은 음양이 교차하는 곳이요 온갖 일들이 만나는 장소이다. 하늘과 땅을 숭배하고 귀신을 손님으로 초대하며 인간관계를 정립하는 근거가 바로 예이다.[33]

마음이 기쁘고 즐거우면 입이 노래하고자 하고 손발이 춤추고자 한다.[34]

악으로 하늘을 본뜨고 예로써 땅을 본받는다. 인간은 하늘과 땅의 기를 늘 포함하고 있으며 오상의 성을 가지고 있다. 그러므로 악으로써 더러운 것을 정화하고 사악한 것을 몰아내며, 예로써 음란하고 방탕한 것을 막고 사치를 절제한다.[35]

음악은 예와 도덕에 귀하게 작용한다. 통치자는 예로써 통치하고 악을 통해 백성들의 관습을 변화시킨다. 군신이 사당에서 함께 음악을 들으면 조상을 숭배하게 되고, 노소가 마을에서 함께 음악을 들으면 서로 화합하게 되며, 부자가 가정에서 함께 음악을 들으면 가족의 유대감이 커진다.

매우 주목할 만한 것은 특정한 음악이 특정한 감정을 야기한다는 주장이다.

---

31) 『白虎通』, 권3, 20b.
32) 『白虎通』, 권1, 13b, "制樂象陽, 禮法陰也."
33) 『白虎通』, 권1, 13a, "夫禮者, 陰陽之際也, 百事之會. 所以尊天地, 儐鬼神, 序上下, 正人道也."
34) 『白虎通』, 권1, 13a, "中心喜樂, 口欲歌之, 手欲舞之, 足欲蹈之."
35) 『白虎通』, 권1, 12a, "樂以象天, 禮以法地, 人無不含天地之氣, 有五常之性者, 故樂所以蕩滌, 反其邪惡也, 禮所以防濫佚, 節其侈靡也."

우리는 관찰할 수 없는 사실을 받아들이기가 힘들지만, 대부분의 고대 철학자들은 아무런 관찰 없이 그들이 믿는 진리의 전제 하에 원칙을 추론하였다. 반고에 따르면 오음은 오행의 구도에 따라 오정에 상응해야만 하며, 오정은 오행을 생성하기도 한다.[36]

각성(e)을 들으면 측은함을 느껴 자애로우며, 치성(g)을 들으면 기르고 베풀기를 기뻐하며, 상성(d)을 들으면 굳세고 결단력 있게 일을 추진하고, 우성(a)을 들으면 깊이 생각하고 멀리 내다보며, 궁성(c)을 들으면 온화하고 조화로운 기가 있어서 관대하고 조화롭게 된다.[37]

2. 마융

마융馬融은 문학가이자 어원학자로 유명하며 섬서성 부풍扶風 무릉茂陵 출신이다. 자는 계장季長이다. 79년에 태어났으며 166년에 87세로 죽었다. 110년에 처음으로 관직을 받았고, 이후 감숙甘肅에서 있었던 변방민족과의 전투에 출전하였으나 다른 관리들의 모함으로 관직을 잃었다. 10년 동안 휴직 상태에 머무르다가 다시 임용되어 호북성의 태수에까지 이르렀다.

마융은 생에 매우 긍정적이었으며 유학적인 규정을 엄격하게 지키지 않았다. 그는 아름다움을 좋아하였고 의복과 거처를 자신의 취향에 따라 치장하였다. 음악을 지나치게 좋아하여 스스로 비파와 피리를 즐겨 연주하였을 뿐 아니라 여가수들을 또한 거느리고 있었다. 높은 누각에서 제자들을 가르칠 때는 붉은

---

36) 회의론자인 환담과 왕충은 이러한 방식의 철학이 과연 어디까지 비약해 나아갈지에 대해 주목하였다.

37) 『白虎通』, 권1, 12b, "聞角聲, 莫不惻隱而慈者, 聞徵聲, 莫不喜養好施者, 聞商聲, 莫不剛斷而立事者, 聞羽聲, 莫不深思而遠慮者, 聞宮聲, 莫不溫潤而寬和者也." 오음을 서양의 7음계로 변환하는 것은 Wilhelm, *Frühling und Herbst des Lü Bu We*(1925), 462쪽을 따랐다.

비단으로 커튼을 치게 하였는데, 그 뒤에는 여가수들이 앉아 있었다. 마융은 특히 『춘추좌전』을 중시하였는데, 이미 『좌전』에 대한 저술을 남긴 바 있고 자신과 같은 주장을 폈던 가규賈逵(30~101)의 주해에 대해서도 잘 알고 있었다. 마융의 제자는 항상 천 명을 넘었다고 하는데, 그 중 가장 유명한 제자는 위대한 경학자 정현鄭玄(127~200)이다. 마융은 당시에 가규와 함께 박학한 학자 즉 통유通儒로 간주되었으며, 마융과 정현 두 사제를 지칭하는 '마정馬鄭'이라는 이름은 위대한 학자의 동의어가 되었다.

마융은 가규와 정현의 주석과 관련하여 다음과 같이 말하였다.

> 가규는 정밀하지만 박학하지 못하고, 정현은 박학하지만 정밀하지 못하다. 이미 정밀함과 박학함이 있으니 내가 무엇을 더하겠는가?[38]

그럼에도 불구하고 그는 『춘추』의 세 주석에 대한 비판적 저서 『삼전이동설三傳異同說』을 저술하였으며, 또 『효경』·『논어』·『시경』·『역경』·『서경』·『열녀전』·『노자』·『회남자』·『이소』·삼례三禮 등에 대한 주석들과[39] 다양한 정형시·자유시 및 각종의 비문·제문·보고서·상소문·기타 가요 등을 지었다. 21종에 달하는 그의 저술들은 후일 『마계장집馬季長集』으로 편집되어 나왔다. 주석을 원문 아래에 작은 글자로 2열로 배치하는 방식은 그에 의해 최초로 시도되었다고 한다.

마융이 철학자로 간주되는 것은[40] 충성에 대한 작은 경전 『충경忠經』 때문이다. 이 책은 정현의 주석을 포함하더라도 매우 짧은 분량으로 되어 있으며, 마융의 서문이 들어 있다. 경전들 중 첫 번째 자리에 수록되는 『효경』의 형식을 빌려 이루어진 『충경』은 『한위총서』와 『자서백가』에 수록된 마융의 저서

---

38) 『後漢書』, 권60, 15a, 「馬融傳」, "賈君精而不博, 鄭君博而不精, 既精既博, 吾何加焉."
39) 『後漢書』, 권60, 15a, 「馬融傳」.
40) Takejiro와 Watanabe가 이렇게 보고 있다.

안에 들어 있다. 그것의 진위에 대해서는 많은 의심이 있어 왔는데, 그러한 의심이 아예 근거가 없는 것은 아니다. 위작의 혐의는 『충경』이 마융의 저작으로 전혀 언급되지 않았다는 데에서 유래한다. 『충경』은 수나라와 당나라의 역사서 안에 있는 도서목록들에서는 전혀 언급되지 않다가 송대의 도서목록인 『숭문총목崇文總目』에 이르러서야 비로소 나타난다. 12세기에 편찬된 『옥해玉海』에서는 『송양조지宋兩朝志』를 인용하여, 『충경』은 해붕海鵬이라는 사람에 의해 저술되었는데 마융의 저술로 잘못 알려졌다고 적고 있다.[41]

마융의 전집 21편에는 『충경』이 그에 대한 별다른 언급 없이 그대로 수록되어 있다. 그러다가 후에 주목을 받게 되면서 사람들은 본래 『예기』의 두 편에 불과했던 『대학』과 『중용』을 따로 출간했던 것처럼 『충경』을 별도로 인쇄하게 되었다. 물론 해붕이 마융의 『충경』과는 다른 별도의 『충경』을 저술했을 가능성도 배제할 수 없는데, 내게는 이러한 해답이 더욱 믿을 만한 것으로 판단된다. 해붕의 전기를 담고 있는 두 권의 책 『상우록尙友錄』과 『역대명현열녀씨성보歷代名賢列女氏姓譜』에서는 해붕이 당나라 때에 살았으며 『초경草經』 한 권을 저술하였다고 적고 있지만, 『충경』에 대해서는 전혀 기록하고 있지 않다. 단순히 '충'과 '초'가 바뀌어 마융의 『충경』은 그대로 남고 해붕은 『초경』의 저자로만 확정되어 버린 것이 아닐까? 이 작은 저작은 매우 잘 기술되어 있으며 마융의 스타일이 아님을 밝힐 길이 없다. 따라서 확실한 반증이 있을 때까지는 여전히 마융을 『충경』의 저자로 보고자 한다.

서문에서 마융은 『효경』은 충을 통해 비로소 완성될 수 있다고 하면서, 국가에서 충을 빼놓을 수 없는 것은 마치 가정에 효가 없을 수 없는 것과 같은 이치라고 한다. 여기에 이어 그는, 효는 이미 다루어졌기 때문에 충 또한 경전이 있어야만 한다고 말한다. 이런 이유로 해서 『효경』처럼 똑같이

---

41) 『字源』의 기록에 따름.

18장으로 된 『충경』을 저술하였다는 것이다. 마음은 이 책을 통해 충이 통치의 기반이라는 점과 군주를 섬기는 방법이라는 점을 보여 준다.

첫 번째 장에서는 '충' 혹은 '신'의 개념을 설명하면서 충의 이론적 근거를 밝히고 있다.[42]

옛날에 지극한 리가 있었다. 상하가 하나의 동일한 덕을 구현하자 이로써 하늘의 축복이 나타났으니, 이것이 바로 충의 도리이다. 하늘이 덮은 것과 땅이 짊어진 것과 인간이 밟은 것 중에서 충보다 더 중요한 것은 없다. 충은 중이니,[43] 사욕이 없이 지극히 공평하다. 하늘이 사욕이 없으니 사계절이 운행하고, 땅이 사욕이 없으니 만물이 생장하며, 사람이 사욕이 없으니 큰 축복을 누린다. 충이라는 것은 마음을 하나로 유지함을 말한다.[44] 국가의 기반은 충에서 나오지 않음이 없으니, 충은 군주와 신하의 관계를 확고하게 하고 사직을 편안하게 하며 하늘과 땅을 감동시키고 신명을 움직인다. 하물며 사람에게 있어서야. 충은 개인에게서 생겨나 가정에서 드러나며 국가에서 완성되니, 그 행위는 모두 한 가지이다. 그러므로 개인에게서의 일치는 충의 시작이고, 가정에서의 일치는 충의 한가운데이며, 국가에서의 일치는 충의 마침이다. 개인이 일치하면 백 가지 녹이 이르고, 가정이 일치하면 육친[45]이 화합하며, 국가가 일치하면 모든 백성이 바르게 인도된다.[46]

---

42) 여기에 대해서는 중국어의 忠 개념이 독일어에서보다 훨씬 넓다는 것을 생각해야 제대로 이해할 수 있을 것이다. 이것은 충실하고 충성스러우며 애국적이고 공평하며 사욕이 없고 성실한 것을 의미한다.

43) 이 말은 단지 忠이 心자와 中자로 이루어져 있다는 글자풀이에 불과하다.

44) 충은 오직 한 방향으로만 간다. 이것은 군주와 국가에 대한 관심에만 해당되며, 개인의 사적인 관심과는 관계하지 않는다.

45) 이것에 대하여 4가지 다른 설명들이 있는데, 한대에는 아버지와 어머니, 형과 아우, 부인과 자식을 六親이라고 하였다.(『字源』)

46) 『忠經』, 1장, "昔在至理, 上下一德, 以徵天休, 忠之道也, 天之所覆, 地之所載, 人之所履, 莫大乎忠, 忠者中也, 至公無私, 天無私四時行, 地無私萬物生, 人無私大亨貞, 忠也者一其心之謂也, 爲國之本, 何莫由忠, 忠能固君臣, 安社稷, 感天地, 動神明, 而況於人乎, 夫忠興於身, 著於家, 成於國, 其行一焉, 是故一於其身, 忠之始也, 一於其家, 忠之中也, 一於其國, 忠之終也, 身一則百祿至, 家一則六親和, 國一則萬人理."

이 장은 전체의 주제가 되는 부분이다. 그 외의 다른 모든 장에서는 『서경』
또는 『시경』의 구절을 인용하고 있다.

마융이 도가의 결론에 유학적인 것을 첨가하지 않았다면 한대의 사람이라고
할 수 없을 것이다. 그는 자신의 테마를 엄격하게 고집하지 않았으며, 오히려
군주의 정치적 활동에 대하여 장황하게 늘어놓았다. 그는 군주가 도가의 신으로
활동한다고 본다.

무위하면 천하가 저절로 맑아지고, 의심하지 않으면 천하가 저절로 믿으며, 사사로
운 이익을 추구하지 않으면 천하가 저절로 공평하다. 값진 것을 버리면 검소함을
따르게 되고, 실용을 추구하면 거짓되지 않게 되며, 사양함을 숭상하면 다투지
않게 된다. 그러므로 사람의 마음을 얻어 화평해져서, 천하가 순수하고 질박한
데에 이른다. 그 삶을 즐거워하고 수명을 보존하며 성스러운 덕에서 자유로이
노니니, 이것이 자연의 지극함이다.[47]

마융은 국가의 일을 안과 밖을 구분하면서 그 규정이 각기 다르다고 한다.

안으로는 학문과 법도로써 화목하고 밖으로는 군대로써 위엄을 갖춘다. 예와 악은
의복의 역할을 하고 정치와 형벌은 제방의 구실을 한다.[48]

왕은 사방으로 군대를 세워 위엄을 갖춤으로써 백성을 편안하게 해 준다…… 그러
므로 군사를 얻으면 그 마음을 다하고 그 힘을 다하며 그 명을 지극히 한다. 이런
까닭에 공격하면 곧 이기고 지키면 곧 굳건하게 되니, 이것이 바로 군대가 갖추어
지는 도리이다.[49]

---

47) 『忠經』, 12장, "無爲而天下自淸, 不疑而天下自信, 不私而天下自公, 賤珎則人去貪, 徹侈則人
   從儉, 用實則人不僞, 崇讓則人不爭, 故得人心和平, 天下淳質, 樂其生, 保其壽, 優游聖德, 以爲
   自然之至也."

48) 『忠經』, 11장, "內睦以文, 外威以武, 被服禮樂, 隄防政刑."

49) 『忠經』, 8장, "王者立武, 以威四方, 安萬人也……故得師, 盡其心, 竭其力, 致其命. 是以攻之則
   克, 守之則固, 武備之道也."

한편, 신하는 군주를 섬김으로써 충성을 나타내는데 충이 이것만으로 끝나는 것은 아니다. 직접적으로 군주를 섬기는 고관의 입장이라면 상황에 따라서는 자기희생까지도 요구된다.

충은 군주를 섬기는 것에만 있는 것이 아니다. 자신을 잊고 국가를 위해 죽으며, 가족을 잊고 안색을 바르게 하며, 어려움에 처해도 말을 바르게 하며, 죽어도 절개를 지킬 뿐이다.[50]

참으로 사직에 이롭다면 자기 자신을 돌보지 않는다.[51]

이것은 제후와 재상 및 고관들이 이행해야 하는 진정한 애국주의이다. 군주의 행동이 잘못되었을 때 군주에게 이의를 제기하는 것은 충성스런 신하의 주요한 의무이다. 이것은 나쁜 일이 생기기 전에 하는 것이 가장 좋다. 처음에 신하는 부드러운 말로 통치자를 설득하고, 그것이 아무 소용이 없으면 좀더 적극적으로 간언하며, 끝내 통치자가 말을 듣지 않는다면 마지막으로는 목숨을 끊음으로써 항의한다.[52] 이러한 죽음은 군주를 일깨우기 위한 최후의 수단인 동시에 중국에서 이해되는 군주에 대한 최고의 충성이다.

『효경』에서 효가 모든 다른 덕을 포괄하는 주덕으로 간주되고 있는 것처럼,[53] 『충경』에서도 역시 충 없이는 다른 덕들이 있을 수 없다. 그러므로 충은 가장 기본적인 덕으로 생각된다.[54]

---

50) 『忠經』, 3장, "夫忠者豈惟奉君, 忘身狗國, 忘家正色, 直辭臨難, 死節已矣."
51) 『忠經』, 4장, "苟利社稷, 則不顧其身."
52) 『忠經』, 15장.
53) 『중국고대철학사』, 243쪽 주402(154쪽 주1) 참조.
54) 『忠經』, 14장.

3. 왕부

왕부王符는 자가 절신絕信으로, 감숙지방의 안정安定 임경臨涇 출신이다. 역술가 장형張衡(78~139)과 대학자 마융과 절친하였으므로, 이로부터 그가 2세기의 전반기에 살았다는 것을 알 수 있다. 『후한서』의 전기[55]에는 그의 생몰년이 기록되어 있지 않은데, 대략 85년 경에 태어나 165년 경 죽은 것으로 보인다.[56] 그는 매우 부드러운 동시에 매우 활기찼다고 설명되어 있다. 왕부는 청년 시절부터 약 40세까지만 관직에 머물렀고, 이후로는 더 이상 벼슬하지 않고 물러나 은둔하였다. 스스로 알려지고자 하지 않았던 그는 이러한 뜻을 담아서 『잠부론潛夫論』을 저술하였다. 『서고전서』에 따르면 『잠부론』은 왕부가 죽던 해에 비로소 완성되었다고 한다.[57] 이 책은 전체가 10권 35편인데, 그 중 5편이 전기에 따로 발췌되어 전해지고 있어[58] 현전하는 『잠부론』이 진본임을 확인할 수 있게 해 준다.

송대의 한유는 왕충·왕부·중장통을 높여 「후한삼현찬後漢三賢贊」을 지었는데, 세 명 각자에 대해서는 특별한 칭찬이 없이 단지 몇 줄의 문장만 적고 있다. 아마도 이것은 완전하게 전래된 것이 아닌 듯하다. 조공무는 『잠부론』에서

---

55) 『後漢書』, 권79.
56) 『사고전서총목제요』 권91에 따르면 왕부는 111년에 안정의 북쪽에 있는 北地郡으로 여행하였다고 하는데, 그 당시에 그의 나이는 최소한 20세였다. 이것은 그가 90년 경에 태어났음을 말한다. 그래서 Faber, *Doctrines of Confucius*, 11쪽에서는 왕부가 89~126에 살았다고 하지만 이것은 있을 수 없다. 『총목제요』의 또 다른 기록에서는 그가 和帝(89~106)의 통치시대 이후에는 더 이상 관작을 받아들이지 않았다고 적고 있다. 따라서 최대한 늦추잡아 106년까지는 관리였을 것이다. 이 시기에 그는 약 20세였다고 하므로 태어난 해는 85년이 될 것이다. 162년에 그는 여전히 살아있었으며 한 장군이 그를 방문했다고 한다. 그가 그 뒤에 금방 죽었다면 죽은 해는 대략 165년 무렵이 될 것이다. 『총목제요』에서는 그가 고향으로 돌아왔던 129년을 언급하면서, 그 후로 줄곧 그는 그곳에서 살았다고 적고 있다.
57) 桓帝(158~167)의 시대.
58) 권3의 「忠貴」, 「浮物」, 「實貢」 편과 권4의 「述赦」, 「愛日」 편의 다섯이다.

정치에 대해 논한 부분이 매우 명확하여 『논형』보다 한층 더 분명하다고 말하고 있지만, 이것이 왕부의 철학적인 이해가 더 분명하다는 의미는 아니다. 왕부는 새로운 것을 그다지 적지 않고 자명한 것들을 아주 많이 기술하였는데, 그의 주장들은 거의가 증명되지 않은 것들이었다. 그는 일반적으로 유학자로 간주된다.

『잠부론』의 서문에서 왕부는 자신이 고대의 학설을 이어가고자 한다고 하면서, 좌구명左丘明의 전과 오경은 고대 현인의 값진 유물이라고 말한다. 그가 『좌전』의 저자를 거명한 것은 매우 특이하다. 왜냐하면 당시 『공양전』의 추종자들이 『좌전』을 깎아내리면서 그것이 진본이라는 사실조차 의심하는 격렬한 투쟁이 있었기 때문이다. 왕부와 가까웠던 마융이 『좌전』의 편을 든 것도 아마 우연이 아닐 것이다.

그러나 왕부는 순수한 유학자라 할 수 없다. 그의 세계관 곳곳에 도가적인 영향이 미치고 있다는 것이 이를 증명한다. 그 역시도 다른 도가처럼 도에서 출발하지만, 후에 그의 체계 안에서 도는 큰 역할을 하지 않는다. 도는 사라지고 대신에 하늘과 땅 및 신과 귀가 나타나는데, 여기에 왕부는 묵적과 거의 같은 중요성을 부가한다.

왕부에게 있어 도는 기가 생겨나는 근원이며, 기에서 도는 작용한다.

도는 본질적으로 지극히 신령하여 묘하고 그 공적이 지극히 굳세어서 크니, 하늘을 움직이게 하고 땅을 고요하게 하며 해와 달을 빛나게 하고 사계절·오행·귀신·인간 및 무한한 사물들의 변화와 길흉을 일어나게 한다.[59)]

여기에서 도는 하늘의 운동 또는 우주의 운행이라는 유학적 의미로 이해된

---

59) 『潛夫論』, 권8, 7a, “道之爲物也至神, 以妙, 其爲功也至彊, 以大, 天之以動, 地之以静, 日之以光, 月之以明, 四時五行鬼神人民億兆醜類變異吉凶.”

것이 아니라 정신적인 존재로서 파악되었다. 도에서 물질적인 기 및 물질이 생겨나고, 도의 도움으로 인해 세상의 모든 크고 작은 아름다움이 생성되는 것으로 이해된 것이다.

그리고 도 혹은 도의 유출은 생성의 최초의 원인으로 작용한다.

상고시대 태소의 때에, 원기가 어둡고 숨어 있어서 아직 어떤 형태와 조짐도 없었으며 수많은 정기가 하나로 섞여서 혼돈의 일치를 이루고 있었다. 제재도 제어도 없는 상태가 오랜 시간 지속되었다. 그러다가 문득 자연의 변화가 일어났다. 맑음과 흐림이 구분되고, 변하여 음과 양이 되었다. 음양은 본체가 있으니, 실제로 양의를 낳았다. 하늘과 땅의 기운이 왕성하여, 만물이 따라서 생겨났다. 조화로운 기가 인간을 낳으니, 이로써 최고의 통치권을 받았다. 그러므로 하늘의 근본은 양에 있으며, 땅의 근본은 음에 있고, 인간의 근본은 조화에 있다. 세 가지는 서로 다른 것에 힘쓰되 서로 의지하여 완성되며 각기 자기의 도를 따른다.[60]

도뿐만 아니라 도의 기질이 되는 원기 또한 항상 실재하였다. 태고에는 혼돈이 있었고, 특정한 시점에 저절로 변화가 이루어져서 혼돈으로부터 우주가 발전하였다. 여기에서 우리는 인간을 이와 벼룩에 비교하는 왕충과 인간을 하늘·땅과 동등한 가치가 있는 것으로 설정하는 왕부 사이의 큰 차이를 볼 수 있다.

도는 직접 작용하지 않고 항상 기를 통해서만 작용한다. 기는 모든 변화를 생성하며, 식물과 동물뿐만 아니라 인간과 신도 그에게 감응한다. 모든 존재는 기를 공기와 음식으로 누리고 울림으로 들으며 마음으로 느낀다. 기는 또한 생성에서도 중요한 역할을 한다. 신체는 기로부터 생성되고, 태어난 후에는 기를 통해 양육되고 보존된다. 기는 조직으로 번져 가서 정맥과 혈맥에도

---

60) 『潛夫論』, 권8, 5b, "上古之世, 太素之時, 元氣窈冥, 未有形兆, 萬精合并, 混而爲一, 莫制莫御, 若斯久之, 翻然自化, 淸濁分別, 變成陰陽, 陰陽有體, 實生兩儀, 天地絪縕, 萬物化淇, 和氣生人, 以統理之, 是故天本諸陽, 地本諸陰, 人本中和, 三才異務, 相待而成, 各循其道."

함께한다. 아울러 모든 정신의 과정들도 기에 달려 있다. 성왕의 통치, 모든 덕 있는 사람들의 개혁이 이 순수한 기로부터 나온다.[61] 이러한 기는 길과 흉을 작용하게 하고 거대한 땅을 갈라지게 하며 무거운 산이 진동하게 하고 강의 행로를 변하게 한다. 물이 범람하여 나무를 덮치거나 번개가 얼음을 생성하는 현상, 뿔이 하나 달린 짐승, 용이나 봉황, 벌레·메뚜기의 재앙 등이 나타나는 것도 모두 기의 작용이다.

이로써 보건대, 기가 운행하고 감응하여 움직이는 것은 또한 진실로 심대하다.[62]

하늘과 땅이 나뉜 이래로 인간과 신이 있었다. 이들은 다른 공간에 거주하지만 정기를 통해 서로 관계하고 있다. 명은 신에게 달려 있고, 인간은 거북과 시초로 점을 쳐서 신에게 명을 묻는다.[63] 사람들을 해치는 악한 귀신도 있으며, 고귀한 신도 있고 악한 신도 있다. 하늘과 땅·산·강·토지의 신이 고귀한 신에 속한다.[64] 그런데 명을 결정하는 데는 인간의 행위가 가장 큰 역할을 하며, 신은 단지 평가할 뿐이다.

인간의 길흉에서는 인간이 주체가 되고 명은 다만 결정할 뿐이다. 행동은 자신의 기질에 상응하고, 명은 하늘이 제재하는 것이다. 자기에게 있는 것은 본디 할 수 있지만 하늘에 달려 있는 것은 알 수가 없다. 무당이 축복을 청하면 도움을 주지만, 덕이 없으면 무당이나 점술가라 할지라도 기원할 수 없다. 기원은 대개 귀신과 교류하여 단지 작은 것만을 구하는 것이고, 큰 명에 이르러서는 아무것도 할 수 없기 때문이다. 비유하자면, 백성이 관리를 찾아가 청원하면 작은 허물을 풀어 줄 수는 있어도 큰 죄를 면해 줄 수는 없는 것과 같다.[65]

---

61) 『潛夫論』, 권8, 6b.
62) 『潛夫論』, 권8, 7a, "以此觀之, 氣運感動亦誠大矣."
63) 『潛夫論』, 권6, 1a.
64) 『潛夫論』, 권6, 3b.

도덕과 의리에 어긋나지 않으면 신은 제물을 즐기고, 귀신이 제물을 받아들이면 풍요로운 복이 내려온다.[66]

인간의 덕이 크게 아름다우면 신은 제물의 냄새에 취하고 배부르게 되어 그에 대한 대가로 복을 준다.[67]

국가가 잘 다스려지면 백성이 편안하고, 백성이 편안하고 즐거우면 하늘 또한 기뻐하여 그 복을 더해 준다.[68]

왕부의 견해에 따르면 명은 기원과 제물을 통해 단지 적은 영향만을 미친다. 귀신은 선한 사람들의 제물만 즐기고 그들의 기원만 들어주기 때문이다. 인간은 작은 소원이나 빌고 작은 복이나 받을 수 있을 뿐이다. 그러나 여기에서 중요한 것은 명이 변하는 것이 인간 자신의 행위를 통해 이루어진다는 점이다. 인간의 명이 정해지면 종종 선과 악의 조짐을 통해 암시되는데, 이러한 명은 선하거나 악한 행위에 의해 변화될 수 있는 것이지 기원이나 점술을 통해 바뀌게 할 수 있는 것이 아니다.

상서로운 조짐을 보고서 덕을 수행하면 복이 반드시 오지만, 상서로운 조짐을 보고서 마음대로 행동하면 복이 재앙으로 된다. 흉한 조짐을 보고서 오만하게 행동하고 남을 업신여기면 재앙이 반드시 닥치지만, 흉한 조짐을 보고서 경계하고 두려워하면 재앙이 복으로 바뀐다.[69]

---

65) 『潛夫論』, 권6, 3a, "凡人吉凶, 以人爲主, 以命爲決, 行者已之質也, 命者天之制也, 在於已者固可爲也, 在於天者不可知也, 巫覡祝請, 亦其助也, 然非德, 不行巫史祈, 禱者蓋所以交鬼神, 而救細微爾, 至於大命, 末如之何, 譬民人之請謁於吏矣, 可以解微過, 不能脫正罪."

66) 『潛夫論』, 권6, 3a, "德義無違, 神乃虛, 鬼神受福, 福祚乃隆."

67) 『潛夫論』, 권6, 3a, "人德義茂美, 神歆享醉飽, 乃反報之以福也."

68) 『潛夫論』, 권6, 4a, "國治而民安, 民安樂者, 天悅喜而增歷數."

69) 『潛夫論』, 권7, 2b, "且凡人道見瑞而修德者, 福必成, 見瑞而縱恣者, 福轉爲禍, 見妖而驕侮者, 禍必成, 見妖而戒懼者, 禍轉爲福."

왕부는 신과 초자연적인 것은 최대한 포기하는 것이 좋다는 공자의 견해에 찬동하며 이렇게 말한다.

성인은 복서에 큰 비중을 두지만 의심스럽지 않은 것은 묻지 않으며, 매우 경건하게 제사지내지만 예가 아닌 기원은 하지 않는다. 그러므로 말하기를, 성인은 복서로 고민하지 않고 귀신을 공경하되 거리를 둔다고 하는 것이다. 귀신과 사람은 그 기가 달라서 힘쓰는 바가 서로 다르니, 관계할 일이 아니면 나에게 무슨 의미가 있겠는가?[70]

명은 신체의 상과 같은 외적인 특성을 통해 관상으로 알아볼 수 있다. 예를 들어 붉은 피부는 이른 죽음을 의미하는데, 이는 불이 쉽게 꺼지기 때문이다. 관상에는 얼굴이나 손, 발, 보행법, 말하는 방식 등이 중요하다. 왕부는 이러한 신체의 형태에 따라 명이 결정되는 이치를 인간이 태어나면서부터 부여받게 되는 오행을 통해 설명하고자 하였다. 오행은 인간이 하늘로부터 형체를 부여받으면서 동시에 받게 되는 명을 포함하고 있다. 인간의 명을 결정하는 성 또한 오행에서 생겨나므로, 외적인 신체의 상과 성·명 사이에는 일치하는 것이 있다. 따라서 관상은 단독적으로 결정되는 것이 아니라 해당되는 사람의 활동이 부가되어야만 한다. 관상은 단지 특정한 목표에 이르는 재능을 제시해 줄 뿐이다. 그것들이 함께 작용하지 않는 사람에 대해서는 천자라 하더라도 귀하거나 천하게 만들 수 없고 귀신이라 하더라도 부유하거나 가난하게 만들 수 없다.[71]

왕부는 예언이나 조짐, 관상을 믿는다. 따라서 우리는 그가 해몽을 일종의 학문으로 인정하는 것에 대해서도 놀랄 필요가 없다. 그는 꿈을 직접적인

---

70) 『潛夫論』, 권6, 1b, “聖人甚重卜筮, 然不疑之事亦不問也, 甚敬祭祀, 非禮之祈, 亦不爲也, 故曰, 聖人不煩卜筮, 敬鬼神而遠之, 夫鬼神與人殊氣異務, 非有事故何奈於我.”
71) 『潛夫論』, 권, 4a~b.

꿈, 상징적인 꿈, 연상의 꿈, 정반대의 꿈, 질병의 꿈 등의 열 가지로 구분한다. 그리고 예를 들어 가면서 어떤 꿈이 복을 의미하고 어떤 꿈이 불행이나 기쁨 또는 고통을 의미하는지를 설명한다. 그에 따르면 해몽가는 꿈을 올바르게 설명할 수 있다고 한다.[72]

왕부의 실천철학은 다시 도에서 출발한다. 도는 직접적으로 인식되지는 않지만 유교 경전을 통해 확인할 수 있다.

그러므로 도와 마음의 관계는 마치 불과 눈의 관계와 같다. 우물 속처럼 깊은 공간은 어둡고 컴컴하여 아무것도 보이지 않지만, 밝은 촛불을 켜 두면 모든 사물이 비치게 된다. 이것은 불을 비추어서 그런 것이지 눈의 밝음 때문이 아니다. 눈이 그것을 빌려서 밝게 된 것이다. 천지의 도와 신명의 행위는 볼 수 없지만, 성인의 경전을 공부하고 도술을 생각해 보면 경전과 도술을 모두 볼 수 있게 된다. 이것은 도의 성질이 그러하기 때문이지 마음이 밝기 때문이 아니다. 사람이 그것을 빌려서 자신의 지로 삼은 것이다. 그러므로 밤에 방에서 물건을 찾으려면 촛불보다 더 좋은 것이 없고, 이 세상에서 도를 찾으려면 책보다 더 좋은 것이 없다. 책은 경전이다. 이전의 성인들에 의해 저술되었다. 이전의 성인들은 자신의 행동으로 도의 정수를 얻었으며, 현인들이 도에 들어서 스스로 힘쓰기를 원하였다. 그러므로 성인은 경전을 지어 후세의 현인들에게 남겼다.[73]

스승의 도움이나 경전의 공부는 반드시 필요하다. 학문을 포기하고 자신만을 믿는 사람은 아무것에도 이르지 못한다. 왕부는 학문을 도와줄 여러 경전들을 추천하고 있는데, 여기에 도가의 저서는 추천되지 않았다.

---

72) 『潛夫論』, 권7, 1쪽 이하.
73) 『潛夫論』, 권1, 2b, "故道之於心也, 猶火之於人目也, 中窣深室, 幽黑無見, 及設盛燭, 則百物彰矣, 此則火之燿也, 非目之光也, 而目假之, 則爲明矣. 天地之道, 神明之爲, 不可見也, 學問聖典, 心思道術, 則皆來覩矣, 此則道之材也, 非心之明也, 而人假之, 則爲已知矣, 是故索物於夜室者, 莫良於火, 索道於當世者, 莫良於典, 典者經也, 先聖之所制, 先聖得道之精者, 以行其身, 欲賢人自勉, 以入於道, 故聖人之制經, 以遺後賢也."

군자는 곧은 자질에 힘쓰며 자기의 재주를 잘 살핀다. 좋은 친구를 두고 밝은 스승에게 배우되, 『예기』와 『악경』으로 다듬고 『시경』과 『서경』으로 인도되며 『역경』으로 찬양되고 『춘추』로 밝게 된다. 그가 못하는 것이 있겠는가?[74]

재주와 능력은 사람마다 매우 다르다. 어떤 사람이 다른 사람을 백 배 능가할 수도 있는데, 앎에 있어서는 심지어 만 배도 가능하다.[75] 그러므로 군자 위에는 또한 현인과 성인들이 있다.

성인은 하늘의 입이고, 현인은 성인의 해석자이다. 그러므로 성인은 하늘의 마음을 말하고, 현인은 성인이 한 말의 뜻을 설명한다.[76]

그러나 성인이나 현인은 타고나는 것이 아니라 사람이 스스로의 노력을 통해 비로소 도달할 수 있는 것이다.

비록 지극한 성인이라도 나면서부터 지혜로운 것은 아니고, 비록 지극한 재주를 가진 사람이라도 나면서부터 능력이 있는 것은 아니다.[77]

성인이나 현인이라 할지라도 이들은 먼저 자신들의 신적인 능력을 스승의 도움으로 발전시켜야 한다. 그 때문에 고대의 위대한 현인들은 모두 스승이 있었다고 하면서, 왕부는 이것을 개별적으로 설명한다. 그 가운데 공자의 스승이 노자였다고 한 대목이 있는데, 이는 옳지 않다. 두 현인들의 만남에 대한 기록은 믿을 만한 것이 아니기 때문이다.[78]

---

74) 『潛夫論』, 권1, 1b, "君子敦貞之質, 察敏之才, 攝之以良朋, 教之以明師, 文之以禮樂, 導之以詩書, 贊之以周易, 明之以春秋, 其不有濟乎."
75) 『潛夫論』, 권1, 2b.
76) 『潛夫論』, 권2, 3b, "聖人爲天口, 賢人爲聖譯, 是故聖人之言天之心也, 賢者之所說聖人之意也."
77) 『潛夫論』, 권1, 1a, "雖有至聖, 不生而智, 雖有至材, 不生而能."
78) 『중국고대철학사』, 372쪽(251쪽) 참조.

왕부의 철학에서는 정치론이 많은 부분을 차지한다. 그의 정치론은 형이상학의 기반 위에 정립되었다. "하늘은 국가의 기본이다"[79]라는 문장에서 출발하여 "황제와 왕이 존경하고 하늘이 매우 사랑하는 것은 백성이다"라는 결론에 이른다.[80] 그는 다음과 같이 말한다.

태곳적에 사람들이 처음 나타나기 시작했을 때에는 아직 상하가 없었고 저절로 질서가 지켜졌다. 하늘은 아직 아무 일도 없었으며 군주는 세워지지 않았다. 그러나 후에 사람들이 서로 속이고 억압하기 시작하더니, 혹 상대를 업신여겨서 해치고 착취하는 것을 멈추지 않았다. 이것이 큰 폐해의 싹이다. 그러자 하늘이 성인에게 명하여 사람들로 하여금 타고난 성을 잃지 않도록 인도하게 하였다. 모든 나라에 이익이 있었고 모든 이에게 그의 덕이 미쳤으므로 사람들은 그를 받들어 숭배하면서 하늘의 아들이라고 하였다. 그러므로 하늘이 군주를 정할 때는 사사로이 이 사람으로 하여금 백성을 부리게 한 것이 아니라, 포악한 자를 죽이고 폐해를 제거함으로써 대중을 이롭게 하고자 한 것이다. 그러므로 신명과 귀신과 도모하여 할 수 있는 사람이 그것을 한다.[81]

하늘은 백성을 사랑하여, 그들이 잘 지내면 기뻐하고 그들이 불행으로 한탄하면 거기에 감응한다. 신명과 귀신 또한 백성이 원망하는 소리를 듣는다.[82] 따라서 군주는 그 정치가 하늘을 만족시킬 때에만 복을 받을 수 있다.

군주의 다스림은 음과 양을 조화롭게 하는 것보다 중요한 것이 없다. 음과 양은 하늘을 근본으로 한다. 하늘의 마음을 편안케 하면 음과 양이 조화롭고, 하늘의

---

79) 『潛夫論』, 권2, 6b, "夫天者, 國之基也."
80) 『潛夫論』, 권3, 1a, "帝王之所尊敬, 天之所甚愛者, 民也."
81) 『潛夫論』, 권3, 1a, "太古之時, 烝黎初載, 未有上下, 而自順序, 天未事焉, 君未設焉, 後稍矯虔, 或相陵虐, 侵漁不止, 爲萌巨害, 於是天命聖人, 使司牧之, 使不失性, 四海蒙利莫不被德, 僉共奉戴, 謂之天子, 故天之立君, 非私此人, 以役民也, 蓋以誅暴除害利黎元也, 是以人謀鬼謀能者處之."
82) 『潛夫論』, 권5, 11a.

마음을 거스르면 음과 양이 갈라진다. 하늘은 백성을 마음으로 삼는다.[83] 백성이 편안하고 즐거워하면 하늘의 마음이 편안하며, 백성이 근심하고 걱정하면 하늘의 마음에 거슬린다. 백성은 군주를 통치자로 삼아서, 군주의 통치가 선하면 백성 또한 화평하고 잘 다스려지며, 군주의 통치가 악하면 백성 또한 원망하고 혼란을 일으키게 된다.……

백성이 편안하고 즐거우면 하늘의 마음은 안심하고, 하늘의 마음이 안심하면 음과 양이 조화로우며, 음과 양이 조화로우면 오곡이 풍성하고 오곡이 풍성하면 백성이 장수한다. 백성이 장수하면 정의가 흥하여 악한 행위가 없어지며, 악한 행위가 없어지면 세상이 평화로워져서 국가가 평안하고 사직이 안정되니 군주가 높은 영화를 누린다.[84]

정치에서 가장 중요한 것은 백성의 복지와 교육이다. 그런데 잘사는 백성만이 가르침을 받고 덕을 지향할 수 있으며, 빈곤한 백성은 선에서 어긋나게 된다. 부와 학업은 보편적인 평화의 기반이다. 농부는 농사와 양잠을 해야지 다른 직업으로 변경해서는 안 되고, 수공업자는 유용한 것을 생산해야지 사치품을 생산해서는 안 되며, 상인은 정상적인 상행위를 중개해야지 희귀한 물건을 찾고자 해서는 안 된다. 마찬가지로 교육은 도리와 의리를 기반으로 해야지 연설이나 논쟁이 주가 되어서는 안 된다.

하늘의 도와 땅의 유익함을 활용하면 가축과 곡식이 잘 성장하여 백성이 부유하게 된다.[85] 세상의 모든 산물은 하늘의 보물이다. 하늘은 군주가 자신의 창고에서 보물을 나누어 주듯이 선한 사람에게 부유함을 선물한다. 그러나

---

83) 하늘의 마음이 아예 없는 것이 아니라 백성 또는 성인의 마음이 하늘의 마음이라고 보는 경우가 많다. 왕부는 하늘의 마음을 인간의 마음과 매우 유사하게 여겼다.

84) 『潛夫論』, 권2, 6a~b, "凡人君之治, 莫大於和陰陽, 陰陽者以天爲本, 天心順則陰陽和, 天心逆則陰陽乖, 天以民爲心, 民安樂則天心順, 民愁苦則天心逆, 民以君爲統, 君政善則民和治, 君政惡則民寃亂……民安樂則天心懇, 天心懇則陰陽和, 陰陽和則五穀豐, 五穀豐而民眉壽, 民眉壽則興於義, 興於義而無奸行, 無奸行則世平而國家寧, 社稷安而君尊榮矣."

85) 『潛夫論』, 권1, 3쪽.

사람이 그것을 예측할 수는 없다. 덕이 없이 부유함을 선물로 받은 사람은 후에 벌을 받게 된다.[86]

황제는 하늘을 다스림의 기준으로 삼고, 하늘은 백성을 마음으로 삼는다. 백성이 원하는 것은 하늘도 반드시 따른다.[87]

하늘은 백성을 이롭게 해 주지 않고 자기 자신을 부유하게 하고자 하는 사람을 망하게 하고, 자기 자신을 낮추면서 백성을 위하여 기여한 사람에게 명성을 부여한다.

고대에는 백성들이 용감하고 선하였다고 왕부는 생각한다. 그러므로 고대의 성인들은 노력하지 않고도 쉽게 무위하고 덕으로 정치함으로써 다스릴 수 있었다. 형벌이 거의 사용되지 않고 처형이 이루어지지 않아도 백성들은 저절로 개선되었다. 그러나 이후에는 상황이 나빠져서, 후대의 성인은 형벌로부터 달아나는 법을 가르쳐야만 했다.[88] 요와 순이 무위로 통치하였음에도 잘 다스려진 데 비해, 이세황제 호해胡亥와 신의 왕망은 과도한 욕심과 열의로 혼란만 야기하였다.[89] 특히 왕망은 자신의 악행을 숨기고 사람들이 그것을 모른다고 믿었는데, 그것은 실상 불가능하다. 다스리는 자의 덕과 능력이 그 직위에 미치지 못할 경우 그는 큰 화를 입게 된다.

지고한 하늘은 위에서 그의 간사함을 보았으며, 신명은 어둠 속에서도 그의 행태를 비추었다. 어찌 오류가 있겠는가?[90]

---

86) 『潛夫論』, 권1, 5b.
87) 『潛夫論』, 권1, 5b, "帝以天爲制, 天以民爲心, 民之所欲, 天必從之."
88) 『潛夫論』, 권5, 4b.
89) 『潛夫論』, 권8, 5a.
90) 『潛夫論』, 권3, 2b, "皇天從上鑒其姦, 神明自幽照其態, 豈有誤哉."

또한 어떤 사람이 자리를 훔쳤다면, 하늘은 그의 견식을 빼앗아 가고 신은 그의 마음을 어리석게 만든다.[91]

여기에서 우리는 하늘이나 신이 『시경』과 『서경』 및 묵적에게서와 같이 세상을 실제로 통치하는 것을 본다.

왕부에 따르면 형법은 고대의 왕들이 신체적인 처벌을 즐겨서가 아니라, 악한 자를 뉘우치게 하고 백성의 고통을 제거하기 위해서만 시행되었다. 법이 너무 관대하면 오히려 재앙으로 가득해진다.[92] 허물이 있는 사람이 정당한 처벌로 고통을 받아야 다른 사람들의 행복이 보장된다.[93] 범죄는 대부분 빈궁의 결과이고, 반면에 법은 문화의 산물이다.

예와 의는 부유함에서 성장하고, 도둑과 강도는 빈궁 때문에 일어난다.[94]

법과 규정은 군주가 사용하는 고삐와 채찍이며 백성은 그 마차와 말이다.[95]

법가의 학자들과 마찬가지로 왕부 또한 농업과 군대를 국가의 주요한 기반으로 본다. 농부가 일하지 않으면 나라 전체가 굶주리게 되고, 부녀자가 직조하지 않으면 나라 전체에 의복이 없게 된다. 왕부의 시대에는 많은 사람들이 농잠을 포기하고 상공업으로 전향하여, 낙양에는 노동자와 막일꾼이 농부의 10배에 달했고 또 방랑자가 노동자의 10배에 달했다. 그래서 농부 1명이 경작한 식량으로 100명이 먹어야 했고 한 여인이 짠 베로 100명이 입어야 했는데, 왕부는 이런

---

91) 『潛夫論』, 권3, 1b, "且夫竊位之人, 天奪其鑒, 神惑其心." 이 문장은 "Quos Deus perdere vult, dementat prius"(신은 파멸시키고자 하는 사람을 먼저 미치게 만든다)라는 속담을 연상시킨다.
92) 『潛夫論』, 권4, 3b.
93) 『潛夫論』, 권5, 2a.
94) 『潛夫論』, 권4, 9a, "禮義生於富足, 盜賊起於貧窮."
95) 『潛夫論』, 권5, 3b, "夫法令者人君之銜轡箠策也, 而民者君之輿馬也."

그릇된 노동의 분담으로부터 빈궁과 기아가 생겨난다고 보았다.[96] 또한 그는 병사들의 감정을 고양시키는 일이 거의 고려되지 않았기 때문에 그들이 전쟁에 나서서도 좀처럼 목숨을 바치고자 하지 않는다고 하면서, 명예와 포상으로 명예욕을 불붙이고 수치심을 일깨움으로써 패배를 굴욕으로 여기게 해야 한다고 제안한다. 그에 따르면 패배는 하늘이 내려 보내는 재앙이 아니라 장수의 결함에서 나오는 결과라는 것이다.[97]

왕부는 대부분의 한대 철학자들과 마찬가지로 도가적인 경향이 있었다. 특히 그는 인간의 삶 전반에서 신이나 하늘, 귀신의 행위를 인식해 내어 모든 일을 그들의 작용으로 설명하였는데, 이러한 점 때문에 공자나 맹자와 구분되기도 한다. 그에게는 불가지론적인 요소가 없었으며, 회의와 무관했다. 아마도 종교적인 성향이 있었다고 할 수 있을 것이다.

4. 모자

모자牟子는 불교를 배척하는 이들에 맞서 불교를 변호한 최초의 철학자이다. 그의 생애에 대한 설명은 『후한서』에 실려 있다. 어떤 이들은 그가 태위 벼슬을 지내고 기원후 79년에 죽은 모융牟融과 같은 사람이라고 하는데, 이는 모자의 저서로 알려진 『모자이혹론牟子理惑論』의 서문과 일치하지 않는다.

『후한서』에 따르면 모자는 영제靈帝(168~188)가 죽은 후인 189년에도 살아 있었다. 그의 고향은 광서성 오주梧州 창오蒼梧였으며, 그는 태위가 된 적이 없다. 『홍명집弘明集』[98]과 『법론法論』[99]에는 그의 이름이 박博으로 되어 있고,

---

96) 『潛夫論』, 권3, 3쪽.
97) 『潛夫論』, 권5, 6a.
98) 梁의 僧祐가 불교수호를 목적으로 찬술한 14권으로 된 불교 서적. 南條文雄는 찬술 연대를 대략 520년 경으로, Pelliot는 507~518년 사이로 보고 있다.

그 밖의 경우에는 이름이 전혀 알려져 있지 않다.

　서문에 들어 있는 기록을 근거로 펠리오는 모자의 출생년이 165~170년 사이여야 한다고 여기는데,[100] 이러한 생각은 의심 없이 받아들일 수 있다. 영제 사후의 혼란기에 모자는 자신의 어머니와 함께 비교적 평온한 교지交趾 지역으로 갔다가, 25세에 고향으로 돌아와 결혼하였다. 그는 교지에서 불교를 알게 되어 받아들였고, 학자들의 공격으로부터 불교를 방어하기 위하여 작은 책자를 저술하였다. 이것은 바로『모자』로 약칭되기도 하는『모자이혹론』이다. 대화형식으로 기술된 이 책은 모자가 불교를 공격하는 상대에게 반박하여 끝내는 그를 불교로 전향시킨다는 구성으로 되어 있다. 구조상으로는 펠리오의 말처럼 어느 정도『미린다왕문경彌蘭陀王問經』(*Milinda-pañha*,『那先比丘經』으로도 불린다)을 연상시킨다.[101] 가상의 상대와 대화하는 방식은 이미 이전의 중국 철학자들에게서도 나타난 바 있지만, 이 책처럼 전체가 대화로 일관하는 경우는 처음이다.

　『홍명집』의 설명에 따르면 모자의 저서는 190~195년에 생겨났으며 이것은 서문에 나타난 시기와 일치한다고 한다. 그러므로 3세기 후반에 이 저서가 저술되었다고 생각하는 마스페로(Maspero)의 생각은 틀린 듯하다. 또 16세기의 호응린胡應麟은 모융은 따로 저서가 있었지만 소실되었으며, 육조시대에 이 불서를 위작한 뒤 모융을 저자로 내세웠다고 말한다. 그러나 펠리오는 이 원전이 절대로 위작된 인상을 가지고 있지 않다고 한다. 또 도키와(Tokiwa)는 이 책의 저술 시기를 남북조시대로 설정하고 있다. 그는『이하론夷夏論』(467년 출간)에 인용된 혜통慧通의 논박 8곳이 모자의 원전과 일치하는 것을 발견하고는, 모자가 혜통을 베껴 썼다고 생각하였다. 혜통과 같이 중요한 불교도가 모자를

---

99) 송나라 明帝(465~472)의 명으로 저술되었는데, 서문과 목차까지 소실되었다.

100) Paul Pelliot, "Meou-teou-tseu ou les Doutes levés"(*Toung Pao* Vol.19, 1920). Pelliot의 이 책은 명석한 주석이 있는 저서의 표본이라 할 수 있다.

101) Paul Pelliot, *Toung Pao* Vol.19, 258쪽 주1.

베꼈을 리는 없다고 보았기 때문이다. 이에 대해서도 펠리오는 모자의 비교가 훨씬 풍요롭고 혜통보다 더 완벽하게 기록되었다고 답하면서, 모자의 글이 원본으로 보인다고 하였다.

호적 또한 이 저서가 진본임을 주장한다. 이것이 진나라 또는 육조시대의 교육받지 못한 사람의 위작이라고 간주하는 양계초梁啓超에 대립하여『모자이혹론』을 변호한 호적은, 이 책의 문체가 매우 훌륭하다고 여기면서 이 책이 진본이라는 증거를 서문의 역사적인 진술에서 찾고자 하였다.[102]

모자는 비록 불교를 유가와 도가보다 높이 설정하기는 했지만 유교와 불교에 대해서도 적대적이지 않았다. 그래서『수서』에서는 심지어 유학자로 간주되기도 한다.『이혹론』의 서문에서 모자는 자신이 경전·역사·철학·병법·영혼불멸 등에 대해서도 연구하였으나 인간이 불사할 수 있다는 말은 믿지 않았다고 한다. 그는 오경의 도움을 받아 불사의 사상에 투쟁하였다.

> 그는 불교의 가르침을 열심히 공부하였고, 동시에『노자』오천 자를 함께 공부하였다. 그는 현묘의 도를 술과 장처럼 좋아하였으며 오경을 거문고와 피리처럼 즐겼다. 세속의 무리들은 그를 여러 번 비난하였고, 오경을 등지고 이단의 학설로 기울어져 갔다고 여겼다. 만약 그가 그러한 비난에 맞서 싸우고자 했다면 비판받았을 것이고, 침묵하고자 했다면 무능하게 보였을 것이다. 그래서 그는 자신이 쓴 글 속에 성현의 말을 인용함으로써 자신의 학설을 증명하고 설명하였는데, 이 책을『모자이혹』이라고 부른다.[103]

이 저서는 37개의 짧은 단락으로 이루어져 있다. 모자는 이 수를 의도적으로 택하였는데, 불경에 37개의 중요한 범주가 있고『도덕경』의 앞부분인「도경」이

---

102) *Bulletin of the National Library of Peiping* Vol.5(1931), Nr. 4, 3쪽 이하,「胡適與周叔迦論牟子書」.
103)『牟子理惑論』, 1b, "於是銳志於佛道, 兼研老子五千文, 含玄妙爲酒漿, 翫五經爲琴簧, 世俗之徒, 多非之者, 以爲背五經, 而向異道, 欲爭則非道, 欲黙則不能, 遂以筆墨之間, 略引聖賢之言, 證解之, 名曰, 牟子理惑云."

37편으로 이루어져 있듯이 자신 또한 37개의 중요한 문제를 다룬다고 믿었기 때문이다.[104] 그런데 우리는 그 속의 몇 편들에서만 불교 및 불교의 가장 중요한 학설에 대한 간략한 기술을 찾아볼 수 있다. 이것은 대부분 세간에서 일반적으로 제기된 불교에 대한 비난들에 맞서서 불교를 정당화하며 이 낯선 이론을 변호하는 내용이다.

처음에 모자는 부처의 생애에 대한 간략한 전설을 기술한다. 거기에는 부처의 이름에 대한 환상적인 설명이 있다. 불교가 중국에 도래한 것에 대하여 그는 다음과 같이 적고 있다.

질문하였다. "한나라 땅에 처음으로 불교가 전해지게 된 유래는 어떠한가?" 모자가 답하였다. "예전에 효명황제孝明皇帝(한나라 明帝, 57~75)가 꿈에 신인을 보았는데 태양처럼 빛나는 몸으로 대전 앞을 날고 있었다. 크게 기뻐하여 다음날 모든 신하들에게 그 사람이 누구였는지를 물었다. 그러자 통인 부의가 말하였다. '신이 듣기로, 인도에 득도한 사람이 있는데 그를 부처라 부른다고 하였습니다. 그는 허공을 날고 그의 몸은 해처럼 빛난다고 하니, 그는 신일 듯합니다.'[105] 이에 황제가 사신으로 장건張騫, 우림중랑장 진경秦景, 박사제자 왕준王遵 등 열두 명을 대월지로 보내어 42장의 불경을 복사해 오게 해서 난대蘭臺의 석실 14칸에 보관하였다. 이때에 낙양성 서옹문西雍門 밖에 불사를 설립하였다. 그 벽에는 천 대의 전차와 만 명의 기사들을 그렸으며, 이것이 탑의 주변을 세 번 둘렀다. 또한 남궁 청량대와 개양성 성문 위에 불상이 설립되었다. 명제는 살아 있을 때 이미 자신의 능을 건립하여 현절顯節이라는 이름을 붙였는데, 그 능에도 부처의 그림이 제작되었다. 그 무렵에 국가가 크게 성장하였으니, 백성은 평안하였고 멀리서 오랑캐는 의를 받들어 본받았다. 그때부터 불교를 공부하는 사람들의 수가 증가하였다."[106]

---

104) 『牟子理惑論』, 16a.
105) 61년에 꾼 명제의 꿈은 중국에 불교를 도입하는 첫 번째 동기로 간주된다.
106) 『牟子理惑論』, 10a, "問曰, 漢地始聞佛道其所從出邪, 牟子曰, 昔孝明皇帝夢見神人, 身有日光, 飛在殿前, 欣然悅之, 明日博問群臣, 此爲何人, 有通人傅毅曰, 臣聞天竺有得道者, 號之曰佛, 飛行虛空, 身有日光, 殆將其神也, 於是上悟, 遣使者張騫, 羽林中郎將秦景, 博士弟子王遵等十二人於大月支, 寫佛經四十二章, 藏在蘭臺石室第十四間, 時於洛陽城西雍門外起佛寺, 於其壁

그런데 불교 경전을 가져오기 위하여 중앙아시아로 장건이라는 유명한 사신을 보냈다는 기록은 역사적 사실이 아니다. 그는 명제보다 대략 2세기 정도를 앞서 살았기 때문이다.

모자의 상상 속 상대방은 처음에 불교서적의 방대함을 못마땅하게 여긴다. 그는 유학의 경전 7종은 모두 3만 자를 넘지 않지만 필요한 모든 것을 다루고 있다고 하면서, 반면 불교의 서적은 무려 10,000종에 이르고 글자 수는 아예 헤아릴 수조차 없어서 이것을 모두 섭렵하려고자 하는 이가 아무도 없다고 말한다. 그에 대한 모자의 답은 다음과 같다.

불교의 경전은 억만 년 이전의 가장 중요한 일들에 대해 말하고 있다. 태소가 아직 시작되지 않았고, 태시가 아직 생기지 않았을 때, 하늘과 땅이 막 생겨나기 시작하여 존재가 아직 파악되지 않았고 미세한 것이 들어설 수 없었다. 그러나 부처는 널리 큰 것의 바깥까지 포괄하고 아주 작고 고요한 것의 안까지 쪼개어 파내었다. 그 모든 것의 근간을 세웠기 때문에 경전이 만 권에 이르고 글자는 억에 이른다. 많으면 많을수록 더욱 완전해지고 더하면 더할수록 더욱 풍부해진다. 어떻게 이것이 중요하지 않겠는가? 비록 개인이 모두 감당할 수 없다고 하더라도 이것은 마치 강가에서 물을 마시는 것과 같다. 배부르게 마셨으면 만족할 뿐이며, 남은 물이 얼마나 되는지는 알지 못한다.[107]

중요한 불교 경전들은 모두 부처가 지었다고 알려져 있으며, 모자 또한 그렇게 생각하였다. 그러나 이는 사실이 아니다. 부처는 스스로 저술한 것이 거의 없다. 매우 적은 부분만이 부처의 시대로 거슬러 갈 뿐이고, 이마저도 대개 제자들이 그의 말을 받아 적은 것이다. 부처의 거의 모든 저서들은 후에

畫千乘萬騎, 繞塔三匝, 又於南宮淸涼臺, 及開陽城門上作佛像, 明帝存時, 預修造壽陵, 陵曰顯節, 亦於其上作佛圖像, 時國豐, 民寧, 遠夷慕義, 學者由此而滋."

107) 『牟子理惑論』, 3b, "佛經前說億載之事, 却道萬世之要, 太素未起, 太始未生, 乾坤肇興, 其微不可握, 其纖不可入, 佛悉彌綸其廣大之外, 剖析其寂窈妙之內, 靡不紀之, 故其經卷以萬計, 言以億數, 多多益具, 衆衆益富, 何不要之有, 雖非一人所堪, 譬若臨河飮水, 飽而自足, 焉知其餘哉."

그 제자들에 의해 저술되었는데, 부처의 제자들이 스승의 학설을 널리 보급하고 발전시킨 것은 마치 유학자들이 공자의 학설을 널리 퍼뜨린 것과 같다. 그러나 유학자들은 공자가 직접 저술하였다고 말하지는 않았다.

이어서 토론자는 모자에게 그가 올바른 증명을 시도하는 것이 아니라 모자 자신의 말을 부처의 말인 것처럼 전하고 있다고 지적한다. 이에 대한 그의 반론은 다음과 같다.

묻는다. "그대가 경전과 주석으로 부처의 말을 정리함으로써 그 표현이 풍요롭고 그 의미가 명백하며 그 문장이 빛나지만, 그 설명이 아무리 아름다워도 실제로 그대의 말 아닌 것이 없지 않은가?" 모자가 답하였다. "이것은 나의 말이 아니다. 내가 널리 경험하였기 때문에 의혹이 없는 것이다." 다시 물었다. "많은 경험을 얻는 것에 방법이 있는가?" 모자가 답하였다. "불경을 통해 얻는다. 내가 불경을 이해하지 못했을 때에는 그대보다 더 심한 의혹을 가지고 있었다. 오경을 암송함에도 불구하고 가서 꽃이 되었을 뿐 아직 열매를 맺지 못했다. 그러다가 불경의 설명을 읽고 나서 『노자』의 요점을 읽었더니, 나는 고요한 성을 지키면서 무위의 운행을 볼 수 있었다.[108] 그리하여 돌이켜 세상사를 보니, 마치 천정天井에 임하여 계곡을 엿보고 송산과 대산에서 작은 언덕을 내려다보는 것과 같았다. 오경은 다섯 가지 맛이고, 불교의 가르침은 다섯 가지 곡식이다. 내가 이 가르침을 이해한 이래로 마치 구름이 열려서 빛나는 해를 보는 듯했고 어두운 방에 횃불을 가지고 들어간 듯했다.[109]

유학적인 관점에 서서 던지는 정통성에 대한 비난은 지금까지의 다른 반대들보다 훨씬 더 진지한 것이었다. 유교는 그 자체로 완전한 진리를 가지고 있기

---

108) 여기에서 도가의 형이상학은 불교와 혼합된다.
109) 『牟子理惑論』, 11b, "問曰, 吾子以經傳佛之說, 其辭富而義顯, 其文熾而說美, 得無非其誠是子之辨也, 牟子曰, 非吾辨也, 見博故不惑耳, 問曰, 見博其有術乎, 牟子曰, 由佛經也, 吾未解佛經之時, 惑甚於子, 雖誦五經, 適以爲華, 未成實矣, 吾旣覩佛經之說, 覽老子之要, 守恬惔之性, 觀無爲之行, 還視世事, 猶臨天井, 而闚谿谷, 登嵩岱而見丘垤矣, 五經則五味, 佛道則五穀矣, 吾自聞道以來, 如開雲見白日, 炬火入冥室焉."

때문에 그 곁에 다시 불교를 위한 자리를 마련할 필요가 없었다.

질문하였다. "불도가 그렇게 고귀하고 탁월하다면 왜 요·순·주공·공자는 그것을 닦지 않는가? 7경에서는 그것을 볼 수 없다. 그대는 이미 『시경』과 『서경』을 즐기고 예와 악을 좋아하면서 무엇 때문에 다시 불도를 좋아하고 이단을 기뻐하는가? 어떻게 이것이 경전과 주석을 능가하고 성인의 업적보다 아름다울 수가 있는가? 내가 그대라면 그렇게 하지 않았을 것이다." 모자가 답하였다. "모든 글이 공자의 말을 하고 모든 약이 편작의 처방을 따를 필요는 없다. 의미가 합당한 것을 따르고, 병을 낫게 하면 좋은 것이다. 군자는 많은 좋은 것을 널리 취하여 자신을 돕게 한다.[110] 자공 또한 말하기를 '우리 선생님께 어찌 일정한 스승이 있었겠는가'라고 하였다. 요임금은 윤수尹壽를 섬겼고, 순임금은 무성務成을 섬겼으며, 주공은 여망呂望에게서 배웠고, 공자는 노담老耼에게서 배웠다. 그러나 이들은 모두 7경에서 언급되지 않았다. 비록 이 네 명의 선생(윤수·무성·여망·노담)이 성인이라 할지라도 부처와 비교하면 마치 흰 사슴을 기린에 견주고 제비를 봉황에 비교하는 것과 같다. 그럼에도 요·순·주공·공자는 또한 오히려 그들과 함께하였는데, 하물며 부처의 상호相好와 신통한 변화를 어찌 버리고 배우지 않을 수 있겠는가? 오경에는 간혹 어떤 사건이 누락될 수도 있으니, 부처에 관한 기록이 보이지 않는다고 해서 어찌 괴이하다고 여길 것인가?"[111]

이어서 모자는 불교와 유학이 서로 잘 화합될 수 있음을 강조한다.

나는 거듭 그것을 높이고 배웠으니 어찌 요·순·주공·공자의 도를 버릴 것인가? 금과 옥은 서로를 해치지 않고 정精과 백魄은 서로를 방해하지 않는다.[112]

---

110) 답은 매우 이성적이지만 유학적이 아니다.
111) 『牟子理惑論』, 4a, "問曰, 佛道至尊至大, 堯舜周孔曷不修之乎, 七經之中不見其辭, 子既耽詩書, 悅禮樂, 奚爲復好佛道, 喜異術, 豈能踰經傳, 美聖業哉, 竊爲吾子不取也, 牟子曰, 書不必孔丘之言, 藥不必扁鵲之方, 合義者從, 愈病者良, 君子博取衆善, 以輔其身, 子貢云, 夫子何常師之有乎, 堯事尹壽, 舜事務成, 旦學呂望, 丘學老耼, 亦俱不見於七經也, 四師雖聖, 比之於佛, 猶白鹿之與麒麟, 燕鳥之與鳳凰也, 堯舜周孔且猶與之, 況佛身相好, 變化神力無方, 焉能捨而不學乎, 五經事義或有所闕, 佛不見記, 何足怪疑哉."

유학자들에게는 불교의 실생활 중에서 무엇보다도 승려생활이 비판의 동인이 되었다. 이것이 부모에 대한 자식의 의무라는 유학적 관점과 잘 화합할 수 없었기 때문이다. 모자는 삭발이 일종의 신체훼손으로 간주되어 불효라는 비난을 받던 불교의 승려를 변호한다.[113] 그는 유학자들이 특별히 훌륭한 목적으로 인해 신체훼손에 찬성하는 네 가지 경우를 예로 제시하면서, 그것은 가족의 재산, 부부, 자식과 천하의 모든 편안함의 포기와 같은 것으로서 결코 불효가 될 수 없는, 매우 칭찬할 만한 최고의 체념이라고 말한다. 또 후손이 없다는 비난에 맞서 승려를 변호함에 있어서는 순수와 무위를 최고의 도로 제시하였던 노자를 인용한다. 그는 유가와 묵가의 덕은 단지 중간 정도의 학자에 의해 수양되는데, 승려들은 그것을 널리 벗어나서 이 세상의 기쁨을 도덕과 바꾸고 순수와 지혜에 이르기 위하여 가족생활의 행복을 포기하는 것이라고 말한다.[114] 승려들이 일반적인 옷을 입지 않고 일반적인 예의를 지키지 않는다는 비난에 대해 모자는 이렇게 답한다.

> 요·순·주공·공자는 세상의 일을 수양하였고, 부처와 노자는 단지 무위에 뜻을 두었다.[115]

또 불사라는 중요한 문제에 대해서는 다음과 같이 말한다.

> 물었다. "불교 신자는 사람이 죽으면 당연히 다시 태어난다고 가르친다. 나는 이 말의 진상을 믿을 수 없다." 모자가 말하였다. "사람이 죽음을 맞이하면 그 집 위에 올라가서 그를 부른다. 이미 죽었는데 다시 누구를 부르는 것인가?" 그 사람이 답하였다. "혼백을 부른다." 모자가 말하였다. "신이 돌아오면 살아 있는 것이지만,

---

112) 『牟子理惑論』, 7b, "吾復毀而學之, 何爲當舍堯舜周孔之道, 金玉不相傷, 精魄不相妨."
113) 『중국고대철학사』, 245쪽(155쪽) 참조.
114) 『牟子理惑論』, 5a~5b.
115) 『牟子理惑論』, 6a, "堯舜周孔修世事也, 佛與老子無爲志也."

돌아오지 않는다면 어디로 간 것인가?" 그 사람이 답하였다. "귀신이 된 것이다." 모자가 말하였다. "옳다. 혼신은 본래 소멸되지 않는다. 몸만 저절로 썩어 없어질 뿐이다. 몸은 마치 오곡의 뿌리와 잎과 같고, 혼신은 오곡의 종자와 열매와 같다. 뿌리와 잎은 생겨나면 반드시 죽는 것이 마땅하지만, 종자와 열매가 마침내 없어질 수 있겠는가? 도를 얻으면 신체만 소멸할 뿐이다. 노자가 말하기를, '내가 큰 근심이 있는 것은 내가 신체를 가지고 있기 때문이다. 만약 나에게 신체가 없다면 무슨 근심이 있겠는가'[116]라고 하였다.…… 도가 있으면 비록 죽더라도 그 신은 불당[117]으로 가고, 악행을 저지른 사람이 죽으면 그 신 또한 재앙을 당한다."[118]

불사의 문제는 신 및 신의 숭배에 관한 문제로 이어진다. 모자의 의욕적인 토론자는 공자가 자로에게 말한 "인간을 섬길 수 없으면서 어떻게 신을 섬기며, 생을 알지 못하는데 어떻게 죽음을 알겠는가?"라는 답변을 근거로 공자가 신을 믿지 않았다고 말한다. 이에 대하여 모자는 신이 유학에서도 숭배되었다고 하면서, 신에 대하여 말하고 있는 『효경』을 근거로 든다.

대화자는 불교의 서적들을 왕교王喬와 적송자赤松子, 팔선八仙의 불사에 관한 기록이나 『신서神書』 170권 등과 같은 신선에 관한 도가의 서적으로 보고자 하는데, 이에 대하여 모자는 다음과 같은 말로 반대한다.

도에는 96가지 종류가 있는데, 그 존귀함에 있어서 불도를 넘어서는 것이 없다. 신선에 관한 책은 들으면 널리 귀를 채워 줄 뿐이어서, 그 효용을 구하면 마치 바람을 잡거나 그림자를 잡는 것과 같다. 그러므로 대도에는 취할 것이 없고 무위에는 귀한 것이 없다. 어찌 불교와 동등하게 설정될 수 있겠는가?[119]

---

116) 『道德經』, 13장.
117) '天堂'과 같은 의미. Pelliot의 텍스트에서는 '福堂'이라고 쓰고 있다.
118) 『牟子理惑論』, 6b, "問曰, 佛道言, 人死當復更生, 僕不信此言之審也, 牟子曰, 人臨死, 其家上屋呼之, 死已, 復呼誰, 或曰, 呼其魂魄, 牟子曰, 神還則生, 不還神何之乎. 曰成鬼神, 牟子曰, 是也, 魂神固不滅矣, 但身自朽爛耳, 身譬如五穀之根葉, 魂神如五穀之種實, 根葉生必當死, 種實豈有終亡, 得道身滅耳, 老子曰, 吾所以有大患, 以吾有身也, 若吾無身, 吾有何患……有道雖死, 神歸佛堂, 爲惡既死, 神當其殃."

도교는 불사를 위하여 곡식을 먹는 것을 금하지만 술을 마시고 고기를 먹는데 어째서 불교도들은 반대로 고기와 술을 먹지 않느냐는 질문에 대하여 모자는, 노자가 곡식을 먹는 것을 금지하였다는 것은 거짓이며 유교의 경전에도 그런 금지는 없다고 답한다.

> 성인(공자)이 말하였다. "곡식을 먹는 사람은 지혜롭고, 풀을 먹는 사람은 어리석으며, 고기를 먹는 사람은 사납고 기를 먹는 사람[20]은 장수한다."[121]

모자는 곡식을 먹지 않음으로써 불사에 이를 수 있다는 설을 믿지 않았다. 그는 실천을 통해 그것을 증명하였다고 하면서 상대방에게 자신의 경험담을 들려준다. 그는 각기 700년, 500년, 300년을 살았다는 세 명의 스승으로부터 불사의 학을 배웠는데, 그들은 곡식 대신 과실을 먹고 2인분의 고기와 다량의 술을 섭취하면서 이로써 노자의 규정에 따라 점점 더 마르게 되어 무위에 이른다고 믿었다. 그러나 오히려 그들은 더 쇠약해져 가서, 3년이 지나기도 전에 모두 죽고 말았다. 이러한 일화를 들려주면서 모자는, 고대의 성인들도 백년을 채 살지 못하였는데 어찌 오늘날의 어리석은 사람들이 특별한 식사법을 써서 영원한 생에 이를 수 있겠느냐고 묻는다.[122] 또 도교에서는 요·순·주공·공자와 공자의 72제자들이 모두 죽지 않고 신선이 되었다고 주장하는데, 모자는 문헌자료들을 통해 이 모든 고대의 성현들이 하나같이 죽음을 피해 갈 수 없었음을 증명하였다.[123]

---

119) 『牟子理惑論』, 13a, "道有九十六種, 至於尊大, 莫尚佛道也, 神仙之書, 聽之則洋洋盈耳, 求其效, 猶握風而捕影, 是以大道之所不取, 無爲之所不貴, 焉得同哉."
120) 곡기를 끊고 오로지 호흡법만을 수련하는 사람.
121) 『牟子理惑論』, 13a~b, "聖人云, 食穀者智, 食草者癡, 食肉者悍, 食氣者壽." 『중국고대철학사』, 280쪽 주509(182쪽 주2) 참조.
122) 『牟子理惑論』, 13b.
123) 『牟子理惑論』, 15a.

삶에 지속적으로 머물기 위해서는 무엇보다도 질병으로부터 자신을 지킬 수 있어야만 한다.

물었다. "도를 행하는 사람은 질병을 물리치고 아프지 않을 수 있어서 침과 약을 쓰지 않고도 건강해진다는 말이 있다. 이것을 믿을 수 있는가? 그렇다면 왜 불교도들은 병이 들면 침과 약을 찾는가?" 모자가 답하였다. "노자가 말하기를, '사물이 장성해지면 늙는 것은 도가 아니기 때문이니, 도가 아닌 것은 일찍 죽는다'[124]라고 하였다. 오직 도를 얻은 사람만이 태어나지 않고 또한 장성하지 않는다. 장성하지 않기 때문에 늙지도 않으며, 늙지 않기 때문에 병들지 않고, 병들지 않기 때문에 썩지 않는다. 그러므로 노자는 신체를 큰 걱정으로 여겼다. 무왕이 병중에 있자 주공이 명을 빌었으며, 공자가 질병에 걸리자 자로는 기도할 것을 청하였다. 나는 성인들도 모두 병에 걸렸다는 것만을 보았지, 성인이 병들지 않았다는 기록은 보지 못하였다. 신농은 약초를 맛보다가 죽을 뻔한 적이 수십 번이었으며, 황제는 머리를 숙이고 기백岐伯에게 침을 맞았다. 이 세 성인이 어찌 오늘날의 도사보다 못한 바가 있겠는가? 이 말(득도한 사람은 병들지 않는다는 도가의 주장)을 잘 살펴본다면 또한 잘못된 것인 줄을 알게 될 것이다."[125]

불교적인 기반 설정에도 불구하고 모자는 또한 도를 최고의 세계원칙으로 확고하게 믿었다.

묻는다. "공자는 오경을 도의 가르침으로 정하였다. 잘 읽고 이해하여 따라서 행할 수 있다. 그런데 지금 그대의 말은 도가 텅 비어 아무것도 아니며 희미하여 그 의미를 볼 수 없고 그 일을 가리킬 수 없다고 한다. 어떻게 성인의 말과 다른가?"

---

124) 『道德經』 30장 및 55장.
125) 『牟子理惑論』, 13b, "問曰, 爲道之人云, 能却疾不病, 弗御針藥而愈, 信有之乎, 何以佛家有病而進針藥邪, 牟子曰, 老子云, 物壯則老, 謂之不道, 不道早已, 唯有得道者不生亦不壯, 不壯亦不老, 不老亦不病, 不病亦不朽, 是以老子以身爲大患焉, 武王居病, 周公乞命, 仲尼有疾, 子路請禱, 吾見聖人皆有疾矣, 未覩其無病也, 神農嘗草, 殆死者數十, 黃帝稽首, 受針於岐伯, 此之三聖豈當不如今之道士乎, 察省斯言, 亦足以廢矣."

모자가 답하였다. "익숙한 것(공자의 도)을 무겁게 여기고 희귀한 것(노자의 도)을 가볍게 여겨서는 안 된다. 외부의 사물에 현혹되면 내 안의 감정을 잃어버리게 된다. 일을 수립하는 데 있어 도덕을 잃지 않는 것은 비유하자면 현을 조율하는 데 있어 오성五聲을 잃지 않는 것과 같다. 하늘의 도는 사계절을 본받고, 인간의 도는 오상126)을 본받는다. 노자가 말하기를, '어지러이 뒤섞여 있는 사물이 하늘과 땅이 생기기 이전부터 존재하고 있었으니, 세상의 어머니라 할 수 있다. 나는 그 이름을 알지 못하지만, 억지로 이름을 붙여 도라고 부른다127)라고 하였다. 도라는 사물은, 집안에서는 부모를 섬길 수 있고, 국가행정에서는 백성을 다스릴 수 있으며, 홀로 있을 때는 그 몸을 다스릴 수 있다. 도를 실천하면 천지간을 가득 채우게 되고, 버리고 사용하지 않더라도 감소할 뿐 완전히 떠나 버리지는 않는다. 그대는 이해하지 못하고 있지만, 어떻게 이것이 다른 것이겠는가?"128)

모자는 유·불·도 삼교를 화합하고자 했던 최초의 사상가일 것이다. 그의 발언을 살펴볼 때 그는 불교를 제일 높이 평가하고 이어서 도가와 유학의 순으로 줄을 세운 듯하다. 그에게는 불교와 도가의 유심론이 특히 매력적으로 느껴졌던 것으로 보인다. 다만 그는 민속적인 불교만을 알았을 것이다. 당시는 아직 불교철학이 중국에 알려지지 않은 상태였다.

---

126) 세계원칙으로서의 도는 그것이 생성하는 사계절의 규칙적인 순환 속에서 인식되고, 도덕원칙으로서 도는 인간의 덕에서 그 모습을 나타낸다. 원전에 있는 '無常'의 '無'는 오류로서, '五'로 대체되어야 한다. Pelliot, *T'oung Pao* Vol.19, 349쪽, 주84 참조.

127) 『道德經』, 25장.

128) 『牟子理惑論』, 3a, "問曰, 孔子以五經爲道敎, 可拱而誦, 履而行, 今子說, 道虛無, 怳惚不見其意, 不指其事, 何與聖人言異乎, 牟子曰, 不可以所習爲重, 所希爲輕, 惑於外類, 失於中情, 立事不失道德, 猶調弦不失宮商, 天道法四時, 人道法五常, 老子曰, 有物混成, 先天地生, 可以爲天下母, 吾不知其名, 强字之曰道, 道之爲物, 居家可以事親, 宰國可以治民, 獨立可以治身, 履而行之, 充乎天地, 廢而不用, 消而不離, 子不解之, 何異之有乎." 유학에서의 도는 주로 도덕원칙으로 파악되는 반면에 도가에서는 세계원칙인 동시에 초감각적인 존재로서 존재론적으로도 파악된다는 점에 차이가 있다.

5. 서간

서간徐幹은 산동성山東省 북해北海 극현劇縣 출신으로 자는 위장偉長이다. 위魏의 설립을 경험하지 못했음에도 왕조의 설립자들과 관계가 깊어 『위지魏志』에 그 행적이 기록되어 있다.[129] 기록에 따르면 그는 217년에 47세를 일기로 세상을 떠났다고 하므로, 태어난 해는 170년일 것이다.[130] 그는 건안칠자의 한 사람으로서 훌륭한 문학가이자 시인이었다. 215년 이래로 위나라 왕을 자칭하였던 조조曹操는 그에게 높은 직위를 부여하였지만 서간은 병 때문에 공적인 생활에서 물러났다. 서간 사후에 위나라 문제文帝(220~227)가 그를 위한 추모사를 썼는데, 여기에서 그는 명성을 좇지 않고 오직 진리와 문학만을 사랑한 소박하고 순수한 성품의 소유자로 평가되었다. 저서로는 작은 철학서 『중론中論』[131] 2권 20편이 전하는데, 『수서』와 『당서』에는 6권으로 되어 있다가 『송서』에서부터 2권으로 언급되고 있다. 아마도 6권에서 2권으로 편집된 듯하다.[132] 그 편수는 대략 같다.

서간은 유학자로 간주되었다. 그는 육예六藝의 학업에 중점을 두었는데, 육예는 공자와 맹자가 매우 중요하게 생각했던 것들이다. 서간에 따르면 이 학업은 현인에게 가장 중요한 것이다. 이것은 덕으로 인도하고 사라지지 않는 명성을 부여하며 이성을 일깨우고 감정을 규제하며 본성을 수양한다. 공부는 마음으로 들어와 모든 것을 밝히는 밝은 햇빛과 같다.[133]

---

129) 『魏志』, 권21, 「王粲傳」에서 서간에 관해서도 언급하고 있다.
130) 『中論』의 옛 서문에 따르면 서간은 218년 2월에 죽었다고 한다. 이에 따라 高瀨武次郎, 『中國哲學史』 2, 48쪽과 渡邊秀方, 『中國哲學史槪論』 2, 45쪽에서는 그의 생애를 171~218년으로 계산하고 있다.
131) Giles는 이것이 Nagarjuna의 *Prāṇyamūla-sastra-tikā*(『中論』)에 대한 번역서라고 여겼지만, 이것은 서간의 유학적 저서이지 불교 서적이 아니다. Faber, *Doctrines of Confucius*, 12쪽에서는 이 책을 『新論』으로 잘못 쓰고 있는데 『中論』이라고 써야 맞다.
132) 『四庫全書總目提要』, 권91.
133) 『中論』, 권1, 1쪽.

어떤 사람이 물었다. "선비 중에 어떤 사람은 밝고 현명하게 이치를 궁구하며, 어떤 사람은 의지와 행위가 순수하고 돈독하다. 두 가지를 겸비할 수 없다면 성인은 어떤 것을 취하겠는가?" 서간이 답하였다. "밝고 현명함이다. 밝고 현명함의 사용으로 백성의 수를 증가시키고 백성에게 큰 이익을 가져올 수 있으며 만물을 최대한으로 실현시킬 수 있다. 성인이 이를 수 있는 것은 한갓 텅 빈 행위가 아니라 지혜이다."[134]

고대에는 귀족의 자제들을 육덕六德·육행六行·육예로 교육하였다. 육덕은 지智·인仁·성聖·의義·중中·화和이고, 육행은 효孝·우友·목睦·인婣·임任·휼恤이며, 육예는 예禮·악樂·사射·어御·서書·수數이다.[135] 육예는 고대 주왕조의 궁정학교에서 가르쳤던 교과목을 포괄한다고 한다. 서간은 이러한 내용을 『주례』에 대한 주석에서 언급하였을 것이다. 여기서 서간의 첫 번째 덕이 지智라는 점은 주목된다. 『맹자』와 같은 대부분의 경전에서는 오상의 네 번째 자리에 지가 놓여 있음을 보면, 서간은 위의 인용문에서 보았던 것처럼 분명한 주지주의자이다.

나무의 가지와 잎이 줄기 및 뿌리와 관계하는 것처럼 육예는 덕과 관계한다고 한다. 군자는 육예와 육덕의 두 가지를 함께 갖추어야 한다.

예를 통해 사람은 공경함을 살피고, 악을 통해 사랑을 두텁게 하며, 활쏘기를 통해 의지를 평정하게 하고, 마차를 몰면서 마음을 조화롭게 하고, 글쓰기를 통해 일들을 연결하고, 셈하기로 번잡함을 제거한다.[136]

다시 서간은 예를 5종으로, 악을 6종으로, 활쏘기와 마차몰기를 각각 5종으로,

134) 『中論』, 권1, 15a, "或問曰, 士或明哲窮理, 或志行純篤, 二者不可兼, 聖人將何取, 對曰, 其明哲乎, 夫明哲之爲用也, 乃能殷民卓利, 使萬物無不盡其極者也, 聖人之可及, 非徒空行也. 智也."
135) 『中論』, 권1, 1a, "故先王立敎官, 掌敎國子, 敎以六德, 曰智仁聖義忠和, 敎以六行, 曰孝友睦婣任恤, 敎以六藝, 曰禮樂射御書數. 三敎備而人道畢矣."
136) 『中論』, 권1, 13b, "故禮以考敬, 樂以敦愛, 射以平志, 御以和心, 書以綴事, 數以理煩."

글쓰기를 6종으로, 셈하기를 9종으로 더욱 세분하고 있다.[137] 예의 5종은 길례·흉례·빈례·군례·가례이고,[138] 악의 6종은 황제·요·순·우·탕·무왕의 음악이다.[139] 활쏘기와 마차몰기의 5종은 중국 전통의 기술 방식에 따라 설명되어 있는데,[140] 묘사가 거칠어 제대로 이해하기 힘들다. 글쓰기의 6종은 중국의 문자를 구분하는 방식인 상형·지사·회의·형성·전주·가차를 말한다.[141] 셈하기의 9종은 고대로부터 전해져 오는 아홉 가지 셈법(九章算術)으로, 그 내용은 방전·율·분·소광·상공·균수·방정·영부족·방요이다.[142] 또한 서간은 오례 외에 또한 내용적으로 예와 상당히 일치하는 육의六儀에 대해서도 언급하고 있다. 이것들은 제사, 손님접대, 궁정의례, 장례규정, 군사의식, 마차와 말에 관한 것 등의 여섯 가지이다.[143]

서간의 견해에 따르면 육예는 큰 재주와 탁월한 능력으로 행하는 것이 아니라 올바른 학습을 통해 항상 익히고 있어야만 한다. 그리고 여기에는 학업에 뜻을 세우는 일이 무엇보다 중요하다.

> 말은 비록 빠른 발을 가지고 있더라도 수레를 끌 줄 모르면 좋은 말이 될 수 없으며, 사람은 비록 좋은 자질을 가지고 있더라도 도를 익히지 않으면 군자가 될 수 없다. 그런 까닭에 배우는 사람은 도를 익히려고 노력한다.[144]

---

137) 『中論』, 권1, 13a, “一曰五禮, 二曰六樂, 三曰五射, 四曰五御, 五曰六書, 六曰九數.”

138) 五禮: 吉凶軍賓喜.(Mayers, *Reader's Manual*, Nr. 146)

139) 六樂: 雲門·咸池·大韶·大夏·大濩·隊舞.(Mayers, *Reader's Manual*, Nr. 218)

140) 五射: 白矢·參連·炎注·襄尺·正義(Mayers, *Reader's Manual*, Nr. 154) / 五馭: 鳴和鸞·逐水曲·過君表·舞交衢·逐禽左(Mayers, *Reader's Manual*, Nr. 177).

141) 六書: 指事·象形·形聲·會意·轉注·假借(v. der Gabelentz, *Chinesische Grammatik*, 47쪽).

142) 九數: 方田·栗·分·少廣·商功·均輸·方程·贏不足·旁要.(Mayers, *Reader's Manual*, Nr. 262)

143) 『中論』, 권1, 13a, “六儀一曰祭祀, 二曰賓客, 三曰朝廷, 四曰喪紀, 五曰軍旅, 六曰車馬.”

144) 『中論』, 권1, 1b, “馬雖有逸足, 而不閑輿, 則不爲良駿, 人雖有美質, 而不習道, 則不爲君子, 故學者求習道也.”

의지는 학업의 스승이고 재능은 학업의 제자이다. 배움에 있어 걱정해야 할 것은 재능이 부족한 것이 아니라 의지를 세우지 못한 것이다. 이것이 곧 공부하는 사람이 수억임에도 학업을 완성하는 사람이 거의 드문 까닭이다.[145]

서간에 따르면, 사람은 개별적인 것과 그 특성을 연구하기 전에 먼저 큰 원칙 및 보편적인 관점을 이해하고 있어야 한다. 나쁜 유학자들은 개별적인 것에 대한 경험적 지식으로 가득하며 원전을 잘 해석하고 절과 문장을 올바로 나눌 수 있지만 전체에 대한 큰 생각이 없다.[146] 이 때문에 유일하게 참된 가르침인 유학은 공자가 죽은 이래 수백 년 동안 변질되고 잊혀졌다. 양주, 묵적, 신불해, 한비자, 공손룡 등이 등장하여 그릇된 가르침을 보급한 데다 그들을 경탄하고 기리는 많은 추종자들이 있었으니, 이것은 도덕의 변질을 야기하였다. 고대인들은 현재 사람들의 본보기가 된다. 그들은 자신의 만족이나 친구와의 교류 등을 뒷전으로 하고 아침부터 밤까지 열심히 공부하였다. 단지 여유가 있을 때에만 잠깐씩 만나 교류하는 정도였다.[147]

서간이 특히 관심을 가졌던 것으로 보이는 다른 문제는 중국의 철학자들에 의해서도 많이 다루어진 주제이다. 바로 화복이 인간의 행위에 상응하느냐 하는 문제이다. 정상적인 시대라면 선을 행하는 사람이 복을 받고 악을 행하는 사람이 화를 입지만 혼란한 시대에는 선한 사람이 고통을 받고 악한 사람이 성공하게 될 수도 있다고 그는 말한다. 그러나 이러한 어긋남에도 불구하고 도를 의심해서는 안 된다. 시간과 상황은 내게 달려 있는 것이 아니다. 선을 행하는 사람에게 재앙이 내린다면 그것은 명이고, 악행을 한 사람이 복을 받는다면 그것은 우연이다. 이것 때문에 도리를 지키는 것을 방해받아서는

---

145) 『中論』, 권1, 2a, "志者學之師也, 才者學之徒也, 學者不患才之不贍, 而患志之不立, 是以爲之者億兆, 而成之者無幾."
146) 『中論』, 권1, 2b.
147) 『中論』, 권2, 1쪽.

안 된다. 악행을 자행한 사람이 재앙에서 벗어나는 경우는 선행을 한 사람이 복을 받는 것보다 훨씬 드물게 나타난다. 그리하여 서간은 증자의 말을 빌려서 다음과 같은 결론을 이끌어낸다.

> 증자가 말하기를, "선을 좋아하는 사람에게는 설령 복이 오지 않는다 하더라도 재앙 또한 그에게서 멀어진다. 선을 좋아하지 않는 사람에게는 설령 재앙이 이르지 않는다 하더라도 복 또한 그에게서 멀어진다"라고 하였다.…… 그러므로 한 해에 흉작이 들었다고 해서 농사를 그만둔다면 훌륭한 농부가 될 수 없고, 이익이 적다고 해서 가진 상품을 다 버린다면 훌륭한 상인이 될 수 없으며, 자기 행동이 낮은 복과 재앙에 따라 올바른 도를 고치게 된다면 훌륭한 선비가 될 수 없다.[148]

성인은 예를 따름으로써 복을 추구하지만, 그것을 받는 것은 오직 명에 달려 있다. 순과 우와 공자는 똑같이 덕을 추구하였지만 순과 우는 목적에 이르렀고 공자는 이를 수 없었다. 훌륭한 농부는 농사에 실패해도 자기가 잘 경작하지 못한 탓이라고 자책하지 않는다. 바람과 비가 올바른 때에 내리지 않았기 때문이라면 그것은 재앙이다. 마찬가지로 군자는 오로지 예와 덕을 수양할 따름이다. 불행한 시대에 사는 것은 그의 재앙이다.

서간은 또 동시대인으로 보이는 순상苟爽 및 손고孫翺의 명에 관한 논변들을 인용하기도 한다. 먼저 어떤 이가 안회와 비간比干[149] 및 오자서伍子胥[150]의 경우를 예로 들면서 도를 얻은 사람은 장구할 수 있다고 한 공자의 말이 실제로는 맞지 않다고 주장하자, 순상은 다만 그들의 명이 그러할 뿐이라고 답했다고 한다. 한편 북해 사람 손고는, 생사는 명에 달려 있는 것이지 인간에게

---

148) 『中論』, 권1, 6b~7a, "曾子曰, 人而好善, 福雖未至, 禍其遠矣, 人而不好善, 禍雖未至, 福其遠矣.……故以歲之有凶穰而荒其稼穡者, 非良農也, 以利之有盈縮而棄其資貨者, 非良賈也, 以行之有禍福而改其善道者, 非良士也."
149) 상왕조의 마지막 통치자인 주왕에게 목숨을 잃었다.
150) 오왕 합려 및 부차의 재상으로, 기원전 475년에 자결하였다.

달려 있는 것이 아니지만 득도하더라도 다 복을 받게 되는 것이 아니라는 사실을 결코 백성들에게 말해서는 안 된다고 주장했다고 한다. 그렇지 않으면 백성들이 쉽게 악으로 빠져들 수 있다는 것이다.

서간은 장수長壽를 세 부류로 구분한다. 첫째는 왕의 은택에 의한 장수(王澤之壽)로, 이것은 훌륭한 통치자의 선정에 의한 육체적인 장수이다. 둘째는 명성에 따른 장수(聲聞之壽)이다. 이것은 실제로 수명이 길다는 뜻이 아니라 상징적인 표현으로서 그 명성이 오랫동안 전해진다는 뜻이다. 셋째는 인을 행함으로 얻게 되는 장수(行仁之壽)로서, 덕행의 대가이다.

서간은 은나라의 훌륭한 황제들이 매우 오래 통치하였으며 흉악한 황제들이 짧은 시간 통치하였다는 것을 통해 득도한 사람이 장수한다는 명제를 증명하고자 한다. 그리고 이는 무왕에 이르기까지의 기간 전체에 합당하게 적용된다. 또 공자의 다른 70여 명의 제자들 대부분이 장수하였기 때문에 안회 한 명으로 해서 이 규칙이 깨어졌다고 할 수는 없다고 말한다. 사람들은 다만 그가 일찍 죽은 원인을 알지 못할 뿐이라는 것이다.

> 하늘의 도는 광활하고 아득하여 인식하기 어렵다. 성인이라 할지라도 그 대략을 파악하여 법으로 삼았을 뿐이니, 어찌 조금의 왜곡됨이나 어긋남도 없다고 할 수 있겠는가? 151)

> 하늘이 무슨 죄가 있는가? 비록 어진 사람에게 복을 주려는 뜻이 있다 하더라도 소맷자락을 잡아끌어 억지로 함께할 수는 없다. 그러므로 득도자에게 경사로움이 없다고 할 수는 없는 것이다.152)

---

151) 『中論』, 권2, 10a, "天道迂闊, 闇昧難明, 聖人取大畧, 以爲成法, 亦安能委曲不失, 毫芒無差跌乎."
152) 『中論』, 권2, 10b, "天何罪焉, 天雖欲福仁, 亦不能以手臂引人而與之. 非所謂無慶也." 이것은 비간과 오자서의 죽음에 관한 발언인데 설득력이 별로 없다. 하늘의 짐을 덜어주기 위해 불행을 두 사람의 책임으로 미루어 버리는 듯한 느낌이 든다. "亦不能以手臂引人而與之"의 與는 원래 亡으로 되어 있는데, 청대 兪越의 고증에 따라 與로 고쳤다.

『중론』의 국가에 관한 부분은 특히 역사서에서 많은 인용문을 취하고 있고, 그 밖에 『논어』·『서경』·『시경』·『역경』 등을 인용하여 성왕의 통치를 위한 개별적인 방안들을 거론하고 있다. 서간은 상벌의 시행에 있어서는 그 크기와 양이 중요한 것이 아니라 규정이 항상 일정하게 잘 적용되는 것이 중요하다고 말한다. 그렇지 않으면 백성들이 더 이상 신뢰하지 않게 되고 죄인들이 더 이상 두려워하지 않게 된다는 것이다. 현명한 사람은 친척을 형벌에서 제외하지 않는다는 것이나, 상과 벌은 시간을 늦추지 말고 빠른 시일 내에 처리해야 한다는 것 등이 그 구체적인 방안이다.[153]

서간은 인구조사를 매우 중요하게 여겨 그에 관한 기록을 남기고 있다. 『주례』에 따르면 이것은 겨울의 초입에 실시되는데, 그 결과는 법무재상을 통해 왕에게 보고되었다고 한다. 인구조사의 목적은 세금·부역·군역을 올바르게 분배하여 백성의 불만이 생겨나지 않도록 하기 위해서이다.[154]

6. 중장통

중장통仲長統(180~220)은 자가 공리公理이며, 산동성의 산양군山陽郡 고평高平 출신이다. 한나라 마지막 황제가 폐위되던 해인 220년에 40세를 일기로 세상을 떠났다. 그는 20세 때 중국의 북부지역인 강소성·산서성·호남성·산동성·안휘성을 여행하였는데, 이 과정에서 많은 학자들을 만나고 많은 경험들을 쌓았다. 그는 매우 열정적이고 개방적이었지만 너무 직설적으로 말하는 경향이 있었다. 이 때문에 많은 사람들을 불쾌하게 만들어서 때로는 공공연한 비난을 받기도 했다. 그는 순욱荀彧(161~211)의 천거로 상서랑尙書郎에 임용되어 전쟁에서

---

153) 『中論』, 권2, 19b.
154) 『中論』, 권2, 20쪽.

조조를 보좌하였다. 그가 죽었을 때 친구들은 그의 빛나는 재능이 동중서, 가의, 유향, 양웅 등과 맞먹는다고 하였다. 왕충, 왕부와 더불어 후한시대의 위대한 세 학자로 간주된다. 중장통의 「낙지론樂志論」은 그의 세계관을 잘 보여 주는 글이다.

중장통의 대표 저술은 10만 자가 넘는 34장의 『창언昌言』인데, 지금 그의 저서들은 소실되었다. 마국한馬國翰은 중장통의 주요 저서의 부분들을 모아서 『옥함산방집일서玉函山房輯佚書』에 2장으로 수록하면서 유학 서적으로 분류하였으나, 내용적으로 이것은 법가에 가깝다. 『후한서』 권49에 있는 중장통의 전기에는 『창언』 중 3장이 발췌되어 실려 있다. 우리는 그 속에서 중장통의 정치철학을 읽어 낼 수 있다.

군자는 법과 제도를 사용하여 변화에 이르고, 소인은 법과 제도를 사용하여 혼란에 이른다. 법과 제도를 쓰는 것은 마찬가지이지만, 어떤 경우에는 이를 써서 변화를 일으키고 어떤 경우에는 이를 써서 혼란으로 나아간다. 그것을 시행하는 주체가 다르기 때문이다. 승냥이와 이리에게 양과 돼지를 치게 하고 도적에게 세금을 걷게 하면 국가를 혼란하게 만든다.[155]

그런데 중장통은 자기의 인생관을 다음과 같이 요약해서 보여 준다.

제왕을 좇아 떠돌아다니는 사람은 출세하여 명성을 떨치고자 하지만, 명성은 영구히 머물지 않고 인생은 쉽게 끝난다. 한가롭게 노닐며 마음껏 지냄에 스스로 즐거우니, 맑고 밝은 곳을 찾아 머물며 뜻대로 즐긴다.[156]

---

155) 『後漢書』, 권49, 21b, "君子用法制, 而至於化, 小人用法制, 而至於亂, 均是一法制也, 或以之化, 或以之亂, 行之不同也, 苟使豺狼牧羊豚, 盜跖主征稅, 國家昏亂."
156) 『後漢書』, 권49, 13a, "凡遊帝王者, 欲以立身揚名耳, 而名不常存, 人生易滅. 優游偃仰, 可以自娛, 欲卜居清曠, 以樂其志."

그는 이러한 생각을 「낙지론」에서 더욱 상세하게 설명하고 있다.

내가 사는 곳에는 좋은 밭과 넓은 집이 있다. 뒤에는 산이 있고 가까이에 물이 집 둘레를 흐르며 대와 나무가 둘러서 있는데, 앞에는 채마밭과 절구가 있고 뒤로는 과수원이 있다. 배와 수레는 걷고 건너는 어려움을 대신해 주고, 심부름하는 아이는 내 몸의 노고를 덜어 준다. 부모는 맛있는 음식을 봉양 받고, 처와 종들도 몸이 고달프지 않다. 벗들이 오면 술과 맛있는 안주를 함께 즐기고, 좋은 날에 양과 돼지를 삶아서 대접한다. 밭두렁과 동산을 거닐고 숲에서 즐겨 놀며, 맑은 물에 목욕하고 시원한 바람을 찾는다. 헤엄치는 잉어를 낚고 높이 나는 큰기러기를 화살로 잡으며, 무우대 아래서 바람을 쐬고 높은 누각으로 시를 읊으며 돌아온다. 안방에서 정신을 안정시키고 노자의 현허를 생각하며, 순수한 조화를 호흡하면서 지인의 경지를 엿본다. 통달한 친구 몇몇과 도에 대해 이야기하고 도서를 강론하며, 하늘을 우러르고 땅을 굽어보며 모든 인간과 사물을 관찰 대상으로 삼는다. 남풍의 고아한 곡조를 타고 청상곡의 미묘한 가락을 연주하며, 세상 위로 날아올라 노닐면서 하늘과 땅 사이의 모든 것을 살핀다. 당대의 책임을 떠맡지 않고 성명의 기한을 늘 보존한다. 이와 같이 하면 곧 은하계를 넘어 우주 밖으로 나가 노니니, 어찌 제왕의 문으로 들어가는 것을 부러워하겠는가?[157]

그의 이러한 고고함은 다음에 게시된 두 편의 시에서도 나타난다.

날아가는 새는 흔적을 남기고
허물 벗는 매미는 껍데기를 버리며
질주하는 뱀은 껍질을 벗고
승천하는 용은 뿔을 버린다.

---

157) 『後漢書』, 권49, 13a, "使居有良田廣宅, 背山臨流, 溝池環迊, 竹木周布, 場圃築前, 果園樹後, 舟車足以代步涉之難, 使令足以息四體之役, 養親有兼珍之膳, 妻孥無苦身之勞, 良朋萃止, 則陳酒看以娛之, 嘉時吉日, 則烹羔豚以奉之, 躕躇畦苑, 遊戲平林, 濯清水, 追凉風, 釣遊鯉, 弋高鴻, 諷於舞雩之下, 詠歸高堂之上, 安神閨房, 思老氏之玄虛, 呼吸精和, 求至人之仿彿. 與達者數子論道, 講書俯仰二儀, 錯綜人物, 彈南風之雅操, 發清商之妙曲, 消搖一世之上, 睥睨天地之間, 不受當時之責, 永保性命之期如是則可以陵霄漢, 出宇宙之外矣, 豈羨夫入帝王之門哉."

완전한 인간은 자유로이 변화하고
통달한 선비는 세속을 넘어서니,
고삐 없이 구름을 타고
발 없이 바람으로 달린다.
내리는 이슬은 커튼이 되고
펼쳐진 구름은 장막이 되며
흐르는 안개는 음식이 되고
아홉 개의 해는 등불을 대신하며
하늘의 별은 빛나는 진주이고
아침 이슬은 빛나는 옥이다.
온 우주의 안에서
마음이 하고자 하는 바를 좇는다.
인간의 일은 남겨 둘 수도 있으니
어찌 사태를 재촉하겠는가?[158]

큰 도가 비록 쉽게 이르더라도
그 기미를 보는 사람은 적다.
내 뜻에 맡겨둠은 비난할 바 없고
사물을 따르는 것은 옳지 않다.
예로부터 뒤얽히고 뒤얽혀
옥가락지 부딪치듯 소란스러운데,
백 가지 생각이 무슨 소용이 있으랴,
가장 중요한 것은 나에게 달려 있으니.
걱정은 하늘로 날려 보내고
근심은 땅에 묻는다.
오경을 배반하여 내치고

158) 『後漢書』, 권49, 14a, “飛鳥遺跡, 蟬蛻亡殼, 騰蛇棄鱗, 神龍喪角, 至人能變, 達士拔俗, 乘雲無轡, 騁風無足, 垂露成幃, 張霄成幄, 沆瀣當餐, 九陽代燭, 恒星豔珠, 朝霞潤玉, 六合之内, 恣心所欲, 人事可遺, 何爲局促.”

국풍과 아악을 없애 버리며

백가를 모두 부수어

불 때는 데에 쓰게 한다.

뜻을 들어 올려 산의 서쪽에 두었다가

마음을 바다의 동쪽에서 노닐게 한다.

원기는 배가 되고

가벼운 바람은 키가 된다.

크고 맑은 하늘로 오연히 날아올라

마음 가는 대로 즐거이 노닌다.159)

이러한 열광적인 찬가는 장자나 회남자, 또는 다른 도교의 신비주의자들에게
서도 찾아볼 수 있는 우주의 기운에 대한 것으로 추측된다. 여기에 양주를
연상시키는 감각주의, 이기주의, 염세주의가 연결된다.160) 그런데 중장통의
저술은 매우 적은 부분만이 남아 있기 때문에 그가 도교에 대해 참으로 납득한
부분이 얼마나 되며 그의 시에서 도교가 차지하는 비중이 어느 정도인지를
가늠하기는 어렵다. 특히 현전하는 『창언』의 장들은 위의 입장들과는 달리
철저하게 유학적이다.

---

159) 『後漢書』, 권49, 14a, "大道雖夷, 見幾者寡, 任意無非, 適物無可, 古來繞繞, 委曲如瑣, 百慮何
爲, 至要在我, 寄愁天上, 埋憂地下, 叛散五經, 滅棄風雅, 百家雜碎, 請用從火, 抗志山西, 游心
海左, 元氣爲舟, 微風爲柁, 放翔太淸, 縱意容冶."

160) 渡邊秀方, 『中國哲學史槪論』 2, 43쪽에서는 仲長統을 시인 陶淵明(365~427)과 비교하면
서, 그는 철학자라기보다는 현인이었다고 하는 편이 낫다고 말한다. 우리는 그에 대
해 아마도 시인이자 철학자였다고 말할 수 있을 것이다.

제2부 위진남북조시대

(220~589)

한나라, 즉 전한과 후한의 400년 동안이 중국의 정치적인 전성기였다고 한다면 그 뒤를 잇는 400년은 정치적인 붕괴로 인해 대내외적으로 전쟁이 계속되고 왕조와 통치자의 교체가 끊임없이 이어졌다. 이 시기는 모든 경제적·문화적 가치들이 무너져 버린 암울한 시대였다. 이 기간 동안 39명의 황제가 교체되었으므로 9년마다 황권교체가 있었던 셈이다. 우선 삼국시대(221~265)에는 서로간의 전쟁과 대립이 지속되었으며, 진나라(265~420)에 이르러서야 비로소 통일이 다시 이루어졌다. 그러다가 다시 국가가 남북으로 나뉘어 남북조시대(420~569)를 맞이하였다. 이때는 한족이 세운 왕조가 중국의 남쪽을 통치하였고, 이민족의 왕조가 북쪽을 통치하였다. 이후 짧은 기간 동안 지속된 수왕조(581~617)에 의해 중국은 또다시 통일되었다.[1]

이 시기에 접어들면서 흉노·티베트·퉁구스 등의 이방인들이 북중국을 중심으로 하는 변방의 국경지역에 정착하였다. 정착민들은 중국의 관습과 언어를 받아들이는 가운데 중국을 공격하여 영토를 잠식해 갔으며, 마침내 북쪽에 왕국을 건립하였다. 이민족의 왕조들은 곧 중국에 동화되었다. 중국의 문화를 열심히 배운 끝에 심지어는 중국과 다른 언어와 의복은 종종 금지되기까지 하였다. 그리하여 처음에는 북방의 종족들이 중국을 주도하였지만, 양왕조 치하에서는 문화의 중심이 다시 남방으로 양도되었다.

중국이 남북으로 분리된 직후에는 서쪽으로의 확장 및 중앙아시아와의 상거래 확보라는 사업은 일시적으로 중단되었지만, 그 대신 이 시기에는 해상거래가 활발하였다. 중국의 평평한 돛단배는 적당한 몬순으로 말레이반도와 실론,

---

[1] 원래 위진남북조시대에 해당하는 시기는 220년에서 589년까지이지만 여기서는 짧은 시간 동안 지속되었던 수나라시대(581~618)도 함께 다룬다.

페르시아만에까지 이르렀다. 이를 통해 중국인들은 여러 나라를 알게 되었으며 시야가 현저하게 넓어졌다. 특히 실론은 중국과 매우 밀접한 관계를 맺었다. 428년에서 531년 사이에 실론의 사신이 중국으로 8차례 파견되었으며, 심지어 실론의 왕 중에는 중국 황제의 가신을 자칭하는 사람도 있었다. 그러다가 중앙아시아와의 교류도 다시 전개되어, 최소한 5세기에는 카불, 페르가나와 페르시아의 사신이 북위에 도착했다고 한다. 동시에 법현法顯 등의 승려들이 육로나 해로를 통해 인도로 순례여행을 떠나서 외국에 대한 인식을 확장시켜 주는 훌륭한 여행기를 남겼다.

일반적으로 이 시기는 중국의 정신사에 있어서도 암흑시대로 간주되지만, 이것이 완전히 맞다고는 할 수 없을 것이다. 비록 끊임없는 전쟁과 빈번한 왕권교체로 인해 많은 문화유산들이 사라졌을지라도, 이 시기에 들어 여러 영역에서 큰 진전이라고 할 만한 것들이 있었기 때문이다.

일단 이 시기에는 중국미술의 첫 번째 전성기가 있었다. 우선 중국 자체의 전통을 이은 부분으로, 회화나 서예 등의 발전을 들 수 있다. 육조시대의 유명한 화가들 중에는 고개지顧愷之(344~405)가 가장 잘 알려져 있다. 그리고 중국 최초의 문화비평가라 할 수 있는 사혁謝赫(479~502)도 빼놓을 수 없는데, 그는 오늘날에도 여전히 적용되는 중국 회화의 육법六法이론을 정립한 사람이다. 또 양梁나라 원제元帝(552~554)는 예술의 애호가인 동시에 그 자신이 또한 시·서·화에 빼어난 대가이기도 했다. 한편 중국의 문자는 서양의 알파벳과는 전혀 다른 가능성을 지니고 있었다. 그래서 서예는 중국인에게 예로부터 고급예술로 간주되어 왔다. 왕희지王羲之(307~365)와 그의 아들 왕헌지王獻之(348~388)는 지금도 여전히 독보적인 아름다운 필체로 인정받고 있다. 다음으로는 인도의 영향을 받아들인 부분이다. 중국 고대의 조각품들을 보면 보존된 정도에 관계없이 대체로 매우 유치해 보인다. 중국인들은 이 시기에 들어 인도의 불상을 모방하면서 비로소 인간 신체의 조형적인 제작을 익힐 수 있었다. 그리하여 북위시대에 조각된 운강 석굴사원의 불상과 양나라 때 새겨진 용문 석굴사원의 불상 등 가장 오래된 불교 조각품들이 생겨난다. 거대한 바위에 조각된 불상들은 당시의 높은 예술적인 감각에 의해 탄생하였으며 후대에 막대한 영향을 미쳤다. 이미 467년에 위나라에서는 동銅으로 만든 14미터 높이의 거대한 석가입상이 제작되었다고 한다.

이 시대는 또한 문학에서도 큰 열매를 맺었다. 특히 진나라와 양나라의 것이 뛰어나서, 한나라에서부터 시작된 낭만적인 서정시가 매우 발전하였다. 비록 중국인들은 냉철한 성찰의 내용을 담은 당나라 때의 시를 최고로 꼽을지라도, 서양인들의 눈에는 이 시대의 서정시가 보다 더 서양의 시에 가깝게 느껴진다. 양나라의 무제·간문제·원제는 이 시기 최고의 서정시인이었다. 중국의 시에는 서사시 내지는 담시譚詩의 형태가 거의 없다.

유학은 비록 삼교 가운데서는 영향력이 가장 적었지만 결코 소홀히 취급된 것은 아니었다. 북위의 태무제(424~452)는 유학을 주요 학과로 정하여 장려하고 오경의 교수와 1,000명 넘는 학생들이 있는 대학을 건립하였다. 이것은 399년에 국립대학인 국자태학國子太學으로 확장되었는데, 학생 수도 3,000명으로 늘어났다. 466년에는 지방학교인 향학鄕學과 왕자들을 위한 황자지학皇子之學이 건립되었다. 낙양으로 천도한 이후에는 새로운 국립대학과 4개의 중급학교가 성문 근처에 생겨났다. 양무제 또한 유학에 큰 관심을 보였다. 그는 경전 교수를 다시 임용하고 국가의 학술원인 국자감國子監에서 오경을 직접 강설하였으며,

지방에도 대학과 도서관을 건립하게 하였다. 이 시대의 유학에는 두 흐름이 있었다. 북쪽에는 정현鄭玄·모장毛萇의 주석에 의지하는 북학北學이 있었으며, 남쪽에서는 왕필王弼·왕숙王肅 등이 주도하는 남학南學이 있었다. 북쪽의 국가들은 진지하고 사려 깊었으며 또한 정통적이었고, 남쪽의 국가들은 활기차고 상상적이었으며 자유로운 이해를 추구하였다.

도교는 한대 이후로부터 매우 중요하게 여겨졌으며 궁정에도 많은 추종자들이 있었다. 심지어 남조 송나라(420~429) 때에는 도가의 형이상학을 위한 학부가 생길 정도였다. 그러나 신비적인 성향이 점점 더 증가하면서 종래의 철학으로부터 전화하여 매우 많은 미신적 요소를 띤 종교가 되었다. 북위 태무제는 도교를 아주 좋아하였는데, 그는 도교를 특별히 높이고자 불교를 억압하였다. 그는 도교의 도사들에게 120개의 제물을 바치고 부적을 받았으며 그들의 가르침을 나라 전체에 보급하였다. 이러한 종교적인 방향의 또 다른 옹호자로는 남진의 무제(557~559)와 북주의 무제(560~578)가 있다. 한편, 호흡법과 연금술을 통해 불사에 이르고자 했던 도홍경陶弘景(451~536)은 매우 특별한 단련법을 수행하였는데, 남제의 고제(470~483)에 의해 왕자의 스승으로 임명되었다가 492년에 산으로 돌아갔다. 황제가 되기 전 산에서 도홍경의 제자로 있었던 양나라 무제가 즉위 후 관직을 내렸으나 도홍경은 받지 않았다. 이에 황제가 자주 산으로 찾아가 자문을 구하였으므로 그는 산중재상山中宰相이라는 별명으로 불렸다. 도교는 많은 부분에서 불교에 상응하였으며, 불교의 방식을 모방하였다. 도교의 교단은 불교와 비슷한 방식으로 조직되어 1명의 교주를 우두머리로 삼았다. 육조시대(220~587)에는 1,500여 종의 도교서적을 모아 불교의 대장경에 상응하는 '도장道藏'이라는 하나의 총서체제로 집성하였다. 이렇듯 도교에도 적극적인 정신사적 활동이 있었다.

그러나 이 시대에는 역시 거의 전 중국의 종교가 되었다고 할 수 있는, 혹은 적어도 하층민중의 종교로만큼은 확실하게 자리 잡았다고 할 수 있는 불교가 최고의 발전을 이루었다. 지식인들 또한 비록 공공연히 고백하지는 않았더라도 다수가 불교를 추종하고 있었다. 당시 사람들은 유학의 형식적인 의례주의에 싫증을 내고 새로운 가르침을 찾았다. 불교는 그러한 요구에 매우 부합하였고, 유학과 도교에는 서방의 위대한 전도자들과 맞설 만한 인재가 없었다. 게다가 저승과 심판에 대한 교리는 더욱더 공감을 얻었다. 그리하여 북방의 이민족들은 쉽게 개종되었고, 중국인들 또한 마침내 새로운 종교를 수용하였다. 양자강 남쪽의 오나라가 처음으로 군주와 재상이 모두 불교로 전향하여 탑을 건립하였다. 황제 대제大帝(222~252)는 새로운 교리에 우호적이어서 많은 불교사원을 건립했으며, 오의 마지막 황제는 스스로 신도가 되었다. 진나라의 원제元帝(317~323), 명제明帝(323~326), 성제成帝(326~343) 또한 불교를 믿었고 궁전에서 불경을 해석하게 하였다. 이 시기에는 중앙아시아의 투르키스탄에서 온 이방의 승려들이 높이 숭상되었다. 520년 중국에 온 보리달마菩提達磨에 의해 교화된 양 무제는 스스로 두 번 사원에 찾았으며 이후 달마를 궁정으로 불러들였다. 황제는 불교에 대하여 논쟁하고 글을 지었으며, 최초의 대장경 편찬을 명하고 수많은 사원을 건립하게 하였다. 제사에서 동물을 희생으로 바치는 것을 금지하였고, 범죄행위가 크게 증가할 정도로 형벌을 대폭 감소시켰다. 방대한 불교 경전들의 대부분이 육조시대에 인도와 중국의 승려들에 의해 중국어로 번역되고 경전의 주석들 또한 함께 번역되었는데, 이를 통해 불교의 주요 원전들은 소멸의 위기에서 구원될 수 있었다. 인도에서는 대부분의 원전들이 훗날 소실되고 말았기 때문이다. 후진의 황제 요흥姚興(366~416)은 유명한 구마라습鳩摩羅什(Kumarajiva)을 장안으로 초빙하여 401년에 국사로 임명하고, 낙양에 번역청을 설립한 후 그로하여금 800명의 승려들을 지도하여 300여 종의 불경을 번역 출간하게 하였다. 이러한 불교서적들은 중국문화에 큰 영향을 미쳤다. 인도는 중국인들이 접촉한 최초의 문명국이었다. 인도의 영향은 그림·조형·건축·문학 등에서 증명된다. 이미 위나라 말기에 북중국에는 30,000여 개의 불교사원이 건립되었고 200만 명 정도의 승려들이 있었다. 수나라 때에 드디어 불교는 국교가 되었다.

이 시기의 철학은 오히려 한나라의 철학보다 퇴보했다. 유명한 인물도 거의 없지만 그나마 3명의 사상가는 주목할 만하다. 진왕조의 도사이자 연금술사이며 『포박자抱朴子』의 저자로 알려진 갈홍葛洪, 제나라와 양나라의 회의론자 범진范縝, 수나라의 유학자 왕통王通이 바로 그들이다. 또한 새로운 체계가 창설되지는 않았다 하더라도 새로운 생각마저 결여된 것은 아니었다. 당시까지 지배적이었던 유학은 이 시기 들어 도교 및 불교와 대립하게 되었는데, 유학자들의 일부는 이들과 날카롭게 투쟁하였고 또 다른 일부는 유·불·도의 본질적인 동일성을 강조하면서 화합을 시도하였다. 다양한 견해를 주장하는 사람들 사이에서 벌어진 잦은 논쟁들에서 볼 수 있는 것처럼, 그 시대에도 철학에 대한 관심은 결여되어 있지 않았다. 흔히 언급되는 양무제의 궁정에서 벌어졌던 불사에 관한 유명한 논쟁도 그 사이에 생겨났다.

앞에서 우리는 불교가 이 시기에 얼마나 큰 의미를 가지고 있었으며 얼마나 강하게 중국 문화에 영향을 미쳤는지를 살펴보았다. 그러나 이제 철학에는 불교가 어떤 영향을 미쳤는지를 묻는다면, 우리는 이러한 방향으로는 불교의 영향이 매우 적었다는 것을 고백하지 않을 수 없다. 중국의 불교는 인도의 원전을 번역하고 해석하면서 새로운 종파를 기초하는 것에 만족하였다. 이들은 훌륭한 종교인이고 학자였지만 철학자는 아니었다. 단 한 사람도 철학자로 이름을 떨치지는 못했다. 또한 중국의 철학자들은 대부분 불교를 거칠게 부정하였다. 그들의 생각이 어느 정도 불교사상의 영향을 받았을 수는 있었다고 하더라도, 그들은 불교적인 이념을 수용할 생각이 없었다. 따라서 어떤 중국철학도 불교의 기반 위에 성립되지는 않았다.[2]

---

2) 이것은 Zenker, *Geschichte der chinesischen Philosophie II*, 75쪽에서 올바로 지적되었다. 반면 Hackmann은 불교를 통해 중국의 정신이 한 단계 높은 철학적 단계로 상승하였다고 여기지만(*Chinesische Philosophie*, 310쪽), 인도철학과의 저촉 이후에도 그들의 생각은 여전히 매우 비약이 많고 비체계적이었으며 사유기술은 어떠한 진전도 이루지 못하고 있었다. Wilhelm은 중국철학에 끼친 불교의 영향이 매우 심대하다고 말하는데(*Chinesische Philosophie*, 92쪽), 만약에 빌헬름이 생각하는 불교철학의 많은 장점들이 중국철학자들에 의해 진정으로 수용되었다고 한다면 맞는 말이겠지만 그런 일은 일어나지 않았다.

제1장 도가의 변형과 변종

최초의 도교는 이미 강한 신비주의와 심령론의 경향을 보였으며, 이것은 열자와 장자에서 현저하게 나타났다. 이러한 경향은 점점 더 발전하여 철학적인 사유를 능가하게 되었다. 고대의 도교에는 도사와 연금술사가 함께 존속하였다. 도사들은 자신들의 심령주의 이론을 학문적으로 기초하고자 한 반면에, 무당들은 은밀한 휘장으로 둘러싸는 것을 좋아하였다. 무당들은 기적에 대한 믿음이 특별히 강하였다. 한 예로 이들은 봉래蓬萊, 방장方丈, 영주瀛州의 섬에 신선들이 산다는 것을 믿었다. 이들 세 섬은 바다 멀리 아득한 곳에 있는데, 거기서는 불로장생의 약이 만들어지고 신선들이 금과 은으로 만들어진 궁전에 산다고 한다. 그곳의 짐승과 새는 모두 흰색이다. 이 섬들을 찾기 위해 기원전 217년에 시황제가 사람들을 보냈다는 것이 알려져 있다. 당연히 그들은 섬을 발견하지 못하였다. 섬이 가까워지기만 하면 신선들이 섬 안으로 사라져 버리거나 바람이 배를 섬으로부터 몰아내어 버렸기 때문이다.

열자와 장자는 도가와 도교 사이의, 또는 도가의 학자들과 직업적인 도사들 사이의 경쟁에 대하여 기술한다. 철학자들은 정신을 고요하고 무감각하게 함으로써 신비로운 힘을 생성하도록 정신에 영향을 미치고자 하였고, 도사들은 단지 불사에 이르는 마술적인 수단을 생성하고자 하였다. 『여씨춘추』에서는 도가와 도교의 영역이 분리되어 있었지만, 이러한 구분은 점차 흐려져 가다가 『회남자』에 이르러서는 사라져 버리고 만다.

새로운 도교에서는 두 방향을 인식할 수 있다. 하나는 보다 철학적인 방향으로, 철학적 기반에 기원을 두고서 도에 침잠하는 것을 좋아하고 생명의 연장과 연금술에 몰두하는 것이다. 다른 하나는 보다 통속적인 방향으로, 이로부터 도가는 신화와 고대 민속종교에서 신에 대한 신앙을 수용함으로써 스스로 종교가 되었다. 그런데 여기에서는 후기도교를 이해할 수 있을 만한 철학적 방향의 기본생각에 대한 기술에 그치고자 한다. 이러한 방향을 대표하는 사람들은 한나라 때에 이미 있었는데, 거의 모두가 철학자라기보다는 도사 내지 연금술사로 알려져 있다.

2세기 경의 인물 위백양魏伯陽은 불사의 단약을 제조하는 방법을 적은『참동계參同契』[1]의 저자로 알려져 있다. 위백양은 단약을 만들어 그 중 하나를 개에게 먹여 보았더니 개는 당장 죽어 버렸다. 그러나 그는 흔들리지 않고 자신이 직접 하나를 먹었는데, 그 또한 죽고 말았다. 그의 형이 또 그와 똑같이 하였고, 결과 역시 같았다. 이윽고 동생이 세 시신을 묻으려고 하였는데, 그때 이들은 다시 깨어나 불사에 이르게 되었다.

도교의 첫 번째 천사天師인 장도릉張道陵(34~156)은 어렸을 때 오경을 공부하였으나, 후에 산으로 들어가서 악귀를 쫓고 연금술을 익히는 데 몰두하였다. 그는 불로장생에 이르는 단약을 만들었으며, 그것을 먹고 신선이 되어 하늘로 올라갔다.

갈홍은 자신의 호를 딴 철학서『포박자抱朴子』의 저자로 알려져 있는데, 그에 관해서는 뒤에서 상세히 다루기로 하겠다.

도홍경陶弘景(451~536)[2]은 불사에 이르기 위하여 특별한 호흡법과 단식을

1) 『참동계』는 142년 경에 저술되었다고 하며 Lu-Ch'iang Wu(吳魯强)과 Tenney L. Davis에 의해 역주되었다. "The Ts'an T'ung Ch'i of Wei Po-yan", *Isis* Vol.18-2 (Cambridge, U. S. 1932), Nr. 53.
2) 도홍경에 대해서는 Tenney L. Davis와 Lu Ch'iang Wu (*Journ. of Chemical Education* Vol.9, 1932, Nr. 5)가 연구한 것이 있다.

시도하였다. 그는 갈홍의 저술에 의지하여 불로장생의 단약을 만들었는데, 그 중 한 가지는 복용하면 신선의 새로 알려진 백학白鶴으로 변한다고 한다. 그는 신선의 가르침을 전하는 저서 『진고眞誥』를 저술자로 알려져 있다. 양무제와의 관계는 이 장의 서두에서 이미 언급하였다.

예로부터 도가의 최종 목표는 도와 일치하여 신인이 되는 것이었다. 도가는 명상과 신비로운 수련법을 통해 그 목표에 이르고자 하였다. 그러나 사욕이 그것을 방해하였으며, 따라서 개인의 마음을 순수하게 하는 것이 필요하였다. 그리하여 도가인들은 신체와 정신의 일치를 추구하는 자기수련법을 개발하여 신체조직을 외부세계로부터 차단하고자 했다. 그들은 더 이상 아무것도 보지도 듣지도 느끼지도 않은 채 죽은 사람처럼 고요하고 초연한 마음의 경지를 갖추고 정좌하였다. 모든 정신적인 감응을 억압하고 모든 사유와 감각 및 요구를 포기하였다. 이때 심장은 장자의 말에 따르면 타고 남은 재처럼 되어, 자아가 사라지고 그 자리에 도가 들어선다. 이를 통해 인간은 근원적인 자연으로 돌아간다. 이것은 그저 도에 불과한 것으로, 사물과의 접촉 및 세상의 번잡함으로 인해 오랫동안 잊고 있었던 것일 뿐이다.

이와 동시에 하나의 내적인 깨달음이 나타난다. 사람이 도와 세계를 인식하는 것은 보다 높은 종류의 인식이다. 추론을 필요로 하지 않는 직관, 내적인 관조, 초감각적인 도의 지로서, 그 곁에서는 모든 지상의 지가 아무런 의미를 지니지 못한다. 이러한 황홀경의 상태에서 사람은 말로 표현할 수 없는 것을 환영으로 보며 존재의 마지막 근원으로 들어간다.

완전히 득도한 사람은 이제 행복하고 만족하게 된다. 도가 그의 신체에 머물면 도는 그의 신체를 건강하게 보존하게 하고 장수하게 하며 마지막에는 불사에 이르게 한다. 완전한 도인의 신체는 해체되어 신이 되고, 이로써 그는 기적을 일으키는 능력을 갖게 된다. 그 자신이 바로 도이기 때문에 도의 권능을 그 또한 가지게 되는 것이다. 마술이 그의 권력 안에 있다. 그는 자연법칙을 중단시킬 수 있기 때문에 자연법칙도 그에게는 적용되지 않는다. 물에 빠져도 익사하지 않고, 불속에 들어가도 타지 않으며, 야생짐승들도 그를 해치지 않는다. 그는 돌과 쇠를 통과할 수 있으며, 바람이나 구름 혹은 용이나 학을 타고 하늘로 올라간다. 그는 자신이 원하는 것을 만들어 낼 수 있고, 짐승과 사람 및 사물을 변화시킬 수 있다. 그는 마법의 주문으로 복을 불러오고 재앙을 물리칠 수 있다. 귀신이 그에게 순종하므로 귀신을 불러 명령을 내릴 수 있다. 주문이나 부적으로 귀신을 복종하게 할 수도 있고 마술의 힘으로 물리칠 수도 있으며 그릇이나 용기에 봉인할 수도 있다. 또한 그는 보고자 하는 사물이나 사람을 마술의 거울에 나타나게 할 수도 있다.

도라는 이름으로 후기도교에서 추구한 것은 주로 생명의 연장이었다. 도교인들은 신선이 되어 죽지 않게 되는 것을 목표로 하였다. 대부분의 중국인들에게서와 마찬가지로 도교에서도 삶은 불행이 아니라 큰 행복으로 간주되었기 때문이다. 그들은 생명의 보존과 연장을 위해 특별한 호흡법이나 체조, 다이어트 등을 통한 신체단련법을 사용하였다.

여불위는 몸속의 탁한 공기를 내쉬고 신선한 공기를 들이마실 수 있다면 하늘처럼 오래 살 수 있게 된다고 하였다. 이를 위해 그는 숨을 깊이 들이마시고 천천히 내쉬는 복식호흡을 추천하였다. 복식호흡은 폐호흡보다 더 효과가 크다. 적극 추천된 방법은, 숨을 들이마셨다가 맥박수가 120에 이르고 나서야 다시 숨을 내쉬는 것이었다. 심지어 오랜 연습 후에는 맥박이 1,000번 뛸 때까지 호흡을 참을 수 있다는 말도 있었다. 늙은 사람은 이 방법을 통해 다시 젊어질 수 있다고 한다. 한편, 기를 운동시켜 신선하게 보존하려면 특별한 체조를 해야 한다. 몸을 움직이면 소화가 잘 되고 피가 잘 흐르며 정체되어 있던 물질의 교체가 이루어짐으로써 모든 질병을 예방할 수 있다. 이러한 운동은 앉거나 누운 상태에서 실시되며, 신체조직의 확장과 수축, 피부와 근육의 마사지 등을 통해 이루어진다. 각각의 위치는 그림으로 도식화되었다.

마지막으로 다이어트에서는, 기가 많은 음식 혹은 생명을 해치는 음식을 피하는 것이 중요하다. 중국인의 주식이었던 오곡은 기이하게도 대부분 장생을 위해서는 삼가고 피해야 할 것으로 여겨졌다. 사람은 너무 많이 먹지 않아야 하는데, 때로는 신체의 정화를 위해 금식을 하는 것도 좋다. 도교에서는 완전히 단식하고 오직 공기와 이슬로 살았던 선인들의 기록도 전한다.

도로써 채워진 실체들은 생명을 수천 년까지 연장하거나 불사에 이를 수 있으며, 강력한 효능이 있는 단약을 그대로 먹거나 다른 것과 혼합하여 먹음으로써 신선이 될 수 있다. 『도장道藏』에 수록된 많은 책들이 득도에 대하여 다루고 있고, 득도한 실체들의 긴 목록을 수록하고 있기도 하다. 생명을 연장하는 데에는 특별한 식물이나 동물, 광물 등의 성분 및 그것의 작용이 필요하다. 식물 중에서는 복숭아, 영지, 참깨, 송진, 소나무의 잎과 뿌리 등을 들 수 있다. 동물 중에서는 학, 닭, 거북 등이 중요한데, 천년된 거북의 껍질을 달인 즙에는 특별한 효능이 있다고 한다. 광물 중에서는 수은과 금이 가장 강한 작용을 한다. 이들은 인간을 불사에 이르게 할 수 있을 정도로 많은 양기를 가지고 있기 때문이다. 그보다 덜 강한 것은 은, 옥, 진주, 산호, 호박 등으로, 이것들은 가루로 복용되었다. 또 달에서 유래한다고 알려진 이슬은 음의 기운이 있는 재료이다. 불사를 구하는 사람들은 이러한 것들을 섭취하여 생명을 생성하는 음기 및 양기와 동화하고자 하였다.

생명 연장의 욕구는 사람들로 하여금 광물로써 불로장생의 약을 제조하게 만들었고, 이렇게 하여 연금술이 생겨났다. 연금술이란 곧 도의 정수를 인위적으로 증류하는 것이었다. 정신은 본래부터 불사하는 것이고, 도교의 연금술사들에게는 이제 신체까지 불사할 수 있게 하는 것이 중요했다. 그들은 신체와 정신이 더 이상 구분되지 않을 정도로 신체를 정화시켜야만 했다. 즉 신체를 신이 되도록 하는 것이다. 이미 기원전 2세기 무렵부터 사람들은 땅속의 금속이 수백 년이 지나면 서로 다른 상태로 변한다는 것을 알고 있었다. 그들은 황화수은

이 납·은·금으로 변할 수 있다고 생각하여, 수명을 연장하는 데 가장 중요한 금속인 금을 인위적으로 만들고자 하였다. 황화수은은 가열하면 수은이 되는데, 사람들은 이로써 '금단'을 제조하는 방식을 터득하였다. 금단은 모든 금속의 정수로 간주되었다. 사람들은 금단을 복용하여 생명력을 기름으로써 불로장생할 수 있다고 믿었다. 이처럼 중국 연금술의 출발점은 황화수은이었는데, 이 밖에 황화비소나 계관석, 석황 등도 연금술에 사용되었다.

사람들은 내단內丹, 선단仙丹, 신단神丹 등으로 알려진 이 불로장생의 약을 제조하는 방법을 아주 은밀하게 간직하였다. 그래서 그것과 관련해서는 매우 특별한 기록이 발견될 뿐이고, 방법과 중량은 거의 제시되지 않는다. 금단 가운데에는 팔경단八瓊丹이라는 것이 가장 잘 알려져 있는데, 이것은 주사硃砂, 웅황雄黃, 유황琉黃, 초석硝石, 술염戌鹽, 자황雌黃, 운모雲母, 공청空靑 등 희귀한 여덟 가지 물질들로 이루어져 있다. 다른 하나는 『격치경원格致鏡原』에 수록된 여덟 가지 물질의 혼합으로, 수은, 석황, 계관석, 황, 질산칼륨, 암모니아, 코발트, 진주모가 그것이다. 훨씬 더 간단한 것으로는 다음과 같은 처방이 있다. 먼저 3파운드의 순수한 수은과 1파운드의 꿀을 혼합하여 햇볕에 말린 후 단으로 만들어질 때까지 불에다 볶는다. 그리고 삼베씨알만한 크기의 이 단약을 매일 아침 10알씩 먹는다. 그러면 한 해 뒤 흰머리가 다시 검어지고 빠진 이가 다시 나오며 신체가 매끈하고 광택이 나게 된다. 이것을 장기적으로 복용하면 노인이 다시 젊어지고, 계속해서 먹으면 불사에 이르게 된다.

그러나 황화수은 또는 수은이 단약의 제조에서 반드시 있어야만 하는 것은 아니다. 『포박자』에서는 이러한 물질이 빠진 처방도 제시하고 있다. 바로 계피와 양파즙을 끓인 물에 대나무즙을 첨가하고 거북이 골을 혼합한 것으로, 7년 동안 이 혼합물을 먹은 사람은 불사한다.

단약의 제조과정에서는 이것이 얼마나 여러 번 변화하는지가 중요하다. 달이는 과정을 통해 약이 순화되는데, 약의 작용은 순화의 수에 비례하여 증가하기 때문이다. 간혹 일곱 번의 변화(七返)가 거론되기도 하지만 최고의 숫자는 9인 것으로 보인다. 이렇게 9번 변화시킨 금단을 구전금단九轉金丹(九轉還丹)이라고 한다. 여기서 한 번 더 달이면 다시 황화수은으로 변해 버리고 만다. 한 번 순화된 단약은 불사에 이르기 위해 3년간 복용해야 하지만, 9번 순화된 단약은 3일 동안만 복용해도 충분하다. 포박자와 같이 도가 충만한 사람은 구전금단을 깨뜨린 가루에서 칼끝으로 한 차례 떠올린 양만 먹었는데도 밝은 대낮에 신선이 되어 하늘로 날아올랐다고 한다.

서양 중세의 연금술사에게 있어 수은에서 금을 얻는 일은 그 자체가 곧 목적이었지만, 도교에서의 연금술은 단지 장생의 단약을 얻기 위한 과정일 뿐이었다. 중국의 도교인들은 가난하여 진짜 금을 소유할 수 없었기 때문에 8가지 특별한 물질을 써서 금으로 된 단약을 만들고자 하였다. 그들에게는 그 밖의 여러 다양한 생산방법들도 있었는데, 그것들은 대부분 이해하기가 매우 어려웠다. 그런데 금단을 피부에 바르거나 복용함으로써 신체를 보존할 수 있다고는 하지만, 그것이 가능하기 위해서는 금단의 제조가 오직 특정한 시간에 특정한 장소에서 이루어져야만 했고 그것을 복용하는 사람 또한 일정한 도덕적 자격을 갖추고 있어야만 했다. 이 조건들을 충족시키지 못해서 단약이 작용하지 않거나 심지어 죽음에까지 이르게 되는 상황이 드물지 않게 일어났고, 실제로 여러 황제들이 이러한 방식으로 죽었다. 그러자 경솔함이 실패의 원인으로 지적되었다.[3]

---

3) 이상의 설명을 위해 참고한 논저는 다음과 같다.
  W. A. P. Martin, "Hanlin Papers", *Alchemy in China*, 1880, 221~252쪽.
  Mayers, *Reader's Manual*, '丹' 항목.
  Wieger, *Taoisme*, "Bibliographie".
  Krause, *Ju-Tao-Fo*, 1924.
  O. S. Johnson, *A study of Chinese alchemy*, 1928.
  Th. Hiortdahl, "Chinesische Alchimie"(Diergart 편, *Beiträge aus der Geschichte der Chemie*).

제2장 불교철학

불교철학은 종교로서의 불교와 마찬가지로 순수하게 인도의 정신유산이다. 이것은 중국적 사유가 아니라 인도 승려에 의한 인도적 사유이지만, 이것이 중국의 사유에 미친 영향은 결코 작은 것이 아니기 때문에 우리는 최소한 이에 대한 근본적인 것만이라도 알아야 한다.

대부분의 중국인들은 불교철학을 이질적으로 느꼈으며 그들 자신의 철학에 융화시키려고 하지 않았다. 많은 중요한 철학자들이 불교철학과 격렬하게 투쟁하였고, 몇몇은 불교를 유교 및 도교와 화합하려고 했지만 큰 성공을 거두지는 못하였다. 중국에서 새롭게 생겨난 불교종파라 하더라도 인도의 기원에 의지하는 데 머물거나 인도사상을 특정한 방향으로 발전시킨 것일 뿐이다. 불교철학에 의지하여 중요한 자기 이론을 정립함으로써 새로운 결론에 이르렀다고 할 수 있는 위대한 중국 철학자는 없다. 불교철학을 수용한 이들은 불교 승려가 대부분이었고, 아주 드물게 문필가들이 있었다.

1. 초기불교

초기불교는 철학이라기보다는 종교라고 하는 것이 옳다. 부처는 인간을 고통에서 해방시키고자 구원론을 계시하였다. 그의 주요 목표는 인간의 구원이었지, 지식이나 특정한 세계관의 보급이 아니었다. 그러므로 그는 외부세계의 현실성에 대해서는 따로 의문을 표현하지 않았다. 그러나 이것은 후에 관심의 중심에 서게 되며 다양한 학파가 생겨나는 계기가 되었다.

부처에게는 외부세계가 '주어진 것'으로 간주되었는데, 이러한 주어진 상황을 법法(Dharma)이라 하였다. 이 표현은, 주어진 것에는 특정한 법칙성이 있으며, 꾸준한 변화 중에 있는 이러한 세계역사의 규정은 곧 본질적이고 현실적인 것임을 말한다. 그리고 물질적인 것과 마찬가지로 정신적인 것 즉 내부세계 또한 이를 통해 표현될 수 있다. 그러나 이것이 어떤 특정한 물질을 염두에 두고 있는 것은 아니었다.

인간은 다섯 가지 주요 부분의 온蘊(五蘊, Skandhas)[1) 즉 육체·감각·지각·구상력·의식으로 이루어져 있다. 자아는 본질 속에 내재해 있으며 확고한 기체基體(Substrat)가 없다. 이것은 혼이 꾸준히 변화하는 내적인 상태에 존재하기 때문이다. 자아는 꾸준하게 타고 있지만 다른 것이기도 한 불꽃과 같으며, 오온五蘊을 수단으로 감각세계를 파악함으로써 양육된다. 혼과 자아는 윤회에 종속되어 있다. 이것은 고대 인도사상인데, 더없이 자명한 것으로 간주되었기 때문에 부처도 따로 증명하지 않고 수용하였다.

불교는 인간의 삶을 불행 또는 지속적인 고통으로 보면서 각자가 거기에서 해방되도록 노력해야 한다고 한다. 이 고통은 감정 및 감각적 욕구 그리고 무엇보다도 십이연기十二緣起 가운데 생의 갈증인 사랑의 욕망(Tisna)에서 생겨난다. 이러한 고통의 원인에 대한 참된 앎, 즉 무지의 지양을 통해 고통으로 가득한 생의 전체 고리가 제거되고 윤회가 방지된다. 그러나 이러한 해탈은 도덕적인 생활과 특정한 윤리적 규정을 이행하는 것을 전제로 한다. 사람은 팔정도를 가야만 하며, 모든 규정을 지켜야만 한다. 그 밖에 사람은 또한

---

1) 역주) 色蘊·受蘊·想蘊·行蘊·識蘊.

열 가지 금지사항도 잘 살펴야 한다. 그러면 비로소 모든 고통에서 해방되어 열반涅槃(Nirvana)으로 인도하는 명상(禪: Dhyana)을 할 수 있다. 열반이나 해탈은 무가 아니라 오히려 초월적인 현실이라고 할 수 있다.

불교의 명상은 요가수행법에 따라 만들어졌다. 요가는 신체와 정신의 강한 활동을 통해 마음을 외부세계로부터 해방시키고 목적으로서의 지성과 의지를 포기하고자 한다. 일체의 공감과 반감 및 흥미의 감정, 죽음의 두려움, 환상, 지, 심지어 의식마저도 해체되어야만 한다. 요가의 수행자는 우선 모든 계명을 지키고 생의 즐거움을 포기해야만 한다. 그는 거의 벌거벗고 생계를 구걸하며 지칠 때까지 금식한다. 그리고 나서 한적한 곳에 다리를 꼬고 앉아서 자신의 숨을 조절한다. 생의 원리로서의 숨은 신체를 양육하고 정화시키며 원기를 북돋울 뿐만 아니라 윤회를 야기하는 행위의 잔재인 업보(Karma)를 제거한다. 16마트라(Matra)[2] 동안 숨을 들이마시고 64마트라 동안 숨을 참은 후 32마트라 동안 숨을 내쉬는데, 금욕하는 사람은 이러한 호흡을 하루에 세 번 80번씩 행한다. 그 후에 감각을 죽이기 위한 다른 수행이 또 이어진다. 참선은 사람이 모든 생각을 오직 마음으로만 주재하는 것이다. 마음을 한곳에 고정하면 점차 무의식과 완전한 최면의 상태로 빠진다. 그 안에서 사람은 모든 망상과 환각을 겪게 된다. 이러한 방법으로 요가를 수행하는 사람은 마술의 힘도 얻을 수 있다. 그러나 마술의 힘을 자랑스럽게 여겨서는 안 된다. 이것은 단지 요가수행의 작용을 증명하는 것에 불과하기 때문이다.

불교도는 고요한 장소에 올바르게 앉아서(靜坐) 숨의 조절함으로써 명상을 준비해야만 한다. 명상은 네 단계로 구분된다.

첫째, 모든 악을 해체하는 단계이다. 명상하는 사람은 모든 지상의 것이 헛되다는 가르침을 깊이 생각함으로써 마음의 기쁨과 신체의 편안함을 얻는다.

---

2) 짧은 음을 말하는 데 소요되는 시간.

둘째, 생각을 멈추고 마음의 일치를 느끼는 단계이다. 명상하는 사람은 그 결과로서 깊은 내적인 평화를 누린다.

셋째, 마음의 기쁨이 사라지고 조용한 무분별의 느낌이 생기는 단계이다.

넷째, 완전한 평정의 단계이다. 이 단계에 이르면 기쁨과 고통이 사라지고 호흡이 지양되며 냉정함만 남게 된다. 명상하는 사람은 정신의 밝음으로 자신의 신체를 꿰뚫으며, 이로써 열반의 문턱에 도달한다.

여기에 이어서 다시 다음과 같은 네 가지 단계의 명상이 수행되는데, 이 과정을 통해 완전한 정신의 해탈에 도달할 수 있다고 한다.

첫째, 모든 물질적 대상을 단절시킴으로써 무한공간의 개념을 얻는다.

둘째, 무한공간의 추상에 의해 정신적 의식의 무한성에 도달한다.

셋째, 그 후 아무것도 없는 '무'라는 공간에 대한 상상이 이어진다.

넷째, '무'마저도 더 이상 생각하지 않는다. 이것은 의식과 감각의 끝이다.

바로 이 명상이론을 통해 불교는 많은 점에서 도교 또는 유학과 접촉하게 되는 것이다. 다만 여기서는, 인간의 정신이 명상이 요청하는 성과에 합당한지, 그리고 이로써 제시된 영향들을 참으로 목표로 삼을 수 있는지에 대해서는 더 이상 설명하지 않겠다.

2. 후기불교

후기불교에서는 북방과 남방의 분열, 또는 대승(Mahayana)과 소승(Hinayana)의 분열이 일어났다. 대승불교의 방향은 산스크리트불교라고도 할 수 있을 것이다. 그 경전이 모두 산스크리트어로 쓰였기 때문이다. 반면에 남방불교는 항상 팔리어를 사용한다. 대승불교는 중국과 그 이웃나라들에 의해 수용되었고, 소승불교는 실론과 인도차이나반도에서 수용되었다. 대승불교의 체계는 여러 차례 브라마니스크수를 원래의 방향으로 되돌렸고, 그래서 철학적인 생각이 더 많이 교육되었다. 이로부터 많은 도그마와 의례들이 생겨났는데, 부분적으로 볼 때 이것들은 원천적이고 무신론적인 불교에는 완전히 낯선 것이었다. 대승불교의 부처는 단순히 소승불교에 대립하는 역사적 존재가 아니라 영원한 최고의 존재, 영원한 세계영혼(Brahmman)의 변용, 본래적인 모습의 구현(Bhuta-tathata), 육신으로 나타난 절대자이다. 그 참된 본모습은 절대적 존재이자 최고의 진리이며, 부처는 인류를 위한 그것의 계시인 것이다. 이러한 대승의 부처는 시간을 달리하여 출현하므로 수없이 다양한 양상으로 존재하게 된다. 소승불교는 도덕적이고 금욕적인 체계로서, 오직 승려 자신을 치유하는 자기해탈을 가르친다. 그와는 반대로 대승불교는 모든 인류를 해방시키고자 한다. 이러한 해방에는 각자가 믿음, 기도, 성인의 후원 등을 통해 참여할 수 있다.

불교는 브라만교와 힌두교에 의해 인도에서 쫓겨나기 전에 이미 네 방향으로 분파된 상태였는데, 그 중의 둘은 소승불교에 속하고 다른 둘은 대승불교에 속한다. 그 차이는 주로 인식론적인 영역에 있다. 소승불교의 두 방향들은 외부세계를 참이자 인식할 수 있는 것으로 간주하였던 만큼 현실적이라고 평가할 수 있는 반면에, 대승불교의 둘은 외부세계의 현실성을 배제한 채 내부세계를 주어진 것으로 간주하거나 내부세계마저도 부정하였기 때문에 관념론적이라고 할 수 있다.

1) 설일체유부 또는 비바사파

설일체유부說一切有部(Sarvastivadins) 또는 비바사파毘婆沙派(Vaibhasikas)의 추종자들은 현실주의자들로, 이들은 외부세계와 내부세계가 모두 참됨을 주장하였다. 비바사라는 이름은 이들이 기반으로 삼은 경전에서 나온 것이다. 기원후 1세기의 아비달마 텍스트에 대한 방대한 주석인, 2세기 경에 나온 『대비바사론大

毘婆沙論』(Mahavibhasa)이 그 기원이다.

이들의 체계에 따르면 모든 주어진 것들은 현실이다. 이것은 하나의 원자 또는 요소의 이론에서 발전되었으며, 그에 따라 75법法(Dharmas)이 받아들여졌다. 이것은 덕의 원천이 된다. 안과 밖 사이에는 차이가 없다. 모든 것은 항상 실재하지만, 부분적으로는 단지 잠재하고 있다. 열반에 이르면 다양성의 가능성은 멈추지만 달마의 본질은 멈추지 않는다.

어떤 사람들은 설일체유부와 비바사파를 구분하기도 한다. 이들에 따르면 후자는 물질의 실재는 인정하되 정신의 실재는 인정하지 않는다. 이것은 다음과 같은 문장으로 표현될 수 있다.

그릇이 비어 있다. 그래도 그릇은 있다.

이것은 물질적인 존재가 실재하기는 하지만 독립적인 정신은 가지고 있지 않다는 것을 의미한다.

2) 경량부

경량부經量部(Sautrantika)는 인식비판적인 현실주의자들이다. 이들은 순수한 현실주의자라고 할 수 있는 설일체유부와 매우 근사하다. 다만 후자가 사물이 직접적으로 지각된다고 믿는 반면에, 경량부는 대상의 실재는 의식의 작용을 통해 추론된다고 생각한다. 사물의 형태가 의식에 각인됨으로써 그 대상사물의 실재를 추론하게 되는 것이다. 경량부라는 이름은 후세의 사람들이 첨가하고 주석한 이론은 인정하지 않고 오직 불경 안에 있는 부처의 말만을 따른다는 의미에서 나왔다.

몇몇 연구자들은 이 학파가 다만 자아와 마음의 실재만을 인정하고 외적인 사물의 실재를 부정하였다고 주장하면서 이들을 현상주의자 혹은 불완전한 관념론자로 부르기도 했다. 만일 이들이 다음의 말을 인정하였다면 그러한 평가가 맞다고 할 수도 있을 것이다.

그릇이 비어 있다. 그렇다면 그릇은 없다.

이것은 사물의 실재를 부정하고 단지 현상으로만 간주하는 것이 되기 때문이다. 그러나 『사르와 다르샤나 상그라하』(Sarva-darsana-samgraha: 전철학요강)에 있는 설명들을 보면 이들은 사물이 직접적으로 지각된다는 견해를 말하고 있는 것으로 보인다.[3] 따라서 경량부는 현실주의자이지, 결코 현상주의자나 관념론자의 선행자[4]가 아니다.

3) 유식학파 또는 유가행파

유식학파唯識學派(Vijnanavadin) 또는 유가행파瑜伽行派(Yagacaras)는 엄격한 인식이론에 의거하는 관념론자들이다. 이들은 외부세계는 실재하는 것이 아니며 오직 정신적인 의식(識: Vijnana)만이 실재한다고 믿는다. 그래서 유식종唯識宗(유식학파)이라고 부른다. 이들에 따르면, 부처가 외부세계에 대하여 말한 것은 단지 제자들의 일상에 대처하기 위한 것이었을 뿐이다. 각각의 생각은 이전의 다른 생각의 결과로 간주되며, 그것은 아뢰야식阿賴耶識(Alaya-vijnana)이라고 하는 이른바 저장실에서 떠오른 것이다. 우리에게 인식된 것은 마치 마술이나 환상, 꿈, 그림자, 메아리와 같아서, 이는 단지 상상된 것에 불과하다. 이러한 외계에 대한 자연스런 이해는 두 번째 등급의 경험적 진리(俗諦: samvrti-satya)로 간주된다.

또한 궁극에 이르러서는 생각 자체도 실재하지 않는다. 대상과 함께 주체마저

---

3) P. Deussen, *Die nachvedische Philosophie der Inder*(1920), 204~231쪽 참조.
4) 전자는 경량부를 원자론자로 간주했던 Eitel과 O. Strauß의 견해이고, 후자는 Deussen, Wieger, Krause 등의 견해이다.

도 없어지기 때문이다. 오직 초월적 자만이 남게 되는데, 이것은 내용의 절대적인 동일함(平等: Samata)에서 유래한다. 순수한 하나의 무분별의 정신은 가장 높고도 유일한 진리이다. 아마도 그것은 진여眞如(Tathata)나 열반涅槃(Nirvana: 모든 존재의 동일성), 공空(SunyataSunyata: 텅 빔) 또는 불성佛性이라는 이름으로 부를 수 있을 것이다.

유가사瑜伽師(Yogacaras: 요가하는 사람)란 곧 요가로써 변화하는 사람을 뜻한다. 유가행파는 무착無着(Asanga)에 의해 4세기 경에 설립되었는데, 그는 『요가경전』(Yogasastra)과 『대승장엄경론大乘莊嚴經論』(Mahayana-sutralamkara)을 저술하였다. 오직 요가수행을 통해서만 최고의 인식(菩提: Bodhi)에 도달할 수 있다고 주장하는 이 학파는 『능가경楞伽經』(Lankavatara-sutra)을 기본 경전으로 삼는다. 대표적인 학자로는 무착과 그의 동생인 세친世親(Vasubandhu)을 들 수 있다.

4) 공관학파 또는 중관학파

공관학파空觀學派(sunyavadin) 또는 중관학파中觀學派(Madhyamikavadin)는 부정론자 또는 허무주의자로 간주되는데, 극단적인 형이상적 관념론자라고도 할 수 있다. 이 학파에서는 내부세계든 외부세계든 '모든 것이 공空(Sarvam sunyam)임을 주장한다.

모든 것은 비어 있다. 중관학파의 창시자인 인도의 용수龍樹(Nagarjuna)는 2세기 경에 『중론中論』(Madhyamika-sastra)을 지었는데, 여기에서 그는 납득하기 힘든 난해한 인도 논리와 변증법적인 분석 방식을 사용하였다. 중도는 텅 빔이다. 이것은 존재와 무가 모두 존재하는 것도 아니고 존재하지 않는 것도 아님을 강조한다. 나타날 수 있는 모든 존재는 존재하지 않는다. 외부세계와 내부세계가 없고 생각·의식·부처·해탈도 없다. 실천적인 삶을 위하여 용수는 환상을 참으로 간주하게 하여, 관습적인 진리와 초월적인 진리라는 두

가지의 진리를 구분한다. 그런데 공은 절대적인 무가 아니라 오히려 참된 공이자 놀라운 유(眞空妙有)[5]로 정의되는 긍정적인 원리이다. 절대적인 무는 참다운 것을 지니지 못하는 데 비해, 용수는 순수하고 절대적이며 초월적인 존재의 묘사할 수 없는 참다운 세계를 생각한다. 이는 모든 참다운 것의 문이자 무·허로서의 도에 대하여 말하는 노자와 비슷하다. 용수는 절대적이고 아무 내용이 없는 열반(Nirvana)[6]을 최후의 목표로 지향하였으며, 다른 모든 것이 소멸된 다음에는 단지 감각 즉 열반의 감각만 남는다고 하였다.[7] 『반야바라밀다심경般若波羅蜜多心經』(Prajna-paramitahrdaya-sutra)에 따르면 공은 단지 열반의 초월적인 희열을 의미할 뿐이다. 왜냐하면 의식마저 제거된 다음에도 열반의 향유는 여전히 남아 있기 때문이다. 이러한 피안의 존재는 물론 그 본질이 인식될 수 없다. 그러므로 열반은 침묵으로 가려지며, 그것에 대한 모든 의사표현을 부정한다.

이러한 학파들 외에 초기불교에는 마음 또는 자기 자신의 존재를 인정하였던 정량부正量部(Pudhalavadins)라는 학파도 있었다고 하는데, 이것은 금방 사라져 버리고 말았으며 어떤 저술도 남기지 못했다.

3. 중국불교

불교와 더불어 인도의 학파들도 중국으로 옮겨 가고, 이후 중국에서 새로운 학파가 생겨나기도 했다. 그런데 인도를 근원으로 하는 학파들은 모두 사라지고 중국의 학파만 남았다. 그에 해당하는 10가지 학파(또는 종파)는 다음과 같다.

---

5) Krause, *Ju-Tao-Fo*, 400쪽 참조.
6) Deussen, *Die nachvedische Philosophie der Inder*, 217쪽.
7) Deussen, *Die nachvedische Philosophie der Inder*, 230쪽.

1) 구사종

구사종俱舍宗(sarvastivadin)은 세친이 아직 소승불교의 성향일 때 저술한 『아비
달마구사론阿毗達磨俱舍論』(Abhidharma-kosa-sastra)을 따르므로 일컬어진 명칭이
다. 이것은 현실을 인정하는 학파로서, '유종有宗' 즉 참(有)의 학파로 일컬어지기도
한다. 중국에 도입된 것은 563년 진제眞諦(Paramartha)를 통해서이다. 이 종파는
10세기 이후에 붕괴되었다.

2) 성실종

성실종成實宗(Sautrantikas)은 하리발마訶梨跋摩(Harivarman)가 지은 『성실론成實
論』(Satra-siddhi-sastra)이라는 이 학파의 주요 학습서의 제목에 따라 일컬어진
명칭이다. 다른 이름은 공종空宗으로, 이 이름은 성실종의 지향이 '공성空性'에
있음을 암시하고 있다. 이 학파는 406년 이래로 알려져 작은 성공을 거두었으나
7~8세기 무렵에 소멸되었다.

3) 법상종

법상종法相宗은 사물의 현상에 천착하여 세계가 오직 마음(識)의 산물임을
주장하는 학파이다. 1세기 마명馬鳴(Asvaghosa)의 '중도中道'(Madhyama-yana)적인
대승공관大乘空觀을 따르는 학파로서 주관적 관념론을 대표한다. 이들에 따르면
오직 자아만이 실재할 뿐이고 세계는 생각에서 생겨난 것으로서 상상에 불과하
다고 한다. 이 학파의 대표 저술은 세친이 대승불교로 전향한 뒤에 저술한
『유식론唯識論』(Vidya-matra-sastra)이다. 645년 현장玄奘에 의해 도입되었다가 10
세기 경에 소멸하였다.

4) 삼론종

삼론종三論宗은 용수의 공론을 설파하는 학파이다. 삼론종이라는 명칭은 용수의 『중론中論』(Madhyamika-sastra)과 『십이문론十二門論』(Dvadasa-nikaya-sastra) 및 제바提婆(Aryadeva)의 『백론百論』(Sata-sastra)을 기본 텍스트로 삼기 때문에 붙여졌다. 사물의 본질이 공空임을 주장한다고 해서 성공종性空宗으로 불리기도 한다. 411년 이후에 알려졌으며, 8세기에 소멸되었다.

5) 화엄종

화엄종華嚴宗은 이 학파가 『화엄경華嚴經』(Avatamsaka-sutra)을 근본 경전으로 삼기 때문에 붙여진 이름이다. 이 경전은 모든 사람이 부처가 될 가능성을 갖고 있음을 설파하고 있다. 이 종파의 다른 이름은 현수종賢首宗으로, 화엄종의 체계를 완성시킨 7세기의 화엄종사 법장法藏의 법호인 현수로부터 연유한다. 화엄종은 418년에 생겨나서 매우 성행하였다가 10세기 이후에 붕괴되었다. 사람들은 이 종파를 현실주의적인 범신론이라고도 하였다.

6) 천태종

천태종天台宗은 6세기 경에 절강성 천태산에서 완성된 종파로서 14세기까지 성행하였으며 오늘날에도 존재한다. 이것은 모든 체계의 핵심이 동일하다는 생각 아래 현실적이고 관념적인 텍스트들을 모두 화합시키고자 한다. 이 학파 또한 화엄종과 마찬가지로 모든 사람이 다 부처가 될 능력을 지니고 있음을 인정하는데, 다만 그 목표에 이르기 위해서는 학업과 명상이 함께 요구된다. 사람들은 이 종파를 지혜와 명상의 학파 즉 지관종智觀宗이라고도 부른다. 이 학파의 주요 경전은 『묘법연화경妙法蓮華經』(Saddharma-pundarika-sutra)으로,

흔히 『법화경法華經』이라는 이름으로 약칭된다. 그래서 이 종파는 법화종法華宗으로 불리기도 한다.

7) 율종

율종律宗은 계율(Vinaya)을 중히 여기는 종파이다. 7세기에 생겨나서 오늘날에 이르기까지 전해진다. 이 종파는 계율을 강조하고 관습적인 생활을 중요하게 여길 뿐 모든 철학을 부정하기 때문에 율법과 계율에 관한 내용을 담고 있는 경전들이 명상의 자리를 대신하고 있다. 주로 『사분율四分律』의 율장을 따르는데, 남산의 종파라는 의미에서 남산종南山宗이라는 이름으로도 불린다.

8) 정토종

정토종淨土宗(Amitabha)은 부처의 나라, 즉 순수한 극락을 꿈꾸는 종파라는 의미이다. 인도에서는 이미 고대로부터 이른바 '정토신앙'이 존속하고 있었는데, 중국의 '정토종'(Amidismus)에는 초기불교의 모습이 거의 없다. 중국 정토종은 혜원慧遠(333~416)에 의해 설립된 이래로 오늘날에도 널리 보급되어 있다. 정토종의 유명한 기도문 '나무아미타불南無阿彌陀佛'은 아미타불에 귀의한다는 뜻으로, 정토에 이르기 위해서는 확고한 신앙을 가지고 아미타불을 부르는 것만으로 이미 충분하다. 이렇게 기도하는 사람은 아미타불의 극락에서 연꽃으로 다시 태어나게 된다고 한다. 그래서 이 학파를 연종蓮宗이라고도 부른다. 정토종은 철학적 상대주의를 찬양하면서 주관적 현실성과 객관적 현실성을 모두 부정하는데, 철학은 정토종 안에서 아무런 역할도 수행하지 못한다. 이미 대중적인 종교가 되어 버렸기 때문이다. 극락에 대해서는 놀라운 것들이 많이 기술되어 있지만, 해탈한 정토종도들은 그것들을 그대로 믿는 것이 아니라 단지 상징적으로 이해할 뿐이다. 이 종파의 주요 경전으로는 『무량수경無量壽經』

(Amitabha-vyuha), 『불설아미타경佛說阿彌陀經』(Sukhavati-vyuha), 『관무량수경觀無量壽經』(Amitayur-dhyana-sutra) 등이 있다.

9) 밀교

밀교密敎는 마술적인 주술의 학파로 진언종眞言宗(Mantra)이라고도 불린다. 이 종파는 8세기 이래로 티베트불교의 기반이 되었으며, 이로부터 라마교가 발전해 나왔다. 유신론과 힌두이즘, 물신숭배가 혼합된 밀교에서는 마술과 신비주의가 중요한 역할을 하고, 다라니陀羅尼・인계印契・염송念誦・관정灌頂 등이 요가에서 차용되었으며, 석가모니와 아미타불 및 비로자나불毘盧遮那佛이 부처로서 숭배되었다. 밀종密宗, 관정종灌頂宗, 티베트불교 등은 이 종파의 다른 이름들인데, 탄트라종파는 불교의 가장 큰 변용을 보여 준다.

10) 선종

선종禪宗은 참선과 명상을 강조하는 종파이다. 인도의 28대 조사 보리달마菩提達磨(Bodhidharma)는 중국으로 와서 520년에 중국 선종을 열었다. 그는 불경에 대해서 아무것도 모르더라도 자신의 성과 자기 마음을 참되게 인식할 수만 있다면 사람은 얼마든지 부처가 될 수 있음을 강조하였다. 이것은 지혜 즉 반야般若(Prajna)를 추구하는 특별한 명상을 필요로 하였다. 유명한 달마대사의 어록도 전하기는 하지만, 명상이론은 대개 구두로 제자들에게 전달되었다. 정토종이 일반 백성들을 위한 종교였다면 선종은 보다 높은 정신들과 귀족들을 위한 종교였다. 이것은 동아시아 전체의 정신사에 큰 족적을 남겼으며, 특히 당대와 송대에 불교의 영향 하에 있던 회화에 큰 영향을 미쳤다. 명상을 빙자한 학업의 소홀함은 종종 지식의 붕괴와 승려에 대한 경시로 나아갔지만, 다른 한편으로 이것은 도그마와 건조한 박학함으로부터 눈을 돌려 내적인 견실함을 추구하게 하는 순기능도 가지고 있다. 선종의 승려들 역시 불교도인 만큼 아미타불(無量光佛)을 추종하는 것은 당연하지만, 이 종파에서 무엇보다도 중요하게 여기는 것은 중생들 자신의 마음이다. 이들은 중생의 마음이 바로 부처의 마음이라 가르치기 때문에 사람들은 이 종파를 불심종佛心宗이라는 명칭으로도 부른다. 이 종파를 지칭하는 또 다른 이름으로 염화종拈華宗이라는 것이 있다. 부처가 말없이 연꽃을 꺾어들고 이심전심으로 가르침을 전했다는 데서 유래한 이름이다. 중국 선종은 7세기에 북종과 남종으로 나뉘었는데, 신수神秀의 북종은 보다 실천적인 수행을 추구하였고 혜능慧能의 남종은 보다 철학적인 사변을 수행하였다.8)

4. 한역된 불교 경전들

중국인들은 대부분 불교에 대하여 알고 있는 것이 매우 적었다. 과거시험에서 그에 대한 지식을 요구하지 않기 때문에 사람들은 불교서적을 읽지 않았다. 방대한 불교의 번역서들은 학자들 사이에서만 알려져 있을 뿐이었다. 더욱이 난해한 불교용어와 많은 산스크리트어식 표현은 그것을 더욱 이해하기 어렵게 만들었다. 그러므로 반드시 불교의 승려들에게 물어야만 했을 터이고, 그 중에서도 오직 높은 지성을 갖춘 승려만이 원전을 읽을 수 있었을 것이다. 그리고 이러한 수업방식은 배우는 사람으로 하여금 정통성을 쉽게 의심할 수 있게 했을 것이다. 중국의 철학자들은 불교가 들어온 직후에는 그것을 단지 대중적인 형태로만 알고 있었으며, 한참이 지난 뒤에야 비로소 그것을 철학으로 배우기 시작했다. 하지만 그에 대한 이해도 그다지 철저하지는 못했다. 대부분의 철학자들은 이방인의 사상계에 빠져들어 연구하기에는 지나친 자기

8) 뒤에 나오는 '제3부 당대, 제4장 불교'의 1. 조계혜능 부분 참조.

문화에 대한 자만으로 채워져 있었다.

불교에 대한 이 시기의 논의들을 보면 특히 자주 언급되는 몇몇 저서들을 발견할 수 있는데, 가장 널리 알려진 것으로는 다음과 같은 것들이 있다.

① 『사십이장경四十二章經』: 1권 42장으로 이루어진, 중국에 전래된 최초의 불경이다. 이것은 1세기에 최초로 중국으로 건너온 두 명의 인도 승려에 의해 번역되었다. 산스크리트어 원본은 존재하지 않는다. 이 경은 불교에 처음 입문하는 사람들을 위한 보편적인 규정을 담고 있는 책으로, 매우 다양한 경전들 속에서 수집되었다. 그 내용은 주로 도덕적인 규정들이지만, 세상이 환영이라는 견해나 자아와 사물의 완전한 일치 및 공에 대한 중관학파의 이론 등과 같은 철학적인 고찰 또한 들어 있다.

② 『마하반야바라밀경摩訶般若波羅密經』: 2~3세기에 처음 번역된 이래로 여러 차례 거듭해서 번역된 경전이다. 완전한 지에 이르는 방법을 설하고 있는 이 경은 『대품반야경大品般若經』이라는 이름으로 불리기도 한다. 특히 모든 존재가 공이라는 것을 다루고 있는데, 그에 대한 증명은 후에 용수龍樹에 의하여 시도되었다.

③ 『금강반야바라밀경金剛般若波羅密經』: 금강석을 쪼개는 완전한 지혜를 의미하며, 가장 대중적인 중관파의 경전이다. 이것은 중국어로 여섯 차례 번역되었다. 어리석음을 돌이켜 모든 진리를 밝혀 가는 내용으로 되어 있다. 같은 주장이 계속 반복되지만 증명들은 빠져 있다.

④ 『묘법연화경妙法蓮華經』: 신묘한 가르침의 연꽃이라는 뜻의 경전으로, 천태종의 기본 경전이다. 그림과 상상이 풍부하며 철학적이라기보다는 종교적이다. 여기에서 부처는 세계의 근원으로 설정되어 있다.

⑤ 『대방광불화엄경大方廣佛華嚴經』: 부처와 부처의 나라를 그린 경전으로 『화엄경』이라고도 한다. 화엄종의 기본 경전으로, 중국에서 가장 광범위하게 숭배된 경전들 중의 하나이다. 기적에 대한 이야기들을 많이 담고 있다.

⑥『수능엄경首楞嚴經』: 『능엄경』이라 부르기도 하는데, 원명은 『대불정여래밀인수증요의제보살만행수능엄경大佛頂如來密因修證了義諸菩薩萬行首楞嚴經』이다. 모든 경의 구경究竟인 견고한 경전이라는 뜻으로, 이 경은 중국의 학자들로부터 매우 특별한 평가를 받았다. 그 속에서 형이상학과 인식론적인 문제들이 선별된 방식으로 다루어지고 있기 때문이다. 주희 또한 이 경으로부터 많은 도움을 받았다고 한다. 여기서는 개인적인 마음의 실재가 매우 섬세한 방식으로 반박되면서, 참된 마음은 법신法身(Dharma-kaya)이라고 일컬어지는 부처의 몸이라고 말한다.

⑦『입능가경入楞伽經』: '능가(Lanka: Ceylon)에 들어간다'는 의미의 이 경은 『능가경』이라 부르기도 하는데, 원명은 『대승입능가경大乘入楞伽經』이다. 능가로 들어간 부처는 라바나羅婆那(Ravana)왕을 방문하여 산 정상에서 그에게 가르침을 설파하였다고 하는데, 그 가르침의 내용을 적은 것이 바로 이 경이다. 유가행파에서 기본 경전으로 삼고 있는 이 경은 진여眞如(Tathata: 순수정신 및 모든존재의초현상적근원)에 대하여 다루고 있다. 사물은 아무런 객관적 실재도 가지고 있지 않으며, 진여는 그러한 사물들의 개별적인 형태에서 현상으로 나타난다는 것이 이 경전에서 말하는 내용이다.

⑧『대승기신론大乘起信論』: 대승大乘의 믿음을 일으키는 논論이라는 뜻이다. 2~3세기 경의 유명한 시인인 마명馬鳴(Asvaghosa)이 그 저자로 알려져 있다. 이 논의 내용은 『입능가경』과 유사하다. 모든 사물은 그 내적 본질에 따른 특성이 없으며 완전하게 평등(Samata)한데, 사물은 그러한 절대적인 것으로서의 진여가 부처의 몸 즉 여래장如來藏(tathagata-garbha)을 관통함으로써 현상세계에서 변용되어 나타나는 것이라고 한다.

⑨『백론百論』: 100편의 게송으로 이루어진 논으로, 용수의 제자 제바提婆가 지었다. 용수가 지은 『중론』, 『십이문론』과 더불어 삼론으로 칭해진다. 이 논 속에서는 중관학파와 유식학파의 가르침이 서로 통한다.

⑩ 『아비달마구사론阿毗達磨俱舍論』: 뛰어난 법의 보고寶庫라는 의미를 지닌 논으로, 세친이 소승불교의 승려였을 때 지었다. 구사종의 기본 논서로서 소승불교의 대표적인 저술이라 할 수 있다.9)

9) 이상의 설명을 위해 참고한 서적들은 다음과 같다.
Deussen, *Die nachvedische Philosophie der Inder*, 1920.
O. Strauß, *Indische Philosophie*, 1925.
L. Wieger, *Bouddhisme Chinois, Tome I.*
H. Hackmann, *Chinesische Philosophie*, 1927.
F. E. A. Krause, *Ju-Tao-Fo*, 1924.
R. J. Johnston, *Buddhist China*, 1913.
Eitel, *Handbook of Chinese Buddhism*.

제3장 그 밖의 철학자들

1. 유소

유소柳韶[1]는 자가 공재孔才이고 한단邯鄲 출신으로 삼국시대에 위나라(220~264)에서 살았다. 황초黃初(220~227) 연간에 상서랑尚書郎으로 임용되어 황제로부터 오경을 출간하라는 명을 받았으며, 227년 위나라 명제明帝가 즉위한 후에는 진류태수陳留太守가 되었다. 명제 때 그는 사람들과 함께 황제의 새로운 율법인 『신율新律』을 편찬하고 또 그에 대한 해설서인 『율략론律略論』을 지었다. 경초景初 (237~240) 연간에는 황제의 명으로 『군관고과郡官考課』 72조 즉 관리들을 위한 시험규정 72조를 저술함으로써 관리등용과 임무배정의 역할을 맡았다. 그리하여 관리의 인사기록에는 그 성과와 결함이 다양한 등급과 단계로 정리되었다. 성과가 높으면 봉급이 높아지고 승진도 하였으며, 성과가 낮으면 봉급이 줄어들고 감등되었으며 최악의 경우에는 해고되었다.[2] 후에 당나라에서 널리 실행된 이러한 통제시스템의 결과를 토대로 해서 유소는 자신의 주요 저서 『인물지人物志』를 저술하였다. 또 그는 음악이론을 정리한 『악론樂論』 14편과 정치이론을 정리한 『법론法論』을 저술하였지만 이 둘은 소실되었다. 240~249년 사이에

---

1) 『四庫全書總目提要』 권117에서는 '韶' 대신에 본래 '탁월한'을 의미하며 '孔才'라는 자에 상응할 수 있는 '卲'가 쓰여야 한다고 말한다. 이것은 또한 '卲'와 유사한 의미를 지니고 있는 '劭'자로도 쓰였을 것이다.

2) 『字源』의 「考課」 및 R. Des Rotours, *Le Traité des Examens* (Paris, 1932), 50쪽 이하 참조.

유소는 오직 학문적 공적만으로 관내후關內侯라는 칭호를 받았다. 정확한 생몰년은 알 수 없는데, 대략 190~250년 정도로 추정된다.[3]

『인물지』와 『법론』은 합해서 100편이 넘었다고 한다. 그 중 보존된 것은 『인물지』의 12편에 불과하다.[4] 인간학 혹은 성격학의 첫 번째 시도라고 할 수 있는 『인물지』는 학문적으로 완성되지 않은 상태이다. 묘사를 주로 하면서 윤리로 인도하는데, 몇몇 섬세한 묘사들에서 관상학의 시작을 발견할 수 있다. 이미 한대부터 사람들은 이것에 많이 몰두하고 있었다. 예를 들어, 얼굴의 생김들을 70등급으로 나눈 다음 그로부터 해당되는 사람의 명을 인식할 수 있다고 믿는 경우도 있었다.[5] 『인물지』는 사람의 얼굴에 새겨져 있다고 하는 자질·재능 등에 대하여 다룬다. 얼굴의 생김을 통해 그 사람의 능력을 읽어내고, 그로부터 그 사람이 어떤 관직에 적당한지를 파악하려는 것이다. 북위의 유병劉昞이 이 책을 주석하였다고 하는데, 주석은 더 이상 전하지 않는다. 『수서』와 『당서』에는 유소가 인명가人名家로 분류되어 있다.[6]

유소의 인물평은 인간의 몸과 마음은 원기에 의해 형성되었기 때문에 그 사이에 특별한 유사성이 있어야만 한다는 생각에서부터 출발한다.

혈기를 타고난 모든 성은 그들의 성질을 이루는 원기로 채워져 있다. 음과 양을 받음으로써 그 성이 생겨나고, 오행에 동화함으로써 그 형체가 드러난다.[7]

신체와 오행의 관계는 다음의 비교를 통해 설명된다. ① 목=뼈, ② 금=힘줄,

---

3) 『魏志』, 권21, 「柳詔傳」.
4) 『漢魏叢書』에 수록.
5) Lun Hêng, Part I, 72쪽 및 Part II, 5쪽 참조.
6) 孫人和는 당나라 때 나온 『長短經』의 독서방식을 근거로 삼아 『인물지』에 대한 원전 비판적 개정판이라 할 수 있는 『人物志擧正』을 출간하였다. Bulletin of the Metropolitan Library of Peping Vol.3(1929), Nr. 1, 11~20쪽.
7) 『人物志』, 권1, 1a, "凡有血氣者莫不含元一, 以爲質, 稟陰陽, 以立性, 體五行, 而著形."

③ 화=기, ④ 토=살, ⑤ 수=피8) 즉 화에서 기가 생겨나고, 흙에서 살이 생겨나며, 물에서 피가 생겨나고, 나무에서 뼈가 생겨나며, 쇠에서 힘줄과 근육이 생겨난다는 것이다. 뼈가 곧고 부드러우면 단호하고 성품이 어질며, 강한 근육은 용기와 의를 보여 준다. 성품은 용모와 눈매에 나타나는데, 어진 사람은 용모가 평온하고 부드러우며, 용감한 사람은 강하고 열정적이며, 영리한 사람은 명백하고 개방적이다. 어진 사람은 시선이 바르고 곧으며 용감한 사람은 빛나고 힘차다.9) 그러나 이러한 비교들은 체계적이지 못하다.

사람들은 일과 성품에 따라 12등급으로 나뉜다. 이 분류는 상당히 임의적인데, 여기에는 법가·도사·예술가·저술가·학자·연설자·영웅·군자 등의 등급들이 있다. 이러한 등급들은 내각의 최고 관직에 있는 사람들이 마치 특별히 합당한 이유가 있어 그 지위에 임명된 것처럼 그려졌다.10) 이어서 계속 여러 등급이 설정되어 다양한 종류의 인간들이 그에 따라 묘사되었다. 이것은 모두 매우 인위적으로 조작되었다.

유소는 영리함을 음과 양의 본질로 이해한다. 그는 말한다.

총명한 사람은 음과 양이 순수하고 맑으니, 음양이 조화로우면 사람은 안으로는 밝고 밖으로는 명확하다. 성인은 맑게 빛나며 두 가지 아름다움을 겸비할 수 있어서 미묘한 것을 알고 완전히 전개된 것을 이해하지만, 스스로 성인이 아니면 이 두 가지를 모두 다할 수 없다. 때문에 밝디밝은 선비라 하더라도 움직임의 기틀에는 통달하지만 근원적인 것(세계의 생성과 근원에 대한 생각)에는 어둡고, 근원적인 것을 헤아리는 사람이라 하더라도 고요한 근본에 대해서는 잘 알지만 빠르게 변화하는 것에서는 곤란을 겪는다.11)

---

8) 『人物志』, 권1, 1a.
9) 『人物志』, 권1, 2b.
10) 『人物志』, 권1, 6쪽.
11) 『人物志』, 권1, 1a, "聰明者陰陽之精, 陰陽清和, 則中叡外明, 聖人淳耀, 能兼二美, 知微知章, 自非聖人, 莫能兩遂, 故明白之士, 達動之機而暗於元慮, 元慮之人, 識靜之原而困於速捷."

유소에게 있어 유학의 오상은 마음의 다양한 표현방식이 아니라 하나의 덕의 다양한 양태들로 간주된다.

인은 덕의 기반이고, 의는 그 절개이며, 예는 덕의 꾸밈이고, 신은 덕의 확고함이며, 지는 덕의 장수이다.[12]

유소는 사람이 변화하는 기반이 몹시 불확실하고 그 성품이 인식되는 것 또한 매우 어렵다는 것을 인정한다.

인간을 이루고 있는 것은 매우 순수하여 신령하고 밝아질 수 있지만 그 도는 매우 어려우며, 어려운 것을 아는 것은 참으로 어렵다.[13]

사람은 목적을 가지고 외관과 처신을 관찰하여 그가 누구와 유사한지 검토하고 어떻게 일을 시작하고 마치는지를 조사하며, 그의 말과 행동, 결함이나 잘못에 주의하고 아주 사소한 것으로부터 추론해 간다. 그런데 이러한 다양한 관찰의 방식들은 매우 혼란스럽고 뒤엉켜 있어서 옳은 결론보다는 틀린 결과에 이르기가 쉽다.[14] 한 예로, 우리는 종종 어떤 사람의 명성 때문에 그의 본질에 대해 잘못된 판단을 내리는 경우가 있다.

그러므로 작은 장점이 밖으로 드러나면 특별한 것으로 간주하지만, 매우 밝고 고요하여 아득한 것을 보고는 오히려 텅 비어 있다고 여긴다.[15]

---

12) 『人物志』, 권2, 13a, "夫仁者德之基也, 義者德之節也, 禮者德之文也, 信者德之固也, 智者德之帥也."
13) 『人物志』, 권3, 5b, "人物精微, 能神而明, 其道甚難, 固難知之難也."
14) 『人物志』, 권3, 5b.
15) 『人物志』, 권3, 6a, "故淺美揚露, 則以爲有異, 深明沉漠, 則以爲空虛."

2. 부현

부현傅玄(217~278)은 한나라 때에 태어나서 서진시대(265~317)에 죽었다. 자는 휴혁休奕이고 호는 순고자鶉觚子로 이양泥陽 출신이다. 어렸을 때 매우 가난하였으며 차분하고 정직한 성품을 가지고 있었는데, 다른 사람의 결함에 대해서는 무척 냉엄하였다. 진무제晉武帝(265~290)에 의해 부마도위가 되었고, 268년에는 사마교위가 되었다. 역사서에서는 그를 유학자의 편에서 다루고 있다.16) 그는 다음과 같이 말하였다.

유학의 가르침은 왕의 교육에서 매우 중요한 것이다.17)

유학자를 존중하고 지식인을 높이며 농부를 우대하고 상인을 경시하는 것이 가장 중요한 관계의 규정이다.18)

또한 그는 중국과 전쟁하던 이민족들을 증오하여 다음과 같이 말하였다.

나는 오랑캐 종족들은 마치 짐승과 같은 마음을 가지고 있다고 생각한다. 선비족鮮卑族은 그 중에서도 최악이다.19)

부현은 매우 열정적이고 성격이 급하였다. 황제에게 보고서나 상소문을 올려야 하는 경우가 있으면 그는 관복을 갖추어 입은 채로 밤새도록 자지 않고 앉아서 기다리다가 날이 밝기가 무섭게 서류를 가지고 서둘러 알현을 요청하곤 했다. 이런 일로 그는 대기실에서 감기에 걸려서 마침내 61세의

---

16) 『晉書』, 권47, 「傅玄傳」 참조.
17) 『晉書』, 권47, 3b.
18) 『晉書』, 권47, 3b.
19) 『晉書』, 권47, 6b.

나이로 죽었다고 한다. 시호는 강岡이다.

부현은 140편 수십만 자에 이르는 방대한 철학적 저술을 남겼다.『수서』와 『당서』는 그의 저술에 대해『부자博子』120서라고 적고 있는데, 그 당시만 해도 그의 저서는 완전했다고 한다. 그러나 송대의『숭문총목崇文總目』에서는 23종이, 또『송사』에서는 단지 5종만이 언급될 뿐이다. 원대와 명대에 들어서는 더 이상 언급되지 않으므로 이때에 이미 소실된 상태인 것이 확실하다. 단지 백과사전류의 저작들에서는 부분적인 단편들이 여전히 인용되고 있다.『영락대 전』에서는 이 단편들을 모아 한 권의 책으로 엮었으며, 1782년 완성된『사고전서』 에서『부자』는 '백가百家'의 항목에 수록되었다.

부현의 문집文集20)은 100권이 넘었다고 하지만 보존되어 있지 않다. 그는 잔나라의 최고 시인 중의 한 명이다. 그의 아름다운 시들 가운데 많은 편들이 『악부樂府』에 수록되어 있다.

부현은 형이상학적 문제에 대해서는 별다른 관심이 없었다. 그 본질이 무엇인 지 묻지도 않은 채로 그는 하늘과 땅을 높은 권력으로 간주해 버린다.

> 성인의 도는 마치 천지와 같고 제가諸家의 다름은 마치 사계절과 같다. 사계절은 서로 대립하지만, 하늘과 땅은 합하여 서로 통한다.21)

부현의 관심은 인간의 마음을 거의 벗어나지 않았다. 그에게 있어 마음은 신명의 주인이며 모든 이치를 조정한다.

> 마음은 신명의 주인이며 온갖 리를 통제한다. 움직여서 그 바름을 잃지 않으면 천하조차도 감응하는데 하물며 인간이랴, 하물며 만물이랴! 올바른 마음이 있으면 반드시 올바른 덕이 있으니, 올바른 덕으로써 백성을 대하면 마치 나무를 따르는

---

20)『古今圖書集成』,「經籍典」, 470部.
21)『晉書』, 권47, 6b, "聖人之道如天地, 諸子之異如四時, 四時相反, 天地合而通之."

그림자를 보는 것과 같아서 명령하지 않아도 행해진다.…… 사특한 마음이 있으면 반드시 비뚤어진 행위가 있으니, 비뚤어진 행위로써 백성을 대하는 것은 마치 굽은 나무의 그림자가 곧게 되기를 바라는 것과 같다.[22]

하지만 부현은 마음의 바름보다도 흔히 신뢰로 번역되는 덕목인 '신信'에 대하여 더 많이 말한다. 그는 천체가 마치 살아 있는 존재처럼 규칙성을 지니고 있다고 하면서, 자연현상 속에 있는 그러한 규칙성을 '신'으로 이해한다. 그는 신을 윤리적으로 이해함으로써 자연 안의 어디에서든 신을 발견한다.

하늘과 땅이 신信을 드러내니 사계절이 어긋나지 않으며, 해와 달이 신을 드러내니 밝고 어두움에 항상 규칙이 있다. 왕은 신을 본체로 하여 천하를 편안케 하고, 제후는 신을 굳게 잡아서 나라 안을 화평케 하며, 군자는 신을 실천하여 그 몸을 세운다. 고대의 성군과 현명한 재상들이 세상을 변화시키고 민속을 아름답게 하였지만, 한순간이라도 신을 버리고서 위를 안정시키고 백성을 다스릴 수 있는 자는 결코 있지 않았다.[23]

신을 강론하고 의를 닦으면 인간의 도가 정해진다.[24]

만일 신이 결여된다면 사람들은 모두 남을 의심하게 되어 순탄한 인간관계가 있을 수 없게 된다. 모든 의무는 신으로 수행되어야 하며, 행동양식은 규칙적이고 지속적이어야만 한다.

부현은 또 주요한 덕으로서 의와 예를 강조하였다. 그에 따르면 고대의

---

22) 『傅子』, 1a, "心者神明之主, 萬理之統也, 動而不失正, 天地可感, 而況于人乎, 況于萬物乎, 夫有正心, 必有正德, 以正德臨民, 猶樹表望影, 不令而行.……有邪心, 必有枉行, 以枉行臨民, 猶樹曲表, 而望其影之直也."
23) 『傅子』, 2b, "蓋天地著信, 而四時不悖, 日月著信, 而昏明有常, 王者體信, 而萬國以安, 諸侯秉信, 而境内以和, 君子履信, 而厥身以立, 古之聖君賢佐將化世美俗, 去信須臾, 而能安上治民者, 未之有也."
24) 『傅子』, 3a, "講信修義, 而人道定."

통치자들은 선善에서 출발하여 의를 가르쳤으며, 의의 바탕 위에 예를 건설하였다. 그러므로 선은 의와 예의 기반이 된다.

호랑이는 매우 사납지만 위엄으로 복종하게 할 수 있고 사슴은 매우 순해서 가르쳐서 부릴 수 있으며, 나무는 매우 딱딱하지만 부드럽게 하여 굽힐 수 있고, 돌은 매우 견고하지만 부드럽게 하여 사용할 수 있다. 하물며 오상의 성을 자기 안에 가지고 있어서 그 선으로 노력하여 악을 물리칠 수 있는 사람이야!25)

중국은 항상 야만족을 교육하여 의와 예로 나아가게 하려 하였다. 이러한 교육이 없으면 사람은 거친 야생동물의 상태에 머무를 뿐이다.26)

짐승은 단순히 그 성을 보존하여 그러한 것이다. 그와는 달리 인간은 지능적으로 힘을 쓴다. 만약에 인간이 예절을 배우지 않으면 지능과 기교를 매일 사용하여 서로 해침이 끝이 없을 것이다.27)

선왕들은 인간이 선을 사랑하고 덕을 숭상하는 성을 가지고 있지만 동시에 영화를 탐하고 이익을 소중히 여긴다는 것을 알고 있었다. 그래서 인간이 숭상하는 것을 귀하게 하고 탐하는 것을 억눌렀다. 숭상하는 것을 귀하게 하면 예와 사양이 흥하고, 탐하는 것을 억누르면 염치가 있게 된다. 영화와 이익의 추구는 억누를 수는 있지만 완전하게 제거할 수는 없다.28)

인간의 본성은 해로운 것을 보면 피하고 이익을 보면 따른다. 그러므로 예와 사양에서 이익이 나오면 예와 사양을 닦고, 권력과 투쟁에서 이익이 나오면 권력과

---

25) 『傅子』, 9a, "虎至猛也, 可威而服, 鹿至麤也, 可教而使, 木至勁也, 可柔而屈, 石至堅也, 可柔而用, 況人含五常之性, 有善可因, 有惡可攻者乎."

26) 『傅子』, 9a.

27) 『傅子』, 9a, "禽獸保其性然者也, 人以智役力也, 以智役力, 而無教節, 是智巧日用, 而相殘無極也."

28) 『傅子』, 11b, "先王知人有好善尚德之性, 而又貪榮而重利也, 故貴其所尚, 而抑其所貪, 貴其所尚, 則禮讓興, 抑其所貪, 則廉恥存, 夫榮利者, 可抑而不可絶也."

투쟁을 믿는다. 예와 사양을 닦으면 위로는 편안하고 아래로는 따르니 해치고 빼앗는 것이 없다. 권력과 투쟁을 믿게 되면 아버지와 아들까지도 서로 위협하게 되니 하물며 먼 사람이야!29)

사람은 욕망이 적으면 적을수록 더 잘 지낼 수 있다. 그래서 부현은 다음과 같이 말한다.

세상에는 무욕보다 더 큰 복이 없으며, 만족을 모르는 것보다 더 큰 재앙이 없다.30)

이 때문에 그는 검소와 절제를 주장한다. 고대에는 검소함과 예의가 주도하였기에 군주는 욕심이 없었고 백성은 거짓이 없었다. 그럼에도 생활이 넉넉하여, 의복은 사람들을 따뜻하게 해 주었고 음식은 사람들을 배부르게 해 주었으며 집은 비바람을 막아 주었다. 군주는 사치스런 것을 요구하지 않았고 백성들은 필요 없는 물건을 사지 않았다. 그러다가 진나라 때가 되어 부패가 만연해지자 상인들이 또한 시장에서 속임수를 사용하였다. 도시마다 큰 부를 획득한 상인들이 늘어났으며, 농민들은 망해 갔다. 시장에는 필요 없는 물건들이 가득하고 곡식과 천은 부족하였다. 군주는 상인에게 희귀한 물건만을 구하였으며, 이로써 농부의 상품은 가치를 잃어 갔다. 그 결과 가장 중요한 농민계층이 줄어들고 천한 계층이 증가함으로써 백성의 안정은 불가능하게 되었다.31) 이에 대해 부현은 다음과 같이 경고한다.

천하를 해치는 것으로는 부녀자의 장식보다 더 심한 것이 없다. 높은 자리에 있는 사람이 귀와 눈의 욕구를 절제하지 못하면 백성의 기예를 끝까지 착취하며 천하를

---

29)『傅子』, 9b, "人之性避害從利, 故利出于禮讓, 則修禮讓, 利出于力爭, 則任力爭, 修禮讓, 則上安下順, 而無侵奪, 任力爭, 則父子幾乎相危, 而況于悠悠者乎."
30)『傅子』, 13a, "天下之福, 莫大于無欲, 天下之禍, 莫大于不知足."
31)『傅子』, 10a.

변화시키는 데에까지 이른다. 머리장식 하나의 가격이 천금에 이르고 첩들과 신하들의 옷을 위해 사해의 값진 것들이 사용된다. 욕심은 끝이 없다.[32]

한나라 영제靈帝(168~190)는 이러한 무절제함으로 백성의 신뢰를 잃고 말았다. 한나라 말기에는 보석과 진주 및 물총새의 깃털로 장식되고 금박이 입혀진 붓통이 유행하였는데, 붓대는 물소의 뿔이 아니라 상아로 만들어지고 붓털은 가을의 토끼털로 되어 있었다.

부현은 진귀한 상품으로 사람들의 욕구를 자극하여 이익을 추구하는 상인들을 비난하면서 그들을 가장 천한 등급으로 간주하였다. 이러한 견해는 여러 곳에서 접할 수 있다. 그는 이렇게 말한다.

상인은 가득 찬 것과 빈 것을 같게 하여 하늘과 땅의 이익을 저울질하고 있음과 없음을 통하게 하여 사해의 재물을 같게 하는 사람들이다.[33] 이런 사람들은 매우 천한 무리이지만 그 업종이 없어질 수는 없다. 대개 이익이 많이 채워질수록 거짓됨이 쌓여가는 것은 세심하게 살피지 않을 수 없다.[34]

부현에 따르면 올바른 정치는 상벌의 올바른 적용으로부터 나온다.

국가를 다스리는 데에는 두 개의 자루가 있다. 첫 번째는 상이고, 두 번째는 벌이다. 상은 정치의 큰 덕을 보여 주고 벌은 정치의 큰 위력을 보여 준다. 사람이 하늘과 땅을 두려워하는 것은 그를 살리고 죽일 수 있기 때문이다. 정치하면서 두 자루를 가지고 생 또는 죽음을 부당하지 않게 사용하게 할 수 있으면 그 위력과 덕이 하늘 및 땅과 같게 된다.[35]

---

32) 『傅子』, 10b, "天下害莫甚于女飾, 上之人不節其耳目之欲, 殫生民之巧, 以極天下之變, 一首之飾盈千金之資, 婢妾之服兼四海之珍, 縱欲者無窮."
33) 이들은 산출이 많은 지역의 재화를 사서 산출이 부족한 지역으로 옮긴다.
34) 『傅子』, 9b, "夫商賈者所以沖盈虛, 而權天地之利, 通有無而一四海之財, 其人可甚賤, 而其業不可廢, 蓋衆利之所充, 而積僞之所生, 不可不審察也."

부현은 상앙과 한비자의 법가철학을 비난한다. 인간의 사욕만을 생각함으로써 덕을 지향하는 수양의 측면을 경시했을 뿐 아니라 도덕을 제거한 채 법과 상으로써 인간을 인도할 수 있다고 믿었기 때문이다.[36] 부현은 또 유흠과 유향 두 학자 가운데 누가 더 현명하였는지를 묻는 질문에 대해, 유흠은 문학적 재능은 많았지만 그 행동이 좋지 않았던 데[37] 비해 유향은 저술가로서는 중요하지 않지만 행동은 충직하였다고 말한다. 부현의 시대에 이미 유흠에 대한 좋지 않은 평판이 있었음을 알 수 있다. 한편 유명한 기술자 마균馬鈞에 대한 지적은 흥미롭다. 3세기의 마균은 위나라 궁정에서 살면서 다양한 발명품을 만들었는데, 부현은 그 중 나침반을 사용하는 마차, 관개용 물레방아, 자동으로 연주하는 악기, 수백 보를 날아가는 마차 등에 대하여 말한다. 그러나 유감스럽게도 이러한 묘사는 명확하지 못하다.[38]

3. 갈홍

1) 생애

자가 치천稚川, 호가 포박자抱朴子인 갈홍葛洪은 도가철학자이자 연금술사로서 유명하다. 그는 강소성江蘇省 단양丹陽 구용句容 출신이다. 그는 셋째 아들이었는데, 12살에 아버지를 여읜 후로 집안은 극빈하였고 국가에는 전쟁까지 일어났다. 갈홍은 생계를 위해 직접 육체노동으로 돈을 벌어야만 했으며, 일을 마치고는 다시 경작을 돕고 집을 청소하였다. 그에게는 공부할 수 있는 시간이 적었고

---

35) 『傅子』, 12a, "治國有二柄, 一曰賞, 二曰罰, 賞者政之大德也, 罰者政之大威也, 人所以畏天地者, 以其能生而殺之也, 爲治審持二柄, 能使生殺不妄, 則威德與天地並矣."

36) 『傅子』, 9a.

37) 『傅子』, 16a.

38) 『傅子』, 17b.

책과 종이가 없었다. 그래서 장작을 해다 팔아서 책과 종이를 장만하였는데, 그는 밤에만 쓰고 공부할 수 있었다. 또한 스승을 모시기에는 너무 가난하여 독학을 해야만 했다. 혼자 공부한 까닭에 그는 읽은 것을 모두 이해하지는 못하였고, 그 때문에 후에는 다른 학자들에게 어려운 텍스트에 대해 질의하기 위해 자주 긴 여행을 하였다.

갈홍은 15살에 『효경』·『논어』·『시경』·『역경』을 읽었으며 후에 다른 경전들과 역사서 및 제가의 설을 공부하였다. 이처럼 그는 유학에서 출발하였으나, 나중에는 도사와 신선 및 신체수련과 수행에 관한 저서들에 매료되어 도가로 전향하였다. 그의 종조부 갈현葛玄은 호가 선공仙公(혹은 仙翁)으로 당시의 유명한 도사였는데, 그 제자인 정은鄭隱39)을 통해 갈홍 또한 주술에 입문하게 되었다. 갈홍은 한동안 천태산에 살면서 신비로운 체험을 하였다고 한다. 천신이 보낸 자들이 나타나 그를 신비로운 가르침으로 인도하였다는 것이다. 갈홍은 스승 정은에게서 연금술과 관련된 『황백중경黃白中經』 5책을 전해 받고40) 또 단약에 관한 저술들인 『태청단경太淸丹經』 3책, 『구정단경九鼎丹經』 1책, 『금액단경金液丹經』 1책을 전해 받았으며41) 종조부 갈현으로부터는 직접 도술을 배웠다. 그는 이러한 학업들을 몹시 흡족하게 여겨서, 남해南海태수 포현鮑玄이 도술에 능통하다는 소문을 듣고는 그를 찾아가 배움을 계속하였다. 포현은 갈홍이 매우 맘에 들어 자신의 딸을 그에게 시집보내기까지 하였다.

어린 시절 갈홍은 매우 병약하였지만 이것이 그의 기호인 승마를 멈추게 할 수는 없었다. 승마는 후에 그가 군사적인 일을 하는 데 많은 도움이 되었다. 그는 검술과 활쏘기와 전차타기를 배웠다. 그는 한꺼번에 적 두 명과 말 한 마리를 죽임으로써 자기 생명을 구했다고 한다. 그는 또 장기도 매우 잘 두었다.42)

---

39) 자는 思遠 혹은 所南이다.(Wieger, *Taoisme*, "Bibliographie", 328쪽)
40) 『抱朴子內篇』, 권3, 27b.
41) 『抱朴子內篇』, 권1, 16b.
42) 『抱朴子外篇』, 권4, 41b.

아울러 갈홍은 의학에도 통달하였다. 그가 후에 의학에 대하여 출간한 저서들은 매우 비판적이면서 큰 재주를 보였다고 한다.

갈홍은 말을 더듬는다는 전언이 있을 정도로 언변이 유창하지 못했다. 온종일 말이 없을 때도 있을 만큼 말수가 적었기 때문에 그를 잘 아는 이들은 그를 '순박함을 안은 선비'(抱朴之士)라고 불렀다.[43] 저술을 시작할 때 그는 이것을 자신의 호로 삼고 책 이름 또한 『포박자抱朴子』라고 하였다.[44]

302년에 석빙石氷의 폭동이 일어났을 때 갈홍은 304년까지 지속된 진압작전에 참전하였다. 그곳에서 그는 큰 공을 세우고 장교로 진급했으며, 희귀한 책을 사기 위해 낙양으로 갔다. 그는 몇 년 동안 광동廣東의 총독이 출정에서 쓰러질 때까지 보조한 공으로 진晉나라 원제元帝(317~323)에 의해 관내후關內候에 임명되었다. 함화咸和(326~335) 초기에 그는 또 다시 관직을 받았지만 고령을 이유로 거절하고, 교지군交趾郡의 구루句漏에 좋은 황화수은이 있다는 소리를 듣고서 불사의 단약을 만들고자 황제에게 구루의 현령으로 보내 줄 것을 청하였다. 황제는 그 직위가 충분하지 못하다고 여겼지만 갈홍은 자기에게 중요한 것은 명예가 아니라 황화수은이라고 함으로써 자신의 뜻을 관철시켰다. 그가 아들과 조카를 동반하고 광동지방에 들어섰을 때 그곳의 총독은 안전상의 이유로 여행을 만류하였다. 그리하여 그는 광동 근처의 나부산羅浮山에 머물면서 금단을 제작하였고 아울러 책도 저술하였다. 와타나베에 따르면 그곳에서의 체류는 그가 죽은 333년까지 여러 해 동안 지속되었다고 한다.[45] 그는 80세까지 살았으므로 253~333년을 살았다고 할 수 있다.

갈홍이 죽었을 때, 그는 정오까지 자는 듯이 앉아 있었다. 막 태어난 아기의

---

43) 『抱朴子外篇』, 권4, 36b.

44) Giles, *Chinese Biographical Dictionary*, 'Text und Glossar'에는 '朴'이 '林'으로 잘못 표기되어 있다.

45) 渡邊秀方, 『中國哲學史概論』 2, 54쪽. 나는 Watanabe의 이러한 생각이 어디에 근거하고 있는지를 모르겠다.

생생한 얼굴빛을 하고 있었으며 피부는 부드러웠다. 사람들은 잠든 그를 관에 넣으면서 마치 옷처럼 가볍다는 것을 알게 되었다. 그래서 사람들은 그의 몸이 해체되어 등선한 것이라고 여겼다. 그의 친구 등옥登獄이 왔을 때는 갈홍을 더 이상 볼 수 없었다.[46]

갈홍은 독특한 인물이었음이 틀림없다. 사람들에게서 드물게 나타나는 여러 가지 특성들을 자기 안에 하나로 화합시키고 있기 때문이다. 그는 유능한 병사이자 관리였고, 훌륭한 철학자인 동시에 도사이자 연금술사였다. 그는 당시에 이미 초감각적인 것들을 좋아한다는 이유로 세상 사람들로부터 많은 비난을 받았는데, 이는 일반적인 시선으로는 파악되지 않는 것들을 파악해 내는 재주를 지니고 있기 때문이었다.[47]

또 다른 갈홍도 있는데, 그의 전기는 『송사』 권415에 실려 있다. 그는 13세기에 살았으며 『섭사수필涉史隨筆』[48]이라는 저서를 남겼다.

2) 저서

갈홍은 특별히 창작력이 풍부한 저술가였다. 그는 15세에 이미 저술을 시작하여, 이 시기에 쓴 시와 시문이 그의 전체 저술의 10분의 1에 달할 정도였다고 한다. 20~30세에는 전쟁의 혼란 때문에 거의 쓰지 못한 채 오히려 많은 저서들을 분실해 버렸다. 건무建武시대(317~323)에 대표작인 『포박자』 「내편內篇」 20권과 「외편外篇」 50권이 저술되었다. 「내편」은 도교적이고 연금술의 내용을 담고 있으며, 「외편」은 보다 유가적이다. 여기에 이어 신선이 존재하는가를 묻는 조카의 물음에 대한 답변으로 갈홍은 『신선전神仙傳』[49]을 저술하였다. 10권으로

---

46) 이상 기술한 갈홍의 생애는 『晉書』, 권72, 「葛洪傳」 참조.
47) 『抱朴子內篇』, 권3, 27b.
48) Alexander Wylie, *Notes on Chinese Literature*, 65쪽.
49) 갈홍에 自序에 의하면 이 책은 漢나라 劉向의 『列仙傳』이 인물 수도 적고 내용 또한 너무 간략하여 이를 보충하기 위해 지었다고 한다.

구성된 이 책은 도교의 신선 84인에 대하여 기술하고 있다. 그 중 71인은 이미 유향의 『열선전』에서 언급된 바 있다. 몇몇의 신선은 상상 속에 있는 장자와 열자의 모습이고, 다른 신선들은 한나라 사람이며, 갈홍이 알았음이 분명한 2인은 그와 같은 시대의 사람들이었다. 또한 그는 관직을 경시한 은자들에 대해 다룬 『은일전隱逸傳』 10권, 훌륭한 관리들에 대해 다룬 『양리전良吏傳』 10권, 기이한 일들을 모은 『집이전集異傳』 10권 등도 저술한 것으로 보인다. 한편 그의 문집에 수록된 내용을 보면, 비문碑文이나 조사弔辭, 시 등이 100여 권이고, 관직에서 지은 글이 30권이며, 경전·역사·제가 및 다른 저술들에 대한 평론 등이 310권이다. 또 의학과 관련된 저술로서 각종 처방들을 모은 방대한 저서 『금궤약방金匱藥方』 100권과 간략한 『주후요급방肘後要急方』 4권이 있다. 『도장』에는 보건·의학·연금술·주술 등에 대한 작은 저술들이 갈홍의 작으로 수록되어 있으나 그 중 몇 가지는 사실이 아닌 듯하다.[50] 끝으로 갈홍의 저술들 중에는 몇 편의 논문들도 있는데, 이것은 『고금도서집성』에 수록되어 있다.[51] 갈홍의 대표적인 철학서 『포박자』 내·외편, 『신선전』을 위시한 각종 전들, 『고금도서집성』 안에 수록된 논문들 등은 오늘날에도 전해지고 있으리라 생각되는데, 다만 이를 뒷받침해 줄 근거는 부족하다.

이렇게 볼 때 우리는 갈홍의 저술이 그의 인품과 마찬가지로 다방면에 걸쳐 있음을 알 수 있다. 『진서』에서는 그의 박식함을 기리고 있는데, 거기에는

---

50) 『元始上眞衆仙紀』는 태고의 신선에 대한 이야기를 적고 있는 책이고, 『枕中記』는 음식 및 고통과 행위의 억압으로부터 점차적으로 벗어나는 방법을 다룬 책이며, 『還丹肘後訣』 3권은 연금술에 대한 책이고, 『太淸玉碑子』는 갈홍과 그의 스승 정은의 신비적 인 연금술에 대한 책이다. 『金木萬靈論』은 광물과 식물의 힘에 대한 저술이고, 『抱朴子別旨』는 『포박자내편』의 부록이며, 『葛仙翁肘後備急方』 8권은 갈선옹의 처방을 모은 책이다. 이들 저술의 저자를 모두 갈홍으로 확정하는 것은 너무 무리한 생각이 아닐까 싶다. Wieger, *Taoisme*, "Bibliographie", 320쪽 참조.

51) 『古今圖書集成』, 「經籍典」, 470部. 『列仙傳』 10권과 『神仙傳略』 1권은 신선에 대한 간략한 기술로 되어 있고, 『葛仙翁序』 1권은 갈선옹의 서문이다. 『老子戒經』 1책은 노자의 경계를 담고 있고, 『五嶽眞形圖』 1책은 五嶽의 참모습을 형상한 그림이다.

그의 저술과 관련된 내용은 들어 있지 않다. 그의 저서들은 매우 심오하고 비판적이며, 사마천과 반고의 것보다 내용이 풍부하다. 와타나베는 갈홍을 육조시대의 유일한 생산적인 도교학자라고 평하면서, 그에 의해 비로소 도교가 일종의 종교로 자리 잡게 되었으며 특히 신선에 관한 학설에서는 노자와 장자를 훨씬 능가한다고 말한다. 이어서 갈홍의 저서는 많은 신비주의와 환상, 미신 등을 담고 있지만 도교를 매우 철저하게 변증법적인 날카로움으로 다루고 있기 때문에 도교 인식을 위한 대표작이라 할 수 있다고 하면서, 갈홍을 도교의 가장 중요한 대표자 중의 하나로 평가한다.[52] 젠커 같은 이는 더 나아가 갈홍을 장자와 동일하게 자리매김할 정도였다.[53]

3) 학설

(1) 유학적인 것

갈홍은 공자와 노자 및 그들의 체계를 서로 대립시킨다.

> 공자는 유학자들의 성인이고, 노자는 득도자들의 성인이다. 유학은 가까이 있어서 쉽게 이해할 수 있으므로 우뚝한 이들이 많지만, 도의 의미는 멀어서 인식하기 어렵기 때문에 통달한 사람이 적다.[54]

갈홍은 도가를 인격 형성을 위한 내적 체계로, 유학을 삶의 형성을 위한 외적 체계로 구별하면서, 자신이 아는 모든 다른 체계들보다 도교를 높이 평가한다.[55] 이러한 관점은 다음 말에서 명확하게 표출되고 있다.

---

52) 渡邊秀方, 『中國哲學史槪論』 2, 54쪽 및 57쪽.
53) Zenker, *Geschichte der chinesischen Philosophie II*, 193쪽.
54) 『抱朴子內篇』, 권2, 2b, "仲尼儒者之聖也, 老子得道之聖也, 儒敎近而易見, 故宗之者衆焉, 道意遠而難識, 故達之者寡焉."
55) 高瀨武次郎, 『中國哲學史』 2, 74~75쪽.

도교는 유교의 근본이고, 유교는 도교의 말단이다.…… 유교는 포괄적이지만 중요한 것이 적어서 노력을 해도 그 공이 적다. 묵가는 검소하지만 따르기가 어려워서 모든 개별적인 것을 다 시행하지 못한다. 법가철학자들은 너무 엄격하고 은혜가 적어서 인과 의를 해친다. 오직 도가의 가르침만이 인간으로 하여금 정신을 전일하게 하여 무위와 합하여 움직이게 함으로써 유가와 묵가의 장점들을 포괄하고 명가와 법가의 요점을 총괄할 수 있다.[56]

갈홍은 도덕이 쇠퇴하면 비로소 유가와 묵가를 숭상하게 된다고 한다.[57] 유학자들은 복을 받기 위하여 제사지내고, 도가는 재앙을 방지하기 위하여 올바로 행동한다. 유학자는 권력과 이익을 좋아하며, 도가는 무욕을 좋아한다. 유학자들은 명성과 권위를 추구하며, 도가학자들은 오직 도 하나만을 소중하게 여긴다. 유학자들은 중요하지 않은 것을 연구하고, 도가는 단지 감각의 조절에 힘쓴다.[58] 갈홍은 공자 및 그의 제자들과 맹자를 자주 인용하였지만, 또한 자주 공격하기도 하였다.

갈홍은 참된 유교의 정신과 도가의 견해로써 각기 상대적으로 학업과 학문을 대변하게 한다. 그는 당시의 전체 문헌을 통찰하여 그 상대적인 의미를 활용할 수 있었던 박식한 사람이었다.

포박자는 말하였다. "무릇 배우는 사람이 자기 성의 이치를 맑게 밝히고, 먼지와 더러움을 털어 제거하며, 돌과 옥을 다듬어 조각하고, 잘려진 곳을 갈아서 빛나게 하며, 도를 깨달아 눈과 귀를 총명하게 하고, 자연의 자질을 치장하고 물들이며, 과거를 살펴서 미래를 알고, 널리 나아가 애써 완성하며, 우러러 올려보고 굽혀서 내려다보는 등의 근거가 모두 여기에 갖추어져 있다. 왕도가 여기에 갖추어져

---

56) 『抱朴子內篇』, 권2, 18a, "道者儒之本也, 儒者道之末也……而儒者博而寡要, 勞而少功, 墨者儉而難遵, 不可偏修, 法者嚴而少恩, 傷破仁義, 唯道家之敎, 使人精神專一, 動合無爲, 包儒墨之善, 總名法之要."

57) 『抱朴子內篇』, 권2, 18b, "道德衰, 而儒墨重矣."

58) 『抱朴子內篇』, 권2, 21a.

있으니, 나아가서는 국가를 위할 수 있고 물러서서는 자기 자신을 보호할 수 있다. 그러므로 성인과 현인은 지치지 않고 노력하며 밤낮으로 힘썼다. 물시계가 다하고 해가 중천에 있어도 방치하지 않았으며, 기아와 한파, 위험 앞에 피곤해져서도 물러서지 않았다. 어찌 당세에서 구할 것이 있겠는가? 이들은 진실로 자연을 즐겼다. 깎고 밀고 조각하고 그리는 아주 작은 기술들과 쉽게 배울 수 있는 활쏘기, 마차몰기, 말 타기 같은 것도 반드시 연습한 후에야 잘할 수 있는 법이다. 하물며 인생의 드넓음과 도덕의 심원함, 음양의 변화와 귀신의 정상과 같이 아득하고 은밀한 것에 대해서는 참으로 누군들 나면서부터 알 수 있겠는가?"[59]

배우지 않은 사람은 참과 거짓을 알 수 없고 과거와 현재의 일을 이해할 수 없다.[60]

황제와 노자는 저술한 것이 적고, 후대에 비로소 그들에 대한 산더미 같은 문헌들이 생겨났다. 그 가운데 문자와 장자는 황제의 근본이념으로써 노자를 부연 설명하였지만, 갈홍의 견해에 따르면 그것은 고유한 의미를 제대로 파악하지 못한 것이었다. 문자와 장자는 생과 사를 동등하게 여겼으며, 삶을 강요된 것으로 여기고 죽음을 휴식으로 여겼다. 이러한 해석은 갈홍이 추구한, 불사를 꿈꾸는 도교에서 너무나 멀리 있었다. 그래서 그는 그들과 합의하게 되는데, 그들의 저서는 그다지 읽을 만한 가치가 없지만 그들의 많은 알레고리들은 충분히 대화의 장식으로 사용될 수 있다는 것이다.[61] 그 외에 다른 사상가들에 대한 그의 판단은 전체적으로 합당하고 적합하다.

---

59) 『抱朴子外篇』, 권1, 11b, "抱朴子曰, 夫學者所以淸澄性理, 簸揚埃穢, 雕鍜鑛璞, 礱鍊屯鈍, 啓道聰明, 餙染質素, 察往知來, 博涉勸成, 仰觀俯察於是乎在, 王道於是乎備, 進可以爲國, 退可以保己, 是以聖賢罔不攻, 孜而勤之夙夜以勉之, 漏盡日中而不釋, 饑寒危困而不廢, 豈以有求於當世哉, 誠樂之自然也, 夫斲削刻畫之薄伎, 射御騎乘之易事, 猶須慣習, 然後能善, 況乎人理之曠, 道德之遠, 陰陽之變, 鬼神之情, 緬邈玄奧, 誠難生知."
60) 『抱朴子外篇』, 권1, 16a.
61) 『抱朴子外篇』, 권2, 8a~b.

포박자가 말하였다. "참된 경전은 도의 의미를 담고 있는 깊은 바다다. 철학자들의 저서는 강이고 개천이니, 위로 비교하면 해, 달, 별을 보좌하는 행운의 별이라고 할 것이고, 아래로 비유하면 송악을 덮고 있는 낮은 숲[62]이라고 할 것이다."[63]

백가의 말들은 경전과 그 법도가 같다.[64] 소방관에 비유하면 도구는 비록 다르지만 불을 끈다는 것은 같은 것이다. 또는 침과 뜸에 비유하면 비록 그 기술은 다르지만 병을 물리친다는 것은 같은 것이다.[65]

갈홍은 비정통적인 철학자들을 정당하게 평가할 뿐만 아니라 고대에 대한 무절제한 과대평가로부터 벗어나서 오직 고대가 최고였다고 하는 유학자들을 비난한다. 그의 시대 사람들은 고대의 저술가들이 더 재능이 있었으며 그들의 저서가 오늘날의 문장보다 더 심오하고 이해하기 힘들다고 여겼지만, 그는 고대의 학자들이 귀신이 아니었다고 여긴다.[66] 고대인들이 굳이 심오하게 표현하려 한 것이 아니라, 다만 그런 심오함은 상황과 언어가 변화한 데에서 유래할 뿐이라는 것이다. 고대의 책들은 진나라 때의 금서정책으로 말미암아 오랫동안 숨겨 둘 수밖에 없어서 불완전해지고 빠진 부분이 생겨났기 때문에 당연히 후대의 문헌들보다 이해하기가 어렵다는 것이 그의 생각이다.[67] 또한 한나라와 위나라 이후에도 역시 고대의 것보다 나은 것들이 많이 저술되었지만, 이때에는 또 거기에 필요한 적합성을 부여할 수 있는 성인들이 결여되었다고 한다.[68]

---

62) 경전은 성스러운 산에, 철학자는 산속의 숲에 비교된다.
63) 『抱朴子外篇』, 권3, 10b, "抱朴子曰, 正經爲道義之淵海, 子書爲增深之川流, 仰而比之, 則景星之佐三辰也, 俯而方之, 則林薄之裨嵩嶽也."
64) 이것은 전혀 맞지는 않지만 전형적인 회통론자의 주장이다.
65) 『抱朴子外篇』, 권3, 10b, "百家之言, 與經一揆, 譬操水者, 器雖異, 而救火同焉, 猶針灸者, 術雖殊, 而攻疾均焉."
66) 『抱朴子外篇』, 권3, 7b, "往古之士匪鬼匪神."
67) 『抱朴子外篇』, 권3, 8a.
68) 『抱朴子外篇』, 권3, 10b.

신을 좇고 옛것을 숭상하는 세속의 사람들은 자신들의 시대에 일어나는 모든 것을 낮추어 업신여긴다. 비록 바람처럼 달리는 준마가 있더라도 이들은 그 말이 조보造父69)가 몰던 말에는 미치지 못한다고 말한다.70)

세속의 선비들은 대부분 오늘날의 산이 고대의 산처럼 높지 않고 오늘날의 바다가 옛날의 바다처럼 넓지 못하며 오늘날의 해가 옛날의 해처럼 뜨겁지 않고 오늘날의 달이 옛날의 달처럼 밝지 못하다고 한다. 그들이 어떻게 오늘날의 재주 있는 선비가 고대의 마른 뼈다귀에 뒤지지 않는다는 것을 인정하겠는가? 이들은 전해들은 것을 소중하게 여기고 눈으로 직접 본 것을 경시한다. 이것은 단지 지금 시대만의 결함이 아니다.71)

옛날의 책이 질박함에도 불구하고 세속의 유학자들은 이것을 하늘에서 떨어진 것처럼 여기며, 오늘날의 문장이 금과 옥 같은 가치가 있어도 일반인들은 이것을 돌이나 기와만큼도 여기지 않는다. 그러나 고대의 저서들이 비록 아무리 많더라도 모두가 다 좋은 것은 아니다.72)

갈홍은 책이 단순한 덕의 수행보다 순수하며 사람은 문헌을 통해 비로소 덕을 인식하게 되기 때문에, 사람이 지각하지 않고서는 덕을 수행할 수 없다고 생각한다. 그러므로 책은 덕처럼 중요하다.

통발을 버릴 수는 있지만 그러면 물고기를 잡을 수 없다. 그래서 통발이 없으면 안 되는 것이다. 문헌을 사용하지 않을 수 있지만 그러면 도가 행해지지 않는다. 그래서 문헌이 없으면 안 되는 것이다.73)

---

69) 주나라 목왕 때의 전설적인 말 조련사.
70) 『抱朴子外篇』, 권3, 12b, "世俗率神貴古者, 而騰賤同時, 雖有追風之駿, 猶謂之不及造父之所御也."
71) 『抱朴子外篇』, 권3, 12b, "俗士多云, 今山不及古山之高, 今海不及古海之廣, 今日不及古日之熱, 今月不及古月之朗, 何肯許今之才士不減古之枯骨, 重所聞, 輕所見, 非一世之所患矣."
72) 『抱朴子外篇』, 권3, 8a, "古書雖質樸, 而俗儒謂之墮於天也, 今文雖金玉, 而常人同之於瓦礫也, 然古書雖多, 未必盡美."
73) 『抱朴子外篇』, 권3, 11b, "筌可以棄, 而魚未獲, 則不得無筌, 文可以廢, 而道未行, 則不得無文."

문장이 덕행과 관계하는 것은 마치 10척이 1장과 관계하는 것과 같다.…… 그렇다면 문장이 비록 덕행의 아우가 되지만 중요하지 않다고 해서는 안 된다.[74]

갈홍은 왕세자가 고관들의 아들과 함께 대학을 다녔다고 쓰고 있다. 왕세자에게는 질문을 받아 주는 스승이 있었다. 군주가 되기 전 왕세자는 먼저 신하로서 복종하는 것을 배워야만 했다. 그래서 「신절臣節」편에서 신하의 절개와 의무에 대해 말하고 있다. 「군도君道」편에서는 군주의 도에 대하여 말하고 있는데, 여기에 따르면 군주는 사욕을 억제하고 의를 행해야 하며 백성을 사랑하고 그들의 안녕과 교육을 염려해야 한다. 즉 무위를 행해서는 안 되고, 백성의 책무를 대신 짊어져야 한다는 것이다. 그가 하늘의 분노를 자극했다면 하늘은 그것을 개선하도록 하기 위해 신을 통해 보내는 것이 복이다.[75]

군주는 하늘이고 아버지이다. 군주를 폐위시키는 일이 가능하다면 하늘을 고치는 일 또한 가능할 것이고 아버지를 바꾸는 일 또한 가능할 것이다.[76]

그러므로 군주의 폐위는 자연에 대립하는 것으로서, 결코 있어서는 안 되는 일이라고 한다.

갈홍은 인간이 닦아야 할 가장 중요한 덕으로 인, 의, 예를 강조한다. 그 가운데 예와 인간의 관계에 대해 설명하면서 그는 물과 물고기의 관계를 들고 있다.

사람에게 예가 있는 것은 물고기에게 물이 있는 것과 같다. 물이 없다면 물고기는 잠시 숨을 쉬고 있는 상태라 하더라도 곧 말라 죽어가고 있는 중이라는 것을 반드

---

74) 『抱朴子外篇』, 권3, 11b~12a, "且文章之與德行猶十尺之與一丈.…… 則文章雖爲德行之次, 未可呼爲餘事也."

75) 『抱朴子外篇』, 권3, 17b, 18b.

76) 『抱朴子外篇』, 권1, 25a, "夫君天也, 父也, 君而可廢, 則天亦可改, 父亦可易也."

시 알아야만 한다. 사람이 예를 버리면 비록 부끄러움을 아는 듯이 보이더라도 곧 재앙과 실패의 길에 들어선 것이다.[77]

물론 예 자체와 그 예를 통해 만들어진 의식들은 유학자들의 주장과 같이 과도해져서도 안 되고, 묵자의 주장과 같이 폐지되어서도 안 된다.[78] 갈홍에 따르면 하늘과 땅에서도 역시 인을 찾아볼 수 있다.

하늘은 인을 가진 동시에 밝음[79]을 가지고 있고, 땅은 인을 가지고 있지만 밝음은 없다.…… 오직 성인만이 하늘과 더불어 덕을 합할 수 있다.[80]

그러나 하늘과 땅의 도는 결코 순수한 인이 될 수 없다.[81] 왜냐하면 형벌이 없이는 다스릴 수 없는 악한 사람들도 있기 때문이다.

집에 채찍과 매가 없으면 하인과 종이 게을러진다.[82]

그러나 벌이 가혹해서는 안 된다. 그것은 최소한도 내에서 이루어져야 한다. 한 사람이 벌을 받음으로써 천 명에게 의무를 가르칠 수 있고, 하나의 작은 해가 커다란 이익을 가져올 수 있다.

뜸뜨고 침 맞는 것은 매우 고통스럽지만 병이 나으려면 그만둘 수 없다. 형법이 비록 흉한 것이기는 하지만 폐단을 고치려 한다면 없앨 수 없다.[83]

---

77) 『抱朴子外篇』, 권1, 1a, "人之有禮猶魚之有水矣, 魚之失水, 雖暫假息, 然枯靡可必待也, 人之棄禮, 雖猶覬然, 而禍敗之階也."
78) 『抱朴子外篇』, 권3, 9a.
79) '明'은 비유적인 의미에서 밝음, 성스러움, 깨달음 등을 의미한다.
80) 『抱朴子外篇』, 권3, 21a, "乾有仁而兼明, 坤有仁而無明……唯聖人與天合德."
81) 『抱朴子外篇』, 권1, 30b, "天地之道不能純仁."
82) 『抱朴子外篇』, 권1, 31a, "鞭扑廢於家, 則僮僕怠惰."
83) 『抱朴子外篇』, 권1, 31a, "是以灸刺慘痛, 而不可止者以痊病也, 刑法凶醜, 而不可罷者以救弊也."

정치 또한 하늘의 뜻과 마찬가지이다. 백성들의 폐단을 바로잡으려 한다면 처벌이 없이는 되지 않는다.[84]

인간은 부모에게와 마찬가지로 하늘과 땅에 대해서도 그 낳아 줌을 감사해야 한다.

> 태어날 때에 사람은 먼저 하늘과 땅으로부터 정신을 받고, 후에 아버지와 어머니에게서 혈기를 받는다.[85]

이에 따르면 부모는 단지 신체의 실체를 주고, 그와는 반대로 하늘과 땅은 신체와 정신의 힘을 제공한다고 할 것이다.

사람이 행복해지기 위해서는 자연을 주재하고 욕구를 억압해야 한다. 감각적인 재미에 빠지면 불행하게 되기 때문이다. 갈홍은 감각적 재미만을 추구하는 대표적인 기호물로서 술을 들면서, 음주행위를 매우 부패한 것으로 여긴다.

> 그러므로 지혜로운 사람은 자기의 성리를 엄격하게 바로 잡아매어 정신이 사물을 뒤쫓지 않게 하며, 편안하고 기쁘게 그것을 단속하며 길게 헤아려서 그것을 증진시킨다. 그가 감정을 억제하는 것은 제방을 쌓아 막는 것보다 더 튼실하고, 그가 본성을 다스리는 것은 고삐를 잡고 말달리는 것보다 더 능란하다.······ 술과 같은 종류는 혹 맛이 좋을 수도 있지만 결국은 병을 생성하는 독물일 뿐이다. 이것은 아주 작은 이익도 없이 오직 막대한 손해만을 끼친다. 군자는 이로써 그 덕을 잃게 되고, 소인은 이로써 죄를 얻게 된다. 거기에 빠져 어리석게 되는 사람들 중에서 재앙에까지 이르지 않는 이는 매우 적다.[86]

---

84) 『抱朴子外篇』, 권1, 30a.
85) 『抱朴子內篇』, 권3, 14b, "夫人生先受精神於天地, 後稟氣血於父母."
86) 『抱朴子外篇』, 권2, 25b～26a, "是以智者嚴韁括於性理, 不肆神以逐物, 檢之以恬愉, 增之以長筭, 其抑情也, 劇乎隄防之備決, 其御性也, 過乎腐轡之乘奔.······夫酒醴之近味生病之毒物, 無毫分之細益, 有丘山之巨損, 君子以之敗德, 小人以之速罪, 耽之惑之尠不及禍."

(2) 도가적인 것

갈홍은 유학에 대한 이해와 특정한 성향에도 불구하고 마음으로부터 도가인이었다. 그의 세계관은 많은 유학적인 내용이 첨가되었음에도 불구하고 근본적으로 도가적이며, 합리적이라기보다는 주술적이다. 그는 노자처럼 초감각적인 도를 최고의 세계원칙으로 간주한다. 도에 대하여 그처럼 말할 수 있는 있는 이들은 오직 도가학자들뿐이다.

포박자가 말하였다. "현玄은 자연의 시조이고 만 가지 다른 것의 근원이다. 그 깊이가 어둡고 컴컴하기 때문에 은미하다고 하고, 그 거리가 아득하고 멀기 때문에 묘연하다고 한다. 그 높이는 구천九天을 덮을 정도로 높고, 그 넓이는 팔방八方을 포괄할 정도로 넓다. 이것은 해와 달보다 빛나고 번개보다 빠르다."[87]

현은 도의 다른 표현으로, 이 용어는 이미 노자가 사용하였고 양웅 또한 애용하던 것이다. 도는 비물질적이고 초월적인 것으로서 어디에나 있다. 그래서 무한하게 크고 동시에 무한하게 작다. 이것은 해와 달과 모든 기상변화의 과정에서 드러난다.

이어서 갈홍은 도에 대하여 다음과 같이 말한다.

도는 하늘을 포함하고 땅을 포괄하는데, 그 근본은 이름이 없다. 그 무를 논하자니 그림자와 반향으로 인해 있는 듯하고, 그 유를 논하자니 만물은 오히려 없는 듯하다. 예수隷首[88]라 해도 그 많고 적음을 헤아릴 수 없고, 이주離朱[89]라 해도 그 유사함을 관찰할 수 없다. 또한 오찰吳札과 진야晉野가 청각을 다해도 어두운 고요 안에

---

87) 『抱朴子內篇』, 권1, 1a, "抱朴子曰, 玄者自然之始祖, 而萬殊之大宗也, 眇昧乎其深也, 故稱微焉, 綿邈乎其遠也, 故稱妙焉, 其高則冠蓋乎九霄, 其曠則籠罩乎八隅, 光乎日月迅乎電馳."
88) 隷首는 황제시대의 수학자로, 『九章算術』을 지었다.
89) 離朱는 황제시대의 사람으로 離婁라고 불리기도 한다. 100걸음 밖에서도 머리카락 끝을 볼 수 있었다고 한다.

있는 그 소리를 찾을 수 없고, 조시捕豨와 보저掃豬가 빠르게 달려도 우주 밖의 그 조짐에 다다를 수 없다.90) 가까움으로 말하면 이것은 가을 깃털 안에서 돌아도 오히려 남음이 있고, 먼 것으로써 말한다면 이것은 태허를 이르고도 부족하다. 이것은 소리 중의 소리이고, 메아리 중의 메아리이며, 형태 중의 형태이고, 그림자 중의 그림자이다.91)

형이상의 도는 일컬어질 수 없으니, 그래서 도가 이름이 없다고 말한다. 무는 도가 초감각적인 존재임을 뜻한다. 사람들이 진실로 존재한다고 여기는 현상들은 도의 그림자와 메아리에 불과하고, 도의 존재는 비존재와 같다. 즉 참된 존재는 세상에 대하여 단지 존재하지 않는 것처럼 여겨질 뿐이다. 또한 가장 순수한 감각조직을 통해서도 도의 참된 존재는 지각되지 않는다. 도는 소리 중의 소리이고 형태 중의 형태라는 것은 도가 곧 소리이자 형태라는 의미이다. 여하튼 모든 존재하는 것에는 도가 들어 있는 것이다. 이러한 도는 모든 사물의 외적인 현상을 야기하는 내적 본질을 결정한다.

여불위와 마찬가지로 갈홍도 도는 하나라고 하면서 다음과 같이 말한다.

하나를 알면 모든 일을 완성한다. 하나를 아는 사람은 모르는 것이 하나도 없으며, 하나를 모르는 사람은 알 수 있는 것이 하나도 없다.92)

도는 만물을 포괄하므로 도를 아는 사람은 또한 사물도 안다. 도에 대한 인식은 오직 완전한 고요, 순수와 무욕을 통해서만 가능하다. 도를 인식하는

---

90) 吳札과 晉野는 빼어난 청각으로 유명하고, 捕豨와 掃豬는 빨리 달린 사람으로 유명하다. 그 외에는 아무것도 알려져 있지 않다.

91) 『抱朴子內篇』, 권2, 12a, "抱朴子曰, 道者涵乾括坤, 其本無名, 論其無, 則影響猶爲有焉, 論其有, 則萬物猶爲無焉, 隸首不能計其多少, 離朱不能察其髣髴, 吳札晉野竭聰, 不能尋其音聲乎窈冥之內, 捕豨掃豬疾走, 不能迹其朕兆乎宇宙之外, 以言乎邇, 則周流秋毫, 而有餘焉, 以言乎遠, 則彌綸太虛, 而不足焉, 爲聲之聲, 爲響之響, 爲形之形, 爲影之影."

92) 『抱朴子內篇』, 권4, 21a, "人能知一, 萬事畢, 知一者無一之不知也, 不知一者無一之能知也."

326   제2부 위진남북조시대

이에게는 저절로 복이 이르고 재앙이 멀리 있다. 명이 도에 있기 때문이다.93)

도는 모든 사물을 채우는 것으로서, 인간 또한 채운다. 매우 낯설게 들리는 주장이겠지만, 도의 숫자는 남자에게 있어서는 9(양의 成數)이고 여자에게 있어서는 6(음의 成數)이다. 도는 신체의 여러 곳에 자리를 차지할 수 있다. 하체의 배꼽 아래 2~4치(하단전)에 있거나 심장의 중심 아래(중단전)에 있으며, 혹은 양 미간 사이의, 머리의 내부에서 거리를 두고 1~3치 되는 곳(상단전)에 있기도 한다.94) 형이상의 존재인 만큼 일정한 크기가 있을 수는 없겠지만, 만약에 이것이 어떤 사물을 채우고 있다면 특정한 공간을 차지해야만 할 것이다. 물론 이때는 참된 도 자체가 아니라 단지 그것의 구체화라는 것을 염두에 두어야만 한다.

갈홍은 다른 사람들과 마찬가지로 도를 세계(천지)의 근원으로 생각한다. 하늘과 땅은 순수한 것과 탁한 것의 분리를 통해 생겨났지만 도에 의해 의도적으로 생성된 것은 아니다. 개별적인 사물은 저절로 생성되기 때문에 후에 이들이 왜 그렇게 생성되었는지 알지 못한다.95) 이것은 갈홍이 직접 지어낸 것으로 보이는 기반에 대한 학설과 연결된다.

> 포박자가 말하였다. "어둠과 고요, 허와 정은 신명의 근본이고, 음과 양, 강과 유는 양의(兩儀)의 근본이며, 높고 낮은 것은 산악의 근본이고, 덕의 실천과 문학은 군자의 근본이다. 근본이 없이 설 수 있는 것은 아무것도 없다."96)

하늘은 물질적이면서 동시에 정신적인 존재로 파악된다. 다음과 같은 갈홍의 말은 고대 인격천의 관점과 연계해 있다.

---

93) 『抱朴子內篇』, 권2, 12a.
94) 『抱朴子內篇』, 권2, 12a.
95) 『抱朴子內篇』, 권2, 1b.
96) 『抱朴子外篇』, 권4, 12b, "抱朴子曰, 玄寂虛静者神明之本也, 陰陽柔剛者二儀之本也, 巍峩巖岫者山嶽之本也, 德行文學者君子之本也, 莫或無本而能立焉."

하늘은 높이 있으면서 낮은 곳을 내려다본다. 그러므로 그 그물은 성글어도 새지 않는다.97) 신은 귀 밝고 눈 밝으며 바르고 곧다. 그러므로 그 도는 참된 자를 상주고 거짓된 자를 벌한다.98)

그러나 명은 하늘이 어떤 것을 더하는 것이 아니다. 명은 하늘이 의식적으로 내리는 것이 아니라 자연의 전개에서 저절로 나오는 것이다.

하늘의 도는 무위이다. 사물이 스스로 그러한 대로 맡겨둘 따름이다. 거기에는 친애함도 없고 소원함도 없으니, 내 편 네 편이 따로 없다.99)

비록 하늘과 땅이 만물을 포괄하지만 만물은 하늘과 땅이 생겨나게 한 것이 아니다. 이것은 마치 산과 숲에 나무와 풀이 자라나고 꽃이 피지만 산과 숲이 그렇게 하도록 시킨 것이 아니며, 물고기와 자라가 물과 연못에 의탁하여 생겨나고 자라지만 물과 연못이 그렇게 하도록 시킨 것이 아닌 것과 같다. 속된 사람들은 하늘과 땅이 크고 만물이 작은 것을 보고는 하늘과 땅이 만물의 부모이며 만물은 하늘과 땅의 자손이라고 말한다. 그러나 이(蝨)들이 비록 내 몸에 깃들여 살지만 어찌 내가 이들을 만들어 내었겠는가? 이가 나 없이는 살지 못하겠지만 나는 이의 부모가 아니며, 이 또한 나의 자손이 아니다.100)

만약에 사람과 사물이 모두 하늘과 땅이 만들어 낸 것이라면, 이들은 모두 당연히 사랑받는 바가 되지 미움 받는 바가 되지 않으며 성공만 있을 뿐 실패하는 일은 없을 것이며, 모든 생명은 그 명을 끝마치지 못하는 무리가 없어서 항우와 양웅처럼 천수를 못 누리고 절명하는 일도 없었을 것이다. 그러나 하늘은 공자와 맹자에

---

97) 『중국고대철학사』, 91쪽 주40(43쪽 주8) 참조.
98) 『抱朴子外篇』, 권4, 10a, "天居高而鑒卑, 故其網雖疎而不漏, 神聰明而正直, 故其道賞眞而罰僞."
99) 『抱朴子內篇』, 권2, 1a, "天道無爲, 任物自然, 無親無疎, 無彼無此也."
100) 『抱朴子內篇』, 권2, 1b, "天地雖含囊萬物, 而萬物非天地之所爲也, 譬猶草木之因山林以萌秀, 而山林非有事焉, 魚鼈之托水澤以産育, 而水澤非有爲焉, 俗人見天地之大也, 以萬物之小也, 因曰天地爲萬物之父母, 萬物爲天地之子孫, 夫蝨生於我, 豈我之所作, 故蝨非我不生, 而我非蝨之父母, 蝨非我之子孫."

게 천자의 자리를 주어 세상을 구제하도록 할 수 없었으니, 만물이 부여받은 것은 저절로 그렇게 된 것이지 하늘과 땅이 나누어 준 것이 아님을 더더욱 알 수 있다.[101]

진실로 명이 하늘의 예견으로 결정된 것이라면 그것은 상식을 벗어나지 않을 것이고, 우리는 선한 사람이 잘 살고 악한 사람이 못 사는 세상을 기대하게 될 것이다. 그러나 현실은 그렇지 않다.

어진 사람이 반드시 장수하는 것은 아니고, 못난 사람이 반드시 일찍 죽는 것은 아니다. 선한 사람이라고 해서 항상 복이 가까이 있는 것은 아니고, 악한 사람이라고 해서 재앙이 늘 가까이 있는 것은 아니다.[102]

이로부터 하늘이 의지를 가지고 움직이는 것이 아니라 그대로 무위에 고정되어 있다는 것을 알 수 있다. 하늘이 의지를 가지고 행동한다면 다른 결과가 생겨나야 할 것이기 때문이다.

사람이 장수하는 것은 보이지 않는 덕행에 내려진 복일 수도 있고 애초에 부여받은 명이 본래 길어서일 수도 있으며 마치 사냥터의 짐승이 달아나거나 큰불 속에서도 초목이 살아남듯이 요행에 의해 자기에게 닥친 재난을 피해 갔기 때문일 수도 있다. 따라서 하늘이나 신에게 제사지내고 기도하는 것은 아무런 소용이 없다.[103] 명은 또한 사람이 태어날 때 받은 별의 정기(列宿之精)에 의해 결정되기도 한다. 이것에 따라 사람은 성인이나 현인, 관리나 장군이 되고, 귀하거나 천하게, 부유하거나 가난하게 살게 되며, 단명하거나 장수하게 되는 것이다.[104]

---

101) 『抱朴子內篇』, 권2, 2a, "若人物皆天地所作, 則宜皆好, 而無惡, 悉成, 而無敗, 衆生無不遂之類, 而項揚無春彫之悲矣, 然天不能使孔孟有度世之祚, 益知所稟之有自然, 非天地所剖分也."

102) 『抱朴子內篇』, 권2, 2b, "賢不必壽, 愚不必夭, 善無近福, 惡無近禍."

103) 『抱朴子內篇』, 권2, 17b.

104) 『抱朴子內篇』, 권3, 2b.

요약하면, 명은 많은 요소들로 이루어져 있다. 명은 인간의 덕행을 통해 생성되기도 하고, 순수한 우연으로 받게 되기도 한다. 태어날 때부터 정해진 것일 수도 있고, 별의 정기를 받아 결정될 수도 있다. 왕충이 이미 이와 유사한 견해를 밝힌 적이 있다.105)

(3) 신선사상

갈홍의 신선사상은 신선의 실재를 전제로 하며, 이 때문에 갈홍은 유학자들로부터 많은 공격을 받았다. 묵가는 신선의 존재를 확고하게 믿었고, 갈홍은 모든 반대에 맞서 신선의 존재를 변호하고자 했다. 그러나 그의 신선사상은 자연과학이 아직 생기지 않았을 때 나올 수 있는 기이한 주장들이다.

> 어떤 사람이 물었다. "신과 신선은 죽지 않는다는 것을 믿을 수 있는가?" 포박자가 답하였다. "눈이 매우 밝은 사람이라 하더라도 형태가 있는 것을 모두 다 볼 수는 없고, 매우 뛰어난 청력을 타고났다 하더라도 소리 있는 것을 모두 다 들을 수는 없다. 또한 우와 익益106) 같은 지혜가 있다 하더라도 아는 것이 아직 모르는 것들과 같을 수는 없다. 사물은 무한하게 많으니 존재하지 않는 것이 무엇이겠는가? 하물며 신선들에 대한 이야기는 온갖 책에 가득하다. 불사의 도가 무엇 때문에 없어야 하겠는가?"107)

이 말에 질문자는 크게 웃으면서 "시작이 있으면 반드시 끝이 있고, 존재하는 것들은 반드시 소멸되게 마련이다"108)라고 말하였지만, 갈홍은 이러한 원칙을

---

105) *Lun Hêng, Part I*, 137쪽 참조.
106) 우임금의 재상.
107) 『抱朴子內篇』, 권1, 3a, "或問曰, 神僊不死, 信可得乎, 抱朴子答曰, 雖有至明, 而有形者不可畢見焉, 雖稟極聰, 而有聲者不可盡聞焉, 雖有禹益齊諧之智, 而所嘗識者未若所不識之衆也, 萬物芸芸, 何所不有, 況列仙之人盈乎竹素矣, 不死之道曷爲無之."
108) 『抱朴子內篇』, 권1, 3a, "夫有始者必有卒, 有存者必有亡."

인정하지 않았다. 세상을 주재하는 확고한 규칙들은 절대적인 것이 아니어서 때때로 예외를 허용하기도 하는데, 이러한 예외가 바로 신선이라는 것이다. 겨울에는 모든 것이 소멸되지만 대나무와 전나무는 푸르다. 여름에도 기온이 낮은 날이 있고, 겨울에도 얼마 동안은 따뜻한 날이 있다. 땅은 움직이지 않지만 지진이 있을 수도 있고, 강은 대개 동쪽으로 흐르지만 간혹 북쪽으로 흐르는 강도 있다. 샘은 대부분 차지만 온천도 있다. 시작이 있는 것은 끝이 있지만 하늘과 땅은 끝이 없다. 살아 있는 것은 모두 죽지만 거북과 봉황은 삶에 머문다. 인간 사이에는 외적으로 큰 차이가 존재하고, 또 정신적인 능력과 성향에 있어서도 마찬가지이다. 일반적으로 죽는 사람들과 구분되는 신선이 존재하지 못할 이유가 있는가?

갈홍은 모든 생물이 확고한 규칙을 따른다는 주장을 꿩이 조개로, 참새가 개구리로, 두더지가 메추라기로, 거대한 도마뱀이 호랑이로, 그리고 뱀이 용으로 변했다는 이야기로써 물리쳤다. 노나라의 어떤 군주는 호랑이로 변하였고[109] 어떤 소녀는 큰 거북으로 변하였으며 또 어떤 부인은 돌로 변하였다고 한다. 또 사람은 죽은 뒤에 다시 살아날 수도 있고 성별이 바뀔 수도 있다는 것이다.[110] 물론 경험이 적은 인간이 세상에서 신선을 볼 수 없기 때문에 그런 사람이 존재할 수 없다고 주장하는 것도 충분히 가능하다. 그러나 실제로 사람은 자기의 신체조차 제대로 알지 못한다.

하물며 신선의 고원한 이치와 도덕의 오묘하고 은미함에 대해서는 어떻겠는가? 얕은 눈과 귀의 지식에 의지하여 가장 미묘한 존재의 유무를 판단하고자 하니 어찌 슬프지 않은가?[111]

---

109) *Lun Hêng, Part I*, 326쪽 주 2 참조.
110) 『抱朴子內篇』, 권1, 4a.
111) 『抱朴子內篇』, 권1, 4b, "況乎神僊之遠理, 道德之幽玄, 仗其短淺之耳目, 以斷微妙之有無, 豈不悲哉."

만약에 사람이 자신이 보는 것을 유로 간주하고 보지 못하는 것을 무로 간주한다면, 천하에 무가 되어 버리는 것 또한 반드시 많아질 것이다.[112]

갈홍에 따르면 귀신을 보지 못한 사람은 자신이 아직 보지 못했다고 해서 귀신이 없다고 주장해서는 안 된다. 그는 공식 사서인 『사기』와 『한서』에 수록된 귀신에 대한 기술로부터 신의 존재를 증명하고자 하였다.[113] 또 그 밖의 수많은 문헌들에서 귀신에 관한 이야기를 기술하고 있음에도 불구하고 편협한 사람들은 귀신이 없다고 주장하며, 영원한 삶에 대해서는 전래하는 것이 아주 드물기 때문에 불사에 대한 말은 믿는 사람은 더욱 적다고 한다. 사람들이 용이나 봉황을 보지 못하고서 고대인들의 창작물일 뿐이라고 여기는 것도 모두 편협한 생각이라고 그는 말한다.[114]

이미 진대와 한대에는 신선에 대한 저서들이 있었다. 도교는 고대 이래로 신선을 연구해 왔기 때문이다. 그러나 그 책들은 대부분 더 이상 전해지지 않거나 『참동계』처럼 매우 이해하기 어렵다. 진나라의 완창阮倉은 수백 명의 신선에 대한 이야기를 기술하였고,[115] 유향은 『열선전』에서 70명의 신선에 대하여 쓰고 있다. 갈홍에 따르면 이러한 설명들은 모두 신선의 존재가 진리임을 알려주는 것으로, 허구로는 만들어질 수 없다고 한다. 갈홍은 유학자들이 주공과 공자의 학문에서 나온 것이 아니라면 무조건 의심하면서 신선의 존재를 믿지 않는다는 점을 매우 애석해하면서, 그들에 의하면 역사서의 기술 또한 모두 잘못된 것이어야 한다고 지적한다. 갈홍은 사람들이 불사의 학문을 믿지 않는 것은 진시황제와 한나라 무제가 끝내 이르지 못했기 때문이라고 하면서, 그러나 앞으로 달려가면 갈수록 이르지 못하는 곳은 계속해서 나오게 되고

---

112) 『抱朴子內篇』, 권1, 5a, "而欲以所見爲有, 所不見爲無, 則天下之所無者亦必多矣."
113) 『抱朴子內篇』, 권1, 8a.
114) 『抱朴子內篇』, 권1, 8b.
115) 『四庫全書總目提要』, 권146.

곡식을 거두어들이면 들일수록 빠뜨린 낱알들은 더욱 많아지는 법인데 어찌 두 황제가 불사에 이르지 못했다는 이유로 신선의 존재를 믿지 않느냐고 한탄한다.[116)

신선에 대한 경전인 『선경(僊經)』에 따르면 신선에는 세 종류가 있다. 첫째는 천선天僊 즉 하늘의 신선으로, 등선하여 하늘로 올라간 신선이다. 둘째는 지선地僊 즉 땅의 신선으로, 주로 유명한 산에 거주한다. 셋째는 시해선尸解僊으로, 몸은 죽고 정신만 몸에서 빠져나와 서서히 사라져 가는 것이다.[117) 이 셋은 달리 상사上士, 중사中士, 하사下士라 칭하기도 하는데, 갈홍 자신은 이 중 세 번째 등급에 속한다. 갈홍은 죽었을 때 자기 몸에서 신이 분리되어 나왔기 때문이다. 고대의 신선은 종종 날개를 달고 있었으며 자기 형체를 바꿀 수도 있었다고 한다.[118)

자연에서 더욱 중요한 것은 형이상적인 부분이며, 이 점은 하늘과 땅도 마찬가지이다. 특히 하늘의 신은 모든 것에 앞선다.

산과 강, 식물과 나무, 우물과 부엌, 웅덩이와 연못 등의 사물은 모두 정기를 갖고 있으며, 인간의 몸에는 혼백이 있다. 하물며 사물 가운데 가장 큰 하늘과 땅이야 어떻겠는가? 이치상 당연히 정신이라는 것을 가지고 있을 것이다. 정신이 있다면 마땅히 선한 것에 상을 주고 악한 것에 벌을 내릴 것이다.[119)

하늘의 신은 아득히 멀고 또 맑고도 높으니, 그 윤리가 빼어나고 고귀함 또한 지극하다.[120)

---

116) 『抱朴子內篇』, 권1, 6a.
117) 『抱朴子內篇』, 권1, 7a.
118) 『抱朴子內篇』, 권1, 13a.
119) 『抱朴子內篇』, 권1, 35b, "山川草木井竈洿池猶皆有精氣, 人身之中, 亦有魂魄, 況天地爲物之至大者, 於理當有精神, 有精神, 則宜賞善而罰惡."
120) 『抱朴子內篇』, 권2, 13a, "天神綿邈淸高, 其倫異矣, 貴亦極矣."

천지의 정신은 천지가 지닌 특별한 것으로, 곧고 참되다. 이들은 영리한 말이나 기도를 듣고 복을 주기 위해 움직이지 않는다.[121]

한편 악한 귀신도 있는데, 이들은 특히 산에 거주하면서 인간을 위협한다. 인간은 산에 오를 때 이들로부터 보호되어야 한다.[122]

(4) 연금술과 불로장생

생을 연장하고 죽지 않음으로써 신선이 되는 것은 예로부터 도가가 추구하는 것이었다. 거기에는 다양한 방법들이 사용된다. 특히 생기가 많아서 좋다고 하는 특정한 물체를 복용하고 곡물처럼 나쁘게 여겨지는 음식을 피하며, 호흡을 조절하고 연금술로 생산한 단약을 마신다.

갈홍은 생기의 생성보다는 인위적으로 생산한 단약의 작용을 더 신뢰하였으며, 호흡 또한 중요하게 여겼다. 그에 따르면 올바른 호흡만으로는 신선이 되기에 아직 부족하지만, 이것만으로도 수백 년을 살 수는 있다.[123] 호흡을 할 때에는 입과 코털이 움직이지 않도록 숨을 천천히 그리고 깊이 들이마시고 내쉬어야 한다. 숨을 멈추는 것도 권장된다. 코로 숨을 쉬어야 하며, 내쉬기 전에는 맥박이 120번 뛸 동안 숨을 참아야 한다. 오래 연습하면 맥박이 1,000번 뛸 때까지 숨을 참을 수 있게 된다. 이런 호흡을 오래 하면 늙은 사람이 다시 젊어질 수 있다.[124] 이것을 연습하는 동안에는 완전히 고요해야 하며 화를 내어서는 안 된다. 호흡이 곤란해지고 기침을 하게 될 수 있기 때문이다. 또한 채소를 너무 많이 섭취하거나 기름진 음식을 먹어서도 안 된다. 호흡이 강해져서 멈출 수 없게 될 수도 있기 때문이다.[125]

---

121) 『抱朴子內篇』, 권2, 13a.
122) 『抱朴子內篇』, 권4, 1쪽.
123) 『抱朴子內篇』, 권1, 31a.
124) 『抱朴子外篇』, 권2, 7a.
125) 『抱朴子外篇』, 권2, 7b.

삶을 연장하는 데 있어서 가장 중요한 수단은 단丹과 금액金液이다. 갈홍은
『선경』의 구절과 노자의 비결을 인용하여 다음과 같이 말한다.

단을 복용하고 한결같음을 지킬 수 있는 사람은 하늘과 더불어 서로 완성한다.
정기로 돌아가서 숨이 배꼽 아래에 미치도록 호흡하는 사람은[126] 수명을 연장하여
끝까지 갈 수 있다.[127]

노자의 비결에서는 이렇게 말한다. "그대가 단과 금액을 얻을 수 없다면 헛되이
사서 고생하는 것일 뿐이다."[128]

단약의 제조에서는 달이는 과정을 통해 약이 순화되는데, 한 차례의 순화내지
변화의 과정을 일전一轉이라고 한다. 장수를 위해서는 한 번 변한(一轉) 단은
3년 동안 복용해야 하고, 두 번 변한(二轉) 단은 2년 동안을 복용해야 한다.
아홉 번의 변화를 거친 구전환단은 단지 3일만 복용하면 된다.[129] 구전환단은
단의 정수로서 죽은 사람에게 그 으깬 가루를 칼끝만큼만 덜어 먹여도 당장
되살아날 정도라고 한다.[130] 노자에 따르면 금액 또한 장수할 수 있게 해
주는 약물이다. 금액을 마시면 신체가 금색으로 변한다. 반만 복용해도 이미
지상에서의 불사를 보장받으며, 전체를 복용하면 신선이 되어 하늘로 올라가는
것도 가능하다.[131]

단의 재료로 가장 중요한 것은 황화수은이지만 그 외의 다른 많은 것으로도
단을 생성할 수 있다.

---

126) 이러한 사람은 정기를 절약하고 생식을 피해야 한다.
127) 『抱朴子內篇』, 권1, 10a, "服丹守一, 與天相畢, 還精胎息, 延壽無極."
128) 『抱朴子內篇』, 권1, 17a, "老子之訣言云, 子不得還丹金液, 虛自苦耳."
129) 『抱朴子內篇』, 권1, 21a.
130) 『抱朴子內篇』, 권1, 22a.
131) 『抱朴子內篇』, 권1, 25a.

단사를 가열하면 수은으로 변하며, 이것은 많은 변화를 거친 뒤에 다시 단사로 돌아온다.[132]

갈홍은 단사 역시도 구전을 거친 단이 최고의 단이라고 설명한다. 단사는 불에 오래 달구면 달굴수록 더욱 놀랍게 변화한다.[133] 금액은 쉽게 만들 수 있지만 매우 값비싼 금이 필요하다. 갈홍 당시에 금 1파운드의 값은 300,000냥에 달하였다.[134] 이에 비해 다른 재료들은 쉽게 마련할 수 있었다. 단사와 금 이외에 은이나 영지버섯, 옥, 진주모, 진주, 황과 다른 많은 물질로도 단을 생성할 수 있다.[135]

갈홍의 견해에 따르면 단약 하나만으로는 소용이 별로 없고, 덕을 통한 변화와 준비가 있어야만 효과가 있다.

오래 살기를 추구하는 사람은 반드시 선행을 베풀고 공을 세워야 한다. 사물을 자애로운 마음으로 대하고 다른 사람들을 자기 자신처럼 여기며 심지어 곤충에게도 온정을 베풀어야 한다. 다른 사람의 복을 기뻐하고 그들의 고통을 위로하며 다른 사람들을 곤궁에서 구제해야 한다. 직접 자기 손으로 살아 있는 것을 해치지 않고 입으로 화를 부르지 않는다. 남의 이익을 자기의 이익처럼 여기고 남의 손실을 자기의 손실처럼 여긴다. 스스로를 높이거나 찬양하지 않고 남이 나를 이겨도 질투하거나 시기하지 않는다. 공공연히[136] 아첨하거나 은밀하게 해를 끼치지 않는다. 이러한 방식으로 유덕하게 행동하면 하늘의 복을 받게 되니, 하는 일이 반드시 이루어지고 신선이 되고자 기대할 수 있다.[137]

---

132) 『抱朴子內篇』, 권1, 17b, "而丹砂燒之成水銀, 積變又還成丹砂."

133) 『抱朴子內篇』, 권1, 17a.

134) 『抱朴子內篇』, 권1, 25b.

135) 『抱朴子內篇』, 권2, 22a.

136) 여기에 원전에 없는 '陽'자를 보충하였다.

137) 『抱朴子內篇』, 권1, 36a, "欲求長生者, 必欲積善立功, 慈心於物, 恕己及人, 仁逮昆蟲, 樂人之吉, 愍人之苦, 賙人之急, 救人之窮, 手不傷生, 口不勸禍, 見人之得, 如己之得, 見人之失, 如己之失, 不自貴不自譽, 不嫉妬, 勝己不嫉, 陽詔陰賊, 如此乃爲有德, 受福於天, 所作必成, 求僊可冀也."

"땅의 신선이 되고자 한다면 300번의 선을 이루어야 하고, 하늘의 신선이 되고자 한다면 1,200번의 선을 이루어야 한다. 만약에 1,199번의 선을 행하고 그 사이에 어느새 1번의 악을 행했다면 이전의 선행을 모두 잃어버리게 되니 처음부터 다시 세어야만 한다. 그러므로 선은 큰 것이 아니며 악은 작은 것이 아니다. 혹 악한 일을 하지는 않았지만 자기가 한 일을 말하면서 그에 대한 보답이 있기를 바란다면 그는 이 한 가지 일에 대한 선행은 잃지만 모두 잃어버리는 것은 아니다." 다시 이어서 말한다. "선행이 아직 가득 차지 못했다면 불사의 선단을 복용해도 아무 도움이 되지 않는다. 만약에 선단을 복용하지는 않았지만 선을 행한다면 비록 신선이 되지는 못해도 급작스럽게 죽는 재앙은 면할 수 있을 것이다."138)

단약을 복용하려는 사람은 먼저 인적 없는 유명한 산에서 100일 동안 금식하고 5번에 걸쳐 향기로운 목욕을 하며 모든 더러운 것을 멀리 해야 한다. 이때 함께하는 사람이 세 명을 넘어서는 안 된다. 또한 믿지 않는 사람에게는 이것에 대해 말하지 않아야 하는데, 왜냐하면 단약은 비방을 받게 되면 작용하지 않기 때문이다. 여러 사람들이 믿고 있는 다른 약초와 식물은 효과가 없다. 이런 것들은 땅에서 부패하여 연소되기 때문이다. 그러나 단약은 그렇지 않아서, 가족 전체가 이로써 동시에 장수하게 될 수 있다. 귀신에게 제사를 지내거나 신체적인 운동을 하는 것 또한 생명을 연장하는 데에 아무런 도움이 되지 못한다.139)

신선 역시도 덕행을 통한 변화가 필요하기는 하지만 성인과 같을 필요는 없다. 성인은 신선이 아니며, 신선 또한 성인이 아니다.140)

갈홍이 제시한 장수의 조건들은 누구도 채울 수 없을 정도로 어렵다. 아마

---

138) 『抱朴子內篇』, 권1, 15b, "人欲地僊, 當立三百善, 欲天僊, 當立千二百善, 若有千一百九十九善, 而忽復中行一惡, 則盡失前善, 乃當復更起善數耳, 故善不在大, 惡不在小也, 雖不作惡事, 而口 及所行之事, 及責求布施之報, 便復失此一事之善, 但不盡失耳, 又云, 積善事未滿, 雖服僊藥, 亦無益也, 若不服僊藥, 並行好事, 雖未便得僊, 亦可無卒死之禍矣."

139) 『抱朴子內篇』, 권1, 19a, I, 20b.

140) 『抱朴子內篇』, 권3, 1a.

그는 이로써 연금술사들이 많이 실패하게 되는 이유를 설명하고자 했을 것이다. 어떤 조건 하나를 간과하여 실패할 수밖에 없었다고 말하는 것은 무척이나 간단한 일이었을 것이기 때문이다.

(5) 금의 제조

도교의 신도들은 금을 만들고자 하였는데, 이것은 부자가 되기 위해서가 아니라 금단을 만들기 위해서였다. 유교적 학식은 관직과 권위를 얻고 부를 누릴 수 있었지만 도교의 추종자들은 일반적으로 가난하였기 때문에 금을 만들어야만 했다. 그래서 다음과 같은 속담이 있다.

살진 선인이 없고, 부유한 도사가 없다.[141]

일반적으로는 금을 단사에서 얻었다. 갈홍은 『선경』의 말을 인용하여 이렇게 말한다.

단사의 정수는 금을 생성한다.[142]

그러나 다른 곳에서는 단사 외의 다른 재료들에 대해서도 언급하고 있다.

주사는 금이 된다. 이것을 복용하여 신선이 된 사람은 곧 최고 수준의 도사이다.[143]

응집된 수은은 금이 되어 침을 놓을 수 있다.[144]

---

141) 『抱朴子內篇』, 권3, 30a, "諺云, 無有肥僊人, 富道士也."
142) 『抱朴子內篇』, 권3, 30a, "僊經云, 丹精生金." 황하수은이 있는 산에서는 금을 발견할 수도 있다.
143) 『抱朴子內篇』, 권3, 30b, "朱砂爲金, 服之昇僊者上土也."
144) 『抱朴子內篇』, 권3, 30b, "凝水銀爲金, 可中釘也."

갈홍은 연금술에 대한 경전으로 『신선경神僊經』 25권에 대해 이야기한다. 그에 따르면 이 경에는 연금술에 관한 것이 1,000여 장에 이르는데, 매우 은미하여 이해하기 어렵다고 한다. 연금술을 위한 기술적 용어인 '황백黃白'은 금과 은을 의미한다. 갈홍은 금을 만들려고 했던 이전의 인물 중에서 특별히 유향을 언급하면서, 유향의 시도가 실패한 이유는 올바른 방식으로 준비하지 않았기 때문이라고 한다. 금을 만들기 전 금식과 목욕을 하지 않았고 고요하게 수련하지도 않았으며, 오히려 반대로 조수 및 하인과 더불어 성에 머물고 있었다는 것이다.[145]

나아가 갈홍은 학식이 높은 내사內史 오대문吳大文에 대해서도 언급한다. 이 사람은 도교도인 이근李根이 은을 만드는 과정을 보았다. 납과 아연을 녹이고 콩알만큼의 가루를 첨가하여 쇠숟가락으로 섞어 놓았더니 날이 추워지면서 은이 되었다는 것이다. 그러나 오대문은 이 처방을 받아서 100일 동안 금식한 후에 스스로 만들고자 했지만 성공하지 못했다.[146] 또 여강태수 화령華令이 도교의 도사로부터 금제조법을 배워 금을 만들어 내었다는 이야기도 있다. 처음에 그는 납으로 은을 만들었는데, 거기에 가루를 첨가하여 혼합하였더니 금이 되었다는 것이다.[147] 갈홍의 스승 정은鄭隱 또한 여강의 동산同山에서 연금술을 시행하였으며 매번 성공하였다고 한다.

갈홍은 금의 제조를 위한 다양한 처방들을 제시하고 있는데, 이것들은 번역하기가 매우 어렵다. 연금술의 용어들이 너무나 생소하기 때문이다. 그 처방 중 하나를 보면, 주석 한 조각을 합금하여 점토도가니에 넣은 후 사흘 동안 불을 땐다. 그러면 주석이 재로 변하면서 약간의 황금알갱이를 얻게 된다. 이런 식으로 하여 10파운드의 주석으로 20온스의 금을 얻을 수 있다는 것이다.[148]

---

145) 『抱朴子內篇』, 권3, 27a.
146) 『抱朴子內篇』, 권3, 28b.
147) 『抱朴子內篇』, 권3, 29a.
148) 『抱朴子內篇』, 권3, 32b.

다만 유감스럽게도 갈홍의 연금술에 관한 정보들은 매우 부정확하여, 거기에는 비율과 무게가 거의 다 빠져 있다.

(6) 귀신과 주술

귀신에 관한 갈홍의 믿음은 이론으로만 머문 것이 아니라 주술에서 실제로 사용되었다. 갈홍은 도·하늘·땅이 자연의 힘으로서 무의식적이고 자연적으로 작용하는 반면에, 귀신은 인간과 유사하게 행동하는데 상황에 따라서는 인간이 자신의 의지를 귀신에게 강요할 수 있다고 여겼다. 그러나 원칙적으로는 귀신이 인간의 명을 장악하고 변형할 수 있으므로 인간보다 강하다.

하늘의 신은 부엌의 신과 운명의 신을 부려 인간의 명을 결정한다. 새로운 달이 되면 부엌신(竈神)과 사명司命(司過之神)은 누군가의 행위에 대해 하늘에 보고하고,149) 이 보고서를 토대로 그에 대한 벌을 결정하는 명부가 작성된다. 신들은 악한 행위에 상응하여 본래의 명에서 특정 일수를 빼는데, 큰 죄에 대해서는 1기紀 즉 300일을 빼고 작은 허물에 대해서는 1산算 즉 3일을 빼며 아주 사소한 잘못에 대해서는 1일을 뺀다.150) 이것은 갈홍의 창작이 아니라 도교의 신화에 따른 것으로, 그는 이 신화의 소개자에 불과하다.

악한 귀신도 있다. 이런 귀신은 인간을 다양한 방식으로 해를 끼치며 길거리의 불량배처럼 행동한다. 사람들을 겁주고자 집에 돌을 던지고 불을 지르는 등의 행동을 하는데, 직접 모습을 나타내거나 소리만 들려주기도 한다.151) 이런 귀신은 주문과 부적으로 물리칠 수 있는데, 다만 언제나 확정적인 것은 아니다. 마치 무기로 짐승과 뱀의 공격을 물리칠 수 있지만 화살이 오히려 사수에게 되돌아갈 수 있는 것과 같다.152) 부적은 처음에 신에 의해 하늘의 문자로

---

149) 『抱朴子內篇』, 권3, 32b.
150) 『抱朴子內篇』, 권1, 15쪽 및 35쪽b.
151) 오늘날에도 중국인들은 이와 유사한 惡神觀을 가지고 있다.

만들어졌으며 이것이 노자에게로 전수되었다고 한다.153)

갈홍은 모든 가능한 단의 신비한 작용을 묘사한다. 예를 들어 검은 주석을 물과 혼합하여 왼쪽 손을 문지르면 원하는 모든 사물에 마술을 걸 수 있다고 한다. 또 어떤 단약을 100일 동안 복용하면 장님이 다시 볼 수 있고 병든 사람이 다시 건강해지며 흰 머리카락이 다시 검어지고 빠진 이가 다시 자라난다고 말하기도 한다.154)

또, 하나 이상의 마술거울의 힘을 빌려 신들을 나타나게 할 수 있다. 어떤 신은 용이나 호랑이를 타고 기이한 옷을 입고 나타나는데, 이들이 묻거나 꾸짖는 것에 답변을 해서는 안 된다. 노자가 나타나면 자리에서 일어나 여러 번 절을 해야 한다. 그의 형상은 수명을 연장시키고 정신을 맑게 해 준다.155)

삶과 죽음의 기에 대한 설명은 매우 기이하다. 사람이 자정부터 정오까지 쉬는 숨은 삶과 치유의 기이며, 정오부터 자정까지의 숨은 죽음의 기이다. 삶의 기를 내쉬면 물은 몇 단계 뒤로 물러서고 불은 꺼지며 호랑이와 늑대가 굴복하여 더 이상 움직이지 않고 뱀이 몸을 말아 자리에서 나오지 않는다. 칼로 난 상처의 피를 멈추게 하는 데에도 입김이면 충분하다.156)

갈홍은 위진남북조 시기의 가장 중요한 사상가이다. 그의 회의적인 사상은 종종 왕충을 연상시킨다. 이런 비판적인 두뇌가 미신으로 그렇게 깊이 침잠할 수 있었다는 사실이 참으로 기묘하기는 하지만, 갈홍의 시대에는 연금술과 도술 역시 학문으로 간주되었었다. 그는 서양의 근대철학자들 가운데 파라셀수스(Paracelsus: 1493~1541)와 비교될 수 있다. 파라셀수스는 갈홍과 마찬가지로

---

152) 『抱朴子內篇』, 권1, 31b~32a.
153) 『抱朴子內篇』 권4에서는 다양한 부적들이 강하게 추상화된 예를 보여 주고 있다.
154) 『抱朴子內篇』, 권1, 22a.
155) 『抱朴子內篇』, 권3, 25a, b.
156) 『抱朴子外篇』, 권2, 7a.

접신론接神論 및 의학적인 연금술을 실행한 학자였다. 한편, 갈홍은 또한 철학적 도가와 대중적 도교 사이의 연결고리이기도 했다. 도교의 판테온, 신화와 교회의 조직은 그 이후에야 비로소 생겨났지만 갈홍의 저서에서 이미 도교의 첫 출발점을 찾아볼 수 있다.

4. 포경언

포경언鮑敬言은 『포박자』 속의 한 편으로만 알려져 있을 뿐이어서 우리는 그의 생애와 인품에 대하여 확인할 길이 전혀 없다. 거기서 갈홍은 포경언의 견해에 반대한다.[157] 아마도 그는 갈홍과 동시대인이었거나 어느 정도 앞선 시기를 살았을 것이다. 갈홍은 그를 노자와 장자의 추종자이자 매우 뛰어난 연설자로 설정한다.[158] 포경언은 도가적인 의미에서 모든 문화를 인류의 큰 불행으로 간주하면서 오직 자연 상태만이 추구할 가치가 있는 것이라고 여긴다. 특히 그는 군주와 신하를 비난한다. 아마도 그는 중국의 사상가들 가운데 처음으로 드러난 무정부주의자이자 반군국주의자일 것이다. 이미 고대도가에서 무정부주의적인 공상을 했다고 하더라도 아직 주목할 정도는 아니었던데 비해 그에게서는 계급에 대한 증오가 확실하게 나타난다.

고대에는 아직 군주가 없었기 때문에 당시의 백성들은 후대의 백성들보다 훨씬 행복하였다. 그는 행복한 시대에 대하여 다음과 같이 말한다.

유학자들은 "하늘이 백성을 낳고 그들을 위하여 군주를 세웠다"라고 말한다. 그러나 어떻게 고귀한 하늘이 타일러 말하며, 또한 하려는 것을 말로 표현하였겠는가?

---

157) 『抱朴子外篇』, 권4, 8쪽.
158) 『抱朴子外篇』, 권4, 22b.

대개 강자가 약자를 능멸하면 약자는 강자에게 복종하고, 똑똑한 사람이 어리석은 사람을 속이면 어리석은 사람은 똑똑한 사람을 섬기게 된다. 복종하기 때문에 군주와 신하의 도리가 생겨나고, 섬기기 때문에 힘없는 백성은 다스림을 받는다. 그렇다면 예속되는 것은 강자와 약자 사이의 투쟁과 똑똑한 사람과 어리석은 사람의 비교에서 말미암는 것이지, 저 푸른 하늘은 실로 상관이 없다.[159]

고대에는 군주도 없고 신하가 없었다. 우물을 파서 물마시고 밭을 경작해서 먹고살았다. 해가 뜨면 일하고 해가 지면 쉬었다. 구속이 없이 자유로웠으며 스스로 매우 만족하였다. 경쟁도 없고 피곤도 없었으며 영예도 없고 치욕도 없었다. 산에는 오가는 길이 없고 못에는 배와 다리가 없었다. 내와 계곡을 통과할 수 없었기 때문에 서로 합치는 일 또한 없었다. 선비들이 무리지어 모이지 않았기 때문에 서로 공격하지 않았다.[160]

권력과 이익이 싹트지 않았고, 재앙과 혼란이 없었으며, 창과 방패가 사용되지 않았고, 성과 연못이 건설되지 않았다. 만물은 모두 현묘하게 같았으며 도에서 상대를 잊었다.[161]

고대에는 짐승도 사람에게 성가시게 시달리지 않았고 또 사람을 두려워하지도 않았으며 함께 평화롭게 지냈다. 질병이 퍼지지 않아 사람들은 모두 장수하였다. 이들은 순수하고 부패되지 않은 감각을 지니고 있었으며, 어떤 계략도 꾸미지 않았다. 먹을 것이 있으면 만족하였고, 언어를 아름답게 꾸미려 하지 않았다. 매매행위로 백성들의 수입을 앗아가지 않았으며, 엄격한 형벌로 인해

---

159) 『抱朴子外篇』, 권4, 22b, "儒者曰, 天生烝民, 而樹之君, 豈其皇天諄諄言, 亦將欲之者爲辭哉, 夫彊者凌弱, 則弱者服之矣, 智者詐愚, 則愚者事之矣, 服之, 故君臣之道起焉, 事之, 故力寡之民制焉, 然則隸屬役由乎爭彊弱而校愚智, 彼蒼天果無事也."
160) 『抱朴子外篇』, 권4, 23a, "曩古之世無君無臣, 穿井而飮, 耕田而食, 日出而作, 日入而息, 汎然不繫, 恢爾自得, 不競不營, 無榮無辱, 山無蹊徑, 澤無舟梁, 川谷不通, 則不相幷兼, 士衆不聚, 則不相攻伐."
161) 『抱朴子外篇』, 권4, 23a, "勢利不萌, 禍亂不作, 干戈不用, 城池不設, 萬物玄同, 相忘於道."

고통을 당하는 일이 없었다.

그러나 도와 덕을 잃어버린 이후로 문화와 도덕이 자라나니, 이로 인해 모든 재앙이 생겨났다.[162] 군주와 신하가 존재한 이후로 백성들은 억압받고 착취당하였다. 군주는 보물을 모으고 호화로운 궁전을 건축하였으며 많은 부인들을 거느리고 있었다.

> 임금은 구하기 어려운 보물을 수집한다. 기이하고 괴상한 물건을 모으고 유익하지 않은 것으로 치장하며 끝없는 욕구에 빠진다.[163]

임금은 백성의 재물을 무용한 물건을 구하기 위해서 사용해 버리고, 백성은 생필품과 의복도 갖추지 못한 채 굶주리고 헐벗으면서도 군주와 관리들을 위해 피곤하게 일해야 한다. 그럼에도 군주들은 행복할 새도 없이 늘 위협을 느낀다. 자주 동요가 있기 때문이다. 그래서 그들은 성벽 주위에 물길을 파서 방어한다. 법과 규칙도 쓸모가 없다. 방어를 위해 만든 무기가 봉기를 일으킨 자들에게 넘어가면 또한 그들을 위해 사용되기 때문이다.[164] 그리하여 포경언은 이렇게 단언한다.

> 임금에게 후궁 삼천을 갖게 하는 것이 어찌 모두 하늘의 뜻이겠는가? 이들이 곡식과 비단을 쌓아두면 결국은 백성이 굶주리고 헐벗게 된다.[165]

그러나 고대에 대한 언급은 순수한 유토피아적 환상이라 할 수 있으며, 백성의 억압자이자 흡혈귀로서의 임금과 관리에 대한 묘사는 고의적으로 실제를 왜곡한 것이다. 많은 억압이 있었던 것도 사실이기는 하지만, 그럼에도

---

162) 『抱朴子外篇』, 권4, 23a.
163) 『抱朴子外篇』, 권4, 27a, "人君採難得之寶, 聚奇怪之物, 飾無益之用, 厭無已之求."
164) 『抱朴子外篇』, 권4, 25b~26a.
165) 『抱朴子外篇』, 권4, 27b, "人君後宮三千, 豈皆天意, 穀帛積, 則民饑寒矣."

대부분의 중국 황제들은 백성의 안녕을 매우 염려하였고 가부장적 군주국가의 체계는 국가의 발전에 매우 현저하게 기여하였다. 문화와 통치 없이 이보다 더 성공적일 수 있었을지 매우 의심스럽다.

5. 배위

배위裵頠(267~300)는 자가 일민逸民이며 33세의 나이에 요절하였다. 학식이 매우 높았으며 의학에도 관심이 있었다. 그의 관리경력은 281년에 거록鉅鹿에서 시작되었다. 그는 진晉나라의 혜제惠帝가 즉위한 290년에 황제의 학술원에 임용되고 또한 동시에 장군으로 임용되었으며, 후에 재상이 되었다. 그러나 그는 300년에 궁정봉기의 제물이 되었다. 황제의 형제인 조왕趙王 사마륜司馬倫이 황제를 폐위시키고 스스로 황제가 되면서, 혜제의 신하였던 배위를 처형한 것이다. 후에 조왕을 내몰고 황제의 위로 복귀한 혜제는 재상에게 합당한 예를 갖추어 매장하게 하고 성成이라는 시호를 내림으로써 잃었던 관직과 권위를 모두 되찾게 해 주었다.[166]

배위는 존재(有)에 관한 저서『숭유론崇有論』과 무에 대한 저서『귀무론貴無論』 및 인간의 능력에 대한 저서인『변재론辨才論』등을 저술하였다. 그의 전서는 9권에 이르렀지만 지금은 그 가운데 일부만 전할 뿐이며,『숭유론』은 대략 4쪽 정도 남아 있다.

배위는 당시에 도교학자들이 환상적인 생각으로 최고의 권위를 누리는 반면에 유학자들이 신망을 얻고 있지 못하는 것을 고통으로 느꼈다. 그래서 그는 무·허·무위와 같은 도교의 주요 개념들을 공격하여 그 공허함을 증명하는 것을 과업으로 삼았다. 그의 증명이 날카롭고 명백하였기에 그의 저서들은

---

166)『晉書』, 권35,「裵頠傳」.

매우 유명하였다. 그래서 왕연王衍(256~311)을 비롯한 많은 도교학자들이 그에 맞서 변론을 시도하였지만 성공을 거두지 못했다. 배위는 한나라 시기의 합리적인 회의론자의 대를 잇는다.

존재 즉 유의 근본개념을 배위는 다음과 같이 정의한다.

모든 것의 혼합은 무리의 근본이며 궁극의 도이다. 장차 여기에서 다른 종족이 생겨나고 다양한 종류가 생겨나며 형체와 형태가 현저하게 나뉘니, 유는 생성의 본체이다…… 그러므로 생의 근거로 생각할 수 있는 것을 리라고 하며, 리의 본체를 유라고 하며, 유가 필요로 하는 것을 자질이라고 한다.[167]

그런데 인간은 능력을 잘못 사용해서 많은 재앙을 야기하게 되는데, 이때 겁이 많은 사람은 모든 원인을 외적인 사물에서 구하여 그것을 포기함으로써 스스로를 치유하고자 한다.

드디어 무를 귀하게 여기는 논의를 천명하고, 유를 천시하는 논의를 세운다.[168]

가득 찬 욕구를 덜어낼 수는 있지만 유를 완전히 없앨 수는 없고, 지나친 사용을 줄일 수는 있지만 무가 귀하다고 말할 수는 없다.[169]

배위는 허와 무를 칭송하는 말이 마치 진리인 듯하고 신비롭게 들리지만 이를 좋아하게 되면 오히려 자신을 어리석게 만들 뿐이라고 지적하면서, 도교의 학자들은 무위로 최대의 성공을 거둘 수 있고 성품의 고귀함과 교육을 위해서는 아무것도 필요치 않다고 생각하여 예를 경시함으로써 인간에게 공통된 가치의

---

167) 『全晉文』, 권33, 6b, "夫總混羣本, 宗極之道也, 方以族異庶類之品也, 形象著分, 有生之體也……是以生而可尋, 所謂理也, 理之所體, 所謂有也, 有之所須所謂資也."
168) 『全晉文』, 권33, 7a, "遂闡貴無之義, 而建賤有之論."
169) 『全晉文』, 권33, 7b, "夫盈欲可損, 而未可絶有也, 過用可節, 而未可謂無貴也."

척도들을 모두 잃어버리게 되었다고 본다.

이들은 심지어 벌거숭이가 되어 우스갯소리를 하며 당연한 것을 잊고서도 부끄러워하지 않았으니, 나아가 선비들의 행동 또한 기울어지게 되었다.[170]

노자 또한 예의 순수함을 요청하였고 이것은 『역경』과 마찬가지이지만, 배위는 『역경』의 경우는 허와 무를 근거로 삼은 것이 아니라고 여긴다. '무' 개념의 허위성에 대하여 배위는 다음과 같이 말한다.

절대적인 무는 무로서 아무것도 생성할 수 없다. 그러므로 최초의 생겨난 것은 반드시 스스로 생성한 것이다. 스스로 생성했기 때문에 유를 그 본체로 한다.[171] 그렇다면 유가 빠지면 생성도 이루어질 수 없다. 생성된 것은 유를 자기의 부분으로 간주한다. 그렇다면 허와 무는 유를 잃은 것이다. 그러므로 이미 변화하여 있는 것을 기르는 것이지 무가 작용하여 완전하게 할 수 있는 것이 아니다. 리는 이미 있는 것이지 온갖 것들이 무위하여 따를 수 있는 것이 아니다.
마음은 일이 아니다. 그러나 일의 통제는 반드시 마음에서 말미암는다. 일이 아닌 것으로써 일을 통제한다고 해서 마음이 무라고 하는 것은 불가하다. 장인은 도구가 아니다. 그러나 도구를 다루기 위해서는 반드시 장인이 있어야 한다. 도구가 아닌 것으로써 도구를 다룬다고 해서 장인이 없다고 말하는 것은 불가하다.
그러므로 깊은 샘의 물고기를 잡는 일은 편히 쉬면서도 잡을 수 있는 것이 아니고, 높은 담의 새를 떨어뜨리는 일은 조용히 아무것도 하지 않은 채 성공할 수 있는 것이 아니다. 살피고 던지고 활을 쏘고 미끼를 사용하는 것은 모두 알아야만 전망할 수 있는 것이다. 이것으로 본다면 유를 이루는 것은 모두 유이다. 허와 무가 어찌 자신에게 보탬으로써 유의 무리를 생성하였겠는가?[172]

---

170) 『全晉文』, 권33, 7b, "至於裸裎言笑, 忘宜以不惜, 爲弘士行又虧矣."
171) 배위가 유를 신 또는 단순한 개념으로 파악하지 않고 실체 즉 어느 정도 신체와 유사한 실재로 파악하였다는 점은 주목할 만하다.
172) 『全晉文』, 권33, 8b, "夫至無者無以能生, 故始生者自生也, 自生而必體有, 則有遺而生虧矣, 生以有爲己分, 則虛無是有之所謂遺者也, 故養旣化之有, 非無用之所全也, 理旣有之, 衆非無爲

그러나 이러한 비난은 그 목표가 잘못 설정된 것이다. 왜냐하면 배위의 무 개념은 도교의 무 개념이 아니기 때문이다. 도교의 원전에 따르면 무는 결코 절대적인 무가 아니라 단지 감각적인 유가 아닌 것, 즉 현상적 존재의 부정으로 이해되고 있다. 무는 초감각적이고 초월적인 유인 것이다.[173] 배위는 도교의 이러한 생각을 파악하지 못하였고, 그래서 헛된 것을 상대로 투쟁하였다. 무위와 무지에 대한 그의 반대는 잘 정리되어 있다.

之所能循也, 心非事也, 而制事必由於心, 然不可以制事以非事, 謂心爲無也, 匠非器也, 而制器必須於匠, 然不可以制器以非器, 謂匠非有也, 是以欲收重泉之鱗非偃息之所能獲也, 陟高堙之禽非靜拱之所能捷也, 審投弦餌之用非無知之所能覽也, 由此而觀, 濟有者皆有也, 虛無奚益於己有之衆生哉"

173) 『중국고대철학사』, 389쪽(263쪽) 참조.

제4장 삼교회통론자

중국에서의 불교 수용은 갈등 없이 쉽게 이루어진 것이 아니다. 백성들은 불교를 흔쾌히 받아들였지만, 학자들은 낯선 학설의 침입에 강하게 저항하였다. 유학자들은 그 속에서 자기 스승의 성스러운 학설에 대한 공격을 보았으며, 또한 도교의 학자들도 스스로를 방어하고자 하였다. 유교와 도교 사이의 투쟁은 한나라 때 유학이 국가철학으로 지정된 뒤 위진시대에 들어 처음으로 시작되었는데, 우리는 배위에게서 그것의 한 사례를 보았다. 그런데 도교학자들은 이제 불교에 반대해야 하였으며, 마침내 유학자와 도교학자들은 함께 불교에 맞서 투쟁하였다.

중국에서는 어떤 두 사람이 싸운다면 당장 몇 명의 평화중개자가 나타난다. 평화를 애호하는 것이 이 민족의 주요 특성이기 때문이다. 그러므로 유학과 불교와 도교의 세 체계가 금방 화합하게 될 것이라는 점은 짐작할 수 있다. 그리고 실제로 유학과 불교가 같은 목표를 가지고 있다거나 도교와 불교가 일치한다는 주장, 혹은 세 학설이 모두 같은 데서 나온 것이라는 주장이 생겨났다.[1] 이미 잘 알려진 바대로 중국인들의 융합주의를 지향하는 기호가 이러한 노력에 특별히 기여했다.

---

[1] 謝无量, 『中國哲學史』 4, 27쪽.

1. 손작

손작孫綽은 자가 흥공興公이다. 시인이며 중요한 문호로 알려졌다. 그의 전기[2]
에서 영가永嘉(307~313) 연간이 언급되는 것으로 보아 그는 4세기 초에 진나라
시대를 살았을 것이다. 그는 58세에 죽었는데,[3] 정확한 출생년도는 알려져
있지 않다. 손작은 여러 관직을 맡았으며 10년 동안 회계산會稽山 근방의 산을
여행하였다고 한다.[4] 저술로『손작자孫綽子』10권이 있었다고 하는데,[5] 이것은
유학적인 내용으로 간주된다. 그 밖에 신선에 대해 다룬 도가적 내용의『열선전찬
列仙傳贊』3권을 저술하였다. 그러나 우리의 관심을 끄는 것은 무엇보다 그의
간략한 논고「유도론喩道論」이다. 여기서 그는 불교와 유교의 화합을 시도하고
있다. 불교서적『홍명집』에 수록되어 있는[6] 이 글은, 불교에 반대하며 손작의
의견을 논박하려는 유학자와 벌인 공개논쟁의 형식으로 기술되어 있다. 손작은
이 논쟁을 유교와 불교의 가르침을 모두 인정하는 것으로 끝낸다.

주공과 공자가 곧 부처이며, 부처가 곧 주공과 공자이다.[7]

부처는 사형이 필요 없다고 하고 공자는 허물 있는 사람을 처벌하고 부당함을
제거하는 것이 필요하다고 여긴 것에 대해 어떻게 생각하느냐고 묻는 허구의
상대에 대해 손작은, 공자는 나쁜 결말을 보고 있고 부처는 시작을 목전에
두고 있다고 답한다. 부처에게 있어서는 업보(Karma)로 이미 충분하므로 다시
처벌을 논하는 것은 너무 지나치다는 것이다.

---

2) 『晉書』, 권56.
3) Giles, *Chinese Biographical Dictionary*, Nr. 1801.
4) 高瀨武次郎, 『中國哲學史』 2, 83쪽.
5) 『古今圖書集成』, 「經籍典」, 448部.
6) 『弘明集』, 권3, 728b~729b.
7) 『弘明集』, 권3, 729a, "周孔卽佛, 佛卽周孔."

또한 상대는 불교가 유교의 최고 덕목인 효를 경시한다는 점, 즉 승려들이 삭발하여 신체를 훼손하고 부모를 떠나며 후손을 생산하지 않는다는 점에 대해 격렬히 반대한다. 그러나 손작은 부처가 해탈 후 모든 사람에게 준 복을 승려가 부모에게 가져오게 된다고 하면서, 이것은 유학적인 의미의 효와 똑같은 크기의 효가 된다고 답한다. 그러면서 여러 불교서적들에서 효를 특별히 높이는 데서 드러나듯이 불교에서도 효는 중요한 역할을 한다고 말한다.

그러나 손작의 연구는 깊이 있는 근거를 제공하고 있지는 않다.

2. 장융

장융張融(444~497)은 절강성浙江省 오군吳郡에서 태어났으며 송나라(420~ 479)와 남제南齊(479~502)시대를 살았다. 자는 사광思光인데, 『홍명집』에서 그의 상대자 주옹周顒은 그를 통원通源이라고 불렀다. 송나라 때에 장융은 강도에게 잡혀 죽을 위기에 처했지만, 그의 용모와 시는 강도로 하여금 그를 석방하게 할 정도로 깊은 감명을 주었다. 제나라를 세운 고종高宗(479~482)은 그의 검소함 과 진실함을 높이 평가하여 즉위하기 전부터 이미 교류를 가지고 자신의 의복을 그에게 선물하기도 하였다.

장융은 중요한 인물이었음이 확실하다. 그는 작고 추하게 생겼지만 활기차고 재치가 있었다. 도사 육수정陸脩靜은 그에게 흰 해오라기와 사슴 꼬리로 만든 부채를 선물하며 다음과 같이 말하였다.

이것이 이미 기이한 물건이므로 기이한 사람에게 바친다.[8]

---

8) 『南齊書』, 권41, 1a, "道士同郡陸脩靜以白鷺羽塵尾扇遺融曰, 此旣異物, 以奉異人."

또 장융은 상서 왕승건王僧虔에게 보낸 편지에서 이렇게 쓰고 있다.

저는 천지간에 묻혀 사는 백성일 뿐입니다. 관직에 나아가서도 귀한 것을 분별하지 못하고, 산야로 물러나도 천한 것을 알지 못합니다. 우뚝이 조화에 참여하다가도 문득 초목과 같이 덤덤할 따름입니다.[9]

그는 자신이 죽으면 왼편에는 『효경』과 『도덕경』을, 오른편에는 『묘법연화경妙法蓮華經』의 작은 판본을 함께 넣어 묻어 줄 것을 유언하였다. 또 그의 부인에게는 너무 많이 울지 말 것이며 장례를 마친 후에는 2명의 첩을 그들의 집으로 돌려 줄 것을 부탁하였다.

장융은 스승이 없었지만 대부분의 사람들보다 탁월한 지를 소유하였다. 그러나 논쟁에서는 그리 탁월해 보이지 않는다. 문집으로 『옥해玉海』 수십 권이 있고 철학적으로 중요한 『문율門律』(『문론門論』이라고도 함)을 저술하였다고 하는데, 현재 전하는 것은 단지 주옹周顒과의 논쟁을 담은 단편들과 편지글들뿐이다. 이것들은 『홍명집』에 수록되어 있다.[10] 그의 스타일은 특이하여 매우 이해하기 어렵다.

장융은 유불도 삼교가 모두 같은 목표를 가지고 있다고 보았는데, 이러한 관점은 "온갖 성인을 한곳에 뭉뚱그림으로써 근본과 말단을 차이를 없게 한다"(百聖同投, 本末無異)라는 비난을 받았다. 그런데 장융이 특히 주목한 것은 무엇보다도 도교와 불교의 관계였다. 그의 기본적인 생각은 다음과 같다.

도교는 불교와 더불어 그 궁극적인 면에서는 서로 같다. 고요하여 움직이지 않는 근본에 이르러서는 같고, 감응하여 마침내 통하는 자취에 이르러서는 다르다.[11]

---

9) 『南齊書』, 권41, 6b, "又與吏部尚書王僧虔書曰, 融天地之逸民也, 進不辨貴, 退不知賤, 兀然造化, 忽如草木."
10) 『弘明集』, 권6, 15a~17b.
11) 『弘明集』, 권6, 15a, "道也與佛, 逗極無二, 寂然不動, 致本則同, 感而遂通, 達迹成異."

도교와 불교의 두 체계는 그 근원이 같고, 다만 성장하여 갈라져 나간 가지가 다를 뿐이다. 두 체계는 적연부동 및 허와 무를 공동의 근본원리로 삼고 출발하여, 움직임을 통해 비로소 차이가 발생하게 된다. 결국 형이상의 것은 서로 같고, 형이하의 세계에서만 차이가 나타나게 되는 것이다. 형이상의 것은 하나이지만 이것은 장소와 시간에 따라 각각 다른 형상을 드러내 보인다.[12] 따라서 인도와 중국의 그것은 서로 다르다. 이것을 장융은 비유를 통해 분명하게 나타내고 있다.

옛날에 큰기러기가 하늘 높이 날았다. 거리가 멀어 잘 보이지 않았는데, 월나라 사람들은 그것을 오리라고 여겼고 초나라 사람들은 제비라고 여겼다. 사람들은 월나라와 초나라로 각기 다르지만, 큰기러기는 늘 같은 것이었다.[13]

큰기러기는 항상 같은 것이지만 시대와 장소에 따라 사람들은 그것을 다르게 본다. 이와 마찬가지로 사물의 근원 또한 단지 하나이지만 다양한 체계 안에서 서로 다르게 나타나는 것이다. 그러므로 장융은 도교의 무와 허를 불교의 법성法性과 같다고 설명한다.[14]

3. 주옹

주옹周顒은 장융과 같은 시대 사람으로 송나라와 남제시대를 살았다. 정확한 생애는 알려져 있지 않다. 『홍명집』에서는 그를 주염周剡 또는 주염산자周剡山茨

---

12) 高瀬武次郎, 『中國哲學史』 2, 85쪽.
13) 『南齊書』, 권54, 11a, "昔有鴻飛天首, 積遠難亮, 越人以爲鳧, 楚人以爲乙, 人自楚越, 鴻常一耳." 『홍명집』에 수록된 원문은 첫 번째 문장에 결함이 있고, 高瀬武次郎의 『中國哲學史』 2에 인용된 원문은 더욱 결함이 많다.
14) 高瀬武次郎, 『中國哲學史』 2, 86쪽.

라고도 불렀는데, '염'은 이름이고 '산자'는 호인 듯하다.[15] 그는 또한 소자少子라고 자칭하기도 하였다. 고향은 여남汝南의 안성安成이다.

주옹은 송나라 명제明帝(465~473)와 남제 고제高帝(479~483)의 신임을 받았으며, 제나라 명제明帝(494~498)의 치하에서도 높은 관직에 있으면서 황제에게 직접 자기 생각을 말할 정도로 신뢰를 얻었다. 그러나 말년에는 물러나 종산鍾山에 은신처를 짓고 살았는데, 검소한 생활을 하고 채식을 즐기면서 결혼한 몸임에도 불구하고 주로 암자에 머물렀다.[16] 저서로는 음성학을 다룬 『사성절운四聲切韻』[17], 양나라 때 이미 소실된 『소자少子』 5권 및 『삼종론三宗論』[18]이 있다. 『삼종론』에서 주옹은 장융과 불교에 대해 논쟁한 것을 기술하였는데, 이것이 발췌되어 『홍명집』에 수록되었다.[19]

주옹은 불교를 매우 좋아하고 정통하였지만 동시에 유학과 도교 또한 숭상하였다. 변증론자의 방식에 따라 그는 불교의 의미 및 도교와 불교의 관계에 대해 장융과 논쟁한다. 주옹은 삼교의 체계가 일치한다는 점에서는 장융과 의견이 같았지만 장융의 증명방식에 그릇된 부분이 있다고 여겼기 때문에 논쟁을 벌이게 된 것이다.[20] 두 사람 사이의 주요 쟁점은 도교의 무와 허가 불교의 법성과 똑같은 것인가 하는 데 있었다. 주옹은 장융과 달리 둘의 동일함을 인정하지 않으면서, 무는 순수한 형태이고 법성은 그와 반대로 어느 정도 현실적인 것이라고 주장하였다.[21]

---

15) Takejiro(高瀬武次郎)에 따르면 그의 자는 '彦倫'이었다고 한다.
16) 『南齊書』 권41과 Giles의 *Chinese Biographical Dictionary*에 수록된 전기 참조.
17) Giles, *Chinese Biographical Dictionary*에 수록.
18) Takejiro는 '三字論'이라고 쓰고 있다.
19) 『弘明集』, 권6, 15a~17b.
20) 謝无量, 『中國哲學史』 4, 27쪽.
21) 高瀬武次郎, 『中國哲學史』 2, 86쪽.

4. 고환

고환顧歡(430~493)은 자가 경이景怡이며 오군吳郡 절강성浙江省 염관鹽官 출신으로, 역시 송나라와 제나라의 시대를 살았다.[22] 그는 매우 가난하여 공립학교의 학비를 지불할 수 없었기 때문에 학교의 담 뒤에 앉아서 선생의 말을 한마디도 놓치지 않고 들었다. 7살에 이미 『효경』과 『시경』, 『논어』를 읽었다고 한다. 낮에는 밭에서 일하고 밤에는 왕겨로 불을 지펴 공부하였는데, 어떤 부자가 그것을 보고는 자기 아들과 함께 공부하게 하였다. 20살에 그는 천태산天台山에 자기의 학교를 열었다. 여기에는 보통 100명 정도의 학생들이 있었다. 480년 즉위한 제나라 고제는 즉위 후 그를 궁정으로 불러들였고, 483년에는 태학박사太學博士로 임용하였다. 그러나 고환은 생애의 마지막 부분을 은둔자로서 보냈다. 음식과 의복을 매우 검소하게 하였고 사람들과 거의 교류하지 않았는데, 간혹 집에서 나오면 산새가 그의 손으로 날아와 앉아서 그가 주는 것을 받아먹었다고 한다. 고환은 특히 도교와 음양학의 저서들을 공부하였으며 유학과 불교에도 능통하였다.[23]

고환의 저술들은 대부분 간략하다. 정치에 관한 『헌치강獻治綱』 1권, 『노자』를 주석한 『노자의소老子義疏』, 『주역계사전』을 주석한 『주역계사주周易繫辭註』, 『논어』를 주석한 『논어주論語註』[24], 그리고 『삼명론三名論』[25] 등이 그것이다. 그의 아들들은 황제의 명으로 고환의 문집 『문의文議』 30권을 출간하였다. 고환의 저서 가운데 가장 잘 알려진 것은 『이하론夷夏論』[26]으로, 그 내용은

---

22) Pelliot, *Toung Pao*(1912), 401쪽에서는 아무 전거도 제시하지 않은 채 그의 생몰년을 390~453년으로 적고 하는데, 이것은 *Toung Pao*(1920), 431쪽의 주1과 어긋난다.

23) 『南齊書』, 권54, 「顧歡傳」.

24) 高瀨武次郎, 『中國哲學史』 2, 87쪽.

25) 『南齊書』, 권54, 「顧歡傳」.

26) 오랑캐와 중국인에 대한 논고 제목에서부터 인도인을 오랑캐로 표현하며 달가워하지 않고 있다. 『通志』에서는 '夷'가 '裔'로 되어 있다.(『古今圖書集成』, 「經籍典」, 448部)

그의 전기 속에 수록되어 있다. 여기에서 그는 도교와 불교를 화합하고자 하는데, 송나라의 재상 원찬袁粲은 도교학자들로 하여금 『이하론』에 반대하여 공개적으로 논쟁하게 하였다. 이때 고환의 반대자로 도교에서는 사진지謝鎭之, 주소지朱昭之, 주광지朱廣之가, 그리고 불교에서는 혜통慧通이 나타난다. 이들의 공격은 『홍명집』에 수록되어 있다. 고환은 구두로 벌이는 논쟁을 좋아하지 않았던 것으로 보이지만 저술에서는 매우 능통하였다.

주술적인 체험을 통해 고환은 초감각적인 것과 초자연적인 것을 믿었다. 그는 도교의 신선을 27단계로 구분하여 기술한다. 9단계까지의 과정을 거치면서 신선은 진인眞人으로의 변화를 거쳐 성인聖人이라고도 하는 신神으로 변화한다. 이 9단계를 통과한 후에 이들은 허·무·무명(道)에 들어간다. 신령한 버섯 등을 먹으면 생명을 수만 년 연장하는 일도 가능하겠지만 신선에는 속하지 못한다.[27] 도교적인 신선의 실재에 대해서와 마찬가지로 그는 흥미로운 변형이 가능한 불교의 은자들에 대해서도 의심하지 않는다. 도교의 저서에 따르면 노자는 국경을 통과해서 인도로 간 후에 낮잠을 자다가 햇빛의 중개로 인도왕비 마야의 입으로 들어간다. 그 다음해 4번째 달 8번째 날 자정에 왕비의 왼편에서 부처가 태어났는데, 나오자마자 일곱 발을 걸었다.[28] 그러므로 부처는 노자의 화신化身으로서 노자와 동일하며, 두 체계 사이에는 같은 관계가 성립할 수 있다는 것이다.

> 도교는 불교이고, 불교는 도교이다. 그 성인은 부합하고 그 자취는 다르다.[29]

고환은 도교와 불교가 본질적으로 똑같은데 단지 현상적 자취만이 서로 다르다고 여겼다. 그 가르침은 근본적으로 같되 표현방식에 있어서 인도와

---

27) 『南齊書』, 권54, 10쪽.
28) 『南齊書』, 권54, 7쪽.
29) 『南齊書』, 권54, 7쪽, "道則佛也, 佛則道也, 其聖則符, 其跡則反."

중국의 민족성에 따라 차이가 난다는 것이다. 각각의 관습·의복·의례가 서로 어긋나서 쉽게 주고받을 수 없는 것이, 마치 마차로 강을 건널 수 없고 배로 땅위를 달릴 수 없는 것과 같다고 한다.[30] 이에 대해 고환의 상대자는 삼교가 어느 정도 일치할 수는 있겠지만 근본적으로 매우 다르다고 하면서 다음과 같이 지적한다.

> 공자와 노자는 세상을 다스리는 것을 근본으로 삼았고, 부처는 세상을 벗어나는 것을 종지로 삼았다.[31]

고환은 불교와 도교가 그 본질이 같다고 여기면서도 후자를 결정적으로 선호하고 중국의 입장에서 불교를 부정한다. 도교와 중국인들은 이미 불교의 가르침을 가지고 있으므로 서구의 오랑캐들에게서 차용할 필요가 없다는 주장이다. 그에 따르면 도교는 중국인에게 알맞고 불교는 인도인에게 알맞기 때문에 교환이 불필요하다. 인도를 오랑캐라 부르면서 외래 학설을 부정하는 그의 자세에서 중국의 문화적 자만을 읽을 수 있다.

> 중국인을 교화하는 데에는 중국의 말이 필요하고 오랑캐를 교화하는 데에는 오랑캐의 말이 필요하다. 비록 배와 마차가 모두 멀리까지 이를 수 있지만 또한 그 길은 내와 땅으로서 서로 다르다. 불교와 도교가 모두 멀리까지 나아가 교화한다 하더라도 또한 오랑캐와 중국의 구별이 있다.[32]

불교는 동쪽 중국인의 도가 아니며, 도교는 서쪽 오랑캐의 법이 아니다. 이것은 마치 물고기와 새가 연못의 다른 영역에 있어서 영원히 서로 상관하지 않는 것과

---

30) 『南齊書』, 권54, 7쪽.
31) 『南齊書』, 권54, 9a, "孔老治世爲本, 釋氏出世爲宗."
32) 『南齊書』, 권54, 9a, "教華而華言, 化夷而夷語耳, 雖舟車均於致遠, 而有川陸之節, 佛道齊乎達化, 而有夷夏之別."

같다. 어떻게 노자와 석가모니의 두 가지 가르침이 모든 방향으로 교차할 수 있겠는가? 지금 불교는 이미 동쪽으로 왔고, 도교 또한 서쪽으로 갔다.[33]

불교는 악을 타파하는 방편이고, 도교는 선을 진흥하는 방법이다. 또한 중국인의 본성으로 서쪽 오랑캐의 법을 배우는 것은 불가하다.[34]

고환의 도교 선호는 또한 그가 불교와 도교의 문헌을 설명하는 곳에서도 나타난다.

불교는 화려하고 넓으며, 도교는 질박하고 정미하다. 정미한 것은 거친 사람이 믿는 바가 아니요, 넓은 것은 정미한 사람이 능한 바가 아니다. 부처의 말은 화려하기 때문에 사람들을 끌어들이게 되고, 도교의 말은 진실되지만 사람들을 물리치게 된다. 물리치니 밝은 사람만이 홀로 나아가고, 끌어들이니 어두운 사람들이 앞을 다투어 다가온다. 불교의 경전은 번잡하고 드러나며, 도교의 경전은 간략하고 그윽하다. 그윽하기 때문에 미묘한 문을 찾기가 어렵고, 드러나기 때문에 바른 길을 따르기가 쉽다.[35]

다른 많은 사람들과 마찬가지로 고환 또한 열반과 신선의 불사를 같은 것이라고 생각한다. 하나는 영원히 사는 것을 목적으로 하고, 다른 하나는 죽지 않는 것을 목적으로 한다는 점이 다를 뿐이라는 것이다. 그는 다음과 같이 말한다.

---

33) 『南齊書』, 권54, 9b, "佛非東華之道, 道非西戎之法, 魚鳥異淵, 永不相關, 安得老釋二教交行八表, 今佛既東流, 道亦西邁."
34) 『弘明集』, 권6, 20b; 『南齊書』, 권54, 8a, "佛是破惡之方, 道是興善之術, 又以中夏之性不可傚西戎之法."
35) 『弘明集』, 권6, 20b; 『南齊書』, 권54, 8a, "佛教文而博, 道教質而精, 精非麤人所信, 博非精人所能. 佛言華而引, 道言實而抑, 抑則明者獨進, 引則昧者競前. 佛經繁而顯, 道經簡而幽, 幽則妙門難見, 顯則正路易遵."

부처는 노자이며, 노자는 부처이다. 또한 신선으로의 변화는 열반과 유사하며, 오래 사는 것은 죽지 않는 것과 같다.[36]

열반과 신선이 되는 것은 각기 하나의 방법이다. 불교에서는 바른 진리라고 하며, 도교에서는 바른 하나라고 부른다. 하나는 죽지 않음으로 돌아가고, 진리는 태어남이 없는 것과 만난다. 이름은 다르지만 실상은 합치한다.[37]

그러나 고환의 견해에 반대하는 사람들은 다음과 같은 주장을 편다.

신선으로의 변화는 형체의 변화가 중요한 일인 데 비해 열반에서는 정신의 도야를 중요하게 여긴다. 형체의 변화는 흰머리를 다시 검게 만들 수도 있지만 그럼에도 불구하고 죽지 않을 수 없다. 반면 정신의 도야는 티끌만한 미혹을 매일 덜어서 담연하게 항상 존재하는 것이니, 열반의 도는 죽지 않음에 있다. 이처럼 다른데 어찌 같다고 하는가?[38]

당 고조 때의 태사太史 부혁傅奕은 불교의 추방을 강하게 주장하였는데, 그는 불교의 적들을 다룬 전기를 쓰면서 그 속에 고환의 전기를 「고식전高識傳」이라는 이름으로 포함시켰다. 그러나 『홍명집』과 『광홍명집』에서는 여기에 반대하였는데, 이 반대는 정당하다. 고환은 비록 불교의 열정적인 애호가는 아니었다고 하더라도 불교의 적도 아니었으며, 불교도들 또한 그를 적으로 간주하지 않았다.[39]

---

36) 『弘明集』, 권6, 17b, "佛是老子, 老子是佛, 又似仙化比泥洹, 長生等無死."
37) 『南齊書』, 권54, 7a, "泥洹仙化各是一術, 佛號正眞, 道稱正一, 一歸無死, 眞會無生, 在名則反, 在實則合."
38) 『南齊書』, 권54, 9a, "仙化以變形爲上, 泥洹以陶神爲先, 變形者白首還緇, 而未能無死, 陶神者使塵惑日損, 湛然常存, 泥洹之道, 無死之地. 乖詭若此, 何謂其同."
39) Pelliot, *T'oung Pao*(1912), 402쪽과 Giles, *Chinese Biographical Dictionary*, Nr. 590 참조.

5. 맹경익

절강성 오흥吳興 출신의 도가학자 맹경익孟景翼은 고환의 전기에서 언급되고 있다. 고환의 동시대인이므로 5세기 말 경에 살았겠지만 그의 생애는 알려져 있지 않다. 고환의 전기에 따르면, 태자 문혜文惠[40]와 그의 동생 경릉왕竟陵王 소자량蕭子良이 불교를 매우 좋아하였는데, 태자는 현포원玄圃園에서 열린 승려들의 모임에 맹경익을 초대하였으며 소자량은 그에게 부처를 믿을 것을 권하였다고 한다. 그러나 맹경익은 왕자의 제안을 거절하였고, 후에 왕자는 그에게 『십지경十地經』을 선물하였다. 이 경은 맹경익에게 큰 영향을 미쳤던 것으로 보인다. 그는 훗날 『정일론正一論』을 지어 불교와 도교가 넓은 의미에서 볼 때 같다는 것을 증명하고자 하기 때문이다. 그는 이렇게 말한다.

노자와 석가모니는 처음에는 나뉘어 구분되지 않았고, 미혹된 사람들이 나누어 구분한 이후로는 아직 합쳐지지 못했다.[41]

『대보적경大寶積經』(Ratnakuta-sutra)에서는 "부처는 하나의 소리로써 널리 법을 설한다"라고 하였고, 노자는 "성인은 하나를 포괄하여 천하의 법칙으로 삼는다"[42]라고 하였다. 하나는 묘하고 공하고 허한 것으로, 형체를 가진 모든 것들과 구분된다. 신묘한 변화는 풍요로워 끝이 없다. 만물을 생성하지만 무위하며 1의 자리에 있지만 숫자가 없으니, 이름붙일 수는 없지만 억지로 이름하여 하나라고 한다. 불교에서는 실상實相이라고 하고, 도교에서는 현빈玄牝이라고 한다. 도교의 대상大象은 곧 불교의 법신法身(Dharmakaya)이니, 지키지 않음으로써 법신을 지키고 붙잡지 않음으로써 대상을 붙잡는다.[43]

---

40) 문혜태자는 南齊 무제(483~493)의 첫 번째 아들이었는데 황제의 위에 오르지도 못한 채 요절하고 말았다.
41) 『南齊書』, 권54, 10b, "老釋未始於嘗分, 迷者分之而未合."
42) 『道德經』, 22장.
43) 『南齊書』, 권54, 10a, "寶積云, 佛以一音廣說法, 老子云, 聖人抱一以爲天下式, 一之爲妙空玄

6. 안지추

1) 생애와 저서

안지추顏之推는 자가 개介이며 산동성 낭아琅邪의 임기臨沂 출신이다. 양나라가 붕괴될 때 그는 18세였다고 하는데, 이 붕괴가 549년 무제의 죽음을 의미한다면 그는 531년에 태어났을 것이다. 그리고 이 글이 쓰인 시점은 그의 나이 60세가 넘었을 때이므로[44] 591년 이후로 보아야 할 것이다. 그는 601년 육법언陸法言이 음성학 사전『절운切韻』을 저술할 때에도 함께 참가한 듯하며,[45] 610년 이전에 죽었을 것으로 보인다.[46]

안지추는 태자 시절의 양나라 원제元帝(552~555)로부터 직접 노자와 장자에 대한 강의를 들었고, 후에 원제가 제위에 오른 뒤 중용되었다. 그는 또 북제의 첫 번째 황제인 무성제武成帝(550~560)에게서도 높은 관직을 받았다. 581년, 북주시대에도 관직을 받았으며, 수나라의 개황開皇(581~600)시대에도 임용되었다.[47] 저술로는 글자와 음성학에 관한 어원학적 저서인『자시字始』2권과 『증속음자證俗音字』, 그리고 2권으로 요약된『안씨가훈顏氏家訓』20편 등이 있다. 『안씨가훈』은『당서』나『송사』에 나타나는 것처럼 본래 7권 20편이었다. 아마도 2권본은 단지 편집만 다르게 된 것으로 보인다.[48] 이 책은 자손들의 교육을 위하여 저술한 것으로, 저자의 직접적인 훈육이 자주 눈에 띤다.

絶於有景, 神化瞻於無窮, 爲萬物, 而無爲, 處一數, 而無數, 莫之能名, 强號爲一, 在佛曰實相, 在道曰玄牝, 道之大象即佛之法身, 以不守之守法身, 以不執之執大象." 지키지 않음으로써 지키고 붙잡지 않음으로써 붙잡는다는 것은, 지키거나 붙잡고자 하는 의도가 없는 가운데 저절로 지키고 붙잡게 된다는 뜻이다.

44)『顏氏家訓』, 권2, 27a.

45)『四庫全書總目提要』, 권117.

46) Giles, *Chinese Biographical Dictionary*, Nr 2463에서는 안지추의 생몰년을 531~595년으로 적고 있다.

47)『北齊書』권45 및『北史』권83에 수록된 전기 참조.

48)『四庫全書總目提要』, 권117 ; 晁公武,『郡齋讀書志』.

안지추는 위나라와 잔나라 이래로 철학서의 저술은 이미 충분하다가 여겨 따로 철학서를 쓰고자 하지 않았다.[49] 그는 정신적인 문화와 가족적인 덕의 중요함을 강조하였는데, 그러자 보편적인 생의 규칙들이 생기게 되면서 여러 가지 철학적인 문제들도 생겨났다. 안지추는 유학자로 간주되었지만 당시 사람들이 흔히 그랬던 것처럼 강한 불교적 성향도 가지고 있었다. 그가 일반적인 비난에 맞서 불교를 변론한 것은 철학사적으로 특히 중요하다. 그는 이러한 불교적 경향 때문에 후에 절충주의자로 간주되었다.

2) 『안씨가훈』

(1) 불교적인 것

안지추는 불교를 반대하는 사람들이 내세우는 다섯 가지의 비난에 대해 다음과 같이 논박하고 있다.

① 불교에 성행하는 초자연적인 사물과 기적에 관한 이야기는 만들어진 것이다

이 주장에 대해 안지추는 유학자들의 우주와 자연에 대한 이해의 기반이 매우 약하고 커다란 모순을 갖고 있다는 것을 지적한다. 단순한 감각만으로는 세계를 인식하기에 충분하지 못하며, 따라서 기적은 참이 될 수도 있다는 것이다. 안지추는 유학적인 진리에 대한 회의를 질문으로 삼았는데, 이것은 어느 정도 굴원屈原의 『천문天問』을 연상시킨다.[50]

답변: 하늘은 층층이 쌓인 공기이고 땅은 한데 모인 흙덩어리이며 해는 양의 정수이고 달은 음의 정수이며 별은 만물의 정수라고 한다. 이 설명에 대해 유학자들은 만족할 것이다. 그러나 별은 떨어지며, 그것은 돌에 불과하다.

---

49) 『顔氏家訓』, 권1, 1a.
50) A. Conrady와 E. Erkes는 이를 屈原의 『天問』과 비교하면서 역주하였다. A. Conrady, E. Erkes, *T'ien-Wen, die Himmelsfragen d. K'üh Yüan*(Leipzig, 1931).

어떻게 돌이 밝을 수 있는가? 돌은 무거운데 이것이 어떻게 고정되는가? 큰 돌의 직경은 100리에 이르고, 달이 머무는 곳은 전반적으로 수십만 리에 달한다. 별들은 형체와 색깔이 해와 달과 유사하며 크기만 다를 뿐이다. 그렇다면 해와 달 또한 돌이어야 할 것이다. 그렇다면 해와 달이 어떻게 까마귀와 토끼를 숨길 수 있겠는가?[51] 어떻게 돌들이 공기 중에서 저절로 운행할 수 있겠는가? 만일 해·달·돌이 공기라면 그것은 하늘과 섞여서 함께 운동해야 할 것이다. 그렇다면 어디에서 천체의 회전에서 어긋나는 그들 자신의 움직임이 나오게 되는 것인가? 어떻게 그들의 형체가 떨어지면서 갑자기 돌로 변할 수 있겠는가? 땅이 흙으로 이루어진 것이라면 이것은 가라앉아야 할 것이다. 그런데 땅속 깊이 뚫으면 원천에 닿게 된다. 그러므로 땅은 물 위에 떠 있다. 그렇다면 이 물의 아래에는 무엇이 있는가? 지상에서 발견되는, 돌이 녹아 이루어진 것들은 어떤 불로 녹았겠는가? 누가 썰물과 밀물을 조절하는가? 세상의 밖에 무엇이 있는지는 인간의 경험에 따라 결정되는 것이 아니다. 인간은 단지 자신의 눈과 귀만을 신뢰하고 눈과 귀의 밖에 있는 것들은 모두 의심하지만, 인간의 지각은 충분하지 않고 모든 것에 균등하지 않으며 판단에는 확실한 증명이 결여된다. 인간들은 단지 그들이 보는 것을 믿을 뿐이다. 몽골족은 비단이 누에의 실에서 완성된다는 것을 믿지 않았으며 양자강 남쪽의 사람들은 북쪽의 사람들이 양모로 짠 천막에서 산다는 것을 믿지 않았다. 그럼에도 불구하고 이런 것들은 실재한다. 무속인과 도사들은 놀라운 예술조각을 생성할 수 있다. 하물며 신들이야. 그러므로 불교의 경전에서 말하는 여러 기적들은, 많은 사람들이 그것을 믿지 못하고 감각적인 조직으로 그 참을 인식할 수 없다고 하더라도 참일 수 있다.[52]

---

51) 전설에 따르면 해에는 다리가 세 개 달린 까마귀가 살고 있고 달에는 옥토끼가 살고 있다고 한다. Forke, *World Conception of the Chinese*, 83쪽 및 95쪽 참조.

52) 『顔氏家訓』, 권2, 7b~8b.

② 인과설은 틀렸다

답변: 9학파(九流)의 철학자들은 모두 선한 사람이 상으로 복을 받고 악한 사람을 벌을 받아 재앙을 당하게 된다고 가르쳤다. 그러나 그와는 반대되는 경우가 많이 나타난다. 정당한 대가를 받는다는 고대 성인의 가르침이 틀린 것이 아니라면 인과설로써 다음의 생을 중재해야만 한다.[53]

③ 많은 승려가 미풍양속을 해친다

답변: 세상에는 악한 사람이 항상 선한 사람보다 많다. 승려의 타락에 대해 말할 때는 또한 탁월한 승려들에 대해 말하는 것도 잊어서는 안 된다. 유학자들 중에도 늘 탁월한 사람과 그에 미치지 못하는 사람이 있다. 스승이 항상 제자의 행동에 책임질 수 있는 것은 아니다.[54]

④ 승려의 세금삭감은 국가재정에 지장을 준다

답변: 정치적인 목표와 종교적인 목표는 늘 동시에 이룰 수 있는 것이 아니다. 그러므로 이것 또는 저것을 추구할 수 있는데, 정신을 치유하는 것이 국가의 수입보다 더 중요하다.[55]

⑤ 카르만을 위해 애쓸 필요가 없다. 현생의 인간이 다음 생의 인간과 같지 않으므로 그에게 유익할 수도 유해할 수도 없다

답변: 비록 형체가 죽더라도 정신은 여전히 남아 있다. 사람이 살아 있는 동안에 이후의 신체를 전망해 보면 서로 상관이 없는 것처럼 보이지만, 죽은 후에는 이전의 신체와 마치 노인과 어린아이 또는 아침과 저녁처럼 관계한다. 현생에서 잘 지내지 못한다면 이전의 생에 좋은 일을 하지 않았기 때문이므로

---

53) 『顔氏家訓』, 권2, 8b.
54) 『顔氏家訓』, 권2, 8b.
55) 『顔氏家訓』, 권2, 9a.

그것을 감수해야만 한다. 이전의 생에서 한 행동이 영향을 미친다는 믿음을 없애서는 결코 안 된다.[56]

(2) 유학적인 것

가족구성원 사이의 관계와 가정의 중요성 및 교육에 대하여 안지추는 몇 가지 의미심장한 말을 남겼다. 교육은 그에게 곧 부귀로 간주되었다.

배움은 있으나 빈천한 사람을 배움은 없으나 부귀한 사람과 비교해서는 안 된다[57]

심지어 고대의 현명한 왕도 일반인보다 더 많이 배워야 했다.[58] 고대인들은 천년 동안에 단 1명이 성인이 나올 수 있고 500년 동안에 단 1명의 현인이 나올 수 있다고 말하였다.[59]

유학에서는 특별히 학업에 있어서 인간을 세 등급으로 나누어 말하고 있는데, 적절한 생각이라 할 수 있다.[60]

매우 지혜로운 사람은 배우지 않아도 이루며, 아주 어리석은 사람은 배워도 알지 못하며, 중간 등급의 보통사람들은 배우지 않으면 알지 못한다.[61]

성인은 그 어머니가 나쁜 것을 보지 않고 듣지 않으며 음식에 있어서도 모든 예의 규정을 지킴으로써 아직 태어나지 않은 태아 상태일 때부터 영향을 미친 결과이다. 아주 어린 아이도 인·의·예·지를 교육할 수 있다. 부모가

---

56) 『顔氏家訓』, 권2, 9a.
57) 『顔氏家訓』, 권1, 17b, "不得以有學之貧賤, 比於無學之富貴也."
58) 『顔氏家訓』, 권1, 16b.
59) 『顔氏家訓』, 권1, 15a.
60) 『중국고대철학사』, 204쪽(125쪽) 참조.
61) 『顔氏家訓』, 권1, 1b, "上智不教而成下愚雖教無益, 中庸之人不教不知也."

아이의 나쁜 행동을 버려둔다면 나중에는 더 이상 아이를 교육할 수 없게 된다.[62] 교육에서도 어머니는 탁월한 위치를 차지한다. 이런 속담이 있다.

며느리는 처음 왔을 때부터 가르치고 아이는 갓난아이 때부터 가르친다.[63]

선생이나 책이라 해도 어머니의 뒤에 위치한다.

가족의 소속감은 부부·부자·형제의 세 가지 인척관계에서 시작된다. 이 가운데 형제는 신체적으로 분리되지만 기질적으로 이어진 사람들이다.[64] 함께 성장하면서 서로 의지하게 되는데, 후에 이들이 결혼하게 되면 그러한 소속감은 어느 정도 감소된다. 한편, 자매 사이는 형제 사이에 비해 내적인 교감이 상대적으로 적다.[65]

가정 내부의 예와 사랑은 모든 것의 출발점이 되지만 그것은 어디까지나 일방적인 것이 아니라 상대적인 것이 되어야 한다.

아버지가 인자하지 못하면 자식이 불효하며, 형이 우애가 없으면 아우가 존경하지 못하며, 남편이 의롭지 못하면 부인은 따르지 않는다.[66]

선한 행동을 보여 주어도 상대의 마음에 어떤 반향도 일으키지 못했다면 때로는 경고나 체벌만이 도움이 되는 경우도 있다.

가정에 분노와 매가 없으면 당장 아이가 잘못하는 것이 나타나고, 국가에 형벌이 없으면 백성이 손발을 어디에 두어야 할지 알지 못한다.[67]

---

62) 『顔氏家訓』, 권1, 1b.
63) 『顔氏家訓』, 권1, 2a, "教婦初來, 教兒嬰孩."
64) 『顔氏家訓』, 권1, 3a.
65) 『顔氏家訓』, 권1, 3a.
66) 『顔氏家訓』, 권1, 5b, "父不慈, 則子不孝, 兄不友, 則弟不恭, 夫不義, 則婦不順."

이름과 실제의 관계는 유학의 중대한 문제 중의 하나이다. 이것은 명성 즉 사후에 남는 이름이 어떤 의미를 갖게 되는지에 관한 것과 연결된다. 이에 대해 안지추는 이름이 실제에 관계하는 것은 마치 그림자가 형체에 관계하는 것과 같다고 하면서, 자기 인품을 수양하지도 않으면서 좋은 명성을 기대하는 것은 추한 얼굴을 거울에 비추면서 아름다운 얼굴을 보려는 것과 마찬가지라고 지적한다. 그리고 이렇게 말한다.

> 빼어난 학자는 명성을 잊고, 중간 정도의 학자는 명성을 세우며, 하급의 학자는 명성을 훔친다.[68]

첫 번째 등급의 학자는 단지 도덕을 생각하여 그에 따르는 복과 귀신의 보호를 즐기며, 두 번째 등급의 학자는 명성을 얻기 위해 일하면서 그것의 권위와 위엄에 기뻐하는데, 세 번째 등급의 학자는 내적으로 부패한 채로 단지 외적인 광채만을 추구할 뿐이라는 것이다.

어떤 사람이 "정신이 소멸되고 형체가 사라지고 나면 이름 또한 빈껍데기일 뿐이다. 이것이 죽은 사람에게 무슨 소용이 있기에 성인이 애써 가르치려 하는가?"라고 물었는데, 이에 대해 안지추는 다음과 같이 답한다.

> 권면하는 것이다. 명성을 이룰 것을 권면하여 그 실상도 얻게 하려는 것이다. 백이 한 사람을 권면하면 수많은 사람들이 그러한 맑은 풍속을 세우게 된다.…… 선을 수행하여 명성을 세우는 것은 또한 집을 짓고 과실수를 심는 것과 같으니, 살아서는 자신이 그 이익을 얻고 죽어서는 후손에게 그 은택을 남긴다.[69]

---

67) 『顔氏家訓』, 권1, 5b, "笞怒廢於家, 則堅子之過立見, 刑罰不中, 則民無所措手足."
68) 『顔氏家訓』, 권1, 31a, "上士忘名, 中士立名, 下士竊名."
69) 『顔氏家訓』, 권1, 32a~32b, "對曰, 勸也, 勸其立名, 則獲其實, 且勸一伯夷, 而千萬人立清風矣……夫修善立名者亦猶築室樹果, 生則獲其利死則遺其澤."

한편, 신선에 관한 안지추의 설명은 도교적 영역에 속한다. 그는 신선사상을 전적으로 부정하지는 않고, 오히려 매우 좁은 한도 내에서나마 그 의미를 인정하기도 하였다. 정신을 수양하고 호흡을 조절하며 동정을 규제하고 더위와 추위에 적응하며 먹고 마시는 것을 조심하고 특별한 약을 복용하는 것은, 비록 그것으로써 완전하게 세상에서 벗어날 수는 없지만 적어도 일찍 죽은 것을 막을 수는 있다는 것이 그의 생각이다. 그러면서 그는 회화나무의 열매나 살구씨, 구기자 및 다른 특별한 것들을 먹음으로써 생을 연장할 수 있었던 사례들을 보여 준다.[70] 하지만 그는 인간이라면 누구나 결국에는 죽을 수밖에 없다는 사실을 시인한다. 설사 신선이 된다고 하더라도 끝내는 죽음을 피할 수 없다는 것이다. 그는 신선이란 수십만 명 중의 한 명이 은둔자로서 산과 숲속을 선택하는 것이라고 생각한다. 그래서 자녀들에게는 될 수 있으면 신선의 도에 정진하지 말도록 하라고 가르치고 있다.[71]

젠커는 『안씨가훈』이 '뛰어난 교육자의 매우 이성적인 모델[72]이라고 적고 있지만 나는 그러한 평가에 해당하는 점을 발견할 수 없다. 그럼에도 불구하고 이 도서는 명백하고 이해하기 쉽게, 그리고 논리적인 방식으로 기술되어 있다. 책 속에 담긴 다양한 문제에 대한 저자의 생각들만큼은 분명 주목할 만한 가치가 있다.

---

70) 『顔氏家訓』, 권1, 32a~32b. 이와 연관하여 안지추는, 『포박자』에 기술된 이를 단단하게 하는 방법에 따라 매일 아침 이를 300번씩 두드렸더니 흔들리고 아팠던 이가 다 치료되었다고 적고 있다.

71) 『顔氏家訓』, 권2, 6a, "不顧汝曹專精於此."

72) Zenker, *Geschichte der chinesischen Philosophie II*, 128쪽.

제5장 절충론자(잡가)

1. 금루자

금루자金樓子는 양梁나라를 세운 무제武帝(502~550)의 일곱 번째 아들 원제元帝(552~555)를 가리킨다. 그의 이름은 역繹으로, 12살에 상동왕湘東王이 되었다.[1] 그는 아버지인 무제 및 형인 간문제簡文帝(550~551)와 마찬가지로 탁월한 재능을 타고났다. 4살 때 그의 아버지가 무엇을 읽는지 묻자『예기』「곡례曲禮」편이라고 답하였다. 이에 그것을 외우게 하니 막힘없이 첫 구절을 암송하였다고 한다.[2] 물론 그가 그 의미까지 정확히 이해했는지는 알 수가 없다. 중국의 어린이들은 경전을 배울 때 처음에는 기계적으로 암송하였다가 나중에 그 의미에 대한 설명을 듣게 되기 때문이다.

왕자는 5살 때에 이미 시를 지었다고 한다.[3] 당시에 그는 황제의 명을 받고 다음과 같은 시를 지어 읊조렸다.

> 연못에는 부평초가 생겨나 이미 뒤엉켰고
> 숲에는 꽃들이 피어나 무성하다.
> 바람이 불어 꽃가지를 흔들고
> 햇빛은 물빛 위에 떠내려간다.[4]

---

1) 『梁書』, 권5, 1a.
2) 『梁書』, 권5, 23b.
3) 『金樓子』, 권6, 12a.

1년 후에 왕자는 어느 불교도에게서 수업을 받고 그로부터 다양한 주문들을 배웠다.[5] 그러나 그에게 불교는 그의 아버지에게 미쳤던 것과 같은 큰 영향을 주지는 못하였던 것 같다. 그의 아버지는 불교의 사찰에 두 번이나 투신하여 매번 신하들이 몸값을 지불하고 궁중으로 모셔야 했지만,[6] 후일 금루자가 탐구한 철학체계에서는 불교가 언급조차 되지 않고 있다.

태어나면서부터 왕자는 시력이 좋지 않았는데, 장성하면서 결국은 한쪽 눈을 잃어버리게 되었다. 그를 무척 사랑한 황제는 그것을 고쳐 주려 하였으나 끝내 성공하지 못하였다. 게다가 그는 독서열이 높아서 틈만 나면 한곳에서 계속 책을 읽었기 때문에 눈의 통증은 더욱 심해졌다. 그는 각종 경전과 주석 등 수많은 책을 갖고 있었는데,[7] 더 이상 혼자서 책을 읽을 수 없게 되자 사람을 구하여 대신 읽도록 시켰다. 이를 위하여 다섯 명의 책 읽는 사람이 특별히 고용되었다. 왕자는 잠도 거의 자지 않고 밤낮으로 공부하였으며, 간혹 자신이 잠들어 심하게 코를 고는 지경에까지 이르더라도 절대 책을 치우지 못하게 하였다. 한 번은 왕자가 잠든 것을 보고 책 읽는 사람이 한 부분을 건너뛰는 일이 있었는데, 왕자는 크게 화를 내면서 빠뜨린 부분을 다시 읽게 하고 벌로 매를 맞게 하였다고 한다.[8] 금루자는 자신의 학업에 대하여 이렇게 말하였다.

어렸을 때 나는 여름밤이면 방에다가 붉은 망사로 된 모기장을 치고 은색의 잔과 산음(山陰)[9]의 단술을 차려놓은 뒤 매일 아침까지 책을 읽었다. 삼십이 지나서는 만 권이 넘는 책을 읽게 되었다. 열세 살 때부터 나는 눈병에 시달렸는데, 병이

---

4) 『金樓子』, 권6, 13a, "池萍生已合, 林花發稍稠, 風入花枝動, 日映水光浮."
5) 淨觀世音呪, 藥上王呪, 孔雀王呪. 등과 같은 주문들이다.(『金樓子』, 권6, 15a 참조)
6) v. Fries, *Geschichte Chinas* (1884), 136쪽.
7) 『梁書』, 권5, 23b.
8) 『南史』, 권8, 「元帝本紀」(14b).
9) 산음은 浙江省의 한 도시로, 특히 술로 유명하다.

더욱 심해져서 더 이상 볼 수 없게 된 뒤로부터는 사람들로 하여금 시문을 대신 읽게 하여 고대의 성인들과 교류하였다.[10]

여기서는 술을 마셨다고 언급하고 있지만, 이후 금루자는 음주를 중단한 것으로 보인다. 다른 자리에서는 이렇게 말하고 있기 때문이다.

나는 잔치에 참석하여 오래 노는 것을 좋아하지 않아서, 매번 연회가 빨리 끝나게 하고 술을 더 이상 내오지 못하게 하였다.[11]

그러나 그는 절대적으로 금주를 주장하는 것이 아니었으며, 다른 사람들을 교화하려고도 하지 않았다. 그는 이렇게 말하였다.

나는 술을 마시지 않지만, 또한 다른 사람들이 마시는 것을 싫어하는 것도 아니다. 매번 취한 사람을 만나더라도 문득 기뻐할 따름이다.[12]

그는 당시의 탁월한 문인들과 교류하였으며 그들과의 논쟁을 즐겼는데, 다방면에서 그들을 능가하고 있었다. 그래서 그는 종종 스승으로 등장하기도 한다. 555년에 그는 용광전龍光殿에서 『노자』를 강독하였고,[13] 안지추顔之推가 그에게서 강의를 들은 적도 있다.[14] 이렇게 활발한 학문활동을 통해 그는 매우 많은 저술을 하였으며, 그의 저서들은 또한 널리 읽혀졌다. 학자인 동시에 그는 탁월한 시인이자 화가이기도 하였다.[15] 그는 아버지 무제와 형 건문제와

---

10) 『金樓子』, 권6, 14a.
11) 『金樓子』, 권4, 6b, "予不喜游宴淹留, 每宴輒早罷, 不復沾酌矣."
12) 『金樓子』, 권6, 13b, "余不飮酒, 而又不憎人飮, 每遇醉者, 輒欣欣然而已."
13) 『梁書』, 권5, 23b.
14) 앞의 '제4장 삼교회통론자' 중 '4. 안지추'항 참조.
15) 금루자는 외국에서 조공하러 온 사신의 모습을 그린 화첩을 남겼는데, 여기에는 30 여 개국의 종족들이 묘사되어 있다. Bushell, *Chinese Art 2*, 127쪽 및 Jäger, *Ostasiatische*

더불어 그 시대의 가장 뛰어난 시인에 속하였다.

금루자는 황제로서 3년 동안 양나라를 통치하였는데, 당시 양나라는 이미 붕괴되고 있었다. 그가 통치했던 시기는 주로 북조 서위西魏와의 전쟁으로 채워졌다. 그는 강릉江陵에 진을 쳤지만 서위에 함락당하고 아들 및 여러 신하들과 함께 처형되었으며, 이에 앞서 그의 아버지 무제와 형 간문제 또한 자연스럽지 못한 죽음을 맞았다.

금루자의 저술 분야는 매우 포괄적이었는데,[16] 그 목록들은 『금루자』와 『양서』 및 『남사』에 전한다. 그것은 대략 25종에 달하며, 철학·주술·전기·역사·지리·의학·시 등으로 나뉜다.[17] 또한 그는 여러 다른 저서들의 발문이나 서문을 써 주기도 하였다. 흥미로운 점은 『금루자』라는 제목의 책이 역대 사서에는 20권이라고 되어 있지만 『남사』에는 10권으로 기록되어 있다는 것이다. 원본은 다른 저서들처럼 명나라 이후에 소실되었을 것으로 보인다. 지금 전하는 『금루자』는 6권 14편으로 원나라 때의 판본에서 발췌한 『영락대전』으로 거슬러 올라가는데, 내용이 완전하지 못하다. 앞의 반은 역사적인 내용이며, 뒤의 반은 철학적인 내용도 담고 있다.

철학자로서의 금루자는 절충론자(雜家)에 속한다. 그의 독서는 매우 비판적이

Zeitschrift IX, 217쪽 참조.

16) 『역』에 대해 기술한 『連山』 30권과 『周易義疏』 30권, 신선에 대한 책인 『仙異傳』 3권, 점술에 대해 적고 있는 『筮經』 12권, 노자주석서인 『老子義疏』 4권, 『예기』에 대해 기술한 『禮雜私記』 50권 등의 저술이 있으며 철학적인 것으로는 『全德志』 1권, 『懷舊志』 1권, 『玉韜』 10권 등이 있는데, 특히 『왕도』 10권에 대해서는 『金樓子』, 권4, 12a에서 자신의 최고 저작으로 자부하고 있다. 『注前漢書』 115권은 『전한서』에 대한 주석이지만 역사와는 거리가 멀어 보인다. 또 『金縷秘訣』 22권과 『同姓同名錄』 1권, 전기인 『丹陽尹傳』 10권, 효자와 충신의 열전을 모은 『孝德傳』 30권과 『忠臣傳』 30권, 지리적인 저술들인 『荊志』 2권과 『江州記』 3권 및 『長州苑記』 3권, 약의 처방에 관해 기술한 『藥方』 10권 등이 있으며, 그 밖에 『語對』 30권, 『集』 30권(『梁書』에 따르면 50권), 『內典博要』 30권(『梁書』에 따르면 100권) 등이 있다. 이 저술들의 단편이 嚴可均이 집록한 『全梁文』, 권15~18에 수록되어 있다.

17) 『金樓子』, 권5, 1쪽; 『梁書』, 권5, 24a; 『南史』, 권8, 17a.

었으며 스스로 새로운 생각을 창출해 내기보다는 다양한 학파의 여러 사상체계에서 최고를 선택하는 방식을 택하였다. 그에 따르면 여러 학파의 철학은 그 목적이 같고 다만 나아가는 길이 다를 뿐이다. 어떤 학파가 이 문제에서 탁월하다면 다른 학파는 저 문제에서 뛰어나다.

천하에는 하나로 합치하지만 수백 가지의 생각들이 있다. 같은 곳으로 돌아가지만 길이 다른 것이다. 무슨 말인가? 유학자들은 군신·부자의 예를 나열하고 부부·장유를 구별하여 질서를 잡았다. 묵가는 3척 높이에 땅에서 3계단 올라가며 띠로 이은 지붕에다 장식하지 않은 서까래로 된 집[18]에 살면서 겨울에는 사슴가죽으로 만든 옷을 예복으로 입고 한여름에는 삼베옷을 입는 것을 값진 것으로 여겼다. 법가는 귀천을 다르게 여기지 않고 친척과 남을 구별하지 않았으니, 엄격하여 은혜가 적은 것을 법이라고 한다. 명가는 지나치게 살피고 아름다운 것을 구하다가 그 실질을 잃어버리니, 이를 일러 '명'이라 한다. 도가는 허와 무를 근본으로 삼아 그것을 따르는 것을 의무로 여기지만, 중국의 붕괴와 혼란이 실로 여기에서 나왔다. 하안何晏과 등양鄧颺이 먼저 주살되고 팔배八裵와 팔왕八王이 나중에 멸망한 것이 참으로 이를 보여 준다.[19]

다음의 말을 볼 때 금루자는 전국시대 이후의 철학자들에 대해 그다지 주목하지 않았던 것으로 보인다.

---

18) 요임금은 이러한 완전히 기본적인 형태의 수수한 집에 살았다고 전한다.

19) 『金樓子』, 권4, 5a, "天下一致, 而百慮, 同歸, 而殊途, 何者, 夫儒者列君臣父子之禮, 序夫婦長幼之別, 墨者堂高三尺, 土階三等, 茅茨不剪, 采椽不斲, 冬日以鹿裘爲禮, 盛暑以葛衣爲貴, 法家不殊貴賤, 不別親疎, 嚴而少恩, 所爲法也, 名家苛察儌倖, 檢而失眞, 是謂名也. 道家虛無本, 因循爲務, 中原喪亂, 實爲此風, 何鄧誅于前, 裴王滅於後, 蓋爲此也." 유가는 도덕, 묵가는 검소함과 절약, 법가는 법, 명가는 논리, 도가는 명상에 중점을 두고 있다. 그러나 여기에 제시된 사례들 가운데는 맞지 않는 부분들도 많다. 무엇보다 등양은 진정한 도가학자가 아니었으며 도교사상 때문에 목숨을 잃지도 않았다. 『중국고대철학사』, 598쪽(418쪽) 참조. 다만 도가에 의해 학습된 무감각함이 중국에 큰 불행을 가져왔다는 지적은 옳다.

전국시대에는 여러 철학들이 흥성하였으며, 양한시대에는 많은 문집들이 생겨났다. 집집마다 문집을 만들고 사람마다 문집을 가지니, 좋은 것들은 감정과 의지를 충분히 서술하여 풍속을 순화할 수 있었지만 나쁜 것들은 단지 간독을 번잡하게 함으로써 후생을 피곤하게 할 뿐이다.[20]

이러한 입장에서 그는 자신이 공자를 이은 후계자임을 자처한다.

공자야말로 그 '사람'이니, 삼가 나는 그를 따르겠다. 망녕된 무리들이 있으면 앞으로 나아가고 충직한 무리들이 있으면 뒤로 물러날 것이라고 했는데, 그는 어찌하여 물러났더란 말인가?[21]

주공이 죽고 오백 년 후에 공자가 있었고, 공자가 죽고 오백 년 후에 태사공[22]이 있었다. 이제 다시 오백 년이 지났으니, 내가 어찌 감히 사양하겠는가?[23]

자칫 교만으로 흐를 위험이 있음에도 불구하고 금루자는 국가의 성인을 자처하기를 사양하지 않는다. 비록 『사고전서총목제요』에서는 이를 아주 못마땅하게 여기고 있지만, 우리는 금루자가 정신적인 측면에서 대부분의 다른 황제들을 훨씬 능가하는 황제였다는 점과 이론적으로만 따지자면 하늘이 백성에게 정해 준 통치자는 곧 성인이었음을 생각해야 할 것이다.

금루자는 도교를 날카롭게 비판했음에도 불구하고 또한 공자 못지않게 장자의 후계자이고 싶어하기도 했던 것으로 보인다.

---

20) 『金樓子』, 권4, 9a, "諸子興於戰國, 文集盛於二漢, 至家家有製, 人人有集, 其美者足以敍情志, 敦風俗, 其弊者秖以煩簡牘, 疲後生者." 좋지 않은 책을 읽어야 한다는 것은 후에 태어난 사람들에게 고통이 될 뿐이다.
21) 『金樓子』, 권4, 6b, "仲尼其人也, 抑吾次之, 有佞而進, 有直而退, 其寧退乎."
22) 역사가 사마천은 자주 철학자로 간주된다.
23) 『金樓子』, 권4, 4b, "周公沒五百年有孔子, 孔子沒五百年有太史公, 五百年運, 余何敢讓焉."

장자는 가 버렸고 그 후사가 끊어진 지도 오래이다. 그러나 나는 우주 안에 다시 사람이 있다는 것을 안다.[24]

금루자는 공자처럼 보일 수 있는 징표로서 하늘이 자신에게 기린을 보게 해 줄 것을 기대하였다. 그는 말한다.

나는 본성과 정신을 수양하여 금루의 다스림 아래에서 기린을 잡을 것이다.[25]

그는 도교의 중심사상인 무위와 선악에 대한 무관심에 반대하면서, 이러한 도교의 도를 통해서는 아무도 성인이 될 수 없다고 말한다.

선을 보면 기뻐하고 악을 들으면 걱정하는 것이 백성의 정서이고, 진실로 어떤 기쁨이나 걱정이 없는 이는 오직 성인뿐이다. 그러나 만일 기쁨이 없다면 기뻐할 줄 모르고 근심이 없다면 근심할 줄 모를 것이니 어찌 성인이라 할 수 있겠는가?[26]

금루자는 노자의 체계에서 무위와 허는 전혀 중요한 것이 아니며, 노자는 오히려 고대 유학의 윤리를 개선하고자 했다고 여긴다. 사람들이 노자의 본뜻을 잘못 이해했다는 것이다. 그러면서 그는 다음과 같이 주장한다. 『노자하상공주老子河上公注』의 서문에 따르면 노자가 『도덕경』을 저술한 것은 주나라의 덕이 상실되고 군주들이 정치를 잘하지 못했기 때문인데,[27] 지금 사람들은 '곡신불사谷神不死'의 문장에 의지하여 단지 신선에 대해서만 말하고 있다. 공자는 노자의 가르침을 숭배하였으나 오늘날의 학자들은 예의 공부를 경시하고 인과 의에

---

24) 『金樓子』, 권4, 5a, "莊周徂矣, 嗣宗長逝, 吾知宇宙之內更有人哉."
25) 『金樓子』, 권4, 9b, "余將養性養神, 獲麟於金樓之制也."
26) 『金樓子』, 권4, 7a, "見善則喜, 聞惡則憂, 民之情也, 苟無憂喜, 其惟聖人乎, 若無喜而不喜, 無憂而不憂, 蓋何足稱也."
27) 『중국고대철학사』, 383쪽(259쪽) 참조.

대하여 알려고 하지 않는다. 이러한 주장을 통해 금루자는 단지 도와 무를 통해 선정을 시행하고자 하였던 노자의 말과 대립하고 있는데, 그의 증명방식 또한 일반적으로 합당하지 않다. 따라서 이것은 도교의 의미를 변형하여 유학과 같아지게 하려는 시도라고 보아야 할 것이다.

금루자는 인간이 신을 밝혀서 모든 지상의 어려움을 벗고 자유롭게 날아오를 수 있다고 믿었다. 이러한 생각은 완전히 도교에서 유래하는 것이다.

> 태허가 높이 있는 까닭은 그것이 가벼워서 폐가 되지 않기 때문이다. 사람이 태어
> 날 때는 맑고 욕구가 없어서 휘몰아치는 기를 타고 논다.[28]

도교의 영향은 기적에 대한 믿음에서도 나타난다. 다음과 같은 금루자의 주장은 갈홍과 거의 흡사하다.[29] 기적은 규칙의 예외로서, 거의 모든 규칙이 예외를 갖고 있다. 물은 차지만 뜨거운 온천도 있고, 무거운 것은 아래로 내려가지만 돌이 떠 있는 산도 있으며, 가벼운 것은 위로 올라가지만 깃털이 가라앉는 개천도 있다. 겨울에는 식물이 죽지만 대나무와 소나무는 성장하며, 태어난 것은 모두 죽지만 거북이와 뱀은 오래 보존된다.[30]

금루자는 묵가의 주장에서는 절약과 겸애의 두 가지 원칙을 수용하였다.

> 이전에 승화전이 불탔을 때 고당융에게 이 화재가 왜 일어났는지 물으니 융이
> 답하였다. "전의 이름이 '승화'이기 때문에 하늘의 재앙으로 제거된 것이다. 이것은
> 하늘이 절약하고 검소하게 하고자 하는 것이니, 다시는 호화로운 것을 숭상하는
> 장식을 하지 말라는 의미이다."[31]

---

28) 『金樓子』, 권4, 6b, "太虛所以高者以其輕而無累也, 人生苟淸而無欲, 則飄飄之氣凌焉."
29) 앞에 나온 제2부 제3장의 '3. 갈홍' 항목 중 '(3) 신선사상' 참조.
30) 『金樓子』, 권5, 9a.
31) 『金樓子』, 권4, 8b, "往者承華殿災, 詔問高堂隆, 此何災, 隆曰, 殿名崇華, 而爲天災所除, 是天
欲使節儉, 勿復興崇華之飾也."

초나라 왕은 초나라에서 나는 음식을 먹기 때문에 초나라 영토에 사는 백성을 사랑하고, 월나라 왕은 월나라에서 나는 음식을 먹기 때문에 월나라 영토에 사는 백성을 사랑한다. 황제는 천하에서 나는 음식을 먹는다. 나는 이것을 알기 때문에 천하의 모든 백성을 똑같이 사랑한다.[32]

이러한 논리는 매우 간략하면서도 철저하게 묵가적이다.

한편, 우리는 금루자에게서 염세적인 성향도 보게 된다. 진정한 시인답게 우울한 기분에 젖어서 그는 말한다.

인간의 생은 얼마나 빨리 지나가는가! 마치 부싯돌의 불꽃을 보는 듯하고 하늘의 번갯불을 보는 듯하다. 반딧불은 아침이 되면 꺼지고 이슬은 해가 뜨면 사라진다. 어찌 저절로 내 차례가 되지 않을 수 있겠는가?[33]

또한 금루자는 삶의 지혜에 관한 격언과 인간의 본질에 대한 말들을 많이 남겼다고 한다. 그러나 현전하는 원본은 단편적으로만 남아 있기 때문에 그 근거가 자세히 제시되어 있지 않다. 인간의 인식에 대하여 그는 다음과 같이 말하고 있다.

옛말에 거울을 보지 말고 사람을 보라고 하였다. 거울을 보면 형체를 분별할 수 있을 뿐이지만, 사람을 보면 그 선악을 분명하게 안다. 이로써 사람을 보는 것이 거울을 보는 것보다 낫다는 것을 알 수 있다.[34]

금루자는 인간의 다양함을 인정하였으며, 그러한 다양함은 행동을 통해서도

---

32) 『金樓子』, 권4, 8a, "楚王之食楚也, 故愛楚四境之民, 越王之食越也, 故愛越四境之民, 天子之食天下也, 吾是以知兼愛天下之民矣."
33) 『金樓子』, 권6, 13a, "人間之世飂忽幾何, 如礐石見火, 窺隙觀電, 螢覩朝而滅, 露見日而消, 豈可不自序也."
34) 『金樓子』, 권4, 8a, "古語云, 不鑒於鏡而鑒於人. 鑒鏡則辨形, 鑒人則懸知善惡. 是知鑒於人勝鑒乎鏡矣."

나타난다고 보았다. 똑같은 행동을 하더라도 그 행위의 주체에 따라 결과가 전혀 다르게 나타날 수 있다는 것이다.

달 밝은 밤에는 멀리 볼 수 있지만 가까이 글을 쓸 수는 없다. 안개가 끼고 서리가 내린 아침에는 가까이 글을 쓸 수는 있지만 멀리까지 훤히 볼 수 없다. 인간의 재능과 특성 또한 각자가 이처럼 모두 다르다.[35]

어떤 사람은 불을 불어서 타게 하고, 어떤 사람을 불을 불어서 끈다. 이것은 부는 방법이 다르기 때문이다.[36]

금루자는 지혜로운 사람은 더 지혜롭게 되고 어리석은 사람은 더 어리석게 된다는 생각을 갖고 있었다. 그는 다음과 같이 말한다.

새와 새가 만나면 서로 머뭇거리고, 짐승이 짐승과 만나면 서로 싸우며, 말이 말과 만나면 부딪쳐 발굽으로 차며, 어리석은 사람이 어리석은 사람과 만나면 서로 해친다. 하늘이 이러한 사물을 생성할 때에는 그 힘을 크게 하고 그 지혜를 작게 하였다. 지혜로운 사람은 만 가지 일에서 한 가지 실수를 하지만, 허튼 사람의 말은 만에서 하나가 맞다. 그러므로 군자는 허튼 사람의 말에서 만 번에 한 번 일어나는 자기의 실수를 보완한다.[37]

중국의 사상가들은 말의 의미에 대하여 자주 주목하였다. 금루자 또한 말과 관련하여 다음과 같은 언급을 남겼다.

---

35) 『金樓子』, 권2, 2a, "明月之夜, 可以遠視, 不可以近書, 霧露之朝, 可以近書, 不通以遠視, 人才性亦如是, 各有不同也."
36) 『金樓子』, 권4, 14a, "或吹火而然, 或吹火而滅, 所以吹者異也." "둘이 같은 것을 한다 해도 둘이 서로 같은 것은 아니다"(Duo cum faciunt idem, non est idem)라는 라틴 속담이 바로 이와 같은 의미이다.
37) 『金樓子』, 권4, 4a, "鳥與鳥遇, 則相躅, 獸與獸遇, 則相角, 馬與馬遇, 則趺踶, 愚與愚遇, 則相傷, 天之生此物, 多其力而少其智, 智者之謀萬有一失, 狂夫之言萬有一得, 是以君子取狂夫之言, 補萬得之一失也."

사람에게 좋은 말을 들려주는 것은 천이나 비단보다 더 따뜻하고, 말로 사람을 해치는 것은 창과 검으로 찌르는 것보다 더 상처가 깊다. 사람에게 말로써 선물하는 것은 금·보석·진주·옥보다 더 소중하고, 사람에게 말로써 보여 주는 것은 정교한 수나 문식보다 더 아름다우며, 사람에게 말로써 들려주는 것은 종·북·거문고·비파의 소리보다 더 즐겁다.[38]

『금루자』의 주요 부분을 이루고 있는 역사적인 기술 중에는 흥미로운 것들이 많은데,[39] 그 내용들 중에는 고창오숙高蒼梧叔이라는 사람이 30명을 태우고 매일 수백 리를 달릴 수 있는 풍차를 만들었다는 이야기도 있다.[40] 우리는 당연히 이런 설명이 믿을 만한 것인지 알 수 없으며, 또한 설명된 것과 같은 운송수단이 실제로 만들어졌는지도 알 수 없다.

2. 유주

북제의 유주劉晝는 9학파의 철학사상을 화합시키려 했던 뛰어난 절충학자이다. 다만 그는 본래 화합을 목적으로 한 것이 아니라, 여불위와 유사하게 각 사상체계 속에서 자신에게 합리적으로 보이는 것을 수용했을 뿐이다. 그는 도가의 경전에도 기록되어 있는 『유자劉子』라는 책을 저술했다고 알려져 있다. 하지만 이것은 『송지宋志』 및 비평가 진진손陳振孫과 조공무晁公武, 당나라의 주석가 원효정袁孝政 등의 주장에 따른 것이고, 『당지唐志』에서는 『유자』의 저자를 양나라의 유협劉勰으로 적고 있다. 또 몇몇 사람은 한나라의 유흠劉歆이나 양나라의 유효표劉孝標를 일컫기도 한다. 그러나 확신을 가진 불교도였던 유협은

---

38) 『金樓子』, 권4, 2a, "與人善言, 煖於布帛, 傷人以言, 深於矛戟, 贈人以言, 重於金石珠玉, 觀人以言, 美於黼黻文章, 聽人以言, 樂於鍾鼓琴瑟."

39) Alexander Wylie, *Notes on Chinese Literature*, 127쪽.

40) 『金樓子』, 권6, 12b, "高蒼梧叔能爲風車, 可載三十人, 日行數百里."

애초에 문제가 될 수 없으며, 마찬가지로 유흠과 유효표에 대해서도 저자로 추정할 수 있는 기록이 전혀 알려져 있지 않다. 의아한 것은 『북제서』와 『북사』에 수록된 유주의 전기[41]에는 『유자』라는 저서에 관한 언급이 전혀 없다는 점이다. 그렇다면 북제의 유주가 아닌 『유자』의 저자 유주가 따로 있다는 말인가? 또 다른 혐의는, 주석가 원효정이 책 전체를 고대 철학자의 말에서 수집하고 스스로 주석하였다고 보는 것이다. 그런데 『수지』에는 9학파에 대한 『유자』의 마지막 편이 원전에 대한 별도의 표기 없이 인쇄되어 있다. 만약에 거꾸로 『유자』가 『수지』의 내용을 차용한 것이라면, 『유자』의 저자는 6세기에 살았던 유주가 아니라 훨씬 뒤의 인물일 것이다. 이 문제는 매우 혼란스럽지만, 일반적인 견해로는 북제의 유주를 그 저자로 믿고 있다.[42]

유주는 자가 공소孔昭이며 하북성河北省 발해渤海 부성阜城 출신이다. 『북제서』에서는 그가 565~570년 사이에 51세로 죽었다고 되어 있는데, 생몰년은 대략 519~570년 정도로 보인다. 그는 어린 시절을 매우 가난하게 보냈으며, 밤낮으로 공부하였음에도 불구하고 과거에 합격하지 못했다. 10년 동안의 시도가 헛되자 그는 마침내 공부를 포기하고 자신의 모든 것을 서툰 고대의 스타일로 저술하였다. 최후의 실패 후에 그는 「육합六合」이라는 제목의 긴 시를 지어 탄식하였는데, 이후 늘 이 시를 매우 특별하게 여겼다.

학자는 힘써 노력하여도 이루어 내는 것이 적다는 것을 여기에서 알 수 있다. 나는 20년이 넘게 유학 서적을 공부하였지만 책문에 합격하지 못하였다. 그 후 작문을 배우기 시작해서 이만큼 이루었다![43]

---

41) 『北齊書』, 권44 및 『北史』, 권81.
42) 『四庫全書總目提要』, 권117, 20b~22b.
43) 『北齊書』, 권44, 10a, "儒者勞而少工, 見於斯矣, 我讀儒書二十餘年, 而答策不第, 始學作文, 便得如是."

그는 이 시를 위나라의 역사가 위수魏收에게 전달하였는데, 위수는 다른 사람에게 이 시에 대해 다음과 같이 평하였다.

'육합'이라는 시의 제목이 이미 매우 어리석지만, 시의 내용을 보게 되면 제목보다 더 어리석다.[44)

이 시는 자승子升, 위수와 함께 북조의 삼재三才로 일컬어졌던 형소邢邵에게서 도 인정받지 못했다. 형소는 이 시를 읽고 말하였다.

자네의 이 시는 완전히 학질에 걸린 낙타처럼 보이네. 엎드려 있지만 아리따운 자태가 전혀 없네.[45)

효소제孝昭帝(560~561)가 강연을 매우 좋아했기 때문에 유주는 「고재불우전 高才不遇傳」 3편을 써서 황제에게 올렸다. 그러나 너무 재미가 없어서 채택되지 못했고, 유주는 그것을 책으로 만들어 『제도帝道』라고 불렀다. 562~565년 사이에 그는 또 『금상벽언金箱壁言』[46)을 지어서 정치의 잘못됨을 지적하였다. 자신에게 큰 재능이 있다고 믿었던 유주는, 비록 자기 시대의 사람들은 자신이 쓴 수십 권의 저서들을 전혀 이해하지 못하고 있지만 후세 사람들은 그것을 매우 높이 평가하게 될 것이라고 확신하였다. 실제로 그의 학식은 관직에 나가지 못할 정도는 아니었다. 그는 항상 고귀한 사람들의 꿈을 꾸었으며, 일어나면 그 꿈을 기술하였다. 한동안 그는 자신에게 주연을 베풀어 주는 하남왕河南王 효유孝瑜와 친하게 지냈다.

『유자』는 비거로부터 "도덕·정치 등의 참된 개론"이라는 평을 들을 정도로

---

44) 『北齊書』, 권44, 10a, "賦名六合, 其愚已甚, 及見其賦, 又愚於名."
45) 『北史』, 권81, 26a, "君此賦正似痎瘧駱駝, 伏而無嫵媚."
46) 아마도 여러 경전이 발견된 공자 일족의 집 벽을 암시하는 제목인 듯하다.

이성적인 책이었다.[47] 이러한 책이 유주 같은 병적인 과대망상자에 의해 저술되었다는 점은 참으로 기이하다. 만약 그 주석이 거짓된 것이 아니라고 한다면 '유'라는 성을 가진 다른 사람의 저작일 수도 있을 것이다. 그러나 황운미黃雲眉는 어떤 다른 '유'씨도 저자가 될 수 없다는 결론을 내린다.[48] 『유자』는 55편으로 이루어져 있는데, 『자서백가子書百家』에는 같은 55편이 두 권으로 나뉘어 있다.[49] 아래에서는 그 내용을 기술하면서 자료들을 다양한 철학적 방향에 입각하여 정리하고자 한다. 그러나 많은 문장들이 여러 체계에 똑같이 속할 수 있기 때문에 항상 날카로운 구분이 가능한 것은 아니다.

유주는 여러 체계들 가운데 유학과 도교를 가장 중시하지만 그 중의 어느 것에도 만족하지 못한다. 둘 모두에서 유주는 비판거리를 발견한다. 유학자들은 완전한 진리를 갖고 있다고 하지만 그들의 가르침은 사용되지 않고 있으며, 도교는 인간의 감정에 대해서 이해하는 듯하지만 도덕과 예의 교육을 경시하여 잘못을 바로잡을 수 없다는 것이다. 그래서 그는 이렇게 말한다.

지금 세상을 통치하는 현인은 예의 교육을 우선으로 삼음이 마땅하며, 은둔을 좋아하는 선비는 무위에 힘쓰는 것이 옳다.[50]

유학은 세상 안에서 살아가는 사람에게 적당한 인생철학인 반면에 도교는 세상을 떠나서 이상세계를 찾아 은둔하려는 은자에게 맞는 인생철학이라는 것이다. 도교는 인간의 실생활에 대해 부정적이기 때문이다.

---

47) Wieger, *Taoisme*, "Tome I, Bibliographie Générale", No. 1018.
48) 黃雲眉, 『古今僞書考補證』(1931), 316~320쪽.
49) 孫楷第는 『유자』에 대한 원전비판적인 성격의 저술로서 『劉書新論擧正』을 지어 발표하였다. *Bulletin of the National Leibrary of Peping* Vol.3, Nr. 3, 317쪽 이하; Nr. 4, 417쪽 이하; Nr. 5, 581쪽 이하 참조.
50) 『劉子』, 권2, 30a, "今治世之賢宜以禮敎爲先, 嘉遁之士應以無爲是務."

1) 유학

아마도 유주의 저서 속에 담긴 유학적인 내용의 시작은 신체와 정신의 관계에 대한 생각들을 들 수 있을 것이다. 그는 심의 수양을 통해서 신체 또한 건강하게 보존할 수 있다고 생각하였다. 그는 말한다.

형체는 생의 그릇이고, 마음은 형체의 주인이며, 정신은 마음의 보물이다. 정신이 고요하면 마음이 조화롭고, 마음이 조화로우면 형체가 완전하다. 반대로 정신이 조급하면 마음이 방탕해지며, 마음이 방탕해지면 형체를 해친다. 그러므로 형체를 보전하기 위해서는 먼저 정신을 다스려야 한다. 정신을 평안하고 조화롭게 수양하면 스스로 편안하고 맑은 허가 마음에 깃들어서 외적인 것에 유혹되지 않는다. 정신이 평안하고 마음이 맑으면 형체에 누가 되지 않는다.[51]

인간의 감정과 성품은 기에 있으며, 이것은 태어나면서 인간에게 부여되는 것이다. 감정은 성품의 작용으로서 욕구에 의해 영향을 받는다. 그리고 성품은 감정을 억제할 수 있다.

그러므로 진주가 빛나면 오물과 먼지가 붙지 않으며, 성품이 밝으면 감정과 욕구가 더럽힐 수 없다.[52]

욕구는 성품에게 마치 나무에 있는 벌레와 같다. 사람은 감정과 욕구를 구속해야만 하며, 그것이 신체에 이르는 경로 즉 눈·귀·입·코·피부의 5가지 감각기관(五官)을 감시해야 한다. 감각으로 사람은 삶을 유지하게 되지만 그것으로 인해 또한 망할 수도 있다.

---

51) 『劉子』, 권1, 1a, "形者生之器也心者形之主也, 神者心之寶也, 故神静, 而心和, 心和而形全, 神躁則心蕩, 心蕩則形傷, 将全其形, 先理神, 故恬和養神, 則自安於内, 清虛棲心, 則不誘於外, 神恬心清, 則形無累矣."

52) 『劉子』, 권1, 2a, "是以珠瑩, 則塵埃不能附, 性明, 則情慾不能染."

사람이 소와 말을 풀어놓았을 때는 그들이 집으로 돌아오지 않으면 반드시 되돌아오게 해야 한다는 것을 안다. 그러나 감정과 욕구를 풀어놓고 나면 다시는 그것을 되돌릴 줄 모른다. 유감이지 않은가?[53]

사람은 욕구가 아직 지극히 작은 초기에 그것에 맞서야 한다. 그러면 욕구를 쉽게 없앨 수 있다. 욕구가 커지고 나면 그것은 더 이상 불가능하다.

감정은 모두 제거해야 하는 것이 아니라 파멸의 근원이 되는 것만 제거하고 그것을 완전하게 주도할 수 있으면 된다. 감정에서 나오는 음악이 오히려 윤리에 아주 큰 의미를 부여하는 경우도 있기 때문이다. 인간은 기쁘면 웃으며, 웃으면 음악을 하게 된다. 이것은 입이 노래하고 손이 그것에 장단을 맞추며 발이 춤추게 되는 것을 의미한다.[54] 중국인들이 음악으로 총칭하는 노래·무언극·춤 등은 모두 감정에서 생겨난다.

도교의 학자들이 배움을 포기할 수 있다고 믿는 반면에 유주는 심지어 도교라 할지라도 배움이 매우 중요하다고 간주한다. 이와 관련하여 그는 많은 말들을 남겼는데, 결코 잘못된 발언으로 치부할 수는 없을 듯하다.

사람이 배우지 않으면 재능과 지혜가 마음속에서 부패한다.[55]

감정과 성품이 수련되지 않으면 신명이 나타나지 않는다.[56]

월나라의 검은 그 본성이 예리하지만 숫돌에 갈지 않으면 날카롭게 될 수 없고, 인간의 성은 본래 아주 지혜롭지만 배움이 쌓이지 않으면 완성될 수 없다.[57]

배움에 기인하지 않고 도를 보았다는 일은 일찍이 없었다.[58]

53) 『劉子』, 권1, 2b, "人有牛馬放逸不歸, 必知收之, 情慾放逸, 而不知收之, 不亦惑乎."
54) 『劉子』, 권1, 6b.
55) 『劉子』, 권1, 4b, "人之不學, 則才智腐於心胃."
56) 『劉子』, 권1, 4b, "性情未鍊, 則神明不發."
57) 『劉子』, 권1, 5a, "越劍性利, 非淬礪而不銛, 人性懷慧, 非積學而不成."

사람의 성이 아름다운데도 도를 보지 못하는 것은 배우지 않았기 때문이다.[59]

지극한 도는 말이 없지만, 말하지 않으면 그 본질을 밝힐 수 없다. 무한한 형상은 형체가 없지만, 형체가 이루어지지 않으면 그 심오함을 헤아릴 수 없다.[60]

『유자』에서는 또한 유학의 국가론을 주장하면서 군주의 아버지다운 통치를 하늘에 비교한다.

하늘은 인간이 낳고 그들을 위해 군주를 세웠으니, 군주는 곧 백성의 하늘이다. 하늘은 음양으로 사물을 크게 양육하고, 군주는 통치와 교육을 의무로 삼아서 백성을 변화시킨다. 더위와 추위가 계절에 맞지 않으면 전염병과 질병이 생기고 바람과 비가 절기에 맞지 않으면 기근이 생기는데, 형벌은 백성에게 있어 더위 및 추위와 같고 교육과 규정은 백성에게 있어 바람 및 비와 같다. 형벌이 때에 맞지 않으면 백성을 해치고, 교육과 규정이 절도가 없으면 풍속을 해친다.[61]

유주에 따르면 백성을 위한 훌륭한 정치의 기반이 되는 것은 법가에서 주장하는 그런 엄격함과 잔인함이 아니라 인과 의라야만 한다. 형법은 사람의 삶을 유지할 수 있도록 관용을 베풀어야 한다. 부역과 세금은 백성의 힘을 보존할 수 있도록 적절해야 하며, 농부로 하여금 농사지을 시간을 놓치는 일이 없도록 시기가 적당해야 한다. 그렇게만 될 수 있다면 개인과 전체가 모두 잘 지낼 수 있게 되며 천하가 태평하게 된다.[62]

풀과 나무는 살아 있지만 인식할 수 없고, 새와 짐승은 인식할 수 있지만 지식이

---

58) 『劉子』, 권1, 4b, "未有不因學而鑒道."
59) 『劉子』, 권1, 5b, "人性美而不監道者不學也."
60) 『劉子』, 권1, 4b, "至道無言, 非立言, 無以明其理, 大象無形, 非立象, 無以測其奧."
61) 『劉子』, 권1, 11b, "天生烝民, 而樹之君, 君者民之天也, 天之養物以陰陽爲大, 君之化民以政敎爲務, 故寒暑不時, 則疾疫, 風雨不節, 則歲饑, 刑罰者民之寒暑也, 敎令者民之風雨也, 刑罰不時, 則民傷, 敎令不節, 則俗弊."
62) 『劉子』, 권1, 12a.

없다. 그럼에도 불구하고 인과 애를 베풀면 그들에게 영향을 미친다. 하물며 사람에게 있어서야! 어찌 사랑하지 않을 수 있겠는가?[63]

유주는 백성과 군주가 완전히 하나를 이루는 내적 관계를 다음과 같은 말로 표현하였다.

군주는 백성을 마치 자신의 몸과 같이 여기고 백성은 군주를 자신의 마음과 같이 여긴다. 마음이 좋아하면 신체 또한 반드시 편안히 여기고, 군주가 좋아하면 백성 또한 반드시 따른다. 마음이 좋아하는데 신체가 따르지 않고 군주가 하고자 하는데 백성이 따르지 않는 것은 보지 못했다. 백성이 군주를 따르는 것은 마치 풀이 바람을 따르는 것과 같고[64] 물이 그릇을 따르는 것과 같다. 그러므로 군주의 덕은 바람과 그릇이고 사람의 감정은 풀과 물이다. 풀이 바람을 만났는데, 바람이 동쪽으로 불면 풀은 동쪽으로 쓰러지고 바람이 서쪽으로 불면 풀은 서쪽으로 쓰러진다. 이것은 풀이 바람의 동쪽과 서쪽을 따르는 것이다. 물이 그릇에 담겨 있는데, 그릇이 각지면 물 또한 각지고 그릇이 둥글면 물 또한 둥글다. 이것은 물이 그릇의 각지고 둥근 것을 따르는 것이다.[65]

이러한 관계를 유주는 역사적 사실을 예로 들어 증명하려 한다. 즉 초나라 영왕靈王(기원전 540~528)이 가는 허리를 좋아하자 신하의 부인들은 다이어트를 너무 심하게 하여 굶어 죽는 사람이 많았으며, 요와 순의 신하들이 모두 어질고 의로운 데 반해 걸과 주의 신하들은 모두 악하였다는 것이다. 그런데 여기에서 우리는 그가 제시한 증명의 사례들이 오히려 예외적인 사실이며 그의 주장이 지나친 보편화와 과장에 불과하다는 것을 확인할 수 있다.

---

63) 『劉子』, 권1, 12a, "草木有生而無識, 鳥獸有識而無知, 猶施仁愛以及之, 奚況在人而不愛之乎."

64) 『論語』, 「顔淵」, "君子之德風, 小人之德草. 草上之風, 必偃" 참조.

65) 『劉子』, 권1, 12b, "君以民爲體, 民以君爲心, 心好之, 身必安之, 君好之, 民必從之, 未見心好而身不從, 君欲而民不隨也, 人之從君, 如草之從風, 水之從器, 故君之德, 風之與器也, 人之情, 草之與水也, 草之戴風, 風鶩東, 則東靡, 風鶩西, 則西靡, 是隨風之東西也, 水之在器, 器方, 則水方, 器圓, 則水圓, 是隨器之方圓也."

유주는 보통의 유학자들처럼 맹목적으로 고대인을 숭배하는 사람이 아니었다. 그는 통치방법이 상황에 따라 설정되고 시대에 맞게 변형되어야 한다는 것을 인정하였다. 고대를 고집해서는 안 되며, 성왕 또한 그렇게 하지 않았다. 예도 시간과 함께 변한다.[66)

유주는 명이 인간의 생에 중대한 영향을 끼침을 인정하였다. 그는 명이 일의 결과에 항상 상응하지 않는다는 것을 알고 있었다. 지혜와 덕은 인간의 성에 달려 있지만 성공과 실패는 명에 달려 있다고 그는 말한다. 성은 인식할 수 있지만, 하늘에 의존하는 명은 예측하기가 어렵다.

> 못나고 어리석음을 원망하는 것은 성을 잘 알지 못하는 것이고, 일어나지 않은 일을 걱정하는 것은 명을 잘 알지 못하는 것이다.[67)

상황에 따라서는 인간의 행동이 명을 변화시킬 수도 있다. 복이 재앙으로 바뀔 수 있고, 그 반대도 가능하다. 좋은 징조를 보았더라도 악을 행하면 그것은 악하게 변하고, 재앙의 조짐을 보았더라도 두려워하며 경건하게 행동하면 복으로 변한다. 좋은 명이 있더라도 그것에 만족하여 기뻐하며 불손하게 굴면 길은 흉이 되고 만다. 그래서 현인은 다음과 같이 행동한다.

> 그러므로 군자는 상서가 이르더라도 너무 심하게 기뻐하지 않고 오히려 그 몸을 검속하고 경계함으로써 더욱 경건하게 조심한다. 또 악한 조짐이 보이더라도 걱정하지 않고 오히려 덕의 수행을 더욱더 힘쓰니, 신을 공경하고 경사를 부름으로써 재앙이 사라지고 복이 내려온다.[68)

---

66) 『劉子』, 권1, 14쪽.
67) 『劉子』, 권1, 24a, "怨不肖者不通性也, 傷不遇者不知命也."
68) 『劉子』, 권2, 22b, "是以君子祥至, 不深喜, 逾敬愼, 以儉誡其身, 妖見, 不爲慼, 逾修德以爲務, 故招慶於神祇, 災消而福降也."

2) 도교

유주의 철학에는 도교적인 요소가 유학적인 요소보다 훨씬 적다. 그는 사람의 감각으로는 결코 지각할 수 없는 도에 대하여 이렇게 말한다.

하늘의 도는 섞여서 형체가 없으며 적연하여 소리가 없다. 보아도 보이지 않고 들어도 들리지 않는다.[69]

이 때문에 도교에서는 감각을 사용하지 않는다. 이어서 그는 오직 도와의 일치를 위해 노력하면서 세상의 모든 것들로부터 등을 돌리고 있는 성인의 무위에 대하여 다음과 같이 말한다.

그러므로 성인은 눈을 맑게 하여 보지 않고, 귀를 고요하게 하여 듣지 않으며, 입을 닫아서 말하지 않고, 마음을 버려서 생각하지 않는다. 스스로를 귀하게 여기며 천함을 잊으니 존귀한 세력도 그를 움직일 수 없고, 도를 즐기며 가난을 잊으니 큰 이익도 그를 흔들리게 할 수 없다.…… 그러므로 형체가 길러지지 않아도 성이 저절로 완전해지며 마음이 수고롭지 않아도 도가 저절로 이른다.[70]

이런 까닭에 성인은 지혜를 버림으로써 진리를 온전하게 하고 감정을 버림으로써 사물을 응접한다.[71]

도를 이와 같이 이해하고 행동하는 사람은 분명히 도교의 은자일 것이다. 세상 속에 섞여 살아가는 유학자에게는 배움과 지혜가 우리가 보았던 것처럼 필수적인 것이었기 때문이다.

---

69) 『劉子』, 권2, 1a, "天道混然無形, 寂然無聲, 視之不見, 聽之不聞, 非可以影響求."
70) 『劉子』, 권1, 1b, "是以聖人淸目, 而不視, 静耳, 而不聽, 閉口, 而不言, 棄心, 而不慮, 貴身, 而忘賤, 故尊勢不能動, 樂道, 而忘貧, 故厚利不能傾……故形不養, 而性自全, 心不勞, 而道自至也."
71) 『劉子』, 권1, 3b, "是以聖人棄智以全眞, 遣情以接物."

주술과 다른 신묘한 것들은 유주에게서 많이 발견되지 않는다. 그는 다만 음악에 마술적 힘이 있다고 여기는 정도였다. 그에 따르면, 둥근 언덕에서 가무를 하면 하늘의 신이 내려오고(天圓) 사각의 연못가에서 가무를 하면 어둠의 신이 올라오며(地方), 또 음을 내는 돌조각의 울림으로 동물을 춤추게 할 수 있고 특별한 멜로디로 새가 길조를 가져오게 할 수 있다고 한다.[72]

3) 묵가

유주는 묵가의 검소와 절약을 높이 평가하며 사치에 대한 비난을 수용하였다. 그는 먹는 행위는 위의 빈자리를 채우는 것과 공기를 들이마시는 것 이외의 다른 목적을 가지고 있지 않으며, 옷은 다만 추위를 막기 위해 몸을 덮는 정도에 그쳐야 한다고 믿었다. 사치와 낭비는 방지해야 한다.[73] 양식과 의복은 생명의 보존을 위하여 가장 필수적인 것이지만, 진귀한 맛이나 호화스런 치장은 불필요하다. 부녀자의 사치품과 예술품은 농업과 수공업을 저해함으로써 굶주리고 의복이 부족하게 되는 현상을 불러일으킨다.

사람은 양식과 의복이 갖추어진 다음에야 명예와 치욕을 알고, 창고가 가득 찬 다음에야 예와 규정을 안다.[74] 그렇기 때문에 농업과 양잠을 중시하고 사치와 방종은 금지해야만 한다.

곡식과 옷감을 값진 보물로 여기고 진주와 옥을 더러운 흙투성이로 여긴다면, 진주와 옥은 헛된 장난감에 지나지 않게 되고 곡식과 옷감은 실제적인 효용을 지니게 될 것이다.[75]

---

72) 『劉子』, 권1, 7a.
73) 『劉子』, 권1, 2a.
74) 『중국고대철학사』 137쪽 주65(76쪽 주4)에 있는 『管子』 「牧民」편의 "倉廩實而知禮節, 衣食足而知榮辱" 구절 참조.
75) 『劉子』, 권1, 11a, "以穀帛爲珍寶, 比珠玉於糞土, 何者, 珠玉止於虛玩, 而穀帛有實用也."

4) 음양론

음양의 변화에 대한 설명은 자연철학의 영역에 속하는 것이지만, 유주는 이러한 음양론을 끌어다들여 인간적인 삶을 위한 도덕의 활용과 연관시켜서 설명하고 있다.

양이 극에 이르면 음이 내려오기 시작하고 음이 극에 이르면 양이 올라가기 시작하니, 해가 중천에 이르면 기울기 시작하고 달이 가득 차면 이지러지기 시작한다. 이것은 하늘의 영원한 도이다. 세력이 쌓이면 줄어들고 모이면 반드시 흩어지니, 전성기의 뒤에는 쇠퇴기가 따르고 기쁨이 극에 달하면 슬픔으로 돌아간다. 이것은 인류의 영원한 법이다.[76]

음과 양은 극한에 이른 후에는 다시 감소하고, 해와 달 또한 마찬가지로 그러하다. 유주는 이러한 자연의 운행을 단순히 신묘한 법칙으로만 간주하지 않고 겸손을 독려하는 조짐으로 파악한다. 윤리를 근본으로 하는 중국의 사유는 이처럼 자연현상까지도 윤리적으로 파악하고자 하였다. 그래서 유주는 군자는 음과 양, 하늘과 땅, 해와 달의 겸손을 본보기로 삼는다고 말한다. 군자는 자신을 낮추며 자기의 행동을 기리지 않기 때문에 오히려 그 명성이 결코 사라지지 않게 된다는 것이다.[77]

5) 명가

유주는 항상 인간의 행위와 자연현상 사이의 유사성을 발견하고자 노력하였는데, 그의 이러한 노력은 언어에 대한 고찰에서도 잘 나타난다.

---

76) 『劉子』, 권2, 10a, "陽極而陰降, 陰極而陽升, 日中則昃, 月盈則虧, 此天之常道也, 勢積則損, 財聚必散, 年盛返衰, 樂極還悲, 此人之恒也."
77) 『劉子』, 권2, 11a.

해와 달은 하늘의 문장이고, 산과 강은 땅의 문장이며, 언어는 인간의 문장이다. 하늘의 문장이 잘못되면 일식과 월식과 같은 변화가 있게 되고, 땅의 문장이 잘못되면 산이 파괴되거나 연못이 마르는 재앙이 나타나며, 인간의 문장이 잘못되면 반드시 몸을 상하게 하는 걱정이 생긴다. 그러므로 입은 언어의 문이 되고 혀는 문의 고리와 자물쇠가 되니, 고리와 자물쇠가 움직이면 문이 열리고, 문이 열리면 언어가 나오게 된다.[78]

입에서 나오는 언어는 날카로운 칼과 같아서 큰 상처를 입힐 수 있다는 뜻이다. 유주는 이름과 실제 사이의 관계에 대해 다음과 같이 말한다.

이름이 거짓을 담지 않고 내용(實)이 진리를 가리지 않는 것을 일러 '이름을 올바르게 함'(正名)이라고 한다.[79]

말로써 이치를 설명하니 이치는 말의 근본이 되고, 이름으로써 내용을 규정하니 내용은 이름의 근원이 된다.[80]

오직 이름만이 그 내용을 규정할 수 있다. 그런데 인간은 흔히 부정확하고 과장된 방식으로 문장을 구사하여, 작은 것을 크게 만들고 흰 것을 검게 만든다. 이것은 이치와 내용을 해치는 것이다. 그럼에도 불구하고 이에 대한 비판 없이 진실이 아닌 언어를 믿고서는 곧장 진실을 인식하였다고 생각하는 일 또한 드물지 않다.[81]

---

78) 『劉子』, 권2, 6a, "日月者天之文也, 山川者地之文也, 言語者人之文也, 天文失, 則有謫蝕之變, 地文失, 則有崩竭之災, 人文失, 必有傷身之患, 故口者言語之門戶, 舌者門戶之闔鑰, 闔鑰動, 則門戶開, 門戶開, 則言語出."
79) 『劉子』, 권1, 16b, "故名無所容其僞, 實無所蔽其眞, 此之謂正名也."
80) 『劉子』, 권1, 15b, "言以繹理, 理爲言本, 名以訂實, 實爲名源."
81) 『劉子』, 권1, 16a.

6) 법가

고대의 법가철학으로부터 유주는 전쟁에 대한 이론을 수용하였다. 법가에서는 전쟁이 필수적이라고 여겼던 반면 유가와 도가, 묵가는 비난하였다.

유주는 사람들이 아직 욕구가 없었던 고대에는 전쟁이 없었지만 무기를 발명한 이들 또한 전설적인 통치자들이라고 보았다.[82] 그러나 실제 전쟁에서는 무기를 쓰지 않고 이기는 것이 더 중요하다. 훌륭한 전술을 계획할 줄 아는 사람은 싸우지 않고 승리한다.

> 왕자王者의 군대는 참된 도를 수양하여 사람들이 복종해 오게 만들고, 패자覇者의 군대는 기이한 속임수와 변칙을 써서 승리를 취한다.[83]

유주가 생각하는 훌륭한 장수는 다음과 같다.

> 싸움터에 임하는 날에는 가족을 잊고, 북이 울릴 때에는 자기 자신을 잊는다. 용병이 능수능란하여, 마치 위로 하늘이 없고 아래로 땅이 없으며 앞에는 적군이 없고 뒤에는 임금이 없는 듯 막힘이 없다. 국가를 보전하는 것을 가장 무겁게 여기고, 지혜롭게 계획하는 것을 가장 우선으로 한다.[84]

이런 훌륭한 장수는 자연 전체를 관찰하여 계획에 활용한다. 그는 하늘의 현상을 관찰하고 땅의 형세를 계산하며 인간의 특성을 연구한다. 해·달·별의 운행 및 오행의 흐름을 점검하고 바람이 부는 여덟 방향에 귀 기울이며 다섯 가지 구름의 형성을 관찰하고 아홉 가지 땅의 형태(九地)[85]를 숙지하며 무사의 오덕五德과 두 가지 수단을 활용한다. 이 가운데 오덕은 지·신·인·용·엄이다.

---

82) 『劉子』, 권2, 14b.
83) 『劉子』, 권2, 15a, "王者之兵修正道, 而服人, 霸者之兵奇譎變, 而取勝."
84) 『劉子』, 권2, 15a, 臨軍之日, 則忘其親, 枹鼓之時, 則忘其身, 用能無天於上, 無地於下, 無敵於前, 無君於後, 以全國爲重, 以智謀爲先.
85) 『孫子兵法』「九地」편에서 이에 관하여 자세히 논하고 있다.

장수는 지로써 전쟁의 계획을 세우고 신으로써 원칙을 가능하게 하며 병사에게 어짊과 엄격함을 동시에 보여 주고, 병사는 용기로써 적을 물리친다. 그리고 두 가지 수단이란 곧 상과 벌을 말한다.[86]

유주는 전쟁이 나쁜 것임에는 틀림없지만 무조건 피하기만 할 수는 없다는 사실을 잘 알고 있었다. 그래서 그는, 전쟁이 너무 많으면 백성이 피곤해지지만 그렇다고 해서 전쟁에 대한 훈련이 없다면 백성이 태만하게 된다고 말한다. 그러므로 사냥 등의 활동을 통해 전쟁을 수행할 수 있는 능력을 평소에 길러 두어야 한다고 한다.[87]

『사마법司馬法』에서는 이렇게 말했다. "국가가 비록 지극히 크다 하더라도 전쟁을 좋아하면 반드시 멸망하게 되며, 천하가 비록 안정되어 있더라도 전쟁을 잊으면 반드시 위험하게 된다."[88]

그러므로 병사가 함부로 움직이지 않고 끊임없이 전술의 연습을 계속하는 것은 백성의 생명을 기르기 위해 경계하고 준비하는 것이다.[89]

공자가 말하였다. "백성에게 전술을 가르치지 않는 것을 백성을 버린다고 한다."[90]

『역경』은 말한다. "군자는 무장함으로써 예견할 수 없는 경우에 대비한다."[91]

---

86) 『劉子』, 권2, 15a.
87) 『劉子』, 권2, 17a.
88) 『劉子』, 권2, 16a, "司馬法曰, 國家雖大, 好戰則亡, 天下雖安, 亡戰必危."
89) 『劉子』, 권2, 16a, "故兵不妄動, 而習武不輟, 所以養民命, 而修戎備也."
90) 『劉子』, 권2, 16b, "孔子曰, 不敎民戰, 是謂棄之."
91) 『劉子』, 권2, 16b, "易曰, 君子修戎器, 以備不虞."

제6장 신멸·신불멸에 관한 논쟁

신멸신불멸神滅神不滅의 문제(영혼의 소멸과 지속에 관한 논쟁)는 이미 고대 중국 철학의 주요 관심사였다. 공자는 자신의 입장을 명확하게 밝히지는 않았지만 신의 실재를 의심했던 것으로 보인다. 그 계승자들 중 많은 사람들도 신불멸을 부정했지만, 일부는 죽은 후에도 비인격적으로 지속적인 삶을 누릴 수 있다고 믿었다. 묵가 또한 죽은 사람의 신이 인격적으로 계속해서 산다고 믿었다. 그래서 묵적은 고대의 경전 속에서 신의 존재를 증명하려고 시도하였다. 도교에서도 역시 불로장생을 믿었지만, 이들의 경우는 단지 비인격적인 도 안에서 죽지 않는다는 것을 의미했다. 반면 양주는 인간이 죽지 않을 수 있다는 사실을 부정하였다. 한나라 때의 환담도 불사를 의심했던 것으로 보이지만, 우리는 남아 있는 단편들만으로는 확실한 그의 견해를 파악해 낼 수 없다. 한편 왕충 또한 많은 근거를 대며 신불멸설에 대항하였다.

신의 불멸에 관한 믿음에 새로운 양분을 공급해 준 것은 불교였다. 불교의 환생은 일종의 지속적인 삶이다. 환생은 열반에 이르러 비로소 끝나지만, 열반에 대한 이해방식은 매우 다양할 수 있다. 어떤 이들은 열반을 정신의 완전한 끝으로 보았고, 다른 어떤 이들은 열반을 끊임없이 지속되는 비인격적인 삶으로 보았으며, 또 다른 어떤 이들 특히 정토종에서는 열반을 정신이 인격적으로 지속되는 극락의 본질이라고 여겼다.

한나라 이후 작은 왕조들이 끊임없이 교체되던 시대에는 한편에서는 불교를 변호하였고, 다른 한편에서는 불교가 중국의 파멸을 불러온다는 것을 증명하고자 하였다. 이로써 불교의 가치에 대한 논란이 일어났고, 또한 불사의 문제가 공공연한 논쟁의 대상으로 떠올랐다. 대화 형식의 다양한 논쟁들이 오늘날까지도 전해지는데, 불사신앙의 옹호자들은 대부분 불교도들이었기 때문에 그 논쟁들은 불교 서적인 『홍명집』에 수록되어 있다. 그 논쟁이 최고점에 달한 시기는 양나라 시대였다. 따라서 이 시대를 가리켜 철학적 논쟁의 시대라고 할 수 있을 것이다. 이것은 어느 정도 중세시대 유럽의 성직자들이 벌인 공개논쟁을 연상시킨다. 발표자와 반대자로 등장하는 불교와 도교의 대표자들은 실제로 대부분 성직자로 보아도 무방할 터이며, 유학자들에게 있어서도 또한 철학과 종교가 서로 완전히 분리되지는 않는다.

1. 혜원

혜원慧遠(333~416)은 불교 승려로 성은 가賈이며 산서성山西省 안문雁門에서 출생하였다. 중국 정토종淨土宗을 기초한 그는 불교에 전향하기 전에 먼저 유교 경전과 도교를 공부하였는데, 이것은 그로 하여금 논쟁에서 장자 및 다른 도가들을 인용할 수 있게 해 주었다. 그는 373년에 호북湖北 여봉廬峰에 거처를 정한 후 죽을 때까지 그곳에서 후학들을 가르쳤다.[1]

『홍명집』에는 혜원의 『사문불경왕자론沙門不敬王者論』이라는 저술이 수록되어 있다. 불교의 승려가 왕을 공경하지 않는 이유를 논한 저술로, 그 가운데 「형진신불멸形盡神不滅」이라는 글이 있다. 형체는 사라져도 신은 소멸되지 않는다는 것이다. 거기에서 상대방은 다음의 논제를 제시한다.

---

1) Giles, *Chinese Biographical Dictionary*, Nr. 882.

부여받은 기는 한 번의 생에서 다하고, 생이 끝나면 흩어져서 무와 같게 된다. 신은 비록 오묘하지만 사물이므로 이것은 또한 음과 양의 변화일 뿐이다. 이미 변화하여 생이 되고, 또 변하여 죽게 된다. 이미 기가 모이면 시작하게 되고, 또한 흩어지면 마지막이 된다. 이것으로 미루어 본다면 신과 형체는 같이 변화하는 것으로서 원래 다른 계통이 아니라는 것을 알 수 있다. 거칠고 순수함의 차이는 있지만 같은 하나의 기이며, 시작과 끝이 또한 같은 집에 있다. 집이 완전하면 기가 모이고 영이 있지만, 집이 훼손되면 기는 흩어지고 빛은 소멸된다. 흩어지면 그것을 받았던 대본으로 다시 돌아가고, 소멸되면 다시 사물이 없는 것으로 돌아간다. 다시 돌아가고 끝을 다하는 것은 모두 자연의 수일 뿐이다. 누가 그것을 하겠는가?…… 또한 신이 형체에 거주하는 것은 마치 불이 나무에 거주하는 것과 같다. 그 생은 반드시 함께하고 그것이 훼손되면 반드시 소멸된다. 형체가 분리되면 신은 흩어지고 의지할 곳이 없으며, 나무가 썩으면 불은 꺼지고 더 이상 의탁할 곳이 없다. 이치가 그런 것이다.[2]

이에 대한 혜원의 답변은 다음과 같다.

신은 무엇인가? 순수함이 지극하여 신령하게 된 것이다. 순수함이 지극하면 괘상으로 그릴 수 있는 것이 아니므로 성인은 이 묘연한 사물에 대해 말하기를, 비록 가장 지혜로운 사람이라 하더라도 그 체상을 규정할 수 없고 그 그윽한 모습을 궁구할 수 없다고 하였다. 일반적인 지식으로 그것에 대해 말하는 사람들은 대부분 의심이 생겨서 스스로 혼란에 빠져 비방하는 것이 또한 이미 심하다.……
불이 장작에 전해지는 것은 마치 신이 형체에 전해지는 것과 같으니, 불이 다른 장작에 전해지는 것은 마치 신이 다른 형체로 전해지는 것과 같다.[3] 이전의 장작은

---

2) 『弘明集』, 권5, 9a, "夫稟氣極於一生, 生盡則消液而同無, 神雖妙物, 故是陰陽之所化耳, 既化而爲生, 又化而爲死, 既聚而爲始, 又散而爲終, 因此而推, 固知神形俱化, 原無異統, 精粗一氣, 始終同宅, 宅全則氣聚而有靈, 宅毁則氣散而照滅, 散則反所受於天本, 滅則復歸於無物, 反覆終窮皆自然之數耳, 孰爲之哉……亦爲神之處形, 猶火之在木, 其生必存, 其毁必滅, 形離則神散, 而罔寄, 木朽則火寂, 而靡託, 理之然矣."

3) 불과 신의 비유는 매우 유사하지만 완전히 일치하는 것은 아니다. 혜원이 불이 이 나뭇조각에서 저 나뭇조각으로 옮겨가는 것과 마찬가지로 신이 이 형체에서 저 형

나중의 장작이 아니다.[4] …… 이전의 형체는 이후의 형체가 아니다. …… 한 번의 생에서 형체가 사라지는 것을 보고는 신과 정이 더불어 사라지는 것이라고 생각한다면, 이것은 마치 하나의 장작에서 불이 꺼지는 것을 보고는 마침내 모두 다 사라졌다고 말하는 것과 같다. 이것은 생을 기르는 이야기를 왜곡한 것이며, 같은 영역에서 널리 탐구한 것도 아니다.

그대가 가령 "신과 형체가 함께 변화하여 하늘의 근본에서 저절로 시작한다. 현인과 우인의 자질은 태어날 때 똑같이 받은 것이다"라고 한다면, 이제 내가 묻는다. 이들이 받은 것은 형체가 받은 것인가 또는 신이 받은 것인가? 그것을 형체가 받았다고 한다면, 형체 있는 모든 것은 변하여 신이 되어야만 한다. 그것을 신이 받았다고 한다면, 이것은 신이 신에게 전하는 것이 된다. 그렇다면 단주와 요임금은 똑같이 성인이 되었어야 하며, 순임금과 고수는 똑같은 영명함을 지녔어야 한다.[5] 그럴 수 있는가? 이것이 불가능하다면 본래 어두운 인연의 얽힘이 이미 과거에 있었다는 것이 드러나며,[6] 밝고 어두운 구분은 형체의 처음에 정해져 있다는 것을 알 수 있다.[7]

체로 넘어갈 수 있다고 주장한다면, 그것은 과장일 뿐이다.

4) 여기에서 다시 윤회설이 등장한다. 신이 하나의 형체에서 다른 형체로 옮겨가게(遷移) 되는 것이다.

5) 丹朱는 요임금의 아들이고 瞽叟는 순임금의 아버지인데, 패악한 사람의 대명사로 제시되었다. 이것은 아버지의 신이 아들의 신으로 그대로 천이하게 된다면 단주와 고수 또한 현인이 되어야 마땅하지 않겠느냐는 물음이다.

6) 죽음 이후 새로 태어난 인간의 신에서는 이전에 실존했던 그 자신의 업의 영향이 나타나고, 이로써 그가 현명한 사람이 될지 또는 어리석은 사람이 될지 결정된다. 업은 이전의 생에서 행동한 결과로서, 여기에서는 신과 똑같이 다루어진다. 이것은 현생의 새로운 형체에 들어간다.

7) 『弘明集』, 권5, 9a~b, "答曰, 夫神者何邪, 精極而爲靈者也, 精極則非卦象之所圖, 故聖人以妙物而爲言, 雖有上智, 猶不能定其體狀, 窮其幽致, 而談者以常識生疑, 多同自亂, 其爲誣也亦已深矣……火之傳於薪猶神之傳於形, 火之傳異薪猶神之傳異形, 前薪非後薪……前形非後形……見形朽於一生, 便以謂神情俱喪, 猶覩火窮於一木, 謂終期都盡耳, 此由從養生之談, 非遠尋其類者也, 就如來論假令形形化化, 始自天本, 愚智資生同稟所受, 問, 所受者爲受之於形耶, 爲受之於神耶, 若受之於形, 凡在有形皆化而爲神矣, 若受之於神, 是爲以神傳神, 則丹朱與帝堯齊聖, 重華與瞽瞍等靈, 其可然乎, 其可然乎, 如其不可, 固知冥緣之搆著於在昔, 明闇之定於形初."

2. 나군장

나군장羅君章의 인물에 대하여 자세한 것은 알려지지 않았다. 그는 6세기 후에는 살지 않은 듯한데, '다시 태어남'에 대한 짧은 논고 「갱생론更生論」을 저술한 것으로 보아 불교신자에 가까울 것으로 생각된다. 이 글에서 그는 다음과 같이 말한다.

이전의 학자들은 늘 이렇게 말하곤 했다. "하늘(天地)이란 무엇인가? 모든 사물의 총칭이다. 사람이란 무엇인가? 하늘 가운데 하나의 사물이다." 이에 따라 지금을 말한다면, 만물은 수가 있는 반면에 하늘과 땅은 끝이 없다. 그렇다면 끝이 없는 것의 변화는 만물에서 출발할 수 없다. 만물이 다시 태어나지 않는다면 하늘과 땅이 끝이 있게 될 것이니, 하늘과 땅이 끝이 있을 수 없다면 다시 태어난다는 것을 알 수 있다.[8]

신은 질과 자연의 짝이다. 짝은 분리와 결합 그리고 삶과 죽음의 변화가 있다. 질은 모이고 흩어지며 갔다가 다시 오는 힘이다…… 또한 신과 질은 알려지지 않은 때에 저절로 합해진다. 세상은 대개 합한 것이 반드시 분리됨을 슬퍼할 뿐, 분리된 것이 반드시 합한다는 것에 위로받지 못한다. 모이면 반드시 흩어진다는 것은 모두 알지만, 흩어진 것이 반드시 모인다는 것은 모르기 때문이다.[9]

지금 사는 것은 이미 이전에 살았던 것이며 나 또한 이전에 이미 있었지만, 이전의 실재에서 내 몸에 남아 있는 흔적은 없다. 신에는 그것에 대한 기억이 없는 것이다.

---

8) 『弘明集』, 권4, 5b, "善哉向生之言曰, 天者何, 萬物之總名, 人者何, 天中一物, 因此以談今, 萬物有數, 而天地無窮, 然則無窮之變未始出於萬物, 萬物不更生, 則天地有終矣, 天地不爲有終, 則更生可知矣."
9) 『弘明集』, 권4, 5b, "神之與質自然之偶也, 偶有離合死生之變也, 質有聚散徃復之勢也……又神質冥期符契自合, 世皆悲合之必離, 而莫慰離之必合, 皆知聚之必散, 而莫識散之必聚."

달관한 사람들은 그 때문에 죽음과 삶을 똑같이 여기면서 죽음과 삶은 잠자고 깨어나는 것이라고 말하니, 이 말이 진실하다![10]

이 증명에 반대하는 사람은 형체가 소멸되면 신 또한 소멸되어야 한다고 말한다. 그러나 신은 소멸되는 것이 아니라, 형체와 함께 다른 사물로 변할 뿐이다. 다만 신이 이전의 자신의 형체로 되돌아가는 것은 아니다.[11]

3. 정도소

정도소鄭道昭는 대부분 정도자鄭道子라고 불렸으며, 북위시대에 살았다. 자는 희백僖伯이고 문공文恭이라는 시호를 받았다. 출생연도는 알려지지 않았지만 죽은 해는 516년이다. 그는 국자감의 관리로서 황제에게 교육에 관한 보고서를 제출했다. 후에 산동성 연주兖州의 지방관이 되었으며, 백성들에게 관대하여 매우 사랑받았다. 연주 근처에 기념비와 그의 조상의 사당이 있는데, 그의 조부 또한 이미 같은 곳에서 관리로 있으면서 많은 사랑을 받았기 때문이다. 그래서 늙고 젊은 2정의 의로움을 칭송하는 민요가 전하기도 한다. 문학에서 그는 특히 시에 관심이 있어 10편의 시를 남겼으며, 철학적인 저술로 「신불멸론神不滅論」을 지었다.[12]

정도소는 다음과 같은 말로 신의 불멸을 주장한다. 형체와 신이 결합하여 서로의 움직임에 영향을 미친다고 하더라도 그들의 실체와 근원은 다르다. 하나가 다른 하나보다 순수하다. 신은 삶의 근원이며 신묘한 것으로서, 형체와 함께 소멸될 수 없다.[13] 이에 대해 상대방은 다음과 같이 반대한다.

---

10) 『弘明集』, 권5, 6a, "達觀者所以齊死生, 亦云, 死生爲寤寐, 誠哉是言."
11) 『弘明集』, 권5, 6a.
12) 『古今圖書集成』, 「經籍典」, 336部에 수록된 전기에 따름.

형체와 신은 한순간도 서로 어긋난 적이 없다. 서로 어긋난다면 신은 없어진 것이다. 식물과 나무는 신이 없으며 그 때문에 의식도 없다. 이 형체가 다하면 신이 어디에 붙어 있기에 소멸되지 않는다고 말하는 것인가? 진실로 소멸되지 않을 수 있다면 스스로 그 영이 떠나서 형체를 취하지 않는 것이다. 이미 형체를 취하지 않았다면 무슨 이치로 이제 형체와 더불어서 함께 태어나는가? 결국 분리되지 않는다면 서로 분리될 수 없는 것이다. 그렇다면 본래 똑같이 태어난다는 것을 확실하게 알 수 있다.[14]

정도소의 답변은 다음과 같다.

거기에는 어려운 점이 있다. 형체와 신에는 근원이 있으니, 그대는 근본에 따라 해석해 보기를 청하노라. 불로 말하자면, 장작이 있으면 불이 있고 장작이 없으면 불 또한 없지만, 장작은 불이 생겨나게 하는 것일 뿐 불의 근본은 아니다. 불은 본래 스스로 존재하며, 장작은 단지 불이 작용하게 하는 것이다. 만약에 장작에 의지한 후에 불이 있는 것이라면 수인燧人[15] 이전에는 불이 없었다는 이치인가? 불은 본래 가장 순수한 양기이며, 양은 불의 지극함이다. 그러므로 장작은 불이 의지하는 것이지만 불의 근본이 아니다. 신과 형체가 서로 취하는 것 또한 이와 같다. 서로 취하고 서로 원인이 되어 생의 중도에 말미암는 것일 뿐이다. 어찌 형체가 있어서 존재하면 신이 존재하는 것이고, 형체가 없어지면 신이 다했다고 하겠는가? 그 근본은 황홀하여 말할 수 없다. 내가 그대에게 그와 유사한 것으로 더 넓혀서 이것을 설명하고자 한다. 장작 속에 불이 있는 것은 불이 다하는 것이고 장작에 불이 붙은 것은 불이 생겨나는 것이다. 장작이 아직 패이지 않은 것은 아직 불이 생겨나기 이전이니, 신이 형체에 의존하지 않는 것이 또한 이와 같다. 이로써 신이 형체를 필요로 하지 않는다는 것을 깨달을 수 있다.[16]

---

13) 『弘明集』, 권5, 6a.
14) 『弘明集』, 권5, 6b, “夫神形未嘗一時相違, 相違則無神矣, 草木之無神, 無識故也, 此形盡矣, 神安附而謂之不滅哉, 苟能不滅, 則自乖其靈不資形矣, 既不資形何理與形爲生, 終不相違, 不能相違, 則生是同, 斷可知矣.”
15) 인간에게 불의 사용을 가르쳤다고 전하는 중국의 프로메테우스
16) 『弘明集』, 권5, 6b, “答曰有斯難也, 形神有源, 請爲子循本而釋之, 夫火因薪則有火, 無薪則無

4. 범진

범진范縝은 남제와 양나라에서 5세기 말과 6세기 초에 살았다. 자는 자진子眞이며 고향은 섬서성 남향南鄉 무음舞陰이다. 아버지를 일찍 여의고 의지할 곳 없는 어린 시절을 보냈으나, 어머니에 대한 효성이 각별하였다. 유환劉瓛의 밑에서 공부하였는데 다른 모든 제자들을 능가하였다. 그들 중의 많은 사람이 말과 마차를 가지고 있으면서 부유함을 자랑하였지만, 범진은 짚신과 간단한 겉옷차림에도 부끄러워하지 않았다. 그가 열심히 배운 것은 특히 3종의 예서禮書[17]였다. 그는 논쟁과 험한 말을 좋아하여 때로는 동학들을 동요케 하기도 했다. 유능한 상대자들과 그는 많은 교류를 하였는데, 그가 즐겨 논쟁한 사람들 중에는 친척이었던 소침蕭琛[18]도 있다.

제나라 무제(483~494) 치하에서 범진은 문관 직위를 받았으며 궁정에서 활동하였다. 493에서 498년에는 무관직을 받았으나, 그의 어머니가 그의 부재를 슬퍼하였기 때문에 이전의 행정관직을 다시 받게 되었다. 황제의 둘째 아들 경릉왕競陵王 소자량蕭子良은 자주 그를 왕궁에 초대하였는데, 그곳에서 범진은 후대의 양무제를 알게 되었다. 왕자들은 범진이 곧은 성품을 지녔다고 평가하였다. 불교는 그 당시에 높이 인식되고 있었고 왕자들 또한 확고하게 부처를 믿었던 반면에, 범진은 부처가 없다고 주장하였다. 경릉왕 소자량과 범진 사이에는 다음의 주목할 만한 대화가 있었다.

火, 薪雖所以生火, 而非火之本, 火本自在, 因薪爲用耳, 若待薪然後有火, 則燧人之前其無火理乎, 火本至陽, 陽爲火極, 故薪是火所寄, 非其本也, 神形相資亦猶此矣, 相資相因, 生塗所由耳, 安在有形, 則神存, 無形, 則神盡, 其本惚恍, 不可言矣, 請爲吾子廣其類以明之, 當薪之在火則火盡, 出火則火生, 一薪未改, 而火前期, 神不賴形又如玆矣, 神不待形, 可以悟乎."

17) 『예기』, 『의례』, 『주례』.

18) 蕭琛(478~525)은 양나라 사람으로 자는 '彦瑜'이며 口辯이 좋기로 이름났다. 鍾泰, 『中國哲學史』 1, 169쪽 참조.

자량이 물었다. "그대가 인과를 믿지 않으면 세상의 부와 귀는 어떻게 얻으며 빈과 곤은 어떻게 얻는가?" 범진이 답하였다. "인간이 태어나는 것은 한 그루 나무와 같습니다. 꽃은 같은 가지에서 함께 나와 같은 줄기에서 피지만, 바람에 따라 떨어지는 것을 보면 어떤 것들은 발이나 휘장에 걸려 이부자리에 떨어지고 어떤 것들은 울타리와 담에 부딪치며 분뇨 곁에 떨어집니다. 이부자리에 떨진 것들은 전하와 같고, 분뇨에 떨어진 것은 궁정의 신하들과 같습니다. 귀하고 천함에 있어서는 비록 다르지만 인과의 경지에 어떤 자리가 있겠습니까?[19]

왕자는 이 답에 매우 놀랐지만 반박할 수가 없었다. 범진은 모든 근원을 체계적으로 수집하기 위하여 물러났고, 이렇게 생겨난 것이 『신멸론神滅論』이다. 이 책은 궁정을 자극하였으며 나라 도처에서 많이 읽혀졌다. 왕자는 범진에게 반박하기 위해 불교의 승려들을 모았지만 성공하지 못하였다. 책은 대략 490년에 지어졌으며 31편으로 이루어져 있다. 각 편은 저자가 의문을 제기하고 답하는 형식으로 되어 있는데, 소침蕭琛은 그 중 5편의 답변을 썼다.

범진의 책은 불교에 대한 격렬한 반격으로 느껴졌다. 그래서 양무제는 통치를 양도받은 후에 63명의 관리와 승려로 하여금 그것에 맞서 투쟁하게 하였다. 그들의 탁월한 답변들은 아직도 전하고 있다.[20]

501~505년에 양무제는 범진을 지방관으로 임용하였다. 이후 범진은 그의 친구 때문에 황제와 갈라서고, 파직되어 최남단으로 유배되었다. 그러나 나머지 생을 다시 상서전중랑尚書殿中郎 및 상서좌승尚書左丞으로 보냈으며 515년에 죽었다.[21] 10권으로 된 그의 문집[22]은 소실되어 전하지 않는다.

---

19) 『梁書』, 권48, 5a, 「范縝傳」, "子良曰, 君不信因果, 世間何得有富貴, 何得有貧賤, 縝答曰, 人之生譬如一樹, 花同發一枝, 俱開一蔕, 隨風而墮, 自有拂簾幌, 墜於茵席之上, 自有關籬牆, 落于溷糞之側, 墜茵席者殿下是也, 落糞溷者下官是也, 貴賤雖復殊途, 因果竟在何處"

20) Pelliot는 범진과 관리들과의 이 논쟁이 507년에 일어났어야 한다는 결론을 내리고 있다.("Meou-teou-tseu ou les Doutes levés", *T'oung Pao* Vol.19, 1920, 271쪽)

21) 이는 그가 450~515년에 살았다고 하는 Balazs의 제안에 따른 것이다.

22) 鍾泰, 『中國哲學史』 1, 166쪽에 따르면 15권이었다고 한다.

범진의 상대자로 밝혀진 사람은 소침과 조사문曹思文뿐이다. 이제 이 두 사람의 주요 관점에 대해 살펴보겠다. 먼저 소침의 주장이다.

한 번은 소침이 "나의 친척 범진은 부처가 없다는 것을 증명하기 위하여 『신멸론』을 저술하였다. 그는 모든 것을 반증하였다고 믿는다. 그러나 나는 여전히 의심스럽다. 신이 소멸되는 것을 사람이 어떻게 알 수 있겠는가?'라고 하였는데, 이에 대해 범진은 다음과 같이 답하였다.

신은 형체이고, 형체는 곧 신이다. 그러므로 형체가 존재하면 신이 존재하지만, 형체가 물러가면 신은 소멸된다.[23][24]

그러자 소침은 "신과 형체는 같은 것일 수 없다. 신은 의식이 있고 형체는 없기 때문이다'라고 반론하고, 범진의 답이 이어진다.

형체는 신의 바탕이며, 신은 형체의 활동이다. 그러므로 형체는 그 바탕을 말하는 것이고, 신은 그 작용을 말하는 것이다. 형체는 신과 서로 다를 수가 없다.[25]

다시 소침의 반론이다. "형체와 신이 같다는 것에 대한 증명이 없다. 이들이 분리될 수 없다는 것은 징험할 수가 없다. 꿈에서 형체는 신과 분리된다. 형체는 감각 없이 남아 있고, 신은 이리저리 돌아다니며 그 상을 남긴다.[26] 보편적으로는 신이 마치 인간이 집에 머물 듯이 홀로가 아닌 채로 형체에

---

23) 범진이 그의 선행자들보다 크게 진전한 것은 더 이상 형체와 신을 2개의 실체로 보지 않고 하나로 파악하면서 신을 단지 형체의 기능 또는 성과로 간주한다는 점이다. 이것은 그의 논쟁 상대들이 여전히 기초하고 있던 실체론(Substantialitaetstheorie)에 대립되는 범진의 실재론(Aktualitaetstheorie)이라고 할 수 있을 것이다.

24) 『弘明集』, 권9, 29a, "答曰, 神即形也, 形即神也, 是以形存則神存, 形謝則神滅也."

25) 『弘明集』, 권9, 29a, "答曰, 形者神之質, 神者形之用, 是則形稱其質, 神言其用, 形之與神不得相異."

26) 꿈에 대한 이런 잘못된 이론으로는 당연히 범진의 실재론을 이길 수 없다.

거주하고 있는 것과 같다. 그러나 형체는 순수하지 않은 질료로 이루어져 있어서 신은 그를 통해 얼마간 어둡게 되는데, 이것은 특히 신이 꿈을 꾸고 나서 형체로 돌아오는 데에서 드러난다. 꿈꾼 후에는 의식이 어느 정도 혼란스러워지기 때문이다. 꿈에서 신은 자주 하늘로 올라가서 수천 마일 떨어지게 되지만 형체는 그곳에 이르지 못하기 때문에, 이 경우 신은 형체로부터 분리될 수밖에 없다. 만약에 상상으로 이리저리 다닌다고 하더라도 그 현실의 몸은 편안히 잠들어 마치 단단한 나뭇조각이나 차디찬 재와 같아서, 불러도 듣지 못하고 만져도 감각하지 못한다. 신과 형체가 정말로 일치한다면 안과 밖이 함께 고달파야 할 것이다. 그러나 이미 밖에서 나는 소리를 접할 수가 없는데 어떻게 안에서 생각이 생겨날 수 있겠는가? 그러므로 형체가 고요하게 머물고 있는 동안에 신이 돌아다닌다는 것을 확실하게 알 수 있다. 그렇다면 묻는다. 신은 그런 이유로 작용이 아니고, 형체는 그런 이유로 바탕이 아니다.[27] 부득이 다르게 될 수밖에 없으니, 어찌 그 뜻이 거기에 있겠는가?"[28]

두 사람의 문답은 계속해서 이어진다.

범진: 이름은 다르지만 본체는 같다.
소침: 이름이 이미 다른데 어찌 본체가 같을 수 있는가?
범진: 신이 바탕에 관계하는 것은 마치 날카로움이 칼에 관계하는 것과 같고, 형체가 작용에 관계하는 것은 칼이 날카로움에 관계하는 것과 같다. 날카로움의 이름은 칼이 아니고, 칼의 이름은 날카로움이 아니다. 그러나 날카로움을 버리면 칼이 없고, 칼이 없으면 날카로움도 없다. 칼이 없어진 후에 날카로움만 남아 있다는 말은 들어본 적이 없다. 어찌 형체가 죽었는데 신이 존재할 수 있겠는가?[29]

---

27) 원전에는 '神非質, 形非用'이라고 쓰여 있으나 이것은 의미가 통하지 않는다. 나는 이곳을 『梁書』의 요약된 원문에 따라 "神故非用, 形故非質"로 수정하였다.(『梁書』, 권48, 5b, "神故非用, 不得爲異, 其義安在." 참조)
28) 『弘明集』, 권9, 29a.
29) 범진은 신을 형체의 속성으로 이해한다. 속성은 그 대상 없이는 존속할 수 없다.

소침: 이 비교는 적절하지 않다. 과도한 사용으로 칼이 무디어질 경우, 날카로움이 사라진 후에도 칼은 남아 있을 수 있다. 또한 마찬가지로 신이 사라진 뒤에도 형체는 살아남을 수 있다. 칼과 날카로움이 동시에 없어지지 않을 수 있듯이, 형체와 신이 동시에 죽을 필요는 없는 것이다. 그렇지 않고 만일 형체와 신이 같다고 한다면, 손이나 발 또한 신이라 할 수 있는가?

범진: 모두 신의 부분이다.

소침: 신은 감응하여 생각할 수 있다. 만약에 모두가 신의 부분이라면 손이나 발도 역시 감응하여 생각할 수 있어야 한다.

범진: 손 등은 고통과 가려움에 대한 지각은 있지만 시비에 대한 생각은 없다.

소침: 지각은 생각과 같은 것인가, 다른 것인가?

범진: 지각이 곧 생각이다. 얕으면 지각이 되고 깊으면 생각이 된다.[30]

생각은 마음에 있고, 지각은 조직과 부분에 있다.

소침: 생각은 공간적인 것이 아니다. 어떻게 이것을 마음이라는 그릇이 주재한다는 것을 아는가?

범진: 마음이 병들면 생각이 어그러지게 된다. 이로써 마음이 생각의 근본임을 알 수 있다.[31]

만약에 신이 형체에 자리를 갖고 있지 않다고 한다면 신은 아무 곳에나 자리를 가질 수 있게 되어 A의 신이 B의 신 또는 C의 신으로 될 수도 있을 것이다. 그래서 소침은 묻는다. "형체와 신은 같지 않다. 그러므로 형체가 활동하면 신 또한 간과할 수 없는 것이 사실이라 해도, 형체가 다치면 신

---

30) 『弘明集』, 권9, 29a~30a, "答曰, 名殊而體一也. 問曰, 名既已殊, 體何得一, 答曰神之於質猶利之於刀, 形之於用猶刀之於利, 利之名非刀也, 刀之名非利也, 然而捨利無刀, 捨刀無利, 未聞刀沒而利存, 豈容形亡而神在也. 問曰, 形即神者, 手等亦是神邪, 答曰, 皆是神分, 問曰, 若皆是神分, 神應能慮, 手等亦應能慮也, 答曰, 手等有痛痒之知, 而無是非之慮. 問曰, 知之與慮爲一爲異, 答曰, 知即是慮, 淺則爲知, 深則爲慮."

31) 『弘明集』, 권9, 30a, "問曰, 慮思無方, 何以知是心器所主, 答曰, 心病則思乖, 是以知心爲慮本."

또한 다친다는 것은 옳지 않다. 신이 전혀 손상되지 않고 한손을 절단할 수도 있지 않은가?" 이에 대해 범진은 다음과 같이 답한다.

신은 사물을 형성하기 위해 인식을 사용하고 외부세계를 인식하기 위하여 개별적인 조직을 사용한다. 감각은 모두 각기 그들의 조직을 가지고 있으며, 생각은 특히 마음을 그 도구로 사용한다.[32]

또한 소침은 경전에서는 귀신에 대하여 말하고 있는데 그것이 과연 무엇인지를 묻는다. 범진의 설명은 다음과 같다.

날짐승과 길짐승은 다만 날고 달리는 것으로써 구분된다. 마찬가지로 인간과 귀신은 다만 밝고 어두운 것으로써 구분될 뿐이다. 사람이 죽으면 귀신이 되고 귀신이 소멸되면 인간이 되는 것인지는 나도 알지 못한다.[33]

이어서 소침은 신이 소멸된다는 것을 안다고 해서 인간에게 무슨 유익함이 있는지 묻는데, 이에 대해 범진은 직접적으로 불교에 대한 매우 과격한 공격으로 답한다. 아마도 원본에는 신이 소멸된다는 증명으로 불교를 공격하는 내용이 그 앞에 있었을 것으로 추정된다. 일반적으로 불교에 반대하는 것이 이 저술의 목적으로 받아들여지고 있기 때문이다.

범진은 또한 말한다. 불교는 국가를 해치고 승려는 예를 망친다. 사람들은 도교를 믿어 그들의 능력을 사용하거나 또는 탕진하여 불교로 도피한다. 이런 사람은 친척을 불쌍히 여기지 않으며 가난하고 어려운 사람을 동정하지도 않는다. 오직 자신의 치유만을 생각할 뿐이다. 공허한 말에 현혹되어 어리석게

---

32) 『弘明集』, 권9, 30b.
33) 『弘明集』, 권9, 31a, "答曰, 有禽焉, 有獸焉, 飛走之別也, 有人焉, 有鬼焉, 幽明之別也, 人滅而爲鬼, 鬼滅而爲人, 則吾未知也." 귀신의 존재는 믿지만 인간과 귀신 사이에 어떤 관계가 있는지는 알지 못한다는 것이다.

행동하고, 지옥을 두려워하여 하늘에 있는 극락에 이르고자 한다. 좋은 풍속을 버리고 후사를 포기한 채 산속으로 들어간다. 승려가 되어 절에 들어가서 살게 되면 관리·군인·농부·상인 등 인간의 삶과 가장 중요한 국가의 기능을 수행할 수 없다. 그러므로 승려는 인간의 본성에 상응하여 다시 이성적인 삶을 회복해서, 각기 자기 직업으로 되돌아와 가족과 국가의 구성원으로서의 의무를 이행하며 살아야 한다. 오직 그렇게 함으로써만이 국가가 성장하고 모든 사람이 행복하게 될 수 있는 것이다.

이에 대해 소침은 다음과 같이 반박한다. 범진이 지적한 허물들은 너무 과장되고 불교의 영역을 벗어난 것이다. 불교는 살아 있는 것들에 대한 사랑을 가르치고 죽은 사람을 심판함으로써 덕의 실행과 모든 필요한 것을 나누라고 설교한다. 승려가 백성의 모든 의무를 다 이행할 수는 없지만, 그 대신 마찬가지로 중요한 가르침을 보급하고 절을 건립하는 일을 한다. 물론 승려가 단지 공적을 얻고 불상을 건립하는 일에만 열중하여 도덕적인 의무를 소홀히 하면서 다른 사람들을 돌보지 않는 경우도 있다. 그러나 이것은 참된 가르침을 이해하지 못한 것일 뿐이다. 불교뿐만 아니라 다른 여러 학파의 설에도 잘못은 있다. 유학자는 선입견을 갖고 있고, 묵가는 너무 통제하며, 법가는 지나치게 과격하고, 명가는 꼬치꼬치 따진다. 그럼에도 불구하고 범진은 단지 불교의 잘못만을 지적하고 있는 것이다.[34]

한편, 조사문이 제시한 『신멸론』에 대한 반론은 본질적으로 다음과 같다.

형체가 곧 신인 것은 아니고, 신이 곧 형체인 것도 아니다. 이들은 합해서 작용하는 것이다. 합해진 것이지 하나가 아니다. 살아서는 합하여 작용하며, 죽어서는 형체는 남고 신은 떠나간다.[35]

---

34) 『弘明集』, 권9, 31a~b.
35) 『弘明集』, 권9, 31b, "難曰, 形非即神也, 神非即形也, 是合而爲用者也, 而合非即矣, 生則合而用, 死則形留而神逝也."

조사문은 진晉나라 조간자趙簡子와 진秦나라 목공穆公이 병들어 여러 날 동안 의식이 없었을 때 그들의 신이 하늘로 올라가 천신을 만나고 선물까지 받아 돌아왔다는 고사를 전한다. 그러면서 신은 형체와 합해져 있지만 잠잘 때에는 형체에서 분리되어 나비가 되어 돌아다니고, 깨어나면서 다시 합한다고 말한다. 그는 또 정릉廷陵의 어떤 사람이 요절한 아들을 매장한 뒤에 다음과 같이 말했음을 적시한다.

비록 살과 뼈는 땅으로 돌아가지만 혼과 기는 어딘들 가지 못하랴.[36]

이 밖에 경전과 역사서에서 신의 지속적인 실재에 대한 수많은 명백한 증거를 전한다고 하면서, 조사문은 제사의 대상이 되는 죽은 사람의 신에 대해 말하는 여러 곳들을 인용하고 있다.

이에 대해 범진은 "형체와 신이 단지 합해있는 동안에만 서로 작용할 수 있는 것이라면, 이들이 분리된 후에는 그럴 수 없다는 것이 명백하다. 이것은 신의 소멸에 대한 증명이지 존속에 대한 증명이 될 수 없다"라고 말한다. 그러자 조사문은, 조간자와 목공이 신으로 하늘에 머물면서 신의 말을 듣고 온갖 향락을 누렸다면[37] 그 형체 또한 같은 것을 소유해야 할 터인데, 이들이 하늘에서도 여전히 지상의 것을 사용하는 일이 과연 가능했겠느냐고 묻는다. 이에 범진은 다음과 같이 대답한다.

자네가 신이 나비가 되어 돌아다닌다고 주장한다면, 이것이 참으로 날아가는 곤충이 된다고 믿는 것인가? 만약에 그렇다면 어떤 사람은 꿈에 소가 되어 어떤 사람의 짐을 지고, 어떤 사람은 꿈에 말이 되어 사람을 태우게 될 것이다. 그리고 다음날 아침에는 마땅히 죽은 소 또는 죽은 말이 있어야만 할 텐데 아무것도 없다. 무슨

36) 『弘明集』, 권9, 31b, "曰, 骨肉歸復于土, 而魂氣無不之也."
37) 두 사람의 꿈은 *Lun Hêng, Part I*, 223~224쪽에서 설명된다.

일인가?[38]…… 꿈의 환영은 헛된 거짓이다. 없는 것에서 저절로 나온 것이다. 만일 아침에 진실을 살피게 되면 기이하다고 할 것이다.[39]

장자가 나비가 된 꿈과 진나라 군주가 하늘로 간 꿈은 단지 꿈일 뿐이지 실제의 일이 아니라는 것이다. 계속해서 그는 이렇게 말한다.

사람이 태어나면 하늘로부터 기를 받고 땅으로부터 형체를 받기 때문에[40] 형체는 쇠하면 아래로 내려가고 기는 소멸되면 위로 올라간다. 그러므로 갈 수 없는 곳이 없다고 말한다. 그러나 갈 수 없는 곳이 없다는 것은 헤아리지 못한다는 말일 뿐이다. 어찌 반드시 그 신을 지각할 수 있겠는가?[41]

범진은 경전에서 신에 대해 말하는 것은 단지 생각이 없는 사람들을 자극하여 효성스런 감성을 다시 부여하기 위해서라고 말한다. 또 성인이 죽은 사람의 신에 대해 말한 것도 떠난 이를 기억하는 사람들이 그를 소홀히 여기지 않고 잘 기억할 수 있도록 하기 위해서라고 한다. 신이 더 이상 실재하지 않는다는 것을 안다면 살아 있는 사람들은 더 이상 죽은 사람을 기억하지 않을 것이기 때문이다. 그리고 신이 무엇인지를 묻는 자공의 물음에 대한 공자의 어긋난 답변들도 모두 공자가 신의 실재를 믿지 않았기 때문에 생겨난 것이라고 말한다.[42]

이러한 범진의 견해에 대해 조사문은 다음과 같이 반박한다. "신과 형체가

---

38) 『弘明集』, 권9, 32b, "子謂神遊蝴蝶, 是眞作飛蟲邪, 若然者, 或夢爲牛, 則負人轅軏, 或夢爲馬, 則入人跨下, 明旦應有死牛死馬, 而無其物, 何也."

39) 『弘明集』, 권9, 32b, "夢幻虛假, 有自來矣, 一旦實之, 良足偉也."

40) 이것은 몸과 혼의 생성에 대한 보편적인 견해로서, 범진의 일원론과는 맞지 않다. 따라서 그의 상대자는 쉬운 게임을 하게 된다. 어떤 파격적인 사상가도 자기 이론에 완전히 정통하여 그것을 자유롭게 설명할 수는 없음을 볼 수 있다.

41) 『弘明集』, 권9, 32b, "答曰, 人之生也, 資氣於天, 稟形於地, 是以形銷於下, 氣滅於上, 氣滅於上, 故言無不之, 無不之者不測之辭耳, 豈必其神, 興知邪."

42) 『弘明集』, 권9, 32b.

같은 것이라고 한다면, 형체가 죽으면 신 또한 그 안에서 함께 죽어야 한다. 그렇다면 신은 그가 유래하는 하늘로 돌아갈 수 없다. 이것은 오히려 신이 불멸한다는 증명이 된다."[43]

양무제는 관리와 승려들에게 범진의 저서에 대한 반론을 요구하면서 이렇게 말한다. "신이 불멸하지 않는다면 불교의 가르침은 존속할 수 없다. 맹자 이후로 사람이 알지 못하는 것이 아는 것보다 많다. 공자·노자·부처 3명의 성인이 모두 불멸을 가르쳤다. 이것은 모든 가르침의 기반에 놓여 있으며,『예기』에서는 구체적으로 신이 임하는 것에 대해 말하고 있다."[44]

단지 몇 가지 설교를 통해 불교적인 성향을 띠게 된 황제가 좀더 깊은 지식을 얻기 위해 왕자·관리·승려에게 견해를 묻자, 그들은 당연히 황제의 뜻에 동의하며 앞을 다투어 합당한 근거를 제시하였다. 그러나 대부분의 답변들이 단지 몇 줄에 불과하며, 긴 것은 드물다. 대체로 답변이 그다지 상세하지는 못하지만, 그 내용을 살펴보기 위해 몇 가지 답변을 알아본다.[45]

사농경司農卿 마원화馬元和: 신이 소멸한다는 설은 국가의 통치에 많은 단점을 가지고 있다. 성인들은 신의 존재에 대한 간략한 암시만을 전하고 있는데, 만약에 신이 아예 없다고 한다면 신을 숭배하는 성인들의 규정이 합당하지 않게 될 것이며 부모가 죽은 뒤에는 더 이상 효가 시행되지 않을 것이다.

공론랑公論郎 왕정王靖: 신이 없다면 성인도 없다. 만약 성인이 있다고 한다면 또한 신도 있어야만 한다. 신의 생각이 밝게 빛나고 있기 때문에, 신이 흔적 없이 사라진다고 여길 수는 결코 없다.

---

43) 『弘明集』, 권9, 33a.
44) 『弘明集』, 권9, 33b.
45) 아래의 답변들은 모두 『弘明集』, 권10, 38b 이하에 수록되어 있다.

오경박사五經博士 명산빈明山賓: 형形과 백魄이 사라지고 신神과 혼魂이 흩어진다는 설은 불교와 유학의 이론에 대립된다. 예와 악은 밝은 곳에서 시행되고 혼과 신은 은밀한 곳에서 작용한다. 『시경』과 『서경』에서 그에 대해 말하고 있다. 신의 작용은 어떤 것에도 의존하지 않으니, 사라지지 않고 다음의 상태로 넘어갈 뿐이다.

불교 서적 『홍명집』에 있는 논쟁에 대한 설명에서는 당연히 불교가 이겨야 했기 때문에 불교 승려들을 포함한 모든 범진의 상대자들은 범진보다 훨씬 더 많은 합당함을 부여받았다. 그러나 범진은 아무리 많은 적들 앞에서도 두려움이나 굽힘이 없었다. 그는 대단히 날카로운 감각을 지닌 중국 사상가에 속한다. 그의 결론은 마치 수학자가 이끌어 낸 것처럼 날카롭고 명확하다. 사무량은 그의 증명이 마치 명가의 그것처럼 우아하다고 평하였다.[46] 그는 『양서』에서 유학자로 분류되고 있지만, 그를 간단히 유학자로만 정의해 버린다면 그의 의미를 제대로 평가할 수 없게 된다. 그는 회의적인 합리주의자로서, 왕충의 후계자로 보는 것이 합당할 것이다.[47]

---

46) 謝无量, 『中國哲學史』 4, 33쪽.

47) Stefan Balaźs는 범진에 관한 탁월한 연구를 원문의 번역과 함께 "Der Philosoph Fan Dschen und sein Traktat gegen Buddhismus", Sinica VII(1932), 220~234쪽에 싣고 있다.

제7장 왕통

왕통王通(583~617)은 자가 중엄仲淹이며 산서성 용문龍門 출신이다. 수나라 때의 사람으로, 시인이자 애주가로 이름을 떨친 왕적王績의 동생이다. 어린 시절에 왕통은 6년 동안 옷을 갈아입지 않을 정도로 열심히 공부하였다고 한다.[1] 20세에 수도 장안으로 가서 수문제隋文帝를 알현하고 12조의 「태평책」을 전하였다. 황제는 이 제안이 매우 마음에 들었으나 신하들의 반대로 시행하지 못했다. 605년에 새로운 황제 수양제隋煬帝가 알현을 명하였으나 그는 병을 핑계로 나타나지 않았다. 그의 가족은 하분河汾에 살았다. 그곳에서 그는 9년 동안 경전을 공부한 뒤 학교를 열었는데, 사방에서 몰려든 제자의 수가 1,000명을 넘었다. 수나라 말기에 그의 가르침은 하분지방에 널리 보급되었다. 614년에 그에게 다시 관직이 주어졌지만 사양하였고, 그 뒤에 다시 국자박사國子博士와 저작랑著作郎의 직위가 내려졌지만 역시 받지 않았다.

617년에 왕통은 병에 걸려 이렇게 말하였다.

내 꿈에 안회가 공자의 명이라고 하며 말하였다. "돌아와 쉬라!" 선생이 나를 부르는데 어찌 내가 더 오래 살겠는가? 나는 일어나지 못할 것이다.[2]

---

1) Giles, *Chinese Biographical Dictionary.*
2) 『文中子中說』, 3a, 「序」(杜淹), "吾夢顔回稱孔子之命, 曰, 歸休乎, 殆夫子召我也, 何必永厥齡, 吾不起矣."

그는 7일 동안 앓은 후에 죽었는데, 34살의 나이였다. 그의 제자들은 왕통이 공자 이후로 더 이상 없었던 지인至人이라고 확신하였다. 그래서 문중자文中子라는 시호를 올리고3) 매우 슬퍼하며 마지막 휴식처까지 동반하였다. 그들은 왕통의 저서들을 그 부인에게 돌려주었다. 예에 대한『예론禮論』10권 25편, 음악에 대한『악론樂論』10권 20편,『서경』을 잇는『속서續書』25권 150편,『시경』을 잇는『속시續詩』10권 360편,『춘추』방식으로 기술된 수나라 초기까지의 연대기인『원경元經』15권 50편,『역경』을 설명한『찬역贊易』10권 70편 등이 그 저서들이다.4)

618년에 일어난 혼란(수의 멸망)으로 왕통의 부인은 남편의 책들을 상자에 넣어서 도처로 가지고 다녔다. 621년 비로소 고향으로 돌아가게 된 그녀는 책들을 두 아들 왕복교王福郊와 왕복치王福畤 및 남편의 동생 왕응王凝에게 전하였다. 그러나 이 책들은 유학자들에게 정통학설로 인정받지 못하여 더 이상 보급되지 못하고 소실되었으며, 오직 왕통과 제자들 사이의 대화만이『문중자중설文中子中說』이라는 제목으로 보존되어 그의 철학을 보여 준다. 이 저서는 왕통이 죽은 후에 동생 왕응과 두 아들이 그의 말을 모아서 출간한 것으로 보인다.5)

1530년에 왕통의 위패는 공자의 사당에 수용되었다. 이것은 그가 훌륭한 유학자로 인정받게 되었음을 의미한다.

『수서』에는 왕통의 전기가 없고 그의 저서들도 기재되어 있지 않기 때문에

---

3) Zenker는 *Geschichte der chinesischen Philosophie II*, 128쪽에서 문중자는 왕통이 아니라 수나라 文帝(589~603)의 호이며 그가『中語』('中에 관한 말'이라는 뜻인데,『中說』이라고 해야 맞다)라는 글을 저술했다는 놀라운 말을 하고 있다. 그러나 '文帝'는 그가 죽은 뒤에나 받게 된 제호이다! Zenker는 Plath의 말을 근거로 삼고 있지만 Plath에게서는 그런 말을 찾아볼 수 없다. 도대체 그는 어떻게 그런 생각을 하게 되었을까?

4)『文中子中說』, 3b,「序」(杜淹) 참조.『禮論』,『樂論』,『續書』,『續詩』,『元經』,『贊易』의 6종은 왕통의 6경으로 간주된다.

5) 이것은 사마광과『四庫全書總目提要』(권91)의 견해이다. 渡邊秀方,『中國哲學史槪論』2, 67쪽 참조. 阮逸의 서문에서는 이 저서가 제자들에 의해 수집되었다고 적고 있다.

송나라의 송함宋咸을 비롯한 많은 사람들은 왕통이 실존인물이 아니라고 생각하였다. 홍매洪邁(1124~1203)와 같은 이는 왕통의 『중설中說』 10권이 사실은 이 책을 주석하고 서문을 쓴 완일阮逸의 위작이라고 여겼으며, 다른 어떤 사람들은 이 책을 왕통의 제자들의 위작으로 간주하면서 텍스트에 보이는 연대착오 및 과장과 오류들을 지적하였다. 이렇게 왕통은 많은 사람들에게 '오유자烏有子' (실제로는 존재할 수 없는 사람)로 생각되었다.

반면 왕통의 실재를 입증하는 자료를 보면, 우선 『수서』에서는 604년에 왕통이 장안의 도형道衡을 방문했다고 기록하고 있으며6) 『구당서』와 『신당서』의 '왕발王勃' 항목에는 왕통에 대한 간단한 전기가 있다. 또 유우석劉禹錫과 피일휴皮日休가 왕통에 대해 언급한 기록도 있는데, 두 사람은 당나라의 시인들로서 위작자로 알려진 송나라의 완일보다 더 이른 시기에 살았다. 그리고 사마광은 왕통의 전기를 썼다. 정이는 왕통이 숨겨진 도덕군자라고 하면서, 그의 언행이 후대에 비로소 수집되었다고 하였다.7) 주희 또한 왕통의 실재를 믿었다. 그는 왕통의 저서는 억지로 지어낼 수 있는 것이 아니라고 하면서 이렇게 말한다.

『중설』이 그의 자제들이 그 사람의 말과 행동을 기록한 책이라면 그는 매우 좋은 점을 지녔을 것이다. 혹은 비록 이 책이 후대 사람의 가탁이라 하더라도 또한 많은 것을 모두 거짓으로 얻을 수는 없다. 사람들이 계속해서 꾸미고 모방하고자 했던 것과 같은 본보기가 되는 어떤 사람이 참으로 있었어야만 한다. 아무것도 없이 거짓으로 이런 사람의 상을 지어냈다고 한다면, 이러한 것을 지어낸 사람 또한 커다란 견식을 가지고 있어야 한다. 그는 평범한 사람이 아니다.8)

---

6) 『四庫全書總目提要』, 권91.
7) 鍾泰, 『中國哲學史』 1, 170쪽.
8) 『性理大全』, 권58, 28b, "中說一書, 如子弟記他言行, 也煞有好處, 雖云其書是後人假託, 不曾假得許多, 須眞有箇人坯模, 如此方裝點得成, 假使懸空白撰得一人, 如此則能撰之人亦自大有見識, 非凡人矣."

『사고전서총목제요』와 『고금도서집성』은 이 책이 진본임을 확신하며 철학사에 연결시키고 있다. 근대에 이르러서는 주일신朱一新이 『무사당답문無邪堂答問』 1장에서 『중설』이 위작이 아님을 역설한 바 있다.9) 그에 따르면 주나라와 진나라의 철학자들에게서도 연대착오와 내적인 모순들이 발견되는데, 이는 후대의 해석이 원전에 삽입되었기 때문이라고 한다. 실제로 당대 이전에는 경전의 모방과 개작이 부당한 것으로 여겨지지 않았다. 양웅의 『법언』이 그 예이다. 왕통의 제자들은 자신들의 스승을 성인으로 숭배하고자 했는데, 이러한 과도한 숭배가 오히려 이 저서에 해를 끼치고 만 것이다.10)

『구당서』에 따르면 당나라 때에는 『중설』이 유학자들에게 매우 높이 평가되어 이고李翱와 같은 이는 『속문중자續文中子』와 『사공도司空圖』를 읽은 소감을 적으면서 왕통을 성인으로 높였다고 한다.11) 또 송나라의 진량陳亮은 맹자 이후에는 단지 왕통이 특히 높은 평가를 받을 만하다고 하였고,12) 정이는 양웅과 순열荀悅도 왕통에는 미치지 못한다고 하였다. 주희는 왕통을 동중서·양

---

9) 鍾泰, 『中國哲學史』 1, 171쪽.

10) 근대의 철학자 姚首源은 『古今僞書考』에서, 또 梁啓超는 『中國歷史硏究法』에서 『중설』을 완전히 거칠게 취급하고 있다. 요수원은 왕통이 자신을 공자와 동등하게 설정한 것은 마치 범죄를 저지른 것과 같다고 과격하게 공격한다. 그는 이 책의 저자가 왕통과 그의 두 아들인지 아니면 완일인지는 알 수 없지만 어떠한 경우에라도 왕통은 책임에서 자유롭지 못하다고 하면서 이 책은 제일 먼저 불태워져야 하는 것이라고 말한다. 양계초 또한 이렇게 적고 있다. "수나라 말기에 왕통이라는 망녕된 사람이 있었다. 그는 제자들에게 자기를 공자와 비교하였으며…… 그 당시의 재상이었다고 한다. 그리고는 그 또는 그의 제자들은 『문중자』라는 책을 저술하였다. 그 안에는 그와 다른 많은 사람들과의 대화가 수록되어 있는데, 마치 실제로 일어난 일처럼 기술되어 있다. 이처럼 심한 광증이 있는 인간과 이처럼 터무니없는 책이 실제로 세상에서 참으로 희귀하게 여겨져서, 천 년 동안 그는 화분학파를 창설한 사람으로 여겨지며 수많은 유학자들을 사로잡음으로써 진짜 역사적인 사실로 변하게 되었다." 한편 黃雲眉는 왕통이 실재한 인물이었으며 왕통의 저서는 그의 제자들의 주도로 저술된 것으로서 위작은 아니지만 날조된 작품이라고 보았다. 黃雲眉, 『古今僞書考補證』(1931), 165~177쪽 참조.

11) 『舊唐書』, 권190.

12) 高瀨武次郎, 『中國哲學史』 2, 117쪽.

웅·한유와 비교하면서, 그의 저서에서 순자·양웅·한유에게는 없는 많은 아름다움과 장점을 찾아내었다. 그러나 주희는 왕통에 대해 계속해서 다음과 같이 말한다. 왕통은 그 관점이 매우 높지는 않지만 모든 것을 관찰의 영역에서 이끌어내며 항상 규칙에 따라 의롭게 행동하는 사람이었다. 하지만 그가 공자와 같은 성인이 되고자 하였다면 그것은 불손한 행위이며, 그가 『서경』과 『시경』을 이어갈 수 있다고 믿었다면 그 또한 불손이다. 그의 독서는 충분한 이해가 없었다. 그는 공자의 가르침은 끝이 없다는 것과 개선되거나 이어져야 할 필요가 없다는 것을 알았어야 한다. 공자는 70세에 비로소 주요 저서를 기술하였는데, 왕통은 30세 이전에 벌써 성인의 저작을 완성하고자 하였다. 이런 과도한 욕심은 그의 과격한 성품에서 기인하기 때문에, 그가 나이를 먹게 되더라도 다르게 저술하지 못했을 것이다.[13]

한편, 명대의 왕수인은 왕통을 가리켜 한유를 능가하는 학자로서 현인 고유의 특성을 거의 다 갖추고 있었다고 평한다. 단지 그것을 비교적 낮은 비율로 소유한 점과 너무 일찍 죽은 점이 유감이라고 하면서, 그가 경전에 약간 추가한 행위는 그다지 큰 잘못이 아니라고 말한다.[14] 근대에는 『고금도서집성』에서 왕통을 위대한 유학자로 간주하였고,[15] 사무량 또한 견해를 함께하면서 위진시대 이래로 누구도 이르지 못했을 정도로 그 말이 매우 훌륭하다고 하였다.[16] 그리고 종태鍾泰는 왕통에 대해 평하기를, 그는 양웅과 순열과 같은 등급에 속하는 유학자로서 한대와 송대 사이에 가장 순수한 유학을 가르친 인물이었다고 주장하고 있다.[17]

그러나 와타나베는 왕통이 그렇게까지 특별한 인물은 아니었다고 말한다.

---

13) 『性理大全』, 권58, 23b 이하.
14) Henke, *The Philosophy of Wang Yang-ming*, 62쪽 및 92쪽.
15) 『古今圖書集成』, 「經籍典」, 340部.
16) 謝无量, 『中國哲學史』 4, 45쪽.
17) 鍾泰, 『中國哲學史』 1, 170쪽.

와타나베에 따르면 그는 위대한 사상가가 아니라 은둔생활을 했던 단순한 유학자일 따름이다. 개혁가로서의 그가 시대의 혼란을 극복하기 위하여 내놓은 방안은 단지 순수한 유학의 보급뿐이었다. 그의 간략한 비판적인 문장들은 여러 가지 좋은 생각을 담고 있지만 현실과 단절되어 깊이가 없었으며 대부분 끝까지 완성되지 못했다. 한마디로 왕통은 너무 일찍 죽은 재능 있는 사람이었을 뿐이다.[18]

『중설』은 제자들에 의해 수집되었다는 인상을 준다. "문중자가 말하였다", "선생이 말하였다" 등의 말이 그것을 증명한다. 형식적으로 이것은 제자의 간략한 질문과 스승의 짧은 답으로 이루어져 있어 『논어』와 매우 유사하다. 몇 가지 말은 공자의 것을 직접 모방한 것으로 보인다. 여기에는 특정 인물을 거론하면서 그 사람의 존재와 특성을 묘사하는 내용이 많다. 이 책은 『논어』와 마찬가지로 약간 뒤섞여 있다. 주제가 단지 저촉될 뿐 완전하게 다뤄지지는 않기 때문이다. 편명은 각 편의 첫 번째 단어에 따라 지어진 것으로, 여러 가지 색채를 띠고 있는 본문 내용과 결코 상응하지 않는다. 대부분의 말들은 간략하고 명확하며 수식이 별로 없고 평이하다.

왕통의 세계관은 삼재三才, 즉 하늘·땅·인간에 기반을 두고 있다.

하늘이라는 것은 근원적인 기를 통섭하니, 저 무한히 푸른 허공만을 일컫는 것이 아니다. 땅이라는 것은 근원적인 형체를 통섭하니, 저 산이나 강, 언덕만을 일컫는 것이 아니다. 사람이라는 것은 근원적인 인식을 통섭하니, 저 둥근 머리와 각진 다리만을 일컫는 것이 아니다.[19]

하늘·땅·인간은 단지 텅 빈 허공이나 흙으로 이루어진 대지, 뼈와 살로

---

18) 渡邊秀方, 『中國哲學史槪論』 2, 67쪽 및 70쪽.
19) 『文中子·中說』, 34b, "夫天者統元氣焉, 非止蕩蕩蒼蒼之謂也, 地者統元形焉, 非止山川丘陵之謂也, 人者統元識焉, 非止圓首方足之謂也."

된 신체와 같은 물질적 대상만을 가리키는 것이 아니라 동시에 정신적 존재이기도 한 것이다. 그렇지 않다면 이들이 어떻게 그들 자신의 형체를 주재하고 다스릴 수 있겠는가? 그러므로 왕통은 말한다.

> 선생이 말하였다. "기는 위에 있고, 형체는 아래 있으며, 인식은 중간에 있다. 이로써 삼재가 갖추어진다. 기는 귀가 되니, 이것이 하늘이다. 인식은 신이 되니, 이것이 인간이다. 나는 그것을 얻어 성을 다스린다."[20]

이 세 가지 본질은 분리될 수 없으며 그 중의 어떤 것도 우월하지 않다. 신의 숭배에 대한 질문에 왕통은 하늘과 땅의 신 및 죽은 사람의 신에게 제사를 지내야 하는데,[21] 하늘의 신에게는 둥근 언덕에서 제사지내고 땅의 신에게는 사각의 연못가에서 제사지내야 한다고 한다.[22] 그는 스스로 토지를 경작하였지만 단지 제사를 지내고 가족 잔치를 치르며 손님을 접대할 술을 빚을 수 있을 만큼의 곡식만을 수확하였다.[23]
왕충은 도를 삼재설의 존재론과 오상설의 윤리학적인 측면에서 이해하였다. 사람은 평생 동안 도를 궁구해야 한다. 이것은 인간이 죽는다고 해서 사라지는 것이 아니다.

> 가경賈瓊이 말하였다. "선생은 도를 다하지 못한 것이 있습니까?" 선생이 답하였다. "삼재와 오상을 통해서 다하지 못함이 있는 것은 신명이 죽었기 때문이다. 간혹 힘이 부족한 것은 이것이 멈춘 것이다."[24]

---

20) 『文中子中說』, 34a, "子曰, 氣爲上, 形爲下, 識都其中, 而三才備矣, 氣爲鬼, 其天乎, 識爲神, 其人乎, 吾得之, 理性焉."
21) 『文中子中說』, 6a 하늘에 대한 제사는 祀, 땅에 대한 제사는 祭, 죽은 사람을 위한 제사는 享 또는 饗이라고 한다.
22) 『文中子中說』, 34b.
23) 『文中子中說』, 6a.
24) 『文中子中說』, 25b, "賈瓊曰, 子於道有不盡矣乎, 子曰, 通於三才五常, 有不盡者神明殲也, 或

물었다. "삶과 죽음은 어떤 것입니까?" 선생이 말하였다. "삶은 시간을 돕는 것이고, 죽음은 도를 밝히는 것이다."[25]

죽음을 정하는 명에 대하여 왕통은 다음과 같이 말한다.

가경이 나아가 말하였다. "생과 사가 명에 달려 있고 부와 귀가 하늘에 달려 있다는 말[26]을 들었습니다. 무슨 뜻입니까?" 스승이 답하였다. "부르는 것이 앞에 있고 명을 받는 것이 뒤에 있으니, 사람이 스스로 취하는 것은 항상 명이 아닌가? 아, 내가 마지막에 어떻게 하는가에 달려 있을 뿐이다." 가경이 절하고 밖으로 나와 정원程元에게 말하였다. "나는 이제부터 본래 명을 만들 수 있고 많은 복을 구할 수 있다는 것을 알게 되었다."[27]

이 말에 따르면 인간은 자기 행동으로 자기의 명을 스스로 형성한다. 그러나 명은 그의 행동을 따르지만, 항상 그런 것이 아니다. 생명은 단지 명에 달려 있을 뿐 행동으로 좌우되는 것이 아니기 때문이다. 왕통의 제자는 단지 사람이 스스로 복을 구할 수 있다는 가능성에만 관심을 두고 있다.

왕통은 인을 모든 예의 근본원칙이며 가장 중요한 덕이라고 여겼다.

설수薛收가 인에 대하여 묻자 선생이 답하였다. "이것은 오상의 시작이다." 이어서 인간의 성에 대해 묻자 다시 답하였다. "그것은 오상의 근본이다." 그가 도에 대하여 묻자 선생은 다시 다음과 같이 답하였다. "오상의 일치이다."[28]

力不足者, 斯止矣."

25) 『文中子·中說』, 14b, "曰, 生死何如, 子曰, 生以敎時, 死以明道."

26) 『論語』「顔淵」편에 나오는 말.

27) 『文中子·中說』, 32a, "賈瓊進曰, 敢問, 死生有命, 富貴在天, 何謂也, 子曰, 召之在前, 命之在後, 斯自取也, 庸非命乎, 噫, 吾末如之何也已矣, 瓊拜而出, 謂程元曰, 吾今而後知, 元命可作, 多福可求矣."

28) 『文中子·中說』, 25b, "薛收問, 仁, 子曰, 五常之始也, 問性, 子曰, 五常之本也, 問道, 子曰, 五常一也."

삶을 사랑하여 인을 해치는 것은 어리석은 사람들의 행동이고, 인을 이루기 위하여 자신을 희생하는 것은 중간 등급 이상의 사람이 하는 행동이다. 공자의 문하에서 공부하면서 중간 등급에 미치지 못하는 사람은 일찍이 없었다.[29]

또한 왕통은 서恕[30]가 군자를 가늠하는 기준이 된다고 믿는다.

가경이 군자의 도에 대하여 묻자 답하기를 "반드시 서恕에 중점을 두어야 할 것이다"라고 하였다. 다시 서恕의 의미를 묻자 이렇게 답하였다. "아들 된 사람은 자기 아버지를 대하는 마음을, 동생 된 사람은 자기 형을 대하는 마음을 가지고, 이것을 확장하여 천하에까지 미치게 하는 것이라고 할 것이다."[31]

왕통의 제자들은 그들의 스승이 어떤 등급의 인간인지 궁금해하였다. 그래서 자기들끼리 의견을 구하기도 하고 또 스승에게 직접 물어보기도 했다.

광퇴光退가 동설董薛에게 말하였다. "자네의 스승은 완전한 사람일 것이다. 삶과 죽음이 한결같아서 더불어 변화시킬 수 없다."[32]

정원이 말하였다. "일으킨 사람을 성인이라고 하며, 계승하는 사람을 밝다고 합니다. 선생은 어떤 위치에 계십니까?" 선생이 답하였다. "나는 다만 도를 계속 보급하며 그것을 좋아하여 즐기려 애쓸 뿐 결코 그것을 싫어하지 않는 사람이다. 어찌 감히 내가 성인 또는 현인으로 자처할 수 있겠는가?"[33]

---

29) 『文中子中說』, 11a, "子曰, 愛生而敗仁者其下愚之行歟, 殺身而成仁者其中人之行歟, 遊仲尼之門未有不迨中者也."
30) 이것은 다른 사람 대하기를 마치 자기 자신을 대하듯이 하는 것이다.
31) 『文中子中說』, 5b, "賈瓊問君子之道, 子曰, 必先恕乎, 曰, 敢問恕之說, 子曰, 爲人子者以其父之心爲心, 爲人弟者以其兄之心爲心, 推而達之於天下, 斯可矣."
32) 『文中子中說』, 15a, "光退謂董薛曰, 子之師其至人乎, 死生一矣, 不得與之變."
33) 『文中子中說』, 22b, "程元曰, 作者之謂聖, 述者之謂明, 夫子何處乎, 子曰, 吾於道屢伸, 而已其好, 而能樂勤, 而不厭者乎, 聖與明吾安敢處."

이것은 전혀 불손하지 않다. 왕통이 자신을 성인으로 간주하거나 공자와 동등하게 설정했던 것으로는 결코 생각되지 않는다. 아마도 그에게 감복했던 추종자들이 후에 비로소 그렇게 했을 것이다. 그러한 제자 중의 한 사람이었던 동상董常은 이렇게 말하였다.

선생은 조정을 위해 『속시』와 『속서』를 저술하였고, 정치와 교화를 위해 『예론』과 『악론』을 저술하였으며, 명을 살피기 위해 『찬역』을 저술하였고, 상벌을 바르게 하기 위해 『원경』을 저술하였다. 이 저술들이 선생을 영원히 살게 할 것이다.[34]

그러나 이 바람은 이루어지지 못했다. 전부 경전에 대한 주석이었을 것으로 보이는 이 저서들은 곧 소실되고 만다. 왕통은 그 제자들과의 대화가 기록됨으로써 단지 그 안에 살아 있을 뿐이다.

유학자로서의 왕통은 당연히 지와 학업을 매우 높이 평가하는데, 거기에서도 역시 큰 겸손을 보여 준다. 아마도 그의 최고의 말은 지에 관한 말일 것이다.

언박彦博이 지知가 무엇인지 묻자 말하였다. "무지無知이다." 다시 식識에 대해 묻자 선생이 말하였다. "무식無識이다." 언박이 무슨 뜻인지를 물으니 이렇게 답하였다. "옳은 것을 궁구하고 옳은 것을 헤아리는 바로 그것이다!" 언박이 물러나와 그것을 동상에게 말하였다. 동상이 말하였다. "깊도다! 이것이야말로 문왕 이 황제의 법칙을 따른 것이로다."[35]

사람들은 종종 실제로는 알지 못하는 것을 안다고 생각하곤 한다. 그의 지는 그러므로 무지이다. 그것을 인식한 다음에 비로소 하나의 근본적인 변화가

---

34) 『文中子中說』, 28a, "董常曰, 夫子以續詩續書爲朝廷, 禮論樂論爲政化, 贊易爲司命, 元經爲賞罰, 此夫子所以生也."

35) 『文中子中說』, 24a, "彦博問知, 子曰, 無知, 問識, 子曰, 無識, 彦博曰, 何謂其然, 子曰, 是究是圖, 亶其然乎, 彦博退告董常, 常曰, 深乎哉, 此文王所以順帝之則也."

뒤따른다. 비로소 궁구하고 생각하며, 이로써 참된 지에 이르게 되는 것이다. 어리석은 생각에 사로잡힌 사람은 결코 갖지 못할, 무지의 상황에 대한 불만스런 감정은 인식의 과정에서 지가 생겨나게 만드는 효모이다. 소크라테스는 이러한 의미의 무지를 기렸으며, 이 때문에 그는 많은 다른 사람들보다 현명하다고 일컬어진다.[36]

흔히들 그러는 것처럼 성인과 성인의 도가 세상의 모든 악에 대한 책임을 지게 해서는 안 된다. 악의 원인은 대부분 명확하게 드러나지 않기 때문에 곧장 인식할 수 없는 경우가 많다. 왕통은 말한다.

『서경』과 『시경』이 크게 성했음에도 불구하고 진秦의 세상이 멸망한 것은 공자의 죄가 아니다. 도교가 널리 보급되었음에도 불구하고 진晉의 왕실이 혼란해진 것은 노자와 장자의 죄가 아니다. 몸과 마음을 깨끗이 하였음에도 불구하고 양梁나라가 멸망한 것은 석가모니의 죄가 아니다.[37]

우리는 몇 가지 표현에서 그가 고대를 어느 정도 선호했음을 알 수 있다.

선생이 말하였다. "고대의 스타일은 간략하기 때문에 잘 통하였고, 현대의 스타일은 수식이 많기 때문에 잘 막힌다."[38]

옛날에는 옛것을 좋아하는 사람들이 도를 수집하였고, 오늘날에는 옛것을 좋아하는 사람들이 재화를 수집한다.[39]

---

36) Plato, *Apologie*, 6~8쪽.
37) 『文中子中說』, 14b, "子曰, 詩書盛, 而秦世滅, 非仲尼之罪也, 虛玄長, 而晉室亂, 非老莊之罪也, 齋戒修, 而梁國亡, 非釋迦之罪也." 왕통은 주나라와 秦나라를 유학의 시대로 간주하고, 晉나라를 도교의 시대, 양나라를 불교의 시대로 본다.
38) 『文中子中說』, 10a, "子曰, 古之文也, 約以達, 今之文也, 繁以塞."
39) 『文中子中說』, 15a, "子聞之曰, 古之好古者聚道, 今之好古者聚財."

왕통은 고대의 예와 의례가 문화를 올바로 보존하기 위해 꼭 필요한 것으로 보았다. 관을 쓰는 의식 없이는 성년이 될 수 없고 혼례가 없이는 가정이 설립되지 않으며, 장례의식이 없다면 후손이 숭배할 수 없고 제사가 없다면 조상을 잊게 된다는 것이다.[40)

또한 왕통은 병술과 전쟁에 대해 반대하였다.

이밀李密이 선생을 보고 병술을 논하자 선생이 말하였다. "나는 예禮·신信·인仁· 의義를 논할 뿐, 고孤·허虛·사詐·역力에 대해서는 간여하지 않는다."[41)

왕통에 따르면, 힘만 있는 국가는 무기로써 싸우고 패도覇道의 나라는 지모로써 싸우며 왕도王道의 나라는 의로써 싸우고 황제의 나라는 덕으로써 싸우며 천하의 통치자는 무위로써 싸운다고 한다.[42)

보편적으로 왕통의 학설은 도교적 사유로부터 자유로우며, 한나라의 위대한 유학자들인 동중서나 양웅보다도 더 유학적이다. 그는 불교 또한 중국에는 적합하지 않다고 여긴다.

어떤 사람이 부처에 대하여 묻자 선생은 부처가 성인이라고 답하였다. 이어서 그 가르침이 어떠한지를 물으니 이렇게 답하였다. "서쪽의 가르침이니, 중국에서는 곧 막혀 있다. 수레를 타고 월나라로 건너갈 수 없고, 관을 쓰고 오랑캐의 나라로 갈 수 없다. 이것이 고대의 도이다."[43)

부처가 성인이기는 하지만 그 가르침은 서쪽 오랑캐의 것일 뿐이고, 고대

---

40) 『文中子中說』, 21b.
41) 『文中子中說』, 5a, "李密見子而論兵, 子曰, 禮信仁義, 則吾論之, 孤虛詐力, 吾不與也."
42) 『文中子中說』, 19b.
43) 『文中子中說』, 14b, "或問佛, 子曰, 聖人也, 曰其教何如, 曰, 西方之教也, 中國則泥, 軒車不可 以適越, 冠冕不可以之胡, 古之道也."

중국의 도는 순수함에서 그것을 능가한다는 것이다. 이것은 마치 중국의 탈것이나 풍습이 월나라를 비롯한 오랑캐 나라의 그것을 능가하는 것과 같다.

왕통의 판단은 대부분 매우 탁월하며 이해하기 쉽고 절도가 있다. 그에 대한 평가가 비록 동중서나 양웅과 같은 위치에까지는 이르지 못했다고 하더라도 그는 후한의 어떤 유학자에게도 결코 뒤지지 않는 유학자였다.

제3부 당대

(618~907)

북쪽과 남쪽으로 흩어졌던 중국은 짧은 기간 동안의 수나라시대(589~618)를 맞아 다시 통일을 이루고, 당나라시대(618~907)[1]로 들면서 한나라 말기 이후 실로 700여 년 만에 새로운 전성기를 맞이하게 된다. 탁월한 통치자인 태종(627~650)과 그의 후계자 고종(650~684)의 통치시기에 중국은 아시아를 넘어 세계에서 가장 강력한 국가로 정비될 수 있었다. 태종에게는 탁월한 재상들이 있었고, 이들은 본보기가 될 만한 국가조직을 만들었다. 한국과 일본은 이러한 조직을 모방하여 그들의 나라에서도 시행하였다.

지속적인 전쟁으로 인해 부분적으로 단절되었던 땅과 토지의 분배도 새롭게 이루어졌다. 모든 백성이 토지를 분배받았는데, 대부분은 살아 있는 동안에만 배당되었지만 간혹 상속이 가능한 사유재산도 있었다. 백성은 작물의 10분의 1을 토지세로 내고, 그 밖에 국방의 의무 등 특정한 요역을 담당했다. 황제는 20만 권의 도서를 갖춘 홍문관弘文館이라는 도서관을 세우고 학생들을 위해 1,200칸의 기숙사를 지음으로써 예술과 학문을 장려하였다. 또 관리의 채용을 위한 과거제도가 정비되었다. 과거시험의 주제들은 주로 경전에서 나왔으며, 정치적인 현실문제도 논제로 다루어졌다. 원전이 비판적으로 확정된 후에 정부는 9경을 182개의 화강암 석판에 새겨 놓았는데, 이것은 서안西安의 비림碑林에 보존되었다. 또한 중국의 대학에서 공부하기 위하여 한국과 일본, 토번 등지에서 유학생들이 왔다.

중국은 당나라 초기에 동아시아와 중앙아시아 및 남아시아까지 지배권을 확장하여, 그들 각지에서 중국의 고급문화가 찬양받고 모방되었다. 중국의 문자와 문헌 및 유학과 불교가 한국과 일본에 수용되었다. 두 나라의 많은

---

1) 여기서는 당 멸망(907) 이후의 혼란기인 오대십국시대(907~960)까지도 함께 다룬다.

승려와 학생이 중국으로 유학을 갔으며, 중국의 학자와 예술가가 두 나라로 가르치러 갔다. 서쪽으로는 동투르크가 멸망하였고, 북쪽의 몽고가 항복하였다. 또 모하메드의 후계자가 승리를 구가하며 페르시아를 정복하였는데, 페르시아의 마지막 왕의 아들 페로즈(Feroz)는 당나라에 도움을 청하였다. 이때 당나라는 그를 고향으로 돌려보냈는데, 정복되지 않은 채로 남아 있던 호라산의 지방관으로 투입함으로써 그에게 후원을 보장하였다. 티베트는 중국의 통치권을 인정하여, 티베트 왕은 우호의 강화를 위해 중국의 공주와 혼인하였으며 아들과 형제를 중국의 수도로 유학 보냈다.

641년에 북인도의 카나우지(曲女城)에서 시라디티야(Siladitya: 戒日王) 2세는 시인, 학자, 승려들을 모아 경전에 대한 궁정 토론회를 열었는데, 토론회가 끝난 뒤 그 결과를 전하고자 태종에게 사신을 보냈다. 그리고 시라디티야 2세가 죽은 후에 그의 신하가 스스로 왕위에 오르자, 태종은 티베트와 네팔의 군대를 동원하여 폭동자를 사로잡았다. 651년에는 칼리프 오스만의 사신이 국교를 맺기 위하여 당나라의 궁정에 들어왔다. 이 밖에 코친차이나, 캄보디아, 태국, 자바, 수마트라 등 남쪽의 작은 나라에서도 기꺼이 중국으로 조공과 사신을 보냈다.

당나라는 세계적인 권력을 쥐고 외국과 매우 활발한 교류를 하였으며, 그 후대처럼 철저하게 폐쇄적이지 않았다. 중국의 상인들은 페르시아와 인도로 여행하였다. 태종은 인도로 불교 승려 현장을 보냈고, 현장은 풍부한 자료를 가지고 돌아와서 그의 유명한 여행기를 저술하였다. 그 당시의 인도에 대한 현대의 인식은 대부분 그의 여행기에서 유래한다. 외국에서 상업을 목적으로 페르시아 사람들이 오고, 이어서 아랍 사람들이 들어왔다. 이들은 금방 중국의 해외무역을 독점하였다. 690년에는 이미 아랍인 수천 명이 남쪽 항구 특히 광동의 항주杭州로 이주해 왔고, 중국인들은 이들의 상행위를 규제하기 위하여 특별한 관리를 임용하였다. 이것은 아랍제국이 붕괴하고 중국에 내적인 혼란이 일어날 때까지 대략 250년 정도 지속되었다.

또한 서쪽의 종교들이 상행위에 동승하여 중국으로 들어옴으로써 중국인들은 조로아스터교(拜火敎), 마니교, 네스토리우스교(Nestoriansnismus: 景敎), 이슬람교를 접하게 되었다. 조로아스터교의 신봉자들이 광신적인 아랍인들로부터 도주해 왔고, 마니교가 특히 투르크 사람들에 의해 전해짐으로써 많은 곳에 마니교 사원이 건축되었다. 또 고대기독교 종파인 네스토리우스파에 의해 781년에는 서안부에 시리아어와 중국어로 저술된 비문이 만들어졌다. 이슬람은 투르키스탄을 밀고 들어왔고, 아랍의 상인들도 남쪽에서 이슬람 사원들을 설립하는 허가를 받았다. 중국인들은 외국의 종교에 대하여 각별히 관대하였다. 외국의 종교들은 중국인들에게 거의 매력적이지 않았으며, 따라서 기이하게도 중국의 문화에 별다른 영향을 미치지 못했다. 후에 투르키스탄에서 주도적 종교가 되고 수백만의 중국인들이 수용했던 이슬람교조차도 중국사상에 전혀 영향력을 행사하지 못하였다.

상인들은 좋지 않은 문화전달자이다. 이들은 대부분 자기 이익에만 관심이 있을 뿐, 그 이익을 위해 얼마간 머물게 되는 지역의 정신생활에 대해서는 전혀 관심을 갖지 않는다. 유럽의 상인들은 수백 년 동안 중국인들과 더불어 거래를 지속하였지만 이들은 중국의 문화에 대한 인식이 턱없이 부족하였고, 중국인들 또한 유럽의 문화를 전혀 알지 못하는 상태였다. 때문에 실제로 서구의 문화를 전달한 사람들은 가톨릭과 기독교의 선교사들이었다. 하지만 중국인들은 매우 퉁명스러웠고 이국적인 문화의 접근을 잘 허용하지 않았다. 그들은 낯선 문화와 중국문화 사이에 유사성이 보이지 않으면 그것을 쉽게 수용하지 않았다. 그래서 선교사들은 조심하지 않을 수 없었다.

당나라 시대는 중국문화의 황금시대로 간주된다. 시와 그림의 수준이 최고조에 달했고, 조형물들은 이전 시대에 불교의 영향으로 만들어진 거대한 조형 및 암각부조 등의 기법을 수용하여 자연에 매우 충실하고 조화를 이루는 방식으로 표현되었다. 그림과 시 사이에는 밀접한 관계가 있었고, 시인들은 동시에 화가이기도 했다. 시인 왕유王維는 먹과 선을 위주로 하는 남종화의 시조가 되었으며, 채색을 선호하는 북종화의 꼭대기에는 이사훈李思訓(653~718)이 있었다. 8세기에는 중국의 위대한 화가 오도현吳道玄과 위대한 시인 이백과 두보가 살았다. 문학에서는 작시법과 나란히 산문의 스타일도 수련되었다. 당시 문학의 가장 빛나는 대변자는 시인이자 문장가인 한유와 유종원이었다. 산문문학으로는 단편적인 이야기들이 지어졌고, 후에 이것은 소설로 발전하였다. 또 학문적인 측면에서 보자면 당시에 이미 문학비평과 예술비평이 있었음을 알 수 있다. 화가나 시인의 생애와 저서가 이야기되었으며, 거기에서 예술이론이 파생되었다. 인류학과 백과사전들이 생겨났는데, 그 안에는 오래 전에 소실된 많은 중요한 저술가들의 단편들이 들어 있었다. 예술과 학문에서 가장 큰 의미가 있는 일은 인쇄가 시작된 것이다. 활자의 발명은 590년의 일로, 이때는 지금과 같은 움직이는 활자 대신 문자를 새긴 목판을 사용하였다. 이런 인쇄방법은 20세기에 들 때까지 남아 있었다.

당나라 때에는 유학이 매번 경전이나 원전이 다시 주석되는 데 그침으로써 경직상태에 빠진 반면, 도교가 지배계층의 극진한 보살핌 아래 국교가 되다시피 하였다. 당나라 초기에 한 도사의 꿈에 노자가 나타나서 자신의 성은 이씨로서 황제의 선조가 된다고 하였다는 이야기가 널리 퍼졌다. 이 이야기는 당연히 궁정에까지 전해졌고, 이로써 황제 집안은 도교를 더욱 숭상하게 되었다. 고종高宗은 666년에 노자에게 '태상현원황제太上玄元皇帝'라는 칭호를 올렸고, 현종玄宗은 집집마다 『도덕경』을 갖출 것을 법으로 정하였다. 심지어 『도덕경』에서 과거의 주제가 선택될 수도 있게 될 정도였다. 불교 또한 얼마간 억압되었음에도 불구하고 당나라 치하에서 최고 전성기에 이르렀다. 845년에 무종武宗이 많은 불교 사원을 파괴하고 불교를 억압하자 중요한 인물들은 대부분 도교로 전향하고 아류에 속하는 사상가들은 유학에 전념하게 되었다는 주장이 있는데, 이것은 또한 너무 멀리 나아간 것이다.[2] 여하튼 불교 측에서는 이전 시대처럼 저술을 통해 자신들의 의미를 입증하고자 하지 않았다.

당나라의 활발한 정신활동은 당연히 철학에도 좋게 작용해야 하겠으나, 기묘하게도 이 시기는 철학적으로 가장 성과가 없었다고 할 수 있다. 유학자로서는 한유와 이고가 자주 언급되지만 실제로 그 성과는 별로 없다. 불교도들은 철학적으로 오직 인도 스승의 본래 생각을 재생하는 데에 주력하고 있었다. 도교는 가장 크게 활동하였지만 대작은 더 이상 나오지 않았고, 단지 작은 저서에 만족할 뿐이었다. 거기에게 우리는 관념주의의 분명한 자취를 확인할 수 있을 따름이다.

이렇듯 풍요로운 시대에 왜 철학적인 성과는 적었던 것일까? 풍요로운 현실이 창조적인 힘을 쇠약하게 한 것일까? 나는 다른 근거를 생각해 보고 싶다. 유학과 도교는 이미 어느 정도의 결과를 내놓은 상태였다. 사람들은 알 수 있는 모든 것을 이미 알고 있다고 믿었기 때문에 더 이상 궁구할 필요를 찾지 못했다.

---

2) Wilhelm, *Chinesische Philosophie*, 83쪽.

고대의 성인들이 이미 완전한 진리를 밝혔고 그 후계자들이 성인의 말을 여러 방향으로 설명하였는데 더 이상 무엇을 바라겠는가? 우리는 중국의 사상가들의 시선이 항상 미래가 아닌 과거를 향하고 있었다는 것을 염두에 두어야 한다. 이들은 선조에게서 받은 것을 보존하고자 하였고, 새로운 것으로 그것을 대체하는 것을 불효로 간주하였다. 그 결과 중국의 정신은 정체기에 이르렀으며, 그것을 극복하기 위해 시간적 여백을 필요로 했다. 이것이 어떻게 전개되는지를 우리는 뒤에서 확인하게 될 것이다. 당나라에서는 예술이 가장 큰 활동영역을 제공하는 영역이었다. 그래서 뛰어난 사람들은 예술을 지향하였고, 그 당시에 이미 상당히 폐쇄적이었던 철학의 영역으로는 관심을 주지 않았다.[3]

당나라가 쇠퇴하자 중앙권력 또한 붕괴되면서 다시 혼란의 시대가 이르렀는데, 뒤이은 오대의 어떤 왕조도 중국 전체를 주도하지는 못했다. 각 왕조의 권력은 자신들의 수도를 넘어서지 못했다. 이렇게 수많은 작은 국가들이 잇달아 생겨나면서 여러 제후들은 황제와 왕을 자처하였다. 이러한 분열은 송나라에 이르러서야 비로소 끝이 나게 된다.

---

3) von Rosthorn, *Geschichte Chinas*, 93~122쪽에서는 당나라에 대해 매우 훌륭하게 설명하고 있다.

제1장 유학자

1. 한유

한유韓愈(768~824)는 당나라 최초의 산문가로 간주된다. 시인으로서의 그는 거의 이백 및 두보와 동등하게 평가되며,[1] 철학에서의 업적이 그다지 중요하지 않음에도 불구하고 철학자로서의 위상 또한 매우 크다. 이러한 철학적 위상은 당시 불교에 의해 뒤로 물러나 있던 유학을 강하게 주장하는 그의 태도에서 기인한다.[2] 그는 하남河南의 남양南陽 출신으로 자는 퇴지退之이고 호는 창려昌黎이다. 이 호는 그의 가족이 오랫동안 거주했던 하북성 영평부永平府의 거주지에 따라 일컬어진 것이다.

한유는 3살에 이미 부모를 잃고 사촌에게 교육을 받았다. 사촌마저 죽자 그의 부인에 의해 양육되었는데, 그는 그녀를 어머니처럼 섬겼다. 그는 밤새 등불을 밝히고 책을 읽어 매일 수백 글자를 배웠고, 세 번 낙방한 후에 24살에 진사시험에 합격하였다. 그의 관리경력은 매우 변화가 많았다. 그는 여러 번 감등되었는데, 중국에서는 아주 드문 경우였다. 최후에 그는 형부시랑과 이부시랑을 지내고 창려의 후侯에 봉해졌다.

---

1) 그의 많은 시들이 E. v. Zach에 의해 네덜란드(Batavia)의 잡지 *Deutschen Wacht*에 번역되었으며, 그 가운데 일부는 나(Alfred Forke)의 詩選 *Dichtung der T'ang- und Sung-Zeit* (Hamburg, 1930)에도 번역되었다.

2) Wilhelm이 *Chinesische Philosophie*, 95쪽에서 주장하는 것처럼 유학이 당나라에서 경시되었다는 것은 어느 정도 과장된 말일 것이다.

그는 황실에서 부처의 사리를 궁정으로 받아들이려 할 때 반대하는 간언을 올림으로써 황제의 미움을 받고 거의 처형될 뻔하였다. 그러나 다행히도 감형되어 광동성 조주부潮州府의 지방관으로 갔다. 당시 그 지역에는 중국인이 매우 적었다. 그래서 한유는 원주민들과 함께 살았는데, 그곳에서 단 1명의 교육받은 사람을 발견하여 자신의 사서로 삼았다. 또한 그는 그곳에서 불교의 승려와도 우정을 맺었다고 한다. 심지어 그가 불교로 넘어갔다는 주장도 있었는데, 이에 대해 그는 격분하면서 모함이라고 항변하였다.

다시 부름을 받았을 때 한유는 우선 강서성 원주袁州에 임용되었다. 그는 그곳에서 죄수들 자신과 함께 그 부인과 아이들까지도 관아의 노비로 삼는 연좌의 악습을 제거하고, 그런 방식으로 노예가 된 700여 명을 직접 사 들여 해방시켜 주었다.

덥고 습한 남쪽지방에서의 체류는 본래 약하였던 한유의 건강을 더욱 악화시켰고, 그는 60세에 이르지 못하고 일찍 죽었다. 시호는 문공文公이며, 1084년에는 위패가 공자의 사당에 모셔졌다. 조주부에는 그의 초상화가 있는 사당이 건립되어 많은 학생들이 이곳을 방문하였는데, 그 비문에서는 한유의 공적이 맹자에 못지않다고 적고 있다. 사당의 관리는 고을 수령이 총괄하며 1년에 두 번 제사를 지낸다.

소식이 광동廣東으로 추방되어 왔을 때 조주의 주민들은 그에게 한유의 추도사를 써 줄 것을 청하였다. 그렇게 써진 추도사는 돌에 새겨졌는데, 그 가운데 이런 언급이 있다.

> 한나라 이래로 진리는 어두워지고 문학이 사라졌다. 도처에 초자연적인 종교가 생겨났으며, 탁월한 학자들도 거기에 빠지는 것을 막을 수가 없었다. 이에 도포를 입은 유학자 창려선생이 나타나 냉소로써 물리쳤다.[3]

---

3) Giles, *Chinese Biographical Dictionary*.

한유는 성품이 강하고 힘과 에너지로 가득 찬 사람이었다. 그는 용감하였으나 냉엄한 언행 때문에 자주 번거로운 일을 만들었다. 그는 친구들에게는 충직하였지만 권력자에게 아부할 줄 몰랐다. 순종과 타협은 그의 방식이 아니었다. 그의 산문은 시보다 더욱 경탄을 받았고, 그의 문체는 산문의 본보기로 간주되었다. 그는 철학적인 글은 별로 저술하지 않았다.[4] 비록 그렇게 깊지는 않았지만 그의 글은 대중적이고 경쾌한 스타일로 인해 높이 평가되었다. 그의 저서들은 『창려선생집昌黎先生集』40책으로 출간되었다.

추도문에서와는 달리 소식은 자신의 저술들에서 철학자로서의 한유에 대해서는 그다지 좋게 평가하지 않았다.[5] 그는 한유가 공자와 맹자를 좋아하고 불교와 도교에 맞서 힘껏 싸웠지만 유학의 본질을 이해하지는 못하였다고 말한다. 한유의 설명에는 매우 큰 결함이 있으며 잘못하는 경우가 많다는 것이다. 예를 들어 한유는 성인이 중국인, 이방인, 동물들을 모두 동일하게 보았는데, 이것은 묵가적 사유이지 유학의 사유가 아니라고 한다. 한편, 종태는 많은 학자들이 한유를 순자·동중서·양웅·왕통과 함께 전오자前五子[6]의 자리에 놓지만 실상 한유는 다른 네 사람과 같은 등급에 이르지 못했다고 여긴다.[7] 충분히 수긍할 만한 견해이다.

한유는 도교 또한 불교와 마찬가지로 이단의 학문이라 생각하여 투쟁하였다. 그는 진나라 치하에서 유학이 뿌리 뽑힌 후에 한대에는 도교가, 위진시대 이후로는 불교가 주도하였다고 말한다. 먼저 도교에 대한 비판이다.

---

4) 이러한 기술은 T. Watters, "The Life and Works of Han Yü", *China Review* Vol.7, 163쪽의 견해에 따른 것이다. 또한 L. Aurousseau, "Han Yu, I, Notice biographique", *Bull. Assoc. amicale franco-chinoise*(1910), 50~52쪽 및 52~56쪽 참조.

5) 『經進東坡文集事略』, 권8, 8~9쪽.

6) 前五子는 後五子에 대응한다. 후오자는 송나라의 위대한 다섯 명의 철학자 주돈이, 장재, 정이, 정호, 주희를 일컫는다.

7) 鍾泰, 『中國哲學史』 1, 179. Zenker는 *Geschichte der chinesischen Philosophie II*, 130쪽에서 한유에 대해 도교는 말할 것도 없고 유교조차도 올바로 이해하지 못한 거친 성격의 보잘것없는 철학자라고 했는데, 이것은 너무 지나친 평가이다.

널리 사랑하는 것을 인이라 하고, 마땅히 해야 할 일을 하는 것을 의라고 한다. 이것으로 말미암아 따라야 하는 것을 도라고 하고, 자기에게 갖추어져 있어 외부에 기대지 않는 것을 덕이라 한다. 인과 의의 개념이 정립되면 도와 덕은 단지 헛된 자리일 뿐이다. 그러므로 도에는 군자와 소인이 있고, 덕에는 길함과 흉함이 있다. 노자가 인의를 작다고 한 것은 인의를 헐뜯은 것이 아니라 그의 소견이 좁은 것이다. 우물에 앉아 하늘을 보면서 하늘이 작다고 말하지만, 하늘이 작은 것은 결코 아니다. 그는 작은 온정을 인으로 여기고 작은 선행을 의로 여겼으니, 그가 인의를 작게 생각한 것은 당연하다. 그가 도라고 말한 것은 그가 도라고 여긴 바를 말한 것이지 내가 말하는 도가 아니고, 그가 덕이라고 말한 것은 그가 덕이라고 여긴 바를 말한 것이지 내가 말하는 덕이 아니다. 내가 말하는 도덕은 인의를 합하여 말하는 것으로서 천하 사람들의 공통된 말이고, 노자가 말하는 도덕은 인의를 없애고 말하는 것으로서 한 개인의 사사로운 말이다.[8]

한유는 도교의 기본개념인 도덕을 비판하면서 유교의 인의를 대립시킨다. 도교에서는 인의의 의미가 매우 작지만, 유학에서는 오히려 도덕이 개별적인 개념이 되어 보편개념으로서의 인의를 보강하는 이차적인 역할을 하고 있기 때문이다. 한유는 유학적인 견해가 옳다고 믿었고, 도교의 견해는 노자 개인의 사적인 견해로 보고자 했다. 여기서 그는 도교가 성행한 시절에는 도교적 이해가 보편적이었던 반면에 유학적 이해가 소수의 견해였다는 것을 의도적으로 간과하였다. 그가 도의 초월성에까지는 나아가지 않았던 이유가 단지 그것을 알지 못했기 때문이었다고는 생각할 수 없다.

한유는 도교와 불교를 계속해서 비판하면서, 유학자들이 그들의 논리에 현혹되어 위축되는 것을 경계한다.

---

8) 『昌黎文集』, 권11, 1b, "博愛之謂仁, 行而宜之之謂義, 由是而之焉之謂道, 足乎己無待於外之謂德, 仁與義爲定名, 道與德爲虛位, 故道有君子有小人, 而德有凶有吉, 老子之小仁義, 非毀之也, 其見者小也, 坐井而觀天, 曰天小者, 非天小也, 彼以煦煦爲仁, 孑孑爲義, 其小之也, 則宜. 其所謂道, 道其所道, 非吾所謂道也, 其所謂德, 德其所德, 非吾所謂德也, 凡吾所謂道德, 云者合仁與義言之也, 天下之公言也, 老子之所謂道德, 云者去仁與義言之也, 一人之私言也."

노자의 추종자들은 "공자는 우리 스승의 제자였다"라고 말하고, 불교도들 또한 "공자는 우리 스승의 제자였다"라고 말한다. 그런데 공자를 배우는 사람들은 이런 말에 익숙해져서 그 말을 들으면 곧 그 허망함을 즐기며 스스로를 작게 만든다.9)

고대의 성왕의 학설 위에 이런 이적夷狄의 이론을 정립하는 사람은 그 또한 그런 오랑캐가 되고 말겠지만, 반대로 흔들림 없이 고대 성왕의 가르침을 따르는 사람은 다음과 같이 될 수 있을 것이다.

그러므로 태어날 때는 그 정을 얻고 죽을 때는 그 항상됨을 다하며, 교제郊祭를 지내면 천신이 이르고 묘제廟祭를 지내면 인귀가 흠향한다. 이러한 도는 어떤 도를 말하는 것인가? 내가 말하는 도는 지금까지 노자와 부처가 말하던 그런 도가 아니다. 이것은 요가 순에게, 순이 우에게, 우가 탕에게, 탕이 문왕에게, 문왕이 주공에게, 주공이 공자에게, 공자가 맹자에게 전해 준 것이다. 맹자가 죽은 후로는 부득이 전해지지 못했다. 순자와 양웅은 각기 도의 일부분만을 골라서 말했기 때문에 정밀하지 못하고 그 말이 상세하지 못하다.10)

불교에 대한 한유의 공격은 도교에 대한 그것보다 더욱 격렬하다. 불사리의 반입을 반대하는 상소에서 그는 부처 또한 단지 오랑캐민족의 많은 종파들 중의 하나일 뿐이라고 하면서 다음과 같이 간언한다. 고대의 통치자들은 대부분 백세가 넘도록 나라를 행복하고 평화롭게 통치했는데, 이것은 부처 없이 가능하였다. 반면에 명제(58~75) 때 불교가 중국에 들어온 이후를 보면, 그것은 어떤 복도 가져오지 못했다. 명제가 18년 동안 통치하고 세상을 뜬 이후로 나라는

---

9) 『昌黎文集』, 권11, 3a, "老者曰, 孔子吾師之弟子也, 佛者曰, 孔子吾師之弟子也, 爲孔子者習聞 其說, 樂其誕而自小."

10) 『昌黎文集』, 권11, 6b, "故生, 則得其情, 死, 則盡其常, 郊焉, 而天神假, 廟焉, 而人鬼饗, 曰, 斯道也, 何道也, 曰, 斯吾所謂道也, 非向所謂老與佛之道也, 堯以是傳之舜, 舜以是傳之禹, 禹 以是傳之湯, 湯以是傳之文武周公, 文武周公傳之孔子, 孔子傳之孟軻, 軻之死, 不得其傳焉, 荀 與揚也擇焉而不精, 語焉而不詳."

오히려 혼란스럽게 될 뿐이었다. 또 양나라 무제(502~549)는 완전히 불교에 몰두하였지만 결국 반대자에 의해 제거되어 굶어죽었으며 국가는 멸망하였다. 그러므로 부처를 섬기는 것은 아무런 가치도 없는 일이다. 당나라 고조高祖(618~626)는 불교를 제거하고자 했지만 신하들이 따르지 않았기 때문에 할 수가 없었다. 당나라 헌종憲宗(806~820)은 통치 초기에는 승려와 도사의 출입을 금하고 사찰과 사원의 설립을 금지하였으나, 819년에 돌연 부처의 사리를 가져와서 궁정에 비치하게 하였다. 한유는 묻는다.

현명함과 밝음이 이와 같다면 어찌 그러한 일들을 믿겠습니까? 그러나 백성은 어리석고 어두워서 현혹되기 쉽고 밝아지기 어렵습니다. 진실로 폐하의 이와 같은 모습을 보게 되면 백성들은 장차 폐하가 진심으로 부처를 섬긴다고 여기게 될 것이니, 천자의 큰 성스러움으로도 한 마음으로 존경하며 믿는데 우리 같은 백성이 무엇이라고 신명을 아끼겠느냐고 하면서 정수리를 태우고 손에 불을 붙이게 될 것입니다.[11] 10명에서 100명까지 크고 작은 무리를 이루어 세속의 옷을 벗고 돈을 버려 가며 아침 일찍부터 저녁 늦게까지 앞을 다투어 서로 본받으려 하면서, 젊은 이든 늙은이든 모두 그 생업을 버리게 될 것입니다. 이렇게 돌아다니는 것을 규제 하지 않고 이들로 하여금 여러 사찰을 지나가도록 내버려 두면, 반드시 팔을 끊고 몸을 베어 공양하는 사람이 있어 풍습을 해치고 관습을 깨며 사방으로부터 조소를 받게 될 것입니다. 이는 결코 작은 일이 아닙니다.[12]

부처는 본래 오랑캐의 일족으로서 중국의 언어와 통하지 않으며 의복을 다르게 재단하여 입었습니다. 그는 우리 고대 성왕[13]의 본보기가 될 만한 말을 입에 담지 않았고, 성왕의 합당한 의복을 따라 입지 않았습니다. 그는 군주와 신하 사이의

---

11) 승려가 될 때 치르는 의식.
12) 『昌黎文集』, 권39, 7b, "安有聖明若此, 而肯信此等事哉, 然百姓愚冥, 易惑難曉, 苟見陛下如此, 將謂眞心事佛, 皆云天子大聖, 猶一心敬信, 百姓何人, 豈合更惜身命, 焚頂燒指, 百十爲羣, 解衣散錢, 自朝至暮, 轉相倣傚, 惟恐後時, 老少奔波, 棄其業次, 若不卽加禁遏, 更歷諸寺, 必有斷臂臠身, 以爲供養者, 傷風敗俗, 傳笑四方, 非細事也."
13) 의미가 통하지 않는 '先生' 대신에 '先王'으로 고친다.

의로움과 부자 사이의 다정함도 알지 못했습니다. 그가 지금 살아 있어서 자기 국왕의 명을 받고 우리 수도로 알현하러 온다면 폐하께서는 그를 친절하게 맞이하시겠지만, 그렇더라도 단지 선정전에서 한 번 만나고 예비원에서 잔치를 베풀어 주며 옷을 선물한 다음 안전하게 배웅하여 다시 국경을 넘어가게 할 따름입니다. 그러나 이때도 그가 백성을 미혹되게 하는 것은 결코 허용하지 않을 것입니다. 하물며 이제 그는 죽은 지 이미 오래된 사람입니다. 어찌 그 썩은 뼈의 더러운 잔해를 신성한 궁정으로 들어오게 할 수 있겠습니까?[14]

한유는 세상에서 부처를 제거하기 위하여 그의 뼈를 불이나 물에 던져 버리도록 하라고 청하면서, 만일 부처가 참으로 초자연적인 힘을 가지고 있어서 벌을 내린다면 자신이 모든 재앙을 받겠다고 다짐한다. 그는 존엄한 하늘이 자신의 각오에 대한 증인이 되어 줄 것이라고 말한다.

그러나 한유가 제기한 주장들은 비인간적일뿐더러 철학적이지도 못하다. 이것은 특히 그의 문화적 오만에서 생겨났다. 한유는 자신이 인도의 문화를 알지 못하였다는 것을 참작했어야 한다. 그랬다면 그는 인도인을 오랑캐로 여기지 않았을 것이다.

한유는 도교나 불교와는 달리 묵가에 대해서는 크게 찬동한다. 그는 묵가와 유학이 본질적인 면에서 일치하는 것처럼 기술함으로써 양가의 화합을 시도했다. 묵적에 대한 한 논고(「讀墨子」)에서 한유는 다음과 같이 말한다.

유학자들은 묵자의 '같음을 높이고'(上同) '두루 사랑하며'(兼愛) '어짊을 높이고'(上賢) '귀신을 밝히는'(明鬼)[15] 설을 비판한다. 그러나 공자는 위대한 사람을 경외하였고 그 나라에 머물면서 그 나라 대부를 비난하지는 않았다. 『춘추』에서 공자는 권신의

---

14) 『昌黎文集』, 권39, 8a, "夫佛本夷狄之人, 與中國言語不通, 衣服殊製, 口不言先王之法言, 身不服先王之法服, 不知君臣之義, 父子之情, 假如其身至今尚在, 奉其國命, 來朝京師, 陛下容而接之, 不過宣政一見, 禮賓一設, 賜衣一襲, 衛而出之於境, 不令惑衆也, 況其身死已久, 枯朽之骨, 凶穢之餘, 豈宜令入宮禁."
15) 上同, 兼愛, 上賢, 明鬼는 모두 『墨子』의 주요 편명들이다.

독단을 비판했는데, 이는 곧 '같음을 높임'이 아닌가? 공자는 널리 사랑하여 인을 베풀었고 많은 사람을 구제하여 성인이 되었으니, 이는 곧 '두루 사랑함이 아닌가? 공자는 어짊을 어짊으로 여겨서 네 등급으로 나누어 표시하고 제자를 격려하며 죽은 후에 그 이름이 더 이상 일컬어지지 않게 될까 염려하였는데, 이는 곧 '어짊을 높임'이 아닌가? 공자는 마치 신이 내려와 있는 것처럼 제사를 지내면서 마치 신이 부재한 듯이[16] 제사지내는 사람을 나무라며 "나는 제사를 지내 복을 받는다"라고 말하였으니, 이는 곧 '귀신을 밝힘'이 아닌가? 유가와 묵가는 모두 요와 순에 동조하지 걸과 주에 동조하지 않는다. 이들은 똑같이 자신을 닦고 마음을 바르게 하며, 이로써 천하와 국가 및 가정을 다스린다. 어찌 이와 같은 것을 서로 기뻐하지 않겠는가? 나는 말만 잘하는 사람은 제대로 배우지 못했기 때문이며 각기 그 스승의 설만 따라 힘써 실현하는 것은 두 명의 스승이 가르친 도의 본연이 아니라고 여긴다. 공자는 반드시 묵자를 이용했고, 묵자는 반드시 공자를 이용했을 것이다. 이들이 서로 이용하지 않았다면 공자와 묵자가 되기에 부족했을 것이다.[17]

물론 유학과 묵가는 많은 점에서 일치하지만, 한유는 이 두 체계의 추종자들로 하여금 서로 갈등을 일으키게 만든 큰 차이점을 간과하고 있다. 그는 보편적 사랑과 귀신숭배에 중점을 둠으로써 특별히 묵가에 가까이 있다. 그는 묵적과 마찬가지로 귀신의 실재를 확고하게 믿었는데, 이러한 믿음은 마치 귀신이 실재하는 듯이 보는 데 머무는 공자의 믿음보다 훨씬 큰 것이었다. 한유의 다음 말은 그가 귀신의 실재를 확신하였음을 잘 보여 준다.

소리와 형체가 없는 사물이 있다. 이것이 바로 귀와 신이다.[18]

---

16) 如不祭를 나는 如不存으로 바꿔 읽는다.
17) 『昌黎文集』, 권11, 27a, "儒譏墨以上同, 兼愛, 上賢, 明鬼, 而孔子畏大人, 居是邦, 不非其大夫, 春秋譏專臣, 不上同哉, 孔子泛愛親仁, 以博施濟衆爲聖, 不兼愛哉, 孔子賢賢以四科, 進襃弟子, 疾沒世而名不稱, 不上賢哉, 孔子祭如在, 譏祭如不在者, 曰, 我祭則受福, 不明鬼哉, 儒墨同是堯舜, 同非桀紂, 同修身正心, 以治天下國家, 奚不相悅如是哉, 余以爲辯生於末學, 各務售其師之說, 非二師之道本然也, 孔子必用墨子, 墨子必用孔子, 不相用, 不足爲孔墨."
18) 『昌黎文集』, 권11, 16a, "無聲與形者, 物有之矣, 鬼神是也."

사람이 하늘에 맞서거나 다른 사람과 싸우며 규정을 넘어서면 귀신이 그 기를 느끼게 된다. 그러면 귀신에게 형체와 소리가 생겨나서 그 사람에게 재앙을 가져올 수 있다. 그런 후에 귀신은 다시 형체가 없고 소리가 없는 그의 자연스런 상태로 돌아간다.[19]

만물에 대한 똑같은 사랑 또한 다음의 기묘한 방식으로 설명되고 있다.

하늘은 해·달·별의 주인이고, 땅은 식물·나무·산·강의 주인이며, 인간은 이적夷狄과 짐승 및 새의 주인이다. 주인이 횡포하면 그 주인 되는 도를 얻을 수 없다. 그러므로 성인은 모두 한결같은 시선으로 바라보아서 모든 것을 똑같이 대하니, 가까운 사람에게는 관대하고 멀리 있는 사람에게는 격려해 준다.[20]

공자의 사당에 배향됨으로써 한유의 정통성은 공식적으로 인정되었지만, 그럼에도 불구하고 인간과 하늘의 관계에 대한 그의 말은 매우 이단적으로 들린다. 따라서 이와 관련된 그와 유종원柳宗元(773~819) 사이의 대화를 살펴보는 것도 의미 있는 일일 것이다. 특히 이 대화는 유종원과 유우석劉禹錫(772~842)을 같은 문제에 대한 연구로 뛰어들게 만드는 동인이 되었다.

한유가 유종원에게 말하였다. "그대는 하늘에 대한 설을 아는가? 내가 그대에게 하늘의 설을 말하겠다. 지금 병으로 고통 받고, 고달프고 서러우며, 굶주리거나 추위에 떨고 있는 사람이 있다고 하자. 사람들은 하늘을 우러르며 이렇게 한탄할 것이다. '백성을 착취하는 사람이 오히려 창성하고 백성을 돕는 사람들은 재앙을 당한다.' 또 이렇게 원망하기도 할 것이다. '왜 우리가 이토록 눈물겨운 지경에 처해야 하는가?'[21] 그러나 그렇게 말하는 사람들은 모두 하늘을 모르는 것이다.

---

19) 『昌黎文集』, 권11, 16b.
20) 『昌黎文集』, 권11, 15a, "天者日月星辰之主也, 地者草木山川之主也, 人者夷狄禽獸之主也, 主而暴之, 不得其爲主之道矣, 故聖人一視而同仁, 篤近而擧遠."
21) 서양인들에게는 익숙하지 않겠지만, 중국인들은 신에게 하소연하고 신의 행동을 원망하는 것을 꺼리지도 두려워하지도 않는다.

과일이 썩으면 벌레가 생겨나고, 인간의 혈기가 거슬리고 막히면 등창이나 종기 또는 부스럼이나 치질이 나고 또한 벌레가 생겨나며, 나무가 썩으면 전갈이 생기고 식물이 썩으면 반딧불이 날아오른다. 어찌 썩은 것이 없이 저절로 나오는 것이 있겠는가? 사물이 썩으면 벌레가 거기에서 생겨나며, 원기와 음양이 썩으면 사람이 거기에서 생겨나는 것이다.[22]

유학적인 사유에 따르면 인간은 가장 순수한 기에서 생겨난, 만물의 영장이다. 그러나 한유는 인간을 부패의 현상으로 보아서, 부패한 물질에서 벌레가 생겨나 듯이 인간 또한 죽은 원기로부터 생겨난다고 한다. 이것은 왕충의 비교보다 나을 것이 전혀 없다. 왕충은 인간이 마치 인간에게 기생하는 이와 같다고 하였다.[23] 한유는 인간을 신으로 만들었던 유학자들을 분노케 하기 위하여 아이러니하게 이러한 말을 한 것이 아닐까?

그리고 한유는 이어서 말한다.

벌레가 생겨나면 사물은 더욱 빨리 썩는다. 벌레는 사물을 먹어서 구멍을 뚫음으로 써 완전하게 사물을 부패시킨다. 그것을 제거하는 것은 사물에게 공을 세우는 것이고, 번영하여 증식하게 하는 것은 사물의 원수가 되는 것이다.[24]

인간이 원기와 음양을 해치는 것은 또한 매우 심하다. 언덕을 개간하여 밭을 만들고, 산의 숲을 베어 내며, 샘을 파서 우물물을 마시고, 무덤을 만들어 죽은 이를

---

22) 『柳河東集』, 권16, 1, "韓愈謂柳子曰, 若知天之說乎, 吾爲子言天之說, 今夫人有疾痛倦辱饑寒 甚者因仰而呼天曰, 殘民者昌, 佑民者殃, 又仰而呼天曰, 何爲使至此極戾也, 若是者擧不能知 天, 夫果蓏飲食旣壞, 蟲生之, 人之血氣敗逆壅底, 爲癰瘍疣贅瘻痔, 亦蟲生之, 木朽而蝎出, 草 腐而螢飛, 是豈不以壞, 而後出耶, 物壞蟲由之生, 元氣陰陽之壞, 人由之生." 이 대화는 유우 석의 문집에도 수록되어 있는데(『劉夢得文集』, 권12, 15쪽 이하) 한유의 문집에는 수 록되지 않은 듯하다.

23) Lun Hêng, Part I, 322쪽.

24) 『柳河東集』, 권16, 1, "蟲之生而物益壞, 食齧之, 攻穴之, 蟲之禍物也滋甚, 其有能去之者有功 於物者也, 繁而息之者物之讎也."

442   제3부 당대

보낸다. 땅을 파고 둑을 쌓아 담장과 성곽을 만들고, 전망대와 정자를 세워 보고 즐기며, 내와 도랑을 뚫어 연못을 만들고, 나무에 불을 붙여 쇠를 녹이고 주조하며, 벽돌을 굽고 돌을 간다. 그리하여 천지와 만물이 그 정을 얻지 못하도록 고통을 가한다. 간사하게 찌르고 잔인하게 공격하여 무너뜨리기를 쉬지 않는다. 인간이 원기와 음양을 해치는 것이 벌레가 하는 것보다 더 심하지 않은가?[25]

땅을 파고 자연을 파괴하는 것이 부당하다는 것은 고대의 생각이다. 고대인들은 금속을 파내기 위해 땅을 파헤치는 것은 신적인 존재로 받들어지던 땅의 내장을 혼란시키는 행위라고 여겼다. 그러나 점차로 산을 파는 것에 반대하는 중국인들의 성향이 없어지게 된다. 그리하여 인간은 자연을 가장 크게 毁損하는 존재가 된다. 모든 존재가 삶이나 실존에서 인간과 똑같은 권리를 가지고 있음에도 불구하고 인간은 마치 세상 전체가 오직 자신만을 위해 생성된 것처럼 여겨서, 모든 것을 자신에게 맞추어 변형시키거나 제거하려 한다. 인간의 폭력은 가장 난폭한 짐승의 그것보다 더 심하다.

내 생각으로는 사람을 해쳐서 날마다 엷게 하고 해마다 깎아낸다면 원기와 음양을 해치는 일이 더욱 적어질 것이니, 이는 곧 천지를 위해 공을 세우는 것이요, 인간을 번식하게 하는 것은 천지의 원수가 되는 것이다. 그런데 지금 사람들은 하늘을 알지 못하여 하늘을 부르고 원망한다. 나는 하늘이 그들의 부름과 원망을 듣게 되면 공이 있는 사람에게는 큰 상을 내리고 화를 입힌 사람에게는 큰 벌을 내릴 것이라고 생각한다. 그대는 내 말을 어떻게 생각하는가?[26]

---

25) 『柳河東集』, 권16, 1, "人之壞元氣陰陽也亦滋甚, 墾原田伐山林, 鑿泉以井飮, 窾墓以送死, 而又穴爲偃溲, 築爲牆垣城郭, 臺榭觀游, 疏爲川瀆溝洫陂池, 燧木以爛, 革金以鎔, 陶甄琢磨, 悴然使天地萬物不得其情, 倖倖衝衝攻殘敗橈, 而未嘗息, 其爲禍元氣陰陽也, 不甚於蟲之所爲乎."

26) 『柳河東集』, 권16, 1, "吾意其能殘斯人, 使日薄歲削, 禍元氣陰陽者滋少, 是則有功於天地者也, 繁而息之者, 天地之讎也, 今夫人擧不能知天, 故爲是呼且怨也, 吾意天聞而呼且怨, 則有功者受賞必大矣, 其禍焉者受罰亦大矣, 子以吾言爲何如."

한유에 따르면 자연을 가장 적게 해친 사람은 공이 크기 때문에 하늘로부터 그에 상응하는 상을 받게 되고, 세상을 황폐하게 만든 사람은 반대로 벌을 받게 된다는 것이다. 그러므로 하늘과 땅은 그들 자신에게 가해진 피해에 대하여 복수하는 신이다.

한유가 자신에게 정한 다섯 가지 경고는 독특하다. 그 중의 하나를 보자. 그는 38세 때 이미 머리카락이 빠지고 이가 느슨해지기 시작했다고 한다. 그의 도와 덕은 매일같이 증진하였지만 그의 지성은 더 이상 예전 같지 않았다. 그래서 그는 자신이 더 이상 군자가 되지 못하고 소인이 될 것을 두려워하였고, 자신에게 다음과 같은 경고를 던졌다.

어렸을 때 나는 재능을 많이 얻고자 하는 생각에 밤낮으로 열심히 노력하였다. 그런데 지금의 나는 배부르고 기뻐하며 밤낮으로 무위한다.[27] 아, 나의 무지여! 군자는 가 버리고 소인으로 돌아왔다.[28]

한편, 한유는 인간 본성에 대한 이론으로 철학에 중요한 업적을 남겼다.[29] 그는 인간의 성을 정과 구분하여, "성은 태어날 때부터 주어지는 것이고, 정은 사물과 접촉한 후에 비로소 생겨난다"[30]라고 말한다. 이어서 그는 어떤 어린아이는 태어날 때부터 이미 장차 악해질 것을 예견할 수 있다는 증거를 통해 인간의 성이 본래 선하다고 하는 맹자의 생각에 투쟁한다. 또한 타고난 성이 악하다고 하는 순자의 견해에 대해서는 후직과 문왕의 출산에는 고통이 없었으며 어린아이일 때 이미 탁월하였다는 것을 지적함으로써 대적하고자 한다. 마지막으로 인간의 성은 선과 악이 합해져 있다는 양웅의 견해에 대해서는,

---

27) 도교에서는 무위가 최고의 것이지만 유학에서는 아니다.

28) 『昌黎文集』, 권12, 15b, "游箴余少之, 將求多能, 蚤夜以孜孜, 余今之時, 既飽而嬉, 蚤夜以無爲, 嗚呼余乎, 其無知乎, 君子之棄, 而小人之歸乎."

29) 『昌黎文集』 「原性」편 참조.

30) 『昌黎文集』, 권11, 9a, "性也者與生俱生也, 情也者接於物而生也."

요와 순의 자식들은 최고의 집안의 출신으로서 오직 선을 배웠음에도 악한이 되었으며, 순과 우는 그 아버지로부터 오직 악한 것만을 배웠을 터인데도 선하게 되었다는 사실로써 반증하고자 한다. 그리하여 그는 최종적으로 인간의 성에는 상중하의 세 가지 단계가 있다고 주장한다.

성에는 상·중·하의 세 단계가 있다. 상의 단계는 오직 선할 뿐이며, 중의 단계는 (선악이 뒤섞여 있어) 지도할 수 있으며, 하의 단계는 오직 악할 뿐이다.[31]

한유가 말하는 성은 유학의 오상으로 이루어진다. 첫 번째 단계의 성은 오상의 첫 번째 덕인 인仁이 주도하며 다른 덕들도 행한다. 두 번째 단계의 성은 첫 번째 덕이 쉽게 그 반대로 흐를 수 있으며, 다른 네 가지 덕도 잘 정리되지 않는다. 세 번째 단계의 성은 첫 번째 덕이 그 반대로 바뀌고, 네 가지 다른 덕도 자주 소홀히 여겨지게 된다.

정에는 희喜·노怒·애哀·구懼·애愛·오惡·욕欲의 7가지가 있다. 한유는 이것도 마찬가지로 세 단계의 성에 따라 구분한다. 첫 번째의 성에서는 7정이 모두 정상적이고, 두 번째 단계에서는 몇몇 정이 너무 강하고 다른 정들이 너무 약하지만 여전히 각각의 정에 올바른 자리를 주려는 경향이 강하다. 세 번째 단계의 성에서는 정이 과도하여, 모든 감정이 너무 강하거나 너무 약하다. 정에 대한 성의 영향은 각 단계에 따라 다르다. 첫 번째 등급에서는 성의 주도가 강한 반면에, 세 번째 등급에서는 정에 미칠 수 있는 성의 영향력이 거의 없다.

성의 가장 위와 가장 아래의 등급은 공자가 이미 말한 것처럼 본질적으로 불변하지만, 그럼에도 불구하고 최하 등급의 성이라 할지라도 교육을 통해

---

31) 『昌黎文集』, 권11, 9b, "性之品有上中下三, 上焉者善焉而已矣, 中焉者可導而上下也, 下焉者惡焉而已矣."

최악의 상황이 되는 것을 피할 수는 있다.

실제에 상응하지 않는 한유의 인성이론은 독창성이 결여되어 있고 매우 인위적이기는 하지만, 우리는 이것이 중국철학의 매우 중요한 영역인 인성의 문제에 하나의 새로운 동기를 제공했다는 점을 인정해야만 한다.

2. 이고

이고李翱(772~841)는 한유의 조카사위인 동시에 가장 중요한 제자로, 감숙성 농서隴西군 성기成紀 태생이다. 자는 습지習之이고 호는 무소武昭이며, 4세기에 감숙성 서량의 작은 국가를 통치했던 이고李暠의 후손이다. 798년에 진사시험에 합격하였고, 806년에 교서랑을 지냈으며 국자박사로 임용되었다. 이고는 그 지식이 높이 평가되었지만 과감하고 극단적인 성격 때문에 오랫동안 임용되지 못했다. 827년 이후에 다시 검교호부상서檢校戶部尚書·중서사인中書舍人·산남동도절도사山南東道節度使 등으로 임용되었다. 죽은 후에는 문文이라는 시호가 내려졌다. 그의 전서는 총 18권에 이르는데,[32] 그 중 3권에는 그의 철학적인 견해가 담겨 있다.

한유와 마찬가지로 이고 또한 인성의 문제에 관심이 많았지만, 그는 스승과는 다른 결론에 이르렀다.[33] 그가 매번 인용하는 주요 원전은 『역경』, 『대학』, 『중용』, 『맹자』 등이다. 이에 기초한 그의 기본생각은 다음과 같이 전개된다.

사람은 성인이 되는 것은 성을 통해서이며, 사람이 성에 미혹됨이 생기는 것은 정을 통해서이다. 희·노·애·구·애·오·욕의 7가지는 모두 정에서 나온다. 정

---

32) 『四部叢刊』 集部에 『李文公集』 18권이 수록되어 있다.
33) 『李文公集』 권2에 수록된 「復性書」의 上·中·下 세 편이 그 내용이다.

이 이미 어두우면 성도 숨게 되는데, 이것은 성의 잘못이 아니다. 칠정이 서로 순환하면서 교대로 이르는 까닭에 성이 완전히 채워지지 못한 것이다. 물이 혼탁하면 그 흐름도 맑지 못하고 불에 연기가 있으면 그 광채 또한 밝지 못하다. 이것은 물과 불의 맑음과 밝음에 잘못이 있는 것이 아니니, 모래가 섞이지 않으면 그 흐름이 맑아지고 연기가 나지 않으면 광채가 밝아지는 것이다. 마찬가지로 정이 가리지 않으면 성은 완전하게 채워질 수 있다.[34]

이고는 스승 한유에게서 성과 정의 구분을 배웠지만, 점차로 스승과 어긋나게 된다. 그는 맹자의 성선설을 확고하게 주장하였다.

"불선을 하는 것 또한 성이 아닌가?"라고 묻자 이렇게 답하였다. "아니다. 정이 하는 것이다. 정에는 선과 불선이 있지만, 성은 선하지 않음이 없다."[35]

성은 일반적인 사람이든 성인이든 모두 같다. 그러나 이 성은 욕구와 감정을 통해 어두워질 수 있다. 정은 성에서 자라나는 것으로서 독립적인 것이 아니다. 성은 하늘로부터 부여된 명이며, 정은 성이 감응하는 것이다. 일반 백성은 정에 빠져서 그 본연의 성으로 돌아올 수 없지만, 성인은 그처럼 잘못된 길로 빠져들지 않는다. 성인 또한 정을 가지고 있지만 이들은 정에 의해 주도되지 않는다. 성인은 마치 어떤 열정도 전혀 가지고 있지 않은 것처럼 고요하게 살며, 하늘과 땅 혹은 음과 양처럼 작용한다. 백성의 성은 성인의 성과 다른 것이 아니지만 정에 가려서 어두워지게 된다.[36]

---

34) 『李文公集』, 권2, 5a, "人之所以爲聖人者性也, 人之所以惑其性者情也, 喜怒哀懼愛惡欲七者皆情之所爲也, 情既昏, 性斯匿矣, 非性之過也, 七者循環而交來, 故性不能充也, 水之渾也, 其流不清, 火之煙也, 其光不明, 非水火清明之過, 沙不渾, 流斯清矣, 煙不鬱, 光斯明矣, 情不作, 性斯充矣."

35) 『李文公集』, 권2, 11a, "曰. 爲不善者非性邪, 曰, 非也, 乃情所爲也, 情有善有不善, 而性無不善焉."

36) 『李文公集』, 권2, 5b.

정은 인간의 성이 사특하게 된 것이다. 그 사특하게 되는 것을 알면 사특함은 본래 없는 것이다. 마음이 적연하여 움직이지 않으면 사특한 생각이 저절로 사라지고 오직 성만이 환하게 밝다. 어디에서 사특함이 생겨나겠는가? 37)

그런데 이러한 상태에 이를 수 있는 사람은 오직 성인뿐이다. "완전함(誠)은 성인의 성"38)이기 때문이다. 그는 고요하여 움직이지 않으면서 모든 것을 자신의 광채로 채운다. 이러한 생각은 『중용』에 바탕을 둔 듯하다.39)

현인은 이미 본연의 성을 어느 정도 잃어 버렸지만 지속적으로 성으로 돌아가고자(復性) 노력하는 사람이다. 오직 스스로 완전하고자 노력하는 사람만이 성을 완전하게 전개할 수 있으며, 그로써 다른 사람들을 도와 줄 수 있다. 그는 예로써 정에 고삐를 매고, 악으로써 다른 사람을 순종하게 한다. 완전하게 되는 데에는 완전한 허(虛)가 필요하다. 허는 밝음으로 이끌어 주며, 이로써 성과 명이 남김없이 채워지게 된다.40) 이러한 설명은 완전히 도교적 사유에 기초하고 있다.

이고는 어떠한 근심과 생각도 하지 않는 사람은 올바른 의지를 가지고 있으며, 그에게는 욕구가 생겨나지 않는다고 본다. 사람은 악한 생각으로부터 자신의 마음을 순수하게 지켜야 한다. 생각이 잠든 완전한 고요의 자유는 최고의 완전함으로 나아간다.41) 사람은 외부의 영향에서 완전하게 벗어날 수 없고 많은 것을 보고 들어야만 하지만, 그것에 헌신하고 그것을 추구해야 할 필요는 없다.

---

37) 『李文公集』, 권2, 8b, "情者性之邪也, 知其爲邪, 邪本無有, 心寂不動, 邪思自息, 惟性明照, 邪何所生."
38) 『李文公集』, 권2, 6a, "誠者聖人性之也."
39) 『중국고대철학사』, 259~261쪽(166쪽) 참조.
40) 『李文公集』, 권2, 6b.
41) 『李文公集』, 권2, 8a.

알지 못하는 것이 없고 하지 못하는 바가 없다. 그 마음이 적연하여 하늘과 땅을 밝게 비추니, 이것은 완전함(誠)이 밝은 것이다.[42]

여기에서 완전함은 『중용』에서와 마찬가지로 초자연적이고 신비적인 것으로 보이며, 도교의 생각과도 유사하다. 이러한 완전함을 이고는 또한 도라고도 표현한다.

도는 지극한 완전함이다. 지극한 완전함은 하늘의 도요, 완전함이라는 것은 고정되어 움직이지 않는 것이다.[43]

완전해지려는 것은 인간의 도이다. 완전해지려 함이란 곧 선을 택하여 확고하게 잡는 것이다.[44]

이고는 삶의 실천적인 문제에 있어서는 여러 요소들 가운데 부유함에 대해 집중적으로 언급한다. 어떤 사람이 이고에게 '부'라는 것이 지식을 통해 얻게 되는 것인지, 아니면 타고난 명으로 주어지는 것인지를 묻자 그는 다음과 같이 답하였다.

이것은 모두 인간을 악에 빠뜨리는 말이다. 지식으로 부를 구하는 사람은 다른 사람의 밭을 도둑질하여 경작하려는 것이고, 모든 것이 명으로 정해져 있다고 여기는 사람은 경작의 노력도 없이 수확을 바라는 것이다. 나는 둘 중의 어느 견해에도 동의하지 않는다. 방정함을 따르고 도에 말미암았다면 비록 천승의 부를 녹봉으로 받고 제후나 경 또는 대부의 높은 자리에 올랐더라도 그것을 사양하지 않았다고 해서 탐욕스럽다고 하지 않을 것이다. 자기 자신에게 이로운 것이 적고 천하에 이롭게 되는 것이 많기 때문에 사양하지 않은 것이다. 여기에 무슨 명이

---

42) 『李文公集』, 권2, 9a, "無不知也, 無弗爲也, 其心寂然, 光照天地, 是誠之明也."
43) 『李文公集』, 권2, 9b, "道也者至誠也, 至誠者天之道也, 誠者定也不動也."
44) 『李文公集』, 권2, 10a, "誠之者人之道也, 誠之者擇善而固執之者也."

있겠는가? 만약에 그 취하고 이용한 것이 방정함을 따르지 않고 도에 말미암은 것이 아니라면 비록 한 끼 식사와 같이 작은 것이라도 받아들여서는 안 된다. 하물며 부와 귀처럼 큰 것이랴!45)

그러므로 사람은 부를 추구하지도 말아야 하고 또 그것을 명으로 기대해서도 안 된다. 오직 올바르게 행동해야 할 뿐이다. 다만 올바른 행동 끝에 우연히 부 또는 귀가 주어진다면 그것을 받아들일 수도 있다.

도교와 불교에 대해 심하게 부정한다는 점에서 이고와 한유의 입장은 일치한다. 이고는 사악한 불교의 가르침이 이미 600년 전에 중국에 침입하여 중국의 관습을 해쳤다고 말한다.46) 이것을 이미 열자와 장자가 보여 주었으며,47) 그 외에 더 가지고 있는 것은 오랑캐의 견해로서 만약에 부처가 중국에 살았더라면 그가 개선하려는 내용은 달라졌을 것이라고 한다. 반면 오륜의 예법은 복희에서부터 공자에 이르기까지 적용되어 온, 변경되어서는 안 되는 것으로서 전 세계에 적용되어도 합당하다는 것이다.48)

이고는 불교도들에 대하여 다음과 같이 생각한다. 이들은 토지를 경작하지 않고도 먹으며 양잠을 하지 않고도 옷을 입으며 집을 짓지 않고도 거주한다. 수백만이 이렇게 산다면 많은 사람이 굶어 죽어야만 할 것이다. 이들은 호화로운 사원건축을 위해 백성의 재물을 쓰고 부처를 따르는 남녀를 사원에서 살게 한다. 위대한 우의 검소함은 거기에 크게 대립한다. 중국의 관습이 이방인에 의해 망가지는 것보다 더 큰 재앙은 없다. 성인의 도가 장자에 의해 쫓기게

---

45) 『李文公集』, 권4, 25a, "是皆陷人於不善之言也, 以智而求之者盜耕人之田者也, 皆以爲命者弗耕而望收者也, 吾無取焉爾, 循其方, 由其道, 雖祿之以千乘之富, 擧而立諸卿大夫之上, 受而不辭, 非曰貪也, 私於己者寡而利於天下者多, 故不辭也, 何命之有焉, 如取之不循其方, 用之不由其道, 雖一飯之細, 猶不可以受, 況富貴之大耶."

46) 『李文公集』, 권4, 22a.

47) 열자와 장자의 체계는 불교와 단지 몇 가지의 매우 피상적인 유사성만을 가지고 있을 뿐이다.

48) 『李文公集』, 권4, 22b.

되는 것도 이미 나쁜 것이다. 하물며 인도에서 온 사상으로 인해 큰 혼란을 야기하는 것은 얼마나 더 심하겠는가!49)

이러한 관점에서 볼 때, 종태와 와타나베의 주장처럼 이고가 불교와 도교의 사상을 수용함으로써 유학을 어느 정도 새롭게 정립할 수 있었다고 한다면50) 이것은 차라리 기적이라고 해야 할 것이다. 이고에게서 약간의 도교적인 사유를 발견할 수 있는 것은 맞지만, 이러한 일은 이미 자사에게서 일어났으며 이고는 아마도 그것을 수용했을 것이다. 그와는 달리 불교의 영향은 전혀 증명할 수가 없다. 여하튼 인간의 성에 대한 그의 생각은 한유의 억지적인 추리보다는 훨씬 더 합리적이다.

3. 임신사

임신사林愼思는 자가 건중虔中이고 복건성福建省 장락長樂 출신이다. 시초의 점에 따라 그는 호를 신몽자伸蒙子라고 하였으며, 869년에 진사시험에 합격하였다. 후에 강서성江西省 만년萬年의 현령으로 임용되었는데, 황소黃巢의 난(879~884)이 일어났을 때 이곳을 방어하다가 880년에 전투에서 죽었다.51) 태어난 시기는 대략 840년에서 850년 사이로 추정된다.

임신사는 철학서 두 권을 남겼다. 대화 형식으로 이루어진 『속맹자續孟子』

---

49) 『李文公集』, 권4, 23a.
50) 鍾泰, 『中國哲學史』 1, 182쪽 및 渡邊秀方, 『中國哲學史槪論』 2, 81쪽. 이들은 이고가 말하는 성은 불교의 眞如(tathata)와 같고 정은 불교의 無明(avidya)과 같다고 하면서, 성과 정은 의지 및 감정의 영역에 속하고 진여와 무명은 이해의 영역에 속한다고 하였다. 그러나 이고는 이미 중국철학에서 그러한 개념을 먼저 발견하였기에 자신이 싫어하는 불교에서 그것을 차용해 올 필요가 없었다. 많은 근대의 중국이나 일본 학자들은 여러 좋은 관념들을 전해 준 불교를 어느 정도 선호하는 경향이 있다.
51) 『四庫全書總目提要』, 권91.

14편은 『맹자』에 이어지는 내용이며, 『신몽자伸蒙子』 3편은 그의 호에 따라 이름 붙여진 것이다. 『속맹자』에서 그는 맹자의 견해를 잇고자 했는데, 훗날의 관점으로는 크게 불경된 것으로 보일 수도 있지만 당나라 때에는 아직 『맹자』는 경전이 아니었다. 이것은 『역경』을 모방한 양웅의 『태현경』이나 『논어』를 본보기로 삼은 왕통의 『중설』과 유사하다. 『신몽자』에서는 선생, 학자, 스스로 탐구하는 사람, 익명으로 표시되는 가상의 질문자와의 짧은 대화를 통해 삶의 실천적인 문제가 설명되었다. 이것은 순수 철학적인 내용은 아니지만 유교적으로 간주된다. 이따금씩 등장하는 익명의 인물은 주석가들이 주목을 끌기 위해 첨가한 것으로 보인다. 이 책은 865년 즉 진사시험 이전에 이미 저술된 것이다.[52] 임신사의 위치는 때때로 다른 철학자들과 동등하게 설정되기도 했지만, 실제로 그의 철학적 의미가 그만큼 중요한 것은 아니다.

임신사는 맹자의 제자들이 스승의 오랜 가르침을 모두 기술하지는 못했다는 말로써 『속맹자』를 시작한다. 그러므로 자신이 맹자의 말을 보충하고자 한다는 것이다. 그러나 『속맹자』의 대화는 그 본보기에 이르지 못하며, 우리가 맹자에 대하여 갖고 있는 생각을 변화시키지 못한다. 다음에 제시된 양나라 양왕과의 대화에서 독자는 이 저서에 대해 상상할 수 있을 것이다.

양나라 양왕이 사람을 보내어 맹자를 청하니, 맹자가 다시 찾아갔다. 왕이 의례에 맞지 않는 옷을 입은 채로 그를 맞이하자 맹자가 말하였다. "『시경』에 이르기를, '공경하여 삼가고 엄격하게 예를 갖추어 백성의 본보기가 된다' 하였습니다. 왕께서 매번 이렇게 저를 맞이하신다면 어찌 백성의 본보기가 되겠습니까?" 왕이 말하였다. "천하가 아직 정리되지 않고 나의 국가 또한 아직 안정되지 못하여 마음에 걱정이 쌓였습니다. 어찌 한가롭게 의례를 갖추는데 힘쓰겠습니까?" 그러자 맹자가 답하였다. "왕께서 진실로 백성의 신뢰를 받으려면 반드시 먼저 예에 따라 몸을 바르게 해야 합니다. 예는 덥거나 춥거나 간에 항상 있는 것입니다. 더위를 두려워

---

52) 劉希仁(1265~1275)의 후기와 Wylie, *Notes on Chinese Literature*, 67쪽에 따름.

할 수는 있지만 그 때문에 벗는다면 공경하겠습니까? 추위를 두려워할 수는 있지만 그 때문에 어깨를 움츠린다면 공경하겠습니까? 왕께서 국가가 안정되지 못하여 예를 갖추는 데 힘쓸 여유가 없다고 말씀하시면, 이것은 더위가 무서워서 발가벗고 추위가 무서워서 움츠리는 것과 무슨 차이가 있습니까? 진실로 왕께서 국가를 걱정하여 그렇게 하셨다면, 대부는 가족을 걱정하고 선비와 서민은 자신을 걱정하여 또한 그렇게 할 것입니다. 모든 사람이 예의를 갖추는 데 힘쓸 여유가 없다고 말하여 더 이상 상하의 예가 지켜지지 않게 될 것입니다. 그러면 군주와 신하, 아버지와 아들이 무엇을 본받겠습니까?" 양나라 양왕이 그 말에 놀라서 말하였다. "선생의 가르침을 경건하게 따르겠습니다."[53]

이 대화는 예와 관습에 대한 맹자의 견해를 표현하려고 만들어낸 것이라고 한다. 예와 관습은 마음이 모두 걱정으로 완전히 채워져 있다고 하더라도 결코 방치되어서는 안 된다는 것을 말하고 있다. 그러나 맹자가 군주에게 실제로 이러한 방식으로 훈계하지는 않았을 것이다. 심지어 『맹자』에 수록된 대화들도 실제로 그렇게 오간 것이 아니라 맹자 또는 그의 제자가 보다 강하게 부각된 것이라는 느낌을 받는다. 맹자는 내심 그렇게 말하고 싶었을지라도 실제 대화에서는 매우 공손했을 것이다. 그래서 이러한 대화는 『열자』와 『장자』에서의 우화적인 대화와 마찬가지로 결코 실제로 있었던 것으로 간주되지는 않았다. 나는 거기에 또한 공자와 노자의 대화도 더한다. 이것은 단지 말하는 사람의 관점을 명확하게 제시하기 위한 것이었다.

『신몽자』에서 우리는 공자에 대한 아주 큰 찬양을 발견한다.

---

53) 『續孟子』, 권1, 1b, 「梁襄王二」, "梁襄王使人求于孟子, 孟子再往, 襄王儀服不整, 而見孟子, 孟子曰, 詩云, 敬愼威儀維民之則, 王每見軻若此, 何以則民乎, 王曰, 吾以天下未定, 國無以安, 方惕惕然, 貯憂乎中, 豈遑以威儀爲務乎. 孟子曰, 王苟能恩信來民, 必先以容儀正其身, 夫禮存不以寒暑也, 暑可畏, 得以袒膚爲敬乎, 寒可懼, 得以縮臂爲恭乎, 王謂憂國未安, 不遑以容儀爲務, 何異畏暑, 而袒膚, 懼寒, 而縮臂邪, 苟王憂國旣然, 則大夫憂家, 士庶憂身亦然, 咸曰, 不遑以容儀爲務, 使上下無儀矣, 君臣父子何以則乎, 梁襄王矍然曰, 吾敬從夫子之教."

도를 아는 선생[54]이 물었다. "공자는 초나라에서 관직을 받지 못했다. 토지가 없는 것을 걱정하지 않았겠는가?" 신몽자가 답하였다. "공자가 초나라에서 관직을 얻었더라도 결코 토지가 있었다고 할 수 없고, 초나라에서 관직을 얻지 못했더라도 결코 토지가 없었다고 할 수 없다. 어떻게 그러한가? 미꾸라지가 사는 물에서는 큰 물고기가 머물지 못하고, 앵무새가 둥지를 튼 숲에서는 붕새가 살 수 없다. 공자는 일시적으로 토지가 없었지만 만세토록 토지를 갖게 되었다.[55] 살아서는 무례의 시대를 만났으니, 천하조차도 너무 작아서 공자를 수용하지 못했다. 하물며 초나라 하나가 무슨 도움이 되었겠는가? 공자가 참으로 도가 있는 시대에 살았더라면 더러운 골목길이라도 비좁다 여기지 않고 봉토를 가질 수 있었을 것이다. 비록 100개의 초나라라 하더라도 어찌 미칠 수 있겠는가? 공자의 도는 크고 끝이 없어서 만세에 수용되니, 결코 특정한 시기에만 받아들여질 수 있는 것이 아니다. 실로 일시적으로 초나라의 봉토를 받았다면 그것은 마치 큰 물고기가 미꾸라지의 물에 머물고 붕새가 앵무새의 숲에 사는 것과 같았을 것이다. 이미 수용될 수 없는데, 어찌 봉토를 갖고자 했겠는가? 그런 이유로 그는 만세에 수용된 것이다. 또한 그가 도가 있는 시대를 만나서 봉토를 받았더라면 누가 봉토가 없었다고 했겠는가? 그러므로 유학이 행해지면 유학이 있다고 말하지, 토지를 바랐다고 말하지는 않는다. 다만 예와 의를 세움으로써 저절로 토지를 갖게 되는 것이다. 이로써 공자가 초나라에서 봉토를 얻을 수 없던 이유를 알게 되고, 또한 봉토가 없었다는 것이 걱정할 일이 아님이 밝혀진다.[56]

---

54) 현전하는 원전에는 知와 道 각 글자에 삼수변이 덧붙여져 있다.

55) 유학자들은 하늘이 이 위대한 성인을 통치자로 삼지 않고 중국 전체를 그의 영토로 내리지 않았다는 사실을 이해할 수 없었다. 이들은 공자가 천하에 그 가르침을 드리움으로써 어떤 황제보다도 더 큰 권력을 행사하고 있다고 여겨 그를 '영토 없는 왕'이라고 불렀다.

56) 『伸蒙子』, 권1, 2b, "知道先生問, 仲尼不得封楚, 不患無土乎, 伸蒙子曰, 仲尼得于楚, 不爲有土, 失于楚, 不爲無土, 何, 則鰌居之水鯤不可止也, 鸎巢之林鵬不可棲也, 故仲尼無土于一時, 有土于萬代也, 且生遇無道, 則天下猶小, 不容仲尼也, 矧一楚國何益乎, 苟生遇有道, 則陋巷非隘, 可封仲尼也, 雖百楚國何及乎, 所以仲尼之道高大無窮焉, 亘萬代而乃容, 非一時之能容矣, 苟以一時封楚, 是鯤止鰌水, 鵬棲鸎林, 既莫能容也, 孰爲有土乎, 所以亘萬代而乃容, 果遇有道而封也, 孰爲無土乎, 故儒行曰, 儒有, 不祈土地, 立禮義以爲土地, 則知仲尼不得封楚, 不患無土明矣."

임신사는 유학이 하늘에 의해 고대의 현명한 통치자들에게 계시된 진리이며, 공자가 그것을 계승하여 알렸다고 여긴다. 이것은 모든 시대에 합당한 불변의 진리이다.

하늘은 복희·신농·황제·요·순을 낳아 도의 적장자로 삼았고, 또한 우·탕·문왕·무왕·주공·공자를 낳아 도의 주인으로 삼았다. 그들의 말은 만세에 모범이 되고, 그들의 정치는 모든 왕의 교훈이 된다. 이들은 해와 달을 가릴 수 없고 산과 내를 옮길 수 없는 것에 비유된다.[57]

그러나 임신사가 명에 대해 이해한 것은 공자와 전혀 일치하지 않는 듯하다. 국가의 성장과 소멸이 하늘의 명에 의존하는지 묻는 질문에, 그는 하늘은 단지 선과 악에 상응하는 징조를 보낼 뿐이며 실제로 국가의 성장과 소멸은 전적으로 인간에게 달려 있다고 답한다.[58] 그런데 다른 한편으로 그는 하늘의 도를 따르는 사람은 성장하고 그것에 대립하는 사람은 소멸한다는 견해도 표현하고 있다. 진나라는 하늘의 도에 대립함으로써 하늘의 분노와 인간의 재앙을 야기하여 망하게 되었다는 것이다.[59]

그 외에 임신사에게는 공자 학설의 기본원칙에서 어긋나는 것이 있다. 그는 백성을 통치하는 데에는 처벌이 은혜보다 중요하다고 한다. 선한 사람은 상이 없어도 선하지만, 악한 사람은 오직 처벌을 통해서만 개선될 수 있기 때문이라는 것이다.[60] 그러나 공자라면 관대함을 선호했을 것이다.

---

57) 『伸蒙子』, 권2, 1b, "天生羲農黃帝堯舜, 爲道之宗, 又生禹湯文武周公孔子, 爲道之主, 其言式萬代, 其政訓百王, 譬日月不可揜, 山川不可遷也."
58) 『伸蒙子』, 권1, 1a.
59) 『伸蒙子』, 권2, 1b.
60) 『伸蒙子』, 권2, 6a.

제2장 회의론자

1. 유종원

유종원柳宗元(773~819)은 자가 자후子厚로서, 당나라의 유명한 시인이자 문장가이며 서예가로도 잘 알려져 있다. 시인으로서의 그는 절친한 사이였던 한유와 견주어지지만 철학자로서는 별로 주목되지 않는다. 산서성 하동河東 출신이다. 20살에 친구 유우석劉禹錫과 함께 박학굉사과博學宏詞科에 급제하였으며, 803년에 감찰어사이행監察御史裏行이 되었다. 805년에는 자신을 궁정으로 이끌어 준 재상 왕숙문王叔文의 신임을 받았는데, 다음해 왕숙문이 실각하고 처형될 때 함께 연루되어 영주사마永州司馬로 좌천되었다. 815년 유주자사柳州刺史에 임용되었고, 이때 이후로 유유주柳柳州로 불리게 되었다.[1] 당시 유주에는 빌린 돈을 갚지 못할 경우 돈을 빌려 준 사람에게 아이를 담보로 보내는 관습이 있었는데, 유종원은 이러한 오랑캐의 풍습을 폐지하고 이미 담보로 보내어진 아이들을 직접 사서 부모에게 돌려보냈다. 그에게는 수천 리 거리를 마다하지 않고 찾아온 많은 제자들이 있었으며, 그들 대부분은 유명한 학자가 되었다. 819년에 유종원은 46세의 나이로 유주에서 죽었다.[2]

유종원의 몇몇 시들은 짙은 불교적 색채를 띠고 있었다. 이 때문에 한유는

---

1) 『新唐書』, 권168, 「柳宗元傳」, 19a 참조. 그의 전기는 추방된 사실에 대한 한탄으로 여러 쪽이 채워져 있다.
2) 『舊唐書』, 권160, 「柳宗元傳」, 20쪽 참조. 『구당서』의 전기는 단지 2쪽에 불과하다.

자주 그를 나무라곤 했고,[3] 그럴 때마다 유종원은 자신을 변호해야만 했다. 그의 저술들은 『중광주석음변당유선생집增廣註釋音辯唐柳先生集』 43권과 부록 3권으로 편집되어 『사부총간』에 수록되어 있다. 그 가운데 권1의 「정부貞符」, 권3의 「봉건론封建論」 및 「천작론天爵論」, 권16의 「천설天說」 등에서 철학적인 문제들이 다루어지고 있는데, 그의 철학적 관점에 대해서는 그리 주목할 만한 것이 없다.

태곳적 문화의 생성에 대하여 유종원은 묵적을 비롯한 몇몇 사람들과 유사한 사유를 지니고 있었다. 그에 의하면, 자연상태의 인간은 험난한 기후를 피해 둥지와 굴을 찾고 과실과 곡식 및 짐승의 고기를 먹었으며 털옷을 입었다. 그러다가 이들은 서로 싸우게 되었고, 강한 자가 우선권을 잡았다. 가장 힘이 센 자가 공동체의 우두머리로 등장하면서 내적인 투쟁이 끝나고 신하들이 임용되었다. 이로부터 제후와 신하 및 평민의 계층이 생겨났다. 질서는 혼란을 근원으로부터 제거하였고 문맹을 벗어나서 문화가 점차 전개되었으며 예는 마침내 악습에 승리하였다.[4]

유종원은 맹자의 사유에서 읽을 수 있는 인·의·예·지·신으로 이루어진 하늘의 고귀함(天爵)[5]에 대하여 말한다. 하늘은 인간에게 원형이정元亨利貞을 부여하였으며, 여기에서 인간의 덕이 파생된다고 한다.[6] 이른바 하늘의 네 가지 특성에 사계절이 상응하며, 인간의 도와 덕은 하늘의 음과 양과 같은 관계에 있다.[7] 이와 연관하여 우리는 유종원이 하늘을 일종의 신성神性으로, 그리고 인간과 유사한 정신적 존재로 보았다고 생각할 수 있을 것이다. 그러나 그는 절대로 하늘을 그렇게 생각하지 않았다.

---

3) Giles, *Chinese Biographical Dictionary*, Nr. 1361.
4) 『柳先生集』, 권1, 9b.
5) 『孟子』, 「告子上」; *Mencius VI* (Legge), 419쪽 참조.
6) 『柳先生集』, 권1, 4b.
7) 『柳先生集』, 권2, 5a.

어떤 사람이 물었다. "그대가 주장하는 하늘이 주었다는 말은 곳간을 열고 헤아려서 주었다는 말과 같은 것인가?" 답하였다. "아니다. 각기 기[8]와 합하는 것이다. 장자가 하늘을 가리켜 스스로 그러하다고 하였으니, 나는 그 뜻을 취한다.'[9]

즉 인간은 하늘의 의도가 전제된 의식적인 행위를 통해서가 아니라, 하늘의 기와 합하여 자연스럽게 운행함으로써 도덕적인 감각을 받게 된다는 것이다. 잘 알려진 한 편의 시에서도 유종원은 모든 존재를 생성하는 궁극적 존재의 실재에 대해 의구심을 표명하고 있다.[10]

하늘에 대한 이러한 견해는 「천설」에서 더욱 분명하게 나타난다. 한유가 유종원에게 명의 문제를 설명하면서, 하늘은 인간의 한탄과 기도를 들을 수 있으며 하늘의 명에 의해 선한 사람은 상을 받고 악한 사람은 벌을 받게 된다고 하였다.[11] 이에 대하여 유종원은 다음과 같이 말한다.

세상 사람들은 저 위의 검은 것을 하늘이라 하고 아래의 노란 것을 땅이라 하며, 섞여서 중간에 있는 것을 원기라 하고 차거나 따뜻한 것을 음양이라 한다. 이러한 것들이 비록 크더라도 열매나 등창, 초목 등과 다름이 없다.[12]…… 하늘과 땅은 큰 열매와 같고, 원기는 큰 등창과 같으며, 음과 양은 큰 초목과 같다. 어떻게 이러한 것들이 공이 있는 사람에게 상주고 나쁜 일을 한 사람에게 벌을 내리겠는가? 공은 자체가 공이고, 나쁜 것은 자체가 나쁜 것이다. 그 상과 벌을 바라고 기다리는 것은 큰 오류이며, 부르고 원망하면서 안타깝고 측은하게 여겨 주기를 바라는 것은 더욱 큰 오류이다.[13]

---

8) 인간을 태어나게 하는 하늘의 기.
9) 『柳先生集』, 권3 5b, "或曰, 子所謂天付之者, 若開府庫焉, 量而與之耶. 曰否, 其各合乎氣者也, 莊周言天曰, 自然, 吾取之"
10) Giles, *Gems of Chinese Literature*, 147쪽 및 Margouliés, *Kou-wên chinois*, 229쪽 참조.
11) 이 책 제3부 제1장의 '1. 한유' 항목(주26) 참조.
12) 한유는 세상의 질병과 소멸을 설명하기 위해 열매와 등창, 벌레의 작용과 혈기의 막힘 등의 비유를 든 바 있다. 이 책 제3부 제1장의 '1. 한유' 항목(주22) 참조.
13) 『柳先生集』 B. XVI, 1b, "彼上而玄者, 世謂之天, 下而黃者, 世謂之地, 渾然而中處者, 世爲之

이처럼 유종원은 하늘을 법칙과 조리에 따라 운행하는 자연의 일부로만 여기지만, 이것은 하늘의 덕에 맞지 않는다.

유종원은 경전들 속의 많은 문장들에 대해 논하고 비판하였는데, 그것은 대부분 실천적인 내용과 관련된 것들이었다. 그는 대단히 날카로운 비판가였지만, 그 문장이 너무도 독특하였기 때문에 사람들은 그의 주장을 쉽게 이해할 수 없었다. 그는 열자와 문자, 귀곡자鬼谷子, 항창자亢倉子, 할관자鶡冠子 등 다른 철학자 및 『논어』와 『안씨춘추』 등에 대해서도 비판하였다.[14]

철학사의 저자들 가운데서는 오직 종태만이 유종원과 유우석을 철학자로 인정한 바 있는데,[15] 내가 볼 때 이들은 인간의 명을 결정하는 하늘의 능력을 부인함으로써 하늘에 대한 독특한 견해를 선보였기 때문에 마땅히 언급되어야 할 것이라고 생각된다. 유종원과 유우석은 당나라의 특별한 회의론을 대표하는 학자들이라고 할 수 있다.

2. 유우석

유우석劉禹錫(772~842)은 하북성 중산中山 출생으로, 자는 몽득夢得이다. 그는 793년에 친구 유종원과 함께 박학굉사과博學宏詞科에 급제하였다. 그는 문장이 매우 훌륭하였으며, 특히 고대의 문체에 대한 이해가 깊었다.[16] 그는 처음에 절도사로 임용되었다. 그를 발탁한 재상 왕숙문王叔文은 그를 매우 아껴서

元氣, 寒而暑者, 世謂之陰陽, 是雖大, 無異果蓏癰痔草木也……天地大果蓏也, 元氣大癰痔也, 陰陽大草木也, 其烏能賞功而罰禍乎, 功者自功, 禍者自禍, 欲望其賞罰者大謬矣, 呼而怨, 欲望其哀且仁者, 愈大謬矣."

14) 『柳先生集』, 권4.

15) 鍾泰, 『中國哲學史』1, 182~186쪽. 謝无量의 『中國哲學史』4, 49쪽에서는 이 두 사람이 하늘에 대한 고유한 생각들을 말했다는 것만을 언급하고 있다.

16) 『舊唐書』, 권160, 「劉禹錫傳」, 15b.

늘 재상이 될 재목이라고 말하곤 했다.[17] 그래서 왕숙문은 유우석과 유종원을 자신의 은밀한 개혁계획에 참가시키고 유우석의 충고를 따랐다. 806년 왕숙문이 처형당할 때 유우석 또한 낭주사마朗州司馬로 좌천되어 가서 낭주에서 10년을 머물렀다. 그곳에서 그는 귀신을 숭배하는 지역주민들의 잔치에 참여하였고, 그들을 위해 잔치에서 부를 노래의 가사를 썼다. 이때 지은 시로 인해 그는 고령의 어머니 때문에 수도로 다시 불려왔다가 이내 다시 좌천되고 만다. 그가 지은 많은 시들이 매우 풍자적이었기 때문에 그는 자주 상사들과 갈등을 빚었다. 말년에 그는 백거이白居易와 친해져서 서로 시를 교환하였으며, 백거이의 시집에 서문을 쓰고 그를 시호詩豪라 칭하였다. 만년의 유우석은 태자빈객太子賓客의 직을 받고 이어 841년에 예부상서로 임용되었으나, 다음해에 70세를 일기로 죽었다.[18]

유우석은 해마다 너무 큰 재산이 소비되는 제사를 제한시키고 대신 공립학교의 숫자를 증가시켜야 한다고 주장하였다. 그는 627년에 1,200학교에 3,000명이 넘는 학생이 있었는데 자신의 시대에는 그 숫자가 훨씬 적어졌음을 지적하고 있다.[19] 그러나 그의 청원은 받아들여지지 않았다.

유우석의 중요한 의미는 문학적인 영역에 있다. 그는 당나라 최고 시인 중의 1인이었다. 그의 저술들을 엮은 『유몽득문집劉夢得文集』 30권과 『외집外集』 10권이 『사부총간』에 수록되어 있는데, 그 중 8권이 시를 담고 있다. 철학자로서의 유우석은 「천론天論」 때문에 거론될 수 있다. 거기에서 그는 친구 유종원이 고민하던 문제를 종결짓고자 하였다. 유우석은 유종원이 하늘과 인간의 관계를 아직 충분하게 해명하지 않았다고 생각하였다. 그는 친구가 자신과 같은 견해를 가지고 있다고 믿고 이렇게 썼다.

---

17) 『新唐書』, 권168, 「劉禹錫傳」, 5b.
18) 『舊唐書』, 권160, 「劉禹錫傳」, 19a.
19) 『新唐書』, 권168, 「劉禹錫傳」, 7a. 중국에서는 고대 때부터 사교육이 이루어졌다.

너의 글은 나의 「천론」에 대한 주석이다.[20]

그러나 「천론」은 유종원의 작은 저술이 담고 있는 것보다 함의가 더 크고 단순한 주석을 넘어서기 때문에 완전히 독립적이라고 볼 수 있다. 종태가 「천론」은 「천설」보다 훨씬 더 철저하기 때문에 양자를 동등하게 볼 수는 없다고 말한 것은 옳은 평가라고 하겠다.[21]

유우석은 먼저 하늘을 명을 행사하는 권력자로 이해하던 당시의 일반적인 견해와 하늘을 단순한 자연으로 이해하는 소수의 견해를 소개하고 있다.

우리 시대에는 하늘에 대하여 두 가지 이론[22]이 있다. 밝은 것에 매인 사람들은 하늘이 사람에게 실제로 영향을 미치며, 재앙은 반드시 죄가 있기 때문에 내려오고 복은 반드시 선을 행해야 온다고 말한다. 매우 곤궁해질 때 하늘에 호소하면 반드시 들어 줄 것이며, 은밀하고 아프게 기도하면 확실하게 답을 받을 수 있다는 것이다. 이것은 마치 그렇게 주재하는 존재가 있다는 것과 같다. 그러므로 하늘의 주재가 은밀하게 이루어진다는 견해가 주도적이다. 그와는 반대로 어두운 것에 묻힌 사람들은 하늘과 인간이 실제로 서로 다르다고 주장한다. 짐승과 나무가 천둥번개를 맞는 것은 허물이 있어서가 아니며, 봄에 제비꽃과 씀바귀가 자라는 것은 선을 택했기 때문이 아니다. 도척盜跖과 장교莊蹻의 일이 잘 풀리고 공자와 안회가 위기에 처하는 것은 왜인가? 이것은 아득하여 주재하는 것이 없기 때문이니, 그러므로 자연이라는 설이 우세하다.[23]

---

20) 『柳先生集』, 권31, 4a, "凡子之論, 乃吾天說傳疏耳."

21) 鍾泰, 『中國哲學史』 1, 185쪽.

22) 밝은 하늘과 어두운 하늘에 관련된 두 이론은 페히너(Gustav Theodor Fechner)의 낮과 밤의 견해를 빌려서 표현할 수 있을 것이다.

23) 『劉夢得文集』, 권12, 6b, "世之言天者二道焉, 拘於昭昭者則曰, 天與人實影響, 禍必以罪降, 福必以善徠, 窮阨而呼, 必可聞, 隱痛而祈, 必可答, 如有物之然以宰者, 故陰騭之說騰焉, 泥於冥冥者則曰, 天與人實剌異, 霆震於畜木, 未嘗在罪, 春滋乎堇荼, 未嘗擇善跖蹻焉而遂, 孔顔焉而厄, 是茫乎無有宰者, 故自然之說勝焉."

이어서 유우석은 어두운 견해의 편에 서서 다음과 같이 증명한다.

형기에 들어 있는 모든 것은 할 수 있는 것이 있고 할 수 없는 것이 있다. 하늘은 형체가 있는 것들 중에서 가장 크고,[24] 인간은 동물들 중에서 가장 뛰어나다. 하늘이 할 수 있는 것을 인간은 본디 할 수 없고, 인간이 할 수 있는 것을 하늘이 또한 할 수 없다. 그러므로 나는 하늘과 인간이 서로 상대를 이길 수 있다고 말한다. 그것은 말하자면 하늘의 도는 생식生殖에 있고 그 작용은 강약에 있으며,[25] 인간의 도는 법과 제도에 있고 그 작용은 시비에 있다는 것이다.[26]

그리고 음양·오행·인간·자연의 힘을 편리하게 이용하는 것과 의례의 규정에 대한 설명이 뒤따른다. 인간은 법과 제도를 포괄하는 방법론에서 하늘을 능가한다. 그러므로 선한 사람을 상주고 악한 사람을 벌할 수 있다.

인간은 선으로써 복을 취하게 되며 악으로써 재앙을 부른다. 어떻게 하늘이 그것을 예정하겠는가?[27]

그러나 그 상벌이 항상 정당한 것은 아니어서, 부당하게 숭배를 받는 경우도 있고 무고하게 벌을 받는 경우도 있다. 명을 잘 모르는 사람은 그것을 보고 명이라고 말하면서 하늘에 책임을 미룰 것이다. 그러나 하늘은 사물을 생성하기만 할 뿐 통치하지는 않기 때문에 그와는 전혀 상관이 없다.

하늘의 능력은 만물을 생성하는 것이고, 인간의 능력은 만물을 다스리는 것이다.[28]

---

24) 유우석은 하늘을 신 또는 신적인 존재가 아닌 물질적 존재로 보고 있다.
25) 만물의 성장과 쇠퇴는 기의 강약, 다소, 강유 등에 달려 있다는 뜻이다.
26) 『劉夢得文集』, 권12, 7a, "大凡入形器者皆有能, 有不能, 天有形之大者也, 人動物之尤者也, 天之能人固不能也, 人之能天亦有所不能也, 故余曰, 天與人交相勝爾, 其說曰, 天之道在生植, 其用在强弱, 人之道在法制, 其用在是非."
27) 『劉夢得文集』, 권12, 7b, "福兮, 可以善取, 禍兮, 可以惡召, 奚預乎天邪."
28) 『劉夢得文集』, 권12, 8a, "天之所能者生萬物也, 人之所能者治萬物也."

유우석은 하늘에 대한 일반적인 견해를 인정하지 않고, 오히려 모든 것을 뒤집었다. 하늘이 아니라 인간이 모든 관습의 원인이며 수호자라는 것이다. 그에 따르면 모든 정신적인 것은 인간에서 출발하며, 하늘은 거기에 전혀 관여하지 않는다.

시비가 보존되면 비록 야만의 땅에서도 인간의 이성이 이긴다. 시비가 없어지면 비록 국가가 있더라도 하늘의 이치가 이긴다.[29]

하늘의 법은 관습법이 아니라 자연법이기 때문에 선악과 시비를 알아낼 수 없다. 이러한 하늘을 오늘날의 자연 개념으로 해석한다면 유우석에 대한 올바른 이해가 될 수 있을 것이다.

하늘이나 자연은 탁월한 신이 아니라 하나의 사물에 불과하며, 그렇기 때문에 수나 형세, 상황 등과 연결되어 있다.

질문자가 말했다. "그대가 말한 것은 수가 존재하고 형세가 생겨나는 것이니 이미 하늘이 아니다. 하늘이 실로 그 형세에서 그토록 협소하겠는가?" 답한다. "하늘은 그 형체가 항상 둥글고 그 색이 항상 푸르며, 그 회전 주기를 계산할 수 있고 밤과 낮의 시간을 정할 수 있다. 수가 존재하는 것이 아닌가? 하늘은 항상 높아서 낮지 않으며 항상 움직이며 그치지 않는다. 형세에 의지하는 것이 아닌가? 지금 푸르고 푸른 것은 한 번 그 형체를 높고 크게 받았으니 스스로 낮고 작은 것으로 돌아갈 수 없다. 한 번 그 기가 움직이고 작용하면 한순간도 고요하게 멈추어 설 수가 없다. 그렇다면 어찌 수를 벗어나거나 형세를 넘어설 수 있겠는가?"[30]

---

29) 『劉夢得文集』, 권12, 9a, "是非存焉, 雖在野, 人理勝也, 是非亡焉, 雖在邦, 天理勝也."

30) 『劉夢得文集』, 권12, 10a, "問者曰, 子之言數存而勢生非天也, 天果狹於勢邪, 答曰, 天形恒圓 而色恒青, 周回可以度得, 晝夜可以表候, 非數之存乎, 恒高而不卑, 恒動而不已, 非勢之乘乎, 今夫蒼蒼然者, 一受其形於高大, 而不能自還於卑小, 一乘其氣之動用, 而不能自休於俄頃, 又惡 能逃乎數而藏(원문에는 越이 쓰임)乎勢邪."

그에게 반대하는 사람들은 당연히 하늘이 전혀 형체적인 것이 아니라 오직 형체가 없는 것으로서 신이라고 할 수 있다고 보았다. 그러나 유우석은 무 또는 허를 단지 형체의 가장 순수한 양태에 지나지 않는 것으로 간주하면서 형체가 없는 것의 실재를 부정한다. 참으로 회의적이다.

질문하였다. "하늘이 실로 형체가 있어서 수에서 벗어날 수 없다고 한다면, 저 형체가 없는 것이 어떻게 수에 있을 수 있다는 말인가?" 그 답은 이러하다. "형체가 없다는 것은 결국 공이 아닌가? 공이라는 것은 형체가 희미한 것이다. 그 본체는 사물에 방해받지 않으며, 그 작용은 항상 유에 의지한다. 반드시 사물에 의지한 후에 형체를 갖춘다.[31]

어떻게 하늘과 땅 사이에 어떤 무형인 것이 있겠는가? 예전에 무형이라고 한 것은 항상 형체가 있는 것이 아닐 뿐이며, 반드시 사물과 연계된 후에 볼 수 있는 것일 뿐이다. 어떻게 그것이 수에서 벗어나겠는가?[32]

만약에 하늘이 참으로 무형일 수 있다면 그것은 완전히 정미精微한 형체여야만 한다. 이는 마치 우리가 호흡하는 기의 신과 같다고 하겠지만, 이러한 것일지라도 또한 수 즉 시간 및 공간적인 것과 연관되지 않을 수 없을 것이다.

그러면서도 유우석은 자신이 결코 추연鄒衍[33]과 같은 천문학자나 자연철학의 추종자는 아니라고 강조한다. 그리고 학문을 궁구함에 있어서는 먼저 작은 것에서 시작하여 큰 것으로 넘어가고, 사람에서 출발하여 하늘로 이어가야 한다는 근본원칙을 확인한다. 그러나 질문자는 경전 특히 『서경』과 『시경』에서

---

31) 『劉夢得文集』, 권12, 10b, "問者曰, 天果以有形而不能逃乎數, 彼無形者子安所寓其數邪, 答曰, 若所謂無形者非空乎, 空者形之希微者也, 爲體也不妨乎物, 而爲用也恒資乎有, 亦依於物而後形焉."

32) 『劉夢得文集』, 권12, 11a, "烏有天地之內有無形者邪, 古所謂無形蓋無常形爾, 必因物而後見爾, 烏能逃乎數邪."

33) 『중국고대철학사』, 708쪽(503쪽) 이하 참조.

는 세상의 통치자로서의 하늘 및 하늘의 주인으로서의 신이 거론되는 일이 매우 흔한데, 그것은 왜 그러한지를 묻는다. 이에 대해 유우석은 하늘이나 상제에 관한 경전의 언급들은 모두 붕괴의 시대에 생겨난 것이라고 주장한다. 인간은 자기 자신의 허물 때문에 일이 잘 되지 않으면 하늘을 찾고, 고대의 빛나는 왕조에서는 모든 것을 인간 자신과 연관시켰다는 것이다.[34] 그러나 이러한 주장을 입증하기는 어려웠을 것이다. 이것은 어느 정도 고대 경전의 권위를 폄하하는 것이 되기 때문이다.

최고의 존재에 대해 유우석은 전래되는 관점에 단도직입적으로 대립하였는데, 이것은 양나라 범진范縝(450~510)에 못지않게 혁명적이다.

---

34) 『劉夢得文集』, 권12, 11b.

제3장 도가

1. 천은자

천은자天隱子는 단지 몇 쪽에 불과한 저술의 제목이자 저자의 이름이다. 이 책은 8개의 짧은 구절을 통해 신선이 되어 불사에 이르는 방법을 가르친다. 『사고전서총목제요』에서는 천은자에 대해 당나라 때의 도가학자로서 그 생애는 잘 알려져 있지 않다고 하면서 그의 책을 '백가' 중 무명씨無名氏의 목록에 수록하고 있다.[1] 조공무와 몇몇 사람들은 『천은자』의 저자가 은자이자 도사로서 지혜와 주술로 유명한 사마승정司馬承禎(647~735)이라고 말한다.[2] 호련胡璉 또한 1162년에 『천음자』의 간략한 후기를 지었는데, 그 또한 여기에서 소식의 시를 증거로 대며 사마승정이 저자라는 것에 동조한다.

사마승정은 이 글의 서문과 후기를 썼는데, 『고금도서집성』에 따르면 아주 짧은 주석도 지었다고 한다.[3] 그 서문에서 그는 이렇게 말한다.

나는 천은자가 어떤 사람인지 모른다. 그는 8구절의 글을 지었는데, 이것은 가장 은밀한 내용을 담고 있다. 그러므로 사람이 배워서 알 수 있는 것이 아니다. 장수에 이르는 신체와 정신의 수양은 노자와 장자에게로 거슬러 올라간다. 나는 이 책에 따라 도가를 공부하였다. 노자 이후에 단지 천은자가 있을 뿐이다.

---

1) 『四庫全書總目提要』, 권146.
2) Wieger, *Taoisme*, "Bibliographie", Nr. 1014 또한 그러하다.
3) 『古今圖書集成』, 「經籍典」, 470部.

후기에서는 또 이렇게 말한다.

나는 30년 동안 『천은자』를 읽은 뒤에야 비로소 밝아져서 수행을 시작할 수 있었다. 3년 후에 나는 신체와 정신이 고요해지는 것을 느꼈다. 다시 3년이 지나자 천은자가 직접 나타나서 내게 은밀한 가르침을 전해 주었다.

이에 따르면 사마승정과 천은자는 동일인이 아니다. 그럼에도 불구하고 사마승정이 저자라면, 그는 왜 천은자라는 이름을 만들어 그 뒤에 숨어야만 했는가? 그것은 알 수가 없다. 사마승정은 굳이 자신의 저서를 알리기 위해 다른 이름을 필요로 하지 않을 정도로 이미 유명한 인물이었다. 그는 자기 이름으로 다양한 저서들을 출간하였는데, 그가 저자였다면 왜 자신이 천은자임을 공개하지 않았던 것일까? 이 밖에도 그가 후기에서 몸과 마음의 수양에 대해 말한 것은 『천은자』 속의 원칙들과 일치하지 않는다.

사마승정의 생애는 그 당시 도교의 도사들이 궁정에서 얼마나 높은 위상을 갖고 있었는지를 보여 준다.4) 그는 자가 자미子微이며 하남성 하내河內 온현溫縣 출신이다. 반사정潘師正의 문하에서 도교와 주술을 공부하였는데, 유명한 산을 두루 방문한 끝에 절강성浙江省 천태산天台山에 거처를 정하였다. 측천무후(684~710)가 불렀지만 초대에 응하지 않다가, 뒷날 예종睿宗의 초대에 응하여 궁정에 나타났다. 711년, 황제가 천태산으로 동생을 보내 그를 초청한 데 따른 것이다. 다음은 그와 황제 사이의 대화이다.

"『도덕경』의 요지는 도를 행함이 날로 줄어드는 것으로서, 줄어들고 줄어들어 결국 무위에 이르는 것입니다.5) 또한 마음과 눈이 알고 보는 것도 아무리 매번 줄어들게 한다고 하더라도 완전하게 없앨 수는 결코 없습니다. 어찌 이단을 다시 공격하

---

4) 『舊唐書』 권192 및 『新唐書』 권196의 「司馬承禎傳」 참조.
5) 『道德經』, 48장 참조.

여 지식과 사유를 더욱 보태서야 되겠습니까?" 황제가 말하였다. "신체를 다스려서 무위하면 맑고 탁월하게 되지만, 국가를 다스림에 무위하면 어찌 되겠는가?" 그가 답하였다. "국가는 신체와 같습니다. 노자는 말하기를 '마음이 편안하게 놀면서 기가 널리 합하고 사물이 자연에 순응하며 사사로움이 없게 되면 천하가 다스려진 다' 하였고,『역경』에서는 말하기를 '성인은 천지와 더불어 그 덕이 합한다' 하였습니다. 이로부터 하늘은 말하지 않지만 믿을 만하며 무위하지만 모든 것을 완성한다는 것을 알 수 있습니다. 무위의 요지가 바로 국가를 통치하는 도입니다." 예종이 감탄하며 말하였다. "광성자廣成子의 말6)이 바로 이것이다."7)

그의 지식에 경탄한 황제는 친서를 내려 칭찬하면서 성대히 대접하였다. 사마승정이 다시 산으로 돌아가게 해 줄 것을 청하자 황제는 값진 거문고와 붉은 비단옷을 하사하였으며, 이 사건에 대하여 100명이 넘는 궁정의 시인들이 시를 써서 찬탄하였다.

721년에는 현종이 사마승정을 궁정에 초대하여 그에게서 부적을 받고 또 많은 선물을 내렸다. 727년에 황제는 다시 그를 궁정으로 불렀다. 그의 제안으로 황제는 오악에 새로운 사당을 설립하게 하였다. 당시 사마승정은 그곳에 산과 숲의 신들이 거주하고 있으며 동굴에는 참된 신선이 살고 있다고 주장하였다. 이들은 모두 도교의 성인들로서, 오악의 신선이 되어 산과 강, 바람과 비, 음과 양을 주재한다는 것이다. 그 안에는 또한 이름이 잘 알려진 많은 신령들도 있다고 한다. 이런 주장을 편 끝에 사마승정은 황제로부터 도교경전에 의거하여 사당을 건축하는 방법을 제시하라는 명을 받았다.

사마승정은 또한 서예가로도 유명하다. 그는 특히 전서를 잘 썼다. 황제는

---

6) Giles, *Chuang-tse*, 125쪽 참조.
7) 『舊唐書』, 권192, 12a~b, "道經之旨, 爲道日損, 損之又損, 以至於無爲, 且心目所知見者每損之, 尚未能已, 豈复攻乎異端, 而增其智慮哉. 帝曰, 理身無爲, 則清高矣, 理國無爲如何, 對曰, 國猶身也, 老子曰, 遊心於澹, 合氣於漠, 順物自然, 而無私焉, 而天下理, 易曰, 聖人者與天地合其德, 是知天不言而信, 無爲而成, 無爲之旨, 理國之道也. 睿宗歎息曰, 廣成之言即斯是也."

그에게 『도덕경』을 세 가지 다른 서체로 쓰게 하였고, 그 결과 새로운 5,380글자가 인쇄되어 정본으로 간주되었다.

사마승정은 집과 제단을 설치할 터를 스스로 정하여, 황제가 산에다가 그를 위해 지어 준 집에 거주하였다. 황제는 친필로 새 집의 현판을 써서 보내고 또 100필의 비단을 선물로 보냈다. 그러나 그는 곧 이 집에서 88세를 일기로 세상을 떠나고 말았다. 그가 죽는 날에 2마리의 학8)이 제단 주위를 맴돌고 제단에서는 하얀 구름이 피어올라 하늘로 사라졌다고 그의 제자는 황제에게 보고하였다. 황제는 성인의 죽음을 슬퍼하면서 그를 위해 직접 비문을 쓰고 진일선생眞一先生이라는 시호를 내렸다.

『천은자』의 후기에서 사마승정은 장수를 위한 수행법을 제시하여 신선이 되는 길을 알려준다. 인간은 하체에서 생겨나므로 장수하기 위해서는 그 근원으로 돌아가야만 하고, 또 혈액의 순환, 호흡, 침의 분비, 생각 등 모든 생의 기능을 조절해야만 한다. 그 방법들은 다음과 같다.

자정에서 정오까지는 이완된 조직으로 평온하게 쉬고, 그 후에는 일어나 호흡을 단련한다. 어금니 근처가 크게 울리도록 앞니를 부딪치고, 얼굴과 눈을 두 손으로 문지르며 몸의 온기를 느낀다. 그리고 다리를 포개고 바르게 앉아서 혀로 침의 분비를 자극하여 300번 입가심한 뒤 침을 삼킨다. 호흡과 침의 분비를 통해 하체에 작용한다.9) 생각을 고정하게 되면 이것은 머리에서부터 발끝까지 이르고, 다시 그곳으로부터 하체와 척추를 지나 뇌에 이르게 된다. 사마승정은 그 밖에도 여러 방식의 체조를 추천한다.

신선이 되기 위한 탁월한 방법은 인간이 자기의 신을 하늘과 땅의 참된 신과 화합하게 하는 것이다. 사람이 오고가는 때를 알아서 그 자신의 신을

---

8) 학은 신선이 타고 다니는 신령한 새로 인식되었다.
9) 신체의 단련에 대한 자세한 설명은 J. Dudgeon, "Kung-fu or Medical Gymnastics", *Journ. Peking Orient. Soc.* Vol.3 (1895), 341~565쪽 참조.

천지의 그것과 화합한다면 천지와 같이 오래 살 수 있다. 대개 한겨울 동지에 최초의 양기가 싹트는데, 이 날을 기다려 숨을 들이쉬고 내쉬어야 한다. 이것을 서너 차례 거듭하게 되면 그는 이미 신체에서 변화를 느끼게 되며, 수련을 많이 하면 할수록 더욱더 잘 느끼게 된다.[10]

『천은자』에서는 오직 장수의 방법만을 다루고 있다. 여기에 따르면 신선의 단계에 이르기까지에는 5개의 문이 있다. 이 문은 각각 재계하기(齋戒), 편안하게 거처하기(安處), 생각을 보존하기(存想), 정좌하여 자신을 잊기(坐忘), 신이 해방되기(神解)이다.

> 사람은 그러므로 이 다섯 단계를 점차적으로 나아가며 수행해야만 한다. 하나를 마치면 그 뒤 두 번째 단계에 이르고, 그것을 완수하면 다시 세 번째, 그리고 이어서 네 번째와 다섯 번째 단계에 이르게 되며, 이로써 신선이 된다.[11]

재계는 몸을 씻고 마음을 비우는 것이다. 이 단계에서는 채식과 목욕 등으로 몸을 정화하고 배부를 때까지 먹는 것, 상한 음식을 먹는 것 등을 모두 피해야 한다. 그러는 동시에 꾸준하게 손으로 피부를 문질러서 온기를 생성하고 추위를 몰아낸다. 이것의 목적은 신체를 강화하는 것이다.

편안하게 거처하는 것은 고요한 방 깊은 곳에 앉아 있는 것을 의미한다. 이것은 우아한 집을 필요로 하지 않는다. 음과 양, 즉 빛과 그림자가 고르게 있어야 하기 때문에 집이 너무 높거나 낮아서는 안 된다. 너무 많은 빛은 음기로 이루어진 백魄을 해치고, 너무 많은 어둠은 양기로 이루어진 혼魂을

---

10) 이 내용은 사마승정의 『坐忘論』에 따른 것인데, 『좌망론』은 또한 침잠을 통해 자기를 잊는 것에 대한 논고 및 신비적인 침잠과 불행의 방지, 귀신의 어려움, 마술 등과 관련한 내용을 다루는 한편 신선의 모습을 묘사하는 다른 저서들의 내용도 포함하고 있다. Wieger, *Taoisme*, "Bibliographie", Nr. 1024, 309 · 428 · 607쪽.

11) 『天隱子』, 1b, "是故習此五漸之門者, 了一則漸次至二, 了二則漸次至三, 了三則漸次至四, 了四則漸次至五, 神仙成矣."

해친다.[12] 또한 너무 뜨겁거나 습해서도 안 된다. 이것은 어떤 질병도 생기지 않게 하기 위해서이다. 바람이 불면 창문을 닫고 바람이 고요해지면 창문을 열며, 빛이 너무 강하면 장막을 치고 어두우면 장막을 걷는다. 이것은 눈과 감정을 고요하게 하기 위해서이다. 고요함을 얻기 위해 너무 많은 생각을 해서는 안 되며, 또한 심한 고통과 열정에 주도되어서도 안 된다.

생각을 보존하는 것은 마음을 집중하여 자신의 성으로 돌아감으로써 이루어 진다. 눈과 마음은 너무 자주 신체를 떠나지 말아야 한다. 그래야만 신을 해치지 않을 수 있다. 종일 다른 것을 보면서 다른 사물에 몰두하게 되면 시선과 마음이 밖으로 내달리게 되며, 끊임없이 시력을 소모함으로써 시력이 훼손되고 질병이 생겨서 일찍 죽게 된다.[13] 그러므로 사람은 눈을 감고 마음을 뒤로 물러나게 함으로써 근원으로 돌아가야 한다. 이는 곧 고요함과 삶 및 성을 완성하는 것이다.

정좌하여 자신을 잊는 것은 신체를 잊고 마음으로 돌아가서 머무는 것을 의미한다. 아무것도 보지 않고 아무것도 하지 않는 무위는 마음의 부동에 달려 있으며, 아무것도 보지 않고 하지 않으면 모든 형태들이 사라진다.

어떤 사람이 물었다. "어떻게 마음이 움직이지 않게 할 수 있는가?" 천은자가 침묵 하고 답하지 않았다. 그 사람이 다시 물었다. "어떻게 모든 형태가 사라질 수 있는 가?" 천은자는 눈을 감고 아무것도 보지 않았다.[14]

그 답은 아무것도 듣지 않고 하지 않음으로써 마음이 부동하게 되어 신을 받아들일 수 있는 완전한 상태에 이른다는 것을 의미한다.

---

12) 음은 차갑고 어두우며, 양은 뜨겁고 밝다.
13) 단지 지각조직을 사용하지 않는 것에서부터 출발하는 아주 잘못된 주장이다.
14) 『天隱子』, 3a, "或問曰, 何由得心不動, 天隱子默而不答. 又曰, 何由得形都泯, 天隱子瞑而 不視."

그러므로 신이 뜻을 두면 하지 않아도 이루어지며 서두르지 않아도 빨리 이른다. 음과 양이 변통하며 하늘과 땅이 오래 지속된다. 천·지·인을 겸하는 것으로써 말하면 '역易'이라 하고, 만물을 가지런히 하는 것으로써 말하면 '도'와 '덕'이라고 하며, 하나의 성에 근거하는 것으로써 말하면 진여라고 한다.15) 진여에 들어가면 무위로 돌아간다. 그러므로 천은자는 역 가운데서 나고 죽고, 만물에 연유하여 움직이다 고요해지며, 하나의 성에 말미암아 사특함과 참됨을 짓는다. 그러므로 나고 죽음, 움직임과 고요함, 사특함과 참됨이 모두 신을 통해 해방된 이를 가리켜 다음과 같이 말한다. 인간으로써 말하자면 인선이라 하고, 하늘로써 말하자면 천선이라 하며, 땅으로써 말하자면 지선이라 하고, 물로써 말하자면 수선이라 하며, 두루 통하여 변화하는 것으로써 말하자면 신선이라고 한다.16)

신이 만물을 가지런히 하는 것으로써 말하면 도와 덕이라고 한다. 이때 도는 신의 본체를 가리키고, 덕은 그 활동을 가리킨다. 그런데 대부분의 도사들에게서 매우 중요한 역할을 하였던 도의 초월성에 대한 표현이 천은자에게서는 발견되지 않는다. 그에게 있어 최고의 목표는 신이 자신을 포기하고 도에 침잠하는 것을 통해서가 아니라 그 자신이 생과 사, 동과 정, 진과 사 등 지상의 모든 구속으로부터 해방됨으로써 도달할 수 있다. 이것은 도교사상으로 침투한 불교사상이라 할 수 있다.

갈홍이나 사마승정, 천은자 등은 무병장수와 신선됨이라는 같은 목표를 지향하지만 그 방법에 있어서는 차이를 보인다. 갈홍이 단약에 중점을 두고 있다면 사마승정은 신체의 수련에, 그리고 천은자는 정신의 수양에 중점을 둠으로써 각기 구분된다.

---

15) 참된 불성을 의미하는 眞如(tathata)는 『天隱子』에서의 神과 같다. 주석에서는 진여의 개념이 거론된 『妙法蓮華經』, 『楞伽經』, 『涅槃經』을 언급하고 있다.

16) 『天隱子』, 3a, "故神之爲義不行而至, 不疾而速, 陰陽變通, 天地長久, 兼三才, 而言謂之易, 齊萬物, 而言謂之道德, 本一性, 而言謂之眞如, 入於眞如, 歸於無爲, 故天隱子生乎易中, 死乎易中, 動因萬物, 靜因萬物, 邪由一性, 眞由一性, 是以生死動靜邪眞, 吾皆以神而解之, 在人謂之人仙, 在天曰天仙, 在地曰地仙, 在水曰水仙, 能通變之曰神仙."

2. 항창자

『열자』에 따르면 항창자亢倉子는 노자의 제자로 춘추시대 진陳나라에 살았다고 전한다. 그곳에서 그는 성인으로 간주되었다. 당시에 그가 귀로 보고 눈으로 들을 수 있다는 소문이 퍼졌는데, 노나라 왕이 항창자를 초대하여 소문에 대해 묻자 그는 그 말이 맞지는 않지만 자신이 눈과 귀를 통하지 않고 지적인 직관으로 보고 들을 수는 있다고 답하였다.[17] 『장자』 외편에는 그에 대한 다른 기록이 있는데, 거기에서는 그가 '경상초庚桑楚'라는 이름으로 불리며 『장자』의 편명 또한 「경상초」라 되어 있다. 이것은 아마도 올바른 기록일 것이다. '경상'이라는 성은 오나라에 실재하였고, '초'는 그의 이름이다. 기록에 따르면 경상초는 외루산畏壘山에 살았으며, 그곳 주민들은 그를 신처럼 숭배하였다. 그는 남쪽의 자기 스승 노담에게 자신의 제자를 보내어 가르침을 받게 했다고 한다.

파버는 항창자가 주나라 영왕靈王(기원전571~545)의 치하에 살았다고 하지만,[18] 그가 과연 실존 인물인지 만들어진 인물인지는 의심스럽다.[19] 여하튼 이 도교경전은 적어도 742년 이전에 유사한 저서가 존재했어야만 한다. 왜냐하면 그 해에 당나라 현종이 이 책에 『동령진경洞靈眞經』이라는 제목을 주며 구하게 하였기 때문이다. 이 책은 그 후로도 한동안 발견되지 않다가 745년에 왕사원王士元이라는 사람이 황제를 알현하면서, 자신의 조상이 산에서 발견한 것이라고 고하며 이 책을 진상하였다. 이에 황제가 학자들에게 이 책의 진위를 검토할 것을 명하였는데, 진본임을 의심받게 되자 왕사원은 자신이 지은 것이라고 자백하였다. 『항창자』는 노자, 열자, 장자, 여불위, 상자, 유향 등의 글이라고

---

17) Faber, *Licius IV*, 281쪽.
18) Faber, *Doctrines of Confucius*, Nr. 4, 19쪽.
19) 이것은 『四庫全書總目提要』, 권146의 견해이다.

되어 있지만[20] 대부분 왕사원 자신의 저술일 것이다. 제1장은 『장자』와 『열자』에서 발췌한 것으로 시작하는데, 간단하고 명백한 문장 스타일은 주나라 때의 것이 아니라 왕사원 당대의 새로운 기술방식이다. 왕사원은 또한 1권 9장으로 된 『항창자』의 주석서도 썼다. 이 주석서는 오늘날에도 남아 있다. 그 밖에 송대 하찬何粲의 주석이 언급되기도 하는데, 실상 이것은 이미 송대 이전에 저술된 것이라고 한다.

위작임에도 불구하고 『항창자』는 어느 정도 중요한 의미를 가지고 있다. 무엇보다도 철학적인 저술들이 상대적으로 없는 8세기 당나라 시대에 유래함으로써 많은 독특한 생각들을 보여 줄 뿐만 아니라 우리에게 유교적인 이념과 혼합된 도교의 모습을 확인시켜 주기 때문이다. 특히 주목할 만한 것은 항창자가 내린 도에 대한 정의이다.

> 땅이 껍데기를 벗어 버리면[21] 물이라고 하고, 물이 껍데기를 벗어 버리면 기라고 하며, 기가 껍데기를 벗어 버리면 허라고 하고, 허가 껍데기를 벗어 버리면 도라고 한다. 허는 도의 본체이고, 고요는 도의 작용이며, 이치는 도의 벼리이며, 인식은 도의 세목이다. 도는 신을 보호하고, 덕은 헤아림을 넓히며, 예는 사물을 고르게 하고, 사물은 몸을 기른다.[22]

항창자는 다양한 무리가 원상회복하는 과정을 통해 도의 본질을 규정하고자 하였다. 이로써 본다면 그는 도를 단순한 추상적 원칙으로 이해하지 않고 어느 정도 실제적인 것으로 이해하였다고 할 수 있다. 땅처럼 고정된 실체가

---

20) 『四庫全書總目提要』, 권146.
21) 곤충 등이 허물을 벗는 것을 의미하는 '蛻'자는 여기에서 탈바꿈을 의미하게 된다. 즉 번데기에서 허물을 벗고 새로운 존재로 태어나는 곤충과 같이 자기 존재를 변화시킨다는 것을 의미한다.
22) 『亢倉子』, 2a, "蛻地之謂水, 蛻水之謂氣, 蛻氣之謂虛, 蛻虛之謂道, 虛者道之體, 靖者道之用, 理者道之綱, 識者道之目, 道所以保神, 德所以宏量, 禮所以齊物, 物所以養體."

유동적인 것으로 변하고, 이것이 다시 기체가 되고 기체가 또한 허로 변하며, 허에서 도가 생겨나는 것이다. 그러므로 도는 본래 무실체의 실체이다. 이것은 정신적인 존재, 즉 이성과 지성이다. 도의 형체가 허이고 그 작용이 고요라는 것은 이미 다른 사람들이 말했던 내용이다.

도는 세상에서 유일하게 안전한 피난처이다. 이러한 도는 덕과 함께 조화롭게 작용하며, 신과 귀는 인간을 돕는다. 그리고 오직 성인만이 도를 완전하게 소유할 수 있다.

하늘을 믿을 수 없고, 땅을 믿을 수 없으며, 인간을 믿을 수 없고, 마음을 믿을 수 없다. 오직 도만 믿을 수 있다.[23]

같은 도를 가진 사람은 서로 사랑하며, 같은 기예를 갖춘 사람은 서로 질투한다.[24]

성인은 그 천성을 보전하는 것과 같은 방식으로 만물을 주재한다. 천성을 보전하는 것은 곧 신을 보전하는 것이다. 신을 보전한 사람은 생각하지 않아도 이해하며 계획하지 않고도 올바로 당면한다. 순수하고 빛나서 그 바깥이 없으니,[25] 뜻은 우주에 가득하고 덕은 천지와 같다. 그러므로 위로 천자가 되어도 교만하지 않고, 아래로 필부가 되어도 어둡지 않다. 이를 일러 도를 보전한 사람이라 말한다.[26]

또한 사람은 도로써 특별한 이해방식에 이를 수 있다.

잘 알아서 분별하는 것을 인식이라 하고, 알지만 분별하지 않는 것을 도라고 한다. 인식은 사람을 다스리고, 도는 사람을 편안하게 한다.[27]

---

23) 『亢倉子』, 3a, "天不可信, 地不可信, 人不可信, 心不可信.惟道可信."
24) 『亢倉子』, 4a, "同道者相愛, 同藝者相嫉."
25) 모든 것을 이해하기 때문에 외부의 사물까지도 또한 자기 안에 수용하게 된다.
26) 『亢倉子』, 1b, "故聖人之制萬物也, 全其天也, 天全則神全矣, 神全之人不慮而通, 不謀而當, 精照無外, 志凝宇宙, 德若天地, 然上爲天子而不驕, 下爲匹夫而不惛, 此之謂全道之人."

현란한 인식으로써 사람은 대상을 분리하고 논리적으로 파악한다. 반면 도로써 지각하는 것은 현란하지 않으며 직관적이다. 도의 지각은 사물을 분변하는 것이 아니라 전체를 통찰하는 것이다. 그러므로 이것을 지적인 직관이라고도 한다.

항창자는 인식의 현실성을 많이 지적한다. 어떤 사람에게 좋게 나타나는 것이 다른 사람에게는 나쁘게 나타나기도 하고, 어떤 사람에게는 탁월하게 간주되는 것이 다른 사람에게는 결함으로 여겨지기도 한다. 그러나 견해가 바르다는 확실한 증거가 있다 하더라도 이것이 진리의 잣대가 될 수는 없다.

바탕이 흰 것을 좋아하는 사람은 검은 것을 더럽게 여기고, 바탕이 검은 것을 좋아하는 사람은 흰 것을 더럽게 여긴다. 내가 어찌 천하의 올바른 깨끗함과 더러움을 알겠는가? 그러므로 사물의 깨끗함과 더러움은 주체가 없다. 눈이 어두운 사람은 노란색을 빨갛게 보고 파란색을 검게 여긴다. 내가 지금 검고 희다고 말하는 것이 지식인들이 빨갛고 노랗게 여기는 것이 아닌지 어찌 알겠으며, 내가 어떻게 천하의 올바른 색을 알겠는가? 그러므로 사물의 색을 숨기지 못한다.[28]

재물을 매우 좋아하는 사람은 다른 사물의 좋은 점을 보지 못하고, 말을 매우 좋아하는 사람은 다른 사물의 좋은 점을 알지 못하며, 책을 매우 좋아하는 사람은 다른 사물의 좋은 점을 알지 못한다. 천하에 참으로 좋은 것과 참으로 나쁜 것을 내가 또한 어찌 알겠는가? 그러므로 어떤 사물을 과연 보호할 만하고 사랑할 만한지를 알 수 없으며, 내가 참이라는 것을 주장할 수 없다.[29]

유식한 사람은 자기가 옳고, 무식한 사람 또한 자기가 옳다. 도가 있는 사람은

---

27) 『亢倉子』, 3a, "長知而辨之, 謂之識, 知而不辨, 謂之道, 識以理人, 道以安人."

28) 『亢倉子』, 2a, "好質白之物者以黑爲汚, 好質黑之物者以白爲汚, 吾又安知天下之正潔汚哉, 由是不主物之潔汚者矣, 夫瞽視者以黈爲赤, 以蒼爲玄, 吾乃今所謂皀白, 安知識者不以爲頳黃, 吾又安知天下之正色哉, 由是不瞶物之色矣."

29) 『亢倉子』, 2a, "夫好貨甚者不見他物之可好, 好馬甚者不見他物之可好, 好書甚者不見他物之可好, 吾又安知, 天下之果可好者, 果可惡者哉, 由是不見物之可以保戀矣, 無能滑吾眞矣."

고요하게 침묵하며, 어리석고 우둔한 사람 또한 고요하다. 사물에는 본래 올바르게 보이지만 그릇된 것이 있고, 그릇되게 보이지만 올바른 것이 있다.[30)

항창자의 윤리는 대부분 도교적이 아니라 유학적이다. 도와 효의 차이에 대한 물음에 그는 공자로 하여금 다음과 같이 답하게 한다.

도는 스스로 그러한 놀라운 작용이며, 효는 인간의 도 가운데 최고의 덕이다.[31)

공자는 이어서 사람은 반드시 예와 악을 닦아야만 한다고 말한다. 예는 안을 고귀하게 하고 악은 바깥을 고귀하게 하는데,[32) 이는 근육과 뼈를 닦으면 신체가 제대로 움직이고 욕구와 욕정을 제재하면 신이 제대로 움직이는 것과 같다는 것이다.[33) 이 말은 상당히 도교적으로 들린다.

『항창자』에는 특별히 국가에 대하여 다루고 있는 편들이 있다. 제목은 각기 「정치의 도」, 「군주의 도」, 「신하의 도」인데,[34) 그 내용은 유학 또는 법가의 견해와 일치한다. 항창자에 따르면 성왕은 충성스런 신하와 올바른 말을 할 줄 아는 학자를 높이 평가해야 하며, 자신을 극복하고 예로 돌아가야 한다. 군주가 쟁기질을 하고 왕후가 양잠을 한다면 백성들에게 좋은 본보기를 보여 영향을 미칠 수 있다.

고대의 성군은 사람을 다스리는 것을 농업에 힘쓰는 것으로 하였다. 농업은 단지 땅을 경작하는 것이 아니라 그 뜻을 귀하게 하는 것이다. 사람의 농사는 순박하고,

---

30) 『亢倉子』, 3b, "有識者自是, 無識者亦自是, 有道者靜默, 闇鈍者亦靜然, 物固有似是而非, 似非而是."
31) 『亢倉子』, 12b, "道者自然之妙用, 孝者人道之至德."
32) 『亢倉子』, 13a.
33) 『亢倉子』, 3b.
34) 「政道」편은 『亢倉子』권3, 「君道」편은 권4, 「臣道」편은 권5로 각기 수록되어 있다.

순박한 것은 쉽게 시행되며, 쉽게 시행되므로 변경이 편안해지고, 변경이 편안해지면 군주의 지위가 높아진다.[35]

정치하는 데에는 유능한 관리가 중요하다. 국가의 운명과 평화, 황제의 안녕 등이 모두 관리에게 달려 있기 때문이다.[36] 이러한 관리의 선발은 학문과 언변, 행동과 처신, 용모 등을 토대로 하는데, 나라에 도가 있으면, 즉 상황이 잘 갖추어지면 현인이 스스로 나타나 봉직하게 된다.

천자가 고요하고 대신이 밝으며 형벌이 고관을 피해가지 않고 은택이 아랫사람에게도 소원하지 않으면, 현인이 스스로 와서 쓰이고자 한다.[37]

천하에 도가 있으면 부르지 않아도 현인이 스스로 오고, 천하에 도가 없으면 오직 현명하지 못한 사람들만이 부르지 않아도 스스로 온다.[38]

국가는 상과 벌이 없을 수 없고 군사 없이 꾸려 나갈 수 없다. 예에 밝고 의로운 사람을 상주지 않고 오히려 예를 해치는 무례한 사람에게 은혜를 베풀면 사람들을 선하게 할 수 없다.[39] 상과 벌은 음과 양에 상응하기 때문에 심지어 이로써 홍수와 가뭄과 같은 재앙도 막을 수 있다. 또한 항창자는 정당한 전쟁을 옹호하는데, 이 점에서는 『여씨춘추』와 상응한다.[40]

---

35) 『亢倉子』, 15a, "古先聖王之所以理人者先務農業, 農業非徒爲地也, 貴其志也, 人農則樸, 樸則易用, 易用則邊境安, 安則主位尊."

36) 『亢倉子』, 5b.

37) 『亢倉子』, 11b, "若天子靜, 大臣明, 刑不避貴, 澤不隔下, 則賢人自至, 而求用矣."

38) 『亢倉子』, 12a, "夫天下有道則賢人不求而自至天下無道則非賢不求而自至."

39) 『亢倉子』, 8a.

40) 『亢倉子』, 16a.

3. 장지화

장지화張志和(730?~810?)의 호는 현진자玄眞子[41]이다. '현묘한 진리의 스승'이라는 뜻의 이 호는 그가 은둔자임을 확연히 드러낸다. 본래 이름은 귀령龜齡인데 후에 지화志和로 바꾸었다. 자는 자동子同이며, 절강성浙江省 금화金華 출신이다. 그는 문재가 빼어나 16세 때에 이미 명경과에 발탁되었지만, 관리의 길을 택하지 않고 그의 형이 지어 준 오두막에 은거하면서 기행을 일삼았다. 미끼도 없이 낚싯대를 드리우기도 했고, 한여름에도 검은 옷을 입었으며 술에 취해 북을 치고 피리를 불었다. 그는 시인인 동시에 빼어난 화가였다. 그가 결혼할 때 황제는 남녀 노비를 하사하였다. 헌종憲宗(806~821)은 직접 그의 모습을 그린 후 그의 시를 얻고자 했지만 자취를 알 수 없었다.

장지화는 자신의 호를 따서 『현진자』라는 저서[42]를 남겼으며, 위예韋詣가 그에 대한 주를 출간하였다. 이 책은 원래 12편으로 이루어져 있었으나, 현재는 다만 3편이 전해져 오고 있을 뿐이다. 나아가 장지화는 『역경』을 본떠 『태역太易』 15편을 저술하였는데, 이것은 365괘를 담고 있다.[43] 그의 스타일은 갈홍과 비교되지만 우아함이 떨어진다.

형식적으로 『현진자』는 『장자』를 어느 정도 모방하고 있다. 우화적인 인물들이 등장하며, 또한 인식의 가장 큰 경계에 대한 난해한 문제를 토론하고 있다. 그것은 『장자』처럼 무한·생성·존재·무의 문제를 궁구하지만, 우리가 받아들일 만한 설명들은 그다지 많지 않다. 다음 내용을 보자.

유는 아직 무가 아니었던 것이 아니고, 무는 아직 유가 아니었던 것이 아니다.

---

41) 『玄眞子』 2b에서는 이 이름을 다음과 같이 설명하고 있다. "無玄而玄, 是謂眞玄, 無眞而眞, 是謂玄眞."

42) Wieger, *Taoisme*, "Bibliographie", Nr. 1017에서는 『玄眞子外篇』이라고 쓰고 있다.

43) 『新唐書』 권196 및 『四庫全書總目提要』, 권146 참조.

또한 아직 무가 아닌 것은 유이면서 유가 아닌 것이요, 아직 유가 아닌 것은 무이면서 무가 아닌 것이다. 이것이 유와 무의 지극함이다. 그러므로 지금 유가 갑자기 무가 되어도 이전의 무가 아직 유가 아닌 것이었던 것은 아니며, 지금의 무가 갑자기 유가 되어도 이전의 유가 아직 무가 아니었던 것은 아니다. 이것은 그 때가 다른 것이다.[44)]

『현진자』는 생성과 소멸을 무에서 유로의 과정으로 표현한 것으로 보이는데, 특히 무를 특별한 종류의 유 즉 일종의 다른 양식의 존재로 파악했던 것으로 보인다. 두 상태는 시간적으로 서로 이어지고 서로 교대하며, 그 과정은 단절됨이 없다. 존재에는 아직 존재가 현상으로 드러나기 이전의 무의 싹이 놓여 있으며, 그 반대도 마찬가지이다.

무에는 또한 도 즉 참된 하나로서의 무인 한도 내에서는 현상적인 존재가 아니기 때문에 무라고 불리는 완전히 다른 종류의 무가 있다. 이때의 무는 무이면서 동시에 초감각적인 존재이다.

참된 무의 영역에서 노닐 수 있는 사람은 연후에 참된 하나의 모습을 볼 수 있다. 참된 무의 영역에서 노니는 사람이 참된 하나의 모습을 볼 수 있다는 것은 곧 무로부터 드러난다는 뜻이다.[45)]…… 저 무로부터 온 것은 사람들이 이름 붙일 수 없는데, 나는 억지로 그것에 이름을 붙여 커다란 무의 영역이라 부른다.[46)]

세계가 생성되기 전에 유와 무는 이미 존재하며, 생성은 무에서 시작된다.

---

44) 『玄眞子』, 12b, "有之, 非未無也, 無之, 非未有也, 且未無之, 有而不有, 未有之, 無而不無, 斯有無之至也, 故今有之忽無, 非昔無之未有, 今無之忽有, 非昔有之未無者, 異乎時也." 이 부분은 매우 난해하다.

45) 이것을 우리는 현상계의 부분적인 무와 완전한 무 및 도의 초월적인 무로 이해할 수 있다.

46) 『玄眞子』, 13b, "夫能游乎眞無之域者, 然後謁乎眞一之容者焉, 夫游乎眞無之域, 謁乎眞一之容者, 乃見乎諸無矣……夫諸無者, 人莫能名焉, 吾强爲之名者曰, 太無之實."

유의 무는 무의 유의 시작이고, 무의 유는 유의 무의 단초이다. 유의 무가 일어나고 무의 유가 서게 되면 그 가운데에서 조화가 행해진다. 무릇 조화가 흥행하면 공으로써 채워지고 바람으로써 나아가며 물로써 모아지고 인식으로써 감응하며 기로써 통하니, 만물이 그 안에 다 갖추어진다.[47]

여기에 이어지는 설명들은 참으로 조야한데, 우선 맨 처음 나타나는 실체로서 허공·바람·공기 등 기체의 종류가 일컬어지고, 이어서 그것의 응결을 통하여 나타나는 유동적인 실체로서의 물이 언급되며, 마지막으로 견고한 실체가 제시되고 있다. 훗날 대부분의 송대 철학자들은 여기에 언급된 '기'를 실체로 간주하였다.

장지화에 따르면 생성이 시작될 때면 9개의 큰 것들(九大: 風·雲·雷·海·火·日·地·天·空)이 서로 투쟁한다고 한다. 그는 특별한 표현법을 써서 이것들을 형상함으로써 바람과 구름, 불, 물 등의 싸움을 설명한 뒤, 이들이 고요해지면서 무위로 전향한다고 하였다. 모든 것이 매우 환상적이고 혼란스럽다. 마지막으로는 노자, 장자, 열자, 안회 등이 덕의 대변자로 등장하고 있다.[48]

생성의 관찰은 다시 유와 무의 문제로 나아간다. 거기에서 장지화는 장자와 마찬가지로 우화적인 설명을 사용한다. '홍하자紅霞子'가 '조화造化'를 찾아가는 내용이다. 우화적으로 이해되는 많은 헛된 행로 끝에 홍하자는 마침내 조화를 만나서 생성에 대한 이야기를 들을 수 있었다.

홍하자가 말하였다. "나는 가서 조화의 모습을 보았고, 조화의 마음을 이해하였으며, 조화의 말을 들었다. 나는 지극한 도의 유무를 안다. 내가 어찌 대우주 속의 유와 무를 볼 수 있겠는가? 조화의 으뜸은 유에 근원하여 그 무를 보고 무에 근원하

---

47) 『玄眞子』, 2b, "夫無有也者有無之始也, 有無也者無有之初也, 無有作, 有無立, 而造化行乎其中矣, 夫造化之興也, 空以徧之, 風以行之, 水以聚之, 識以感之, 氣以通之, 而萬物備乎其中矣."

48) 『玄眞子』, 6b 이하. 어떤 일본인(倭之人)이 설명하는 접동새(鵜)에 대한 설명 또한 이와 유사하게 환상적이다. 이것은 『장자』에서 거대한 새로 나오는 붕새와 유사하다. 이것은 죽여서 요리된다.

여 그 유를 보는 것이다.49) 이것이 어찌 현상을 형용하는 것이겠는가?"50)

생성을 예술가의 창작활동과 비교하는 것은 현대의 이해에 근접한 좋은 생각이다. 장지화는 특히 귀신을 잘 그렸던 위대한 화가 오도자吳道子의 창작활동을 예로 들고 있다. 귀신 그리는 방법을 묻는 질문에 오도자는 다음과 같이 대답한다.51)

나에게는 방법이 있다. 한밤중에 술과 차를 마신 후 잠자리에 들지 않고 맑은 정신과 깊은 생각으로 만물의 존재를 잊는다. 단 하나의 생각조차 떠올리지 않은 채 오랫동안 조용히 앉아 있으면 갑자기 모든 것이 밝아지고 넓어지면서 놀라운 귀신들이 나에게 나타난다. 귀신들은 천변만화하며 생겨났다가는 사라져 가곤 하니, 오는 것을 막을 수 없고 가는 것을 잡을 수 없다. 나는 그 도의 묘함과 그 방법의 중요한 것으로써 매일 귀신을 그리기를 일삼았는데, 아직 이 방법을 다른 사람에게 말해 주지 않았다.52)

세계의 생성과 마찬가지로 창조적인 생성 또한 세심한 사유나 의도적인 계획 아래 나오는 것이 아니다. 무의식적으로, 생성의 관념이 저절로 일어나는 것이다. 홍하자가 벽허자碧虛子에게 창작활동의 본질에 대하여 묻자 벽허자는 노래하듯 답하였다.

---

49) 유와 무는 단지 대립으로 이해할 수 있다. 유에서 출발하면 무를 이해하게 되고, 무에서 출발하면 유를 파악하게 된다.
50) 『玄眞子』, 5a, "紅霞子曰, 吾適也, 面造化容, 意造化心, 耳造化言, 吾知至道之無有也, 吾豈見實中之有無哉. 化之元也, 原乎有者觀其無, 原乎無者觀其有, 奚以狀其然邪."
51) 오도자는 장지화보다 최소한 50살이 더 많았다. 그러므로 장지화가 오도자를 이전에 보았다는 것은 거의 있을 수 없는 일이며, 마찬가지로 두 사람의 만남은 단지 허구일 뿐이다.
52) 『玄眞子』, 11b, "吾有道耳, 吾嘗茶酣之間中夜不寢, 澄神湛慮, 喪萬物之有, 忘一念之懷, 久之寂然, 豁然, 儵然, 恍然, 匪素匪晝, 詭怕魑魅, 千巧萬拙, 一生一滅, 來不可閼, 邈不可竭, 吾以其道之妙, 其方之要, 每以圖鬼爲事, 未嘗告術於人."

말미암는 바 없이 그러하니[53] 자연의 으뜸이요, 짓는 바 없이 변화하니[54] 조화의 단서로다. 넓고도 굳세도다, 그 형상이여! 너의 눈을 감고 생각을 멈추면[55] 그것을 볼 수 있을 것이다.[56]

유와 무에 대한 질문에 이어 삶과 죽음의 문제도 설명된다.

태료太寥가 무변無邊에게 물었다. "생성된 사물들은 다양한 형체를 가지고 있다. 작음과 큼, 유와 무의 지극함에 대해서 말할 수 있겠는가?" 무변이 답하였다. "내가 볼 때, 작음이 지극하면 커지고 큼이 지극하면 작아지며 무가 지극하면 유가 되고 유가 지극하면 무가 된다. 그대는 이것을 알겠는가?" 태료가 말하였다. "내가 듣기로는, 큼이 지극한 것은 작을 수 없고 작음이 지극한 것은 클 수 없으며 무의 지극함은 유일 수 없고 유의 지극함은 무일 수 없다. 그대가 한 말은 무슨 뜻인가?" 무변이 답하였다. "청컨대 내 말을 들어 보라. 크고 작음이 아무리 지극하더라도 공보다 더하지 않으며, 무와 유가 아무리 지극하더라도 도를 넘어설 수 없다. 어찌하여 그러한가? 하늘과 땅마저도 포괄하는 지극한 유라 하더라도 그 바깥에 오히려 공이 있으니, 공이야말로 지극히 크지 아니한가? 미세한 티끌을 쪼개고 쪼개더라도 그 속에 공이 이루어져 있으니, 공이야 말로 지극히 작지 아니한가? 온 우주를 헤매어 다녀도 결코 찾을 수 없으니, 도야말로 지극한 무가 아닌가? 그 조화를 벗어나 달아나고자 해도 결코 달아날 수 없으니, 도야말로 지극한 유가 아닌가? 그러므로 나는 말한다. 지극히 작은 것은 크고 지극히 큰 것은 작으며, 지극한 무는 유이고 지극한 유는 무이다. 그렇지 아니한가?"[57]

---

53) 다른 어떤 곳에서 오는 것이 아니라 자기 자신에게서 저절로 나온다.

54) 계획과 의도 없이 아무것도 행해지지 않는 것이 아니라 저절로 되는 것이다.

55) 내적인 관조를 통해서만 본다.

56) 『玄眞子』, 2a, "無自而然, 自然之元, 無造而化, 造化之端, 廓然懋然, 其形團, 闐爾之視, 絶爾之思, 可以觀."

57) 『玄眞子』, 6a, "太寥問乎無邊曰, 若夫造化之間萬象不一, 求小大有無之至者, 可得而言乎, 無邊曰, 以吾之觀, 至小者大, 而至大者小, 至無者有, 而至有者無, 若知之乎, 太寥曰, 以吾聞之, 至小不可以大, 至大不可以小, 至無不可以有, 至有不可以無, 子之所謂者何也. 無邊曰, 吾請告若, 至小至大者莫甚乎空, 至無至有者莫過乎道, 其所然者何也, 包天地至有外者唯乎空, 非空之至大耶, 判微塵至於內者成乎空, 非空之至小耶, 巡六合求之而不得者非道之至無邪, 出造化離之

가장 작은 것이라 해도 공보다는 크고, 가장 큰 것이라 해도 무한한 공간으로서의 공에 비해서는 작다. 최고의 무는 초월적인 도의 유인데, 도는 온갖 곳을 돌아다녀 보아도 발견되지 않는다. 그러나 도는 또한 실재하는 모든 사물 안에 숨어 있다. 단지 무만 남을 정도로 어떤 것을 계속해서 쪼개어 간다 하더라도 최고의 유는 여전히 그 안에 남아 있다.

죽음을 또한 장지화는 공으로 여기면서, 이것이 완전한 인간에게는 해가 되지 않는다고 말한다. 그는 이를 일식과 월식의 비유를 통해 증명한다.

달이 해를 덮으면 해의 빛이 어두워지고, 달이 지나가면 해는 다시 빛난다. 해가 달을 마주하면 달의 빛을 앗아 가지만, 마주한 자리를 벗어나면 달은 다시 빛난다. 마찬가지로 죽음이 삶을 대신하면 혼으로 변하지만, 죽음이 지나면 태어남이 다시 온다. 삶이 죽음을 잊으면 공을 알게 되고, 잊음을 잃어버리면 다시 죽음이 나타난다.[58]…… 서로 그 빛을 가리는 것이 해와 달의 본체를 손상시키지 못하고, 삶과 죽음의 만남이 완전한 인간의 신을 변화시킬 수 없다. 본체가 손상되지 않기 때문에 해와 달은 그 빛을 가리는 것에 대한 근심이 없으며, 신이 변화하지 않기 때문에 완전한 인간은 삶과 죽음에 대한 두려움이 없다.[59]

장지화는 인식의 영역에서 다루는 영역 가운데 가장 어려운 문제들을 우선적으로 다루었지만, 그가 제시한 해결책이 만족할 만한 것이었다고는 주장할 수 없다.

而不免者非道之至有邪, 故曰, 至小者大, 至大者小, 至無者有, 至有者無, 不亦然乎."
58) 그러나 과연 죽음이 지나면 태어남이 온다고 할 수 있을 것이며, 죽음이 단순히 잊음으로 극복될 수 있을 것인가?
59) 『玄眞子』, 12a, "是故曰, 月之掩日, 而光昏, 月度, 而日耀, 日之對月, 而明奪, 違對而月朗, 是故死之換生而魂化, 死過而生來, 生之忘死而識空, 失忘而死見……且薄蝕之交, 不能傷日月之體, 死生之會, 不能變至人之神, 體不傷, 故日月無薄蝕之憂, 神不變, 故至人無死生之恐者矣."

4. 무능자

『무능자无能子』라고 알려진 이 작은 논고의 저자는 알려지지 않았다. 자신의 이름을 감춘 이 책의 출간자는 그 서문에서, 이 저서의 저자가 자기 친구인데 그가 이름을 숨겼기 때문에 자신 또한 이름을 알리지 않는다고 하였다. 황소黃巢의 난(879~884)이 일어나자 무능자는 고향을 떠나 유랑하며 매우 곤궁하게 살았는데, 887년 경이 가장 궁핍한 시기였다고 한다. 이 전언에 따르면 그는 대략 9세기 말의 인물로 보인다.

이 작은 저서는 본래 42편[60]이었다가 익명의 편찬자에 의해 4권 34편으로 재편되었다고 한다. 그러나 현재 남아 있는 텍스트는 3권 32편으로 된 판본인데, 그 중의 8편(권上의 6, 권中의 5, 권下의 7·9·10·12·13·14)은 제목만 남아 있고 실제로 전하는 것은 3권 24편이다.

『사고전서총목제요』에서는 『무능자』에 대해 노자와 장자의 자연 개념을 설명한 것이라고 하면서, 많은 내용이 장자와 열자에게서 훔친 것이며 거기에 불교적인 내용이 부가되었다고 말한다. 이어서 그 스타일이 매우 부적절함에도 이 책이 언급되는 이유는 단지 당나라시대의 철학서들이 너무 적기 때문이라고 밝히고 있다.[61] 그러나 비거는 이 저서가 도교적 원리에 대한 작은 구상이었다고 평하였으며,[62] 이런 명백한 장점을 제외하더라도 『무능자』는 또한 다른 많은 장점들을 지니고 있다. 특히 무능자는 삶과 죽음 및 인간과 동물 사이의 관계 등에 대하여 매우 새롭고 독특한 견해를 보여 주고 있는데, 이것은 주목할 만한 가치가 있다.

신체와 정신, 생과 죽음에 대하여 무능자는 다음과 같이 말한다.

---

60) 『四庫全書總目提要』, 권146.
61) 『四庫全書總目提要』, 권146.
62) Wieger, *Taoisme*, "Bibliographie", Nr. 1016.

성性은 신神이며, 명命은 기氣이다. 허와 무에서 서로를 기다리며, 스스로 그러하여 서로를 낳는다. 이것은 마치 나발과 피리가 서로 감응하고 음과 양이 서로 조화를 이루는 것과 같다. 몸은 성과 명을 담는 그릇이니, 이것은 마치 불이 장작 속에 있는 것과 같다. 장작은 불이 아니면 탈 수 없고 불은 장작이 아니면 빛날 수 없듯이, 몸은 성과 명이 아니면 존립할 수 없고 성과 명은 몸을 빌려 나타난다. 그렇다면 성과 명은 저절로 그렇게 조화롭게 살아 있는 것이며, 몸은 저절로 그렇게 막혀서 죽어 있는 것이다. 저절로 그렇게 살아 있는 것은 비록 고요해도 항상 살아 있고, 저절로 그렇게 죽어 있는 것은 비록 움직여도 항상 죽어 있다. 그런데 지금 사람은 모두 삶을 좋아하고 죽음을 싫어하지만 저절로 그러한 삶과 죽음의 이치는 알지 못한다. 움직이지 않고 쓰러진 것을 걱정하여, 저절로 그렇게 살아 있는 것을 부려서 저절로 그렇게 죽어 있는 것을 보존하고자 한다. 그러나 보존하려 함이 절실할수록 삶에서 더욱 멀어질 뿐이니, 마치 깃털을 물속에 가라앉게 하고 돌을 물위에 뜨게 하려는 것과 같다. 미혹됨이 얼마나 심한가!

사람들은 죽음을 매우 싫어한다. 몸(形骸)은 움직이지 않고 쓰러져 있는 것으로, 형해와 혈육과 이목과 같은 부류는 결코 허령할 수가 없으므로 살아 있는 도구가 아니다. 따라서 움직임이 없음을 기다릴 것 없이 이미 쓰러져 있으니 곧 죽어 있다고 할 수 있고, 바야흐로 움직여서 달려간다 하더라도 본디 죽어 있는 것이다. 그것이 움직이고 달릴 수 있는 근거는 본디 죽지 않는 것에 기대고 있기 때문이지, 스스로 움직이고 달릴 수 있는 것이 아니다. 몸은 본디 죽어 있는 것이니 지금 비로소 죽는 것이 아니며, 지금 비로소 죽는 것이 아니라면 죽음이란 없는 것이다. 죽음은 인간이 특히 싫어하는 것이지만 두려워할 만한 죽음은 없다. 그렇다면 몸 밖에서 무엇이 나의 지극한 평화를 어지럽힐 수 있겠는가?[63]

---

63) 『无能子』, 권1, 3b, "夫性者神也, 命者氣也, 相須於虛无, 相生於自然, 猶乎塤箎之相感也, 陰陽之相和也, 形骸者性命之器也, 猶乎火之在薪, 薪非火不焚, 火非薪不光, 形骸非性命不立, 性命假形骸以顯, 則性命自然冲而生者也, 形骸自然滯而死者也, 自然生者雖寂而常生, 自然死者雖搖而常死, 今人莫不好生惡死, 而不知自然生死之理, 覩乎不搖而僵者, 則憂之, 役其自然生者, 務存其自然死者, 存之愈切, 生之愈疎, 是欲沉羽而浮石者也, 何惑之甚歟. 夫人大惡者死也, 形骸不搖而僵者也, 夫形骸血肉, 耳目不能虛而靈, 則非生之具也, 故不待不搖而僵, 則曰死, 方搖而趨本死矣, 所以搖而趨者憑於本不死者耳, 非能自搖而趨者, 形骸本死, 則非今死, 非今死, 无死矣, 死者人之大惡也, 无死可畏, 則形骸之外, 何足汨吾之至和哉."

무능자는 몸을 본질적으로 죽어 있는 것으로 본다. 몸은 단지 성과 명을 통해 살아나게 되며, 이미 죽은 것이기 때문에 더 이상 죽을 수 없다. 이에 비해 성과 명은 죽음에 종속되지 않을 뿐만 아니라, 심지어는 죽어 있는 상태의 몸에 삶을 제공하는 근거가 되기도 한다. 몸에 대한 이러한 이해방식은 고대 유럽의 철학자들과 유사하다. 이들은 물질 및 신체를 신에게서 생명을 부여받을 수 있는 죽어 있는 상태의 덩어리로 간주하였다.

고대 및 우주의 생성에 대한 무능자의 인식은 다른 도교학자들과 비슷하다. 그에 따르면, 혼돈의 시대에 하늘과 땅이 아직 분리되지 않았을 때에는 단지 기만 있었다. 그리고 이것이 두 가지 양태 즉 음과 양으로 갈라지게 되고, 음양의 화합을 통해 만물이 생겨난다. 태곳적에는 인간 역시 여타의 동물과 마찬가지였다.[64] 아직 성의 차별을 몰랐고, 부부·부모·자식·형제의 개념도 없었다. 여름에는 나무로 된 둥지 안에 살고 겨울에는 동굴에서 살았다. 집도 없고 곡식도 없었으며, 단지 물고기와 짐승을 사냥하고 열매를 따 먹었다. 착취와 파괴도 없고 재물을 쌓아두는 일도 없이 그저 자연과 완전히 일치하는 생활을 하였다. 그러다가 정신적인 능력이 발전함으로써 인간의 문화가 생겨났다. 인간은 덕[65]을 발명했고, 이것을 따르지 않는 이가 생기자 형벌을 시행하였으며 도주하는 사람들에게 무기를 들이댔다. 인간이 본래의 자연스러움을 잊었기 때문에 이러한 불행이 생겨난 것이다. 이것은 태고시대의 행복과, 인간의 문화가 야기한 악을 노래한 옛 가요이다.[66]

무능자는 인간과 동물 사이에서 별다른 차이를 발견하지 못한다. 그에게 인간과 다른 동물을 구분하는 기준은 형체나 기질과 같은 외형적인 면뿐이다. 언어나 사유 같은 정신적인 면은 고려의 대상이 아니다.

---

64) 『无能子』, 권1, 1a.
65) 덕은 인위적이며 인간의 본성과 일치하지 않기 때문에 가치가 없다.
66) 『无能子』, 권1, 1b.

인간은 벌거벗은 벌레이다. 그 태어남은 비늘·털·깃털·갑옷이 있는 벌레와 마찬가지로 하늘과 땅이 기를 화한 것일 뿐이어서 아무런 차이가 없다. 어떤 사람은 다른 것이 있다고 하지만 어찌하여 다른가? 사람은 스스로 비늘·털·깃털·갑옷이 있는 모든 벌레와 다르다고 하지만 어찌하여 다른가? 지식과 사유 및 언어를 사용할 줄 안다는 것인가?

짐승과 새들에서부터 애벌레에 이르기까지 모두 삶을 사랑하고 죽음을 두려워하여, 둥지와 굴을 만들어 거처하면서 먹고 마실 것을 찾으며, 후손을 생산해서 혈육에게 젖을 먹이고 기르며 보호한다. 마찬가지로 인간 또한 삶을 사랑하고 죽음을 두려워하여, 거주지를 마련하고 의복과 양식을 염려하며 후손을 생산해서 자녀에게 젖을 먹이고 기르며 사랑한다. 거기에는 어떤 차이도 없다. 그러므로 어떻게 짐승은 사람과 달리 지식과 사유가 없다고 말할 수 있겠는가? 금수에서부터 곤충에 이르기까지 모든 동물은 소리 지르고 울부짖고 웅웅거리는 등 자신들만의 소리를 가지고 있다. 각 개별적인 등급의 동물들이 그들 특유의 언어를 가지고 있지 않다는 것을 우리가 어떻게 확신하는가? 인간은 그들의 소리를 이해하지 못하기 때문에 그들이 말할 수 없다고 생각한다. 하지만 인간의 말을 이해하지 못하는 짐승과 새가 인간은 말할 수 없다고 생각하고 있을지 어떻게 알 수 있겠는가? 소리 지르고 울부짖고 짹짹거리고 웅웅거리는 소리들도 확실히 일종의 언어다. 어떻게 사람이 그들에게는 언어가 없다고 주장할 수 있겠는가? 지식과 사유 및 언어에서 인간은 다른 사물과 동일하며, 구분되는 것은 단지 형체와 기질이다.[67]

무능자는 인간과 짐승의 구분을 없애는 동시에 혈육관계를 느슨하게 하여 인류 전체로 확장시키고자 한다.[68] 그는 이로써 후기묵가의 공산주의적인

---

67) 『无能子』, 권1, 1a, "人者裸蟲也, 與夫鱗毛羽甲蟲俱焉, 同生, 天地交焣而已, 无所異也, 或謂有所異者, 豈非乎, 人自謂異於鱗羽毛甲諸蟲者, 豈非乎, 能用智慮邪言語邪. 自鳥獸迨乎蠢蠕皆好生避死, 營其巢穴, 謀其飮啄, 生育乳養其類而護之, 與人之好生避死, 營其宮室, 謀其衣食, 生育乳養其男女而私之, 無所異也, 何可謂之無智慮者也邪, 夫自鳥獸迨乎蠢蠕者號鳴啅噪, 皆有其音, 安知其族類之中非語言邪, 人以不喩其音, 而謂其不能言, 又安知乎鳥獸不喩人言, 亦謂人不能語言邪, 則其號鳴啅噪之音必語言爾, 又何可謂之不能語言邪, 智慮語言人與蟲一也, 所以異者形質爾."

68) 혈연관계가 그에게는 특별한 것으로 의식되지는 않았던 것처럼 생각된다.

관점에 근접하고 있다. 그에 따르면 우리에게는 모든 사람이 혈육과 같이 가까운 존재이며, 인간이 혈육에게 매이는 것은 자연스런 감정이다.

천하의 인간은 또한 나의 친척이다. 손과 발과 배와 등, 귀와 눈과 입과 코, 머리와 목과 눈썹과 머리카락 등이 모두 나와 똑같다. 왜 내가 저들과 나 사이를 분별하겠는가? 저들과 나 사이를 나누는 것은 단지 이름뿐이다. 우리가 천하의 인간을 멀리하는 것은 서로 익숙하지 않기 때문이며, 우리가 친척과 특히 가까운 것은 서로 익숙하기 때문이다.[69]

『총목제요』에서 지적한 것처럼 무능자는 또한 자연의 개념을 다루고 있다. 그는 자연 안에 있는 모든 것 사이에는 상호작용이 있다고 말한다.

물이 흐르는 곳은 젖고, 불이 가는 곳은 마르며, 구름은 용을 따르고, 바람은 호랑이를 따른다. 이것이 자연이 감응하는 이치이다. 신이 기를 부르고 기가 신을 따르는 것이 바로 이와 같은 것이다. 자연이 서로 감응하는 것과 검은 암컷이 근원으로 돌아가는 것을 알게 되면[70] 거의 모두를 이해할 수 있을 것이다.[71]

무능자는 신도慎到[72]와 유사한 방식으로 자연을 삶의 규칙으로 주장한다. 보고 듣고 손발이 움직이는 것 등은 특별한 학습 없이도 저절로 이루어지는 것과 있는 것과 마찬가지로 정신적인 영역 또한 그러해야 하지만, 대부분의 인간이 그것을 통찰하지 못하고 있다는 것이다.

---

69) 『无能子』, 권1, 4b, "夫天下之人與我所親, 手足腹背耳目口鼻頭頭眉髮一也, 何以分別乎彼我哉, 所以彼我者必名字爾, 所以疎於天下之人者不相熟爾, 所以親於所親者相熟爾."

70) 도의 변화양상은 그의 초월성으로 다시 되돌아오게 된다.

71) 『无能子』, 권1, 5b, "夫水流濕, 火就燥, 雲從龍, 風從虎, 自然感應之理也, 故神之召氣, 氣之從神猶此也, 知自然之相應專, 玄牝之歸根, 則幾乎懸解矣."

72) 『중국고대철학사』, 629쪽(445쪽) 참조.

드넓고도 텅 빈 것은 마음이 저절로 그러한(自然) 것이다. 그런데 지금 사람들은 그들의 손・발・눈・귀를 자연에 맡겨서 잡고 가고 보고 듣지만 그들의 마음에 이르러서는 자연에 맡기지 않고 분주히 치달을 뿐이다. 그러면서도 지극한 화평과 허령한 감통에 이르고자 하니, 어려운 것이다.[73]

장자가 말하기를, "물고기가 땅위에 모여 살면서 물거품을 끼얹어 서로를 적셔 주는 것은 강과 호수에 살면서 서로를 잊어버리는 것보다 못하다."고 하였다. 지극하구나, 이 말이여. 물고기가 강과 호수에서 서로를 잊는 것과 사람이 자연에서 서로를 잊는 것은 각기 합당한 바가 있다. 그러므로 정이 한 곳에 치우치게 되는 일을 밝은 사람은 하지 않는다.[74]

무능자가 말하는 순수한 이기주의는 도교의 수동성을 통해 순화된다. 개인은 이웃이 어려움에 처해도 돕지 않고, 그 또한 다른 사람의 도움을 거부한다. 각자가 자기 자신만을 돌볼 뿐, 다른 사람의 존재는 아무 의미가 없다. 자연은 이렇게 무위로 나아간다. 기이하게도 무능자는 다른 사람을 돕고 선행을 베푸는 것을 인간의 자연스런 감정의 발로로 보지 않는 듯하다. 무능자는 무위를 다음과 같은 말로 찬양한다.

아! 무위는 나에게 있고 기호와 욕구도 나에게 있다. 무위하면 고요하고, 기호와 욕구는 행위를 낳는다. 고요하면 즐겁고, 행위하면 근심스럽다. 보통사람이 미혹되어 끝내 통달할 수가 없게 되는 것은 습관의 뿌리가 너무 깊기 때문이다. 밝은 사람은 이러한 습관에서 벗어난다.[75]

---

73) 『无能子』, 권1, 7b, "夫浩然而虛者心之自然也, 今人手足耳目, 則任其自然, 而馳捉視聽焉, 至於心, 則不任其自然, 而撓焉, 欲其至和而虛通也. 難矣."

74) 『无能子』, 권1, 5a, "莊子曰, 魚相與處於陸, 相煦以沫, 不如相忘於江湖. 至哉是言也! 夫魚相忘於江湖, 人相忘於自然, 各適矣. 故情有所專者, 明者不爲."

75) 『无能子』, 권3, 6b, "嗟乎, 無爲在我也, 嗜欲在我也, 無爲則靜, 嗜欲則作, 靜則樂, 作則憂, 常人惑, 而終不可使之達者, 所習藏之也, 明者背習焉."

사람은 무위를 지향해야 한다. 그러면 형체가 성장하고 곤궁하게 되지 않는다. 밝은 사람은 부득이할 경우에만 행위를 일으키되 사물을 따르며 어떠한 욕구도 가지지 않는다. 반면 어리석은 사람들은 하루 종일 행동하여 욕구와 고통에 쫓기며 자연의 큰 밝음과 조화를 알지 못한다.[76]

무능자는 무위의 또 다른 근거로서 복은 오직 명으로써만 결정되는 것이기 때문에 훌륭한 행동을 한다고 해서 복을 받게 되는 것은 아니라는 주장을 제기한다.[77] 무위하면 모든 것이 완전해지고 하늘의 도와 일치하게 됨으로써 부자 사이나 군신 사이에 아무런 문제도 생기지 않는다. 반면에 행동이 주도하게 되면 욕구와 감정이 일깨워지고 인간의 자연이 혼란에 빠지게 됨으로써 효도와 충성으로도 개선할 수 없게 된다.[78]

상황에 따라서는 무위로써 마술적인 작용을 일으킬 수도 있다. 무능자는 손과 발에 끓는 기름을 부어도 고통을 느끼지 않고 태연히 웃고 있는 도사를 보았다. 어떻게 그럴 수 있는지 묻자 도사는 신이 형체를 잊어서 손과 발이 죽은 나무기둥처럼 되면 가능하다고 하면서, 만약에 정이 움직이게 되면 곧 실패하게 된다고 말한다. 무능자는 제자들에게 이렇게 말하였다.

너희들은 마음이 몸에 뜻을 두지 않게 하라. 도사는 이로써 뜨거운 가마솥을 식힐 수 있었다. 하물며 최상의 덕이야?[79]

무능자는 자연에 의해 부여된 것이 아니라 인간이 필요에 의해 스스로 만들어 낸 것들에는 가치를 두지 않았다. 그래서 그는 부귀와 명예 등을 모두 추구할 가치가 없는 하찮은 것으로 여겼다. 그에 따르면 인간은 아무것도

---

76) 『无能子』, 권1, 3a.
77) 『无能子』, 권3, 6b.
78) 『无能子』, 권2, 2a.
79) 『无能子』, 권3, 4b, "无能子顧謂其徒曰, 小子志之, 無心於身, 幻人可以寒烈鑊, 況上德乎."

열정적으로 추구할 필요가 없다. 왜냐하면 모든 추구는 욕구를 전제로 하는데, 욕구는 사람을 어긋난 길로 인도할 뿐이기 때문이다. 인간에게는 부귀와 명예를 자랑하거나 허물을 슬퍼해야 할 근거가 전혀 없다. 인간이 고결한 행동, 즉 효성과 충성 및 신뢰와 공평함, 재능과 예술성 등을 추구하는 것은 명성에 대한 욕구 때문이다. 성인이 이러한 특성을 귀한 것으로 간주하였기 때문에 어리석은 사람들이 이것을 얻고자 힘쓰는 것일 뿐이다.

아름다운 이름을 입고 있는 것은 무엇인가? 인간의 형체와 기질일 뿐이다. 형체와 기질이 없는 것은 태허에 가득하고 크게 비어 있기 때문에 명예로움이나 더럽힘을 더할 수 없다.[80] 형체와 기질은 피로 채워진 주머니로서 찌꺼기를 함께 운반한다. 아침에는 합하고 저녁에는 무너지는데 어떻게 아름다운 이름을 가질 수 있겠는가? 그럼에도 지금 사람들은 자연의 올바른 본성을 잃지 않음이 없어서, 남을 속이기까지 하면서 그것을 쫓는다. 격동하는 것은 왜인가? 이른바 성인[81]의 잘못이다.[82]

무능자는 유명한 인물을 등장시켜 중요한 문제에 대한 입장을 밝히기를 좋아한다. 하지만 이러한 대화는 사실적인 것이라 할 수 없고, 단지 장자와 열자 이래로 도교에서 선호하는 우화의 방법으로 이해해야 할 것이다. 여하튼 그 때문에 공자 또한 등장하여 노자로부터 경전을 출간하는 일은 인류를 악에 이르게 할 뿐이라는 가르침을 받아야만 했다. 가르침을 받은 공자는 부끄러워하며 멀리 물러갔다고 한다.[83]

무능자는 기원전 5세기 월나라 구천勾踐의 재상이었던 범려范蠡를 등장시켜

---

80) 도는 칭찬과 나무람에 상관하지 않으며, 인간 또한 그렇게 존재해야 한다.
81) 유학의 성인은 도교적으로 인정받을 수 없다.
82) 『无能子』, 권1, 4b, "夫何以被之美名者, 人之形質爾, 无形質廓乎太空, 故非毁譽所能加也, 形質者囊乎血輿乎滓者也, 朝合而暮壞, 何有於美名哉, 今人莫不失自然正性, 而趨之以至於詐僞, 激者何也, 所謂聖人者誤之也."
83) 『无能子』, 권2, 2b.

자연을 변호한다. 하늘과 땅에 의해 세상이 통치되는 것이 아니라 자연 안에 있는 모든 것이 저절로 그렇게 되는 것이라고 주장하였다.

> 하늘과 땅은 마음이 없으며 또한 스스로를 주재하지도 않는다. 하물며 사물을 주재하랴! 하늘과 땅은 저절로 하늘과 땅이고, 모든 사물은 저절로 모든 사물이다. 봄은 저절로 부드러운 날씨로 생겨나며, 겨울은 저절로 찬 기운으로 죽는다. 하늘과 땅이 그렇게 하도록 시킨 것이 아니다.[84]

무능자는 또 굴원屈原의 제자 송옥宋玉의 입을 빌려 굴원의 처신을 비난하기도 하였다. 송옥에 따르면, 사람은 자기 몸 밖의 것을 자신의 뜻대로 변화시킬 수 없다. 하물며 한 국가에 대해서는 어떠하겠는가? 성인은 신체를 가지고 세상 안에 살지만 그의 마음은 사물에 상응하기 위하여 언제나 비어 있다. 그에게는 올바른 것도 없고 틀린 것도 없으며 선한 것도 없고 악한 것도 없으며 공적도 없고 잘못도 없다. 성인은 걸과 주를 범죄자로 여기지 않고, 또한 요와 순에게 덕이 있다고 보지도 않는다.[85]

이상에서 보듯이 무능자는 도교를 유교적인 것과 혼합하지 않고 매우 순수한 형태로 기술하였다.

5. 장호

장호張孤에 대해서는 알려진 사실이 매우 적다. 그는 당나라 말엽에 살았으며 대리평사大理評事[86]를 지냈다. 출생지는 알려져 있지 않다. 『소리자素履子』라는

---

84) 『无能子』, 권2, 3b, "夫天地無心, 且不自宰, 況宰物乎, 天地自天地, 萬物自萬物, 春以和自生, 冬以寒自殺, 非天地使之然也."
85) 『无能子』, 권2, 4b.
86) Mayers, *Reader's Manual*, Nr. 199 'Government' 항목 및 『字源』, '評事조 참조.

제목의 작은 책자를 출간하였는데, 이것은 대체로 유학적인 내용으로 간주되고 있다. 『당서』「예문지」에서는 이것이 언급되지 않다가 『송사』「예문지」에서 비로소 언급된다. 장호의 전기 또한 『당서』에 들어 있지 않다. 몇몇 사람들은 그를 도가로 여겼는데,[87] 실제로 그의 저서는 도교의 경전에도 수록되어 있다. 그러나 그는 형이상학에서 때때로 도교적 경향을 보인다고는 해도 도교의 기본 개념들을 유학적으로 이해하였으며 모든 초감각적이고 신비적인 것들로부터 자유롭다. 특히 그의 윤리관은 완전히 유학적이다. 『송사』「예문지」에서는 『소리자』를 1권으로 기록하고 있으나 현재 전해지는 것은 3권으로 되어 있다. 1권을 훗날 나누었을 것이다.

『사고전서총목제요』에서는 『소리자』의 말이 매우 속되어 한위漢魏 철학자들의 말과는 비교될 수 없다고 하면서, 고대 주나라 복상卜商의 저술로 알려진 『자하역전子夏易傳』이 실은 장호의 위작이라고 적고 있다.[88] 그런데 비거는 이 저서가 간단명료하고 아름다운 도덕이라고 말한다.[89] 실제로 『소리자』는 비록 그 언어가 그다지 깊은 의미를 담고 있는 것은 아니라 하더라도 비거가 언급한 장점을 가지고 있기도 하다.

『소리자』의 각 장은 "소리자가 말하였다"라는 말로 시작한다. 첫 번째 장의 내용은 도에 대한 설명이다.

> 소리자가 말하였다. "도는 본래 이름이 없다. 이 이름 없는 것은 하늘과 땅이 막 시작될 때[90]에도 있었는데, 하늘과 땅이 막 시작되는 것을 '혼원'이라고 부른다. 혼원의 초기에는 아무런 형상도 없다가, 이미 두 양태로 나뉘고 나면 온갖 형상을 낳을 수 있다. 그러므로 이것을 도라고 한다. 처음에 이것은 혼란스럽고 불분명하

---

87) 『古今圖書集成』, 「經籍典」, 273 및 448部.
88) 『四庫全書總目提要』, 권91.
89) Wieger, *Taoisme*, "Bibliographie", Nr. 1015.
90) 하늘과 땅이 혼돈 속에 있다가 스스로를 형성하기 시작하는 때를 말한다.

였다. 삼황이 이것에 의지하여 가르침을 베풀었고 오제가 이것에 의지하여 정치를 베풀었다. 하나의 변화로 출발해서[91] 순진하고 소박하며 자연스럽게 덥고 추운 기간이 분명해지고 음과 양의 질서가 분명해졌다. 고대의 성인은 오직 이것을 따를 뿐, 사물에 대해서는 말하지도 않고 가르치지도 않으며 마음을 두지도 않았다. 물이 스스로 되돌아갈 뿐이었다. 성인은 백성을 가르치지 않았지만 백성이 모두 그를 숭상하였으니,[92] 이것이 곧 순박한 황제의 길을 가는 것이다.[93]

도는 모든 사물의 시작 즉 혼돈이며, 이로부터 세계가 생겨난다. 그런데 장호는 도교학자들처럼 혼돈에서 비로소 객체화되는 초월적 무로까지는 거슬러 가지 않는다. 혼돈으로서의 도는 아직 '도'라는 이름을 가지고 있지 않다. 하늘과 땅과 만물이 다양한 형태로 생겨남으로써 질서가 혼돈 안에 있게 되고, 그리하여 혼돈이 저절로 우주로 변형되면 비로소 도라는 이름을 갖게 된다. 도는 그러므로 정돈된 세계와 세계질서 이외의 다른 것을 의미하는 것이 아니며, 이것은 우주라는 말로 표현된다. 이러한 질서는 자연의 규칙적인 변화, 즉 음양의 변화를 통해 생겨나는 사계절의 순환에서 나타난다. 이것은 또한 도덕적이기도 한 것으로, 옛날의 성왕들은 이러한 의미의 도를 정치와 교육에서 본보기로 사용하였다.

도는 진리이고 간단하기 때문에 고대의 성인과 군주 역시 진리와 간단함을 지향하여 온갖 치장과 장신구 및 보석을 경시하였다. 그들은 어렵게 얻을 수 있는 것들은 가치가 없다고 여겼기 때문에 백성들 또한 그것을 추구하지 않고 도둑질하지 않았다.

---

91) 혼돈에서 우주로의 첫 번째 변화.
92) 성인들은 백성들을 직접 이끌지 않고 오직 모범을 보임으로써 영향을 미쳤다.
93) 『素履子』, 권1, 1a, "素履子曰, 道本無名, 無名居天地之始, 天地之始號曰混元, 混元之初無形無象, 既分二儀, 能生萬象, 故云之爲道, 初自混漠, 三皇依之設教, 五帝依之置治, 始於一化, 淳樸自然, 將明寒暑之期, 遂分陰陽之序, 上古聖人履之, 無言無教無心於物, 物來歸之, 不教於民, 民皆仰之, 此則履純樸皇道也."

장호는 자애로움과 검소함, 겸손함을 세 가지 보물94)이라고 한 노자의 말을 인용하면서, 이것들이 도에로의 변화를 가능하게 한다는 것을 말한다. 그리고 신체는 사람이 곤궁함으로부터 벗어나기 위해 극복해야 할 장애물로 간주되었다.95) 이로부터 그는 결론을 내린다.

지극한 도는 신체를 잊고 형상을 밟는 것 바깥에 있는 도이다.96)

이슬을 마시고 공기를 먹음으로써 장호는 지상의 모든 것들로부터 해방되고자 하였다. 이것은 완전히 도교적인 생각이다. 그는 다음과 같이 말하였다.

인간은 마치 물고기가 물에 있는 것처럼 도와 관계한다. 물고기가 물을 잃으면 죽고, 사람이 도를 잃으면 망한다.97)

또한 도를 이해하는 군자는 명에 대해 어떻게 처신해야 하는지를 알고 있어야만 하며, 항상 하늘이 보낸 명에 만족해하면서 그 명을 고요하게 맞이할 뿐이다.

명을 알지 못하는 사람은 군자라고 할 수 없다. 명에는 곤궁함과 통달함의 구분이 있으니, 모든 경우에 군자는 하늘에 기뻐하며 명을 알 뿐이다.98)

군자는 복이 와도 기뻐하지 않고 불행이 다가와도 두려워하지 않는다.99)

---

94) 『道德經』, 67장, "我有三寶, 持而保之, 一曰慈, 二曰儉, 三曰不敢爲天下先."
95) 『道德經』, 13장.
96) 『素履子』, 권1, 1b, "此則, 至道者, 亡身履象外之道也."
97) 『素履子』, 권1, 2a, "人之於道, 如魚之在水, 魚失水則亡, 人失道則喪."
98) 『素履子』, 권3, 3a, "不知命無以爲君子, 命者窮達之分, 皆自樂天知命而已."
99) 『素履子』, 권3, 4a, "君子福至不喜, 禍至不懼."

장호에 따르면 덕은 모든 복을 모으게 하는 것이며, 따라서 모든 성인이 덕을 지향한다. 덕에 대한 이러한 견해는 완전히 유학적이다. 그는 하늘과 땅을 비유의 대상으로 삼아 덕을 설명한다.

하늘이 덕을 잃으면 더위와 추위가 때에 맞지 않게 되고, 땅이 덕을 잃으면 만물이 생겨나지 않게 되며, 인간이 덕을 잃으면 그 몸이 반드시 상하게 된다.[100]

하늘이 신뢰를 잃게 되면 별들이 더 이상 빛나지 않고, 땅이 신뢰를 잃게 되면 사계절이 더 이상 제대로 운행하지 않으며, 인간이 신뢰를 잃게 되면 오덕이 더 이상 행해지지 않기 때문이다.[101]

나아가 장호는 이렇게 말한다.

예는 천지사시의 바른 기이며 인륜삼강의 기반이다.[102]

유학의 관점에서는 삼재三才 즉 하늘·땅·인간이 항상 서로 나란히 설정된다. 마찬가지로 예는 항상 악과 연결된다. 장호는 이렇게 말했다.

악이란 천지사시의 화합됨이다. 그러므로 율려가 울리면 음양이 화답하고 오음이 울리면 사시가 차례에 맞게 이어진다. 이 때문에 고대의 현명한 통치자들은 예를 정하고 악을 연주함으로써 백성을 변하게 하였다.[103]

그러므로 그 올바른 절도를 얻으면 악이 행해져서 윤리가 맑아지며, 눈과 귀가 총명하게 보고 들으며, 혈기는 조화롭게 균형을 이루며, 풍속은 선함으로 옮겨가게

---

100) 『素履子』, 권1, 2b, "天若失德, 寒暑不時, 地若失德, 萬物不生, 人若失德, 身必將傾."
101) 『素履子』, 권2, 2b, "天失信, 三光不明, 地失信, 四時不成, 人失信, 五德不行."
102) 『素履子』, 권2, 3b, "禮者天地四時之正氣, 人倫三綱之端首."
103) 『素履子』, 권3, 1a, "夫樂者天地四時之和也, 故律呂調, 則陰陽和, 五音調, 則四時叙, 是故古昔帝王制禮作樂以化民也."

된다. 그리하여 천하가 모두 평안해진다.[104]

또한 음악은 인간과 신에게 똑같이 큰 영향을 미친다.

악을 하늘과 땅에 제사지내는 데에 사용하면 하늘의 신이 내려오고 땅의 신이 올라가며, 산과 강에 제사지내는 데에 사용하면 귀신이 제물을 받으며, 인간을 변화시키는 데에 사용하면 백성들이 화합하게 된다.[105]

6. 진단

진단陳摶(?~989)은 안휘성 박주亳州 진원眞源 사람으로 자는 도남圖南이며 부요자扶搖子[106]로 자호하였다. 그 밖에 청허처사清虛處士, 목암도인木巖道人[107], 마의도인麻衣道人[108] 등으로도 불렸는데, 송 태종(976~998)으로부터 희이선생希夷先生[109]이라는 호를 하사받은 이후로는 주로 '진희이陳希夷'로 불렸다. 989년 사망할 당시의 나이가 거의 백 살에 가까웠다고 한다.[110] 따라서 당나라의 말기에 태어나 오대를 거쳐 송대의 초기를 살았다고 할 수 있다.

어린 시절의 그에게는 놀라운 일화가 전한다. 3~4살 무렵 와강渦江의 물가에서 놀고 있을 때 어떤 부인이 어두운 옷을 입고 나타나서 젖을 먹였다는

---

104) 『素履子』, 권3, 1a, "故得其節, 則樂行而倫清, 耳目聰明, 血氣和平, 移風易俗, 天下皆寧."
105) 『素履子』, 권3, 1b, "用之祭天地, 乃天神降, 地祇昇, 用之祭山川, 則神鬼饗, 用之化人, 則人民和."
106) '부요자'는 『장자』에서 빌려온 이름(Giles, *Chuang-tse*, 1쪽)이다. 『莊子』「逍遙遊」편에는 붕새가 회오리바람을 잡고(搏扶搖) 날아오른다는 말이 있다.
107) 高瀨武次郎, 『中國哲學史』 2, 128쪽 참조.
108) Giles, *Chinese Biographical Dictionary*, Nr. 257.
109) 『道德經』, 14장, "視之不見, 名曰夷, 聽之不聞, 名曰希" 구절 참조.
110) 『宋史』, 권457의 전기. 989년 사망설은 高瀨武次郎, 『中國哲學史』 2, 128쪽과 Wieger, *Taoisme*, "Bibliographie", Nr. 131의 기록에 따른 것이다.

것이다. 이때부터 그의 영리함은 날로 증가하였다고 한다. 그는 한 번 읽은 서적은 곧장 암기하였으며 잊어버리는 일도 없었다. 그럼에도 불구하고 932년에 그는 진사시험에서 낙방하였다. 이후 관리직을 포기하고 호북성에 있는 무당산武當山으로 들어가 은자가 되었다. 20년 동안 그곳에서 홀로 지내며 그는 신선이 되는 수련을 하였다. 모든 곡물을 끊은 채 매일 몇 잔씩의 술을 마시면서 자연에서 큰 기쁨을 누렸다. 이후에는 섬서성 화산華山으로 거주지를 옮겨 가서 종종 100일이 넘는 기간 동안 깨지 않고 계속 잠만 자곤 했다. 화산에서 그는 운대雲臺에 거주하였다.

956년, 후주의 세종世宗은 진단을 궁정으로 불러들여서 금을 만들어 줄 것을 요청하며 한 달이 넘도록 보내 주지 않았다. 그러나 진단은 뿌리치고 관직도 거절하면서 황제는 국가를 잘 다스릴 뿐이지 연금술에 신경 쓸 필요가 없다고 하였다. 이에 황제는 그를 해임하였으며, 그 대신 훗날 비단과 차를 선물하였다.

980년에 진단은 송나라 태종太宗111)의 궁정에 나타나서 황제의 환대를 받았다. 988년에 그는 황제를 다시 방문하여 담화를 나누었는데, 그의 큰 명성과 고령에 대한 배려를 받았을 것이다. 송기宋琪와 다른 신하들이 어떻게 하면 장수할 수 있는지를 묻자 그는, 장수의 방법이나 연금술에 대해서는 전혀 알지 못한다고 하면서 탁월한 황제가 통치하고 신하들이 백성의 안녕을 위해 일하고 있다면 그런 것은 전혀 필요치 않다고 답하였다. 이 말을 전해들은 황제는 진단을 더욱더 높이 평가하며 그에게 명예직을 부여하였다. 황제는 진단에게 붉은 옷을 선물하고 그의 사원을 증축하게 하였으며 공사가 진행되는 동안 궁정에 머물게 하였다. 진단은 여러 달 동안 궁정에 머물며 황제와 함께 시를 짓는 등 깊은 교유를 가졌다.

---

111) 역주) Forke는 여기에 '세종'으로 쓰고 있지만, 연보에 따르면 '태종'이어야 한다.

돌아가서 진단은 제자에게 바위계곡에 현실玄室을 만들게 하였다. 그리고 직접 자신의 묘비명을 지었는데, 거기에는 자신이 죽을 날짜가 예언되어 있었다. 그가 죽은 후 7일 동안 여전히 몸에 온기가 남아 있었으며, 오색구름이 1달 넘게 무덤 입구에 머물렀다고 한다.

진단은 다른 사람의 생각을 읽을 수 있었고 또 텔레파시로 멀리 떨어져 있는 사람에게까지 영향을 미칠 수 있었다고 한다. 그는 특히『역경』에 심취하여 항상 이 책을 옆에 끼고 다녔으며, 81장으로 된『지현指玄』을 저술하였다. 그의 전서는『목암문집木巖文集』이라는 제목으로 출간되었다. 3권으로 된 이 전서에 수록된 그의 시는 600여 편에 이르지만, 도교 경전에서는 단지 그의 연금술에 관한 책자만을 기록해 두고 있다.[112]

진단이 철학적인 영역에서 갖는 의미는 그가 송대의 형이상학에 미친 영향에서 잘 나타난다. 송대 철학자들이 사용하는 철학의 주요 개념들이 이미 그에게서 나타나고 있는 것이다. 그의 견해에 따르면 모든 존재는 동일한 기氣로 채워져 있다. 즉 사물은 모두 같은 실체(Substanz)로 이루어져 있다는 것이다. 이처럼 사물이 모두 같은 것으로 이루어져 있음에도 불구하고 각각의 사물들은 동시에 커다란 차이를 지니고 있으며, 이것들은 모두 같은 리理에 의해 연관된다. 기가 주가 되고, 거기에 또한 리가 들어간다.

진단은 세 가지의 철학체계 즉 유교과 도교와 불교를 화합시키고자 하였다. 그는 철학의 중점을 자기수양에 두면서 이것을 '신체적 수련', '삶의 보존', '정신적 깨달음'의 세 단계로 구분하였다.[113]

또한 진단은 고증학자 주이존朱彝尊(1629~1709)의 견해에 따르면 주돈이周敦頤의「태극도太極圖」에 그 단초를 제공하였다고 한다. 그는 아래에서 위로

---

112)『陰眞君還丹歌註』. Wieger, *Taoisme*, "Bibliographie", Nr. 131 참조.
113) 나는 주가 없는 진단의 저서를 구하지 못했기 때문에 高瀨武次郞,『中國哲學史』2, 128 쪽의 기술에 따른다.

올라가는 다섯 단계로 된 그림을 그려서 도로부터 시작하여 존재가 생겨나게 되기까지의 과정을 제시하였다고 한다. 각 단계에 대한 설명이 그림과 나란히 기록되어 있었다. 각 단계는 다음과 같다.

① 신비로운 여성의 문이 있다.

② 정精이 기氣가 되고, 기가 다시 신神이 된다.

③ 오행이 각기 자리를 차지며, 오기五氣는 다시 처음으로 향한다.

④ 음과 양이 서로 작용한다. 음양은 물(坎)을 첨가하고 불(離)을 채운다.

⑤ 밝은 신은 허로 돌아가서 다시 무극無極으로 들어간다.

본래 이 그림은 정신적인 깨달음을 위한 주술로서 화산의 바위에 새겨져 있었다고 한다.[114] 여기에는 개별적 단계들의 연관성이 결여되어 있는데, 중요한 것은 기가 신의 깨달음으로 생성될 수 있다는 점과 '무극無極'의 개념이 여기에서 처음으로 나타난다는 점이다.

7. 담초

담초譚峭는 자가 경승景升이며 복건성 천주泉州 출신이다.[115] 오대십국시대의 남당南唐(937~975) 사람이다. 처음에 관리가 되기 위한 교육을 받았으나 후에 도교와 도술로 전향하였다. 10년이 넘게 숭산嵩山에 들어가 살면서 스승으로부터 생을 연장하는 기술을 배웠다. 종남산終南山에서 연금술을 배워 단약을 만들었는데, 이것은 그로 하여금 물과 불을 통과하고 사람들의 눈에 보이지 않도록 해 주었다. 그는 여름에도 털옷을 입었고, 겨울에는 여름옷을 입은 채로 자주 눈과 얼음 위에 죽은 듯이 누워 있었다.[116] 만년에 그는 청성산青城山[117]으로

---

114) 謝无量, 『中國哲學史』 5, 5쪽.

115) 『中國人名大辭典』 참조.

올라가서 신선이 되어 사라졌다고 한다. 등선 후에는 자소진인紫霄眞人이라는 이름을 얻었으며, 도교의 경전에 신선으로 기재되었다.

담초는 『화서化書』의 저자이다. 고대 판본에는 원래 이 책의 저자를 제구자齊丘子라는 호로 불리는 남당의 송제구宋齊丘로 적고 있으나, 진단陳搏의 말에 따르면 이 책은 담초가 종남산에서 지은 것이라고 한다. 다만 담초가 여행 중에 송제구를 만나 자기 책의 서문을 써 줄 것을 부탁하며 책을 주었는데, 송제구가 그것을 자기 이름으로 출간해 버렸다는 것이다.

『화서』는 6권으로 이루어져 있으며 각 권은 도, 술법, 덕, 인, 음식, 검소함을 통한 변화를 다루고 있다.[118] 『사고전서총목제요』에 따르면 담초는 황제와 노자에 대한 설명으로부터 책을 시작한다. 그의 스타일은 간략하고 또 어느 정도 은밀하지만 명확하다고 한다.[119] 각 편은 특별한 제목의 작은 구절들을 담고 있으며 곳곳에서 우화 또는 비교의 형식을 통해 저자의 철학적 사유를 분명하게 밝히고 있다. 담초는 잡가 즉 절충학자로 분류되었지만, 그의 저서는 도교서적으로 분류되었다.[120] 다케지로는 담초 또한 포박자와 마찬가지로 도교를 기둥으로, 유학을 잎과 가지로 여기면서 도교를 주축으로 한 유학과 도교와의 화합을 시도하였다고 본다.[121] 담초의 세계관은 도교적이지만 그의 윤리관은 유학적인 것을 많이 함유하고 있으며 동시에 묵가적이기도 하다. 독특한 것은 이상주의로 접근하는 그의 인식론적인 설명들이다. 아래에서는 그의 학설을 형이상학과 윤리로 나누어서 살펴보고자 한다.

---

116) Giles, *Chinese Biographical Dictionary*, Nr. 1869.
117) 『中國人名大辭典』 참조.
118) 「道化」・「術化」・「德化」・「仁化」・「食化」・「儉化」.
119) 『四庫全書總目提要』, 권117.
120) Wylie, *Notes on Chinese Literature*, 127쪽; Wieger, *Taoisme*, "Bibliographie", Nr. 1032.
121) 高瀬武次郎, 『中國哲學史』 2, 124쪽.

1) 형이상학

(1) 도

사물의 본질을 정립하고자 한다면, 사람이 이르게 될 최후의 자리는 허와 무이다. 처음에 도는 단지 허와 무일 뿐이며, 이것이 변화를 통해 비로소 신이 되는 것이다.

> 크고 높은 것은 허와 무의 신이다.[122]

> 도가 쌓이면, 허가 신으로 변하고, 신이 기로 변하며, 기가 형체로 변한다. 형체가 생성되면 만물이 충만해진다. 도가 작용하면, 형체가 기로 변하고, 기가 신으로 변하며, 신이 허로 변한다. 허는 밝아서 만물이 통하게 한다. 그 때문에 고대의 성인들은 충만하게 하고 통하게 하는 단서를 궁구하여 모든 조화의 근원을 얻었다. 형체를 잊음으로써 기를 수양하였고, 기를 잊음으로써 신을 수양하였으며, 신을 잊음으로써 허를 수양하였다. 허와 실은 서로 통하니, 이것을 대동이라고 한다. 그러므로 그것은 숨어서 원정이 되고 작용하여 만 가지 영이 되며, 합하면 태일이 되고 놓으면 태청이 된다.[123]

도 또는 허로부터 변화하여 신·기·형체·만물이 생겨난다. 도가 사물 안에서 작용함으로써 퇴화가 진행되는 것이다. 거꾸로 사물은 이러한 변화를 통해 다시 허로 돌아간다. 도 또는 허는 공간을 차지하지 않으면서 만물을 채우며, 이로써 만물을 서로 연결시킨다. 성인이 그의 형체와 신을 가까이하고 수양한다는 것은 이해할 수 있지만, 그는 또한 어떻게 도와 허를 수양할 수

---

122) 『化書』, 권1, 9a, "太上者, 虛無之神也."
123) 『化書』, 권1, 1a, "道之委也, 虛化神, 神化氣, 氣化形, 形生而萬物所以塞也, 道之用也, 形化氣, 氣化神, 神化虛, 虛明而萬物所以通也, 是以古聖人窮通塞之端, 得造化之源, 忘形以養氣, 忘氣以養神, 忘神以養虛, 虛實相通, 是謂大同, 故藏之爲元精, 用之爲萬靈, 合之爲太一, 放之爲太淸."

있을 것인가? 아마도 명상과 신비적인 침잠을 통해서일 것이다.

도의 허와 생성의 실이 연결되어 대동을 이룬다. 이것은 모든 사물의 근원으로
서 숨어 있음과 놀라운 활동으로써 세계를 생성하게 한다. 이것은 태일로서
모든 것을 포괄하고, 태청으로서 모든 사물이 그로 인해 생겨나게 한다. 도의
허는 모든 물질적인 것으로부터 자유롭기 때문이다.[124)

(2) 삶의 순환

① 삶과 죽음

인간의 삶은 세계와 마찬가지로 순환 중에 있으며 특정한 점에서 출발하여
다시 거기로 돌아간다. 이것은 이전의 생겨남으로부터 이미 추론해 낼 수
있다. 이러한 생각은 다음 설명에서 더욱 분명하게 나타난다.

> 허는 신으로 변하고, 신은 기로 변하며, 기는 피로 변하고, 피는 형체로 변하며,
> 형체는 갓난아이로 변하고, 갓난아이는 어린아이로 변하고, 어린아이는 소년으로
> 변하며, 소년은 장정으로 변하고, 장정은 노인으로 변하며, 노인은 주검으로 변하
> 고, 주검은 다시 허가 된다. 허는 다시 변하여 신이 되고, 신은 다시 변하여 기가
> 되고, 기는 다시 변하여 사물이 된다. 변화와 변화는 틈이 없으며 고리처럼 이어져
> 끝이 없다. 만물은 태어나지 않고자 해도 태어나지 않을 수 없으며, 죽지 않고자
> 해도 죽지 않을 수 없다. 이러한 이치를 통달한 사람은 허하여 젖먹이와 같으니,
> 신이 변하지 않을 수 있고 형체가 태어나지 않을 수 있게 된다.[125)

---

124) 高瀨武次郞, 『中國哲學史』 2, 124쪽. 다케지로는 노자와 장자가 세계를 존재의 도에서
    생성하게 한 반면에 담초에게서는 이것이 끝이 없는 무위에서 생겨나며 이로부터
    오덕이 생성된다고 한다. 노자는 존재에서 출발하고, 담초는 도리에서 출발한다는
    것이다. 이것은 내게 올바르지 못한 것으로 보인다. 물론 담초는 덕을 유추하였지만,
    형이상학에서 그는 본문에서 보여 주고 있는 것처럼 고대 도가와 마찬가지로 허와
    무에서 출발하고 있기 때문이다.
125) 『化書』, 권1, 8a, '死生', "虛化神, 神化氣, 氣化血, 血化形, 形化嬰, 嬰化童, 童化少, 少化壯,
    壯化老, 老化死, 死復化爲虛, 虛復化爲神, 神復化爲氣, 氣復化爲物, 化化不間, 猶環之無窮, 夫

여기에는 재생의 설이 나타나 있는데, 각각의 인간이 자기 안에 가지고 있는 도를 수양함으로써 이어지는 변화와 재생을 막을 수 있다. 우리는 담초가 불교의 영향으로 이러한 생각에 이르게 되었다고 일단 추정해 볼 수 있다.(다만 구체적인 내용과 그에 대한 설명에 있어서는 담초와 불교가 매우 다르다.) 중국인이라면 재생을 불행으로 간주할 수 없을 터이지만,[126] 불사에 이르려는 담초의 노력은 그가 또한 얼마나 삶에 집착하였는지를 보여 준다.

② 신론

이어서 담초는 신의 본질 및 형체와 신의 관계에 대하여 말한다.

> 가장 빼어난 것은 허와 무의 신이고, 하늘과 땅은 음과 양의 신이며, 인간과 벌레는 피와 살의 신이다. 같은 것은 신이고, 다른 것은 형체이다. 그러므로 형체는 신령하지 않지만 기는 신령하고, 말은 신령하지 않지만 소리는 신령하며, 깨어남은 신령하지 않지만 꿈은 신령하고, 삶은 신령하지 않지만 죽음은 신령하다.
> 물이 지극히 맑지만 얼어서 얼음이 되면 맑지 않듯이, 신은 지극히 밝지만 응결하여 형체가 되면 밝지 않다. 그러나 얼음이 녹으면 다시 맑아지듯이 형체가 해체되면 다시 밝음으로 돌아갈 수 있다. 죽음의 참된 본질을 알 수 있는 사람은 가장 빼어난 것의 도읍에서 노닐 수 있다.[127]

꿈이나 죽음은 깨어 있음이나 삶보다 더 신적인 것으로 간주되었다. 신은 신체를 통해 어두워지는데, 꿈과 죽음은 형체와 연결되어 있는 정도가 덜하기 때문이다. 그러나 왜 말보다 소리가 더 정신적이어야 하는가? 형체에 대한

萬物非欲生, 不得不生, 萬物非欲死, 不得不死, 達此理者, 虛而乳之, 神可以不化, 形可以不生."
126) 역주) 중국인은 삶에 긍정적이라는 저자의 견해를 전제로 한다.
127) 『化書』, 권1, 9a, '神道', "太上者虛無之神也, 天地者陰陽之神也, 人蟲者血肉之神也, 其同者神, 其異者形, 是故形不靈, 而氣靈, 語不靈, 而聲靈, 覺不靈, 而夢靈, 生不靈, 而死靈, 水至淸, 而結水不淸, 神至明, 而結形不明, 氷泮返淸, 形散返明, 能知眞死者, 可以游太上之京."

이해는 신에 대한 이해보다 더욱 흥미롭다. 이러한 이론에 따르면, 죽음은 그저 형체의 구속에서 신이 해방되는 것에 불과하다. 죽음이란 곧 도와 허로 다시 돌아가게 됨을 의미하는 데 지나지 않는 것이다.

(3) 인식론

① 형체와 거울의 상

삶에서 나온 다양한 예들을 통해 담초는 우리의 지각들이 단지 주관적인 것일 뿐이며, 우리의 지각과 세상의 참된 것이 결코 상응하지 않는다는 것을 보여 주고자 하였다. 그는 거울의 비유를 통해 지각의 주관성에 대한 증명을 시도하였다.

> 하나의 거울에 형체를 비춘 다음 다른 거울에다 그 비친 상을 비추면, 거울과 거울이 서로 비추고 상과 상이 서로 전해진다. 갓과 칼의 형상이 변하지 않고, 수놓은 색깔도 없어지지 않는다. 그 형체는 거울의 상과 다르지 않고, 그 거울의 상은 형체와 다름이 없다. 그러므로 우리는 형체가 실인 것도 아니고 거울의 상이 허인 것도 아님을 안다. 실도 없고 허도 없어야 도와 함께할 수 있다.[128]

어떤 대상이 거울에 반영되면 그 거울의 상을 다른 두 번째 거울에 비춘다. 그러면 거울 속 대상의 상은 다른 거울에 비친 대상의 상과 똑같이 보이게 된다. 여기서 담초는 대상과 상이 거울의 상을 생성해 낸 것이기 때문에 사물과 그의 상은 같아야 한다고 생각한다. 그런데 이것은 실제적일 수가 없다. 영상은 단지 비친 것에 불과하며 실상이 아니기 때문이다. 하지만 그렇다고 해서 이것이 실상이 아니라고 말할 수도 없다. 사물은 단순한 영상이 아니라 실재하는

---

128)『化書』, 권1, 3a, '形影', "以一鏡照形, 以餘鏡照影, 鏡鏡相照, 影影相傳, 不變冠劍之狀, 不奪黼黻之色, 是形也與影無殊, 是影也與形無異, 乃知, 形以非實, 影以非虛, 無實無虛, 可與道俱."

것이기 때문이다. 결국 이러한 상들은 실재하는 것도 아니요 실재하지 않는 것도 아니어서, 오히려 유와 무의 영역을 넘어 더욱 높은 도의 범주에 속한다. 여기에서는 담초의 증명이 옳은지의 여부까지는 궁구하지 않고, 다만 그의 비유 속에 드러나는 날카로운 이성에 대한 언급에 그치고자 한다.

② 올빼미와 닭

담초는 올빼미와 닭을 대비시켜서, 올빼미는 밤에만 볼 수 있고 닭은 오직 아침에만 볼 수 있다는 사실을 지적함으로써 우리의 지각이 순수하게 주관적이라는 것을 다시 한 번 강조한다.

> 올빼미에게는 밤이 밝고 낮이 어두우며, 닭에게는 낮이 밝고 밤이 어둡다. 이것이 그 같고 다름이다. 어떤 사람이 올빼미가 다르다고 말한다면 이는 곧 닭이 같다고 말하는 것이며, 또 어떤 사람이 닭이 다르다고 말한다면 이는 곧 올빼미가 같다고 말하는 것이다. 누가 올빼미와 닭의 다름이 낮과 밤에 있고 낮과 밤의 다름이 올빼미와 닭에 있다고 하는가? 누가 낮과 밤의 같음이 올빼미와 닭에 있고 올빼미와 닭의 같음이 낮과 밤에 있다고 하는가?
> 내 귓속의 경석 소리는 내가 스스로 듣는 것이고, 내 눈 속의 꽃은 내가 스스로 보는 것이다. 나의 낮과 밤과 그의 낮과 밤은, 낮이라고 해서 밝다고 할 수 없고 밤이라고 해서 어둡다고 할 수 없다. 어둠과 밝음을 한결같이 고르게 할 수 있는 사람은 누구인가? 오직 대인일 것이다.[129]

낮과 밤에 대한 규정이 고착되어 낮은 밝고 밤은 어둡다고 한다면, 사람은 닭 또는 올빼미의 낮과 밤 및 밝음과 어둠에 대해 말하면서 어느 한쪽을

---

129) 『化書』, 권1, 4a, '梟雞', "梟夜明而晝昏, 雞晝明而夜昏, 其異同也, 如是或謂梟爲異, 則謂雞爲同, 或謂雞爲異, 則謂梟爲同, 孰梟雞之異晝夜乎, 晝夜之異梟雞乎, 孰晝夜之同梟雞乎, 梟雞之同晝夜乎, 夫耳中磬, 我自聞, 目中花, 我自見, 我之晝夜彼之晝夜, 則是晝不得謂之明, 夜不得謂之昏, 能齊昏明者其爲大人乎."

정해진 규정에서 어긋나는 것은 비정상적인 것으로 간주하게 될 것이다. 그러나 그 실상을 보면, 낮은 밝지 않고 밤은 어둡지 않다. 밝음과 어둠은 단지 눈의 감각일 뿐이다. 그러므로 올빼미에게 밝은 것이 닭에게는 어두운 것일 수 있다. 내가 지각하는 색깔과 소리는 있는 그대로의 참된 것이 아니라 내 눈과 귀에 의해 생성된 것이다.

③ 호랑이를 쏘다

감각 및 지각의 주관성으로부터 더 나아가 담초는 감지된 사물의 비실재성을 결론으로 이끌어낸다. 그는 또한 감각의 착각을 통해서도 이러한 결과에 이끌어 낼 수 있었다. 그는 다음과 같이 말한다.

> 호랑이처럼 보이는 것을 쏘는 사람은 호랑이만 보고 돌은 보지 못하며, 난포한 수룡을 죽이려는 사람은 용만 보고 물은 보지 못한다.[130] 이것은 모든 사물이 허일 수 있고 나의 몸 또한 무일 수 있다는 것을 알게 한다. 나의 무를 저들의 허에 합치시킨다면 저절로 드러남과 숨음, 삶과 죽음이 자재하게 되어 어떠한 것에도 구속됨이 없을 것이다.[131]

삶과 죽음, 유와 무, 허와 실은 참이 아니다. 단지 생각일 뿐이다. 참된 도에 이르게 되면, 거기에서 모든 것은 똑같아진다.

④ 4개의 거울

어떻게 우리의 감각이 우리의 잘못된 생각을 결정할 수 있는지 담초는 4개의 거울에 비유하여 보여 준다. 우리의 조직은 마치 각기 다른 여러 개의

---

130) 어떤 사람은 돌 또는 초록빛 물을 보면서 호랑이 또는 수룡을 보고 있다고 믿는다.
131) 『化書』, 권1, 4b, '射虎', "射似虎者見虎, 而不見石, 斬暴蛟者見蛟, 而不見水, 是知萬物可以虛, 我身可以無, 以我之無合彼之虛, 自然可以隱, 可以顯, 可以死, 可以生, 而無所拘."

거울과도 같으며, 이를 통해서 사물은 우리에게 다양한 양상으로 나타나게 된다는 것이다.

소인은 항상 4개의 거울을 지닌다. 하나는 규圭라고 하고, 하나는 주珠라고 하며, 하나는 지砥라고 하고, 하나는 우盂라고 한다. 규에다 비추면 그 상이 크게 보이고, 주에다 비추면 작게 보이며, 지에다 비추면 바로 보이고, 우에다 비추면 뒤집어져 보인다. 그러나 저들 기구를 살피고 나의 형상을 점검하면, 여기에서 말미암는 것이 크고 작음도 없고 짧고 깊도 없으며 좋고 나쁨도 없고 선하고 악함도 없다. 이것은 형체와 기가 나에게 아첨하고 정기와 혼백이 나를 속인 것이다.[132]

우리의 몸과 우리의 신은 우리에게 외부에 대한 올바른 형상을 제공하지 않는다. 크고 작음, 아름답고 추함, 선과 악에 대한 올바른 개념은 그로부터 나오는 것이 아니다. 우리의 형체와 우리의 정신에는 확고한 규정이 결여되어 있다. 이미 헤라클레이토스는 감각이 나쁜 증인이라고 말하였다. 감각은 우리에게 자주 아첨하며 우리를 잘못으로 인도한다.

(4) 도술

『화서』는 담초의 학설에서 유래하는 도교적 주술에 대한 많은 것을 담고 있다. 담초에 따르면 인위적인 계획과 의도에서 완전히 자유로운, 상식적인 생각을 버린 사람만이 초자연적인 힘에 이를 수 있다. 담초의 전체 사유는 허와 무, 즉 도를 지향한다. 도를 지향하여 삶과 죽음을 잊은 사람은 완전한 열락에 빠져서 배고픔을 잊은 것과 같다. 이런 사람은 귀신도 그를 막을 수 없고 뱀도 그를 물지 않으며 무기로도 그를 해칠 수 없다. 불에서도 타지

---

132) 『化書』, 권1, 4a, '四鏡', "小人常有四鏡, 一名圭, 一名珠, 一名砥, 一名盂, 圭視者大, 珠視者小, 砥視者正, 盂視者倒, 觀彼之器察我之形, 由是無大小, 無短長, 無妍醜, 無美惡, 所以知形氣諂我, 精魄賊我."

않고 물에서도 빠져 죽지 않으니, 명이 그를 죽게 할 수가 없다.[133)]

용과 호랑이는 예로부터 수은과 납으로 금단을 얻는 내단수련에 곧잘 비유되어 왔다. 용호의 금단을 얻은 도사는 허공을 밟고 다니고 금석을 통과하면서 유무의 세계를 넘나든다.

> 용호로 변화하면, 허공을 딛고 다닐 수 있으니 허와 공은 무가 아니며, 금석을 꿰뚫고 다닐 수 있으니 쇠와 돌은 유가 아니다. 유와 무가 서로 통하고 사물과 내가 서로 같다.[134)]

이미 열자의 시대에 도교의 도사들은 쇠와 돌을 통과하고 다녔다. 이러한 딱딱한 물체들이 전혀 실재하는 것이 아니라 단지 우리 감각이 만들어 낸 허상이라면 그러지 못할 것은 또 무엇이겠는가?

2) 윤리

(1) 무지와 무위

윤리에서도 담초의 기본 설정은 도교적이다. 윤리에 있어서도 그에게는 역시 무지와 무위가 중요하다.

모든 것을 이해한다고 말하는 사람은 실상 매우 이해할 줄 모르며, 모든 것을 안다고 하는 사람은 매우 무지하다. 단지 활과 화살을 잊은 사람만이 화살을 제대로 쏠 수 있고, 채찍과 고비를 생각하지 않는 사람만이 제대로 말을 몰 수 있다. 큰 사람의 도에 이르려면 모든 지와 사유를 포기하고 오로지 직관에 의지해야 한다.[135)] 신은 허와 무를 스승으로 삼음으로써 비로소 모든

---

133) 『化書』, 권2, 3a.
134) 『化書』, 권1, 5a, '龍虎', "龍化虎變, 可以蹈虛空, 虛空非無也, 可以貫金石, 金石非有也. 有無相通, 物我相同."
135) 『化書』, 권3, 3a.

것을 도 또는 허처럼 이해하게 된다. 허는 신이 없지만 모든 것을 알며, 마치
하늘처럼 아무 계획을 세우지 않고도 저절로 사유한다.[136] 이러한 허를 통해
마음이 인식하고 코가 냄새 맡으며 귀가 소리를 듣고 눈이 색을 보며 혀가
맛을 안다.[137] 많은 행위들은 무의식적으로 일어난다. 요는 자신이 성인임을
몰랐고, 묘는 자신이 오랑캐임을 몰랐다. 요가 자신의 성스러움을 인식했다면
성인이지 못했을 것이며, 묘가 자신의 오랑캐적인 특성을 알았다면 더 이상
오랑캐가 아니었을 것이다.[138]

담초에 따르면 정치의 요체 또한 통치하지 않음에 있다고 한다. 사람을
변화시키려면 그에게 힘을 쓰지 않아야 한다. 그러면 사람들은 저절로 변한다.
사람들을 싸우게 두면 그들은 저절로 조용해진다. 백성은 통치되지 않는다.
그들에게 영향을 미치면 미칠수록 혼란만 더 커져 갈 뿐이다.[139]

(2) 도덕

노자가 유학의 오상을 이미 보편적 덕의 변종으로 간주한 데 비해 담초는
그것을 도에 기초한 덕의 일종으로 간주하면서 각각의 영역을 제한한다.

텅 비어 무위하는 것을 도라고 한다. 도가 스스로 지키는 것을 덕이라고 하며,
덕이 모든 사물을 생성하는 것을 인이라고 한다. 인을 도와서 위태로운 것을 안정
시키는 것을 의라고 하며, 의에 취하고 버릴 것이 있는 것을 예라고 한다. 예가
상황에 따라 변함이 있는 것은 지라고 하며, 지에 성실함과 참됨이 있는 것이
신이라고 한다. 이들 모두에 통하여 그것을 사용하는 자를 성인이라 한다.
도는 허와 무이다. 스스로 지킴이 없기 때문에 그 자리를 덕에게 내어준다. 덕은

---

136) 『化書』, 권2, 3b.
137) 『化書』, 권2, 7b.
138) 『化書』, 권4, 4b.
139) 『化書』, 권4, 6b.

맑고 고요하다. 스스로 작용함이 없기 때문에 인에게 내어준다. 인이 작용하여 만물이 생성된다. 만물이 생겨나면 반드시 안정과 위기가 있기 때문에 의에게 내어준다. 의는 안정을 보존하고 위험을 제거하니, 반드시 좋은 것과 나쁜 것이 생겨나기 때문에 예에게 내어준다. 예는 규정을 지키고 규범을 유지하니, 반드시 의심과 얽매임이 뒤따르기 때문에 지에게 내어준다. 지에 통달하면 많은 변화가 있으니, 그 때문에 신에게 내어준다. 신은 만물을 완성시키는 도이다.[140]

이론철학에서 도는 허와 무이고 실천철학에서는 무위이며, 이러한 것으로서의 도는 모든 도덕의 기반이 된다. 무위는 결코 자신을 보존할 수 없다. 만약에 그렇게 한다면 이미 행위가 되기 때문이다. 그러므로 도는 자기유출로서의 덕을 통해 작용을 한다. 그러나 그 작용 또한 스스로 하는 것이 아니라 인에게 맡기는 것이다. 인은 만물을 생성한다.

담초가 제시한 개별적인 덕의 생성과정은 작위적으로 보이며 논리적이지 못하다. 마치 덕목들이 거의 살아 있는 존재와 같이 등장하며, 항상 앞의 것이 뒤의 것을 암시하고 있다. 의미상으로는 도와 덕이 모든 것에 앞선다. 이것은 마침내 국가 전체를 주재하기에 이르고, 인과 의는 국가를 유지시키는 덕의 세목이 된다.[141]

(3) 양식은 덕의 기반

덕의 생성에 대한 위의 설명에 이어 양식이 오덕을 위한 기반이라고 하는 원칙이 나타난다. 이 주장은 거의 도교적이라고 할 수 없고, 오히려 그와

---

140) 『化書』, 권4, 1a, "曠然無爲之謂道, 道能自守之謂德, 德生萬物之謂仁, 仁救安危之謂義, 義有去就之謂禮, 禮有變通之謂智, 智有誠實之謂信, 通而用之之謂聖, 道虛無也, 無以自守, 故授之以德, 德淸靜也, 無以自用, 故授之以仁, 仁用而萬物生, 萬物生, 必有安危, 故授之以義, 義濟安拔危, 必有否臧, 故授之以禮, 禮秉規持範, 心有疑滯, 故授之以智, 智通則多變, 故授之以信, 信者成萬物之道也."

141) 『化書』, 권3, 3a.

현격하게 대립하는 관자의 도를 연상시킨다. 관자는 창고에 곡식이 쌓여 있어야 예를 안다고 하였다.[142) 양식을 인간의 덕행을 위한 준비조건으로 본다는 점에서 담초와 관자는 일치한다.

처음에 덕을 설명하는 과정에서는 덕이 완전히 추상적인 개념으로 간주되면서 그 대상이 인간으로 한정된다. 그에 비해 양식이 등장하는 문장에서부터는 대상이 인간과 동물로 확장되면서 실제적인 덕의 현상에 대해 말하고 있다. 담초에 따르면 굶주림은 인간과 동물에게 행동의 욕구를 자극하게 되고, 그로 인해 이들은 온갖 위험에 직면하게 된다.[143) 반면 양식이 균등하게 분배되면 인과 의가 생성되고 예와 악이 뒤따라서, 백성이 원망하지 않고 귀신이 분노하지 않으므로 안정이 있게 된다.[144) 다음에서 보듯이, 양식에 따른 변화를 다루는 5권(「食化」)의 마지막 장은 이러한 관찰로 이루어져 있다.

지식이 있다고 하는 사람들은 올빼미와 솔개가 개똥벌레와 쥐를 공격하는 것을 민망해하고 죽은 벌레 위에 있는 땅강아지와 개미들을 한탄하면서 이들은 인간과 비교되지 않는 짐승일 뿐이라고 생각한다. 하지만 이는 흉년을 당하면 인간이 썩은 시체 때문에 서로 다투고 더욱 혹독한 상황에서는 아버지와 아들이 서로의 살을 뜯어먹는다는 것을 간과한 것이다. 승냥이와 이리도 차마 못할 짓이건만 인간은 그렇게 한다. 때문에 그러한 인간은 짐승만큼도 못하다. 이로써 우리는 양식이 없으면 반드시 군주가 인하지 못하게 되고 재상이 의롭지 못하게 되며 선비가 예를 모르게 되고 백성이 지를 모르게 되며 모든 부류들이 신을 모르게 된다는 것을 알 수 있다.

그러므로 양식은 오상의 근본이며, 오상은 양식의 말단이다. 진실로 왕이 의복을 균등하게 나누고 양식을 양보할 수 있으면 많은 백성들이 함께 기뻐하여 인이 지극하게 된다. 아버지와 아들이 서로 사랑하는 것은 의의 지극함이다. 배고픈

---

142) 『중국고대철학사』, 137쪽 주65(76쪽 주4) 참조.
143) 『化書』, 권5, 4쪽.
144) 『化書』, 권4, 1a.

자와 배부른 자가 서로 양보하는 것은 예의 지극함이다. 나아감과 물러남이 서로 얻음이 있는 것은 지의 지극함이다. 승인하고 승인받음이 서로를 따르는 것은 신의 지극함이다. 교화가 잘되는 것도 양식에 달려 있고, 교화가 못되는 것도 양식에 달려 있다. 그 사물 됨은 매우 비천하지만 그 작용은 매우 존귀하며, 그 이름은 매우 미세하지만 그 교화는 대단히 크다. 이를 일러 그 가치를 매길 수 없는 재화라고 부른다.[145)]

(4) 검소함

덕의 또 다른 기반으로서 담초는 검소함을 들고 있다.[146)] 이와 관련한 그의 주장은 묵자와 매우 유사하다. 검소함은 덕을 가능케 하는 것으로, 이것이 바탕이 되면 부와 명성과 고귀함에 집착하지 않게 되어 투쟁·거만함·시기·속임이 없어지고 대신에 덕이 있게 된다는 것이다.[147)]

검소함은 국가의 양식을 장만하기 위한 수단이다. 이러한 목적을 달성하려면 농업과 양잠이 장려되어야만 한다.[148)] 또한 검소함은 모든 방식의 변화의 수단으로 사용할 수 있다. 듣는 것에서의 검소함은 허를 수양하고 보는 것에서의 검소함은 신을, 말하는 것에서의 검소함은 모든 신체적인 것을 이루는 기를 기른다. 그러므로 사람은 듣고 보고 말하는 것을 검소하게 함으로써 마침내 무위에로 나아갈 수 있다. 사욕이 적은 사람은 부유하게 될 수 있고, 개방적인 것을 절제하면 고귀하게 될 수 있다. 많은 문을 가지고 있지 않으면 도적의

---

145) 『化書』, 권5, 6b, '鴟鳶', "有智者憫鴟鳶之擊腐鼠, 嗟螻蟻之駕斃蟲, 謂其爲蟲, 不若爲人, 殊不知, 當歉歲, 則爭臭殪之屍, 値嚴圍, 則食父子之肉, 斯豺狼之所不忍爲, 而人爲之, 則其爲人不若爲蟲, 是知君無食, 必不仁, 臣無食, 必不義, 士無食, 必不禮, 民無食, 必不智, 萬類無食, 必不信. 是以食爲五常之本, 五常爲食之末, 苟王者能均其衣, 能讓其食, 則黔黎相悅, 仁之至也, 父子相愛, 義之至也, 飢飽相讓, 禮之至也, 進退相得, 智之至也, 許諾相從, 信之至也, 教之善也, 在於食, 教之不善也, 在於食, 其物甚卑, 其用甚尊, 其名尤細, 其化尤大, 是謂無價之貨."

146) 『化書』, 권6, 7a.

147) 『化書』, 권6, 5a.

148) 『化書』, 권6, 3a.

침입을 방지할 수 있고, 병사가 순찰하게 하지 않으면 폭동을 막을 수 있다. 마음에 있어서도 이것은 마찬가지이다.

마음을 검속하면 삶과 죽음에서 자유로울 수 있다.[149]

마음속 깊이 너무 많은 것을 생각하지 않고 그 대신 도에 침잠함으로써 안정을 취하면 삶과 죽음의 무상함을 알게 된다. 단지 도만이 참된 존재이기 때문이다. 그러면 비로소 삶과 죽음에 대한 생각에서 자유롭게 된다.

(5) 인간과 짐승

다른 여러 철학자들과 마찬가지로 담초 또한 인간이 짐승과 많이 다르지 않으며 짐승 역시도 도덕적 특성을 가지고 있다고 생각한다. 그래서 그는 인간이 짐승을 다루는 방식이 매우 부당하다고 여겼다. 다만 담초에게서는 불교적인 윤회설이 아니라 윤리적 관점만이 주된 관심사였다.

담초에 따르면 짐승은 굴과 둥지에 남자와 여자처럼 짝을 짓고 부자의 윤리를 지키며 인간처럼 살다가 죽는다고 한다. 짐승 또한 오상을 가지고 있다. 새가 새끼에게 먹이를 먹이는 것은 인이고, 매가 임신한 새로 하여금 안정을 취하게 하는 것[150]은 의이며, 벌이 그 여왕을 숭배하는 것은 예이고, 양이 자식에게 젖을 먹이기 위해 무릎을 꿇는 것은 지이며, 공작이 두 번째 짝을 찾지 않는 것은 신이다. 여기에 이어 담초는 다음과 같이 말한다.

그러나 사람은 그물과 함정 만드는 법을 가르쳐서 물고기를 사냥하게 하고 둥지와 동굴을 불사르니, 이것은 인이 아니다. 부모와 자식 사이의 친애함을 빼앗는 것이

---

149) 『化書』, 권6, 4b, "儉於心, 可以出生死"
150) 이것은 중국인이 만들어낸 많은 자연과학적 허구 중의 하나이다.

니, 이것은 의가 아니다. 이들을 제사에 사용하는 것은 예가 아니고, 백성을 잔인하고 난폭하게 교육하는 것은 지가 아니며, 만물이 마음에 의심을 품게 만드는 것은 신이 아니다. 누린내 나는 고기에 대한 탐욕이 멈추지 않고 죽이고 잡고자 하는 욕구가 그치지 않으니, 새와 짐승이 비록 말하지 못한다 하더라도 반드시 나를 욕심 많은 늑대와 거친 멧돼지로 형용할 것이며 물고기가 비록 무지하다 하더라도 반드시 나를 긴 고래나 큰 뱀처럼 여길 것이다. 내가 어찌 스스로 편안할 것이며, 어찌 부끄러워 탄식하지 않을 수 있겠는가? 다만 고대 이래로 군자가 없었으리라 의심해 본다.[151]

담초는 후대의 도사들 가운데 매우 높은 위상을 차지한다. 그의 말은 간단하고 증명방식은 대부분 잘 이해할 수 있으며 실천적인 생활과 연결되어 있다. 그의 이론에는 많은 환상 및 모순이 있지만, 그럼에도 불구하고 그는 많은 좋은 생각들을 가지고 있었다.

8. 『관윤자』

『관윤자關尹子』의 저자는 하남성 영보현靈寶縣의 함곡관函谷關을 지키는 관리였던 윤희尹喜라고 한다. 관윤자는 윤희의 자인데, 그의 청으로 노자가 『도덕경』을 지었다는 설이 전해진다. 그렇다면 이 저서는 『도덕경』과 마찬가지로 주나라 시대에서부터 유래해 온 것이어야 한다.

『전한서』의 문헌목록에는 『관윤자』 9권이 기재되어 있으므로 한나라 때에는 이 저서가 실재했음을 알 수 있다. 그러나 수나라와 당나라의 목록에는 더

---

151) 『化書』, 권4, 2a, "而教之爲網罟, 使之務畋漁, 且夫焚其巢穴, 非仁也, 奪其親愛, 非義也, 以斯 爲享, 非禮也, 教民殘暴, 非智也, 使萬物懷疑, 非信也, 夫羶臭之慾不止, 殺害之機不已, 羽毛雖 無言, 必狀我爲貪狼之與封豕, 鱗介雖無知, 必名我爲長鯨之與巨虺也, 胡爲自安, 焉得不恥吁, 直疑自古無君子."

이상 나타나지 않는데, 아마도 소실되었을 것이다. 그러다가 남송시대에 들어 다시 이 저서가 나타나지만, 송렴宋濂(1310~1381)을 비롯한 많은 사람들은 이것을 위작으로 간주한다. 이미 수천 년 동안 사라져 있던 책인 데다가 주나라의 스타일로 기술되지도 않았기 때문이다. 여기에는 노자의 시대에는 알려지지 않았던 것들이 언급되고 있으며, 후일 승려와 도사들이 덧붙였을 것으로 보이는 내용들도 있다. 그런데 우리는 육덕명陸德明(550~625)이나 다른 사람들이 생각 하는 것처럼 한나라 때 소실된 그『관윤자』가 이미 위작이었다고 추정해 볼 수도 있을 것이다. 윤희의 저술활동에 대해 더 이상 알려진 것이 없고, 그가 실존인물인지도 의심스럽기 때문이다.

송대에 발견된『관윤자』에는 기원전 15년에 유향劉向이 쓴 서문이 있고 또 갈홍의 서문도 들어 있는데, 모두 위작으로 보인다. 이 판본은 송대 후기에 서장자례徐藏子禮가 손정孫定의 집에서 발견한 것이다. 송렴은 손정이 위작자일 수도 있다고 여기지만, 이미 황정견黃庭堅(1050~1110)의 시에『관윤자』가 인용되 고 있기 때문에 이 책이 남송시대에 처음으로 생겨났다고는 말할 수 없다. 그렇다면 이 책은『사고전서총목제요』의 견해에 따라 당나라 또는 오대시대에 이미 저술되었다고 볼 수 있을 것이다.[152] 시기를 좀더 좁혀 본다면,『당서』에서 는 아직 이 책이 언급되지 않고 있기 때문에 10세기까지는 존재하지 않다가 11세기에 비로소 저술되었다고 할 수 있을 것이다.

저자는 굳이 남의 이름을 빌려서 이 책을 세상에 내보낼 필요가 없었다. 이것은 그 자체로 매우 흥미롭고 소중하기 때문이다. 그는 이 저서로 인해 명성을 얻을 수도 있었을 것이다. 송렴은 이 책의 진가를 인정하면서『천은자』나 『무능자』및 다른 저서들보다 더 높이 평가되어야 한다고 주장하였다. 이미 송나라 때에 이 책은『무상묘도문시진경無上妙道文始眞經』[153]이라는 이름을 얻었

---

152) 『四庫全書總目提要』, 권146.
153) Wieger, *Taoisme*, "Bibliographie", Nr. 662. 이 제목은 어느 정도 불교적으로 들린다.

으며, 1254년에 쓴 서문과 함께 진현미陳顯微(자는 抱一)의 주해와 우도순牛道淳(호는 逍遙子)의 주해가 출간되었다. 1297~1308년 사이에 나온 토도견土道堅의 주해는 소실된 것으로 보인다.

『관윤자』는 거의 궁극적인 형이상학의 문제만을 다룬다. 이 책은 그것을 도의 개념으로 출발하여 가장 이성적인 결과를 이끌어내고 있는데, 종래에는 찾아볼 수 없었던 분명한 방식으로 표현하였다.

1) 도

『관윤자』의 첫 번째 권은 다음과 같은 말로 시작된다.

말할 수 없는 도가 있는 것이 아니라 말할 수 없는 것이 바로 도이다. 생각할 수 없는 도가 있는 것이 아니라 생각할 수 없는 것이 바로 도이다.…… 말하려 하니 마치 그림자를 부는 것과 같고 생각하려 하니 마치 먼지를 깎아 조각하는 것과 같다. 성인의 지혜는 미혹됨을 조장하니 귀신도 알지 못한다. 오직 행할 수 없고 이를 수 없고 헤아릴 수 없고 나눌 수 없으니, 그러므로 천天이라 하고 명命이라 하며 신神이라 하고 현玄이라 하며, 합쳐서 말하면 도道라 한다.
하늘이 아닌 사물이 없고, 명이 아닌 사물이 없으며, 신이 아닌 사물이 없고, 현묘하지 않은 사물이 없다. 사물이 이미 이와 같은데 어찌 사람이 그러하지 않겠는가? 사람은 모두 하늘이라고 할 수 있고 신이라고 할 수 있으며 명을 다하고 현에 통한다고 할 수 있다.…… 그러므로 나의 도를 잘 이해하는 것은 하나의 사물 속에 나아가 하늘을 알고 신을 다하며 명에 이르고 현을 만드는 것이다. 이것을 배운다는 것은 각기 다른 이름을 따라서 그 실질이 같음을 분석하는 것이고, 이것을 깨우친다는 것은 동일한 실질에 부합하여 이름이 다름을 잊는 것이다.[154]

---

154) 『關尹子』, 권1, 1a, "非有道不可言, 不可言即道, 非有道不可思, 不可思即道……言之如吹影, 思之如鏤塵, 聖智造迷, 鬼神不識, 惟不可爲, 不可致, 不可測, 不可分, 故曰天, 曰命, 曰神, 曰玄, 合曰道. 曰: 無一物非天, 無一物非命, 無一物非神, 無一物非玄, 物既如此, 人豈不然, 人皆可曰天. 人皆可曰神, 人皆可致命, 通玄……是以善吾道者, 即一物中知天, 盡神, 致命, 造玄, 學之徇異名, 析同實, 得之契同實, 忘異名."

세상에는 본래 하나의 참된 존재 즉 도만이 있다. 사물과 인간은 독립적인 존재가 아니라 단지 도의 형상을 나타내는 양태일 뿐이다. 이들이 없으면 도가 드러날 길이 없지만, 이들에게서 참된 것은 오직 도뿐이다. 그러므로 사람이나 사물에서 드러나는 하늘·명·신은 곧 도의 특별한 작용인 것이다. 일반적으로 사람은 하늘이나 명과 같은 큰 작용의 영역에서만 도를 인식할 수 있으며, 다른 모든 작은 사물들에서는 인식하지 못한다. 이것은 물에서도 유사하게 나타난다. 사람들은 강과 바다가 물이라는 것을 알지만 침이나 눈물 또는 다른 즙이 물이라는 것은 알지 못한다.[155]

모든 생성된 것은 원인이 있어야만 한다. 사람에 의해 완성된 사물은 사람 없이는 생겨날 수 없는 것처럼, 세상 또한 저절로 생겨나는 것이 아니라 세상을 생성하는 어떤 것이 있어야 한다. 도는 그러한 의미에서 생성자이다.

한 명의 도공이 수많은 그릇을 만들 수 있지만, 도공을 만들거나 해칠 수 있는 그릇은 결코 없다. 하나의 도가 수많은 사물을 생성할 수 있지만, 도를 만들거나 해칠 수 있는 사물은 결코 없다. 도는 넓고 아득하여 알 수가 없다……. 성인은 마음이 하나이고 사물이 하나이며 도가 하나임을 안다.[156] 이 세 가지는 또한 합해서도 하나가 되니, 하나가 하나 아닌 것을 바로잡는 일이 없고, 또 하나 아닌 것이 하나를 해치는 일도 없다.[157]

하늘은 저절로 하늘이 아니고 하늘이 되게 한 것이 있다. 땅은 저절로 땅이 아니고 땅이 되게 한 것이 있다. 비유하자면 마치 오두막·집·배·마차가 스스로 완성되는 것이 아니라 사람에 의해 완성되는 것과 같다. 저들이 의지하는 것이 있음을 알면서도 이들(하늘과 땅)이 의지하는 것이 없다고 여긴다면, 위로는 하늘을 보지

---

155) 『關尹子』, 권1, 1b.
156) 마음·사물·도는 세 가지로 나타나지만 도 안에서는 모두 하나이다.
157) 『關尹子』, 권1, 1b, "一陶能作萬器, 終無有一器能作陶者能害陶者一道能作萬物終無有一物能作道者能害道者曰道茫茫而無知乎……聖人以知心一物一道一. 三者又合爲一, 不以一格不一, 不以不一害一."

못하고 아래로 땅을 보지 못하며 안으로 나를 보지 못하고 밖으로 다른 사람을 보지 못하게 될 것이다.(하늘·땅·인간은 스스로를 생성할 수 없기 때문에 결국 실재하지 않게 되어 버리고 만다.)158)

『관윤자』의 최종 결론은 다음의 말로 요약된다.

우리는 그러므로 하늘과 땅과 모든 사물이 리를 이루고 있음을 안다. 하나의 사물이 이것을 안고 있다. 각각의 사물이 모두 이것을 안고 있으니, 각기 서로 빌릴 필요가 없다.159)

이러한 도는 또한 텅 빈 것이 아니라 공간을 채우는 것이다. 『관윤자』에서는 도가 공간을 채우는 것이라는 점에 대해, 그리고 공간과 시간의 정의에 대해 다음과 같이 설명하고 있다.

하늘과 땅은 공간을 차지하고, 모든 사물도 공간을 차지하며, 나도 공간을 차지하고, 도도 공간을 차지한다. 진실로 공간에서 분리되면 도 또한 존립할 수 없다.160)

움직여서 결코 멈추지 않는 것이 시간(時)이고, 포괄하여 존재가 있는 곳이 공간(方)이다.161)

인간은 결코 도를 소유할 수 없다. 우리가 도를 잊으면 도리어 도가 우리에게 이르러 온다.162)

---

158) 『關尹子』, 권2, 4b, "天非自天, 有爲天者, 地非自地, 有爲地者, 譬如屋宇舟車待人而成, 彼不自成, 知彼有待, 知此無待, 上不見天, 下不見地, 內不見我, 外不見人."

159) 『關尹子』, 권2, 3b, "是知天地萬物成理. 一物包焉. 物物皆包之, 各不相借."

160) 『關尹子』, 권2, 5b, "天地寓, 萬物寓, 我寓, 道寓, 苟離于寓, 道亦不立."

161) 『關尹子』, 권2, 4a, "運而不已者爲時, 包而有在者爲方."

162) 『關尹子』, 권9, 20a.

도를 가지고 있지 않기 때문에 도를 없애지 못하고, 도를 얻지 못하기 때문에 도를 잃지 못한다.163)

소인의 권력은 악으로 돌아가고, 군자의 권력은 선으로 돌아가며, 성인의 권력은 아무것도 얻지 못하는 것으로 돌아간다. 오직 아무것도 얻지 못하는 것이 바로 도이기 때문이다.164)

사람이 실제로 도에 이를 수는 없다. 사람에게는 이미 도가 내재해 있지만, 사람이 이르게 되는 것은 도가 아닌 덕이기 때문이다. 사람은 도를 설명할 방법이 없다. 사람이 설명할 수 있는 것은 다만 그 작용뿐이다.165)

도와의 교류는 세심함을 필요로 한다. 그로써 큰 성공을 거둘 수도 있지만 동시에 자신을 심하게 해칠 수도 있다.

나의 도는 검과 같다. 칼날로써 사물을 자르는 것은 이롭지만, 손으로 칼날을 잡으면 다치게 된다.166)

도는 형이상의 존재로서 인간과 특별히 관계하지 않으며 인간의 언어와 해답으로 제시되지 않는다. 도는 초월성에서 움직이지 않기 때문이다. 다만 도가 명으로 나타날 때에는 인간의 삶에 영향력을 행사한다.

변籩(과실 담는 대나무 제기)은 두豆(나무로 된 제기)에게 묻지 않고, 두는 변에게 답하지 않는다. 기와는 돌에게 묻지 않고, 돌은 기와에게 답하지 않는다. 도 또한 잃음이 없으니, 도가 묻던가, 답하던가? 하나의 기가 오가는데, 도가 어디에 있는가?167)

---

163) 『關尹子』, 권1, 1b, "以不有道, 故不無道, 以不得道, 故不失道."
164) 『關尹子』, 권1, 3b, "小人之權, 歸於惡, 君子之權, 歸於善, 聖人之權, 歸於無所得, 惟無所得, 所以爲道."
165) 『關尹子』, 권1, 2a.
166) 『關尹子』, 권1, 3b, "吾道如劍, 以刄割物即利, 以手握刄即傷."

2) 세계

실재, 참된 존재는 단지 도이며, 모든 다른 것은 단지 가상 또는 현상이다. 그러면 우리에게 실제로 드러나는 세계는 어디에서 생겨나는가?『관윤자』에서는 이에 대해 삶은 단지 상상이며 꿈이라고 답한다. 그리고 인간의 꿈은 생각으로 이루어졌다고 말한다. 인간이 꿈꾸는 하늘, 땅, 인간, 사물은 실제로 생겨난 것이 아니다.

어떻게 지금의 하늘과 땅이 단지 생각이 아니라는 것을 알겠는가?[168]

그러므로 세계는 실재하는 것이 아니라 단지 우리가 생각하고 상상하는 것일 뿐이다.

『관윤자』에서는 생성활동으로서의 인간의 사유능력을 비전으로 암시함으로써 믿을 수 있는 것으로 만들고자 하였다. 이 책에 따르면 실제로는 우리 앞에 아무것도 없음에도 불구하고 우리는 생각이 만들어낸 우리 눈앞의 사물을 실재하는 것으로 여긴다.[169] 이 책은 또한 인간의 마음이 추위와 더위를 조성할 수도 있으며, 나아가 그보다 큰 것도 이룰 수 있다고 말한다. 바람이나 비, 번개와 천둥 같은 기상학적 현상들도 모두 인간의 기에 의해 일어나는 현상인데, 기는 마음을 통해 생성될 수 있다는 것이다. 또한 사람이 오랫동안 큰불을 생각하면 뜨거움을 느끼게 되고, 오랫동안 큰물을 생각하면 차가움을 느끼게 된다는 것이다. 이런 까닭에 인간은 하늘의 작용을 시행할 수 있고 추위와 더위를 만들 수 있다고 이 책은 말한다.[170]

---

167) 『關尹子』, 권1, 3b, "邊不問豆, 豆不答邊, 瓦不問石, 石不答瓦, 道亦不失, 問歟答歟, 一氣往來, 道何在." 역주) 저자의 주에는 "問歟答歟, 一氣"가 "問與答, 與一氣"로 되어 있어 본문과는 다르게 해석된다.

168) 『關尹子』, 권2, 4b, "安知今之天地非有思者乎."

169) 『關尹子』, 권5, 14a.

『관윤자』에 따르면 우리가 아는 세계는 참된 것이 아니라 단지 꿈 또는 거울의 상처럼 실체가 없는 현상일 뿐이다.

꿈속에, 거울 속에, 물속에 모두 하늘과 땅이 존재하고 있다. 꿈속의 하늘과 땅을 제거하고자 한다면 잠들지 말아야 하고, 거울 속의 하늘과 땅을 제거하고자 한다면 그 형체를 비추지 말아야 하며, 물속의 하늘과 땅을 제거하고자 한다면 대야에 물을 채우지 말아야 한다. 저들의 유와 무는 여기에서 결정되는 것이지 저들에게 있는 것이 아니다. 그러므로 성인은 하늘과 땅을 제거하지 않고 그 자신의 인식을 제거하였다.[171]

인간이 진정한 도라면 당연히 도의 능력 또한 소유해야만 하며, 오로지 생각만으로 세상이 생겨나고 없어지게 할 수 있어야 한다.

3) 자아

사물이 참이 아닌 것처럼 인간 역시 도의 현상에 불과하여 실재하는 것이 아니다. 인간으로서의 '나'는 실재하는 것이 아니라 그저 허구일 뿐이다. 이 모든 것은 도의 개념에서 다른 것 필요 없이 저절로 뒤따른다. '나'의 부정을 불교의 차용으로 이해할 필요가 없다. 가장 오래된 도가에서 정의한 도의 개념에 이미 그러한 의미가 담겨 있기 때문이다. 인도 사람들은 영혼과 덕의 본질에 대한 자신들의 이론을 심리적인 연구에 의지하였을 뿐, 세계정신에는 의지하지 않았다. 『관윤자』에서는 비실재적 자아의 개념에 대하여 다음과 같은 증명을 제시한다.

---

170) 『關尹子』, 권2, 3a.
171) 『關尹子』, 권2, 4b, "夢中鑑中水中皆有天地存焉, 欲去夢天地者寢不寐, 欲去鑑天地者形不照, 欲去水天地者盂不汲, 彼之有無在此, 不在彼, 是以聖人不去天地, 去識."

나의 생각은 매일 변하는데, 그렇게 시킨 것은 내가 아니라 명이다. 진실로 그것이 단지 명이라는 것을 알기만 한다면 외적으로는 나를 보지 않게 되고 내적으로는 마음을 보지 않게 될 것이다.[172]

이 글의 주에서는 명이 단지 도의 다른 이름일 뿐이라고 지적하고 있는데, 이것은 도의 객관화이다. 도는 직접적으로 인간과 교류하지 않기 때문이다. 인간은 스스로 생각하는 것이 아니라 명을 통해서 생각한다. 결국은 명을 통해 도를 생각하는 것이다. 나는 그러므로 독립적인 것이 아니다. 나 스스로 실재하는 것이 아니라 단지 도의 현상일 뿐이다.

이어서 이 책은 나의 현존재를 의미하는 것으로 보이는 특성들이 또한 개별적인 나의 현존함이 없이도 있을 수 있다는 사실로부터 나의 비실재를 증명하고자 한다. 그리하여 이 책은 이러한 이중성은 또한 내가 생성될 수 없는 것임을 나타낸다는 결론을 내린다.

말라비틀어진 거북이는 자아가 없지만 큰 지혜를 보여 줄 수 있고,[173] 자석은 자아가 없지만 큰 힘을 보여 줄 수 있으며, 종과 북은 자아가 없지만 큰 소리를 보여 줄 수 있고, 배와 마차는 자아가 없지만 멀리 가는 것을 보여 줄 수 있다. 그러므로 내 한 몸이 비록 지식 · 힘 · 운동 · 소리를 갖고 있더라도 또한 결코 내가 있었던 적은 없었다.[174]

나의 마음 또는 나의 자아는 단지 허구일 뿐이다. 그럼에도 불구하고 나는 도로써 세상을 생성하고 변형한다.

---

172) 『關尹子』, 권5, 14a, "我之思慮日變, 有使之者, 非我也, 命也, 苟知惟命, 外不見我, 內不見心."
173) 거북이의 등껍질로 미래를 점치기 때문에 거북이는 현명함의 상징으로 여겨진다.
174) 『關尹子』, 권6, 16a, "枯龜無我, 能見大知, 磁石無我, 能見大力, 鐘鼓無我, 能見大音, 舟車無我, 能見遠行, 故我一身, 雖有智有力有行有音, 未嘗有我."

나의 거짓된 마음이 유전하고 조화하는 것이 수백만 년 동안 다한 적이 없다.……
오직 나에게 오는 것이라면 모두 끌어들여서 물을 변화시켜 나를 삼는다. 사물이
없으면 나도 없으니, 이른바 오행을 누가 변하게 할 수 있겠는가?[175]

그리고 뒤이어서 다시 이렇게 말한다.

오직 성인만이 나라는 자아는 없으며 사물 또한 존재하지 않는다는 것을 안다.
모든 것이 나의 생각과 의도에 따라 있게 되는 것이다.…… 이미 하늘과 땅 및
모든 사물을 섞음으로써 혼을 삼을 수 있었으니, 이제 하늘과 땅 및 모든 사물을
섞어 백을 삼을 수 있다. 모든 오묘함을 만들어 내는 것은 모두 나의 혼이고, 모든
존재를 만들어 내는 것은 나의 백이다. 그러므로 나를 부릴 수 있는 어떤 하나의
사물도 있을 수 없다.[176]

사물과 나는 물질적인 것이 아니다. 그것은 다만 세계정신 또는 도의 사유에서
생겨난 형상들이다. 세계는 나의 혼 또는 백으로 이해될 수 있다. 나의 혼은
도와 함께 세계를 생성하기 때문이다. 나는 도에 의해 형태를 갖추게 되므로,
나의 몸은 도의 생각과 감각을 통해 생성되는 꿈의 형상과도 같다. 결국 사람은
도의 생각이나 상상 또는 꿈의 형상에 불과한 것이다.

이 몸이 꿈속의 몸과 같이 정을 따라 나타난다는 것을 아는 사람은 날아다니는
신을 나로 삼아서 태청에서 노닐 수 있다. 또한 이 사물[177]이 꿈속의 사물과 같이
정에 따라 나타난다는 것을 아는 사람은 정기를 모아 사물로 삼아서 온 세상을
타고 다닐 수 있다. 이것이 도이다.[178]

---

175) 『關尹子』, 권4, 9a, "所以我之僞心流轉造化, 幾億萬歲未有窮極……惟其來于我者, 皆攝之以一
息, 則變物爲我, 無物非我, 所謂五行者, 孰能變之."
176) 『關尹子』, 권4, 9b, "惟聖人知, 我無我, 知物無物, 皆因思慮計之而有……旣能渾天地萬物以爲
魂, 斯能渾天地萬物以爲魄, 凡造化所妙皆吾魂, 凡造化所有皆吾魄, 則無有一物可役我者."
177) 생물 또는 사물은 인간과 다르다.
178) 『關尹子』, 권4, 11a, "知夫此身如夢中身, 隨情所見者, 可以飛神作我, 而游太淸, 知夫此物如夢

또한 이 책은 인간의 마음에 대하여 다음과 같이 말하고 있다.

생각하는 것은 마음이지만 생각하게 하는 것은 그 뜻이지 마음이 아니다. 그 까닭을 모르면서 저절로 그렇게 될 뿐이다. 오지 그 까닭을 모른 채로 그렇게 되는 것이기 때문에, 그것이 어디서 와서 어디로 가는지를 알 수 없다. 어디서 와서 어디로 가는 특정한 곳이 없으므로 그것은 천지의 본원과 더불어 함께할 수 있으니, 예전도 없고 지금도 없다.[179]

마음은 영원하다. 마음은 스스로 기가 아니고 형체도 아니지만, 그럼에도 불구하고 기와 형체를 생성해 낼 수 있다.[180]

4) 생성

『관윤자』에 나타나는 관념주의적인 관점에 따르면 세계는 단지 하나의 꿈 또는 생각의 산물에 불과한 것으로서 다른 상황에서는 다른 형태가 전개되기 때문에 세상의 현실성 내지는 물질성을 전제로 하는 생성이론이 필요하지 않다. 그럼에도 불구하고 이 책은 자기 이론과 화합하기 어려운 도교의 생성이론을 확고하게 붙잡고 있다. 중국의 사상가들은 자신이 아무리 새로운 생각을 가지고 있다 하더라도 기존의 권위와 전통의 영향에서 벗어나고자 하지 않고, 대신 자신의 새로운 생각을 고대의 사상에 억지로 연관시키고자 한다. 『관윤자』 또한 마찬가지이다.

태허는 절대적인 무로부터 변화하여 하나의 기를 생성하는데, 이 하나의 기로부터

中物, 隨情所見者, 可以凝精作物, 而駕八荒, 是道也."
179) 『關尹子』, 권5, 12b, "思者心也, 所以思之者是意, 非心, 不知所以然而然, 惟不知所以然而然, 故其來無從, 其往無在, 其來無從, 其往無在, 故能與天地本原, 不古不今."
180) 『關尹子』, 권5, 14a.

변화하여 만물이 이루어진다.[181]

그러므로 세계는 '태허'라는 절대적인 무로부터 생성된 '하나의 기'로 말미암아 생겨난 것이다. 『관윤자』에서는 또 세계정신의 사유로부터 원기가 생겨남을 말하기도 한다.

먼저 일원의 기를 떠올리면 하나의 사물이 갖추어지고…… 형상이 존재하게 된다. 하나의 기가 운행하는 형상이 태공을 주행하면, 절로 그 가운데서 올라가 하늘이 되고 내려가 땅이 된다.[182]

5) 오행

『관윤자』는 몇 가지 새로운 정의와 가설을 통해 기존의 오행론을 더욱 풍요롭게 하였다. 이미 『서경』에서 물은 아래로 흐르고 불은 위로 올라간다고 가르친 바 있는데,[183] 『관윤자』는 이러한 생각을 더욱 발전시켰다. 이 책에 따르면, 위로 올라가는 것은 불이고 아래로 내려가는 물이며, 위로 올라가고 싶지만 올라가지 못하는 것은 나무이고 아래로 내려가고 싶지만 내려가지 못하는 것은 쇠이다.[184] 나무는 불과 마찬가지로 위로 올라가는 욕구를 가지고 있지만 그 무게 때문에 공기처럼 완전하게 올라갈 수 없으며, 쇠는 물처럼 아래로 향하려 하지만 그 무게 때문에 물처럼 다른 것들의 장애를 극복하지 못한다. 나아가 사람이 나무에 구멍을 뚫으면 불이 나고 나무를 누르면 물이 나오며, 쇠를 때리면 불이 나고 그것을 녹이면 물이 된다고 한다.[185] 그런데

---

181) 『關尹子』, 권5, 14a, "太虛於至無中變成一氣, 於一氣中變成萬物."
182) 『關尹子』, 권2, 4a, "先想乎一元之氣, 具乎一物……則象存矣, 一運之象周乎大空, 自中而升爲
     天, 自中而降爲地."
183) Legge, *The Chinese Classics III*, 325쪽.
184) 『關尹子』, 권2, 4a. Forke, *World Conception of the Chinese*, 264쪽 참조.
185) 『關尹子』, 권2, 4a. Forke, *World Conception of the Chinese*, 288쪽 참조.

『관윤자』에는 흙에 대해서는 아무런 언급이 없다.

　오행과 자연 및 인간 사이에는 다음과 같은 등식이 설정되어 있다. 물은 정과 하늘이 되고, 불은 신과 땅이 된다. 나무는 혼과 인간이 되고, 쇠는 백과 사물이 된다.[186] 여기서 물과 정의 관계는 불과 신의 관계와 어느 정도 유사한 면이 존재하지만 다른 관계들의 근거는 명백하지 못하다. 『관윤자』에 나타나는 하늘·땅·인간에 대한 다음 비교표를 보자.[187]

하늘(天)	땅(地)	인간(人)
한寒	수水	정精
열熱	화火	신神
조燥	금金	백魄
풍風	목木	혼魂

　하늘에서 찬 것은 땅에서는 물이 되고 인간에게서는 정기가 되며, 하늘에서 바람인 것은 땅에서는 나무가 되고 사람에게서는 혼이 된다. 그런데 입김으로 혼을 이해하는 것은 가능하지만 바람에서 나무로, 또 쇠에서 백으로 이어지는 연관성을 과연 어디에서 찾을 것인가?

　한편, 이 책은 나무가 생장하는 과정을 인간의 신체가 생성해서 자라는 과정과 비교하고 있다. 한 그루의 나무가 자라나기 위해서는 물·불·흙이 필요한데, 이것들은 하나의 씨앗에 집중된다. 인간의 정精은 물에 상응하고, 신神은 불에 상응하며, 사유는 땅에 상응한다. 근원적으로 이러한 요소들이 화합해 있는 것은 아니지만, 이들이 하나의 씨앗에서 함께 만나게 되면 거기에서 삶이 생겨난다. 이것은 마치 마술에서 완전히 빈 공간에 많은 사물들이 갑자기

---

186) 『關尹子』, 권2, 4a.
187) 『關尹子』, 권4, 9a.

나타나는 것과 같다.188)

6) 삶과 죽음

나의 정신·나의 혼백은 천지만물의 정신·혼백과 함께 흐른다. 이것은
마치 수천 가지의 물·불·쇠·나무가 하나의 물·불·쇠·나무와 합하는
것과 같다.

그러므로 하늘과 땅과 모든 사물은 모두 나의 정신·나의 혼백이다. 무엇이 죽고
무엇이 살겠는가?189)

소우주는 대우주와 동일한데, 이 모든 것이 도이기 때문에 도에는 삶과
죽음이 없다. 『관윤자』에 따르면 삶과 죽음은 똑같은 기의 다양한 양태일
뿐이다. 그러므로 이것은 항상 머물고 있다.

요리사가 겟국을 끓이며 다리 하나를 탁자에 남겨 두었다. 게는 이미 끓여졌지만
남겨진 다리는 여전히 움직이고 있으니, 삶과 죽음은 같은 기가 합하거나 흩어진
것일 뿐이다. 산 것도 아니고 또한 죽은 것도 아니지만 인간이 멋대로 계산하여
삶과 죽음을 말한다.190)

삶과 죽음의 문제는 중국인들에게 있어 지속적인 관심사였다. 그래서 그들은
이 문제에 대해 다양한 견해들을 표출하였는데, 『관윤자』에는 그런 다양한
견해들이 훌륭하게 요약되어 있다.

---

188) 『關尹子』, 권4, 10b.
189) 『關尹子』, 권4, 9a, "則天地萬物皆吾精吾神吾魄吾魂, 何者死, 何者生."
190) 『關尹子』, 권4, 11b, "庖人羹蟹, 遣一足机上, 蟹已羹, 而遣足尚動, 是生死者一氣聚散爾, 不生
不死而人橫計曰生死."

삶과 죽음을 헤아리는 사람들의 견해를 보면, 어떤 이는 죽은 뒤에도 자아가 있다고 하고, 어떤 이는 사람이 죽고 나면 자아도 없다고 하며, 어떤 이는 사람이 죽고 나면 자아는 있기도 하고 없기도 하다고 하고, 어떤 이는 사람이 죽고 나면 자아는 있는 것도 아니고 없는 것도 아니라고 한다. 그리하여 죽음이라는 것에 대해 말하기를, 어떤 이는 기쁜 것이라고 하고 어떤 이는 두려운 것이라고 하며 어떤 사람은 당연히 임해야 할 것이라고 하고 어떤 사람은 초월해야 하는 것이라고 한다. 이와 같이 견식과 감정이 변할수록 더욱더 멋대로 나가지만, 이것은 나의 삶과 죽음이 말의 손이나 소의 날개[191]와 같은 것임을 알지 못하는 것이다.[192]

7) 도술과 현학

『관윤자』에 따르면 세계는 단지 상상에 불과하다. 모든 존재하는 것들은 현존하지 않는 것이므로, 우리는 얼마든지 자연법을 넘어설 수 있다. 인간의 정신이 도라고 한다면 그것은 설령 우리의 모든 경험에 대립하는 것이라 하더라도 문제없이 원하는 것을 이룰 수 있다. 이로써 『관윤자』는 주술과 현학의 관문을 열었으며, 인간이 도를 통해 소유하게 되는 초자연적 능력에 대한 환상적인 생각에 빠졌다.

『관윤자』는 세계의 실재를 믿지 않지만 귀신의 실재에 대해서는 최소한의 의심도 하지 않는다. 이 책에 따르면 귀신은 인간의 정신에 작용하여 인간을 선 또는 악으로 인도한다고 한다. 귀신의 실체는 음기, 어둠, 바람, 공기, 점토로 빚어진 형상, 그림, 깨진 그릇, 짐승 등으로 매우 다양하다. 이러한 귀신은 인간에게 있는 것이 아니라 도에 있으며, 도에 통달한 성인은 귀신에 의해 주재되지 않고 오히려 모든 귀신을 주재할 수 있다. 귀신을 부를 수도 있고

---

191) 말의 손이나 소의 날개처럼 그림 또는 상상 속에서나 볼 수 있는 것은 참이 아니다.
192) 『關尹子』, 권4, 11b, "計生死者, 或曰死己有, 或曰死己無, 或曰死己亦有亦無, 或曰死己不有不無, 或曰當喜者, 或曰當懼者, 或曰當任者, 或曰當超者, 愈變識情, 馳騖不已, 殊不知, 我之生死 如馬之手, 如牛之翼."

물리칠 수도 있는 것이다. 성인의 정신은 늘 완전히 고요하다.[193] 주문과 부적 및 특정한 손가락의 움직임이나 경건한 의식 등으로 귀신을 부릴 수 있으며 악한 기운을 몰아내고 사물을 변화시킬 수 있다. 성인이 아닌 대부분의 사람들이 그럴 수 없는 것은 단지 스스로를 신뢰하지 않기 때문이다.[194] 진정한 도사라면 많은 큰 기적을 이룰 수가 있다.

> 도가 시간적인 것에 구속되지 않는다는 것을 아는 사람은 하루를 백년으로 삼을 수 있고 또 백년을 하루로 삼을 수 있다. 도가 공간적인 것의 장애받지 않는다는 것을 아는 사람은 1리를 100리로 삼을 수 있고 또 100리를 1리로 삼을 수 있다. 도에는 기가 없지만 기를 운행시킬 수 있다는 것을 아는 사람은 또한 바람과 비를 불러올 수 있다. 도는 형체가 없지만 형체가 있는 것을 변화시킬 수 있다는 것을 아는 사람은 날짐승과 길짐승을 뒤바꿀 수 있다.
> 도의 맑음을 터득한 사람은 어떤 사물도 그를 더럽힐 수 없으며, 그 몸은 가벼워서 봉황과 학을 탈 수 있다. 도의 혼연함을 터득한 사람은 어떤 사물도 그를 빠뜨리고 잠기게 할 수 없으며, 그 몸은 아득하여 교룡과 고래를 탈 수 있다.
> 유가 곧 무이고 무가 곧 유라는 도를 아는 사람은 귀신을 다스릴 수 있다. 실이 곧 허이고 허가 곧 실이라는 도를 아는 사람은 쇠와 돌에 들어갈 수 있다. 위가 곧 아래이고 아래가 위라는 도를 아는 사람은 별을 받들 수 있다. 과거가 곧 현재이고 현재가 곧 과거라는 도를 아는 사람은 거북과 시초로 점칠 수 있다. 남이 곧 나이고 내가 곧 남이라는 도를 아는 사람은 다른 사람의 폐와 간을 엿볼 수 있다. 사물이 곧 나이고 내가 곧 사물이라는 도를 아는 사람은 뱃속의 용호가 될 수 있다.……
> 이와 같이 하여 만물을 극복하면 호랑이와 표범도 굴복시킬 수 있고, 이와 같이 하여 만물과 같아지면 물이나 불에도 들어갈 수 있다. 오직 도사만이 능히 그렇게 할 수 있고, 또한 능히 그렇게 할 수 있음에도 하지 않을 수 있다.
> 사람의 힘으로써 하늘과 땅의 조화를 빼앗을 수도 있는 사람은 겨울에 천둥이

---

193) 『關尹子』, 권5, 12a.
194) 『關尹子』, 권7, 17b.

치고 여름에 얼음이 얼게 할 수 있으며, 시체가 걷게 하고 죽은 나무가 꽃을 피우게 할 수 있으며, 콩 안의 귀신을 잡을 수 있고[195) 술잔 속의 물고기를 낚을 수 있으며, 그림 속의 문을 열 수 있고[196) 흙 속의 귀신이 말하게 할 수 있다.[197)

---

195) 牛道淳의 주석에 따르면 도사 郭璞(276~324)이 작은 콩을 벽에 던졌더니 붉은 옷의 귀신이 모습을 드러냈으며, 이에 부적으로 사로잡아 묶어서 우물에 던졌다고 한다.
196) 화가 오도자는 자기가 그린 그림의 문 안으로 들어가서 사라졌다고 전해진다.
197) 『關尹子』, 권7, 16b~17a, "知道非時之所能拘者, 能以一日爲百年, 能以百年爲一日, 知道非方之所能礙者, 能以一里爲百里, 能以百里爲一里, 知道無氣, 能運有氣者, 可以召風雨, 知道無形, 能變有形者, 可以易鳥獸. 得道之清者, 物莫能累, 身輕矣, 可以騎鳳鶴, 得道之渾者, 物莫能溺, 身冥矣, 可以席蛟鯨. 有即無, 無即有, 知此道者可以制鬼神, 實即虛, 虛即實, 知此道者可以入金石, 上即下, 下即上, 知此道者可以侍星辰, 古即今, 今即古, 知此道者可以卜龜筮, 人即我, 我即人, 知此道者可以窺他人之肺肝, 物即我, 我即物, 知此道者可以成腹中之龍虎……以此勝物, 虎豹可伏, 以此同物, 水火可入, 惟有道之士能爲之, 亦能能之而不爲之. 人之力有可以奪天地造化者, 如冬起雷, 夏造冰, 死屍能行, 枯木能華, 豆中攝鬼, 杯中釣魚, 畵門可開, 土鬼可語."

제4장 불교

1. 조계혜능

중국 선종禪宗의 제6조인 당나라의 혜능慧能(638~713)[1]은 속성이 노盧이다. 흔히 조계대사曹溪大師 또는 육조대사六祖大師로 불리며 시호는 대감선사大鑑禪士이다. 그의 아버지 노행도盧行瑫는 북경 근처 범양范陽 출신의 관리였는데, 광동성 신주新州로 좌천되어 가서 혜능을 낳았다. 혜능의 출생은 부처와 비슷하게 기적적인 이야기로 장식되어 있다. 그는 6년의 임신 기간 끝에 태어났으며, 모유 대신 감로를 먹고 자랐다고 한다.

아버지가 일찍 죽어 혜능은 일찍부터 어머니를 모셔야 했다. 그는 집안이 매우 곤궁했던 탓에 읽고 쓰는 것도 배우지 못했다.[2] 661년, 그의 나이 23세 때 그는 어느 여관에서 나무를 팔다가 한 손님이 『금강경金剛經』(Vajracchedika)을 읽는 것을 듣고 불교에 관심을 가지게 되었다. 혜능은 이윽고 그 손님의 도움으로 선종의 제5조인 홍인弘忍을 찾아가서 제자가 되었다. 홍인은 그를 여러 달 동안 부엌에서 일하게 했을 뿐 아무것도 가르치지 않았다. 혜능 또한 가르침을 필요로 하지도 않았다. 모든 것을 저절로 알게 되었기 때문이다.

---

1) 慧는 『法寶壇經』 등에서 자주 '惠'로 쓰였다.
2) 이것은 매우 믿기 어렵다. 관리의 아들들은 문맹이 거의 없었다. 후에 혜능은 시를 짓고 불경을 인용하였는데, 이것은 문자에 대한 이해가 없이는 불가능하다. 따라서 혜능이 문맹이었다는 것은 극적인 효과를 노린 왜곡으로 보인다. 선종은 불경의 공부에 비중을 두지 않고 모든 것을 내적인 해탈에서 기대하기 때문이다.

홍인은 깨달음이 깊은 제자를 찾아 자신의 의발을 전하고자 모든 제자들로 하여금 게송을 짓게 하였다. 혜능은 글을 쓸 줄 몰랐기 때문에 다른 사람으로 하여금 자신이 읊는 노래를 받아쓰게 하였고, 이 게송을 본 홍인은 그를 후계자로 삼고자 결심하였다. 그래서 홍인은 밤에 몰래 혜능을 불러 『금강경』을 설명해 주고 보리달마菩提達磨의 가사袈裟를 전하여 선종의 종사로 삼았으며, 아울러 혜능의 자격에 의구심을 표하던 여러 동료들의 성가심으로부터 그를 보호하기 위해 남쪽으로 떠나보냈다.[3]

그때부터 여러 해 동안 혜능은 수행자로서 나라 안을 돌아다니다가 광동과 광서 사이에 위치한 조계산曹溪山에 머물렀다. 676년 그는 『열반경』을 가르치던 인종법사印宗法師로부터 인정받음으로써 드디어 공식적으로 홍인의 계승자가 되었다.[4] 705년에 황제가 그를 궁정으로 불렀으나 혜능은 병을 핑계로 나아가지 않고 사죄하였다.[5]

죽기 한 해 전에 혜능은 제자들로 하여금 자신의 고향인 신주로 가서 그곳 국은사國恩寺에 자신의 감탑을 짓도록 하였다. 8번째 달에 죽을 것을 예견한 그는 7번째 달에 제자들을 모아 놓고 마지막 질문을 하게 하였다. 이에 모두가 울음을 터뜨리자 그가 말하였다.

너희들이 슬퍼하며 우는데, 그것은 내가 어디로 가는지 모르기 때문이다. 내가 가는 곳을 안다면 그렇게 슬퍼하며 울어서는 안 될 것이다. 법성은 본래 생겨나지도 소멸되지도 않으며, 또한 오지도 가지도 않는다.[6]

---

3) E. Rousselle, "Das Leben des Partiarchen Hui Nêng", *Sinica* V(1930), 174~191쪽.
4) Mayers, *Reader's Manual*, Nr. 428 및 『法寶壇經』에 수록된 法海와 다른 제자들이 기록한 혜능 전기 참조.
5) Giles, *Chinese Biographical Dictionary*, Nr. 1417.
6) 『法寶壇經』, 권10, 14a, "汝等悲泣, 蓋爲不知吾去處, 若知吾去處, 卽不合悲泣, 法性本無生滅 去來."

제자 법해法海가 혜능에게 그의 의발을 전할 후계자를 임명할 것인지를 묻자 혜능은, 아직은 충분히 믿음이 강하고 더 이상 의심이 없는 사람이 없기 때문에 더 기다려야 한다고 답하였다. 제자들과의 문답을 마친 혜능은 제자들로 하여금 신주로 배를 저어 가게 하여 그곳에서 생을 마쳤다. 그의 출생과 마찬가지로 죽음 또한 화려하게 치장되어 있음을 볼 수 있다.

혜능이 죽고 난 후 제자들 사이에서는 그가 체류하였던 광동지방의 광주廣州와 소주韶州, 신주新州 가운데 어디에다 유해를 모실 것인가 하는 다툼이 일어났다. 제자들은 화장 때 피어나는 연기의 방향으로 장소를 정하기로 합의를 보았다. 연기는 곧바로 조계산을 향하였고, 유해는 그곳으로 옮겨졌다. 그리고 혜능 생전의 결정에 따라 다음해에 신주의 사리탑으로 옮겨졌는데, 그의 사리가 안치되자 탑이 사흘 동안 밝게 빛났다고 한다. 당대의 문호 유종원柳宗元이 혜능의 묘비를 썼는데, 그는 불교를 매우 좋아한 것으로도 유명하다. 당나라 헌종憲宗은 그에게 대감선사大鑑禪士라는 시호를 내렸으며, 후에 송나라의 많은 황제들이 다시 여러 시호를 더하였다.

혜능의 생애와 학설에 대해서는 제자들에 의하여 편집된『육조대사법보단경 六祖大師法寶壇經』(육조단경)7)을 통해 잘 알 수 있다.『육조단경』은 혜능이 소주의 대범사에서 천여 명의 대중들에게 설법한 내용을 그 제자인 법해가 기록하고, 다시 후대에 혜능의 행적 등을 가필하여 완성한 것이다.『육조단경』의 판본은 여러 가지가 있는데, 그 가운데 돈황본敦煌本, 종보본宗寶本, 덕이본德異本이 가장 널리 알려져 있다.

혜능은 석가를 포함한 모든 조사들 가운데 33번째 조사이며, 중국의 조사로는 달마 이래로 6번째 조사이다. 그러나 그의 선은 520년 보리달마에 의해 전해진 인도불교가 아니다. 모든 구원이 내적인 명상에 기원하기 때문에 그는 어떤

---

7) E. Rousselle, "Das Leben des Partiarchen Hui Nêng", *Sinica V*, 177쪽.

저서도 남기지 않았다. 그의 학파에서 문자는 단지 부차적인 의미만을 지닐 뿐이고, 명상의 규칙은 구두로 전래되어 왔다. 『육조단경』에서도 문자는 세계관의 문제 뒤로 물러서 있다. 혜능의 학설에서 중심이 되는 개념은 '자기의 성'(自性) 또는 '본래의 성'(本性)으로, 이것은 불성과 본질적으로 같다. 러셀은 이것을 도교의 범신론을 토대로 한 근본적인 개선일 것이라고 본다. 인도철학에서는 이런 개념이 아직 형성되어 있지 않기 때문이다. 따라서 이것은 타당성이 높다. 혜능이 보여 준 범신론과 관념주의의 독특한 연결은 유학과 마찬가지로 도교철학을 관통한 완전히 새로운 중국철학이기 때문이다.

아래에서는 혜능의 학설을 '인간의 성'과 '완전한 자'의 두 관점에서 관찰하고자 한다.

인성의 가장 내적이고 참된 본질은 부처(세계정신)이다. 인성은 곧 부처이자 순수함 그 자체인 것이다. 모든 인간은 근본적으로 이러한 통찰력을 지니고 있지만 그들의 마음이 잘못 나아가기 때문에 그것을 깨닫지 못한다. 한편, 완전한 자(보리혹은반야)는 인성이 작용하게 하는 마술봉이다. 성인과 어리석은 사람 및 부처 사이에는 근본적으로 아무 차이가 없으며, 차이는 지의 결여에서 비로소 생겨난다.[8] 지는 인성에서 나오는 것이지 밖에서 오는 것이 아니다. 이것은 외부 자료의 도움으로 배울 수 있는 것이 아니라 순간적인 깨달음으로 이르게 되는 것이다. 명상의 연습은 내적인 관상으로 인도한다고 한다. 여기서는 삼매三昧(Samadhi)와 무념의 연습이 중요하다. 인간은 헤매고 있는 동안에는 지상에 구속되어 일반적인 인간으로 머물지만, 해탈하여 지상의 것들로부터 해방되면 부처가 된다. 자신의 성을 심적인 것으로 인식하는 깨달음을 통해 곧장 부처의 나라에 도달하게 되는 것이다.[9]

성은 우리 마음의 본질로서 부처와 마찬가지로 마음 안에 거주한다.

---

8) 『法寶壇經』, 권2, 5a.
9) 『法寶壇經』, 권2, 5b~6a.

마음은 땅이고, 성은 왕이다. 왕은 마음의 땅 위에 거주한다. 성이 있으면 왕도 있고, 성이 떠나가면 왕도 없어진다. 성이 몸에 머무는 동안에는 마음도 존재하지만, 성이 몸을 떠나면 마음은 소멸된다. 부처는 성 가운데서 작용하니 몸 밖에서 찾아서는 안 된다. 자기의 성을 잃으면 곧 중생이 되고, 자기의 성을 깨달으면 곧 부처가 된다.[10]

그러나 인간이 자기의 성 즉 부처에 비례하는 삶의 변화를 가져오지 못한다면 어떻게 되는가? 그래도 부처는 인간의 마음에 머문다. 부처는 인간의 참된 성이기 때문이다. 그러나 부처는 개인의 마음과 몸에 가려진 채 숨어 있다. 그는 인간의 형체로 나타나지만, 이것은 거짓된 상일 뿐이다. 이 거짓된 상은 올바른 인식과 덕에 따른 변화로 인해 사라지고, 그 뒤에 진정한 부처를 다시 볼 수 있게 된다. 혜능이 죽기 전에 제자들에게 했던 작별의 말 중에는 다음과 같은 말이 있다.

자기의 성을 깨달으면 중생이 곧 부처이지만, 자기의 성을 잃으면 부처 또한 중생이다. 자기의 성이 치우침이 없고 한결 같으면 중생이 곧 부처이지만, 자기의 성이 간사하고 음흉하면 부처가 곧 중생이다.
너희들의 마음이 음흉하고 기울어지면 부처가 중생 속에 매몰되고, 한 가지 마음으로 치우침 없이 바르면 중생이 곧 부처가 되는 것이다.
내 마음 속에 스스로 부처가 있으니, 이 부처는 참된 부처이다. 내가 부처의 마음을 가지고 있지 않다면 어디에서 참된 부처를 찾겠는가? 너희 스스로의 마음이 곧 부처이다. 다시는 이를 의심하지 말라.[11]

---

10) 『法寶壇經』, 권3, 7a, "心是地, 性是王, 王居心地上, 性在王在, 性去王無, 性在身心存, 性去身壞, 佛向性中作, 莫向身外求, 自性迷, 即是衆生, 自性覺, 即是佛."

11) 『法寶壇經』, 권10, 15a, "自性若悟, 衆生是佛, 自性若迷, 佛是衆生, 自性平等, 衆生是佛, 自心邪險, 佛是衆生, 汝等心若險曲, 即佛在衆生中, 一念平直, 即是衆生成佛, 我心自有佛, 自若無佛心, 何處求眞佛, 汝等自心是佛, 更莫狐疑."

이것은 다름 아닌 범신론이다. 이러한 범신론은 매우 간단한 방식으로 극단적 관념주의와 연결된다. 세계는 실재가 아니라 단지 가상의 것일 뿐이며, 이러한 가상의 세계를 생성하는 것은 부처 즉 세계정신과 본질적으로 동일한 인간의 마음이다.

홍인이 자신의 후계자를 확정하고자 제자들에게 각자의 깨달음을 게송으로 읊게 했을 때 당시의 수제자였던 신수神秀는 이렇게 읊었다.

몸은 깨달음의 나무요, 마음은 밝은 거울의 받침이라. 늘 부지런히 털고 닦아서 먼지가 쌓이지 않도록 하라.12)

이러한 사유는 매우 현실적이다. 몸은 나무에 비교되고 마음은 거울받침에 비교되었는데, 둘 다 매우 현실적인 것들이다. 이에 대해 혜능은 다음과 같은 게송을 지어 답하였다.

깨달음에는 본래 나무가 없고, 밝은 거울 또한 받침이 아니다. 본래 한 물건도 없는데 어디에 먼지가 붙겠는가?13)

이것은 관념주의이다. 깨달음의 나무로 상징되는 몸도, 거울의 받침대로 생각되는 마음도 존재하는 것이 아니다. 이것들은 단지 현상, 즉 마음에 의해 생성된 환상에 불과하다. 이러한 사유는 어느 두 승려의 논쟁에 대한 혜능의 논평에서도 잘 드러난다. 바람에 깃발이 흔들리는 것을 본 두 승려가 움직이는 것이 바람인지 깃발인지 열띤 논쟁을 벌이고 있었는데, 이를 지켜본 혜능은 다음과 말하였다.

---

12) 『法寶壇經』, 권1, 3b, "身是菩提樹, 心如明鏡臺, 時時勤拂拭, 勿使惹塵埃."
13) 『法寶壇經』, 권1, 4a, "菩提本無樹, 明鏡亦非臺, 本來無一物, 何處惹塵埃."

바람이 움직이는 것도 아니고, 깃발이 움직이는 것도 아니다. 다만 그대들의 마음이 움직이는 것이다.[14]

움직임은 물질적이고 기계적인 것이 아니라 마음의 과정일 뿐이다. 이것이 혜능의 확고한 믿음이라는 것은 다음의 말에서 더욱 명백하게 증명된다.

밖으로 건립할 수 있는 한 가지 사물도 없다. 모든 것은 본래 마음이 만 가지의 법을 낳은 것이다. 그러므로 경전에서는 말한다. "마음이 생겨나면 온갖 종류의 법이 생겨나고 마음이 사라지면 온갖 종류의 법도 사라진다."[15]

이것은 허와 공의 개념을 통해 더욱 분명하게 된다. 혜능은 말한다.

모든 부처의 세상은 모두 텅 빈 공空과 같다. 세상 사람의 신묘한 성 또한 본래 비어 있으니, 하나의 법도 얻을 수 있는 것이 없다.[16]

인간의 마음 자체는 세계정신이며 텅 비어 있다. 이러한 마음은 다른 모든 세계존재보다 우월한 초월적 개념으로서, 마음의 허는 마음 자신의 생성물 즉 마음 자신의 생각에 불과한 세계 전체를 포괄할 수 있다.

마음은 크고 넓어서 현상세계 전체를 포괄한다.[17]

이러한 혜능의 견해는 공공연한 경전의 형태로도 표현되는데, 이것은 철학적이라기보다는 차라리 종교적이다. 가장 중요한 구절은 다음과 같다.

---

14) 『法寶壇經』, 권1, 4b, "不是風動, 不是旛動, 仁者心動."
15) 『法寶壇經』, 권10, 15a, "外無一物而能建立, 皆是本心生萬種法. 故經云, 心生, 種種法生, 心滅, 種種法滅."
16) 『法寶壇經』, 권2, 5a, "諸佛利土, 盡同虛空. 世人妙性本空, 無有一法可得."
17) 『法寶壇經』, 권2, 5a, "心量廣大, 徧周法界."

참된 자기의 성이 참된 부처이며,
사특한 견해와 세 가지 독(貪瞋癡 즉 탐욕·분노·어리석음)은 마왕이다.
사특하여 미혹될 때는 마왕이 집에 있고
올바르게 볼 때는 부처가 집에 있다.
성 속에 사특한 견해와 세 가지 독이 생겨나면
곧 마왕이 집에 거처하러 온다.
올바른 견해가 마음의 세 가지 독을 제거하면
마왕이 변하여 부처가 되니 그는 참이며 가짜가 아니다.[18]

도교에서는 도에 침잠하는 것이 최고의 덕으로 간주되면서 그 외의 모든
사회적 덕들은 설혹 덕으로 인정될 수 있다고 하더라도 전혀 중요하게 여겨지지
않는다. 이와 유사하게 선종에서도 본래의 성을 인식하는 것만이 최고의 덕으로
간주되었다. 보리달마를 통해 불교에 귀의하게 된 양나라 무제는 가난한 사람을
돕고 사원에 기부하는 등의 선행이 자신의 행복을 보장해 줄 공덕이 되리라
생각하였지만, 달마는 그러한 행위는 전혀 공덕이 될 수 없다고 단언하였다.
이에 대한 혜능의 설명은 다음과 같다.

성을 보는 것이 공이요, 한결같이 고른 것이 덕이다. 생각마다 막힘이 없어서 본성
의 진실한 묘용을 항상 보게 되면 이것을 공덕이라 한다. 안으로 마음을 공손하게
낮추는 것이 곧 공이요, 밖으로 행동을 예에 맞게 하는 것이 곧 덕이다.[19]

혜능은 이어서 공덕은 오직 자기 안을 본성을 보는 것이 중요하지, 선행이나
보시와 같은 외적 행위를 통해 나타나는 것이 아니라고 말한다.

---

18) 『法寶壇經』, 권10, 15a, "眞如自性是眞佛, 邪見三毒是魔王, 邪迷之時魔在舍, 正見之時佛在堂,
性中邪見三毒生, 卽是魔王來住舍, 正見自除三毒心, 魔變成佛眞無假."
19) 『法寶壇經』, 권3, 6b, "見性是功, 平等是德, 念念無滯, 常見本性, 眞實妙用, 名爲功德, 內心謙
下是功, 外行於禮是德."

2. 규봉종밀

중국 화엄종華嚴宗의 제5조인 당나라의 종밀宗密(779~841)은 속성이 하何이며
법호는 규봉圭峰이다. 그는 사천성 순경부順慶府 과주果州 출신으로 어려서는
유학에 정통하였다. 장성해서 과거에 합격하였으나 이내 혜능의 법을 배운
도원道圓을 만나 승려가 되었고, 『원각경圓覺經』을 통해 완전한 깨달음을 얻었다.
그에게 깊은 감명을 준 두 번째 책은 화엄종사 징관澄觀의 『화엄경소華嚴經疏』였
다. 이것이 그의 진로를 결정하여, 후일 그는 화엄종의 제5조가 되었다. 당의
문종文宗(826~840)은 가르침을 청하고자 두 차례에 걸쳐 종밀을 궁중으로 불러들
였으며, 붉은 가사와 대덕大德이라는 호를 내렸다. 종밀 사후에는 선종宣宗(847~
860)이 정혜定慧라는 시호를 주었다.[20]

불교서적으로는 종밀의 저서 6종이 있는데 대부분이 경전에 대한 주석과
설명이고, 철학적인 주제를 다룬 저서로는 인간의 근원에 대해 논한 『원인론原人
論』[21]이 있다. 송대의 한유가 불교와의 투쟁을 선언하며 지은 「원도론原道論」은
바로 종밀의 이 논저에 대해 논한 글이었다.

『원인론』은 전체 불교 교의의 개요가 되었다. 하스는 이 저술에 나타난
저자의 정교한 구성과 뛰어난 대화술 및 논지 정당화 과정에서의 능숙함을
높이 평가한다. 여기에서 종밀은 부처가 그 가르침의 단계를 청중의 수용능력에
맞추어 인생의 다섯 단계에 따라 다섯 가지 방식으로 제시하였다고 하는
『화엄경』의 이론을 완벽하게 설명하고 있다. 각각의 학설은 다음 단계를 위한
준비단계로서 인식 또한 한 걸음씩 전진하며, 마지막 단계에 이르러서는 완전한

---

20) 『佛學大事典』 Nr. 1513과 *Sung Kao-seng tschuan* B. VI, 290a~291b, 종밀의 전기.

21) Nanjio Bunyu(南條文雄), *A catalogue of the Chinese translation of the Buddhist Tripitaka,
the sacred canon of the Buddhists in China and Japan* (Oxford, Clarendon Press, 1883). Hans
Haas 역, "Tsungmi's Yuen-zan-lun, eine Abhandlung über den Ursprung des Menschen aus
Kanan des chinesischen Buddhismus", *Archiv für Religionswissenschaft* 12 (1909), 491~532.

인식에 도달하게 된다는 것이다. 종밀은 각각의 단계를 비판하면서 그 결함을 보여 주고 있는데, 특히 서문과 첫 번째 장에서는 유학과 도교가 단지 불교의 준비단계에 불과한 것이라는 인식을 드러내고 있다. 『원인론』의 서문에서 그는 다음과 같이 말한다.

공자, 노자, 석가는 모두 지극한 성인들이다. 시대에 따라 사물에 응하여 각기 다른 방도의 가르침을 베풀었다.…… 두 학설(유교·도교)은 오직 권도權道(때와 장소와 대상에 따라 변하는 임시변통의 가르침)만 있고, 불교는 권도와 실도實道(때와 장소와 대상에 구애받지 않는 실다운 가르침)를 겸하였다.22)

유학과 도교의 세계관에서 공통적으로 나타나는 견해에 대하여 종밀은 이렇게 말하고 있다.23)

유학과 도교는 인간과 짐승 등의 종류가 모두 허와 무의 큰 도를 통해 생성되고 양육된다고 가르친다.24) 그들에 따르면, 도는 자연을 본받아 원기에서 생겨났으며25) 원기는 하늘과 땅을 생성하고 또 하늘과 땅은 모든 사물을 생성한다. 그러므로 어리석음과 지혜, 귀함과 천함, 가난함과 부유함, 고통과 기쁨은 모두 하늘로부터 부여받아 시간과 명에 말미암으며, 그러므로 죽은 후에는 곧장 하늘과 땅으로 되돌아가서 다시 허와 무가 된다.26)

그리고 종밀은 이것에 대립하는 이론을 완성하였다. 행과 불행이 도에 의해 예정되어 있다면 더 이상 변할 것이 없으므로 노자와 장자의 가르침도 필요가

---

22) 『原人論』, 878b, "孔老釋迦, 皆是至聖, 隨時應物, 設教殊途……二教唯權, 佛兼權實."

23) 『原人論』, 878b, "二教唯權, 佛兼權實."

24) 이러한 견해는 원래 도교적이기만 할 뿐 유학적인 것은 아니었지만, 후대의 여러 유학자들에 의해 수용되었다.

25) Haars는 이 문장을 "도가 저절로 원기를 생성하였다"로 잘못 옮기고 있다.

26) 『原人論』, 879a, "儒道二教說, 人畜等類皆是虛無大道生成養育, 謂道法自然生於元氣, 元氣生天地, 天地生萬物, 故愚智貴賤貧富苦樂, 皆稟於天, 由於時命, 故死後卻歸天地, 復其虛無."

없으며, 세상의 모든 악과 부당함에 책임이 있는 것은 도일 것이라고 그는
말한다. 또, 죽을 때에 기가 다시 흩어져서 사라진다면 마음이 계속 존재할
수 있는 곳은 대체 어디인지를 묻는다.

이어서 종밀은 자아의 연속성에 대해 언급한다.

또한 세상에는 전생을 밝게 보고 지난 일을 기억할 수 있는 사람들이 있다. 그렇다
면 지금의 생은 이전의 생에서 이어지는 것으로, 기를 받아 갑자기 있게 된 것이
아님을 알 수 있다. 또한 귀신의 영험한 지가 단절되지 않는다는 것에서 사람이
죽으면 기가 흩어져서 지가 갑자기 무로 되는 것이 아님을 증험할 수 있다. 그러므
로 제사와 죽은 사람에게 기도하는 문장이 있는 것이다. 더구나 죽었다 다시 살아
난 사람이 어두운 저승길을 설명하는 일도 있고, 혹은 죽은 사람의 귀신이 자신의
부인이나 자식들에게 감응하거나 원수 또는 은혜를 갚는 일도 있다.[27]

유학자들은 죽은 사람이 모두 귀신이 된다면 거리는 귀신들로 가득하게
될 것임을 지적하고 또 죽은 사람의 귀신을 실제로 본 사람이 과연 있는지를
물으면서 영혼의 불멸에 반대하지만,[28] 이에 대해 종밀은 윤회의 학설로써
상대한다. 죽은 사람은 귀신이 되는 것이 아니라 그 업業(karma)에 따라 짐승,
도깨비, 마귀, 귀, 신, 인간으로 다시 태어나게 된다는 것이다.

여기에 이어 종밀은 다음과 같이 묻는다.

나아가 하늘과 땅의 기에는 본래 지가 없다. 인간이 이러한 지 없는 기를 받았다면
어떻게 갑자기 지에 이르게 된 것인가? 나무와 식물도 모두 그러한 기를 받았는데
그들은 왜 지가 없는가?[29]

---

27) 『原人論』, 879a, "且世有鑒達前生, 追憶往事, 則知生前相續, 非稟氣而欻有, 又驗鬼神靈知不
斷, 則知死後非氣散而欻無, 故祭祀求禱典藉有文, 況死而蘇者說幽途事, 或死後感動妻子, 讎報
怨恩."
28) 앞의 '후한편, 제1장, 2. 왕충'의 주90 참조.
29) 『原人論』, 879b, "且天地之氣本無知也, 人稟無知之氣, 安得起而有知乎, 草木亦皆稟氣, 何不
知乎."

이렇게 해서 유교와 도교의 이론을 충분히 반증하였다고 생각한 종밀은 이제 자기가 생각하는 불교의 다섯 단계로 나아간다. 업과, 역사적 부처에게서도 잘 드러나는 인과설은 그에게 가장 중요한 불교의 근원으로 생각되었다. 그가 설명하는 불교의 다섯 단계는 다음과 같다. 첫째는 원시불교의 윤회설, 둘째는 소승불교의 교설, 셋째는 대승불교의 유식설, 넷째는 대승불교의 중관설, 다섯째는 앞의 모든 단계를 뛰어넘은 일승현성의 교설이다. 종밀의 설명은 우선 윤회설에 대한 소개와 비판으로 시작된다.

육도윤회六道輪廻란 중생이 죽은 뒤 그 업에 따라 다른 세계에 태어남을 반복하게 된다는 사상을 말한다. 육도 즉 여섯 세계는 각각 지옥도地獄道, 아귀도餓鬼道, 축생도畜生道, 아수라도阿修羅道, 인도人道, 천도天道이다. 10가지 죄악(十惡)[30]을 범한 사람 중에 가장 정도가 심한 경우에는 지옥에 간다. 죄의 정도가 그보다 약하면 아귀餓鬼(preta)로 다시 태어나게 되고, 가장 가벼운 경우에는 짐승으로 다시 태어난다. 5가지 계명[31]을 잘 지키면 가장 낮은 3가지 방식에서 해방되어 다시 인간으로 태어날 수 있는데, 남의 잘못을 철저하게 따지고 들추고 규탄하는 사람은 아수라로 태어난다. 10가지 계명[32]을 엄수하고 적선·명상·침잠을 하게 되면 제바提婆(deva) 즉 신으로 다시 태어나서 하늘의 여러 영역에 이르게 된다.

이에 대하여 종밀은 다음과 같이 지적한다. 몸이, 혹은 마음이, 혹은 몸과 마음이 같이 업을 생성하는 것인지, 그리고 그 중 어떤 것이 그 업에 대한 보상을 받게 되는지를 말하기 어렵다. 몸과 마음이 죽고 나면 이들은 더 이상

---

30) 殺生, 偸盜, 邪淫, 妄語, 綺語, 惡口, 兩舌, 貪慾, 瞋恚, 邪見.

31) 살인하지 말 것, 도둑질하지 말 것, 간음하지 말 것, 남을 속이지 말 것, 술을 마시지 말 것. 이것은 평신도도 지켜야 할 계율이다.

32) 다섯 가지 주요 계명에 다시 다섯 가지 계명이 부가된다. 정해진 시간에만 먹을 것, 노래와 춤에 함께하지 않을 것, 치장하지 않을 것, 편안한 잠자리를 가지지 말 것, 돈과 값진 것을 소유하지 말 것. 이것은 승려에게 요구되는 의무이다.

그들 행위의 결과를 받아들일 수가 없다. 만일 죽은 후에 새로운 몸과 마음이 생겨나는 것이라고 한다면, 이들이 받는 업의 결과는 다른 사람이 지은 행위에 대한 상이나 벌이 되어 버린다. 이런 이유로 해서 종밀은 재생을 기반으로 하는 윤회설을 부정한다. 불교도로서 이러한 주장을 편다는 것은 그 자체로 이미 많은 용기를 필요로 하는 것이었다.

이어서 두 번째 단계인 소승설小乘說에 대한 기술이다. 종밀은 개인의 해탈에만 집중하는 소승의 가르침에 대하여 다음과 같이 기술한다.

몸과 마음이 잠시 화합되어 있어 마치 하나인 듯하고 마치 항상된 듯한데, 보통사람들은 그것이 임시적인 화합임을 깨닫지 못해서 '나'라고 여기며 집착한다.[33]

몸과 마음은 생성과 소멸의 끊임없는 과정에 있다. 몸은 '나'가 아니다. 그것은 물질과 마음과의 화합에서 생겨난다. 또한 물질은 4가지 요소[34]가 화합하여 만들어진 것이고 마음은 다시 4가지 온蘊[35]으로 만들어진 것이므로 8개의 '나'가 있는 것이다. 그런데 몸은 다시 360개의 뼈, 피부, 머리, 근육, 살, 간, 심장 등으로 나뉘고 마음에는 감각, 생각 등이 포함되며 이 밖에 신체와 관련된 다른 많은 구성요소들이 있으므로, 결국에는 수천수만의 '나'가 있게 된다. 따라서 사람은 하나의 '나'를 발견할 수 없다. 몸은 잠시 동안 유지되는 수많은 요소들의 가상적인 화합처일 뿐이다.

'나'가 실재하지 않음을 깨달은 사람은 더 이상 자기 몸에 구속되지 않고 윤회를 야기하는 욕구에 얽매이지 않는다. 신체가 불타고 의식이 꺼지며 모든 고통이 멈춤으로써 그는 아라한阿羅漢(Arhat)이 된다.

---

33) 『原人論』, 880a, "身心假合似一似常, 凡愚不覺執之爲我."
34) 땅·물·불·바람. 이것은 인도철학에서의 4가지 기본요소이다.
35) 受·想·行·識. 불교에서는 또 여기에 하나를 부가하여 色蘊·受蘊·想蘊·行蘊·識蘊의 五蘊을 말한다.

종밀은 이러한 방식으로 몸과 마음을 이해한다면 신체적인 것이든 정신적인 것이든 영원히 존재하게 되는 것이 아니라 오히려 존재를 멈추게 된다고 말한다. 그렇다면 어떻게 이들이 항상 새롭게 생성될 수 있는가? 그럴 수 있기 위해서는 결코 멈추지 않고 생을 항상 다시 새로운 것에서 생겨나게 하는 어떤 것이 있어야만 한다.

종밀은 대승불교의 두 가지 설을 빌려 이러한 어려움을 해결하고자 한다. 하나는 유식唯識의 설로서 외부세계의 실재를 부정하고 단지 의식의 현재만을 인정하는 것이며, 다른 하나는 중관中觀의 설로서 의식마저도 포기하는 것이다. 종밀은 이 둘을 세 번째와 네 번째의 단계로 설정하고 있다.

먼저 현상세계를 부정하는 유식설에 대한 설명이다. 꿈꾸고 있는 동안 사람은 외적 사물의 실재를 확신하지만 깨어난 후에는 그것이 단지 꿈속의 형상에 불과하다는 것을 안다. 나의 신체 또한 마찬가지여서, 신체는 나의 의식이 빚어 낸 형상일 뿐이다. 오류로 인해 나는 나와 외부세계의 실재를 받아들인다. 그리고 이로 인해 미혹되어 업을 생성하게 되고 끝없는 생사의 윤회에 빠져들지만, 이러한 이치를 깨닫고 나면 나의 신체가 단지 의식의 산물에 불과하며 의식이 신체의 근원이라는 것을 안다.[36]

그리고는 의식의 실재마저 부정하는 중관설에 대한 설명이 이어진다. 꿈과 꿈속의 사물은 다른 것 같지만 실제로 이 둘은 똑같이 실재하지 않는 상상일 뿐이다. 의식 또한 마찬가지이다. 의식은 특정한 원인에 의해 나타나는 것으로서 그 자체로 존재하는 것이 아니다.[37]

이어서 종밀은 이 대승불교의 두 가지 형태를 모두 비판한다.

마음과 경계가 모두 무라고 한다면, 무를 아는 것은 또한 누구인가? 모든 것이

---

36) 『原人論』, 880b.
37) 『原人論』, 880b.

실제로는 없는 것이고 한다면, 무엇에 의해 모든 허망한 것들이 나타나게 되는가? 현재 드러난 세상의 모든 허망한 사물은 실법에 의지하지 않고서는 결코 생겨날 수 없다.[38]

꿈과 꿈속의 사물들이 실재하는 것이 아니라면 이러한 비실재의 꿈이 있기 위해서는 먼저 잠자는 사람이 있어야 한다. 세상과 마음이 모두 무라는 것을 받아들이고 나면 이러한 상상을 생성하는 하나의 참된 법이 있어야 할 것이다. 그것은 과연 무엇인가?

이제 종밀은 모든 의식을 극복하고 진리로 인도해 줄 일승현성교一乘顯性敎에 대해 설명한다. 그 내용은 다음과 같다.

감정이 있는 모든 것들은 깨달음을 본질로 하는 참된 마음(지혜)을 가지고 있다. 천지의 시작조차 없던 태초 이래로 항상 맑고 깨끗하게 머물며 밝아서 결코 어둡지 않고 명백하게 항상 알고 있다. 이것을 일러 불성佛性이라고도 하고 여래장如來藏이라고도 한다. 그러나 중생들은 태초 이래로 망녕된 생각에 가려져서 그러한 지혜를 스스로 깨닫지 못하고 단지 대강의 바탕만을 인식할 뿐이니, 이 때문에 업을 맺고 생사의 고통을 받게 된다. 크게 깨달은 사람이 그것을 불쌍히 여겨서, 모든 것이 공이라는 것을 설파하고 또 신령한 깨우침과 참된 마음과 청정한 마음이 모두 온갖 부처들과 똑같다는 것을 열어 보였다.[39]

가장 내적인 본질로써 본다면 모든 인간이 곧 부처이다. 이러한 '모두가 공이고 부처'라는 것에 대한 지에 이를 때까지 일반 사람들은 모든 면에서 크게 깨달은 사람을 쫓아야 하며 본래의 근원으로 돌아가기 위해 모든 악한

---

38) 『原人論』, 880b, "若心境皆無, 知無者誰, 又若都無實法, 依何現諸虛妄, 且現見世間虛妄之物, 未有不依實法而能起者."
39) 『原人論』, 880b, "一切有情皆有本覺眞心, 無始以來常住淸淨, 昭昭不昧, 了了常知, 亦名佛性, 亦名如來藏, 從無始際, 妄想翳之, 不自覺知, 但認凡質, 故就著結業, 受生死苦, 大覺愍之, 說一切空, 又開示靈覺眞心淸淨, 全同諸佛."

습관을 버려야 한다.

　모든 인간이 불성에 이르게 되는 최종 과정은 선종의 이론과 매우 유사하다. 서양에서 불교사상을 논할 때 그 내용은 완전히 인도의 사상에 관한 것, 즉 인도에서 불교철학이 어떻게 발전해 왔는가에 관한 것이다. 중국적인 사유는 거기에 덧붙여서 표현되지 않는다. 그래서 나는 종밀의 『원인론』을 소개하는 과정에서 논리적인 형태와 개별적인 체계에 대한 비판을 첨가하였으니, 바로 이 비판에 『원인론』의 참된 가치가 있다.

찾아보기

인명

서명

편명

지은이 알프레드 포르케(Alfred Forke)

1867~1944. 독일 함부르크대학교 중국학과 교수를 역임하였다. 주요 저서로는 *Geschichte der alten chinesischen Philosophie*(中國古代哲學史, 1927), *Geschichte der mittelalterischen chinesischen Philosophie*(中國中世哲學史, 1934), *Geschichte der neueren chinesichen Philosophie*(中國近代哲學史, 1938), *World-Conception of the Chinese* (1925), *Die Gedankenwelt des chinesischen Kulterkreises*(1927) 외 다수가 있으며, 역서로는 *The chinese Sophists*(名家, 1896~1897), *Lun-Heng*(論衡: Part I. *Philosopical Essays of Wang Ch'ung*, 1907; Part II. *Miscellaneous Essays of Wang Ch'ung*, 1911), *Yang Chus's Garden of Pleasure*(楊朱, 1912), *Yen Ying, 'Staatsmann und Philosoph, und das Yen-tse tsch'un-tch'iu'*(晏子春秋, 1921), *M Ti des Sozialethikers und seiner Schler Werke*(墨子, 1922), *Hui-lan ki, der Kreidekreis*(灰欄記, 1926) 외 다수가 있다.

옮긴이 최해숙崔海淑

독일 프라이부르크 대학교에서 철학박사학위를 받았으며 한국유교학회 부설 한국유교사상연구소의 책임연구원을 역임하였다. 저서로는 *Spinoza und Chu Hsi : Die absolute Natur als der Grund des menschlichen Seins*(1999)가 있고, 역서로는 『중국고대철학사』(공역), 『역주 호락논쟁』(공역) 등이 있으며, 주요 논문으로 「주희와 스피노자의 내재관」, 「나와 규범 : 극기복례」, 「율곡의 존재론」, 「다산 정약용의 철학」, 「이간의 심론에 대한 체계적 이해」 등이 있다.

❖ 예문서원의 책들 ❖

원전총서

박세당의 노자 (新註道德經) 박세당 지음, 김학목 옮김, 312쪽, 13,000원
율곡 이이의 노자 (醇言) 이이 지음, 김학목 옮김, 152쪽, 8,000원
홍석주의 노자 (訂老) 홍석주 지음, 김학목 옮김, 320쪽, 14,000원
북계자의 (北溪字義) 陳淳 지음, 김충열 감수, 김영민 옮김, 295쪽, 12,000원
주자가례 (朱子家禮) 朱熹 지음, 임민혁 옮김, 496쪽, 20,000원
서경잡기 (西京雜記) 劉歆 지음, 葛洪 엮음, 김장환 옮김, 416쪽, 18,000원
고사전 (高士傳) 皇甫謐 지음, 김장환 옮김, 368쪽, 16,000원
열선전 (列仙傳) 劉向 지음, 김장환 옮김, 392쪽, 15,000원
열녀전 (列女傳) 劉向 지음, 이숙인 옮김, 447쪽, 16,000원
선가귀감 (禪家龜鑑) 청허휴정 지음, 박재양・배규범 옮김, 584쪽, 23,000원
공자성적도 (孔子聖蹟圖) 김기주・황지원・이기훈 역주, 254쪽, 10,000원
공자세가・중니제자열전 (孔子世家・仲尼弟子列傳) 司馬遷 지음, 김기주・황지원・이기훈 역주, 224쪽, 12,000원
천지서상지 (天地瑞祥志) 김용천・최현화 역주, 384쪽, 20,000원
도덕지귀 (道德指歸) 徐命庸 지음, 조민환・장원목・김경수 역주, 544쪽, 27,000원
참동고 (參同攷) 徐命庸 지음, 이봉호 역주, 384쪽, 23,000원

퇴계원전총서

고경중마방古鏡重磨方 — 퇴계 선생의 마음공부 이황 편저, 박상주 역해, 204쪽, 12,000원
활인심방活人心方 — 퇴계 선생의 마음으로 하는 몸공부 이황 편저, 이윤희 역해, 308쪽, 16,000원
이자수어李子粹語 퇴계 이황 지음, 성호 이익・순암 안정복 엮음, 이광호 옮김, 512쪽, 30,000원

성리총서

송명성리학 (宋明理學) 陳來 지음, 안재호 옮김, 590쪽, 17,000원
주희의 철학 (朱熹哲學研究) 陳來 지음, 이종란 외 옮김, 544쪽, 22,000원
양명 철학 (有無之境―王陽明哲學的精神) 陳來 지음, 전병욱 옮김, 752쪽, 30,000원
정명도의 철학 (程明道思想研究) 張德麟 지음, 박상리・이경남・정성희 옮김, 272쪽, 15,000원
주희의 자연철학 김영식 지음, 576쪽, 29,000원
송명유학사상사 (宋明時代儒學思想の研究) 구스모토 마사쓰구(楠本正繼) 지음, 김병화・이혜경 옮김, 602쪽, 30,000원
북송도학사 (道學の形成) 쓰치다 겐지로(土田健次郎) 지음, 성현창 옮김, 640쪽, 3,200원
성리학의 개념들 (理學範疇系統) 蒙培元 지음, 홍원식・황지원・이기훈・이상호 옮김, 880쪽, 45,000원
역사 속의 성리학 (Neo-Confucianism in History) Peter K. Bol 지음, 김영민 옮김, 488쪽, 28,000원
주자어류선집 (朱子語類抄) 미우라 구니오(三浦國雄) 지음, 이승연 옮김, 504쪽, 30,000원

불교(카르마)총서

학파로 보는 인도 사상 S. C. Chatterjee・D. M. Datta 지음, 김형준 옮김, 424쪽, 13,000원
불교와 유교 — 성리학, 유교의 옷을 입은 불교 아라키 겐고 지음, 심경호 옮김, 526쪽, 18,000원
유식무경, 유식 불교에서의 인식과 존재 한자경 지음, 208쪽, 7,000원
박성배 교수의 불교철학강의: 깨침과 깨달음 박성배 지음, 윤원철 옮김, 313쪽, 9,800원
불교 철학의 전개, 인도에서 한국까지 한자경 지음, 252쪽, 9,000원
인물로 보는 한국의 불교사상 한국불교원전연구회 지음, 388쪽, 20,000원
은정희 교수의 대승기신론 강의 은정희 지음, 184쪽, 10,000원
비구니와 한국 문학 이향순 지음, 320쪽, 16,000원
불교철학과 현대윤리의 만남 한자경 지음, 304쪽, 18,000원
유식삼심송과 유식불교 김명우 지음, 280쪽, 17,000원
유식불교, 『유식이십론』을 읽다 효도 가즈오 지음, 김명우・이상우 옮김, 288쪽, 18,000원

노장총서

유학자들이 보는 노장 철학 조민환 지음, 407쪽, 12,000원
노자에서 데리다까지 — 도가 철학과 서양 철학의 만남 한국도가철학회 엮음, 440쪽, 15,000원
不二 사상으로 읽는 노자 — 서양철학자의 노자 읽기 이찬훈 지음, 304쪽, 12,000원
김항배 교수의 노자철학 이해 김항배 지음, 280쪽, 15,000원

역학총서

주역철학사(周易研究史) 廖名春·康學偉·梁韋弦 지음, 심경호 옮김, 944쪽, 30,000원
송재국 교수의 주역 풀이 송재국 지음, 380쪽, 10,000원
송재국 교수의 역학담론 — 하늘의 빛 正易, 땅의 소리 周易 송재국 지음, 536쪽, 32,000원
소강절의 선천역학 高懷民 지음, 곽신환 옮김, 368쪽, 23,000원

한국철학총서

조선 유학의 학파들 한국사상사연구회 편저, 688쪽, 24,000원
실학의 철학 한국사상사연구회 편저, 576쪽, 17,000원
퇴계의 생애와 학문 이상은 지음, 248쪽, 7,800원
율곡학의 선구와 후예 황의동 지음, 480쪽, 16,000원
조선유학의 개념들 한국사상사연구회 지음, 648쪽, 26,000원
성리학자 기대승, 프로이트를 만나다 김용신 지음, 188쪽, 7,000원
유교개혁사상과 이병헌 금장태 지음, 336쪽, 17,000원
남명학파와 영남우도의 사림 박병련 외 지음, 464쪽, 23,000원
쉽게 읽는 퇴계의 성학십도 최재목 지음, 152쪽, 7,000원
홍대용의 실학과 18세기 북학사상 김문용 지음, 288쪽, 12,000원
남명 조식의 학문과 선비정신 김충열 지음, 512쪽, 26,000원
명재 윤증의 학문연원과 가학 충남대학교 유학연구소 편, 320쪽, 17,000원
조선유학의 주역사상 금장태 지음, 320쪽, 16,000원
율곡학과 한국유학 충남대학교 유학연구소 편, 464쪽, 23,000원
한국유학의 악론 금장태 지음, 240쪽, 13,000원
심경부주와 조선유학 홍원식 외 지음, 328쪽, 20,000원
퇴계가 우리에게 이윤희 지음, 368쪽, 18,000원
조선의 유학자들, 켄타우로스를 상상하며 理와 氣를 논하다 이향준 지음, 400쪽, 25,000원

연구총서

논쟁으로 보는 중국철학 중국철학연구회 지음, 352쪽, 8,000원
논쟁으로 보는 한국철학 한국철학사상연구회 지음, 326쪽, 10,000원
반논어(論語新探) 趙紀彬 지음, 조남호·신정근 옮김, 768쪽, 25,000원
중국철학과 인식의 문제(中國古代哲學問題發展史) 方立天 지음, 이기훈 옮김, 208쪽, 6,000원
중국철학과 인성의 문제(中國古代哲學問題發展史) 方立天 지음, 박경환 옮김, 191쪽, 6,800원
현대의 위기 동양 철학의 모색 중국철학회 지음, 340쪽, 10,000원
역사 속의 중국철학 중국철학회 지음, 448쪽, 15,000원
중국철학의 이단자들 중국철학회 지음, 240쪽, 8,200원
공자의 철학(孔孟荀哲學) 蔡仁厚 지음, 천병돈 옮김, 240쪽, 8,500원
맹자의 철학(孔孟荀哲學) 蔡仁厚 지음, 천병돈 옮김, 224쪽, 8,000원
순자의 철학(孔孟荀哲學) 蔡仁厚 지음, 천병돈 옮김, 272쪽, 10,000원
유학은 어떻게 현실과 만났는가 — 선진 유학과 한대 경학 박원재 지음, 218쪽, 7,500원
유교와 현대의 대화 황의동 지음, 236쪽, 7,500원
동아시아의 사상 오이환 지음, 200쪽, 7,000원
역사 속에 살아있는 중국 사상(中國歷史に生きる思想) 시게자와 도시로 지음, 이혜경 옮김, 272쪽, 10,000원
덕치, 인치, 법치 — 노자, 공자, 한비자의 정치 사상 신동준 지음, 488쪽, 20,000원
육경과 공자 인학 남상호 지음, 312쪽, 15,000원
리의 철학(中國哲學範疇精髓叢書 — 理) 張立文 주편, 안유경 옮김, 524쪽, 25,000원
기의 철학(中國哲學範疇精髓叢書 — 氣) 張立文 주편, 김교빈 외 옮김, 572쪽, 27,000원
동양 천문사상, 하늘의 역사 김일권 지음, 480쪽, 24,000원
동양 천문사상, 인간의 역사 김일권 지음, 544쪽, 27,000원
공부론 임수무 외 지음, 544쪽, 27,000원
유학사상과 생태학(Confucianism and Ecology) Mary Evelyn Tucker·John Berthrong 엮음, 오정선 옮김, 448쪽, 27,000원
공자曰, 공자는 이렇게 말했다 안재호 지음, 232쪽, 12,000원

강의총서

김충열 교수의 노자강의 김충열 지음, 434쪽, 20,000원
김충열 교수의 중용대학강의 김충열 지음, 448쪽, 23,000원
모종삼 교수의 중국철학강의 牟宗三 지음, 김병채 외 옮김, 320쪽, 19,000원

동양문화산책

공자와 노자, 그들은 물에서 무엇을 보았는가 사라 알란 지음, 오만종 옮김, 248쪽, 8,000원
주역산책(易學漫步) 朱伯崑 외 지음, 김학권 옮김, 260쪽, 7,800원
동양을 위하여, 동양을 넘어서 홍원식 외 지음, 264쪽, 8,000원
서원, 한국사상의 숨결을 찾아서 안동대학교 안동문화연구소 지음, 344쪽, 10,000원
녹차문화 홍차문화 츠노야마 사가에 지음, 서은미 옮김, 232쪽, 7,000원
류짜이푸의 얼굴 찌푸리게 하는 25가지 인간유형 류짜이푸(劉再復) 지음, 이기면·문성자 옮김, 320쪽, 10,000원
안동 금계마을 — 천년불패의 땅 안동대학교 안동문화연구소 지음, 272쪽, 8,500원
안동 풍수 기행, 와혈의 땅과 인물 이완규 지음, 256쪽, 7,500원
안동 풍수 기행, 돌혈의 땅과 인물 이완규 지음, 328쪽, 9,500원
영양 주실마을 안동대학교 안동문화연구소 지음, 332쪽, 9,800원
예천 금당실·맛질 마을 — 정감록이 꼽은 길지 안동대학교 안동문화연구소 지음, 284쪽, 10,000원
터를 안고 仁을 펴다 — 퇴계가 굽어보는 하계마을 안동대학교 안동문화연구소 지음, 360쪽, 13,000원
안동 가일 마을 — 풍산들가에 의연히 서다 안동대학교 안동문화연구소 지음, 344쪽, 13,000원
중국 속에 일떠서는 한민족 — 한겨레신문 차한필 기자의 중국 동포사회 리포트 차한필 지음, 336쪽, 15,000원
신간도견문록 박진관 글·사진, 504쪽, 20,000원
안동 무실 마을 — 문헌의 향기로 남다 안동대학교 안동문화연구소 지음, 464쪽, 18,000원
선양과 세습 사라 알란 지음, 오만종 옮김, 318쪽, 17,000원
문경 산북의 마을들 — 서중리, 대상리, 대하리, 김룡리 안동대학교 안동문화연구소 지음, 376쪽, 18,000원
안동 원촌마을 — 선비들의 이상향 안동대학교 안동문화연구소 지음, 288쪽, 16,000원
안동 부포마을 — 물 위로 되살려 낸 천년의 영화 안동대학교 안동문화연구소 지음, 440쪽, 23,000원

일본사상총서

도쿠가와 시대의 철학사상(德川思想小史) 미나모토 료엔 지음, 박규태·이용수 옮김, 260쪽, 8,500원
일본인은 왜 종교가 없다고 말하는가(日本人はなぜ 無宗教なのか) 아마 도시마로 지음, 정형 옮김, 208쪽, 6,500원
일본사상이야기 40(日本がわかる思想入門) 나가오 다케시 지음, 박규태 옮김, 312쪽, 9,500원
사상으로 보는 일본문화사(日本文化の歷史) 비토 마사히데 지음, 엄석인 옮김, 252쪽, 10,000원
일본도덕사상사(日本道德思想史) 이에나가 사부로 지음, 세키네 히데유키·윤종갑 옮김, 328쪽, 13,000원
천황의 나라 일본 — 일본의 역사와 천황제(天皇制と民衆) 고토 야스시 지음, 이남희 옮김, 312쪽, 13,000원
주자학과 근세일본사회(近世日本社會と宋學) 와타나베 히로시 지음, 박홍규 옮김, 304쪽, 16,000원

예술철학총서

중국철학과 예술정신 조민환 지음, 464쪽, 17,000원
풍류정신으로 보는 중국문학사 최병규 지음, 400쪽, 15,000원

한의학총서

한의학, 보약을 말하다 — 이론과 활용의 비밀 김광중·하근호 지음, 280쪽, 15,000원

남명학연구총서

남명사상의 재조명 남명학연구원 엮음, 384쪽, 22,000원
남명학파 연구의 신지평 남명학연구원 엮음, 448쪽, 26,000원
덕계 오건과 수우당 최영경 남명학연구원 엮음, 400쪽, 24,000원
내암 정인홍 남명학연구원 엮음, 448쪽, 27,000원
한강 정구 남명학연구원 엮음, 560쪽, 32,000원

예문동양사상연구원총서

한국의 사상가 10人 — 원효 예문동양사상연구원/고영섭 편저, 572쪽, 23,000원
한국의 사상가 10人 — 의천 예문동양사상연구원/이병욱 편저, 464쪽, 20,000원
한국의 사상가 10人 — 지눌 예문동양사상연구원/이덕진 편저, 644쪽, 26,000원
한국의 사상가 10人 — 퇴계 이황 예문동양사상연구원/윤사순 편저, 464쪽, 20,000원
한국의 사상가 10人 — 남명 조식 예문동양사상연구원/오이환 편저, 576쪽, 23,000원
한국의 사상가 10人 — 율곡 이이 예문동양사상연구원/황의동 편저, 600쪽, 25,000원
한국의 사상가 10人 — 하곡 정제두 예문동양사상연구원/김교빈 편저, 432쪽, 22,000원
한국의 사상가 10人 — 다산 정약용 예문동양사상연구원/박홍식 편저, 572쪽, 29,000원
한국의 사상가 10人 — 혜강 최한기 예문동양사상연구원/김용헌 편저, 520쪽, 26,000원
한국의 사상가 10人 — 수운 최제우 예문동양사상연구원/오문환 편저, 464쪽, 23,000원

민연총서 ― 한국사상

자료와 해설, 한국의 철학사상 고려대 민족문화연구원 한국사상연구소 편, 880쪽, 34,000원
여헌 장현광의 학문 세계, 우주와 인간 고려대 민족문화연구원 한국사상연구소 편, 424쪽, 20,000원
퇴옹 성철의 깨달음과 수행 ― 성철의 선사상과 불교사적 위치 조성택 편, 432쪽, 23,000원
여헌 장현광의 학문 세계 2, 자연과 인간 고려대 민족문화연구원 한국사상연구소 편, 432쪽, 25,000원
여헌 장현광의 학문 세계 3, 태극론의 전개 고려대 민족문화연구원 한국사상연구소 편, 400쪽, 24,000원
역주와 해설 성학십도 고려대 민족문화연구원 한국사상연구소 편, 328쪽, 20,000원

인물사상총서

한주 이진상의 생애와 사상 홍원식 지음, 288쪽, 15,000원
범부 김정설의 국민윤리론 우기정 지음, 280쪽, 20,000원

동양사회사상총서

주역사회학 김재범 지음, 296쪽, 10,000원
유교사회학 이영찬 지음, 488쪽, 17,000원
깨달음의 사회학 홍승표 지음, 240쪽, 8,500원
동양사상과 탈현대 홍승표 지음, 272쪽, 11,000원
노인혁명 홍승표 지음, 240쪽, 10,000원
유교사회학의 패러다임과 사회이론 이영찬 지음, 440쪽, 20,000원

경북의 종가문화

사당을 세운 뜻은, 고령 점필재 김종직 종가 정경주 지음, 203쪽, 15,000원
지금도 「어부가」가 귓전에 들려오는 듯, 안동 농암 이현보 종가 김서령 지음, 225쪽, 17,000원
종가의 멋과 맛이 넘쳐 나는 곳, 봉화 충재 권벌 종가 한필원 지음, 193쪽, 15,000원
한 점 부끄럼 없는 삶을 살다, 경주 회재 이언적 종가 이수환 지음, 178쪽, 14,000원
영남의 큰집, 안동 퇴계 이황 종가 정우락 지음, 227쪽, 17,000원
마르지 않는 효제의 샘물, 상주 소재 노수신 종가 이종호 지음, 303쪽, 22,000원
의리와 충절의 400년, 안동 학봉 김성일 종가 이해영 지음, 199쪽, 15,000원
충효당 높은 마루, 안동 서애 류성룡 종가 이세동 지음, 210쪽, 16,000원
낙중 지역 강안학을 열다, 성주 한강 정구 종가 김학수 지음, 180쪽, 14,000원
모원당 회화나무, 구미 여헌 장현광 종가 이종문 지음, 195쪽, 15,000원

기타

다산 정약용의 편지글 이용형 지음, 312쪽, 20,000원
유교와 칸트 李明輝 지음, 김기주·이기훈 옮김, 288쪽, 20,000원